新思

新一代人的思想

STRIDENS SKÖNHET OCH SORG

1914—1918

美丽与哀愁

第一次
世界大战
个人史

PETER ENGLUND

[瑞典]皮特·恩格伦 著

陈信宏译 万之校

中信出版集团｜北京

图书在版编目（CIP）数据

美丽与哀愁：第一次世界大战个人史/（瑞典）皮特·恩格伦著；陈信宏译. -- 2版. -- 北京：中信出版社，2024.9. -- ISBN 978-7-5217-6702-5

I. K143

中国国家版本馆CIP数据核字第20240DD540号

The Beauty and the Sorrow: An Intimate History of the First World War
Copyright © 2009 by Peter Englund
Published in agreement with Partners Stories Stockholm AB, through The Grayhawk Agency.
Simplified Chinese translation copyright © 2017 by CITIC Press Corporation
ALL RIGHTS RESERVED
本书仅限中国大陆地区发行销售

美丽与哀愁——第一次世界大战个人史
著者：　　　[瑞典]皮特·恩格伦
译者：　　　陈信宏
校者：　　　万之
出版发行：中信出版集团股份有限公司
　　　　　（北京市朝阳区东三环北路27号嘉铭中心　邮编　100020）
承印者：　　北京通州皇家印刷厂

开本：787mm×1092mm　1/16　　印张：43.25
插页：16　　　　　　　　　　　字数：434千字
版次：2024年9月第2版　　　　　印次：2024年9月第1次印刷
书号：ISBN 978-7-5217-6702-5　　京权图字：01-2014-5905
定价：128.00元

版权所有·侵权必究
如有印刷、装订问题，本公司负责调换。
服务热线：400-600-8099
投稿邮箱：author@citicpub.com

谨以此书

纪念　卡尔·恩格伦

澳大利亚陆军士兵
兵籍号码 3304
第三澳大利亚师第十一旅第四十三步兵营
曾参与 1917 年的梅西讷与帕森达勒战役
1918 年 9 月 13 日阵亡于亚眠城外
埋身处不详

发生于刑场、拷问室、疯人院、手术房以及晚秋的桥拱底下的种种痛苦与折磨——这一切都冥顽地永不消失,恒久留存,虽然接触不到,却依附不去,对现有的一切深怀妒忌,因在他们自己可怕的现实当中。人都希望能够忘却这些,任由睡眠轻柔地覆盖大脑中的这些皱褶;但梦跟着来到,把睡眠推向一旁,再次填入画面。于是,他们惊醒过来,借着烛光驱散黑暗,贪婪地吮吸着那抚慰人心的微弱光芒,仿佛那是糖水一般。然而,这股安全感却是危立在一道狭隘的边缘上。只要微微一转,他们的目光就不免从熟悉和善的事物上滑开,于是刚刚还令人感到慰藉的轮廓也随即化为恐怖的深渊。

——里尔克,《马尔泰手记》,1910年

这个夏天比以往都还要美妙，甚至可望更加美妙，于是我们都无忧无虑地望着这个世界。在巴登的最后那一天，我记得和一个朋友走过满是葡萄树的山丘，有个老葡萄农还对我们说："已经很久没有过这样的夏天了。这样的天气要是持续下去，今年的葡萄酒绝对没得比。大家一定永远都会记得1914年的夏天！"

——茨威格，《昨日的世界》，1942年

目 录

致中文读者	I
人物介绍	V
肖　像	VII
1914	1
1915	117
1916	275
1917	417
1918	541
结　局	633
尾　声	647
参考文献	651
图片目录	658

致中文读者

对欧洲来说，很少有其他历史事件具有第一次世界大战那样重要的意义。当历史学家试图寻找可与之比较的历史事件时，经常会提到公元4世纪罗马帝国的崩溃——这就能让人对其影响规模和惨烈程度有一定了解。第二次世界大战当然更具破坏性，但在我们这部分世界，也就是在欧洲，被看作第一次世界大战的延伸。"一战"是原因，也是结果。

即使中国卷入第一次世界大战的程度甚微，但也受到了影响，特别是最后的巴黎和会清楚表明战胜国只想在它们之间分配战败国殖民地的时候，中国被震动了。作为战胜国之一的日本也明显表现出帝国主义的野心，几乎毫无收敛。这种野心中国人民也会很快就察觉。

从第一次世界大战中走出了法西斯主义和纳粹主义，也导致了十月革命和共产主义政权的建立。同样意义重大的还有战争的结果显示出欧洲不再是世界的中心。欧洲已经被战争破坏得满目疮痍，经济萧条，意识形态也已破产。一个欧洲之外的强权已经崛起，在欧洲的大国中间称霸，控制了世界。这个强权就是美国。如果没有第一次世界大战，这种情况就不会发生。

这是一本有关第一次世界大战的书。不过，这不是一本讲述战争是什么的书，比如介绍战争的原因、进程、结局和后果等——这方面已经有了大量的优秀历史著作，常常也到了详尽入微的程度。这本书不写这些，而是一本讲述战争怎么样的书。也就是说读者在这本书里能找到的不是很多事实而是些个人，不是很多过程而是体验，不是很多发生的事件而是情感、印象和氛围。

在这本书里，读者会跟随二十三个主要人物*，当然全都是高度真实的人物——这本书是根据这些人物留下的不同文献资料写成的，没有任何编造——大部分也是默默无闻或者被遗忘了的人，是在社会最底层的人。而且，在一般人的意识里，这次大战的战场和西线的战争泥潭差不多就是同义词，这也不算错；但本书中的很多人物则身处其他的战争舞台，比如东部战线、阿尔卑斯山、巴尔干半岛、东非和美索不达米亚等地。大部分人物也很年轻，只有二十来岁。

这二十三个人物里，四个将会死于战争，另有两个沦为战俘，还有两

---

* 中文版根据2010年英文版译出，原有二十个主要人物，又收录作者为中文版特别撰写的人物恩斯特·冯·莱韦措（万之译）以及英文版未选录的人物，即文学家卡夫卡与穆齐尔（郭腾坚译）。故此版主要人物总共为二十三人。——万之注

人被誉为英雄，而还有两人的结局是沦为肢体不全的残骸。其中不少人，在战争爆发的时候欢迎它到来，但战争也逐渐教会了他们去厌恶战争；有些人从一开始就厌恶战争。其中有一个名副其实地发疯了，被送到精神病院，而另一个则再也不能听到一声枪响。尽管命运不同，角色各异，属于不同民族，但这些人全都可以被一个事实统一起来，即战争从他们那里夺去了什么：青春、幻想、希望、人性或者生命。

这二十三个人物大都亲身经历了富有戏剧性和可怕的事情，尽管如此，本书聚焦的是战争中的日常生活。在某种意义上，这也是一段反历史，因为我寻求的是把这个无论如何具有史诗性的事件放回到那种最细小的原子一般的成分，也就是说每个单独的个人及其经历。

我非常高兴，现在这本书在中国出版中文版。

皮特·恩格伦
2016 年 6 月 29 日于海纳维村 *

---

* 海纳维是作者出生成长的小村，位于瑞典中部乌普萨拉省境内，离作者任教的乌普萨拉大学不远。作者每年夏天仍回这里度假。——万之注

人物介绍

书中主要人物、他们的战时职务以及在大战展开之时的年龄，按照出场顺序排列：

劳拉·德·图尔切诺维奇	一名波兰贵族的美籍夫人，三十五岁。
弗朗茨·卡夫卡	奥匈帝国劳保局职员，三十一岁。
艾尔芙莉德·库尔	德国女学生，十二岁。
萨拉·麦克诺坦	苏格兰救援人员，四十九岁。
罗伯特·穆齐尔	奥匈帝国国防军少尉，三十三岁。
恩斯特·冯·莱韦措	德国海军中尉，二十七岁。
理查德·施通普夫	德国公海舰队水兵，二十二岁。
帕尔·凯莱门	奥匈帝国军队里的匈牙利骑兵，二十岁。
安德烈·洛巴诺夫-罗斯托夫斯基	俄国工兵，二十二岁。
芙萝伦丝·法姆伯勒	俄军里的英籍护士，二十七岁。
克雷斯滕·安德烈森	德军里的丹麦士兵，二十三岁。
米歇尔·科尔代	法国公务员，四十五岁。
艾尔弗雷德·波拉德	英国步兵，二十一岁。
威廉·亨利·道金斯	澳大利亚工兵，二十一岁。

勒内·阿诺	法国步兵，二十一岁。
拉斐尔·德·诺加莱斯	奥斯曼军队里的委内瑞拉骑兵，三十五岁。
哈维·库欣	美国军医，四十五岁。
安格斯·布坎南	英国步兵，二十七岁。
威利·科庞	比利时空军战机飞行员，二十二岁。
奥利芙·金	塞尔维亚军队里的澳大利亚驾驶员，二十八岁。
温琴佐·达奎拉	意大利军队里的意裔美籍步兵，二十一岁。
爱德华·穆斯利	英军里的新西兰炮兵，二十八岁。
保罗·摩内利	意大利阿尔卑斯山地军团骑兵，二十三岁。

肖 像

艾尔芙莉德·库尔——德国女学生,十二岁。

萨拉·麦克诺坦——苏格兰救援人员,四十九岁。

理查德·施通普夫——德国公海舰队水兵,二十二岁。

帕尔·凯莱门——奥匈帝国军队里的匈牙利骑兵,二十岁。

安德烈·洛巴诺夫 - 罗斯托夫斯基——俄国工兵，二十二岁。

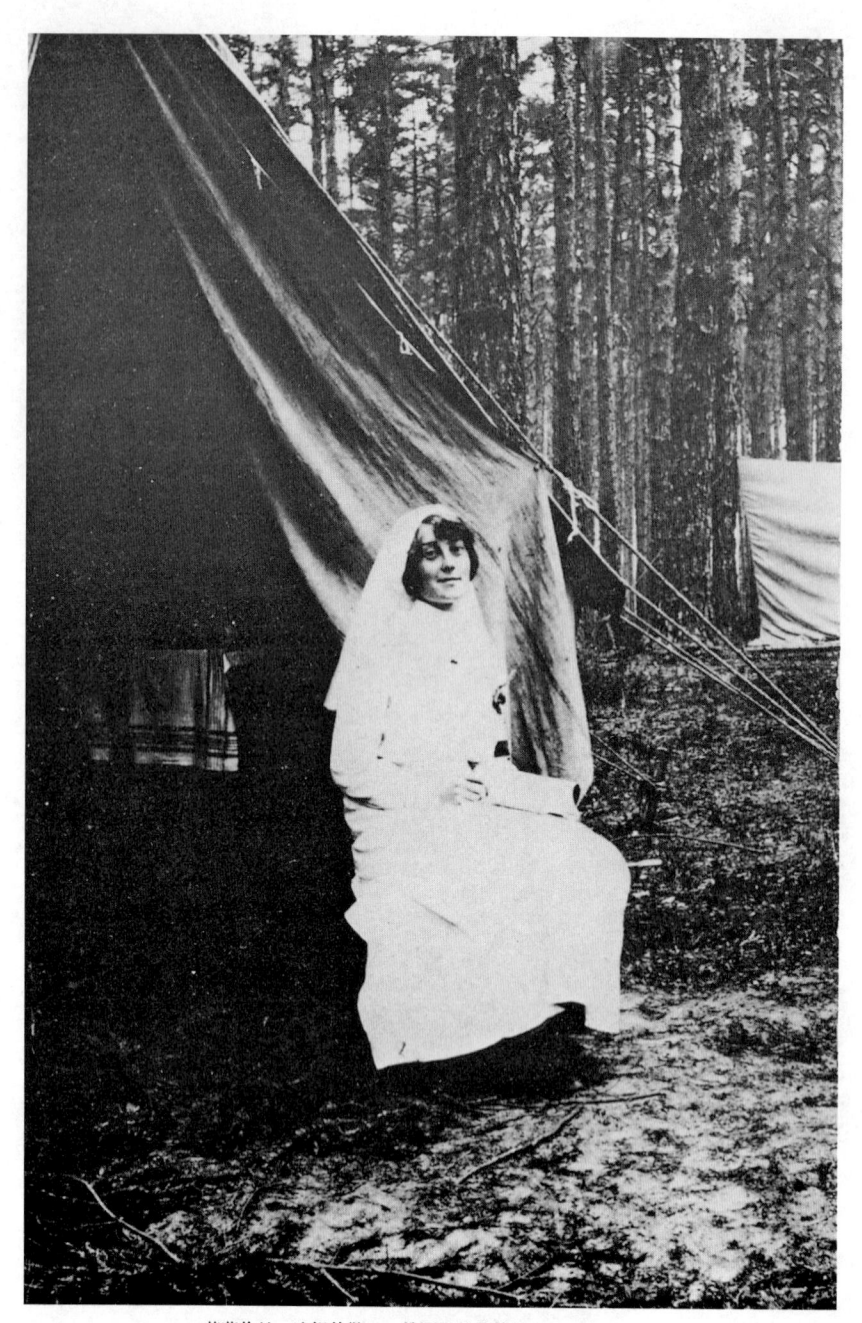

芙萝伦丝·法姆伯勒——俄军里的英籍护士,二十七岁。

克雷斯滕·安德烈森（左）
——德军里的丹麦士兵，二十三岁。

米歇尔·科尔代
——法国公务员，四十五岁。

艾尔弗雷德·波拉德
——英国步兵,二十一岁。

弗朗茨·卡夫卡
——奥匈帝国劳保局职员,三十一岁。

威廉·亨利·道金斯
——澳大利亚工兵,二十一岁。

勒内·阿诺——法国步兵，二十一岁。　　　罗伯特·穆齐尔——奥匈帝国国防军少尉，三十三岁。

拉斐尔·德·诺加莱斯——奥斯曼军队里的委内瑞拉骑兵,三十五岁。

哈维·库欣——美国军医，四十五岁。

安格斯·布坎南——英国步兵，二十七岁。

奥利芙·金——塞尔维亚军队里的澳大利亚驾驶员,二十八岁。

威利·科庞
——比利时空军战机飞行员,二十二岁。

温琴佐·达奎拉
——意大利军队里的意裔美籍步兵,二十一岁。

爱德华·穆斯利——英军里的新西兰炮兵，二十八岁。

保罗·摩内利
——意大利阿尔卑斯山地军团骑兵，二十三岁。

劳拉·德·图尔切诺维奇
——一名波兰贵族的美籍夫人，三十五岁。

1 9 1 4

上战场,不是为了金银财宝,不是为了祖国或荣誉,也不是为了杀敌,而是为了锻炼自己,为了强健自我,磨炼意志,砥砺操守。这是我想上战场的原因。

——克雷斯滕·安德烈森

1914 年大事记

6月28日　奥匈帝国斐迪南大公夫妇在萨拉热窝遇刺。

7月23日　奥匈帝国向塞尔维亚发出最后通牒。

7月28日　奥匈帝国向塞尔维亚宣战。

7月29日　俄国动员部队支持塞尔维亚，准备攻打奥匈帝国。

7月31日　德国要求俄国停止动员，但俄国置之不理。

8月1日　德国动员部队，俄国的盟友法国也跟进。

8月2日　德国部队进入法国与卢森堡。俄国部队进入东普鲁士。

8月3日　德国要求比利时允许德军穿越其国境，但遭到拒绝。

8月4日　德国入侵比利时。大英帝国对德国宣战。

8月6日　法国部队进入德国殖民地多哥兰。

8月7日　俄国入侵德属东普鲁士。

8月13日　奥匈帝国入侵塞尔维亚。行动最后失败。

8月14日　法国部队进入德属洛林，但被击退。

8月18日　俄国入侵奥匈帝国的加利西亚省。

8月20日　布鲁塞尔沦陷，德军往南朝法国推进。

8月24日　协约国展开对德国殖民地喀麦隆的侵略行动。

8月26日　坦能堡战役展开。俄国入侵东普鲁士的部队被击退。

9月1日　兰堡战役展开。奥匈帝国在这场战役中打了大败仗。

9月6日　英、法在马恩河上展开反攻。德国进军巴黎的攻势遭遇阻挡。

9月7日　　　奥匈帝国第二次入侵塞尔维亚。

9月11日　　所谓的"奔向大海"争先战在西线展开。

9月23日　　日本对德国宣战。

10月12日　　佛兰德斯系列战役打响第一枪。

10月29日　　奥斯曼帝国以德国盟友的立场参战。

11月3日　　俄国入侵奥斯曼帝国的亚美尼亚省。

11月7日　　德国在中国占据的青岛被日本与英国的部队占领。

11月8日　　奥匈帝国第三次入侵塞尔维亚。

11月18日　　奥斯曼帝国在高加索展开进攻。

11月21日　　英军占领美索不达米亚的巴士拉。

12月7日　　第二场华沙争夺战展开。

1914年8月2日，星期日
劳拉·德·图尔切诺维奇在奥古斯图夫一早被人吵醒

她能想象的最糟糕的事情是什么？她的先生病倒、受伤，甚或已经死了？还是他在外面有了别的女人？

这是个完美的夏天。天气完美——炎热、晴朗，夕阳美丽无比——他们还搬进了一栋刚盖好的夏日别墅，别墅坐落在美丽的奥古斯图夫森林里的湖畔。孩子们已经在这里玩了好几天。在6月短促的白夜里，她和她的先生经常划船到湖上欣赏日出。"一切都极为平静优美……宁静的生活充满了简朴的乐趣。"

必须一提的是，所谓的简朴其实是相对于她以往的生活而言。那栋大别墅装潢得极为华丽，她身边随时都围绕着仆人与家佣，这些佣仆都住在另外建造的附属建筑物里。（两个五岁大的男孩都有各自的保姆，六岁大的女孩则有她自己的家庭教师。孩子们外出都搭乘一辆特制的两轮轻便马车。）他们往来的对象都是那个地区地位最崇高的贵族家庭，先前的冬天则是在法国的蔚蓝海岸度过。（回家的旅程又快又简单：欧洲各国的国界都可轻易跨越，不需要护照。）他们拥有好几个住处：除了这栋夏日别墅与位于苏瓦乌基的大房子之外，在华沙还有一间公寓。娘家姓布莱克韦尔的劳拉·德·图尔切诺维奇过着备受呵护而且舒适的生活。她看到老鼠会吓得尖叫，也害怕打雷声。她为人端庄，生性害羞，对于下厨一窍不通。

在一张拍摄于前一年夏天或更早时间的照片里，我们可以看到一位快乐、充满自信又满足的女性，蓄着一头棕褐色的头发，身穿长裙与白色上衣，戴着一顶大遮阳帽。照片中的这位女性习惯于富裕平静的生活，而且是质量稳步提高的生活。她绝不是唯一有这种感觉的人。尽管有些动荡不安以及远方乱象的传言，但她都选择不予理会。她也不是唯一做出这种选择的人。

所以，这真的是个完美的夏天，而且距离结束也还有好一段时间。他们今晚原本要举办一场盛大华丽的晚宴。可是她的先生到底在哪里呢？他到苏瓦乌基去工作了好几天，本来昨天就该到家，以便准备宴会事宜。他们为他延后了晚餐时间，可是他却没有回来。他会到哪里去了呢？她等待着，眺望着。还是不见人影。她已经有好长一段时间不曾这么担心过了。究竟发生了什么事？她一整夜翻来覆去，直到天快亮的时候才睡着。

窗户上传来一阵猛烈的敲击声，劳拉惊醒了。

这时是凌晨四点。

她立刻跳起来去回应，以免敲击声吵醒孩子们。她看到窗户下有个人影。在昏昏沉沉之间，她的第一反应是那是一个要去市场的仆人，也许需要什么东西——例如钱或是采购指示。等她走近，才讶异地发现那是她先生的男仆扬，他脸色苍白、表情严肃地站在外头。他递了一张卡片给她，上面是她先生的字迹。

她看了卡片上的文字："宣战了。马上带孩子们过来。吩咐仆人打包你想带的东西，今天就赶紧出发。"

这天，弗朗茨·卡夫卡在日记中写道：

> 德国对俄国宣战了。午后，我还去伏尔塔瓦河畔浴场。*

1914年8月4日，星期二
艾尔芙莉德·库尔看着第一四九步兵团离开施奈德米尔

  夏日夜晚，空气温暖，远方隐约飘来音乐声。艾尔芙莉德与她的弟弟待在他们位于阿尔特班霍夫大街17号的家里，但他们听得到外面的声音。声音慢慢变得越来越大，于是他们意识到有事发生了。他们冲出门外，沿着街道跑向有如堡垒般的黄色火车站。车站前方的广场上挤满了人，电灯也都亮了——艾尔芙莉德觉得，栗树的叶子在那单调的白光照耀下，看起来仿佛是用纸做成的。

  她爬上隔在车站大楼与广场之间的铁栏杆。音乐声越来越近。她看见一列货运列车停在3号站台旁等待着。她看见火车头冒着白烟。她看见车厢的门开着，从门口可以窥见车上那些仍然穿着便服的后备军人，他们正要搭车去参加动员会。那些人上身探出车窗外，笑着挥手。同时，音乐的声音也越来越大，回荡在夏夜的空气中。她的弟弟大喊："他们来了！第一四九步兵团来了！"

---

* 这座私人浴场是在河边用浮木桥围起木造码头建成的，旁边还有一座建筑物，内有更衣室、餐厅与其他房间。从卡夫卡父母家就可以望见这座浴场。孩提时代，父亲就常带他到此游泳。他热爱游泳，泳技极佳。

所有人等待的就是这个：第一四九步兵团，这座城镇自己的部队。他们正要前往西部战线。"西部战线"——这是个刚出现的新词，艾尔芙莉德还是今天才第一次听到。这场战争的对手是俄国人，对不对？大家都知道。德军的动员令是为了响应俄军的动员令，而且大家都知道俄国人很快就会发动攻击。*这个来自东方的威胁在波美拉尼亚居民的心头萦绕不去，而施奈德米尔的居民也不例外。俄国边境距离这里不到一百五十公里，而且从柏林通往柯尼斯堡的铁路干线也穿越这座城镇，所以恐怕这里会很自然地成为东方那个强大敌人的攻击目标。

正如那些在笨拙的摸索当中跌跌撞撞地把欧洲引入战争的政治人物和军事将领，施奈德米尔的居民也面临着和他们差不多的情况：信息虽然有，却几乎总是不够完整或来得太慢。因此，欠缺的事实只好由臆测、推断、盼望、恐惧、偏执、阴谋论、梦想、梦魇与谣言来填补。就像欧洲大陆上其他数以万计的城镇与村庄，这些日子以来，施奈德米尔对外部世界的印象，也是由这类模糊不清又不完全真实的元素所构成，其中尤以谣言最多。艾尔芙莉德·库尔今年十二岁，是个活泼好动而且头脑聪明的女孩，有着黄棕色的头发和绿色的眼睛。她听说法国飞机轰炸了纽伦堡，埃谦里附近的一座铁路桥遭到了攻击，俄军部队正开往约翰内斯堡，俄国特务在柏林试图刺杀皇储，有个俄国间谍企图炸毁城镇边郊的飞机工厂，一个俄国特务企图以霍乱病菌污染公共水源，还有一个法国特务企图炸毁库朵河上的桥梁。

这些传言全都是子虚乌有，但这是后来才知道的事情。就目前而言，大家似乎什么都愿意相信，而且越是难以置信的谣言越吸引人。

施奈德米尔的居民和大多数的德国民众一样，都认为这是一场防御

---

* 确实如此，在月底之前，就已经有两支俄国部队踏上了德国领土。

性的战争，一场别人强加在他们身上的战争。他们别无选择，只能把仗打完。如同其他城镇与村庄的居民，不论是在塞尔维亚、奥匈帝国、俄国、法国、比利时还是在大英帝国，人们的心中一样充满了恐惧和希望，同时正义感爆棚，认为自己面临着一场与黑暗力量的重大较量。这种激昂的情绪席卷了施奈德米尔、德国，甚至整个欧洲，无一事无一人能够幸免。不过，我们眼中的黑暗，在他们眼中却是光明。

艾尔芙莉德听到弟弟的喊叫之后，接着就亲眼见到了一排接着一排的士兵健步走来，他们身穿灰色制服，脚上穿着未鞣皮的浅色短靴，背上扛着大背包，头戴包覆着灰色布料的尖顶盔。一支军乐队在前方带头。当他们走近车站前那一大群民众时，乐队随即演奏起所有人都耳熟能详的曲调。士兵齐声高唱，到了副歌部分，围观的群众更是立刻跟着唱了起来。洪亮的歌声如同雷声一般，在这个 8 月的夜里响彻云霄：

> 亲爱的祖国，请放心，亲爱的祖国，请放心，
> 看那挺立不懈的卫兵，莱茵河上的卫兵！
> 看那挺立不懈的卫兵，莱茵河上的卫兵！ *

空气中回荡着鼓声、踏步声、歌声与欢呼声。艾尔芙莉德在日记里写道：

> 接着，第一四九步兵团列队涌上站台，像是一道灰色的大浪。每个士兵身上都有花环，有的挂在脖子上，有的别在胸前。枪口都插着翠菊、紫罗兰与玫瑰，仿佛他们打算用花来射击敌人。士

---

* 自从 19 世纪中叶以来，《莱茵河上的卫兵》这首歌曲就有如德国的非正式国歌。

兵的表情都很严肃。我本以为他们会欢欣鼓舞，满脸笑容。

不过，艾尔芙莉德确实看到了一名面带笑容的士兵——一名她认得的中尉。他叫舍恩，她看着他向亲人道别，然后从人群中推挤而过。她看见旁观的众人拍着他的背，拥抱他，亲吻他。她想对他大喊："你好，舍恩中尉！"可是她不敢。

乐声嘹亮，人们在头顶上方挥舞的无数帽子与手帕连成了一片海洋，载运着后备军人的那列火车响起哨声，缓缓开动了，围观众人欢呼着，呐喊着，挥动着他们的手。第一四九步兵团也将在不久之后离开。艾尔芙莉德从栏杆上跳了下来。她随即被淹没于人群里，觉得自己几乎无法呼吸。她看见一名哭红了双眼的老妇人，以撕心裂肺的嗓音尖叫着："小保罗！我的小保罗在哪里？至少让我看看我儿子啊！"裹挟在无数条胳膊与大腿之间的艾尔芙莉德并不知道保罗是什么人。惊吓之余，或者纯粹只是庆幸自己在这片激动混乱的影像、声响与情绪当中总算有个能够集中注意力的焦点，艾尔芙莉德于是立刻祈祷起来："神啊，求求您保佑这个保罗，让他回到那个婆婆身边！求求您，神啊，求求您，求求您，求求您！"

她看着士兵列队走过，她身旁的一个小男孩透过栏杆伸出手，以恳求般的声音说道："士兵哥哥，士兵哥哥，再见！"一名身穿灰色制服的士兵伸手握住小男孩的手："再会，小弟弟！"所有人都笑了起来。乐队奏起《德意志高于一切》的旋律，群众中有些人跟着唱了起来。一列装点着花朵的长列车冒着烟驶入1号站台。随着号角声响起，士兵立刻陆续上车，咒骂声、笑语声与命令声此起彼伏。一名急着赶上其他人的士兵从站在栏杆后方的艾尔芙莉德面前经过。她鼓起勇气，向那名士兵伸出手，害羞地咕哝了一声："祝你好运！"他看向她，微微一笑，在经过时握了一下她的手:"后会有期,小女孩!"

艾尔芙莉德的目光跟着他,看着他爬上其中一节货车车厢。她看见他转身望向自己。然后,火车颤动了一下,开始前进,先是缓缓移动,接着速度越来越快。

欢呼声震耳欲聋,士兵的脸都挤在敞开的车门口,花朵飞过空中,广场上的许多人突然哭了起来。
"后会有期!我们很快就会回家的!"
"别害怕!我们很快就会回来!"
"我们会回来和妈妈一起过圣诞节的!"
"好,好,好——要平安回来!"

前进的火车上传出激昂的歌声。她只听到了副歌的一部分:"……在家里,在家里——我们将会团聚一堂!"然后,火车就消失在夜色里,消失在夏夜那片温暖的黑暗当中。

艾尔芙莉德满怀感动。她走路回家,努力忍着不让泪水流出来。她一面走,一面把被士兵握过的那只手举在身前,仿佛那只手上有什么极为珍贵又脆弱的东西。她爬上灯光暗淡的阶梯,回到阿尔特班霍夫大街17号,在门廊上匆匆亲吻了一下自己的手。

萨拉·麦克诺坦在乡间度过一段开心的长假之后,于今天,8月4日,回到伦敦。今年的夏天异常炎热,而且她和她的朋友所享有的平静完全没有受到打扰。(他们在割晒牧草的时节听闻了巴尔干半岛上的刺杀案,但随即就把这件事情抛到脑后或是压抑在记忆里,不然就是纯粹把那则消息视为一个发生于遥远地区的不幸事件——虽然令人遗憾，却总是每隔一阵子就免不了发生类似的事情。）她写道：

> 根本没人相信有可能会开战，直到大家从8月份的银行假日回来，看见士兵在车站和家人道别。即便到了那个时候，这一切仍然带有一种不真实的感觉，以至大家难以体悟到事情的真相。我们看见妇女对着离开的男人挥舞手帕，并且将婴儿抱到火车车窗前让爸爸亲吻……我们不禁屏住气息，不是因为恐惧，而是因为震惊。

1914年8月初
罗伯特·穆齐尔目睹战争热潮席卷柏林

他很快就注意到城里急速变化的气氛：民情激愤，群众开始集合起来，滔滔不绝的爱国演说，妇女简单、朴素的穿着。"被认定无法上前线服役的人们，以卧轨表示抗议。威廉皇帝纪念教堂的阶梯上，平信徒在赎罪与代祷礼进行时，开始祷告起来。"

他是三十三岁的罗伯特·穆齐尔，身材矮小，身体稍微前倾，头发稀少，有点儿面无血色，眯着眼，眼皮厚重。他在半年多前和妻子玛尔塔搬到柏林，只为圆梦。一如其父，穆齐尔受过完整的工程学教育，拥有博士学位，智力过人，极具天赋，却因为作家与自由写作领域诱人的条件，转而开拓这条未知道路。他的心性属于文学、艺术、心理学与哲学。然而，他的文学生涯实在不怎么突出。他发表过几篇短篇小说，现正着手创作一部戏剧，但进展相当缓慢。穆齐尔搬到柏林，是因为文学杂志《新评论》*的评论员工作。他也在为不同的报刊撰稿。夫妻俩住在夏洛特堡，摩森街64号。最近，他们才刚从叙尔特岛的海滩度假归来。

工作令人不满，文学事业显然将停滞不前；他严厉、无情地检视自己的文章，觉得简直毫无可取之处。穆齐尔陷入了危机。或许，这就是战争对他具有吸引力的原因？一种解脱、逃离？

发生在他周遭的一切，令人既沉迷又恐惧。咖啡店的爱国歌曲只让他觉得厌烦。今夜，他目睹如下景象：

……街头，一个人朗诵着报纸的特别报道，一群人围着他，一辆有轨电车试图从中缓缓驶过。那位二十多岁的高大男子狂热地挥动手中的拐杖，大声吼道："停车！我说，停车！"他的眼神俨然像个疯子。精神病患者简直如鱼得水了，过着比谁都充实的人生。

然而，再过几周，穆齐尔就要回到奥地利老家，志愿从军服役。即使他智力过人，天性冷静又懂得保持距离旁观，但面对扩散开来且日益高涨的情绪，他最后还是把持不住："战争像疾病一样朝我袭来，比发烧还厉害……"

---

* 穆齐尔的才能还包括洞察与发掘他人的文学天赋。当年稍早，他认识了一位来自布拉格的年轻劳保局职员，名叫弗朗茨·卡夫卡。穆齐尔尝试说服该杂志的编辑部刊登这位默默无闻的文人所写的一篇中篇小说，名为《变形记》。故事围绕着一个年轻人发展：他一觉醒来，发现自己变成了一只巨大的甲虫。

1914年8月5日，星期三
恩斯特·冯·莱韦措跟随"埃姆登"号前往青岛

昨天他们射出了最初的炮弹。更精确地说是十二发炮弹。今天一切又平静下来，至少表面看是平静了。那十二发炮弹，包括两发空弹，其精确落点是北纬35度5分，东经19度39分。所有最初的炮弹都是落在这个纬度上。这些炮弹的射击意味着欧洲大战的战火蔓延到了亚洲。

他们现在又掉转方向，在朝鲜半岛和济州岛之间朝西航行。这段海域还是不平静，但是昨天的大雨和几乎风暴一样的强风已经停息了。

这艘军舰名为"埃姆登"号，是一艘轻型巡洋舰，通常驻守在德国占领的山东青岛，隶属于德国海军东亚分舰队。这艘军舰漆成了很漂亮的白色，黄色的舰桥，三个高大的、漆成黄色的烟囱。两根主桅杆和六座小炮塔也都漆成了黄色。甲板上铺了红褐色的油毡布。因为船身优雅的线条，这艘快速的军舰得到了"东方天鹅"的美称。

昨天的炮弹射击在相当程度上是象征性的，但是对牵涉到的各方而言还是颇有戏剧性，但几乎不能称得上是一场战斗。既无人员伤亡也没有物质损失。实际发生的情况是他们追逐一艘巨大但并无武装的俄国客轮"梁赞"号。借助警告性的射击，"埃姆登"号迫使这艘客轮就范。"梁赞"号现在是和"埃姆登"号平行地航行，只是比后者靠前一点儿，并由登上这艘客轮的一支德国部队控制。"埃姆登"号的舰长，卡尔·冯·米勒，已经决定要驰回青岛，一方面是因为在俄国客轮上还有平民，有妇女，必须尽快释放他们——理所当然的事情；另一方面，"梁赞"号客轮巨大而且快速，在这艘船上安装几门大炮，就可以成为一艘

可用于海战的护卫舰。*

第二天早晨，济州岛已经消失在他们的身后。上午十点左右，他们看到北方的地平线上出现了一团烟雾。(这团烟雾跟随着他们。)十二点左右的时候，他们与两艘蒸汽船相遇。(后弄清楚对方是日本船，因其属于中立国船只，就相安无事地放行了——理当如此。)下午四点左右，他们看到东方又出现了一团烟雾，而且在他们的前方往西航行。(他们保持高度警戒状态。因为这可能是俄国或者法国的战舰。因此他们把自己的航线也稍微往南调整。)下午五点左右，先后两团烟雾都朝朝鲜湾的方向消失了。(他们把自己的航线改回往西直奔青岛。)然后就开始供应晚餐了。

"埃姆登"号餐厅里用餐的海军军官中，有一个军官浓眉大耳、下巴方正、嘴唇小而坚定，他的姓名是恩斯特·冯·莱韦措。他是一个二十七岁的职业军官，九年前就加入了德国海军，从去年12月开始就在"埃姆登"号上服役，负责指挥两座船尾炮塔。他出身于一个古老的贵族家庭——而这在德国海军里恰恰不无优越之处，这里比陆军要更尊重传统和惯例。

这场战争的到来是件让人非常意外的事情。当然，自从萨拉热窝的那次暗杀发生以来，这几周里他们也收到了来自德国和海军司令部的很多电报，得到很多信息和指示，可这场危机从来没有很清楚的方向和很明显的内容——谁能相信这样的事情也真会发生呢？在青岛，这个夏天异常地温暖，令人愉快——气候宜人是这里的众多优点之一。填满夏天生活的是通常的混杂内容，有穿白色热带水兵服的舞会、射击练习、各种饭局、武器保养、补充给养、餐厅生活、赛马、机器保养、列队游行、内务检查、操

---

* 该客轮后来确实被装备成了军舰。五天之后，"梁赞"号改名为"鸬鹚"号离开青岛，但在穿过中国南海而并无什么战功的巡航之后，终于因为燃煤紧缺而被迫让美国当局扣押在关岛。1917年美国参战时，客轮被它自己的船员故意弄沉。沉船残骸现在是相当受欢迎的潜水目标。

练、招待会、宴会、集合、郊游、体育活动、洗海水澡和各种派对，很多很多的派对。而且，这一切丝毫都没有考虑到战争。

如果说对未来有什么考虑的话，那么多半是计划经过上海沿长江做一次例行巡航，或者就是如大家期望的回德国老家。不过，到了上个星期五，船上开始做作战准备，装载大量弹药和煤炭，还把所有人员召集到船上，把所有不必要的东西，比如礼物、家具、地毯、窗帘等都全部拆除，这个时候大家才完全清楚地意识到，真会发生什么严重的事情了。因为一般的总动员意味着和俄国开战，而东线与俄国开战也意味着西线和法国开战；这就是现在同盟国和军事时间表的逻辑：巴尔干半岛的一场地区性小型战争正在扩大成为欧洲的全面战争。就是那个晚上，他们熄灭了灯火，悄悄溜出还是灯火闪烁的青岛码头。

今天这个夜晚，船上的气氛很不错。他们充满自信，豪迈而又强大。他们会尽到自己的职责。晚饭之后，所有军官都在尾甲板集合，那里的甲板上撑起了一大块帆布做的遮阳篷。天气无比晴朗，大海平静无波。这是一个温暖、美丽的夏夜。（很容易想象那个场景：白兰地酒杯觥筹交错，雪茄烟香雾缭绕，服务生的高跟鞋敲打着甲板，一派完成了某种共同伟业之后的得意气氛。）

一个在无线电收发室里值班的中尉出现在甲板上。他刚刚接到通知：英国对德国宣战了。

聚集在尾甲板上的人顿时悄然无声。

尾甲板上弥漫在冯·莱韦措和他的同事们中间的这种沉默无语，也许既是一种诧异，又是一种困惑，但也是人在面对一种全新的形势，甚至是一个全新的世界时，脑子和思想突然必须做重新调整而有时候会出现的那种停顿。

与英国开战？一方面看，这里面有一种明显的不可抵抗的逻辑：还有什么别的强权会如此尽力阻挡德国赢得它在"阳光下的地盘"？这个地盘首先是用殖民地、市场和帝国的特权拼写出来的。而从另一方面看，这是嫉妒——这是双方互相投射到对方身上的双重的嫉妒，从长远看就扩展成了对自己的镜中图像的一种恐惧，嫉妒的面具后面其实也隐藏了一种羡慕和佩服，一种争取和对方一样的要求。*在德国公海舰队里，这种与英国寻求共性的渴望特别明显，在其他地方就没有这么明显。英国的皇家海军当然是德国海军军官的伟大楷模，一个被爱慕的敌人，一个比任何其他范例都更应该模仿、追求和战胜的榜样。†他们和英国舰队里的同行关系良好，礼节性的互访非常频繁。这艘军舰的舰长冯·米勒将军在英国皇家海军里有很多朋友，在 6 月中旬还有一艘英国装甲舰到青岛做客，那个时候只有宴会、足球友谊赛和开心的玩笑，说是在这样的客访之后，不可能再互相开战。哈哈哈，呵呵呵。‡

和英国开战？这就改变了其作战前提，完全改变了。德国东亚分舰队对付俄国和法国的对手还有一些成功的希望。但还要加上一支英国舰队？那获胜最终是不可能的，至少在东亚地区没戏。这个新的敌人不光在数量上明显占优势，而且还部署了一个扩展到整个世界、完全占上风的海军基地系统，而德国只在这里拥有一个港口——青岛。冯·莱韦措和其他军官都是优秀的专业人士，知道得很清楚，良好的海军基地是海战中制胜的一个关键因素。

---

* 也许这样就可以部分地解释，为什么英国参战的消息在德国引发了巨大痛苦，这也是一种感到被英国背叛了的情绪。

† 写过关于 20 世纪早期各国海军装备的复杂问题的书多到可以放满几层书架，但可以肯定地说，很少有其他的事情会像德国建立新式而强大的公海舰队那样，在英国这边制造出了如此多的敌意和怀疑。理论上有可能德皇威廉二世自己也相信，一个强大的海军会有威慑作用，因此能维护和平。但一切都指明，德国海军发展计划收到的是一种直接抵抗的效应。同时，德国的殖民野心不可否认要以一支公海舰队为前提。

‡ 大约在同一时间，一支英国护航舰队也访问了德国北部海港基尔，而威廉二世本人亲自迎接。除别的原因外，他自然也很愿意让人想到他实际是英国维多利亚女王的外孙。

和英国开战？在亚洲这里也或多或少会自动触发和英国盟友日本的战争，而日本是另一个咄咄逼人的国家，不仅有自己建立帝国的勃勃野心，也有一支庞大的经过战争考验的舰队。一场欧洲大战因为英国登上舞台而即将扩大成为世界大战。一切都在加速。

暮色已经降临。"埃姆登"号穿越波浪和夜色朝青岛驰去。所有人的神经都已经完全绷紧。也许英国人已经在等待他们？在暗淡下来的军舰后方盘旋着绿色且闪烁荧光的水波的尾巴，这是奋力工作的螺旋桨激扬起来的。有些人认为他们看见了灯光或者流星——或许那里还有敌人的舰艇？还有人让大家警惕的鱼雷艇——但后来证实那些只是中国帆船。无线电收发室收到了来历不明的信号，但没法破译——这也许来自英国人？信号强度表明，不管是谁发出的信号，发的是什么，他们都在很接近的地方。

但没有发生任何事情。

他们在黎明时分到达青岛。

这个港口有一点儿难找，因为整个城市都隐蔽在黑暗中。

1914 年 8 月 6 日，星期四
弗朗茨·卡夫卡在布拉格聆听爱国演讲

由马匹拖曳的加农炮座沿着宽阔的大街一路下行，行经轻轨电车。金属撞击的当啷声，伴随着好几种语言的欢呼声，且抛掷着鲜花。然而，卡夫卡没有随着众人高喊。他拒绝牵连其中。他为什么要被牵连其中？精神病奈何不了他，但力量仍然强大，无法使他完全不受影响。一如往常，他又被那诚实坦率的疑虑影响，不只质疑周遭环境，更质疑自己：

> 我觉得自己在碎裂中停置。像艘空船，虽然完整，却被放在碎片中；或是虽置于完整里，却已碎成片段。举目所见，净是谎言、仇恨与嫉妒。净是无能、愚蠢与狭隘。净是懒散、衰败与脆弱……我在自己身上只发现心胸狭隘与犹豫不决的特质，嫉妒、仇视参加战斗的人，全心全意愿他们不得好死。

家族中，已有多位男性受征召入伍。好处是：他终于可以搬出父母家，接收姐夫参军后姐姐被迫搬离的公寓。坏处是：大哥保罗也收到动员令了，所以他必须负责管理家中那小小的石棉工厂——"布拉格赫尔曼石棉工厂"*。他已经受够波希米亚王国劳保局的工作了。通常，他早上八点上班，整个上午都坐在办公室里。他的职位很高，顶着"法学博士"与"主任秘书"的头衔，负责的工作可谓至关重要：制订风险溢酬金，解决与态度顽强的公司的法律纠纷，调查工伤事件，探访工作场所，撰写劳工保护报告书。†他非常能干，备受夸赞，已升迁数次，在位于天花板挑高的二楼办公室上班，几乎就在主任办公室旁边。卡夫卡则将整个下午的时光都投入他唯一感兴趣的事：文学。但是，现在该怎么继续下去？不过，他早已下定决心："无论如何，我要不计一切代价地写作。这是自我保护的奋斗。"

---

* 这家工厂名称虽响亮，实际上只是位于自家后院的小工坊，员工约有二十人。然而，家族一开始还是对发展抱有愿景；20世纪初，石棉曾被称为"神奇的纤维"，一度出现小幅度的荣景。

† 就在这一年，卡夫卡所撰写的关于促进矿场工作安全的报告出版。以他的才能、责任感与负责的职务内容，他其实应该获得更高阶的职位；但极有可能因为他的犹太裔背景，他无法获得拔擢。在那个时期，能在半私人性质的劳保局工作的犹太人其实屈指可数。奥匈帝国的犹太人假如不愿放弃自己的宗教而改信基督教，基本上无法在政府部门任职。

1914

使他对欢呼声免疫的，还不仅是演练到炉火纯青的疑虑；他社交圈里的人多是和他一样说德语的犹太世俗知识分子，几乎没人相信大战一触即发，不管他们认为战争是威胁还是某种宣誓。欧洲的和平已维持了四十多年，不断积累的财富、科学的发展与科技的进步，使大战看起来——套句卡夫卡最要好的朋友、文学家马克斯·布洛德的话说——"就像永动机或不老泉一样，根本是愚蠢的想法"。

这种态度，很容易使卡夫卡与布洛德物以类聚。并且使他们无法想象不可能的事；也让他们在各种口号与澎湃情绪即将喷发时，觉得若有所失。才几个星期前，卡夫卡还在浴场惬意地度假，他刚订婚，计划辞去职员工作，搬到柏林，专事写作。

现在，一切全化为泡影。

这些不可思议的事发生在他周边，他却能保持无动于衷，还有一个重要原因：他绝大部分的精力，都用来处理和菲丽丝·鲍尔的婚事，这些令人失望的个人琐事。这是他所选，却非他所愿。他想要有个家庭，却又视独处为最重要的东西。菲丽丝在柏林一家留声机公司工作，她有着太多卡夫卡所欠缺的特质：务实、开朗、外向、充满活力。但菲丽丝想为两人构筑布尔乔亚的生活，对此他却深感厌恶。打从一开始两人的关系就像支奇异的舞蹈。*当菲丽丝后退、表示兴趣索然时，他却大献殷勤、坚持、渴念憔悴。她一响应他那含意复杂的姿态，他又立刻踌躇不前、暧昧着，甚至恐惧起来。此刻，这段感情再次破裂，婚礼的计划全盘取消。他的感觉，既像解放又像被击败。在清醒的大半时间里，他脑中只想着她。菲丽丝，菲丽丝。

当天稍晚，卡夫卡驻足观望一场爱国示威游行，在日记中写道：

---

* 由于菲丽丝住在柏林，两人的关系更容易变得如此。两人在两年前初次邂逅。

市长在致辞。先是听不见,而后又出现,随后又是这句德语的欢呼:"吾皇万岁!"我站在那里,眼中满是怒火。这种行伍,就是战争所造就的最恶心的结果。这些德裔或捷克裔的犹太商人都只是为了私利,才不是为了他们高声喊出的那位皇帝。他们当然能集结许多人,一切都计划好了,每晚都要重复,明天和星期日还要再来上两次呢。

1914年8月20日,星期四
理查德·施通普夫在"黑尔戈兰"号战舰上抄写一首诗

理查德·施通普夫深感心烦意乱。又是一次宣战,又一个国家与德国的敌人结盟,这次是日本。在当前这种变动不定的状况下,越来越多的战争投机分子纷纷把握机会为自己攫取利益,通常是借机占据领土,而东京的统治者正是率先这么做的一群人。日本已向柏林的外交部发出最后通牒,要求德国将所有军舰撤出亚洲,并且将德国的殖民地青岛交给日本。*

施通普夫怒火上冲,不禁涌出一串带有种族歧视的谩骂言语:"只有这些黄皮细眼的亚洲鬼子才敢提出这么无耻的要求。"不过,他确信驻扎在亚洲的德国部队会把这些"偷盗成性的黄皮猩猩"彻底教训一顿。

---

* 青岛位于山东半岛沿岸,在19世纪末被割让给德国,作为数名德国传教士在中国境内遇害的赔偿。(直到今日,德国在青岛留下的影响仍然明显可见,因为中国质量最佳的啤酒就酿造于这里。)日本对亚洲大陆怀有无穷无尽的帝国主义野心,不但早就对俄国与中国发动过战争,而且这项要求更表明了日本进一步扩张的计划。但日本在表面上借口声称,此举乃是为了善尽该国于1902年与大英帝国建立英日同盟的义务。日本部队早在1914年8月中旬就已准备对青岛发动攻击,这比该国发出最后通牒还早了一周。

理查德·施通普夫是德国公海舰队里的一名二十二岁的水兵。他出身劳动阶级，入伍之前当了两年的铁板工人。不过，他也是虔诚的天主教徒、一个基督教工会的会员，还是坚定的民族主义者。如同其他许多人，他对战争的爆发也感到喜不自胜，原因之一是德国终于能够与背信弃义的英国人好好把账算清楚：他认为英国在这场冲突中选边站的"真正原因"，是他们"嫉妒我们的经济发展"。"但愿上帝惩罚英国"是部队里有些人一进门的标准问候语；对方则必须回应："他会惩罚他们的。"

施通普夫头脑聪明，怀有狂热的爱国心，对事喜欢追根究底，而且充满偏见。他擅长音乐，也热爱阅读。从他的照片中可以看出他是个皮肤黝黑、神情严肃的年轻人，拥有一张椭圆形的脸，两眼相距颇近，还有一张小而坚决的嘴。这一天，施通普夫在海上，在易北河口的"黑尔戈兰"号战舰上。他自从入伍以来，就一直在这艘船上服役。*战争爆发的那一天，他也在这艘船上。

理查德记得他们入港之时，船上的气氛相当低迷，因为他们在海上航行期间没有收到任何令人振奋的消息——他听到不少人埋怨说："声势搞得那么大，结果什么都没有。"不过，没有人获准上岸，所有人都奉命忙着装载弹药以及卸除"非必要物品"。傍晚五点半，发出了"全员上甲板集合"的信号，于是所有人都列队站好。接着，船上一名军官手里拿着一

---

* 1909年于基尔下水的"黑尔戈兰"号，是战前海军军备竞赛的产物，因为这是一艘直接对应英国的"无畏"号而建造的军舰。"无畏"号在当时是全世界体积最大、威力最强的战舰，其蒸汽涡轮、装甲与重武器乃划时代的创举；一夕之间，先前所有的铁甲船都因为它而沦为过时的产物，全世界的海军战略家也因此将预算限制抛在脑后。"黑尔戈兰"号的装备与"无畏"号同级，装甲甚至还比"无畏"号重了一点。这是因为德国战舰的预期航行范围不像英国船只那么远，因此节省下来的燃煤重量即可用来提供额外的保护。配备了12门30.5厘米口径大炮的"黑尔戈兰"号，是德国公海舰队中最现代化的战舰，并且其姐妹舰"奥斯特弗里斯兰"号、"图林根"号与"奥尔登堡"号共同将众人的期望提得极高——不论是一般民众、海军将领、"黑尔戈兰"号本身的船员，还是德皇威廉二世，尽皆如此。所有人都知道昂贵（而且愚蠢）的公海舰队计划是德皇最心爱的计划，而且这项计划在战争爆发前几年已开始推行，这是导致德国与大英帝国走向武装冲突之路的原因。

张纸，语气严肃地宣布陆军与海军都必须在当晚动员："你们都知道这代表什么意思——开战了。"船上的乐队随即演奏起爱国歌曲，所有人都"满腔热情地"跟着唱了起来。"我们的喜悦和兴奋之情无可遏抑，一直延续至深夜。"

在那欢庆的气氛当中，已明显有一种不对称感。一股巨大的情绪获得了释放，而且所有人似乎都不由自主地跟着那股情绪前进。举例而言，施通普夫以得意的语气指出，许多长期以来借着猛烈批判威廉二世时期而成名的激进作家，现在也写出了充满极度爱国精神的文章。被这股高涨的情绪所淹没的一个问题就是，他们为什么要打仗。如同施通普夫，许多人都认为自己知道这场战争"实际上"是为何而打，也相信自己发现了"真正的原因"；然而，这个"实际"而且"真正的原因"却早已被开战的事实掩盖了。战争本身已然成为目的，而且也不再有人谈论萨拉热窝事件。

施通普夫认为有些抨击敌人的宣传未免过火，例如他刚在一家商店里看到一张品味低劣的明信片：画面中描绘了一个德国士兵把一个敌军士兵按在大腿上打屁股，而且那个敌军士兵还向后面排队的同志们说："别挤了！每个人都轮得到。"此外，还有街上的孩童所编的热门歌谣，载运士兵的火车车厢都被人用粉笔写上了这首歌谣的歌词："每颗子弹打中一个俄国佬，每把刺刀刺中一个法国佬，每一脚都踢走一个英国佬。"*不过，另外有些宣传则是令他深觉感动，例如热门作家奥托·恩斯特在民族主义报纸《日报》上发表的一首诗，提及德国已与七个国家开战。施通普夫深为这首诗所吸引，而将其一字不漏地抄写在他的日记里。其中两节的内容如下：

---

* 这首歌谣还有另一句歌词："每一巴掌都扇到一个日本鬼子。"当时出现了许多这种愚蠢的歌谣。

啊，我的德意志，你想必极为强大，
极为健壮，
所以才会没有人胆敢独自向你挑战，
而必须另外再找六个帮手。

德意志啊，你的心性想必极为正直，
行事极为高洁，
所以才会受到最有权势的伪君子的痛恨，
英国人也才会气得脸色发白。

这首诗的结尾则是：

杀死恶魔，从上天摘下
人类的七个胜利花环，
七个不朽荣誉的太阳。

  这些宣传性质的煽动言辞与过激语调其实不具备太多意义。实际上，尽管德国和其他国家之间无疑有些利益上的冲突，却没有任何一个问题真的必须借由战争才能解决，而且这些问题也绝对没有严重到非诉诸战争不可。这场战争之所以无可避免，纯粹是因为人们这么认为。不过，既然战争的原因模糊不清，也缺乏明确的目标，自然只能仰赖宣传伎俩里的那些迎合大众喜好的夸大言辞。

  理查德·施通普夫对这些言辞照单全收并陶醉其中，体积巨大而且船身漆成灰色的"黑尔戈兰"号则在水上微微摇晃，等待着一展身手的时机。敌人连一个影儿都还没有，船上也因此弥漫着一股迫不及待的气氛。

1914年8月23日，星期日
恩斯特·冯·莱韦措在马鲁古海看见海豚

现在他们在路上了。大局已定。"埃姆登"号在九天前和东亚分舰队其他舰艇分开了。其他舰艇集结起来开足马力朝东航行，驶向南美，驶向合恩角，最终是希望到达德国；而"埃姆登"号单独朝南方驰去，经过马鲁古海开往印度洋。分舰队其他舰艇的目的是回到祖国去，而"埃姆登"号的目的是尽可能扰乱英国的海上运输，要尽其所能，也要尽量拉长时间。*

这艘船已经做好了作战准备。甲板上散乱地堆放了备用的煤炭。军官餐厅里也做了大清理，拆掉了所有美轮美奂的家具，不是扔进海里就是扔到锅炉里烧掉了。有一面墙壁上打出了一个洞，以便搬运大炮。在炮塔周围，还有后甲板上冯·莱韦措的作战岗位炮火指挥舱外面，以及其他一些地方，都挂上了厚厚的由棕绳编织而成的毯子，既是为了做额外防护，也是为了伪装。

天气很不错。昨天他们经过了赤道。自从俘获"梁赞"号以来，他们还没有发射过更多炮弹，甚至都没有看到过什么敌方的商船。

每天他们吃的东西都千篇一律：肉罐头和米饭。通常的早餐：牛奶汤。香烟已经抽完了，不过还有很多的葡萄酒。炎热有时也让人感到压抑。但甲板上的气氛始终不错。一种惊险刺激的感觉让他们全都感到眩晕。他们相信自己的军舰——"埃姆登"号作为分舰队速度最快的舰艇久已闻名，

---

* 这完全取决于补养问题，更准确地说，是取决于煤炭供应情况。预计青岛港会很快被封锁，在没有其他基地的情况下，德国东亚分舰队开往南美是为了到那里的中立港口购买煤炭，然后回德国。这也是"埃姆登"号被单独派往印度洋的原因：在该地区不同支援舰上的煤炭资源仅够供应一艘军舰。

而且他们也相信自己的舰长，那个瘦瘦的、少言寡语的冯·米勒。大家都知道，他军纪严明，一丝不苟。每个星期日，还有随军牧师主持的祈祷活动。做完礼拜之后，军官们总是聚集在一起喝杯波尔特甜酒，在餐厅里打几圈桥牌。每逢德国法定节假日一定会认真庆祝，由乐队来演奏《德国颂》，大家一起为皇帝和祖国山呼万岁。仪表和清洁也是非常重要的。这次航行中他们雇了三个中国洗衣妇，一日不停地在甲板下劳作，保持所有官兵的制服整洁。船上的这三个中国人知道发生了什么事情吗？这是大可怀疑的。

舰长冯·米勒也明显地严格遵守这场战争的规则。只有参战国家的船只，他才会拦截下来彻底检查。这样做，在这个早晨也使他们陷入了一种进退两难的困境。他们拦截住了一条来历不明的货轮。大家都希望有好的收获。等他们靠近了对方，才看清楚这是一艘日本的蒸汽船，走马尼拉到澳大利亚这条航线的。今天当然也是日本就有关青岛问题对德国发出最后通牒到了期限的日子，所有人都知道德国不可能接受东京提出的条件，所以在中国土地上和日本开战已经是不可避免的事情。但纯粹从形式上看，这两个国家还未正式交战，也不会在几小时内就宣战，所以冯·米勒下令让这条船平安无事地通过了。这就是战争规则。一是一，二是二，不能乱来。

到了晚饭的时候，他们闯入了一大群海豚中间。"尽管海豚数量很多，也许有上千条，但它们排成一条笔直的线劈开水面，好像是在列队大游行。在不止一刻钟的时间里，我们尽情观赏了这些表皮极具装饰性的动物大行军。"

当太阳就要落到地平线以下的时候，瞭望台上的水兵看到远处有轮船的灯火。"埃姆登"号小心地避开了。他们很快就能到达印度洋了，在这之前他们不希望被人发现。

负责炮火的官兵在甲板上睡觉，就睡在他们的大炮旁边的吊床上。

这是一个繁星满天的晴朗夜晚。

1914年8月25日，星期二
帕尔·凯莱门抵达哈利奇的前线

一开始，他一直难以摆脱错觉，总觉得这只不过又是一次演习。这一切都始于布达佩斯，帕尔记得别人如何看着他把行李搬上出租车，以及他穿着轻骑兵的制服——红色长裤、蓝色上衣、淡蓝色刺绣短大衣与长筒皮靴，艰难地穿过东站密密麻麻的人群，好不容易挤上火车，在走道里找到了一个可供站立的空间。他记得那些哭泣的妇女，其中一人差点瘫倒在地，幸好有个陌生人及时搀住了她。随着火车缓慢开动，他看到的最后一幕景象是一个老翁跟着火车奔跑，想再看他儿子最后一眼。

经过一段燠热但不算太难过的旅程，他抵达了塞本，一如往常，他先向他所属的轻骑兵团报到。接待他的那个人连看都没看他一眼，只对他说他该到哪里去。当天午后，在明亮的8月阳光下，他前往厄法卢的动员中心，被指定与一名农夫同睡一铺，一如往常。

接下来，又是一连串例行性的活动：领取装备，包括马匹与马鞍；领取薪资；还有一场冗长的日常事务汇报，不但冗长得令人难以忍受，而且举行汇报的房间也热得让不少人都昏了过去。

然后，情势开始出现了变化。

首先是一次夜行，登上一列等待着他们的火车。接着是一场缓慢的旅程，他们在每一个车站都受到群众的热烈欢迎。"音乐、火把、葡萄酒、地区代表、旗帜、欢呼——军队加油！加油！加油！"然后他们下了火车，开始首次行军。尽管如此，还是没有任何真正的战争征象，远处没有传来枪炮声或任何别的声响。这场行动仍然有可能只是一场演习。温暖湛蓝的天空下，散发着马粪、汗水与牧草的气味。

帕尔·凯莱门，今年二十岁，生于布达佩斯，在那里上过拉丁文学校，还在后来成名的指挥家弗里茨·莱纳手下演奏过小提琴。就许多方面而言，凯莱门堪称是20世纪初期中欧都市里的典型人物：游历甚广，学识丰富，风度翩翩，玩世不恭，品味高雅，孤冷高傲，但对女人难以抗拒。他上过布达佩斯、慕尼黑与巴黎的大学，甚至还短暂就读过牛津大学。当他们策马进入奥属加利西亚的主要城镇史坦尼斯劳的时候，作为轻骑兵部队里年轻帅气的中尉（还有什么能够比一位匈牙利轻骑兵中尉来得更帅气？），他满脑子想的都是女人，而不是战争。只消看一眼当地的女人，他就可以知道这是一座乡间小镇："皮肤白皙，非常白，而且眼神明亮如火。"（他认为自己看得出这项特点，是因为相比之下，都市女人的眼神都比较困倦、黯淡。）

直到他所属的骑兵师抵达哈利奇之后，认为这场行动可能只是演习的遐想才终于遭到了粉碎。

在前往哈利奇的途中，他们遇见了逃亡的农民与犹太人。镇上充满忧惧惶惑的气氛，而且据说俄国部队距离当地不远。凯莱门在日记里写道：

我们睡在帐篷里。半夜十二点半警报突响！俄军已来到城镇前方。我想大家都有点儿害怕。我匆匆套上衣服，冲到帐篷外集合。道路上，步兵都列队挺立着。炮声隆隆作响。前方约五百米处传来此起彼伏的步枪声。汽车沿着公路疾驶而过。车辆的乙炔灯在史坦尼斯劳通往哈利奇的道路上排成长长的队伍。

我从站岗的卫兵之间爬过篱笆，跨过路堤的沟渠。我所在的排等我到了之后，就立刻整鞍备马，准备接受进一步的命令。

天亮之后，镇上的人纷纷涌出，形成长长的人龙。有人搭乘板车，有人走路，有人骑马。所有人都各自设法逃命，也都尽力携带他们能带走的东西。每个人的脸上都布满了疲惫、沙土、汗水与恐慌，举目所见尽是沮丧、痛苦、患难。他们的眼里满是惧怕，一举一动也都显得胆怯不已：巨大的恐惧压迫着所有人。他们扬起的尘土仿佛附着在他们身上，无法飘散。

我躺在路旁，难以入睡，眼睁睁看着这幅有如炼狱般的景象。甚至还有军用马车混在其间，原野上则可见到撤退的部队、打了败仗的步兵、与部队走散的骑兵。他们中没有一个人的装备仍然齐全。疲惫的人群涌过山谷，打算逃回史坦尼斯劳。

凯莱门躺在路旁目睹的景象，就是入侵的俄军与守军初次发生血腥混乱的冲突所造成的后果。如同身在其中的其他人，他对实际发生的事情也只有模模糊糊的理解。许多年之后，才有人将种种印象汇集起来，将之称为兰堡战役。不过，不需要参谋部提出完整报告，大家也看得出奥匈帝国的军队打了一场大败仗，不仅规模极为庞大，而且完全出乎意料。

1914 年 8 月 28 日，星期五
劳拉·德·图尔切诺维奇在苏瓦乌基遇见一名德国战俘

劳拉根本不了解这场战争，更遑论对战争的爆发感到欣喜。她和其他许多人一样，觉得这场战争就像自然灾害，是一场无从理解的可怕悲剧，突如其来地降临在他们头上。

但她也注意到，原本的恐慌在不久后就转为一种古怪的兴奋情绪，甚至连她也受到了影响。波兰人与俄国人之间自古以来的纷争似乎消失得无影无踪。当前的气氛可从一件事情当中看出来：在8月初的某个夜里，有谣言称战争可能不会发生，结果竟然令人微微感到一阵失望。（大英帝国对于参战显然颇为迟疑，圣彼得堡的统治者因此惊慌不已。）

今天是劳拉·德·图尔切诺维奇的三十六岁生日。在这之前，她的人生一直有如一场世纪末的美梦。她出生于加拿大，成长于纽约，是一位天分过人的歌剧演唱家，曾在大都会歌剧院及其他地方演出过。她为了"读书、演唱……以及玩乐"而搬到欧洲，在拜罗伊特与慕尼黑获得成功（她精通德语），并嫁给了一位迷人的波兰贵族，一位蓄着两撇翘胡子、拥有教授头衔与庞大财产的男子。她的先生是戈兹达瓦伯爵，名叫斯坦尼斯劳·德·图尔切诺维奇。他们在奥匈帝国的克拉科夫结婚，她为他生育了三个子女。因此，就出生地来看，他们的三个子女是奥匈帝国皇帝的子民，她的先生是沙皇的子民，她自己则是英国国王的子民。在8月之前，根本没有人会注意这些区分；但现在，却有许多人满脑子想的都是这些事。

战争的气息正向人们逼近。战争爆发之后一个星期，有一天他们在清晨的微光下被一阵隐隐约约的隆隆声吵醒，听起来像是瀑布的声响。那是成千上万名俄军步兵行进的脚步声，他们是保罗·冯·伦嫩坎普夫指挥的第二军当中的部分兵力，即将前去侵略邻近的东普鲁士。尽管才一大清早，小镇上所有的人却纷纷出门，以食物、饮水及其他礼物迎接疲惫的部队。跟劳拉与她先生有往来的许多俄国上层阶级家庭，都已离开这里返回家乡。已经有人见到来自前线的伤兵。苏瓦乌基遭到轰炸——一架德国飞机在几天前从上空飞过，随机抛下了几颗小炸弹，镇上激动不已的男人拿猎枪对着那架飞机射击，但毫无效果。从前线回来的马车上，偶尔可以看到载运着从德国人住宅劫掠出来的财物。

尽管如此，战争仍然只是一种抽象的概念，只是一件发生于远处的事情。至少对劳拉而言是如此。他们全家都回到了苏瓦乌基，住在公路附近的那幢大宅邸里，她自己也仍然过着地主贵妇的舒适生活，身边环绕着美丽的家族珍宝、取用不尽的美食以及一群恭顺的仆人。她在当地协助成立一所私人小医院，她的先生还没受到征召。

有位移动战地医院的护士在今天前来拜访她。他们刚从前线来到这里，药品已用罄，人员也都疲惫不堪。他们正常的医疗负荷量是一百五十张病床，由三名医生与四名护士照顾原本绰绰有余，但是近来发生于东普鲁士的激烈战斗导致伤兵大增，远远超出了他们的负荷能力——那位护士估计伤兵数约有七百人。劳拉可以帮忙吗？可以，当然可以。

劳拉前往战地医院所在的棚屋。她一走进门，即可听见好几百人焦虑的低语声。她四处观看，走进一间间挤满了伤兵的房间，那些伤兵都还没获得任何治疗。所有东西都用光了，不论是绷带还是消毒剂。

她会说德语，因此有人要求她看看一群受伤的德国战俘——他们全都被集中在一个角落里。其中一人不断前后摇晃，一面祈祷一面要水喝。劳拉与他攀谈，他于是请求她写信给他妻子：

> 他对我说他原本是个簿记员，今年二十六岁，家有妻子儿女，还有一栋小房子；而且他这辈子从没伤害过任何人，对工作和家庭以外的事情都不感兴趣，直到前一阵子才收到一纸通知，命令他三个小时内必须到他所属的军团报到，于是他只好抛下自己的生活。"那些王公贵族吵架了，所以我们必须以我们的鲜血、妻子和儿女付出代价。"

一会儿之后，劳拉从他们那所私人小医院带了大量的医疗用品过来。军医院那些护士收到这些用品时露出的喜悦之情，在她看来几乎显得"可悲"。

劳拉在军医院走了一遭。她看见一幅景象，一开始还认不出是什么。那是床上的一个"东西"，应该是头的地方却只看得到"一团棉花和绷带，上头有三个黑黑的洞，仿佛有个小孩在那里画上了嘴巴、鼻子和眼睛"。这个"东西"突然发出声音，这声音不但一点儿都不诡奇怪异，而且还是一口受过教育的波兰语。单是这一点就令她震惊不已。劳拉仿佛天真得没想过这种事情会发生在和她一样的人身上。那声音请求面前的这个人——不论是谁——不要走开，麻烦给他一点水，一点水。劳拉走向那张床，然后再次大吃一惊。成群的苍蝇突然从床上那团包裹上飞了起来。那人的双手完全烧掉了，绷带底下散发出脓与坏疽的浓重臭味。

劳拉不禁退缩，觉得恶心欲呕又惊恐不已。她差点昏了过去。她必须离开这里。

过了一会儿之后，她鼓起勇气，回到那张床前。她帮忙为他的床挂起蚊帐，也协助一名护士为他更换绷带。那人对她说，他因为一颗炮弹在他身旁爆炸而受伤，并且在战场上躺了四天。他问自己的眼睛是不是没了。答案是："没错，眼睛已经没了。"他接着又问自己会活下去还是快死了。答案是："快死了。"他接着又要求喝水。

劳拉后来得知跟她攀谈过的那个德国战俘，那个二十六岁的簿记员，本来要被运走，却在前往火车站的路途上就死了。

同时有最初一批人在青岛战死。昨天，一支庞大的日本分舰队进入了胶州湾，到达了岸上的人视野能及的范围内，但还在德军海岸炮兵的射程之外。海岸炮兵部队已经做好准备，进入了阴冷潮湿的混凝土碉堡。今天，有一支日本陆军部队在水湾另一侧的海角上登陆了，不过此时在一个要塞，即要塞 A 内严阵以待的炮兵可以开炮了。他们也果断地这样做了，一时间弹片横飞。炮弹爆炸后形成的富有特色的白色而细长的云雾，在夏日的天空里像花朵一样盛开。后来又有一支德军巡逻队被派到海湾那边去侦察。日本人已经从那个地方逃走了。他们留下的唯一痕迹，是一些被炸死的穿浅黄色军服的士兵。

1914 年 9 月 2 日，星期三
安德烈·洛巴诺夫-罗斯托夫斯基在莫科托夫看着太阳失去光芒

现在轮到他们被派上战场了。回报的消息充满了矛盾。俄国入侵东普鲁士的行动似乎出了严重问题：伦嫩坎普夫的部队似乎正在后撤，亚历山大·萨姆索诺夫的部队更是四散奔逃。这应该不可能是真的吧？俄国侵略军在南方的加利西亚似乎比较顺利，兰堡应该也在这几天就会攻占下来。尽管北方的对德战事比南方加利西亚的对奥战事更需要援兵，洛巴诺夫-罗斯托夫斯基的步枪旅却奉命前往南方战线，共同攻打波兰边境上早已节节败退的奥匈帝国部队。*

在当下这个时刻，他们正以预备队的身份驻在华沙，宿营于莫科托夫的一片原野上。安德烈·洛巴诺夫-罗斯托夫斯基是俄军里的地道工兵，

---

* 实际上，俄国军队作战的几个战线都是独立战区，分别拥有自己的后备队、火车、补给品与作战目标，因此要临时转移资源几乎是不可能的事情，至少在俄军将领紧紧把持着自己的地盘不放的情况下是如此。

也是近卫军里的中尉——后面这项职衔不是以才能获得，而是因出身而来。他其实是个心性敏感、颇有书呆子气息的二十二岁年轻人，总是卷不离手。他最喜欢法国小说，但也喜欢历史书。洛巴诺夫-罗斯托夫斯基受过良好教育（他不久前在彼得格勒修习法律，但在尼斯与巴黎时就学过），生性容易焦虑，体格也不是特别健壮。他的父亲是外交官。

战争的爆发是令人难忘的经验。他只要一有空，就随着其他激动不已的民众赶到城里各地的报社办公室去看公告与电报。贝尔格莱德遭遇攻击的消息传来之后，激动的情绪也升至高峰：在罢工者前几天才举行过自发性示威的街道上，现在却出现了支持战争的自发性游行活动。他看着群众挡住电车，将车上的军官们拉出来，在众人的欢呼声中将那些军官扛在肩上。他特别记得的是，一个喝醉酒的工人拥抱亲吻了一名路过的军官，而引得旁观人众忍俊不禁。整个 8 月尘土飞扬，天气也异常炎热，身为中尉的他在漫长的行军路途中虽然一直都待在马背上，却也差点因为中暑而昏倒。

他还没参与过战斗。截至目前，他目睹过最惨的景象，就是不久之前驻扎于一座波兰小镇时突然发生的一场大火：一些刚受到动员召集的士兵因为一时激动并害怕遭到间谍渗透，杀害了八名犹太人，他们声称那些犹太人刻意阻挠救火的行动。* 整体而言，部队里弥漫着紧张的气氛。

下午两点，全旅在原野上的帐篷群前方集合。做弥撒的时间到了。仪式举行到一半的时候，发生了奇怪的事情——明亮迷蒙的太阳突然开始变暗：原来是一场日偏食。大多数的士兵都对这幅景象感到有点儿毛骨悚然，其中比较迷信的人更因此在心里留下"强烈的印象"。

仪式结束后，他们随即拔营，全旅的部队开始依序登上等待着他们的

---

* 他们提出一项没有证据的含糊推论，称那些人借着放火告诉德军俄国部队已来到此处。

火车。一如往常，这整个过程花费的时间比预期的还长，轮到洛巴诺夫-罗斯托夫斯基的部队时，天色早已黑了。出发之后，进展也没有变得更快。火车往南缓缓行驶，丝毫没有急迫的模样。在1914年，缓慢是火车的常态：这些载满士兵的车厢，有时候前进的速度甚至还比不上自行车。[*]实际上，铁路线上满是火车，而且这些火车在战争刚爆发的这个时期都开往同一个方向，也带着相同的目的：滚滚向前！到前线去！[†]

1914年9月某一天
芙萝伦丝·法姆伯勒在莫斯科首次目睹死亡

"我想要看他，我想要看死神。"她是这么说的。她以前从没看过死人，而且直到不久之前，甚至连卧床的病人都没看过。这点也许有些奇怪，毕竟她已二十七岁了。当然，原因是在1914年8月以前，她一直过着备受呵护的安逸生活。芙萝伦丝·法姆伯勒是在白金汉郡的乡下出生并

---

[*] 这是后勤的问题。所有部队都按照仔细规划且复杂得难以置信的时间表移动。为了计算成千上万的火车开动与交会的时间，前提就是火车的行驶速度必须在原则上固定不变，同时又因实际上的需要而不得不开得相当缓慢。有些人说在火车上常能够摘采铁轨旁的花朵，但这种说法可能是夸大其词。尽管如此，大概可以确定的是一定有些人这么尝试过。

[†] 在一项重大的军事现代化方案当中，俄国到了这个阶段已开始改善其铁路网，而真正令德国总参谋部感到害怕的，正是俄属波兰境内的铁路扩张。一支军队集结参战的速度越快，获胜的概率就越大——其理不证自明。德国的施利芬计划（实际上不是一项正式的计划，而只是一份简单的备忘录，依照俄国在1905年被日本彻底击败之后的情势所拟定）乃是基于一项前提，亦即德国能够在俄军做好作战准备之前先攻陷法国。铁路是达成这项目标的重要因素：直到1910年，俄军能够用来调动部队的火车尚未超过250列。（值得一提的是，相较之下，这时期单是科隆地区的区域性交通就已有700列火车。）不过，俄国的现代化方案让其有更多火车可供使用，而且也能够把部队载运到距离德国边界更近的地点。如果没有这项方案，洛巴诺夫-罗斯托夫斯基的旅程必然还会更加缓慢。

长大的，但自从 1908 年以来就一直住在俄国。她在莫斯科为俄国一位心脏外科名医的女儿担任家庭教师。

她对发生于 1914 年夏末的国际危机基本上算是没有知觉，因为她在那段时间一直待在她雇主位于莫斯科市郊的别墅里。回到俄国首都之后，她也和其他许多人一样充满了"年轻人的热情"。她的新旧祖国互相结合，一致对抗德国这个共同的敌人，于是这名充满活力又积极进取的年轻女子随即开始思考自己能够为这场战争做出什么样的贡献。答案很快就浮现了——她应该去当护士。她的雇主，也就是那位心脏外科名医，说服了当时一家成立于莫斯科的私人军医院接受芙萝伦丝与他的两个女儿担任志愿者。"我们高兴得说不出话来。我们虽然能力微薄，却也为国家出了一份力。"

那是一段美妙的日子。过了一阵子之后，伤兵开始逐渐出现，一次就会来个两三人。大部分的工作在一开始都令她深感厌惧，她在面对特别骇人的严重伤口时，有时候也不免畏缩。不过，随着时间过去，她渐渐习惯了这样的工作内容，医院里的气氛也非常好。空气中那股团结一致的气息，不只弥漫在士兵之间：

> 他们之间总是有着一股强烈的同志情谊：白俄罗斯人与乌克兰人相处融洽，来自高加索地区与乌拉尔地区的士兵也是如此，鞑靼人与哥萨克人也是一样。他们大多数都很有耐心，虽然承受了许久的痛苦，却对他们获得的照顾与关怀深表感激，极少埋怨。

有不少伤兵都一心想要尽快回到前线作战。医院里充满了乐观心态，不论是士兵还是医护人员都是如此。伤口很快就会愈合，那些士兵很快就会回到自己的岗位上，而且他们不久就会打赢这场仗。这家医院通常只收治伤势比较轻微的伤员，所以这可能就是芙萝伦丝虽然在这里工作了三个星期，却连一具尸体都还没见过的原因。

一天早上，她抵达医院，遇上了一名值夜护士。芙萝伦丝觉得她看起来"疲惫又紧张"，而那名护士则随口告诉她："瓦西里今天一早去世了。"瓦西里是芙萝伦丝协助照顾过的一名伤员。他虽是士兵，实际上却只是一名军官的马夫。讽刺的是，他受的伤其实不是"真正"的战伤。瓦西里被一匹激动受惊的马踢中了头部，结果外科医生为他开刀的时候又发现了另一件讽刺的事情：他患有无药可医的脑瘤。过去三个星期以来，他苍白羸弱，一直静静躺在病床上，因为难以进食而变得越来越瘦，但他倒是一再讨水喝。现在他死了，没有掀起任何骚动，就像他活着的时候一样静默孤独。

芙萝伦丝决定去看看他的尸体。她偷偷溜进充当停尸间的房间，在身后关上了门。一片寂静。瓦西里——或者说瓦西里的遗体——躺在停尸架上。他看起来：

> 非常瘦小干瘪，比较像是小孩而不像是成人。他僵硬的脸庞呈现一片灰白色。我从来没在人脸上看过这种奇怪的颜色，而且他的脸颊都陷了进去，形成两个凹洞。

他的眼睛上放着两颗方糖压住眼皮。芙萝伦丝感到心神不宁，但不是因为那具没有生命的尸体，而是因为房间里那彻底的静默。"死亡是那么寂静，一点儿声音也没有，感觉如此遥远。"她心想。她为死者做了个简短的祷告，然后赶紧离开了那个房间。

1914年9月10日，星期四
恩斯特·冯·莱韦措在孟加拉湾登上"印度河"号

大海无情，热带的风又热又闷。低矮的灰色云层遮蔽了天空。不时会有短暂的阵雨冲击这条船。但无论是下雨还是一阵阵的刮风都不会让闷热减轻。所有人都汗流不止。甲板下面的气息凝重而停滞。沿着吃水线下面的封闭舱壁滴着珠子一样的冷凝水。

"埃姆登"号现在有了两个随从。除了老支援舰"马库曼尼亚"号跟随在"埃姆登"号左舷，另外还有一艘希腊蒸汽船"彭托珀罗斯"号，是他们昨天晚上缴获的。让他们感到幸运的是"彭托珀罗斯"号上满载着印度原煤，本来是要运到英国去的。（如果不牵涉到敌国，他们就不得不释放"彭托珀罗斯"号让其继续航行。这就是战争规则。[*]）

煤炭。一切都取决于煤炭。

"埃姆登"号的锅炉吞噬大量的煤炭。它的煤炭储藏箱可容纳790吨煤，在紧急情况下也许还能在船上挤出装载约1 000吨煤所需的空间。即使在12节的正常巡航速度下，每小时也要消耗2吨煤，每天就是48吨煤。如果以23节的最高速度航行，那它每小时会消耗近16吨煤，每天约376吨。这意味着，在12节航速时足够用20天的煤，在最高航速时只够用2天多的时间。自从他们经过了马鲁古海继续往西北方朝印度洋航行，总算已经及时加过两次煤，第一次是在东帝汶北端，第二次是在苏门答腊的锡默卢岛西南。两次都是在海上装运，都是从支援舰"马库曼尼亚"号上运过来，使用的都是简陋的筐子。这是一件特别繁重且耗时的艰巨工

---

[*] 在处理这艘扣押蒸汽船时，舰长冯·米勒也坚持严格遵守战争规则。船上的希腊船长和船员现在正式被德国公海舰队雇用，可以以为各自的职务而获得报酬。

美丽与哀愁

作，特别是在闷热的热带高温下。"埃姆登"号已经变得越来越脏，锈迹斑斑，磨损得很厉害，尤其是因为这种即兴装煤的方式，还因为通常就把煤炭装在麻袋里堆在甲板上。他们也只有很少的时间再去更仔细地洗刷轮船的外表。

船上的生活遵循着那些例行常规。天天肉罐头和大米的单调饮食稍有改善，靠的是军官餐厅库房里的鹅肝酱罐头。在锡默卢岛又换成了椰子。吃饭时他们喝的多半是瓶装的矿泉水。船上的肥皂已经快用完了——尤其是因为装煤烧煤而导致的龌龊。三个中国洗衣工已经筋疲力尽，但没有足够的肥皂就很难把衣服洗干净：早先那么漂亮的白色水兵服，现在几乎都是灰色的了。（其实整艘军舰都蒙上了一层薄薄的煤灰。）军官餐厅里的地板上有一个箱子，里面是五只眼睛还没睁开的初生小猫，是船上的猫五天前的一个晚上生下来的。

但船上的气氛还是不错的，依然对未来充满希望。

早上八点钟，瞭望台报警：在北方看见烟雾。"埃姆登"号现在朝东北方航行，经过锡兰北部，正在水上交通繁忙的孟买—加尔各答航线上。这里会有英国商船，但也有英国海军舰只。当然要向全船发出警报信号。于是一片喊叫声，警报信号声，皮靴踏地的嘈杂声。这艘军舰调整航向朝烟雾方向驶去，加速，速度越来越快，达到最高速，"劈波斩浪，穿越海水"。还飞散着火星的黑色煤烟像一片羽毛挂在他们的后面。

追击开始了。

他们越来越靠近目标。但他们接近的这条船并无任何迹象要做躲避的操作。冯·莱韦措和其他军官在望远镜里仔细研究这艘来历不明的船。看起来这是一艘普通的蒸汽船，挂的是英国商船队的蓝旗。但是甲板上不是能看到一些奇怪的白色设施吗？也许这是一艘护卫舰，有隐蔽的大炮吧？即使"埃姆登"号上也有做了伪装的大炮，此外还用帆布做了一个假的烟囱，第四个烟囱，这样他们的船看起来就像一艘英国的轻型巡洋舰"雅茅斯"号了。

他们赶上了那艘船。一发警告性的炮声鸣响。德国公海舰队的旗帜升到顶，然后在"埃姆登"号前桅上打出旗语信号："停止机器。不要使用无线电。"那艘他们还陌生的船立刻就减速，停了下来。

登船部队立即准备就绪了。由恩斯特·冯·莱韦措领队。他佩带了手枪。他率领的水兵都带了子弹上好膛的毛瑟枪。他们爬下舷梯登上一艘小船，然后朝那艘还不明来历的船划过去。现在这艘船已掉转了船头，船尾顶风，这样就可以完全不动。大海也稍微平静了一些。

恩斯特·冯·莱韦措爬上了那艘船，水兵紧跟在后面。他很礼貌地通报姓名，询问一些问题，四处看了看，做了检查。当他往下看货舱的时候，简直不敢相信自己的眼睛：货舱里堆满了各种他能想到的货物。他用自己的信号灯给"埃姆登"号发了信号："蒸汽船'印度河'号，3 413吨，执行印度政府分配的任务从加尔各答前往孟买。已安装运送军队与马匹至欧洲的设备。"

又有一批水兵坐小艇登上"印度河"号，为的是把他们最需要的物资搬运到"埃姆登"号来。

搬运的工作进行了几个小时，是在笑声和欢呼声中进行的。大约到了下午四点，舰长冯·米勒下令停止全部工作。德国水兵既热情又缺乏经验，几乎把所有东西都搬运过来了。"我们的上甲板现在看上去就像一个巨大的百货公司。那里的仓库什么商品都有，或者至少是样品。有毛巾、肥皂、内衣、罐头、新鲜的肉、活鸡活鸭、酒、航海仪器、航海图、笔。"在尾甲板某个地方还有根绳子上吊了很多香肠和火腿。那里还有活猪，有一套无线电电台的设备，鸡蛋和牛奶，土豆和香烟，甚至还有晒干的烟叶、咖啡和巧克力，里面有白兰地夹心的巧克力。那里还有望远镜、油布雨衣、蓝色的丝绸做的日本和服，以及一捆捆的写字纸——用粉红色的缎带捆在一起的。

因为这份巨大的战利品，特别是食物和肥皂，大家都喜气洋洋。船上的气氛好到了极致。

于是到了执行下一个步骤的时候。"印度河"号必须弄沉。

船上的气氛立刻就变了，笑声和欢呼声静了下来。

理所当然，"印度河"号上的船长和船员——大部分是印度人——都得到充裕时间收拾他们自己的私人财物，搬到了"埃姆登"号的支援舰"马库曼尼亚"号上。（这些也都是战争规则。一是一，二是二，对的就不能搞错。）不过，这样的事情他们过去从来没有做过，也就是说，把船弄沉这样的事，而且是这么漂亮的一艘船。

一支负责把船弄沉的队伍坐小艇划到了现在空空的漂浮着的蒸汽船上，爬上了甲板，然后又回到"埃姆登"号上。船底的塞子现在都已经打开了。

大家都看着。起先好像什么都没发生。前甲板和尾甲板的炮塔得到命令朝"印度河"号开炮。冯·莱韦措也参加了，发布开火的命令。一炮，两炮，三炮，炮弹射进了那艘空船的船身。显然也没有用。"埃姆登"号往前靠近，到了只有一两百米的距离，又发射了三发炮弹。"印度河"号慢慢地开始动起来：

它朝一侧倾斜，被灌入了大量海水。然后就船头朝下栽去，在一声轰隆隆的巨响中沉下了海底——真是令人毛骨悚然的一幕。被压出来的空气发出雷鸣一样隆隆的声音，也有大量的杂物被喷射上来，桅杆折裂，倒在水面上的时候击打出巨大的水花。

"埃姆登"号上一时几乎无声无息，人人都感到震惊。没有人欢呼，没有人说句笑话。然后大家摇了摇肩膀。就是这么回事吧。这不就是他们的任务吗，是他们必尽的义务。"战争就是战争！"

"埃姆登"号及其两艘随从舰继续航行，朝加尔各答驶去。太阳落山了。这个夜晚平安无事。

青岛和山东沿海一个多星期风雨交加的天气，在这天开始变得晴朗起来。在这个城市内部，大家都知道日本军队已经在龙口登陆，而龙口只在青岛北边一百多公里的地方。他们用船运来了成千上万的步兵、骑兵和重型装备——特别是重型火炮——现在这些将会使得他们的进攻明显容易得多。（至于这些军事行动是在一个中立国家的土地上，这点他们就根本不在乎了。他们只会把中国方面的抗议当作耳旁风。）很快，第一批日本部队就会在青岛附近露面了。当然，保卫青岛的德国军队也已经在碉堡里严阵以待，满怀自信，甚至几乎是期待敌人的到来。一个德国炮兵在日记里写道："大家都松了口气，他们终于来了。"

1914年9月11日，星期五
劳拉·德·图尔切诺维奇逃离苏瓦乌基

天亮了。苏瓦乌基的街道两边是低矮方正的房屋，但街上却空无一人。会不会是虚惊一场？几乎所有人都在无望地祈祷着——其实更像是在自我欺骗:"不会发生在这里",或者"他们会略过这个地方",或者"我们大概不会受到影响"。那些无穷无尽的谣言有可能只是一厢情愿的想象,只不过经由口耳相传而变得像是真实故事一样。所以,近几个星期流传着形形色色的消息,有人说柯尼斯堡已被攻陷,也有人说俄军已进逼柏林,种种说法不一而足。

不过,一如往常,其实没有人真的知道前线的状况究竟如何。

一长列一长列的马车来来去去。增援部队从镇上穿行而过。不时也有飞机飞过上空,抛下炸弹或宣传单。有时候,还可看到成排身穿灰色服装的德军战俘拖着脚步行经这里。不过,交通量在这几天有显著增加,而且昨天首次出现了事情进展得不太顺利的征象。首先是一大群农民从东普鲁士边界附近的偏远地方逃到了这里来:"男人、女人、小孩、狗、牛、猪、马,还有板车,全部混杂成一团。"接着,他们开始听见一种先前没听过的可怕声音——远处传来的枪声。有人说那只是哥萨克骑兵猎捕叛逃军官的声音而已。人总是可以怀抱希望嘛,对不对?

当天晚上倒是一片平静,从乡下来的逃难者也都离开了。

从他们那幢大宅邸后方的窗户,可以清楚望见环绕在城镇周围的平原,还有通往东普鲁士的干道。早上六点,劳拉看见一大群马车缓缓驶来。马车上满是伤员,而且那些伤员对他们说,前线已经陷落,俄军正在撤退。他们该怎么办?离开苏瓦乌基,还是继续待在这里?

现在是上午十一点。劳拉迟疑不决,满心惶惑,觉得孤单无助。她的先生斯坦尼斯劳因为公务而身在华沙。她询问了几个高级官员。她想发电报,却发现电报线已经断了。在百般不愿的情况下,她终于决定他们应该在天黑之前离开苏瓦乌基。

午餐时间,她和孩子们一起坐下来用餐,并且环顾了餐厅一眼:

这个奇特的老房间看起来多么漂亮，楼梯通向高窗，地毯颜色柔和，餐桌上铺着精致的桌巾，摆放着精美的银器与玻璃制品。

接下来的事情发生得非常快。首先，他们听见步枪开火的声音，响亮而清楚，"仿佛就在房间里面"。然后是大炮的轰隆声响，一会儿之后则传来瓷器摔破的碎裂声。正要把汤端上桌的仆人因为惊恐而不小心把盘子与汤碗摔落在地上。一时之间，所有人都没有出声，接着小女孩哭了起来。

屋里一团混乱。劳拉不断下达指令——他们所有人必须在十五分钟内出门。家庭教师负责照顾孩子，劳拉自己则是忙着打包贵重物品——金币、卢布钞票，还有她的珠宝盒。屋外的枪炮声越来越大。所有人都漫无头绪地东奔西跑，抓取、撕扯、尖叫。劳拉发现自己跑来跑去，挥舞着一堆彩色丝袜，仿佛旗帜一样。

他们把所有东西装上两辆农场大车。街道上也是一片混乱。她看见运兵车；她看见手持武器的俄军士兵；她看见许多人尖叫着、推挤着、争吵着；她看见一个老妇人把一张小床顶在头上，身后拖着一只茶壶，茶壶在街道的圆石上不停跳动。"一切都乱了，如同原始人般的男男女女在无可阻挡的力量逼迫下不得不逃亡，一切礼仪习俗都遭到舍弃，仿佛那些规范从来不曾存在过一样。"

于是，他们出发了，投入那"洪流般的人潮里，许多人仓皇奔跑，身上背满了东西，像马儿一样，渐渐地，承受不了那些物品的重量了，于是把东西抛在地上，但还是不断往前走"。劳拉和孩子们以及大多数的仆人都搭乘第一辆马车，大部分的行李则是由第二辆马车载运。她回头望了屋子一眼。她认识的一位教士催促他们赶紧上路，并以十字圣号的手势为他们赐福。

他们赶往火车站。半途中，劳拉看见一个男人——他们家的一名旧识，爬上了第二辆马车，开始殴打车夫。接着，那个人把马车掉头，带走了他们所有的行李。孩子们养的白色狐狸狗达西站在行李上高声狂吠。马车与狗儿就这么消失在恐慌不已的人群当中。

那是个秋高气爽的日子。

1914 年 9 月 13 日，星期日
弗朗茨·卡夫卡思索着前线传来的新闻

秋天来了。布拉格全城笼罩在一股诡异的气氛中。最初的欢呼声早已止息，化为静默与无物。城里大部分居民是捷克人，针对这场对东方为数众多的斯拉夫民族兄弟所发动的战争，他们的态度从一开始就有所保留。现在，这谨慎的态度转为面对敌人的沉静。大家引颈企盼势如破竹的大胜利[*]，如今却一无所获。先前欢呼的群众已安静下来，陷入怀疑之中。到底发生了什么事？

关于东部与南方塞尔维亚战线上的动态，没人能得知较详细的信息；军方借由有效的检查措施，竭尽所能防止信息流出。[†]但传言、捷报的悄无声息，报纸文章被移除后留下的空白字段，以及大批涌入的来自加利西亚的难民，都间接描述着政府当局极力隐瞒的真相。

卡夫卡过着按部就班的生活。从早上八点到下午两点半，他就坐在劳保局偌大的新巴洛克建筑风格的办公室里。随后，他回到聂鲁达巷 48 号

---

[*] 这个现象其实相当寻常，各个主要参战国的民心都有这样的期待。
[†] 一如恩斯特·帕维尔所描述的，奥匈帝国的新闻检查是军方唯一能有效执行的业务范围。

的公寓用午餐，再来到石棉工厂读报（卡夫卡家所订阅的《布拉格日报》*，其当天的新闻标题如下："兰堡之战打响"；"在德国有二十万战俘"；"德军轰炸机朝南锡投弹"；"华沙被合并"；"皇帝探视伤员状态"；"教皇呼吁和平"；位于策特纳巷 20 号、营业时间为八点到十二点的路德维格·克雷培塔克小店，则贴出"冬季入伍展售会"广告，睡袋、驼毛睡毯、马裤、棉袜特价），写信、工作一下，一小时后散步回到公寓，试着入睡，九点再到父母家吃晚餐，最后才回到聂鲁达巷。（他有自行车，但一直手拄拐杖步行）那时，他真正的生活才开始，他尽己所能地写作。几星期以来，他一直在写一部小说。标题暂定为《审判》，写得不怎么样。他饱受失眠之苦，一心想远离、远离布拉格。

他试图将战争隔绝在外。"确切地说，是个外在世界的梦游者"，将自己置于"内在放逐"中。† 他的男性友人绝大部分已入伍，他也被列入第二十八步兵团第三后备连的动员名单内。但他在劳保局的上司一再力保、强调他负责的职务"无可取代"‡，使他免受征召。于是他继续和布洛德及其他年轻文友到"阿寇咖啡馆"碰面，就在中央车站附近的希伯纳路上。他也继续想着菲丽丝。

这一天，卡夫卡在日记里写道：

> 又只写了两页。一开始我以为奥地利战败的愁云惨雾和对未来的焦虑（基本上就和愚蠢的焦虑一样荒谬可笑）会完全妨碍我写作。但这没有发生，我只是一再压制那一再出现的无感。反而在我停笔时，

---

* 倾向自由主义的《布拉格日报》是奥匈帝国最具公信力的日报之一。稍后成名的埃贡·埃尔温·基希与卡夫卡的挚友马克斯·布洛德，皆为该报写手。后来，卡夫卡自己也有文章登在这份报纸上。
† 这是出自恩斯特·帕维尔的说法。
‡ 此事发生于 1914 年 8 月。

所有时间都被哀愁与伤痛占据。对战争的思绪，一再提醒我对 F[*] 的忧伤。它们从四面八方，用最使人苦痛的方式，将我一点一点啃食殆尽。我无力承受忧伤，也恐怕将死于忧伤。不消多久，当我变得更脆弱时，即便是最微小的忧伤，也足以将我击碎。

1914 年 9 月 20 日，星期日
萨拉·麦克诺坦正在前往安特卫普的路上

许多事物都变了。像交通就是一个例子。自从战争爆发以来，街道上就显得异常冷清，以前通常只有星期日才会看到这种景象。接着还有语言。各种军事术语，例如"配给""起床号""集合""动员"，都渗入了日常谈话。［许多人说到"at the front"（在前线）时，都把那几个音混成一气，变成仿佛只有一个词，即"atthefront"。］然后，还有时装的变化：突然间，女性都开始穿起军式、半军式或四分之一军式洋装，以富有想象力的方式模仿军服，例如一件过于宽松的大衣，"前襟敞开，后方还有一条大腰带"。不然至少也会戴上某种徽章或臂章，表示"我善尽国民义务"或者"我支持你"或者"我贡献己力不落人后"——就算只是为士兵编织袜子也没关系。[†]

萨拉·麦克诺坦正是这样的一名妇女。但对她来说，光是象征性或草

---

[*] 这里的 F 指的是 Felice Bauer（菲丽丝·鲍尔）。
[†] "在音乐厅与剧场中，到处都可看见打扮成海军将官或陆军上校模样的女孩，以极为标准的动作相互敬礼。"大约一年之后，萨拉·麦克诺坦写道："我觉得当今的女性都带有异常浓厚的军事色彩。"

草应付的贡献是不够的。她真心想要参与其中，包括亲临"现场"。于是，麦克诺坦采取了许多和她相同阶级与处境的其他女性所采取的方式，在8月初以来大量涌现的无数私人医疗机构当中，为自己找了个位置——她服务的机构是圣克莱尔·斯托巴特夫人的救护团。他们在伦敦的一座公园里练习，在小男孩身上仿造出几可乱真的伤口，然后他们便手脚利落地把伤口包扎起来。麦克诺坦对于自己即将离开伦敦感到很欣慰，终于能够真正把言语落实为行动。这点并不容易，因为英国军方迄今为止都一再坚拒让女性接近前线。* 尽管有许多像萨拉·麦克诺坦这样的女性纷纷投入了志愿工作，她们鼎力支持的军队却是以勉强或冷漠的态度对待她们。† 近几个月来，面对种种混乱与官样文章（不论出于真实还是想象），女性越发感到受挫，而且从她们所遭到的拒绝来看，人们根本不了解当前的情势有多么严峻。

　　萨拉·麦克诺坦是位严肃的女性。就参与这场战争而言，其实她有点太老了，她再过一个月就年满五十，而且身材娇小瘦弱；她的体型有如洋娃娃，相较之下，头则显得太大，这显然也是不适宜于参与战争的因素。不过，她完完全全是个维多利亚时代的产物，最重视的概念就是义务与原则。在她的生活方式、她的表情以及她的态度当中，不可或缺的就是——认真。她头脑聪明，信仰虔诚，不苟言笑，秉性忠诚，脾气乖戾，要求严格，慷慨大方，恪守道德，勇敢无畏。她一人独居，没有结婚，也没有生小孩，是个经济与情感双双独立的女性。‡ 她游历甚广，其中不乏

---

* 当时有个初具雏形的女性志愿者组织，是半官方的前线伤兵急救志愿分遣队。这个组织在军队规划当中虽然占有一席之地，却不受军队的预算支持，而是完全仰赖私人资金。当时英国军方对这个组织仍然深怀疑虑。

† 莎伦·奥狄特分析过这种态度背后的想法："若是征召女性，就等于是在紧急状态下赋予她们平等的地位，如此将不免打破传统上将女性呈现为战争的'他者'的刻板印象，而此刻板印象乃是'照顾家园'这种迷思赖以成立的基础。"

‡ 她的父亲是苏格兰的航运业治安官，为她留下了丰厚遗产。

艰困行程，而且她也写书。毫不意外地，她致力主张妇女拥有参政权；同样不令人意外的是，她也已准备要全心全力投入这场战争，尽管她一开始对战争爆发的反应是深感讶异，近乎震惊。不过，既然事已至此，她对投入战争的工作就不再有所迟疑。毕竟，这已成了个人义务与原则的问题。

她去车站搭乘前往海岸的火车，却因为过于激动而忘了带护照。所幸火车误点，所以她还有时间派女仆搭出租车回家去拿。她对自己犯的这个小错误深感难为情，而刻意掩饰不让其他人知道，"因为他们都是很严肃的人"。他们的目的地是安特卫普，他们打算在那里设立一家战地医院。

火车把他们载到提尔伯里，然后在那里延误了更久的时间。天露曙光后，他们的船才起航。英吉利海峡波涛汹涌。所有人都晕了船。"我想我晕船晕得最严重，惊动了我周遭所有的人。回程时我得再经历一次，以后我就不打算再离开陆地了。"她在横越英吉利海峡的航程上全程晕船不止。

1914年9月22日，星期二
恩斯特·冯·莱韦措参与对金奈的炮击

天气温暖而美好，阳光普照，大海一望无垠，波光粼粼。虽然不是星期日，"埃姆登"号甲板上挤满了赤裸或半裸的男人，都忙着把自己洗干净，换上新的白色水兵服。总算是第一次，他们可以让战争稍等一会儿了。办事仔细的舰长冯·米勒希望以这种方式让那些迟早可能会负伤的官兵减少感染的危险。

他们刚度过一段不可思议的特殊时期。在差不多两个星期的时间里，"埃姆登"号围绕着孟加拉湾航行，俘获了十艘商船。有两艘（"丹多洛"号和"多夫勒"号）是中立国家的，所以被释放了；一艘中立船（"彭托珀罗斯"号）转而为德国海军服务；其他六艘船（"印度河"号、"洛瓦特"号、"基林"号、"外交官"号、"特拉波克号"以及"马西森家族"号）是英国的，因此都被炸沉，当然在此之前船员及其财物都已经被转移到了安全地点；还有一艘船（"卡宾加"号）虽然是英国船，但也被释放了，首先是因为船长带着家眷，其次也因为船长要奉命将所有被俘的水手送到安全地点。（这些也都是战争规则，一是一，二是二，对的就该是对的。）当"埃姆登"号把船开走的时候，被释放的英国船上的水兵为他们这艘德国船喝彩了三次。

这些被俘获的船，恩斯特·冯·莱韦措个人大多数都曾经登上过，而且还执行了把其中一艘船（"特拉波克"号）炸沉的任务。这样的事情当然总是让他感觉有点儿不舒服。

除了别的渠道之外，通过扣留的报纸，他们也知道印度洋上的英国商船运输实际上已经瘫痪了[*]，而这都是因为他们，一艘单独行动的德国轻型巡洋舰。越来越多且吨位越来越重的军舰——不仅有英国的，也有法国的、俄国的以及日本的——被派来追捕"埃姆登"号，但是迄今为止，他们躲避开了所有的危险。通过同样的渠道，他们也知道，他们这艘军舰在印度洋上的横行霸道已经非常引人注目，即使在英国也如此，而且不仅仅是那种负面的报道。[†]

显而易见，战争应该是什么样子，"埃姆登"号及其舰长对所有的期

---

[*] 除了某些情况外，英国海军部自1914年9月14日起在几乎仓皇失措的情况下停止了新加坡至科伦坡的全部航运。
[†] 在英国报刊上，舰长冯·米勒还被称为真正的运动员，有"公正比赛"的精神。"埃姆登"号甚至被用于英国的肥皂广告中。因为他们从俘获的"印度河"号商船上搬走了大量的肥皂。

望做出了应有的回答：一场紧张但诚实的决斗，对手值得尊敬，也旗鼓相当，所有文明的规则都严格遵守，而某个个人的勇气和计谋能够发挥决定性的作用。不择手段和不惜一切代价的胜利，对于舰长冯·米勒和他具有贵族气质的军官同事们而言是无稽之谈。因为这样的胜利，会有什么价值呢？

最近几天，"埃姆登"号笔直地往西方航行，横穿了整个孟加拉湾，朝金奈开去。目标首先是缅甸石油公司在金奈港口里的大型油罐——这是一个合法的军事目标，因为英国舰队依赖这些油罐——再加上可能在港口停泊的舰艇。除了给敌人造成物质损失，冯·米勒也期望起到一种心理战的作用，不仅是制造出一般的恐惧感和不安全感，更重要的是为了在印度人面前羞辱他们那些英国殖民主子。（冯·米勒的最大梦想是用某种方式在这个英国殖民统治的地方引发老百姓的起义。）

当夜幕降临的时候，"埃姆登"号独自在海上破浪前进，笔直地驰向金奈，而且熄灭了所有灯火，还把伪装的第四个烟囱也竖立起来。他们毫无疑问就能找到这个目标。港口和城市都沐浴在一片灯火里，灯塔在闪烁，港口入口处的浮标都点上了灯。航线是仔细地计划好的，所以这艘船也都设定在了特定角度，这样大炮炮弹会直接落向目标，而不会飞到城市里去伤害平民。这也是战争规则。

恩斯特·冯·莱韦措站在船尾小小的炮火指挥台上，已经准备就绪。站在他身边的，是他的好朋友弗朗茨·约瑟夫·冯·霍亨索伦。气氛很紧张。他们知道金奈的港口有设防：这里有比"埃姆登"号轻型的10.5厘米大炮威力要大得多的海岸炮。而谁知道敌方是否在等着他们，又是在哪里等着他们？

在距离陆地还有差不多三千米的地方，冯·米勒下令停机。"埃姆登"号朝左舷方向转了一点儿。位置经过细致调整。朝向城市方向开炮必须避免。大炮的炮管都转向了陆地。大家都沉默不语，只有波浪涌动的声音。空气很闷热。莱韦措和其他人都紧张地用望远镜瞭望着。然后这条军舰前面的两个探照灯就打开了。两道光柱切开了夜晚的黑暗，在波浪上、在海滩的草丛中和防波堤上迅速搜索，找到了他们要搜寻的目标——油罐那巨大的圆形。时间是九点半。

大炮仔细调整了位置。第一批炮火射出。炮火忽暗忽明好像闪电，在一闪一闪之间点亮了这艘船的船头斜插向天空的形状。烟雾。黑暗。空弹壳叮当落地的声音。填装新炮弹时的嘎嘎声、摩擦声和咔嚓卡到位的声音。短暂的停顿。冯·莱韦措可以在他的望远镜里看到第一批炮弹射得太远。射程做了调整。新的一批炮火射出。闪光。烟雾。黑暗。炮弹落地的叮当声音。远处有压低了的爆炸声。从一个油罐喷出了巨大、红色的火焰。胜利的吼叫声在他们的船上升起，"仿佛他们最喜欢的球队踢进了决胜的一球"。

新的一批批炮弹射了出去。又一个油罐被击中起火了。红色的火焰冲天而起。而让冯·莱韦措不放心的还是英国的海岸炮兵。为什么他们不开炮？冯·莱韦措可以听到炮弹发射的爆炸声，也可以看到大约一百米外的水面有炮弹溅起的水花，但是谁在开炮？

一批又一批炮弹朝陆地飞去。港口里的一艘蒸汽船被击中起火了。这时传来了舰长的命令："停止射击！"大约一刻钟已经过去了。"埃姆登"号已经发射了一百二十五枚炮弹，有两个缅甸石油公司的油罐起火，火势凶猛。这就够了吧。

显然他们自己也遭到了炮击，即使从陆地射出的几发炮弹没有一发打到"埃姆登"号的附近，但是他们现在已经经过了正式的炮火洗礼。冯·莱韦措的朋友弗朗茨·约瑟夫有点儿失望："我还以为会有什么生命危险呢。"

"埃姆登"号又启动了发动机。船身开始抖动。这条军舰掉转船头,加速,迅速消失在黑夜里。在黑暗中航行了几个小时之后,他们依然还能清楚感觉到来自金奈港里油罐燃烧的红色反光。*

同一天,有一支英国海军小舰队到达了青岛东北边的崂山湾。这只小舰队包括一艘上了年纪的战斗舰"胜利"号、驱逐舰"尤斯克"号、快速的俄制巡洋舰"阿斯克尔德"号以及三艘匆忙雇用的运输船——"广平"号、"绍兴"号和"顺天"号。在这些运输船上有一个营的来自南威尔士边防军团的英国步兵,共885人,包括指挥官和所有官兵,以及雇来管理饲养所有随军骡马的292名中国人,而那些骡马是用来运输装备、给养和弹药的。英国士兵的士气非常高昂。现在正是他们在这场战争里建功立业的好机会,否则,就跟很多人料想的那样,还没等立功,战争就很快结束了。

当这支英国舰队进入崂山湾的时候,里面已经停满了日本舰艇,岸边聚集了成群的人和牲畜。日本军队正在全力备战,准备进攻那个德国占领地。一位英国舰长虽然很不情愿说日本人好话,但还是服气地写道:

> 各种各样的军用储备,从11寸口径的大炮到军用饼干都同时运到了岸上,还有骡马和运输用的大胶皮车,甚至有可以分段拆装的轻

---

* 这次攻击达到了舰长冯·米勒期待的心理战效果,在金奈引起了巨大无比的惊恐。这种惊恐一方面表现在第二天早晨成千上万金奈居民往内地逃难——火车上挤满了逃难的难民,甚至有人坐在车顶上;另一方面表现在印度人开始对英国人赢得战争的可能性产生了怀疑,当然也是对英国人的殖民政权的质疑。这次进攻的消息还在德国的外交部引起了巨大亢奋,使得煽动一般印度人叛乱的陈旧想法死灰复燃。大约一个星期之后,从柏林发出一条指令,要"埃姆登"号前往安达曼群岛,用一次突袭解放英国人关押在那里的数千名印度政治犯,将他们武装起来,送往印度大陆,希望他们在那里发动武装起义。同年10月7日这个命令被撤回。值得一提的是,这艘军舰的不同军事行动在泰米尔语里也留下了痕迹,泰米尔语里"埃姆登"这个词用来表示狡猾、富有计谋和江湖智慧。

型铁轨。那些浮动码头是建造在木桩上的,实际上整个海湾看上去就像一个蜂巢,然而一切东西都明白地分别码开,而且晾干了。这里有大量中国苦力,由几个手持棍棒的日本兵控制着,排成了一长串持续不断地移动着,把物资从海滩搬运到深入内陆一英里*的大货堆处。榴弹炮、野战炮和其他武器一到达海滩上,就被推到前线来。

英国人已经明白,他们在这里的努力也只会是象征性的了。

1914年9月26日,星期六
理查德·施通普夫协助"黑尔戈兰"号进行作战整备

在这个秋日的凌晨四点,起床号吹响了。战舰上的船员们醒来,然后就是一整个上午的忙碌。最主要的工作是必须尽快卸除三百吨煤。一如往常,军官不对士兵透露任何消息,但传言称英军舰队已经出海,有人说它已经在驶向波罗的海的途中,还有人说它已经抵达了大贝尔特海峡。施通普夫看见第一与第三分队也已入港。"有大事发生了。"

施通普夫认定卸除煤的目的是要减轻船的重量,以便能够尽快通过基尔运河。他在日记里写道:

> 全体人员一整个上午都在认真工作。到了午餐时间,我们才卸除

---

* 1英里约为1.6千米。——编者注

了一百二十吨煤，分队旗舰却发出信号："停止准备工作。"又一次大失所望。该死的英国人！不过，我们显然充分掌握了他们舰队的动向。

他接着又写道："接下来的几天以及后续的几个星期，都没有发生任何值得一提的事情。"

《新评论》在这期间刊登了一篇由罗伯特·穆齐尔所写的文章。这位奥地利作家撰写的是一种需要投入高度智力与理解力的文类：歌咏战争。穆齐尔谈到战争的美好，"四海之内皆为兄弟"的结合力，激发人类至善至美天性的能力——"忠诚、勇敢、服从、尽责、简约"。而战争的反面一点儿都不可怕：

> 死亡本身没有什么好畏惧的；生命毫无意义，一点儿都不吸引人。可以献出生命或家产的人，其实才是真正拥有生命与最富足的；这一点都不是夸大，而是一种深切的体验，难以坐视不管的原动力。爱情只是这种原动力的一小片段罢了。

这篇文章付印时，穆齐尔正跟着所属的连队，部署在意大利平静无战事的边界上，防守山区一处险要据点。他至今一声枪响都还没听过。

1914 年 9 月 28 日，星期一
克雷斯滕·安德烈森在弗伦斯堡学习如何包扎枪伤

那天很快就会来到。也许还剩一天，也可能两天，或者三天，但总之离他们上路的时间不会太久了。不过，这不只是平日在军营里经常可以听到的那种传闻。当然，军营里充满了谣言、臆测、徒劳的希冀，以及由恐惧生发的妄断。战争的本质就是不确定性，不可知则是不确定性的媒介。

不过，另外也有些明确的征象与证据。休假已完全被取消，所有人也都不得离开军营。如今，饮食规定这类无关紧要的训练与指导被缩短了时间，而改为训导当下真正必要的项目——如何包扎枪伤、野战军粮的使用规则、火车载运期间的行为准则，以及当逃兵的下场（死刑）。扼要言之，这就是义务役士兵生活的四大基石：战斗、军粮、运输与强制性。

克雷斯滕·安德烈森感到烦恼、担忧又害怕。他一点儿都不渴望到前线去。他属于这个国家的少数族群，无缘无故被卷入了自己根本无意参与的大战。面对战争散发出来的黑暗能量，他们只能满怀疑虑地呆呆望着；造就了这场战争的民族主义言论以及战争所造就的狂野欲望，他们都冷眼旁观。在这个时候，许多人都不惜为了自己仅在名义上有归属关系的国家而杀人或者被杀：阿尔萨斯人与波兰人，罗塞尼亚人与卡舒比人，斯洛文尼亚人与芬兰人，南蒂罗尔人与锡本布尔根人，波罗的人与波斯尼亚人，捷克人与爱尔兰人。* 安德烈森即属于这么一种族群：他来自日德兰半岛

---

* 值得一提的是，有些少数族群欢迎战争的到来，因为他们认为效忠国家并入伍服役是赢得尊重的一种方式。这正是许多犹太人选择的策略，尤其是在德、俄等国已经高度同化的犹太人；这种策略在德国比在俄国有效得多，因为那时德国人的反犹太心态比俄国人（或法国人）轻微得多。根据德国报纸的报道，在战争爆发之初，不少德国犹太人为了志愿从军而不惜克服重重险阻从巴勒斯坦返国。

南部,那里原是古代的丹麦领土,但现在已纳入德意志帝国五十多年,所以他的母语虽是丹麦语,但他却是德国公民。*

所有包含了大量少数族群的国家,都强烈意识到少数族群在战争期间可能造成的问题。处理这些问题主要是警方的责任,在德国的丹麦语地区就是如此。动员令才刚发布,丹麦人族群当中就有数百名被视为领袖或可能成为领袖的人物遭到逮捕。其中一个遭到逮捕的对象就是安德烈森的父亲,他在夜里被人拖上车带走了。† 战争初期几周的气氛就是那样:欢腾混杂了恐慌,期待掺和了害怕,恐惧转变成了攻击姿态。此外,当然还有谣言、谣言以及更多的谣言。

对于安德烈森而言,战争的爆发也是个特别的经验。他刚完成了一份手稿,"一本关于春天与青春的书"。这部作品其实是一首长篇散文诗,内容描写民间生活、自然与青春之爱(或者该说是对青春之爱的渴望)。这份手稿本身就算是爱的结晶,有着淡蓝色的封面、色彩高雅的装饰花样与精美彩绘的起首字母——全部出自他的手笔。他在这部作品的结尾是这么写的:"一座钟沉静了下来,接着又一座,接着又是另一座。越来越多的钟沉静了下来,钟声越来越微弱,逐渐淡去,直至寂静无声。死神,你的战利品在哪里?地狱,你的胜利在哪里?"就在他写下最后这段文字的时候,他的父亲走进房间里,告诉他说战争动员已经开始了。因此,在手稿最后的一页空白上面,安德烈森加上了这句话:"神啊,请保佑我们当中即将上战场的人,谁晓得我们什么时候能够回来!"

---

* 石勒苏益格、荷尔斯泰因与劳恩堡等公国在1864年的丹麦战争之后被纳入普鲁士。即便在当时,这些地方也拥有大量的德语人口。

† 如同初期认为到处都可能有间谍与叛徒的歇斯底里态度,这种恐慌也随着时间过去而逐渐消散,尤其是后来事实证明像安德烈森这样的说丹麦语的士兵在德国军队里服役并没有造成任何问题。于是,大多数当初遭到逮捕的人士都获得释放,包括安德烈森的父亲在内。关于德国在1914年8月间的兴奋氛围与间谍恐慌,克拉拉·约翰松在《战俘》一文里根据她自己的亲身经历写下了一段饶有趣味又深具洞察力的描述。

现在已是安德烈森穿上德军制服的第七周了。他一抵达弗伦斯堡人满为患的军营,就听闻他们将接受四周的训练,然后被派往法国。那天晚上,有一个营集体行军离开,他们全副武装,高声唱着《莱茵河上的卫兵》。接下来的几天,他们在炙热的太阳下接受了仿佛无穷无尽的操练——天气实在好得令人吃惊。在这里,安德烈森过得比他胆敢盼望的还好。他的连队虽然只有少数几个说丹麦语的士兵,但他并没有格格不入的感觉。此外,士官虽然会欺负人,军官却对他们看管得相当严格。最令他难以忍受的是,即便在休闲时间,所有人谈论的唯一话题仍是"战争,以及更多的战争"。现在,就连他也开始习于自己即将步入战争的想法,尽管他深切地想要逃避这样的命运。他的射击表现相当不错——最初几次测验的成绩分别为两次十分与一次七分。

到了这时候,已有几支分遣队动身,一面高唱军歌,一面迈步走向未知的命运。安德烈森之所以还待在军营,其中一个原因极为平常,就是因为装备短缺;另一个原因则是志愿者优先出发。他根本无意涉入这场战争,所以从头到尾不曾加入志愿者的行列。今天,他的连队在操练完毕之后,长官把他们集合起来,提出了这个问题:又有一支新的分遣队即将被派往前线,有谁要志愿加入?

所有人都争相举手——只有三个人站着没动,安德烈森正是其中之一。长官问了他为什么不举手,但没有强迫他。后来,他和另一个丹麦人造访了一个朋友,他们"庄重肃穆"地吃了安德烈森的母亲送来给他的一只鸡。那天晚上,他在日记里写道:

> 我们都已麻木不仁,在出发前往战场的途中没有流泪,也没有恐惧,但我们其实都知道自己是朝着地狱的大门走去。然而,身体一旦穿上僵硬的制服,心也不再能够依照自己的意愿跳动。我们已经不是

自己，甚至也不再是人，顶多是功能完善的机器人，毫不思索地做着种种事情。神啊，我们要是能够再次恢复为人该有多好。

战争爆发以来的炎热晴朗天气，已经为凛冽的秋风取代。一股寒冷的西北强风吹过弗伦斯堡，吹得树叶沙沙作响，树上的栗子也如下雨般缤纷洒落。

今天，萨拉·麦克诺坦在安特卫普，这里遭到德军围攻已经有两天了。炮火声不再遥远，德军的齐柏林飞艇也从上空飞过并投掷了炸弹。萨拉服务的战地医院位于市区内的主音乐厅，现在已迅速涌入了许多受伤的比利时士兵。她在日记里写道：

一百张病床上躺满了身受痛苦折磨的伤员，令人感触良多。而他们入睡时的痛苦姿态更是引人注意。有些人把头埋在枕头下方，就像被射伤的鹧鸪把头埋在秋叶下一样，另外有些人则是僵直地躺着，但所有人都显得极为孱弱憔悴。我不禁注意到，这座支柱林立的音乐厅有着装饰华美的白色舞台，与现在充斥其中的这幅苦难景象恰成鲜明对比。

凌晨两点，又有更多士兵从战场上被送到这里，所有人身上都满是泥土，于是我们又忙碌了起来。这群伤兵呆呆地眨眼望着这座音乐厅以及护士与医生，但我认为他们没有任何质疑。他们只想睡觉而已。

同一天，包围青岛的舰艇开火了。一个德国军官兼飞行员叙述道：

这天清早，我正坐在我的澡盆里让自己清醒，精神到了极佳状态，准备迎接一次长久的大战，这时我听到了最让人惊心动魄的噪声。因为我们的炮兵日夜都在积极备战状态，我对这种额外的喧闹声没有特别在意，而是把它当作我们的俾斯麦工厂制造的28厘米口径榴弹炮开火的炮声。这些大炮就布置在我住的房子的墙角，而且至今都一直为了节省弹药而保持沉默。我派我的勤务兵去看看我的飞机是否保持在待命状态。但是只过了几分钟他就气喘吁吁跑回来了，而且脸色有些发白，他报告说："长官，我们必须马上离开这个房子，我们遭到了四艘大型军舰的炮击。有一个很重的弹壳就落在飞机棚附近。不过，感谢上帝，飞机没有损伤，也没有人员受伤。不过我后来烧伤了手指。我看见那么漂亮的一大块碎弹片，忍不住就想拿来做纪念：没想到弹片那么热。不过我反正还是拿到了！"他笑嘻嘻地给我看他烧坏了的手帕，里面包着一块30厘米口径炮弹的大弹片！

1914年10月4日，星期日
安德烈·洛巴诺夫-罗斯托夫斯基参与奥帕托夫战役

大炮在天色灰暗的破晓之际再次开火。撼动大地的隆隆炮火声吵醒了安德烈·洛巴诺夫-罗斯托夫斯基，但他仍然昏昏沉沉，因为他只睡了几个小时而已。他踉跄着脚步站了起来。从他们扎营的高地上，他可以看见炮弹在远方炸裂所冒出的白色烟雾。他看着一朵朵的白烟在南方与西方的低矮丘陵上散播开来。他看到闪烁着亮光的一团团烟雾，像岩浆一样不停地流淌蔓延。他看着火舌逐渐逼近城镇,然后城镇里的房屋随即起火。惊慌失措的平民在街道上惶急奔逃。最后,奥帕托夫几乎被炮弹爆炸与房屋着火所冒出的浓烟完全淹没,只有一座教堂的高塔仍然突出于那团黑色的云雾之上。

炮火越来越猛烈。震耳欲聋的声波从两方传来:炮弹的炸裂声、步枪的噼啪声、机枪的嗒嗒声。他们看得见的东西不多,也没有遭到战火波及,但从声音判断,一场激烈的战斗显然发生在"我们周围的一片半圆形地带"。这支连队驻守在高地顶上不动,因为他们收到的命令就是"原地待命"。新的命令在十一点下达:他们必须撤退一小段距离。

半个小时后,洛巴诺夫-罗斯托夫斯基回头眺望。他在10月的天空中看见一股高高耸起的浓烟——奥帕托夫已经被大火吞没了。而且,还不只是奥帕托夫:他们所在地两侧的村庄也都已经着火。连队在道路上移动的速度越来越慢,因为路上满是惊慌不已的男女老幼,随着战斗的声响逐渐逼近而毫无头绪地到处逃窜。洛巴诺夫-罗斯托夫斯基的连队就在这里突然停住不动。

发生了什么事?原来俄军在克拉科夫南部追击奥军的行动已经取消。这是因为秋季道路泥泞,后勤保障存在问题(原本顺利而迅速的推进一旦陷入停滞,几乎总是因为后勤出了问题),以及德军意外出现。*

十二点左右,洛巴诺夫-罗斯托夫斯基的连队被包围在"一道完整的火力网内"。这时仍然没有人知道究竟发生了什么事。按照声音判断,就连他们后方通往桑多梅日的道路上也有部队交火。他们本身还没遭受攻

---

* 借由铁路,兴登堡、鲁登道夫及其他德军将领再次达成了一项俄军指挥部仅能梦想的战略行动:德军从一个已经牢固掌控的区域(东普鲁士),将部队迅速转移到另一个遭受威胁的区域(波兰南部)。不过,这次并未引发另一场坦能堡战役,因为双方的部队都毫无头绪地四处移动,不是没有掌握敌军的位置,就是彼此错身而过。两军只是在奥帕托夫外围无意间相遇了,德军扮演了猛烈进攻的角色,俄军则以顽强的姿态缓缓撤退。这场战役不论就其本身还是对整场战争而言都毫无意义,后来双方也都各自声称打了胜仗。

击,但炮弹炸裂的声音已距离他们越来越近。一队机枪骑兵部队从他们旁边经过。和一位不知姓名的参谋官短暂商讨之后,洛巴诺夫-罗斯托夫斯基接到命令,要求他接手指挥连队里载运炸药及其他装备的二十一辆马车,跟着机枪部队回头冲出重围。上头指派了二十名士兵给他,连队其他人则在原地待命。

他随即动身。他骑着马,率领二十一辆马车上的二十名士兵,而且令人意外的是其中还有一头牛。那头牛原本会被宰了当成晚餐,却因为出乎意料的情势发展而暂时保住一条命。洛巴诺夫-罗斯托夫斯基深感担忧,因为机枪骑兵部队的行进速度相当快,才一会儿工夫就把他们抛在后面。他后来记述道:"我没有地图,对于我周遭的地域以及我所在的地点也一无所知。在三条道路交会的一座桥上,他们卡在大量的难民、牛、马匹与满载伤员的救护马车之间动弹不得。有一辆载满难民的车驶出了桥面,两个轮子悬在水上,堵住了桥梁交通。就在士兵奋力把那辆车抬回桥上的时候,榴霰弹又开始在他们头顶上爆裂。"*

发生在那群农民间的混乱情形实在令人难以描述。妇女和儿童害怕地尖叫,男人们努力拉住惊慌恐惧的马儿。一名歇斯底里的妇女抓着我的马大喊:"军官先生,哪边是安全的逃生路线?"面对这个问题,我自然只能指个大概的方向。有个男人推着三头不肯走的牛,好不容易把它们推上一条小路,结果炮弹就刚好落在那里。他赶紧转向另一

---

* 在战争开始之初,榴霰弹是各国军队当中最常见的野战炮弹。这正是一种典型的在理论上看似绝佳但实际上没那么理想的武器。每一颗榴霰弹都含有数百粒硬铅子弹,由弹身基部的少量黑色火药引爆之后喷出,运作起来就像是一颗超大型霰弹枪子弹。这种武器的效果取决于一种特殊定时引信,可让炮弹在目标面前的半空中爆炸,但这点没有说起来那么容易。榴霰弹如果在目标头顶上引爆,那么里头的子弹就会飞过目标。此外,榴霰弹的攻击目标也必须位于地面上,所以敌军士兵一旦躲进战壕里,这种炮弹就失去了大部分的价值。榴霰弹引爆之后,会冒出一种微微向下扩散的烟雾,这是黑色火药造成的结果。

条路，炮弹却又跟着落在那边。最后，他在惶急无措的情况下回头冲向他那座烈焰冲天的村庄。

终于过桥之后，洛巴诺夫-罗斯托夫斯基发现道路上满是逃亡的百姓和他们的推车，于是只好率领他的小分队穿越田野。机枪骑兵消失于远方，他再次不晓得自己身在何处。他试图借着枪炮声辨认自己所在的位置。炮弹不时掉落在他们四周，远处也不时传来机枪开火的声音。他只能猜测着方向前进。

他们接近了另一座桥梁。这时候，有些榴霰弹正在他们的队伍上空爆开。带头的士兵因为害怕，而将马匹与马车驶下通往桥梁的陡坡。为了避免恐慌的情绪扩散开来，洛巴诺夫-罗斯托夫斯基策马追上那辆马车，并且做了一件他从来没做过也从来没想过自己会做的事——他用马鞭将那个惊恐不已的士兵抽了一顿。他重整了队伍，顺利跨越水道，并且在一道深谷里继续前进。

深谷里一片混乱。有些炮兵努力想要拉出陷在泥里的三门大炮。越来越多的受伤士兵不断从斜坡上方涌下来寻求掩蔽。洛巴诺夫-罗斯托夫斯基问那些伤兵发生了什么事，以及他们属于哪个部队，但那些满身血污的士兵都惶惑不已，根本说不出像话的答案。一名军官把自己抢救下来的团旗横放在马鞍上，鞭策着马匹全力奔驰——由此可以窥见1914年的某些复古现象：不但部队在飘扬的旗帜下作战，而且旗帜绝对不能落入敌人手中，因为这点关乎最神圣的荣誉。一路上，不少人都高声鼓舞那个带着旗帜的军官："好好保重！"炮弹在深谷两侧不停爆炸，空气中弥漫着沙尘以及火焰与火药的气味。

洛巴诺夫-罗斯托夫斯基手持指南针在深谷里前进，身后不仅跟着自己的部下，还有三四百个伤兵。走了一阵子之后，他才惊觉他们被困住了。顺着这条路线继续往前走,他们就会走出深谷,踏上通往桑多梅日的主要公路——但这是个问题,因为那条公路附近有一个德军炮兵连。他们一出深谷,那群炮兵就会立刻对他们展开轰击。洛巴诺夫-罗斯托夫斯基和其他人必须赶紧掉头。在公路右侧更远处,他们瞥见了更多的德军炮兵连队。洛巴诺夫-罗斯托夫斯基深感沮丧,不晓得该怎么办。

这时发生了一件事,虽然令人意外,却不是太罕见。

最靠近他们的德军大炮被误认为是俄军大炮,公路另一侧的德军部队因此开始对这一侧的德军炮兵开火。德军的炮兵连队之间展开了一场自己人打自己人的猛烈炮战,于是洛巴诺夫-罗斯托夫斯基和那些跟着他的俄军士兵便趁机溜了过去。德军炮兵在不久之后发现了自己所犯的错误,但那群俄军在这时已经逃上通往桑多梅日的公路,脱离了险境。撤退的部队不断从分支的小路加入他们,结果他们成了"一条黑色长龙,有载满了伤员的马车、炮兵连队的残兵败将,以及其他各种部队的逃散士兵"。这时又可见到另一种复古现象:一个骑兵团排成整齐划一的队伍驰向公路——看起来犹如拿破仑战争时代的美丽油画。是德军吗?不对,是俄国轻骑兵。那群骑兵的军官策马上前。他们脸上是平静的微笑,与那些撤退士兵的惶惑恐慌形成强烈的对比。原来这个骑兵团属于另一军,所以根本不晓得这里发生了什么事。

在接近黄昏之际,洛巴诺夫-罗斯托夫斯基和他那一小支队伍抵达了桑多梅日,这时看来,最糟的状况似乎已经过去了。一个刚抵达而且充分休息过的步兵师正在公路两侧挖掘战壕。即将进入城镇之时,洛巴诺夫-罗斯托夫斯基才发现那里的街道太窄,他们的队伍人又太多,于是命令手下的二十一辆马车停在路边等候。他注意到那头牛还跟他们在一起,而且对于这段艰苦的路程似乎适应得相当好。天空布满了乌云。

那群撤退的士兵从他身边蹒跚走过。他认出其中一支部队,就是昨晚遇到的那个步兵团，当时他们正在奥帕托夫的街道上露天躺着休息，只见地上一堆的头、腿、手臂、身躯，一动不动，在明亮的月光映照下显得一片白皙。昨天他们原本有四千人以上，现在却只剩下三百人，连同六名军官。那个步兵团虽然近乎遭到歼灭，却没有被击溃：因为他们仍然擎着团旗，队伍也井然有序。

黄昏时下起了雨。到了这时候，洛巴诺夫-罗斯托夫斯基才想到自己一整天都没吃东西。在兴奋与紧张的情绪下，他根本不觉得饿。到了晚上十一点左右，连队的其他人抵达了。他们虽然疲惫不堪，却还是努力撑住。幸运的是，他们带着伙房马车。所有人总算可以用餐了。远方的炮声越来越稀疏，最后终于完全沉寂了下来。后来被人称为奥帕托夫战役的这场战斗就此结束。

雨仍然下个不停。这时已经将近午夜。

洛巴诺夫-罗斯托夫斯基和一些人钻进停放在路边的马车底下睡觉。这方法一开始有效，但雨水在不久之后就开始渗入车下。

既然不得安睡，他和连队的其他人只好默默坐在路边，怀着几乎像是动物一样的耐心等待黎明来临。

1914 年 10 月 6 日，星期二
萨拉·麦克诺坦目睹安特卫普陷落

湛蓝的天空，树叶已转变了色彩，秋高气爽的天气。炮声越来越近，现在他们除了听到爆炸声之外，还能感觉到大地的震动。她偶尔走到门口，

向看似无穷无尽的逃亡士兵与平民询问战况，得到的都是一样的答案："很糟糕。"汽车行驶缓慢，并对着移动缓慢的人群、牲畜与马车一再按着喇叭。谣言说这座城市很快就会遭到直接炮击。麦克诺坦和她的同伴已把食物和饮用水搬进地窖里，以备到时候可能得把伤员带到地下避难之需。

萨拉的许多工作都是寻常的例行公事：铺床、洗地板、切面包、倒啤酒、分配食物。但有些工作却是一点儿都不寻常，例如照顾伤员以及抚慰濒死之人。萨拉·麦克诺坦实在不晓得该有什么样的感觉或想法：

> 每送进来一批伤残人员，就让人忍不住纳闷："这一切有可能完全是一个人造成的吗？这么多人把铅弹打进彼此的心肺，年轻男孩尸横遍野，不是头被轰掉，就是内脏流得满地，难道都只是为了一个人疯狂的虚荣心吗？"尽管如此，身在这么多死者当中，却也有一种美妙的自由——一种说不上来的荣耀。

这时也开始能够见到英国的士兵与海军陆战队员，包括伤员以及撤退人员。他们一被问到战况，回答也同样是："很糟糕。"战地医院的一名妇女带着几个受伤的英军士兵回来——她开着自己的车直驱前线，在一条战壕里发现了这几个人。她说："他们全都不知道自己为什么在战壕里，也不晓得该往哪边开枪——他们只是躺在那里，中弹之后就被抛下不理。"

所有人对于当前的状况似乎都一无所知。

他们在下午五点开始供应晚餐，比平常还早。随着秋季来临，天黑的时间已开始提早，拥有很高天花板的音乐厅很快就陷入了黑暗。不久之后，她就一再听到锅子掉落地上以及人在黑暗中行走而不慎踢倒椅子的声响。到处都躺满了伤员，连地板上也是。音乐厅里的气氛很紧张。"现在，由于隆隆的炮声，任何突然发出的声响都不免令人神经紧绷。"七点左右，他们听到了另一种不同的声音——一种双重爆裂声。有人说那是英军的长程大炮。

我们不能说麦克诺坦开始产生了疑虑,但事情的发展确实不如她所预期的。她自己也和她原本预期的不一样。她写道:

> 我到小礼拜堂去祷告,只觉得圣母、圣婴以及那神圣的氛围充满了慈爱。我开始感到自怜忧伤,不晓得为什么;然后,我去搬了几张床,觉得好了一点儿。可是我发现表现出教养良好的言行举止最有助于提振我的心绪。我原本以为国旗或宗教会是最能鼓舞我的力量。

夜深之后,她原本打算出去透透气,但一名护士拦住了她,问她能不能帮忙照顾一个伤员。当然可以。于是,她坐下来眼睁睁看着一个二十一岁的男子断气。她觉得他好像露出了一丝微笑。更多伤员被送到这里,却在门口被挡了下来。音乐厅里没有空间了。如雷的炮响一整夜连绵不断。

1914年10月10日,星期六[*]
艾尔芙莉德·库尔在施奈德米尔的一场咖啡聚会上聆听有关战争的故事

秋色,10月的天空,冷冽的空气。老师带了一份电报到教室里念给

---

[*] 库尔记载的日期是10月11日,但这个日期很可能有误,部分是因为她提到的投降发生于10月10日,此外也因为即便是德国儿童也不会在周日上学。

全班听：两天前德军已经攻陷安特卫普，最后一座堡垒现在也已经被攻下，也就是说漫长的围城战役已经结束，因此德军沿着海岸迈向佛兰德斯的攻势也就可以继续推进。艾尔芙莉德根本听不到报道的末段，因为全班同学都开心地高声欢呼。

在她的学校，教室里的学生在听到德军打了胜仗之后发出欢呼声，已经成了一种固定仪式。艾尔芙莉德认为许多学生之所以欢呼，纯粹只是因为他们盼望学校会以放假来庆祝德军在战场上的胜利，或者他们的校长——一位高大严厉的绅士，戴着夹鼻眼镜，蓄着一道尖尖的白色胡须——会被他们的爱国表现深深感动，而至少让他们提早放学。（开战的消息刚宣布的时候，他们的校长就激动得流泪，而且还因此数度哽咽。他禁止学生在学校里使用外文词汇，违反规定的学生就必须缴五芬尼*的罚款："母亲"要说"Mutter"，不能说"Mama"；"再见"要说"Auf Wiedersehen"，不能说"Adieu"；"日记"要说"Kladde"，不能说"Diarium"；"有趣"要说"fesselnd"，不能说"interessant"；以此类推。）听到德军攻陷布伦东克堡垒的消息，艾尔芙莉德也和别人一起同声欢呼，但不是因为她认为他们可以因此提早放学，只是因为她觉得这样很好玩："能够在这个我们平常必须随时保持安静的地方尽情大声尖叫，我觉得是一件很棒的事情。"他们的教室里挂着一张地图，只要德军在什么地方打了胜仗，他们就会钉上黑色、白色与红色的小小旗帜。学校里和整个德国都弥漫着一股好战、傲慢、盲目爱国而且扬扬得意的情绪。

放学后，艾尔芙莉德参加了一场小小的咖啡聚会。她的父母离异，她和父亲没有联络。母亲是职业妇女，在柏林经营一家规模不大的音乐学校，所以艾尔芙莉德与她弟弟才会和他们的外婆住在施奈德米尔。

---

* 芬尼是德国货币单位，100芬尼等于1马克。——译者注

一如往常，战争是聚会上的谈话主题。有人在车站又看见了另一辆载满俄军俘虏的运输车。以前，"他们的褐色长大衣与破旧的长裤"总是会引起注意，但现在大家都已经见怪不怪了。随着德军继续推进，报纸也不断报道战俘的最新人数，有如战争的股市一样。今天的报道指出，苏瓦乌基的战俘人数达 27 000 人，伊万哥罗德以西的战俘人数为 5 800 人。（更遑论打胜仗的其他具体象征：本月的报纸报道指出，德军打赢了坦能堡战役之后，载运战利品的货运车厢就多达 1 600 节。）可是，他们该怎么处置这么多的战俘呢？埃拉·贡普雷希特是一名中年单身女教师，她有着坚定的主见、圆润的脸颊与一头梳理整齐的波浪卷发，她知道这个问题的答案："为什么不把他们枪毙掉就算了？"别人都认为这个想法太过残忍。*

成人之间经常互相讲述与战争有关的故事。贡普雷希特女士提到有个男人被哥萨克部队抛进一幢着火的房屋里，他却换上女人的服装，骑着自行车逃跑了。艾尔芙莉德姐弟则是转述他们的母亲从柏林写信告诉他们的故事：

> 德国后备队有个一等兵，他在参战之前曾是哥廷根大学的罗曼语教授，负责从莫伯日将法军战俘押送回德国。远方不停传来隆隆的炮声。突然间，率队的中尉注意到这名一等兵和一个法国俘虏陷入了激烈争吵。那个法国人激动地比画着手势，那名戴着眼镜的一等兵则是眼神中充满了怒火。中尉怕这两人打起来，于是策马过去，咒骂了一声，然后把他们两人推开。接着，那个愤愤不平的一等兵说明了他们争吵的原因：那个法国战俘，穿着破烂得只能用绳子绑起来的靴子，原本却是索邦大学的教授。他们两人因为对古普罗旺斯语诗歌中的虚

---

* 这个时候，东部战线的战俘受到的待遇正如阿隆·拉恰米莫夫所指出的，远比"二战"期间好上许多。"二战"时期，交战双方都有过许多侵害战俘人权的行为，也明显存在着刻意的虐待。"一战"期间战俘的处境较为人道，而且超过 90% 的战俘都在战后活着回家。（由于粮食短缺，特别是斑疹伤寒的侵袭，俄国战俘营里的德国与奥匈帝国战俘处境最为凄惨。）

拟语气用法意见有分歧而吵了起来。

大家都笑了，包括贡普雷希特女士在内。她笑得太厉害，以致被一颗杏仁巧克力卡住了喉咙。不过，外婆却转向艾尔芙莉德和她弟弟说："孩子，你们不觉得很可惜吗？两个教授竟然必须拿枪互相残杀。那些士兵应该把枪丢在地上，说：'我们再也不要蹚这个浑水了。'然后各自回家。"这段话惹恼了贡普雷希特女士，她尖声质问道："那我们的皇帝怎么办？还有德国的荣耀呢？还有我们德国士兵的名誉呢？"外婆也提高嗓音回应道："每个母亲都应该去对皇帝说：'我们现在就要和平！'"

艾尔芙莉德深感震惊。她知道她的外婆只要听到动员的消息就会相当难过。实际上，这已经是外婆这辈子遭遇的第三场战争了：第一场是1864年与丹麦人的战争，接着是1870年与法国人的战争。尽管外婆和所有人一样，也深信德国一定会再次获得胜利，而且这次的战争同样也会很快结束，但她还是不认为打仗有任何好处。不过，说出这样的话还是太令人讶异了。艾尔芙莉德从没听过有人说出这样的话。

1914年10月13日，星期二
帕尔·凯莱门在伍兹纳附近的一座山隘过夜

前进，接着后退，然后再次前进。首先，在战争开打之初的几个月里，为了抵御入侵的俄军，加利西亚出现了许多狂热的进军行动，从而造成血腥的激烈交战（"捍卫兰堡之役"，或者也许该单纯称为"兰堡战役")；接着则是撤退——一场混乱慌张的逃亡，越过一条接一条的河流，直到他们突然发现自己已来到匈牙利边境上的喀尔巴阡山脉。真可怕！在那之后，他们停顿了一会儿，一片沉寂，什么事情都没有。接着，上头又下令再次前进，翻越喀尔巴阡山脉的山隘，下山到东北方的平原，再前往遭到围攻的普热梅希尔。损失巨大。*

冬季来得异常早。一开始就下了一场大雪，随即导致所有道路都无法通行，因此奥匈帝国的部队无法前进——想后退也同样不能。帕尔·凯莱门所属的师被困在山上的一道被雪覆盖的隘口。寒冷刺骨的雪被风吹得四处飘散，在马匹周围形成厚厚的积雪。冻得难以忍受的士兵都蹲伏在火光微弱的火堆旁，不然就是跺着脚、拍打着手臂。"没有人说话。"

帕尔·凯莱门在他的日记里写道：

> 隘口上只有一栋房屋仍然完好，也就是边界†上客栈老板简朴的小木屋。他们在第一个房间里架设了野外电报站，第二个房间是骑兵军参谋官的宿舍。我在晚上十一点抵达这里，向指挥部发送了一份电报，称目前不可能前进。然后，我在角落的一块草褥上躺了下来，盖着我自己的毛毯。
>
> 呼啸的寒风不断从屋顶瓦片的缝隙钻进室内，吹得玻璃窗哐啷作响。屋外一片漆黑，屋里也只有不停摇曳的烛光。电报机的运作没有停过，一再传来针对明天的攻击行动所下达的各项命令。在行军途中落后的几十个人，则躺在门厅和阁楼里——都是衰弱、生病以及身受轻伤的人员，他们在明天出发的时候会排在队伍末端。

---

* 至今未能确知究竟有多少人在这场战役中丧生，但可能有 40 万人左右，而且是在不到一个月的时间里。史学家诺曼·斯通写道："这场战争的模式就此定型：西部是僵局，东部则是奥匈帝国多多少少持续不断的危机。"

† 这里指加利西亚与匈牙利的边界。

我疲惫不已，半睡半醒地躺着，周围还有其他几个军官睡在小堆的干草上。小屋周围那些冻得发抖的士兵，用邻近马厩的木板生了一堆火，于是火光又引来了更多零零散散的士兵。

一名中士走了进来，向一名战友请求允许他进入屋里。他已神志不清，要是继续待在屋外一定会冻死。他们让他躺在门边的一堆干草上，只见他全身缩成一团，半翻着白眼，脖子缩在肩膀之间。他的大衣上有几个弹孔，边缘也有被营火烧焦的痕迹。他冻得双手僵硬，饱历艰辛的枯瘦脸庞上蓄着一丛凌乱的胡须。

睡意征服了我。电报机"嘀嘀嗒嗒"的信号声成了远方的细微声响。

破晓的时候，我被士兵准备继续行军的声响吵醒，于是睁着惺忪的睡眼环顾了我们昨夜这个凄凉的寄宿处所。透过结霜的矮窗，灰黄色的黎明光线已照亮了屋里的每个角落。只有昨晚进门的那个士兵仍然躺着不动，面向着墙壁。

内室的门打了开来，其中一名副官——舍瑙-格拉茨费尔德亲王——走了出来，胡须剃得干干净净，身上穿着睡衣，还抽着一根土耳其长烟管，不断将白烟吐向寒冷污浊的空气中。

他看见那个躺在角落一动也不动的士兵，于是走了过去，却嫌恶地吃了一惊。他愤怒地下令，要求把那个显然死于霍乱的士兵的尸体立刻移走，并且带着惊恐的神情走回内室。他进去之后，两个士兵跟着拖了一个便携式橡胶浴缸进去。那个浴缸饰有纹章，里面装满了热水。

1914年10月24日，星期六
劳拉·德·图尔切诺维奇返回苏瓦乌基

这趟旅程不但不舒适，也极为缓慢。至少，在从阿利图斯出发的最后一段路程上，劳拉不必再搭乘牲畜车厢，但火车上仍然没有暖气。此外，在过去的二十四小时里，火车前进得比蜗牛还慢，而且总是一再走走停停。有几段铁轨虽已修复，但仅是勉强可通行的程度而已，车厢在这些路段上摇晃得"有如大海上的船"。

早上五点半，他们终于抵达了苏瓦乌基车站。

她在这个冷冽阴暗的秋日清晨徒步走出车站，由镇上的一名友人，也就是一位医生的妻子陪伴。道路上一片混乱，到处都是障碍。天色慢慢亮了。她看见俄军士兵行军经过，其中有些人喝得醉醺醺的。她看见被损毁的建筑以及被夷平的围墙。

孩子与家仆们仍待在维捷布斯克，在那里暂时住了下来。斯坦尼斯劳接到了军队的召集令，前往俄军刚占领的兰堡担任卫生工程人员的主管。不过，在他离开之前，他还先到俄军刚收复的苏瓦乌基走了一趟，带回了两箱衣物以及他们的房子并未遭到摧毁的消息。他不想谈房屋损坏的情形，只说她最好自己回去看看。

所以她现在才会在这里。德军既然已经退回了东普鲁士，她很想尽早把孩子们带回这里。

他们抵达医生的住处之后，劳拉进去休息了一会儿，同时也做好心理准备。她对自己即将见到的情景深感害怕——身为一个在纽约长大的妇女，她从未经历过这样的状况。有人招待她喝了杯咖啡，于是她在七点半左右再次动身。

最后，她终于抵达了她的家，那幢房屋矗立在晨光下等待着她。

她走进门内，几乎不敢相信自己的眼睛。

被撕毁的，被砸碎的，被挖出来的，被倾倒的，被抛掷的，被撞翻的，一切都脏污不已。每个抽屉都被拉了出来，每个衣柜都被掏得空无一物。这些曾经为她构成了家的物品，现在全成了散落一地的残骸。她走在这团混乱当中，只觉得屋里的气味臭得难以言喻。劳拉一一打开每扇窗，每打开一扇就深吸一口气，然后屏住气息走到下一扇窗前。图书室彻底遭到破坏。书架上空无一物，地板则完全淹没在破损的书籍、纸张、散落的文件以及版画下方。当初仆人掉落的汤碗仍在餐厅的地板上，四周铺满了厚厚一层碎玻璃，还有肮脏的瓷器与衣物——它们全都遭受过粗暴的践踏。几个星期前在这里住过的德军士兵与军官，都是把杯盘用过之后就砸在地上，再拿新的来用，用完之后又同样顺手砸碎。

劳拉走进其中一间食品储藏室。一排排玻璃瓶仍然整整齐齐地排列在架上。不过，玻璃瓶里原本装满了果酱、蜂蜜与瓶装蔬菜，现在那些内容物却已不翼而飞，取而代之的是人的粪便。

她命令一个名叫雅各布的工人以及他的妻子和女儿开始清理房屋，自己则是打算把所有损失列出一份清单，拿去报警。

1914 年 10 月 25 日，星期日 *
米歇尔·科尔代搭火车返回波尔多

有时候，他走在人群之间总不免觉得自己仿佛身在一个不同的星球上，四周满是他无法理解的荒谬事物。这真的是他的世界吗？就某方面而言，答案是否定的。米歇尔·科尔代是一名四十五岁的公务员，任职于商务部，但他也是社会主义者、文人以及和平的拥戴者。他为报纸撰写文学及政治评论文章，甚至还出版过几本小说，其中有些还颇为成功。[他一度在军中服役，他有几部作品，例如《内政部官员》（1894）与《战士之心》（1897），反映了这个背景，而其他作品则是探讨社会的苦难或情感的伤痛。]

米歇尔·科尔代原本是他的笔名。† 就某些方面而言，这个蓄着小胡子的腼腆男子算是一个过着双重人生的典型 19 世纪末知识分子：他无法单靠写作过活，因此需要商务部的那份工作。不过，他这两种人生之间的差距其实没有那么大：他已经为自己改名，所以即便在他的公务生活中，他现在也一样叫科尔代。所有人都知道他是个作家，也知道他是小说家阿纳托尔·法朗士的好友。

9 月初，由于德军看似无可阻挡，法国政府撤离巴黎，商务部的人员也全都跟着离开。他们在慌乱的情况下搭车出城（"车站里的难民互相推

---

* 这个日期是推估而来的结果。在科尔代写于 1914 年至 1918 年的日记里，日期标记得相当不规律：日记内容虽是按照时间先后顺序记载的，却不一定看得出日期之间的分隔。他到圣阿芒隆普雷探望家人是 10 月 22 日至 26 日之间的事情。他在星期一至星期五必须上班，因此推测他在 10 月 24 日至 25 日的周末去探望家人似乎是合理的。

† 他之所以取了"科尔代"这个姓氏，是因为他的家族与 1793 年刺杀法国大革命领袖人物马拉的夏洛特·科尔代（通译为"夏绿蒂·科黛"）有远亲关系。该起刺杀事件因为大卫的画作《马拉之死》而永传后世。像科尔代这样一个坚定的共和主义者，竟然会为自己取科黛这个吉伦特派成员的姓氏，实在颇耐人寻味。他这么做也许是出于虚荣，或者至少也是想要为自己的身世背景增添一点儿狼藉的声名。

挤践踏,仿佛遭遇火灾的戏院观众一样"),然后在波尔多找到了一个安全的避难所。科尔代的单位安顿在圣塞尔南街一个聋哑人的机构里。不过,德军现在被挡在马恩河已经超过了一个月,因此越来越多的人说政府与各机关应当迁回巴黎。科尔代自己的家人被撤离到圣阿芒隆普雷,他刚去探望了他们,今天晚上正在返回波尔多的途中。

在科尔代眼中,战争的爆发是一件可耻的事情,也是一大挫败,他至今仍然无法接受这个事实。他先前在一处海滨度假区病倒了,因此他所知的一切消息都是通过报纸与电话取得的。他过了好一阵子才逐渐认知到事情的全貌。他试图借着阅读转移注意力,但是没有用。

> 由战争的爆发所引起的每个念头与事件,都像是一道痛苦而且致命的打击,粉碎了我内心的深切信念,亦即对于人类持续不断进步、不停迈向更大福祉的信念。我从来没想过这样的事情竟然会发生。我是说,我的信念彻底破灭了。自从我懂得思考以来,就一直怀抱着和平繁荣的理想,但战争的爆发却让我从这场美梦中惊醒了过来。

海滩上的儿童玩着战争游戏:女孩扮演护士,男孩扮演受伤的士兵。他在窗前看着一支炮兵部队高唱着军歌行军而过,不禁为此流下了眼泪。

在那个炎热8月的欢腾与混乱当中,一个新而陌生的世界确实浮现了。

一部分是眼睛看得到的表面变化:许许多多基于"爱国原因"而不再使用化妆品的妇女;随处可见的军服(军服已然成了最热门的时尚);越来越多人排队参加弥撒与告解活动;扛着大包小包家当的难民如潮水般涌入;因为灯火管制而一片漆黑的街道;遍布各地的路障由过度狂热而又盛气凌人的军人把守;还有一辆辆的运兵车,不是把健康的兵员送往前线,就是把伤兵运回来。

除此之外，也有眼睛看不见的内在变化：到处都可以听到公式化的爱国语言，这种语言极为激切，也成了必要的义务；还有一种新出现的强硬态度——"和善、人性——这一切都已被扫除一空"；不论是政府宣传品还是民众谈论战争的话题，都纷纷表露出狂热的语气（有个妇女对他说，我们不该为那些上前线的士兵哭泣——应该受到怜悯的是那些无法上战场的人士）；慷慨与自私混合成了一种令人费解的态度；此外，众人也突然间无法再从事细腻的思辨——"没有人敢说战争的坏话，战争已然成了个神。"不过，科尔代仍然在工作中尽忠职守。

在前往圣阿芒隆普雷的途中，火车上满是兜售物品的妇女，只要看到身穿军服的人就上前强力推销水果、牛奶、咖啡、三明治、巧克力与香烟。在一座城镇里，他看见男童戴着警察头盔负责抬担架。现在，车站都没有候车室了：所有候车室都被改成医治伤员的临时医院或者是存放军事装备的储藏室。在回程途中，他在圣皮埃尔与图尔之间听到两个家庭之间的谈话，"他们双方都以令人惊恐的认命语气谈及自己家中丧失的男性成员，仿佛他们所谈的只是自然灾害的受害者"。

在昂古莱姆，一个躺在担架上的男人被人抬上火车，放在了隔壁的包厢里。那个人被炮弹碎片击中背部而瘫痪，在这趟旅途中有个护士随行照料。那名伤员身边还有个金发女子，科尔代猜测应是那人的妻子或情妇。他听到那名女子对护士说："他就是不肯相信我还是爱他。"那个护士检查了伤口之后出外洗手，金发女子和担架上的伤员随即开始激情相吻。护士回来之后，假装没注意到，只是望着车窗外的黑夜。

有个身材矮小的士官和科尔代在同一个包厢。他刚从前线回来。他们两人闲聊了起来。凌晨四点，火车停靠在一座车站，那名士官下了车。一个女孩扑到他身上，紧紧抱住他。"想想看，这么多的爱——所有的母亲、姐妹、妻子与女友的爱——竟然到现在都阻止不了这一切仇恨。"科尔代心想。

在他们经过的车站里，报摊上都陈列着一排排色彩鲜艳的报纸，出刊日期全是 8 月初。自从那时以来，就再也没有新的报纸了。现在仿佛已是一个全新的时代。

今天，劳拉·德·图尔切诺维奇和一名友人在苏瓦乌基附近的奥古斯图夫森林里找寻遭遗弃或失去父母的儿童。（他们已经找到了好几个，包括一个四岁幼儿，他怀里还抱着一个六个月大的婴儿，两人当时正饿得吃土充饥。）她遇到一个男人，那人对她说他们的夏季别墅已经被德军摧毁，但他发现孩子们饲养的那条白色狗儿达西还活着。她写道：

> 每一栋小屋都被烧毁了，这是一项折磨人心的工作。我们看到了许多死人。在这么多人丧生的情况下，我不晓得我们为什么要这么努力挽救我们的性命。傍晚，我们在森林里听到一个孩子的哭声，却找不到那个声音来自何处。在我们找寻的时候，一匹受伤的马儿突然从矮树丛里钻了出来。它就从我们身旁走过，我差点碰到了它。我吓得紧紧抱住一棵树。

1914 年 10 月 29 日，星期四
恩斯特·冯·莱韦措在尼科巴群岛外的海上看两名战死的法国人被海葬

是谁死了？会是那个吊上船的时候肠子都从肚子里掉出来的人吗？

或者是那个两条腿都被炸断了的人？或者也许是那些越南司炉工里的某一个，在蒸汽罐被击中的时候也被严重烧伤？这其实并不重要。重要的是尸体必须从船上弄走，而且要快。否则在热带高温下尸体会非常迅速地开始腐烂。当然，必须处理得很完美，必须充分尊重死者。

自从对金奈展开攻击以来，"埃姆登"号又击沉或者俘获了十六条商船，而她自己完全靠运气和才智机巧的结合，躲避开了成群结队的密集舰艇的追击。航行路线十分复杂：锡兰、米尼科伊岛、迪戈加西亚岛（那里的人甚至还没听说战争已经爆发）、马尔代夫，然后又是锡兰、安达曼-尼科巴群岛，昨天到了槟城。他们备受缺水之苦，主要是缺少清洁和个人卫生用水。不过，当他们进入突然有热带阵雨的海域，所有船员通常都会立即脱光衣服在雨中洗澡。

冲进槟城港口的大胆突袭是"埃姆登"号及其船员们的另一个胜利。他们进入港口内，用鱼雷击沉了一艘在那里停锚的俄国巡洋舰"泽姆舒格"号*，并在退出来的路上，在海港入口处意外地与一艘轻型法国驱逐舰"火枪"号发生遭遇战，也把这艘法国军舰击沉了。不过，事实上到了这个时候，经过了对槟城的这次突袭，"埃姆登"号上的官兵才充分意识到这场战争游戏玩的是什么。这是自开战以来他们第一次如此近距离地看到战死的、炸成残废的和重伤的人，所以船上的气氛也不再那么兴高采烈了。击沉"火枪"号之后，舰长冯·米勒当然下令停下来救起所有幸存的人。这也是战争规则。†

被俘虏的法国人和越南人得到了船上可能提供给他们的最好治疗。

---

* 这艘俄国巡洋舰上的戒备显然不是最好的：舰长给自己放假上岸去了，弹药也都被锁起来且没有人看守，而船员们甚至被前一夜他们偷偷弄上船的六十多个中国妓女弄得神魂颠倒而分散了注意力。这些妓女的命运如何无人知晓。幸存下来的船员很少。

† 冯·米勒也特地找出时间通过另一艘船解释为什么他当时没有停下来捞救"泽姆舒格"号上逃生的人（这艘军舰毕竟停靠在港口内，周围有很多船可以实施援救），另一方面也解释为什么他们离开港口的时候对另一艘民用船开火（由于灯光刺眼，他们误以为那是一艘军舰）。

1914

"埃姆登"号上的两名军医已经做了多个截肢手术。然而，舰长冯·米勒还是希望能够尽快俘获一艘商船，把受伤的俘虏送到岸上去。那些法国人在被俘的时候所表现出来的恐惧，让冯·莱韦措和其他军官感到困惑，事实上还有一点儿让人感到羞辱。他们给了那些受伤的人香烟和巧克力。

第二天早晨八点，全体官兵在尾甲板上集合。德国水兵都穿上了阅兵时的军装。恩斯特·冯·莱韦措和其他军官则佩戴正规军衔领章和勋章。人人表情严肃。一个仪仗队持枪等待着。那些没有受伤的法国战俘也集合在甲板中央。于是死者就被抬了出来。尸体已经用帆布严实包裹起来，甚至还罩着法国国旗。舰长冯·米勒用德语做了简短致辞，称赞两位死者是"为了祖国战斗之后而死去的"英雄。然后他又用法语重新说了一遍。随后是大家一起唱了《我们的父亲》这首歌。

这艘军舰的发动机停止了轰鸣。"埃姆登"号慢慢停了下来。两具尸体被沉入了闪烁着阳光的大海。仪仗队鸣枪三响表示致敬。

这一天剩下的时间平静过去了，没有发生什么值得一提的事情。船员们大多忙着做昨天的战斗之后的清理工作。"埃姆登"号又一次安然无恙，毫发无损，甚至在船身上没留一条划痕。* 在前甲板和尾甲板上再次用帆布搭起了巨大的遮阳棚。船上的情绪这才轻松起来。

"埃姆登"号继续朝着东南方向航行，驶向爪哇岛。

同时在青岛，包围这个城市的日本和英国军队挖掘的战壕正越来越逼近德军的防线。但因为互相语言不通，又缺乏经验，进行得也不是那么

---

* 有不少军官还是认为他们这艘军舰应该得到"一点伤痕作为光荣的纪念"。在德国军队里击剑决斗而留下的伤疤是光荣的标记，这种文化在当时依然普遍流行。

顺利。天气也一直不好，而直到前几天，英军士兵还只穿着单薄的夏季军装。一名英国官员在他的日记里写到那天晚上的情况：

> 我把伪装诱惑物放到离他们的防线 125 码的开阔地面上，还在一块豆田里堆出两排装满沙子的沙袋，然后开始工作。起先往下挖很容易，因为地面很松软。探照灯扫过我们身上，不过我们趴在很低的地方，他们看不见。我们可以听见德国人在碉堡里用斧子砍木头的声音。他们朝我们右侧一帮在干活的日本人发射了砰砰弹*。到晚上十一点半我才回营。

1914 年 11 月 4 日，星期三
帕尔·凯莱门在图尔卡以北受伤

这是一个美丽的夜晚——满天星斗，空气冷冽，还有一轮明月。帕尔·凯莱门的马极不情愿地离开了温暖的马厩，走入刺骨的寒风中。军队再次撤退了：前进，后退，再度前进，再度后退。目前正在建立一道新防线，因此他们收到的命令就是确认撤退的部队不会卡在中途不动。新的防线应该在凌晨两点左右就会设立完成，届时希望可由已在前往山隘途中的新步兵驻守。凯莱门和他手下的轻骑兵所接获的任务几乎不可能完成，因

---

* 这是一种 37 毫米口径的自动火炮，可发射小而爆炸性的开花弹（"砰砰弹"这个昵称，得自炮弹发出的声音类似小手榴弹爆炸的砰砰声），最初是由英国设计的，但在战前就在德国获得了生产许可，它也是最早投入使用的火炮之一。

为在黑暗中实在很难对整体情势有任何掌握。道路上一片混乱。夹杂于道路上缓慢蠕动的士兵、马匹、货车、枪炮、弹药车与驮骡间，他们简直如逆水行舟。

月光下，白雪间，他依稀看见几条长长的黑色条纹，那是刚挖好的战壕。他可以听到步枪声——俄军已从那里开始向前推进。他注意到撤退的士兵人数渐稀，但还是有一支支四散逃难的部队。凯莱门与他的部下帮他们指引了方向。路面结了冰，像玻璃一样滑溜，因此他们只得下马，牵着马徒步前进。凯莱门在日记里写道：

> 这时候，俄军的大炮已开始对整个前线区域开火。我再次上了马，朝那个方向前进。月亮已经西沉，空气寒冷刺骨，天空又蒙上了一层乌云。手榴弹与榴霰弹的黑烟悬浮在云层底下。
> 　　有些军用马车就被遗弃在路边，没有士兵，也没有马匹。经过那些马车的时候，突然间我的左膝感到一阵剧痛，同时我的马也不肯再继续前进。我猜我的腿可能是在黑暗中撞上了什么东西。我摸了摸疼痛的部位，然后本能地将戴着手套的手举到面前。手套上有一股温暖潮湿的感觉，这时我的膝盖开始感到一阵阵抽痛。
> 　　我对身边的莫戈尔说，我认为自己中弹了。他骑上前来，发现我的马臀部也有一个小伤口。不过，我和我的马还是跟得上队伍的步伐。我不可能在这里下马，这附近根本没有急救站。此外，到前线的步兵护理站则更加危险，因为那里现在正遭到炮弹的猛烈轰击，我们目前只能尽可能地走远一点儿。
> 　　莫戈尔以各种简单而体贴的方式努力转移我的注意力。他安慰着我的心绪，向我保证我们一定很快就会遇到行军部队，部队里必然会有随行的医生。

天色越来越亮。太阳从东方升了上来，射出刺眼的光芒。天空一片明亮，被白雪覆盖的高山与深绿色的松林形成强烈对比。我觉得我的腿似乎在不断长大，变得越来越长。我的脸仿佛有火在烧，只能用僵硬的手紧抓着缰绳。我的马实在是一匹聪明的好马儿。它的脚步仍然平稳，在满地的雪块当中择路前进。

最后，我们终于抵达了隘口的南坡。在这里，山壁遮挡了寒风，道路也不再那么难走。等到太阳完全升至我们前方的山谷上空，我们已经可以看见一座村庄零散分布的房屋了。

我们在市集遇见沃什，他焦急地询问了我们迟到的原因，听了莫戈尔的说明后又显得更加惊慌。村庄的学校已在夜里被匆匆布置成护理站，于是我在沃什与莫戈尔一人一侧的护送下骑马进入了学校大门。

我眼前的景象开始模糊了起来。我下不了马，我的左腿已经没有知觉。两名急救人员把我从马鞍上抬下来，莫戈尔随即把我的马带开。他们小心翼翼地把我放了下来。我的左脚一碰到地面，积在靴子里的血便泼溅了出来。年轻不懂事的沃什竟在这时将他的随身镜举在我面前，于是我看见了一张老迈又蜡黄的陌生脸孔，一点儿都不像是我自己的脸。

这天，弗朗茨·卡夫卡聆听了东部前线生还者的亲身经历。

布拉格已是深秋。弗朗茨·卡夫卡继续将战事隔绝在外。最好的情况下，它只是平添几许恼怒而已；旅行变成了苦差事，车次延误、检查及挤车。所有信件都会被检查；这不只意味着写信必须注意措辞，更代表着信件需要更长时间才能送达收件人手中。粮食越来越贵，有些物资难以获得。*许多朋友与熟人都被征召入伍，消失了。在街上，他像其他人一样，开始"又惊又怜"地注意到一种前所未有的新景象：前线送回了在战场上残障或受伤的士兵。

卡夫卡前一阵子有些不错的时光。10月大部分的时间，他都请假没到劳保局上班。同时他尽力压制那些让他苦恼、侵占他生命与时间的一切事物，包括战争、工厂与菲丽丝。他要全心全意投注自己唯一感兴趣的事——写作。他已经完成短篇小说《在流放地》，而《审判》的写作也有些进展，还写了另一部小说《美国》的初稿。他常独坐在聂鲁达巷公寓的书桌前，直到清晨五点钟。这期间，他也开始睡得比较好了。然而，他却开始受头痛之苦，感觉近似偏头痛。头痛没发作时，他还提心吊胆，生怕会再次发作。†

另外，他又重新联系菲丽丝·鲍尔了。这像一把双刃剑，有利有弊。

这天，他见到妹妹瓦莉的丈夫约瑟夫·波拉克。妹夫深受战场所经历的一切的冲击，最后获准离开前线，返家休养。在日记里，卡夫卡如此描述波拉克：

> 他尖叫着，勃然大怒，像疯了一般。关于鼹鼠在他下方挖战壕的故事像天启一样，告诉他要从下面移出来。他才刚爬出战壕，一颗子弹就击中在他后面爬行的士兵，那士兵趴在鼹鼠上面。还有他的小队长。大家清楚看见小队长被俘。然而，隔天他就被人发现全裸倒在森林里，全身被刺刀刺伤。这可能是因为小队长身上或许有点钱财，敌人打算搜身抢劫他，但"身为军官"的他拒绝就范，不让敌人动他。

---

* 家族经营的小型石棉工厂越来越难以获取原料，很快就不得不关厂歇业。卡夫卡对此可是一点儿都不心痛。

† 托尔斯滕·艾克布姆的理论是：这并非偏头痛，而是被称为"丛集性头痛"的症状。

波拉克在从车站出来的路上遇见自己的老板（过去，他对老板崇拜至极，近乎荒谬），见他盛装、全身散发着香水味、颈上挂着剧院用望远镜，准备去看戏，顿时惊怒地号啕大哭起来。老板给了他一张票；一个月后，他就依样画葫芦，上剧院看戏。他看的是《不贞的埃克哈特》，一出喜剧。

1914年11月6日，星期五
萨拉·麦克诺坦在弗尔讷找寻友伴

他们在早上七点起床，到浴室门前排队等待使用洗手台。这是一栋小房子，而且处于越来越脏乱的状态。他们总共十八个人住进这栋空房子的时候，发现有一些玩具遗留在一张床垫上，炉子上有个平底锅，而且房子里只有三张床——床上都一片凌乱，因为房主离开得相当匆忙。（除此之外，还有一条活蹦乱跳的狗，身上穿着红色外套，取名珍妮，是他们其中一人外出工作时发现的。）他们大多数人都睡在地板上，房间里没有暖气，而且非常拥挤。这一切都没有萨拉·麦克诺坦所预期的那么难熬。她是个非常孤僻的人，习于独自一人过着安静的生活。因此直到目前为止，她都觉得在群体中吃饭、睡觉以及工作是很辛苦的事情："我觉得自己没有群体精神。"不过，她近来却出乎意料地开始找寻友伴，甚至还会跟在别人身边，让人不禁觉得有点儿尴尬。尽管如此，她却阻止不了自己这么做。接着，轮到她使用浴室了。她必须用泵抽上许久才有水可用。她盥洗了一番。水很冷，而且她注意到排水孔似乎堵住了。

之后，他们到隔壁肉店的一个大房间里一起吃早餐，接着再步行到一座废弃的神学院，因为战地医院已搬迁到了那里。自从安特卫普陷落之后，麦克诺坦就跟着其他人一起沿着海岸往西南方撤退。她原属的单位，圣克莱尔·斯托巴特夫人的救护团已返回英国，但她顽固地留了下来，并且加入了另一个志愿团体——赫克托·芒罗医生的行动救护团。她在一个星期前刚过了五十岁生日。

安特卫普的陷落令她深感震惊，一部分是因为战败这件事情本身；另一部分是因为她目睹的可怕事物，那样的事物似乎无穷无尽，而她其实没有真正做好面对这种景象的心理准备；还有一部分则是因为许多、许多，唉，许许多多的男人（其中有不少是英国人）所表现出来的言行都完全不如她的预期。有人撒谎，有人逃跑，有人躲起来，有人流露胆怯，有些人甚至还成了逃兵。英国媒体把英国海军陆战队撤出安特卫普的行动渲染上胜利的色彩，这令她深觉反感："我觉得这种说法让人非常难以忍受。比利时落入了敌人手中，我们不但狼狈逃离，还一面高声称赞自己。"

她产生了一个念头，不只要写下自己的经历，还打算在返回家乡之后举行某种巡回演讲。她的听众将主要是军火工业的从业人员，目标在于促使他们认识到当前的情形有多么危急。她听闻了许多松弛懈怠、粗心大意以及自利贪婪的可耻案例。他们很有可能会输掉这场战争。

早上八点，第一辆漆成褐色的救护车隆隆驶离，但大多数人还是逗留在"一座庭院里，满是汽车、担架员以及身穿军服的士兵，还有穿着灯笼裤且打着绑腿的女人，全都点着烟，谈论维修工作、装备以及绷带"。直到十点，十辆车中的最后一辆才出发前去载运新出现的伤兵。一如往常，他们仍可听到隐隐约约的炮火声。前天，德军撤离了艾泽尔河上的部分据点，但不是被比利时军队（其总部设在此处的城镇里）击退，而是因为洪水的关系。昨天，东南方与伊普尔镇上都传出了异常激烈的枪声。

她现在负责的工作仍是例行性的琐事：清理环境，供应餐点，发放衣物。麦克诺坦希望自己能够和救护车一起出去，但她大概也知道自己的体力负荷不了那种工作。

天气很好。下午她决定回到屋子里。她打算写写日记，然后休息一下。不过，事情却无法按照计划进行。她静不下来。她觉得焦虑又紧张。她努力镇定下来写作，但觉得什么地方怪怪的。"我感觉自己好像一直活在某种令人毛骨悚然的鬼故事或是可怕的噩梦里。我每天都想要克服这种感觉，却总是做不到。"昨天有个伤员不断对她大喊，要她杀了他。今天，那个性情开朗、有着一口漂亮牙齿的法国孩子（在午餐时间为他们煮咖啡的那一个）被按在一棵树前枪决，原因是他在前一夜手持左轮手枪威吓了一名法国军官——那个孩子当时显然喝醉了酒。终于，她再也受不了自己的焦虑情绪，于是站了起来，把日记夹在腋下，走回了神学院。她需要同伴："我发现我需要有人陪在身边，不然我就会陷入恐慌。"

到了晚餐时间，褐色的救护车一一回来。疲惫不已又浑身脏污的驾驶员与担架员们下了车。他们彼此打完招呼，然后互相问道："今天救到的人多不多？"

黄昏降临。天色在六点就黑了。

同一天晚上，包围青岛的部队开始对德军的第三道也是最后一道防线强行突破。除了别的行动外，有一支四十人的日军小队在一个陆军中尉率领下突袭了一个重要的小型要塞。一名在场的英国军官讲述了自己看到的情况：

> 这个陆军中尉开始行动的方式是先对他的士兵训话，他让士兵

们面对东方排成一排,向天皇展示他们的武力。然后,在天黑之后他们就开出了一条路穿过沟渠和那些障碍物,闯进了敌人的战壕。他们遇到了为数不多的敌人的抵抗,而这些敌人在战壕里被他们忽左忽右地赶来赶去。那个下级军官只带了几个人,就冲到了那些地下室的门口,阻止了里面的敌人出来增援。他宣称他有战胜一切的力量,所以德国人(有200多人)就投降了。日本的增援部队也来了,这个要塞在晚上十点被占领。

不过在其他的地方,日军的进攻遭受了巨大损失——有些日本部队甚至已经没有了军官,百分之八十的兵力被消灭——不过,很显然,防守方的位置现在也守不住了。第二天,即11月7日,太阳升起的时候,在德军防线上也打出了投降的白旗。青岛已经被攻陷。

1914年11月8日,星期日[*]
艾尔弗雷德·波拉德在拉巴塞外围挖掘战壕

这里其实不需要他们,上头指派他们挖掘战壕,只是为了让他们在收到新的开拔令之前有事可做而已。[†] 没有人嘱咐他们要用心挖掘。

这里毕竟有许多新颖陌生的事物。现在,西部前线的战事已陷入停

---

[*] 实际上的日期可能早一天或晚一天。
[†] 负责指挥这个地区的军官原本期待一支炮兵部队前来支援,但由于一个简单的错误,被派到这里来的却是波拉德所属的步兵营。

滞，只有佛兰德斯还有真正意义上的交火，也就是第一次伊普尔战役。除此之外，交战双方大致上都在忙着挖战壕。这项工作其实没有表面上听起来那么容易，因为事前没有人预见到这种古怪的阵地战，这方面他们都没有接受过多少训练，更遑论实际经验。后来，波拉德提到"1914年的战壕非常可怕"：排水与垃圾收集设施都毫无作用，也没有遮蔽或碉堡，只有少数段落搭有屋顶，但顶多只遮蔽得了雨水。这种阵地战的景象前所未有——而这种表面上的空洞平静也是一样。敌人究竟在哪里？这里完全看不到敌人的身影。此外，在这片静谧当中，战争本身又在哪里？

于是，他们跋涉到这个距离前线一公里左右的地方，确认了四周没有敌军的踪迹，认定他们在这里不太可能遭受威胁后，便开始挖起战壕来。第一天，德军任由他们在毫无掩蔽（反正那里也没有任何东西能够提供掩蔽）的情况下尽情挖掘，不但在视线之内，而且还是在明亮的阳光下。不过，到了第二天，德军显然忍无可忍了。

这是波拉德入伍服役的第三个月。他原本在圣詹姆斯街上的一家保险公司担任职员，但在8月8日下午五点，他走出公司大门之后，就再也没有回去了。对他而言，这是个相当容易的决定。一两天前，他和一大群人站在伦敦一座大军营外，看着一队卫兵行军开赴战场。所有人都欢呼大叫，他也一样。不过，看着那些士兵踏着整齐划一的脚步从他面前走过，手臂规律地前后摆荡，他不禁觉得有一阵感动哽住了喉头。他没有像许多人那样因为心中充满自豪而落泪，也不是为那一刻的沉重肃穆所感动——毕竟，他的国家在毫无预警的情况下被卷入了一场巨大的战争，这可不是一次远方的殖民地探险，而是足以将全世界搅得天翻地覆的大战。这场战争不仅威胁要将世界搅得天翻地覆，而且承诺要这么做，而这也正是有些人欢呼的原因：这场战争代表了一项承诺，承诺巨大而激进的变化将会发生。不过，波拉德之所以感动流泪，却不是因为这个。他的泪水是羡慕的泪水。他满心想要加入那群士兵的行列。"我怎么能够被抛下来?"

在许多人眼中,这场战争乃是一项宏大的变革承诺,并且也在不少方面深深吸引了波拉德。其中一个原因就是他已受够了自己的工作,甚至有过移民的念头。不过,现在战争降临了。他今年二十一岁。

他和其他人排了将近三个小时的队。等到募兵中心的大门终于打开,他和另外一人,一个他在网球俱乐部认识的友人,奋力推挤穿越人群,然后死命冲向募兵中心的大楼,以便抢先登记。毕竟,要是人数有限该怎么办?况且,他们动作要是不快一点儿,搞不好还来不及上前线,战争就已经结束了。(他的哥哥原本也应募成为同一支部队的志愿兵,但后来又以假名加入了另一支部队,只因为那支部队预计会先被派上战场。)

波拉德热爱操练,觉得长途行军"很好玩",而且领到步枪时兴奋得难以自已。"我有武器了。这是一把杀敌用的武器。我想要杀敌。"他私下经常偷偷把玩自己的刺刀,摩挲着刀锋。"上前线的渴望已经成了一股执念。"他们在军乐队的伴奏下行军穿越伦敦。武器训练包括击发十五颗子弹。出发的命令下达得极为突然,以至他根本没有时间通知父母。他在搭乘火车前往南安普敦的途中,趁着火车经过一座车站的时候,从车窗里丢出一份短笺,上面标注了他母亲的姓名与地址。那份短笺竟寄到了她的手上。

经过长久的等待之后,波拉德终于到了前线,在这里挖战壕,连续挖了两天。空气中弥漫着泥土与腐叶的气味。突然间响起了一阵声音,"听起来像是一列特快列车以不可思议的速度飞快行驶",接着是一阵震耳欲聋的金属爆炸声。在他们前方的地面不远处,他看见了榴霰弹爆破后飘浮在空中的烟雾。波拉德倚靠在他的铲子上,看得"着迷不已":

我真的身在战火当中了。我兴奋得心跳加速。第二颗炮弹跟着爆炸，接着又是第三颗。战壕前方不远处有一阵骚动。许多人奔跑着。有个人从一旁冲过，呼唤着医生。有人直接中弹。我们中出现了第一个伤亡人员。

1914年11月9日，星期一
恩斯特·冯·莱韦措在科科斯群岛外战死于"埃姆登"号上

"埃姆登"号上，这一天的开始就和平常完全一模一样。黎明时分，他们可以看到两个覆盖着椰树林的海岛。大海平静无波。在六点半换岗的时候，他们停机熄火，把"埃姆登"号的锚穿过蔚蓝的海水沉入海底。远远地他们可以看到一片宽阔的水湾，那里有几艘渔船，一个小小的港口，木头搭的码头，还有些低矮的建筑。有一根高大的电线杆从一片绿色椰树林后面冒出了顶，而电线杆的顶部飘扬着一面英国的国旗。

他们到这里来的部分原因正是这根电线杆。他们的想法是摧毁这根发射无线电信号的电线杆，同时剪断这里发电报的电线，借此就可以切断英国在印度洋这个地区的交通线。此外，这里也是一个获取煤炭的好地方。

他们一面派出五十人组成的全副武装的登陆部队，全都戴着钢盔，穿着白色的裤子和白色的短袖衬衫，分坐三条小艇登陆，很快消失在树林里；一面也开始进行装煤的准备工作。这种时候总是允许船员随便穿任何衣服——反正穿什么最后也总是又黑又脏，一塌糊涂。装煤的时候，船上的乐队也总是会演奏些音乐。可运煤的船"布勒斯克"号在哪里？所有人一边听着不同的快乐的进行曲曲调，一边等着运煤船。而椰树林后面的那根高大的电线杆也轰隆一声消失了。*

在九点换班的时候，他们看到了北边有烟雾。他们猜想那是运煤的"布勒斯克"号。一刻钟之后，这艘来历不明的船已经非常近了，现在他们已经可以看得很清楚：这艘船有四个烟囱，两根高大的桅杆。这肯定是一艘敌人的军舰，不会是别的了。

舰长立刻发布了做好战斗准备的命令。警钟当当当地敲响起来。水兵和军官四处奔跑。运弹药的升降机咯吱咯吱地响个不停，把一箱又一箱的弹药运到甲板上。箱子被拖到各个地方，打开来，炮弹都上好膛，随时准备发射。他们也给岸上的登陆部队发出了信号，要他们立刻回到船上来。

要让"埃姆登"号的发动机获得充足的蒸汽是需要时间的。当它笔直朝北开去的时候大约是九点半。这是很热、阳光很强的一天。

恩斯特·冯·莱韦措站在他通常的岗位上，也就是尾甲板上那个小小的炮火引导台上，就在他指挥的两门大炮后面。透过望远镜他可以看到，那艘来历不明的船也沿着和他们平行的航线航行。"埃姆登"号在慢慢加速，所以水手们脚下的船身也在抖动。海水也溅过了船头。

十分钟之后，他们得到了开火的命令。两艘船之间的距离到了射程的极限，大约有一万米。三批炮弹密集地发射了出去。最后这批炮弹看起来是击中了。同时，那艘来历不明的军舰也回应了。敌方的炮弹起先射得太远了，然后又射得太近了，像一把两股叉。当冯·莱韦措和其他人看到炮弹落在水里的情形，他们马上明白，这不是和他们自己的船同一个级别的轻型巡洋舰。因为根据炮弹溅起的水的高度来判断，这起码是 15 厘米口

---

* 在岛上的英国人很有礼貌地指点之后——这些英国人完全没有做出任何抵抗姿态——登陆部队也很小心，没有让桅杆倒在那些人的网球场上。

径的大炮，也就是说，比"埃姆登"号上的火炮要威力大得多。*

这两条船继续平行着航行。两边都不停地相互射击。烟雾在海面上滚动，扭曲，翻卷，又在海风中飘散开。来自"埃姆登"号的炮火看起来击中了对方，但是没有什么值得一提的效果，只引起了很小的一团火。而他们不知道来历的这个对手正减速靠近他们。

一个最初的痛苦的真相已经大白：战争并非一场紧张而诚实的决斗，最有勇有谋的一方可以取胜；战争最要紧的就是压倒对手，把对手逼到不可能在物质上取胜的地步，借助自己占优势的重量去压倒和粉碎对方。消耗对方。消灭对方。就像现在这样。

到了十点钟，"埃姆登"号第一次中弹了。有一发炮弹在一声巨大的轰鸣声中射进了无线电舱。这个舱室就被完全炸毁了。下一发炮弹击中了驾驶舱的附近。再下一发炮弹炸飞了前炮塔，当烟雾飘散开的时候，这门大炮的大部分炮手都被炸飞了。

情况变得更加糟糕。一发炮弹穿过"埃姆登"号没有装甲的那部分船身射进了船舱里，他们所有的电力突然都丧失了。运送弹药的升降机停了下来。炮火指挥中心和各个大炮之间的联系电话线也被切断了。另一发炮弹击中了前烟囱，这个烟囱就朝左舷倒了下来。在灰色烟雾中喷起来的白色雾气说明，一个最重要的蒸汽管道破裂漏气了。

"埃姆登"号的速度立刻减慢，同时它的大炮发出的射击也越来越稀疏。这样就让对手更加容易击中目标。甲板上一片狼藉：扭曲的金属片，燃烧着的材料，还有血淋淋的被炸得四分五裂的尸体，一切都被蒙上了炮弹爆炸释放出来的令人窒息的黄色粉尘。有几门炮只剩下一个炮兵还在

---

* 这艘他们不知来历的军舰是澳大利亚皇家海军的"悉尼"号，一艘刚刚造好的新型装甲巡洋舰，就速度、装甲强度和武器装备而言，战胜"埃姆登"号轻而易举。一发 15 厘米口径大炮的炮弹，其重量是一发 10 厘米口径大炮炮弹的 3 倍，而且射程要远得多。在这次海战中，"悉尼"号朝"埃姆登"号一共发射了 670 发这样大口径的炮弹。

填炮弹、瞄准和开火。在一门大炮的旁边，有一个水兵尽管被炸飞了右胳膊，还是继续。到处是爆炸声、烟雾、尖叫声、刺耳的声音、熊熊的火焰。

十点过后的几分钟内，连续有三发炮弹击中了"埃姆登"号。第一发在舰桥附近爆炸，炸掉了测距仪。第二发击中了前炮塔边的区域，炸死了那些本来还活着的炮兵。第三发炮弹落在后甲板炮塔的下面，点燃了那里堆积的弹药。一声巨大的爆炸声震撼着整个"埃姆登"号。

恩斯特·冯·莱韦措死于这次爆炸。

那么，他能来得及感觉到什么呢？声音？火光？压力？高热？或者是所有这些惊人感觉被结合在一起了，成为因为高速和压倒一切的力量，人的感官实际上已经无法感觉到的东西。于无声处的惊雷？于黑暗处的闪电？

一个小时之后，"埃姆登"号就在一个小珊瑚礁上搁浅了。

英雄的冒险结束了。

1914年11月13日，星期五
威廉·亨利·道金斯在"奥维多"号*上写信给他母亲

高温与海风。运兵船上的生活很奇怪。他可能从来没有享受过这么舒适的生活。威廉·亨利·道金斯虽然只是个刚授衔的中尉，但毕竟已是军

---

* "HMAT"意为"英王澳大利亚运输舰"（His Majesty's Australian Transport）。

官,因此在船上享有自己的头等座舱。而且,这艘船在一个月前还是东方航运公司最高级也最现代化的轮船。因此,他的座舱不但有淋浴间和热水浴缸,而且距离装潢华丽的餐厅也不远。船上的餐厅每天供应三顿美味的餐点:"我们的餐点比墨尔本最高级的饭店所供应的餐点还棒。"船上也有一个交响乐团为这些身穿军服的乘客演奏音乐。

这种美妙生活唯一美中不足之处,就是货舱里飘散出来的马匹臭味。此外,还有炎热。"奥维多"号连同这支巨大舰队的其他船只一起往北航行穿越印度洋,在艳阳高照的天空下只能承受着炙人的高温。夜里,许多低阶人员都睡在甲板上,希望这样会凉爽一点儿。从澳大利亚出发之后,道金斯在船上过了他的二十二岁生日。在一张登船之前所拍的照片里,可以看出这个年轻人有着一抹亲切的微笑、一张鹅蛋脸、一只窄鼻以及开朗而且充满好奇的眼神。他刚蓄起髭须,而且他的军服领带打着四手结。

不过,尽管他和其他军官在船上过得相当奢华,生活却一点儿都不悠闲。他们通常早上五点四十五分起床,然后展开一天的活动,包括体能训练、指挥士兵、举行体育竞赛以及教导课程,科目包括拳击与法语等。(因为他和舰队里的两万个澳大利亚人以及八千个新西兰人预计将会被送往西部战线。)"Le prochain train pour Paris part à quelle heure?"(下一班前往巴黎的火车几点发车?)

在旅程展开之初,战争距离他们非常遥远。*一开始,轮船会像和平时期那样点亮所有的灯航行——对"奥维多"号这么一艘美丽的远洋客轮而言,到了夜里就会点亮数以千计色彩缤纷的灯。不过,现在船上已实施了严格的灯火管制:日落以后,他们连在甲板上抽烟也不可以。他们害怕

---

* 德国与英国在第一次世界大战中的初次交火其实发生在澳大利亚,当时一艘德国商船在 1914 年 8 月 4 日企图溜出悉尼港,结果被警告枪声拦了下来。

德军的巡洋舰，因为据说那些军舰在印度洋上从事着海盗活动：它们在印度洋各处如鬼似魅的瞬间突袭行动，已经击沉了将近二十艘协约国商船。道金斯所属的舰队，就是因为接获情报称有一支德军巡洋舰的分队在这片海域*，而延后了从澳大利亚出发的时间。现在，他们朝西北方向航行，由协约国战舰护送。道金斯从右舷栏杆往外望，可以看到日本巡洋舰"伊吹"号，其宽大的烟囱不晓得为什么冒出了比英国及澳大利亚舰船都还要浓的黑烟。舰队里的三十八艘船形成一幅壮观的景象。今天，道金斯坐在他的船舱里写信给他母亲：

> 英国的海上势力实在令人叹为观止。这支巨大的舰队就这么沿着自己的路线，按照自己的速度前进，一路上都没有遭到任何阻碍。但话说回来，像"奥斯特利"号那样的邮轮也总是独自往返于英国与澳大利亚之间送信。挂着我方旗帜的巡洋舰再次于意想不到的时刻，从意想不到的地方冒了出来。这一切都代表了英国对海洋的完全宰制。今天，我们听到了我方占领青岛的消息，于是我们与日本战舰相互传达了一番彼此恭维的信息。

威廉·亨利·道金斯原本想要成为教师。他的家庭没有钱，也没有接受教育的传统（出生时，他的母亲是裁缝，父亲是工人），但他的父母认识到他是个聪明的孩子。于是，借着奖学金的资助，他能够到墨尔本的一所寄宿学校继续接受教育。虽然才十六岁，但他已开始在离家将近四十公里

---

* 那是马克西米连·冯·施佩的太平洋分舰队，不久就在往东航行的过程中打出了名号，并且散布恐慌和实施破坏行动。这时候，这支分舰队正在南美洲西岸的智利外海，于同年11月1日发动奇袭，击败了科罗内尔的一支英军小舰队。英军的重装支持部队正在前往南大西洋的途中，打算报一箭之仇，并且不惜代价阻止施佩与他的分舰队。

的一所学校担任实习教师。*他如果就这么以教书为业，说不定会过得很快乐，因为实际上他也很喜欢这份工作。不过，他却无意间在报纸上看到有一所实习军官学院即将在邓特伦成立的消息。他去申请入学，接受了考试，结果出乎意料地被录取了。

他和第一批学员住进那所学院的时候，学校里的大楼都还没建好。校园的模样令人有点儿失望：学院的所在地干燥、寒冷又偏僻，而且住的还是外墙包覆石棉的预制板平房。不过，学院里提供的教育相当好，怀有雄心壮志的道金斯在理论与实操课上都拿到最高的成绩。尽管如此，他却个子很小，身高只有167厘米左右，体格也相当纤瘦。因为有这样的身体条件加上杰出的智力表现，他的专长也就偏向于心智能力而不是体力。在1914年毕业的37人当中，大多数人都成了步兵或骑兵，但他和其他课业表现优异的学生则进入了工兵部队。军队中的这个部门也许正适合他的个性；尽管道金斯很乐于成为澳大利亚远征军的一员，也和其他人一样对英军获得的胜利欢庆不已，但他显然没有感染到最极端的战争狂热。他的书信所呈现出来的形象，是个胸怀抱负、沉默寡言又稍嫌拘谨的年轻人——一个身穿军服的小学教师。他是个定期去教堂做礼拜的虔诚教徒，并且是另外五个弟妹的长兄。他特别喜欢最小的两个妹妹，一对名叫泽尔玛与薇妲的双胞胎，他把许多注意力都放在她们身上。

战争的爆发对他而言并不特别意外，因为事先就已有不少谣言。尽管如此，当时没有几个人认真看待那些谣言：如果真的会有战争，反正也只会发生在地球的另一端，影响的那些外国地区不但没几个人听过，甚至也更少有人懂得那些地名该怎么发音。等到消息终于抵达澳大利亚，而且得知自己的国家也由于某种令人难以理解的原因被卷入这场战争之后，道金

---

* 澳大利亚采取一种学徒制的方式培育教师，由取得资格的候选对象（"小老师"）在资深教师的指导下于课堂上教学。

斯和其他学生也在起初那些令人困惑的日子里处于惶恐不安当中。他们会怎么样？他们还有四个月的教育和训练没完成。接着，他们听闻自己必须提早接受考试，以便加入目前正在筹备的远征军。他们因此开心地打包了行李，并且将一切多余的物品送人或卖掉，然后学校又为他们举行了一场盛大感人的晚宴。现在，他们已经出发上路了。

即使欧洲仍然遥远，道金斯也已见识过了一点战争。当他们由军舰护航的船队于四天前经过科科斯群岛的时候，他们没有走通常的西侧航线，而是走东侧的航线，其原因就是害怕"埃姆登"号。他们的船队接到了来自科科斯群岛某一个岛的警报，说是有一艘来历不明的军舰在停锚，于是护航舰队里最大的军舰，澳大利亚皇家海军的装甲巡洋舰"悉尼"号，就被派去查看。上午十点二十五分"奥维多"号得到一条消息："对敌舰已发起攻击。""奥维多"号上有些人觉得他们好像听到了远处的炮击声，这次是明显处于劣势的"埃姆登"号被击毁了。

现在也有传闻说，在这次几乎长达两小时的海战中受伤和被俘的德军官兵，很快要被送到道金斯他们的船上来。这让道金斯感到好奇，他期待看到这些战俘。他们已经接近锡兰了，他希望在那里可以寄出给母亲的信。他在信的结尾写道：

希望您身体健康。我人很好，身体很健康。但愿玛丽阿姨早日康复。请代我向所有关心我的人问好。我这封信就写到这里了——希望在科伦坡能够收到您的信。我爱你们大家，威廉敬上。向妹妹们献上我的吻。

1914 年 11 月 19 日，星期四
克雷斯滕·安德烈森检查自己的装备，准备奔赴法国前线

安德烈森的朋友都一个个离开了。由于他一直没有自告奋勇要先上战场，因此得以暂时待在军营里，过着刻意低调又充满不确定性的生活，等待着那无可避免的结果。不过，随着其他人一一离去，比如最近的一位是与他同姓的瑟格·安德烈森，他也不禁受到了影响。不同于克雷斯滕，瑟格是志愿前往前线的。为什么？因为瑟格想要"在战争中接受成年的洗礼"。克雷斯滕·安德烈森完全能够理解瑟格以及其他像他一样的人内心的感受。他在日记里写道：

> 上战场，不是为了金银财宝，不是为了祖国或荣誉，也不是为了杀敌，而是为了锻炼自己，为了强健自我，磨炼意志，砥砺操守。这是我想上战场的原因。但我拒绝自愿学习这一课，因为我相信这个目标也可以由其他方式达成。

安德烈森知道自己再过不久终究还是要上战场，但他仍为自己赚得的这点儿额外时间深觉感激。

他们昨天接种了斑疹伤寒与霍乱的疫苗，今天又要接种白喉疫苗。他将自己的装备检查一遍，现在已经全部齐备了：

带有红色绲边与铜纽扣的灰色制服
军队配发的深色斗篷
附有绿色帽套的尖顶盔，R86

灰色军礼帽

自己在瓦埃勒买的靴子

军队配发的黄色系带靴

小牛皮背包

黄色武装腰带

同样颜色的弹药袋

同样颜色的皮革配件与扣带

帐篷与帐篷桩 *

铝制餐盒

铝制马克杯

铝制水壶

铁锹

灰色手套

面包袋

两个咖啡罐头

一罐步枪润滑油

野战军粮，包括两包饼干、一个肉类罐头与一包豆子

两条急救绷带

九七式步枪

枪筒刷

两件毛衣

两件衬衫

两条内裤，一件为蓝色

---

* 士兵带在身上的帐篷被军人戏称为"英雄的棺材"，因为这些帐篷经常在战地葬礼上被用来当作死者的裹尸布。

藏青色厚上衣

灰色围巾

暖手筒

两条腰带

一副保暖护膝

一副手套

身份辨识牌：ANDRESEN, KRESTEN K.E.R.R.86.

四双袜子，其中一双带有刺绣（爱人所赠）

兜帽

夜间战斗使用的白色臂章

一包用丝带捆着的盐

半公斤火腿

半公斤牛油

一罐果酱*

《圣经·新约》

《雄鹿奔逃》†

战地明信片三十张

书写用纸

"为部队准备的东西"：大茴香油‡

熟石膏

缝纫包

地图

---

* 这是用苹果与橙子混合制成的果酱。
† 《雄鹿奔逃》是丹麦作家克里斯蒂安·温特的一部热门小说。
‡ 大茴香油是一种抗菌剂。

三本笔记本

一面丹麦国旗（现缺）*

刺刀

一百五十颗实弹

半公斤培根

一根腊肉香肠

一块军用面包

整体而言，他的行囊重约三十公斤。这样的重量（正如安德烈森在日记里所写的）"可以说是够重了"。报纸上提到一些由年轻学生组成的部队，在兰格马克高唱着《德意志高于一切》而投入攻击行动。冬天的脚步近了。

1914年11月28日，星期六
米歇尔·科尔代在波尔多与两名内阁高官共进午餐

共进午餐的有六个人，他们谈论着各式各样的话题。不过，战争的主题具有极大的吸引力，因此他们的谈话总是不免回到这个主题上。举例而言，虽然有个名词（"寡妇"）可以称呼失去了丈夫的妇女，却没有类似的名词能够称呼失去了孩子的母亲。还有，可以确定德国的齐柏林飞艇绝对

---

* 后来他确实带着一小面丹麦国旗上战场。他认为这面国旗与温特的小说代表了"一切对丹麦人而言最珍贵的事物"。因此，安德烈森绝非面对民族情感不为所动，只不过他认同的民族并非德意志。

有可能飞到巴黎投弹轰炸。还有，伦敦的路灯已经开始装上特制灯罩，而且那种灯罩的发明人是著名编舞家洛伊·富勒。还有，现在开始流传一种内容含有祈祷文的奇特连锁信：信中要求收到信件的人应当把这封信抄写九份寄给别人，否则"厄运就会降临在你以及你爱的人身上"。

战争的确是一个难以回避的话题，尤其是围坐在圆桌旁的这群人当中又有两人是内阁高官。

其中一人是阿里斯蒂德·白里安，他是司法部部长，也是个经验老到的政治动物。这个机灵的务实主义者（有些人也许会说他是投机分子）观点有些激进，他还是个态度明确的反教权主义者。口才流利的白里安在政治界的地位越来越重要，许多政府高层官员都颇为嫉妒他，因为他到过前线。他在这个月想出了一个主意：既然西部的战事似乎陷入了停滞，那么何不派遣一支英法联军到其他地区去呢？例如巴尔干半岛？另一个政治人物是马塞尔·桑巴，他是公共工程部部长，也是一名律师兼记者，同时还是法国社会党的领导人物。现在，这两人都任职于战争爆发后成立的联合政府当中。白里安加入联合政府并不令人意外，因为他是个众所周知的野心家，醉心于权力以及它所带来的各种条件与前景。不过，桑巴同意在联合政府中出任官员却让许多人大感意外，尤其是在激进人士之间：激进阵营里有许多人把他这个选择视为一种背叛，相当于德国社会民主党员投票支持战争信用法案。*

在谈话过程中，众人逐渐发现就连这两位内阁高官也无法确切掌握军中的士兵人数。之所以会这样，一方面是因为经常对文官公然表达不屑的军中高层，行事隐秘是出了名的；另一方面则是因为经过夏末的大动员以及秋季损失惨重的马恩河战役（究竟有多少人阵亡是机密信息，直到战争结

---

* 尤其是桑巴又与让·饶勒斯密切合作，饶勒斯是一位社会主义领袖，曾经为了阻止战争的爆发而发动罢工，后来在1914年7月31日被一名年轻的法国民族主义者刺杀。不只如此，桑巴甚至还是一份广为流传且广受讨论的和平主义宣言的作者。

束后才获得公开），应征记录与兵员名册仍然一团混乱。文官都不敢对军方将领有所质疑——在所有交战国里，军事将领都具有天神般不容置疑的地位。不过，文官还是借着军方每天的粮食配给数量大致推算出了损失人数。基于这个信息，政府正在估算圣诞夜必须给部队发放多少瓶香槟。

午餐过后，科尔代看到自己以往深深崇拜的桑巴对其部长新职如此乐在其中，对那个头衔如此钟爱，不禁觉得颇为懊恼。科尔代在他的日记里写道：

> 当前的特殊状况，令他得以享有一种他以前基于原则拒却的权势地位。不过，现在看到这些人，看到他们乘坐自己的专车，看到他们搭乘自己的火车专列，看到他们如此欣然并且公然地沉溺于自己的权势里，实在令人感到悲哀。

1914 年 12 月 11 日，星期五
克雷斯滕·安德烈森见证屈伊被洗劫

他们离开弗伦斯堡的时候，那座城镇刚覆上一层潮湿的新雪。送别的仪式一如往常。红十字会的妇女为他和其他士兵献上无穷无尽的巧克力、蛋糕、坚果与雪茄，另外也在他们的步枪枪口插上花朵。他接受了她们的礼物，但坚决拒绝在枪口插花："我还不打算为我自己举行丧礼。"搭乘火车的旅程历时九十六个小时。他一路上没怎么睡，一部分是因为紧张，一部分是因为好奇。大部分的时间他都是坐在车窗边（他们很幸运，不像很多人那样在运牲畜的车厢），贪婪地望着窗外的景象：列日周围的战场在 8 月的激烈

战斗（西部最早的一场大战）之后，几乎所有房屋都已遭到烧毁或严重摧残；默兹河河谷有着壮观的景色与众多隧道；比利时西北部的美丽平原上长满了冬青；远方的地平线因为枪火与炮弹爆炸发出的闪光而显得崎岖不平；尚未遭到战火波及的村庄与城镇在深沉的和平当中安然休憩；另外有些村庄与城镇则惨遭战火蹂躏，留下了许多挥之不去的伤痕。他们最终在法国西北部的努瓦永下车，然后在月光下沿着一条道路往南行进，一路上不断有大炮、马车与汽车从他们身旁经过，远方传来的爆炸声则是越来越清晰。

在皮卡第省的拉西尼，安德烈森所属的军团沿着紧邻这座小镇的铁路路堤设置了阵地。他松了一口气，因为除了一些烦人的、整体而言缺乏效果的炮击之外 *，这个地方其实颇为平静。他们的任务也不太繁重：在泥泞的战壕里值勤四天，接着即可休息四天。他们的工作就是监视与等待，还有偶尔必须在夜里到战线之间的监听哨站岗而已。法军就据守在三百米外的地方，双方之间仅隔着几道简单的带刺铁丝网 † 以及一块平坦的农田。

---

* 安德烈森和许多人一样发现了这件事：榴霰弹这种当时最常见的炮弹，对掩蔽于战壕里的部队没有多少作用。
† 我们当今所知的这种带刺铁丝网发明于美国，旨在农用。这项发明彻底改变了畜牧业的规模。带刺铁丝网最早被当作防御攻击的屏障而用于军事，是在1870—1871年的普法战争。美军曾在1898年的美西战争中使用带刺铁丝网保护营区。英国的军需条例虽然早在1888年就提及带刺铁丝网，但第一次世界大战的交战双方直到1914年都没有带着铁丝网上战场，原因是双方都认定这场战争将会极具机动性，而且很快就会结束。部队在1914年初秋开始挖战壕，当时顶多只有临时编制的带刺铁丝网可以使用，材料从邻近的村庄搜集而来。（当时这种做法显然还相当罕见，原因是"带刺铁丝网"一词并未立刻出现在文字记载当中，例如有些记述就提及"带刺围篱网"。而且，部队在初期都是有什么材料就用什么材料，包括不带刺的铁丝网。）此外，这类防御设施通常颇为薄弱，大致上都只有单独一排桩柱，由三四股铁丝连接起来。不过，交战各国很快就开始生产专为军事用途而设计的带刺铁丝网。截至当时为止，农业用的带刺铁丝网通常每米只有七对钩刺，但军用的则有十四对以上。不仅如此，由带刺铁丝网构成的障碍也变得更长更密集：1915年的法国军需条例提及障碍物至少需由两排间隔三米左右的桩柱构成，1917年的英国军需条例则规定带刺铁丝网障碍至少需有九米深。不久之后，就出现了许多不同变化，有些还可以移动，例如"西班牙拒马""方块""刺猬""醋栗"与"刀架"。先前提到的英国军需条例也提及数种不同的固定式带刺铁丝网障碍物，诸如天幕型铁丝网、屋顶型铁丝网、围篱天幕型铁丝网、松垂环网、蛇腹形铁丝网、对角交叉型绊网、简易屋顶型铁丝网、低绊网、法式简易铁丝网、高低网组合（单是最后这一型就有六种不同变化）。另外，还有部队试验过以通电围篱网构成的障碍，但结果发现不实用。法国人奥利弗·拉扎克写道，带刺铁丝网虽然不曾被当成第一次世界大战的象征，在艺术作品中却可说是扮演了重要角色，因为艺术家纷纷试图借此"为现代战争释放出来的那种无与伦比的毁灭力量赋予形象"。

这块农田上堆着一捆捆已经腐烂的黑麦——那是1914年的收成。除此之外，并没有什么值得注意的景象。不过，各式各样的噪声倒是从来没有停过：步枪子弹的"咻咻咻"，机枪的"嗒嗒嗒"，以及炮弹的"砰——咻噫呜噫呜——砰"。* 餐点的质量非常好，他们一天能够吃到两餐热食。

有些情形没有他所惧怕的那么糟糕，有些则没有他预期的那么好。圣诞节即将来临，安德烈森心中充满了思乡的情绪，而音信杳无又导致这种思念更加强烈。除了去前进线值勤，他们其余时间都驻扎在小镇里，但小镇几乎无时无刻不遭受炮火攻击，以至镇上的人都逐渐迁离。今天有一则消息流传开来，称镇上最后仅剩的法国居民也抛下他们的家宅离开了。那些平民才刚走，德军士兵随即就对他们的房屋展开劫掠。

规则是你可以从人去楼空的空屋里任意拿取你想要的东西。在前线后方的营地以及战壕里的掩体中，都装点着从法国民众家中劫掠来的种种廉价俗丽的物品——柴火炉、软床、家用设备，乃至华美的沙发和椅子。† （碉堡内经常挂着语带讽刺的口号条幅，其中广受喜爱的一句话是："我们德国人什么都不怕，只怕上帝和我们自己的大炮。"）现在，镇上最后仅剩的居民既然已经离开，接下来便依照惯例行事——军官先拿走他们想要的东西，然后轮到士兵。

安德烈森连同十个人左右，在一名士官长的率领下一起行动。拉西尼的景象看起来令人唏嘘不已：原本有着百叶窗的高大白色房屋，现在已沦为一堆被雨水淋湿的瓦砾、砖块与碎木。街道上到处散落着榴霰弹的铅弹与炮弹碎片。这座小镇慢慢被夷为平地。教堂弹痕累累，只剩下一座空壳，

---

* 这些拟声词是安德烈森自己的描述。
† 不久之后，即可见到碉堡内的天花板上装有电灯，地上铺设地毯，墙面也装饰了镶板，这种精心装潢战壕的做法是西线的德军已开始着眼于长期防御的结果。法军则是纯粹因为意识形态，不愿呈现出他们打算长期待在战壕里的形象，因此法军的战壕在战争期间都保持着颇为简陋的模样。不令人意外，东部战线的奥匈帝国部队也很快为自己布置了颇为舒适的环境，甚至据说还有装设了玻璃窗的碉堡，尽管这点听起来不免有些矛盾。

里面的老钟搁在几根断裂的横梁上，必然会在不久之后掉落地面。一个被炮弹炸裂了的大十字架挂在教堂正面。安德烈森内心感到一阵激动：

> 战争是多么残忍无情！最崇高的价值都被践踏在脚下——基督教、道德、温暖的家。尽管如此，我们这个时代却还是有那么多人把"文明"挂在嘴边。看到文明及"其他"价值观如此不受尊重，实在让人丧失信心。

他们走向最近刚被抛下的房屋。原本在民间担任教师的士官长在前领路。他急切地翻找着橱柜，不放过任何一条缝隙，却找不到什么值得拿的东西。屋子里的物品大多数都被劫掠一空，屋内的混乱状况实在难以言喻。安德烈森站在其他人后面，双手插在口袋里，只觉得越来越反感，但什么话也没说。

在一家刚被洗劫过的商店门口，他们遇到了一名衣着光鲜但没有戴帽子的妇女，她穿着一件毛领大衣。她转向这群士兵，问他们知不知道她的先生在哪里。安德烈森答说不知道。他与那名妇女四目相对，只见对方的目光一片黯淡：他难以确认那名妇女脸上的神情究竟是绝望还是鄙夷，但他自己却不禁感到一阵羞愧，羞愧得只想"跑得远远的"去躲起来。

1914 年 12 月 15 日，星期二
艾尔芙莉德·库尔在施奈德米尔帮着为车站里的部队发放餐食

霜雾，白雪，寒冷刺骨。因为太冷，许多小孩已不想再玩扮演士兵的

游戏。不过，其中年纪最大的艾尔芙莉德认为这种假扮游戏有其效用，重点在于学习忍耐："毕竟，前线的部队所处的环境比我们这里还要冷得多。"不过，小弗里茨·韦格纳真的冻坏了。艾尔芙莉德不得不每隔一阵子就帮他擦拭鼻涕，但她觉得这么做实在有损她身为部队军官的尊严。

之后，她来到了火车站。她的祖母是红十字会的义工，几乎每天都会去车站帮忙。艾尔芙莉德通常的工作是帮着为靠站的士兵发放餐点。不论日夜，总有运送兵员的火车从这里经过：朝东行驶的火车满载着活力充沛、高唱着歌曲的士兵，他们即将投身东部战线上那些仍然激烈不休的战役；回程的火车则是满载着静默不语、浑身是血的伤兵。这一天，将会有几班救护列车抵达，所以无疑会有许多事情要忙。

尽管这是不允许的，车站的义工还是向三百名从东普鲁士搭乘火车进站的平民工人发放了餐点，而且艾尔芙莉德也帮了忙。那些工人原本在东普鲁士挖掘战壕以及建造其他工事。艾尔芙莉德看着那些饥肠辘辘的工人进食——所有人都没有出声，就怕被人逮到：餐点包括热汤、面包与咖啡。他们很快就吃掉了七百个三明治，然后悄悄回到等靠于站台边的火车上。艾尔芙莉德匆匆地帮助制作新的三明治。切片香肠都已用完，所以他们改为在面包上涂抹香肠的肉汁，豌豆汤也不得不加水稀释，但载运伤兵的火车进站之后，他们并没有听到任何埋怨的声音。

傍晚时分，她被派去购买更多香肠。她跑了两家肉店，才买齐了所有东西。在回程的路上，她遇见了她的朋友格蕾特尔：

为了御寒，她全身上下裹得严严实实的，只露出鼻子和一双蓝眼睛。我把一整串洋葱香肠挂在她的脖子上，对她说："帮我一点儿忙，这样你才不会被叫作懒虫。"

她们两人都在火车站帮忙，提着一大壶咖啡来来回回。就在晚上十点之前，她们获得了奖赏——一个香肠三明治和一碗豌豆汤，然后便回家休息。虽然累得筋疲力尽，却深感充实。外面开始下起了大雪。"看着雪花从煤气灯的光芒中旋转而过，那实在很美。"

1914年12月19日，星期六
萨拉·麦克诺坦在弗尔讷开设食物救济站

雨，又是雨。潮湿黑暗。日子已开始混为一团，一天接着一天，每一天都和前一天一模一样。工作内容一成不变，四周的景象也完全相同。前线传回的消息不再有任何变化：这里失去了一小块领土，那里攻下了一片象征性的区域。战争仿佛陷入了停滞，没有任何进展，困在空转的循环当中，却又天天不断需索着人命与血肉之躯的献祭。每天，萨拉站在车站的食物救济站里，无穷无尽的伤员就这么不停从她身旁流过。*

唯一的新情况，就是长期待在积水战壕里的士兵开始罹患一种令人费解的疾病：他们的脚变得冰冷、肿胀、麻木又发青，有时甚至严重到除了截肢别无其他治疗方法。对于病情尚未恶化到那种阶段的患者而言，穿上干燥的鞋袜可让他们觉得比较舒适，因此麦克诺坦准备了成堆的袜子发放给有需要的人。（那些袜子全是手工制作，在英国国内搜集而来；有些是织补而成的，有些用不同种类的羊毛编织而成，有些还在里头装有巧克力

---

* 这座食物救济站是麦克诺坦自掏腰包建立的，目的在于为伤势比较轻微的士兵供应饮食。这些士兵伤势较不危急，所以经常必须等上许久才搭得上后至的火车。她有三名比利时妇女担任助手。

与香烟等小礼物。）尽管当时已近12月底，有些士兵却是光着脚来到这里的。她看得出自己所做的事情深受那些士兵感激，但还是挥不去内心的疑虑："我没办法真正改善他们的处境。我只是为他们供应食物，然后他们就离开了。"

麦克诺坦仍然住在那栋小房子的潮湿阁楼里。房主回来了，女主人花了一个星期清理最早的那批寄宿人员制造出来的脏乱场面。现在，萨拉总在八点半与那家人在厨房里共进简单的早餐，然后在十点左右前往车站。

第一趟载运伤兵的列车通常在十点半左右进站。萨拉的食物救济站只不过是拱门底下的一个小空间，钉几块粗麻布充当帘幕。她所有的设备和锅碗瓢盆都放在那个八英寸*见方的小空间里。她最熟悉的东西是一台小小的咖啡磨豆机，机身上有个蓝色风车的图案。那台磨豆机整天研磨不停，以致她对那台机器"产生了强烈的厌恶感"。有时候，她会把咖啡、热汤和面包放在一辆红色的小推车上，推出去发放给火车上的士兵。

她在战地医院吃午餐，然后回住处小憩一会儿。她的心情不太好。小房子里的生活极为单调。那家人总是围坐在一间房间里的暖炉旁，父亲偶尔会播放自动钢琴演奏的乐曲，女儿们则拿着旧报纸做剪报。麦克诺坦对那家人都不看书深感讶异。她觉得很寂寞。街道潮湿又泥泞，海上不停吹来刺骨的寒风。

麦克诺坦注意到伤员受到的照护已逐渐得到了改善，令人不满的地方较先前已少了许多。但另一方面，众人的脾气却也变得越发暴躁。她在日记里写道：

> 这里没有人态度是和善的，除了刚从家乡出来的人以外。各种请

---

* 1英寸等于2.54厘米。——编者注

求经常遭到拒绝，不然就是被人回以"请不要再问了"。新来的人都被当成局外人，而且大家都对工作斤斤计较。奇怪的是，在这个人性的光明面最应展现的时刻，却似乎没几个人展现出自己最佳的一面。这无疑是紧张焦虑造成的结果，所以也算是情有可原。护士和外科医生没有这种问题，因为他们原本就对忙碌的工作以及目睹苦难现象习以为常，但业余工作人员都不免有些仓皇。我认为，造成这种现象的一大原因，是他们原本满心期待各种刺激的经历（却经常不免失望）。"为了刺激而来"的人，通常都得等上很长一段时间，于是无处发泄的精力也就不免在意想不到的地方以不太愉快的方式宣泄出来。

夜晚漫长又漆黑，她头痛得很厉害。她觉得雨水打在窗棂上的声音听起来颇为凄楚。

罗伯特·穆齐尔成为奥匈帝国国军的一员，已有四个月之久；他被授予少尉军衔，指挥国防军第二十四营第一连*。直到现在，他还没听过实战里的枪声。他于 8 月 20 日正式在林兹入伍，9 月 20 日启程前往南蒂罗尔与意大利边界。众所皆知，号称保持中立的意大利形式上是盟友，但长期以来，这个邻国一直高声叫嚷着要"收回"以说意大利语为主且现归维也纳皇帝管辖的两个北部省份。所以执行这项边防任务，其实不是全无意义的。

不过好在什么事都没发生。最戏剧性的，倒是比他年长七岁的妻子玛尔塔在他休假离营见面时告诉他，她怀孕了。这消息不只让人始料未及，

---

* "国防军"的名称，和一般民兵组织毫无关系，结构上完全由国防部后备军人组成。

还来得不是时候。罗伯特·穆齐尔强调自己的生命中容不下孩子，要求她堕胎。不过，在一切争执达到极点以前，玛尔塔就流产了。另一件值得纪念的大事是：他在 11 月 1 日晋升为中尉。

此外一切无事。

这阵子大部分时间，他和他的人马驻扎在一处建于 19 世纪 30 年代，名为"戈马戈伊"且配有环状瞭望塔的堡垒。兴建这座堡垒，是为了封阻一条穿越深谷、可长驱直入直达意大利境内的道路。周围群山环绕，景色美不胜收。但窝在有如迷宫的湿冷炮台与通道内执勤，这样的日子很快就让人感到单调；开始降雪后，他们只能待在室内，生活也更无聊了。

更糟的是，无论是连长职务，还是在军中服役，穆齐尔显然都不称职。* 一方面，他太过个人主义、苛刻且刚愎自用；另一方面，他不知变通、不切实际、冷淡疏离。他那微微保持冷静、旁观的态度很容易被误解为傲慢。周围都是些无法分享他对知识的爱好、永远不想读书、更不可能写书的人，他发现自己处在痛苦爆发的临界点上。几个月过去了，他越发兴味索然，几近麻木、冷淡。他大量地抽烟，也常常滑雪，却没写下什么东西。

对穆齐尔而言，战争的美丽、提升人心的力量与梦想早已四分五裂；最讽刺的是，他甚至还未能目睹战火。当然，他还是会尽忠职守†，不过能完全远离前线，他也心满意足了。从加利西亚与塞尔维亚的战争还能得到什么称之为好消息的新闻？似乎只有无止境的死伤名单，"……阵亡……阵亡；……阵亡"。他感觉到那无法承受之重，即便他的感受还是抽象，一如往常。‡

不久前，他所属的营部中，大部分的部队都被调往东线，但他却不想

---

* 穆齐尔早年曾在陆军任职多年，不过皆担任工程师，而非战斗单位的指挥。
† 一如卡尔·科里诺所指出的，穆齐尔似乎乐于暂时摆脱自己那过于苛求、渴望他人注意的妻子。
‡ 尽管如此，他的一位堂兄在 1914 年 8 月底就阵亡了。穆齐尔却一如往常，难以用言语对发生的不幸表达强烈的情感，这使他的父母大为光火。穆齐尔形容自己是"没有情绪的人"。

上前线。这天，他写信给女性朋友路德维希·菲舍尔：

> 你的友善捐献，使我在目前田园牧歌般愉快的生活中充满感激与甜蜜。我置身之处，举目所见尽是白雪，滑雪早已成为我生活中不可或缺的一部分。我先前就认为这种与世隔绝的状态——我开始意识到这与我对幸福的观念完全相符——不会再持续很久，现在看来似乎的确如此。无论如何，我的营队已经部署在战场上，只剩我们连队还得以喘息，只有上帝知道是什么原因，以及我们究竟还能休息多久。

1914 年 12 月 22 日，星期二
米歇尔·科尔代在巴黎目睹下议院召开议会

政府与各部都回到了首都，下议院也重新召开议会。身为其中一部的资深公务员，他得以在楼座上观看会议进行。召开这场会议并非全然顺利：其中一个在政府官员间引发激烈争论的问题，就是议员该身穿军服出席，还是必须全部身穿平民服装。拥有军职的议员都想穿军服。最后，他们终于决定，强制所有议员穿上长礼服。*

科尔代对于议员的发言以及那些言论对听众造成的影响深感惊惧："老天，语言是多么能迷惑人啊！"他发现发言者越声称自己决心"奋战到底"，其嗓音和姿势就越夸张。

会议结束后，他在走廊上遇到了一名旧识。那人原是巴黎喜歌剧院的

---

* 促成这项决定的原因，是对于军中阶级服从的考虑：如果有个中尉起身对他的上级长官国防部部长提出尖锐的问题，那该成何体统？

总监，现在则担任一位高阶将领的副官。他对科尔代说，民间对戏剧表演的需求非常大，每天晚上都有1 500名左右的观众根本进不了场。此外，包厢的观众主要都是服丧的妇女："她们到剧院来哭。只有音乐能够安抚与缓和她们的伤痛。"

那个人向科尔代述说了他这几个月来担任副官所听闻的一件事情。有个妇女拒绝和她担任上尉的先生分离，于是在他被派赴前线的旅途中一直伴随在他身边。他们原本该在贡比涅分手，因为那名上尉必须从那里上前线，但他的妻子仍然拒绝和他分开，而且态度非常顽强。禁止平民进入战区的禁令当然也适用于军人的配偶——实际上，这项禁令就是特别为她们制定的，因为军方认为官兵的妻子在战区会对她们的先生造成干扰。（唯一的例外是妓女：妓女可以领取特殊通行证而在战区执业——据说有些思夫心切的妇女不惜利用这个渠道与丈夫保持接触。）指挥高层表示他们对于这种情况无能为力，只能宣布那名上尉已经完成了前线的勤务，将他送回动员中心。眼见自己恐怕上不了前线，那个上尉怎么做呢？他杀了自己的妻子。

1914年12月26日，星期六
威廉·亨利·道金斯坐在金字塔旁写信给他母亲

从期待到反感到失望，然后再度回到期待。那支巨型舰队上的澳大利亚官兵在前往欧洲（至少他们认为是欧洲）的途中，就不断处于这种反复循环的心情当中。在海上航行一个月之后，这些年轻士兵原本的热情已然消退不少，思乡情绪更是在心中迅速增长，因为他们许多人从来不曾与家人分离过这么久的时间。(可想而知,邮递服务相当不规律,也一点儿都不可靠。)船上的气氛越来越低迷,饮用水在越来越炎热的天气下也已逐渐耗竭。后来,上头宣布他们在亚丁也不得上岸,不满的情绪便弥漫开来。几天之后,他们的失望情绪又得到了进一步加深,原因是他们得知这支舰队的航程必须缩短,目的地从欧洲改为埃及。船上有许多人都和道金斯一样,原本满心期待要在英国庆祝圣诞节。

计划之所以会改变,主要是因为奥斯曼帝国参战了。协约国担心这个新敌国会攻击具有重要战略价值的苏伊士运河。澳大利亚与新西兰的部队改在埃及上岸之后,就算真的发生最糟的状况,协约国也会有一支实力可观的后备部队能够立即赴援。伦敦当局也打算趁着这场战争的机会,将名义上属于奥斯曼帝国的埃及纳为英国的保护领地*,而此举若是引发埃及的动乱与反抗,这支为数两万八千人的部队即可派上用场†。

得知将在埃及上岸的消息,道金斯也同样颇感失望。不过,他很快就调整了心情,开始在这样的情势发展当中看出优点。他们搭设帐篷的大营地就位于金字塔旁边,不但井然有序,还有充足的粮食以及专属的水源、商店、电影院与戏院。就一年里的这个时节来说,他们面对的气候可说是好得令人意外,道金斯认为这样的天气让他想起了澳大利亚南部的春天,只是这里的雨比较少,也比较没有风。此外,当地还有一列火车驶往开罗——而且那座繁忙混乱的城市距离这里也才十五公里左右。那列火车通常满载着外出休闲的士兵,经常可以看到连车顶上都坐了人。夜里,那座大城市的街道上满是澳大利亚、新西兰、英国与印度的士兵。

道金斯与另外四名低阶军官共同住在一座大帐篷里。他们在沙地上铺

---

* 埃及自从1882年以来即受到英国的实质控制。在这个阶段,协约国甚至已在英国开始计划分割奥斯曼帝国,如此一来协约国在中东即可达到前所未有的扩张幅度;举例而言,俄国将可分到君士坦丁堡。

† 这种情况并没有发生。

了色彩鲜艳的地毯，帐篷里不但有床，还有椅子和一张铺了桌布的桌子。他们每个人都有自己专属的衣柜和书架，而且帐篷外面就有一个浴缸。在炎热的夜晚，帐篷里由一根蜡烛与一盏乙炔灯提供照明。这时候，道金斯正坐在帐篷里，再次写信给他母亲：

> 昨天是圣诞节，我们的心思都在澳大利亚。我这支分队里有些人享用了非常丰盛的晚餐——大约六道菜。他们说只要闭上眼睛，就可以想象自己回到了家。我们这里有很多乐队，昨天破晓的时候还演奏了我们的圣诞歌曲。妈妈，谁想得到我们会在金字塔底下过圣诞节？想起来实在是非常奇特的经历！

没有人知道他们接下来会有什么样的遭遇。他们整天都忙着接受教育和训练、训练和教育。道金斯与他的工兵战友正在练习挖掘战壕以及埋设地雷的地道——这样的工作在沙漠这种不稳固的沙地里并不容易。他经常骑着他的马四处走动。那匹马虽然在漫长的旅途中掉了些鬃毛和皮毛，但整体上还是相当健康。道金斯在信件结尾写道：

> 妈妈，我现在必须停笔了。希望您的圣诞节过得很快乐，也收到了我的电报。爱您的儿子威廉敬上。向妹妹们献上我的吻。

1 9 1 5

实际上，这场叫作战争的东西带给我的个人体验，就像是在我清醒的那刻，一个梦所留给我的记忆，梦里有大海与雾气弥漫的小岛。一些事情感觉比较清晰，大概是因为自己的确亲身经历过，所以尚带着一点儿余温。即便是最危险的事，如今也变得寻常无奇，直到每一天的流逝似乎不再有其他引人注意之处，只剩下与死神的恒久亲近。即便是这个念头，一开始虽然极为醒目，时间久了却也不免被抛在脑后，成为一种微不足道的常态。

——爱德华·穆斯利

1915 年大事记

1月1日	第三场华沙之战展开。最后俄国险胜。
1月	俄国与奥地利在加利西亚与喀尔巴阡山脉地区交战不休,并持续至4月。
1月4日	经过萨里卡米斯的大灾难之后,奥斯曼帝国中断了进军高加索地区的行动。
1月14日	英军部队入侵德属西南非。
2月3日	奥斯曼部队攻击苏伊士运河,但没有成功。
3月8日	英军进攻新沙佩勒的行动持续一个星期,但无甚斩获。
3月22日	加利西亚的普热梅希尔向围城的俄军投降。
4月25日	英军在加利波利半岛上岸,目标在于打开博斯普鲁斯海峡。
4月	奥斯曼帝国对亚美尼亚人展开大屠杀。
4月28日	德国与奥地利在东部合作展开一场成功的大规模进攻行动。
5月7日	美国客轮"卢西塔尼亚"号被德国潜艇的鱼雷击沉。
5月23日	意大利对奥匈帝国宣战,并且入侵蒂罗尔与达尔马提亚。
6月23日	意大利在伊松佐河展开初次进攻。收获不大。
7月9日	德属西南非投降。
7月15日	俄国在东部展开大规模撤退。
7月18日	意大利在伊松佐河展开第二次进攻。无甚斩获。
8月5日	华沙被德军部队占领。

9月19日	德奥部队展开入侵塞尔维亚的行动。
9月25日	法国与英国在西部合作展开一场大规模的进攻行动。收获不大。
9月26日	一支英国部队开始朝底格里斯河上游进军。
10月3日	一支英法部队在萨洛尼卡登陆,援助塞尔维亚。
10月9日	贝尔格莱德陷落。塞尔维亚开始崩解。
10月11日	保加利亚对塞尔维亚宣战,并且立刻展开侵略行动。
10月18日	意大利在伊松佐河展开第三次进攻。毫无斩获。
11月10日	意大利在伊松佐河展开第四次进攻。小有斩获。
11月22日	泰西封战役。英军进军巴格达的行动中止。
12月5日	未能抵达巴格达的英军部队在库特阿马拉遭到围困。
12月10日	协约国开始从加利波利撤军。

1915 年 1 月 17 日，星期日
理查德·施通普夫在黑尔戈兰岛外海刷洗"黑尔戈兰"号的甲板

  一片寒冷的铅灰色海面。充满兴奋的期待已经消退，只剩下百无聊赖的乏味感。他们一场仗都没打过，甚至连敌人都没见到。在去年 8 月底的黑尔戈兰湾海战期间，他们虽然听到远处传来的炮响，却根本没有机会参与其中。施通普夫认为那一天对于他和其他船员而言是"黑暗的一天"。他们最接近作战的一次，是在圣诞节当天听见英国飞艇的声音。"黑尔戈兰"号当时笼罩在雾里，所以那些英国飞艇没有攻击他们，但在较远处，一架飞艇对一艘巡洋舰与一艘货船投掷了炸弹，导致其中一艘起火燃烧。不过，施通普夫的战舰倒是朝着声音来处开了火——尽管是盲目开火，但因此显得更加令人难忘。

  "黑尔戈兰"号与德国公海舰队的其他船只并没有刻意回避敌人。英国海军在数量上占有优势，因此德国的海军战略乃是有选择地与英军交火。德国潜艇承担的是较为日常性的任务，负责阻挡运往不列颠群岛的补给品，借此逐渐削弱敌军的力量。* 不过，至今都没有发生大规模的海战，因为双方的海军将领都深深意识到他们有可能在一个下午就输掉这场战

---

* 这项任务在 1914 年 9 月展开得非常顺利，当时德国潜艇 U9 在短短一小时内就击沉了三艘英军巡洋舰，虽是老旧的巡洋舰，但毕竟还是相当优异的成果。

争。不过，德国必须以其他成果掩饰自己在海上缺乏收获的景况。在战争开始之初，德国海军有不少轻舰队散布于世界各地的海域，它们通常附属于当地的德国殖民地。这些神出鬼没的"海盗"很快就开始和巡视海域的英国舰队展开令人深感兴奋的猫捉老鼠游戏。[*]不过，德国公海舰队迄今为止一直都只限于在自家海域巡逻，以免祖国遭到敌人登陆。除此之外，就只是偶尔骚扰攻打一下英国北海沿岸而已。[†]

自从圣诞节以来，"黑尔戈兰"号每隔一天就出外巡逻一次——这是一项很累人的工作，船员们在巡逻过程中通常没有多少睡眠时间。此外，这种工作也非常单调乏味。施通普夫在日记里写道："没有发生任何值得一提的事情。我如果把我每天的活动列出来，一定全部都是一样的内容。"

这一天，照样都是例行公事。

首先，施通普夫和其他水兵刷洗甲板，然后把所有的铜制配件擦得闪闪发亮。最后，他们又必须接受迂腐的制服检查。这种检查活动令施通普夫深感气愤。他在日记里写道：

> 由于羊毛短缺，我们在船上很久没能更换那些已经破旧的行装了。尽管如此，处长[‡]还是严格检查我们制服上是否有皱褶或污渍。不论我们怎么解释，他的回答总是一成不变："烂借口！"老天为鉴，这种行为实在让我对海军深感厌恶。他们大多数人都已经不再浪费这种力气了。幸好不是所有的军官都像我们这一个一样。

---

[*] 如同前面提过的，德国太平洋分舰队在 1914 年 11 月 1 日于科罗内尔打了一场出乎意料的胜仗。不过，这支分舰队后来在同年 12 月 8 日的福克兰群岛海战中被歼灭。

[†] 1914 年 12 月中旬，德国巡洋舰轰炸了斯卡伯勒、哈特尔浦与惠特比，造成 137 人丧生，592 人受伤，其中大多数都是平民。

[‡] 这里的"处"系战舰上炮组人员的一种编制单位。

施通普夫只能默默接受这种"令人厌恶的服装仪容检查",但他满心希望能够突然出现一架敌军飞机,"把一颗炸弹丢在这家伙头上"。可以让他自我安慰的是,他们今天下午就可以放假了。

接着却来了一道命令:"黑尔戈兰"号必须返回威廉港,进入干船坞。"该死!"他写道,"又毁掉了一个星期日。"这场战争仍然没有达到施通普夫的期望。他们浪费了一整个下午的时间处理水闸的问题。随着傍晚来临,他们决定不再继续前进,而是停靠于港口内过夜。

萨拉·麦克诺坦离开了她在比利时设置的食物救济站,途经加来返回伦敦。回到伦敦之后,她陷入了精神崩溃。这一天,她在日记里写道:

> 我发现自己很难再适应日常琐事,看到别人仍然若无其事地驾车行驶在街道上,我会变得讶异不已。这种感觉就像是到过一个可怕的外星球之后,现在又回到了地球上一样。我回到我自己的屋子,屋里的气味让我觉得心旷神怡。在我的小图书室待着的那一两个小时,是我一天里最快乐的时间。有些人邀请我参加一些活动,可是我不想出门,而且天气也非常糟糕。

1915 年 1 月 22 日,星期五
艾尔芙莉德·库尔在施奈德米尔见到一名面包学徒

时间很晚了。门铃响起,艾尔芙莉德打开门,发现面包店的学徒站

在寒冬的黑夜里，脚下踩着木底鞋，身上穿着粘满了面粉的白色工作服。他举起一个盖起来的篮子，里面装着刚出炉的面包卷，还带有微微的热气。面包店通常都是每天早上递送新鲜面包，为什么会这个时间来？现在不是晚上吗？那名学徒咧嘴一笑，说："现在不一样了。"他对艾尔芙莉德说，国家对面粉的使用颁发了新的限制令，所以他们不准在夜里做面包了。他对这点可是毫不难过——这么一来，他就可以像正常人一样在晚上睡觉了。他匆匆离开，一面走一面回头对她大声说："是因为战争！"

艾尔芙莉德的祖母认为这是好事——反正德国人本来就吃太多面包了。报纸上刊登了措辞严厉的警告，禁止民众把谷物当成饲料："把玉米当成饲料是危害祖国的行为，将会因此受到处罚。"德国人民的营养结构即将出现大幅转变：与其借由吃肉这种迂回途径摄取热量，他们从此以后必须改食蔬菜这种较为直接的摄取方式。（比起将玉米转变为牲畜的肉，直接食用玉米所摄取的热量是前者的四倍。）自此以后，德国人的餐桌上将以蔬菜为主，而不再是肉类。这个地区四分之三的人口是农民，却不表示他们过的生活都一样。小农夫与农场工人已经开始感受到生活水平的下降，但大农户仍然过得极为舒适。艾尔芙莉德听说过，在种种禁令之下，有些大农户还是持续用玉米喂马和牛。这点从他们的牲畜身上就可以看出来：他们的牲畜都长得圆圆胖胖，毛皮也光滑明亮。

没错，大农户和地主还没感受到战争的影响：

> 他们每天早餐都吃美味的小麦面包，有时候面包里还加了葡萄干和杏仁。此外，还有鸡蛋、香肠、奶酪、熏火腿、熏鹅肉、各式各样的果酱以及其他种种东西。他们随时都有新鲜牛奶可以喝，也可以喝咖啡或茶。他们甚至还会在茶里加一整匙果酱。

不过，艾尔芙莉德这次对于大农户的生活方式所怀的不满与嫉妒却带有一丝良心不安。就某方面而言，她自己也做了危害祖国的行为：她非常喜爱马儿，有时候如果遇到马儿，就会偷偷把她应该自己吃的面包或苹果拿去喂它们。可是现在看得到的马已经不像战前那么多了：只要不是农业上直接需要使用的马，就都被军方征用了。

1915年2月3日，星期三
米歇尔·科尔代在巴黎遇见一位战争英雄

又是一顿午餐。这顿午餐上最引人注目的人物无疑是皮埃尔·洛蒂[*]——他是一名作家、探险家、旅行家，也是法兰西学院的院士。最古怪的人物则是西蒙中尉，他入伍前原本在英国教法语，同时也是一名翻译工作者。至于他的翻译作品，这个嘛，西蒙曾把一本书从英文译为法文，那本书并没有大受欢迎，但内容确实谈及一个德国人（歌德）。这名中尉的文学资历虽然如此之浅，却还是在这群人当中占了一席之地。他是参加过马恩河战役的退役军人，在那场战役中失去了一只眼睛，还伤了一条手臂。窗户外面可以看见笼罩于酷寒当中的巴黎。

马恩河战役带有一种特殊的光环，其中一个原因显而易见：看似无可抵挡的德军在这场战役中受到了阻挡，巴黎的威胁因此解除，法国也因此逃过战败的命运。（另一方面，马恩河战役的胜利也掩饰了一件真正令人

---

[*] 当今如果有人提起洛蒂，通常是因为普鲁斯特非常仰慕他。

深感失望的事情——法国在战争之初耗费巨资进军德属洛林，却以失败收场。）不过，除此之外还有另一个原因：马恩河战役的战场完全开放。战区通常严加封闭，平民不准进入，连要打电话进去都必须取得特殊许可。（即便是高级别的政治人物也难以造访前线，尽管他们非常热切地想要这么做，因为这样不但会给自己的形象大大加分，也可让他们穿上特制的军服。白里安一度走访前线，结果有人误以为他是这个造访团的司机。）然而，马恩河战役的发生地却是任何人都可以进入的，而且距离巴黎相当近。于是，这场战役的战场也就成了热门景点。许多人都到那里去翻找仍然散落于战场上的战斗残骸。他们搜集尖顶盔、军便帽、纽扣、弹壳、炮弹碎片与榴霰弹的弹片，带回家当作纪念品。至于无法或懒得自行走访战场的人，也可以在特定市场上买到真实的战争纪念品——一篮一篮地在卖，都是刚从现场捡回来的。

西蒙中尉开始叙述自己在那场战役中的经历，也谈及自己受伤的经过。令科尔代感到沮丧的是，围坐在桌旁的大多数人都开始分心，几乎没有人继续听他说话——战争英雄与充满戏剧性的战争故事已经供过于求了。他不禁想起一名双腿截肢的军官所说的话："没错，现在我是英雄，可是一年以后，我就只不过是另一个残废而已。"

这时候的社会气氛还是不容许有人声称自己渴望和平。如果有人提出这种说法，一定会遭到别人的斥责："可耻！"餐厅里再次座无虚席。[*]

---

[*] 也许值得一提的是，三名涉嫌 1914 年 6 月底萨拉热窝刺杀案的案犯在这一天被绞刑处死。实际上刺杀了斐迪南大公夫妇的加夫里洛·普林西普逃过了死刑，原因是他犯案时尚未年满二十岁。普林西普被判处二十年有期徒刑，并被监禁在特莱西恩施塔特堡垒。他在 1918 年 4 月 28 日因肺结核死于牢中，至死仍然狂热激进，并对自己引起的后果毫不后悔。

1915年2月6日，星期六
威廉·亨利·道金斯坐在金字塔旁写信给他母亲

"亲爱的母亲，"他写道，"可惜这星期因为没有邮船抵达，我们未能收到任何信件。"为身处埃及的澳大利亚部队递送信件的邮政服务非常不稳定。他和其他人在三周前收到了他们从去年11月就在等待的信件——一次送来了一百七十六袋邮件。在那之前，什么都没有，然后却是一次突然送来一大堆，以至有些人根本来不及一一回信。现在，又是什么都没有了。

不过，道金斯倒是收到了家乡的消息。他知道他的家人一切都好，他妈妈带了那对双胞胎姐妹去看牙医，他想寄给一个女孩的花没有寄到，而且澳大利亚的物价上涨了。至于他自己呢，他也过得相当好。不过，他已开始对当前的情势以及埃及感到烦闷：无穷无尽的操练仍然持续，而且他们也遭遇了今年的第一场沙暴袭击。他们仍然不知道接下来会怎么样，不晓得他们究竟会待在埃及还是继续前往欧洲。

战争缓缓逼近他们，但尚未进入视觉与听觉的范围内。才一个星期前，英军的侦察机发现奥斯曼部队在西奈沙漠中朝着苏伊士运河前进，而协约国等待已久的攻击行动则是发生于三天前。两个澳大利亚步兵营奉命前去援助当时岌岌可危的伊斯梅利亚，结果敌军很快就被击退了。*道金斯和他的许多战友都对那些被派往运河的部队微感嫉妒，

---

* 英国在埃及的势力所遭遇的威胁，不只是奥斯曼帝国在东部发动的攻击。1915年底，高举伊斯兰教旗帜，反抗法、意两国在北非扩张殖民地的瓦哈比教派在利比亚聚集教众，并在埃及的西部边界展开了一连串的攻击。这些攻击行动受到奥斯曼部队的支持，英军花费了不少力气才压制住。（既然谈及北非的问题，值得顺带一提的是，摩洛哥在1912年成为法国保护国而出现的动荡，截至此时也仍然尚未平息。）

他在写给母亲的信中评论了此事,从中我们也能够感觉到那种带有些微醋意的轻蔑语气:

> 运河那边有一点小冲突,不过您在家里无疑会得知所有的消息,说不定比我们知道得还多。星期四对我们而言是个大日子,因为我们保卫运河的第一支部队在那一天出发了,包括第七营与第八营。威廉·汉密尔顿*在第七营,我以前的长官麦尼可少校也在第七营。大家都非常羡慕他们,但我觉得他们在那里应该也没什么乐趣,因为等待那些没什么战斗力的土耳其人,实在是蛮无聊的事情。

他自己则把大部分时间都投注在搭建、拆除以及搬运浮桥上。不过,今天是假日,他和另一名军官骑马到古城孟菲斯的废墟去逛逛。令他最难忘的是两座拉美西斯二世的巨大雕像。他在信中写道:"那两座雕像雕刻得非常精美,一定花了许多年的时间才得以完成。"不过,现在已是夜晚,他坐在自己的帐篷里:

> 等您收到这封信的时候,夏天一定已经过了。在收获的季节之后,希望面粉和小麦的价格会下降一点儿。我觉得颇为疲惫,所以就在这里停笔了。我爱你们,威廉敬上。向妹妹们献上我的吻。

---

* 威廉·汉密尔顿是道金斯在邓特伦皇家军事学院的旧识。

1915年2月12日，星期五
芙萝伦丝·法姆伯勒在莫斯科整理她的旅行箱

一切都已经过去了：在莫斯科的私立军医院所待的六个月，为了取得护士证而勤奋用功的六个月（她在实务方面没有问题，困难的是必须以复杂的俄文陈述理论），还有在一座东正教教堂里举行的考试与毕业典礼（那位神父对她的名字发音不太准确，把她叫成了"芙萝朗兹"）。此外，她努力争取进入新成立的第10野战医院服务，由于她的前雇主——那位著名的心脏外科医生——再次出面，她终于如愿以偿。

法姆伯勒在日记里写道：

我离开这里的准备工作已经做得差不多了。我迫不及待想要赶紧出发，但还有许多事情要做，而且医院也还没完全准备妥当。我的护士服、围裙和头纱都已经做好了，而且我还买了一件法兰绒衬里的黑色皮夹克。那件夹克搭配了一件冬天穿的厚羊皮背心，俄语称之为"dushegreychka"，意思是"温暖灵魂的衣服"。我听说我们的医院会在喀尔巴阡山脉的俄奥前线驻扎一段时间，而且我们所有人都必须骑马，因为在那里只有靠着骑马才能建立直接通信；所以，我在旅行箱里加了高筒靴与黑色皮马裤。

今天，苏瓦乌基再次被德军占领。不过，劳拉·德·图尔切诺维奇和她的家人这次却无法逃走，因为她的双胞胎儿子有一个得了斑疹伤寒，无法出行。她对先生斯坦尼斯劳的思念更甚以往。天气很冷，雪下得很厚。她写道：

我突然听到一阵骚动，接着看见镇上的一些坏分子四处劫掠，找寻食物，互相攻击、尖叫——真是可怕的景象。向来温顺卑微的犹太人，现在也变得趾高气扬了起来。他们高视阔步、抬头挺胸，看起来仿佛比原本高了不少。我好不容易才强迫自己离开阳台。我觉得我也控制不了自己，不断从阳台跑到孩子身边，又从孩子身边跑到阳台上。

到了十一点，街道上再次安静下来。时候快到了。我看到第一个戴着尖顶盔的士兵出现在街角，步枪斜举——搜寻着狙击手！那个士兵走过转角之后，他的战友随即从后面跟上。接着，一名军官走过转角，就在我们家的窗户前面停下脚步。

1915 年 2 月 28 日，星期日
勒内·阿诺在索姆河畔洞察了历史书写的逻辑

一个寒冷的春日早晨。太阳还没升起，但勒内·阿诺少尉已经醒来。他在微亮的天光下如常在战壕里巡视了一圈，并挨个儿地检阅了卫兵——他们都是每两小时轮一班。同时他也确认敌军没有任何动作。大家都知道这是一天当中最适合发动突击的时间。不过，突击行动在索姆河上并不特别常见。

实际上，这是个颇为平静的战区，风险很小。德军的炮弹也许不时会从头上飞过，但不是什么杀伤力特别强大的武器——顶多是一枚 77 毫米口径野战炮的炮弹偶然地飞了过来，发出典型的"咻——砰"的声响。当

然，狙击手是有的，他们静静等待着撂倒任何疏于防范的人。除此之外，穿越交通壕也是有风险的，因为那段战壕越过一座小山丘，其中有一小段缺乏掩蔽，正好在一挺德军机枪的射击范围内。他以前的战友就是在那里送了命，被那挺机枪的子弹击中了头部。那也是阿诺第一次目睹人遭到射杀。他看着那具尸体被放在担架上抬走，头部与肩膀盖着一块防水布，身上的红色军服长裤遮掩在蓝色罩衫下。尽管阿诺在这方面缺乏经验，却不觉得特别心神不宁。"我生气蓬勃，根本无法想象自己和他一样，就那么躺在担架上，散发出死人必然都有的那种漠不在乎的冷淡气息。"

在战争爆发之初，阿诺就是属于满心欢腾的那一群。他刚满二十一岁，外表看起来却仿佛只有十六岁。他唯一害怕的就是战争会在他抵达前线之前结束："要是没有体验到我这一代最重大的冒险，该是多么丢脸的事情！"

如果是缺乏经验的生手，可能会觉得黎明前这最后一小时的黑暗令人焦躁不安：

> 我在战壕边缘停下脚步，窥看那片无人地带，有时不免会把支撑着带刺铁丝网的桩柱误看成德军侦察兵蹲着准备向前冲的身影。我会盯着那些桩柱，仿佛看到它们在动，耳中也听见敌人的大衣拂在地面上的声音，听见他们的刺刀鞘咔咔作响……然后，我会转向正在站岗的卫兵，看到他那沉着镇定的模样，我的心绪也会跟着平静下来。只要他没看到任何东西，那么实际上就没有任何东西——那一切都只是我焦虑的幻觉而已。

接着，远方的地平线开始发白，鸟儿发出啁啾的鸣声，地形的轮廓也在灰白色的晨光下朦朦胧胧地显现出来。

他听见一声枪响。接着又是一声,然后两声,然后更多。不到一分钟,战壕四处都响起了此起彼伏的枪声。阿诺匆匆赶回去,以便把还在睡觉的士兵叫醒。在掩体门口,他遇到正向外冲的士兵,他们手中握着武器,一面跑一面忙着背上他们的背包。他看见敌军防线上方升起一枚红色信号弹。他知道那是什么意思——那是向德军炮兵发出的信号。* 那个信号立刻获得了响应:法军战壕的前方、上方与后方随即遭到一道弹幕的轰炸。战壕边缘映衬在爆炸的火光前,空中满是"炮弹划过空气以及爆炸开来的声响"。炸药的气味令人难以呼吸。

  我心悸不已,我一定满脸苍白,而且害怕得不停发抖。我点起一根烟,直觉认定抽烟能够消除我的紧张情绪。我注意到士兵都蜷缩在狭窄的战壕底部,用背包挡在头上,等着炮击结束。

阿诺想到德军可能已经开始穿越无人地带了。他立即从那些躺在地上的士兵背上爬过去,前往战壕的一个转角处,因为他知道从那里能够望见敌军的防线。空中满是爆炸与尖啸的声响。他抵达那个转角处之后,随即全神贯注望着德军的方向:"我因为全心专注于我必须做的事而忘却了恐惧。"他紧盯着那片分隔法军与德军阵地的斜坡。毫无动静。

炮击逐渐减缓,最后终于停了下来。

尘埃落定之后,战场上又恢复寂静。各方的报告开始纷至沓来。他们隔壁的战壕段落里有两人丧命,他们右侧的连队损失了五名士兵。

---

* 红色、绿色与白色可以说是第一次世界大战期间夜里常见的色彩。各国军队都使用这几个颜色的信号弹,并且会相互搭配以传达不同信息。红色通常代表"敌军来袭"。绿色则是代表己方的大炮打得不够远,必须延长射程。

经过一段时间之后，阿诺逐渐了解了刚刚发生的事情。两个百无聊赖的卫兵为了自娱而对天空的一群候鸟开枪——大概是一群麻鹬，正在飞往斯堪的纳维亚的筑巢地。其他卫兵听见枪声之后，以为有什么自己没看见的危险情况出现，于是纷纷跟着开枪。才一会儿的时间，这种恐慌所导致的开枪行为就传遍了整条战壕。听到这一连串突然响起的枪声，德军战壕里想必有人以为敌军发动了攻击，于是便通报炮兵展开炮击。

第二天就有了对这起事件的正式说法。他们在一份法国军方战报里读到："在阿尔贝附近的贝库尔，德军的一场进攻被我方的火力彻底击溃。"阿诺本人的评语是："历史就是这么写成的。"

在同一天，威廉·亨利·道金斯写信给他母亲：

> 我这周收到了您在1月26日写的信，而且这可能会是我在埃及收到的最后一封信，因为我们再过不久就要动身了。至于要去哪里，目前都没有人知道。第三旅、第三战地救护队、第一野战连与第四辎重兵团都在今天出发前往亚历山大港，我们将在接下来的两个星期里跟着出发。我猜我们的目的地是达达尼尔海峡，但也有可能是法国、土耳其、叙利亚或黑山的任何一个地方。总之是要换个地方，而且我们总算有机会可以做些事情了。

1915 年 3 月 3 日，星期三
安德烈·洛巴诺夫-罗斯托夫斯基在沃姆扎遭遇暴风雪

冬季已近尾声，德军的 2 月攻势也是如此。尽管有气象学的定律以及战略家的计划，这两种现象却无法完全预测。所以，洛巴诺夫-罗斯托夫斯基的军团既然在这时收到发动攻击的命令——这是最后一场攻击行动，也可能是倒数第二场，目的在于解决前线的一些小问题，或是摧毁某个具有威胁性的敌军阵地，或是完成某一项实际上只有在参谋人员那比例尺为 1：84000 的抽象地图上才看得见的任务——而与此同时，发生一场严重的暴风雪，似乎也是无可避免的事情。

对于波兰西北部而言，这个冬季在许多方面都可说是过得非常糟糕。兴登堡最近一次的攻击行动没有获得任何重大成效*，而俄军在这个地区的阵线虽有不少些微的移动，但整体而言还是守住了阵地。安德烈·洛巴诺夫-罗斯托夫斯基属于禁卫师，那是一支精锐部队，经常必须扮演救火队的角色，四处驰援最危急的区域。不过，他倒是逃过了最猛烈的战斗。他一开始在华沙病倒，痊愈之后又只是一再搭着火车四处移动，原因是上头的将领一直拿不定主意究竟哪个地方最需要他那一师提供支援。"我们的行程一再变动，显示战争情势瞬息万变。"他们终于在沃姆扎下车，全师行军至地图上所画的一条线，位于车站西北方。"敌军一旦接近，这里就成了前线。"

冬天以及冬天的战役理当已经结束。现在只是为了争夺一些"地方利益"而已。俄军的攻击行动不允许因为暴风雪而延宕，于是依照计划

---

* 德军无疑有了若干地区性的成果：他们完全包围奥古斯图夫，歼灭了一整支俄军部队（布尔加科夫的第二十军），于是德国的新闻媒体随即将这场胜利比作坦能堡战役。俄军的损失非常惨重，有些损失情况甚至令人惊恐，但德军方面也蒙受了重大损失，而且如同前面提过的，实际上并没有什么收获。

展开。再一次，洛巴诺夫-罗斯托夫斯基又只是扮演旁观者的角色：他毕竟是个工兵，而当前的情势并没有他派得上用场的地方。他觉得最可怕的一点是，战争——更精确来说应该是军方将领——竟然如此顽强地拒绝向大自然的力量屈服："在呼啸的寒风与漫天的大雪当中，炮兵从事准备工作所发出的声响以及大炮发出的光更加显得不祥。"人员的损失超乎寻常，即便就这场战争的标准来看也是如此，原因是大多数伤兵都冻死在他们受伤的地点。至于少数在这天寒地冻之下还得以幸存的伤员，也经常不免遭受严重冻伤。医院里满满都是截肢伤员。

安德烈·洛巴诺夫-罗斯托夫斯基觉得不太舒服。主要是他已经开始对这种平静乏味的等待感到不耐烦。他觉得这种缺乏活动的消极状态令人深感沮丧。唯一能够打破单调状态的事情，就是傍晚或深夜偶尔会有一架德军飞机从上空飞过，抛下几颗炸弹。

1915年3月5日，星期五
萨拉·麦克诺坦在德帕内开设食物救济站

她回来了，但不是回到弗尔讷，因为现在那里太危险，太接近前线了。她原本服务的那家战地医院有一名护士在炮火中丧生，当初寄宿的那间房间的窗户也因为隔壁屋子被炮弹击中而全被震破。所以，她现在身在德帕内——这里是英吉利海峡沿岸一座小小的海滨度假小镇，在冬天显得空空荡荡。砂质海岸旁有不少高级旅馆，其中有些已经改成军医院。在这里可以听得到前线的枪炮声。

除了回来之外，她还能做什么？以她深具责任感又坚持原则的个性，实在是别无其他选择。她在今年 1 月初返回伦敦，本来就只是打算回乡短暂休息一下而已。她刚从精神崩溃当中康复，稍事休息就经由加来回到了比利时。不过，她的健康状况着实不佳，在敦刻尔克一间空着没人住的公寓里卧床休养了一周以上。她仍然怀有疑虑，但只埋藏在自己心中。此外，她的爱国心丝毫没有消退——实际上，她的经验对她的爱国心只有更加强化的效果：“上天知道我们所有人都充满了缺陷，但我深信英国人比我所知道的其他民族都还要优越。”

她的疑虑主要在于战争，战争作为一种现象、一种工具。[*]她之所以厌恶战争，不只是因为战争对其他人产生的影响，也因为战争对她所造成的影响：“我觉得我内心有某种东西在这场战争中停滞不前，或者已经死去了。”尽管她对自己以及其他妇女所付出的努力深感自豪，却对女性在这场战争中的遭遇觉得不太自在。一个例子就是，许多妇女身穿那种丑陋粗糙的男式服装，仿佛这种打扮是自然现象。麦克诺坦无法接受这一点，她渴望美丽的服装，渴望良好的礼仪，渴望"美好的事物、音乐、花朵、精致的思想"。

麦克诺坦也发现工作变得越来越困难。随着前线的情势日益陷入停滞，众人也不再期望能够在短时间内打赢这场战争，于是原本那种缺乏规范、充满弹性的业余式工作环境也就逐渐被规范、架构、体系所取代。2月初的一个星期二，一名比利时军官现身她设立食物救济站的火车站，把她们赶了出去，不准她们使用车站里那个小空间。（从形式上来说，那所食物救济站现在已归比利时军方管辖，餐点由其他人烹煮，而且必须接受官方检查。）她在敦刻尔克，因为新规范甚至连一座特定的桥梁都不能通过。

---

[*] 尽管她深信德国人的暴行真实无虚，也同样深信德皇威廉二世是个丧心病狂的禽兽，必须受到阻止，但她对自己迄今为止遇到过的德军俘虏其实都相当喜欢。

她觉得自己不受重视，付出的心力也没有获得感激。尽管这不是她的个性，她却觉得颇为自怜自艾。她一到德帕内就立刻病倒了，却没有受到任何人的注意："没有一个人来看我，我不禁希望自己是比利时难民，这样说不定还有人会稍微关注我。"

麦克诺坦在今天下午照常值班——就和其他厨房女仆一样。她的工作时间从中午十二点到下午五点，必须负责供应晚餐，事后还要清洗碗盘。她深感烦闷。这一切和她在战前的生活形成了强烈对比。现在，她完全没机会到新奇的地方去，也没有机会认识有趣的人。可是她不想放弃。她在日记里写道：

> 在我看来，放弃工作有点像是和丈夫离婚。这种行为感觉像是一种失败，也是半途而废。所以，不论丈夫或工作有多么乏味或令人厌倦，都不该随便放弃。

工作结束后，她到沙滩上散了一会儿步。她满心气恼。她那个外覆皮革的保温瓶不见了。当然，一定是被偷了。什么东西都会被偷。前线很安静。

1915年3月7日，星期日
克雷斯滕·安德烈森在屈伊画了一头驴子的素描

随军牧师在讲道中恭贺他们活在一个意义非凡的时代。接着，他们高唱《上帝是我们的坚固保障》，但跳过了第二段歌词，因为那段歌词可以解读为对武力怀有疑虑*。过去这几个月有点儿古怪。战役极少发生,有也是在相当遥远的地方。在前线的这段时间,安德烈森只射出过三发子弹,而且他相当确定那三发子弹都打在他们阵地前方的防御工事上了。有时候,在极度平静的情况下,他也会感受到一种奇特的不真实感——这种不真实感迟早会影响所有参战人员,因为实在令人难以想象真有一场战争正在发生。

也许就是因为这种平和与安静,他近来才会觉得(这主要是一种感觉),这整场战争正以某种令人难以理解的方式迈向终结。无论如何,他经常幻想和平的降临。此外,安德烈森最近也做了不少令他印象深刻的梦:举例而言,他昨晚梦见自己穿着他最体面的服装走在伦敦的街道上,然后他又突然身在儿时的家里,并布置着晚餐餐桌。

鸟儿鸣唱,天空把蔚蓝色的温暖洒满这片大地,让满地的干枯黄褐开始蒙上一层新绿。春天已经降临皮卡第。番红花盛开,树林里的紫罗兰与海芋都结了花苞,安德烈森也在一片新近的废墟里发现了圣诞玫瑰与雪花莲。这时候理当是播种的时节,但在此时此地不可能。安德烈森可以听见蒸汽动力脱谷机在村庄的后街小巷里运转发出的声响。不过,那台机器吐出的谷粒却不会为法国农民带来任何好处:他们甚至连犁自己的田地都不被准许,而且这项禁令还是在他们已经完成了大部分的播种工作之后才发布的——所以,现在那些播下的种子已经对他们毫无用处了。

安德烈森为那些仍然留在邻近前线村庄里的法国平民深感难过。他们所吃的食物……

……非常单调。镇长给他们几个面包,和手推车的轮子差不多

---

* 歌词为:"我们自己无力抵抗,我们很快就会军心涣散……"

大小，由小麦与黑麦各占一半制成。他们通常就这么直接吃，偶尔搭配一小片肉或者一些炸马铃薯。除此之外，就只有牛奶，还有一些豆类与甜菜。

安德烈森本身出身乡下，所以很能了解法国农民的担忧；他也对战争中那种满不在乎的浪费行为感到难以忍受。他们刚到这里的时候，每天晚上都利用田野里那些未脱谷的麦秆铺床。在已经沦为一片废墟的拉西尼，有些街道也铺上厚厚一层未脱谷的燕麦，借以减弱马车车轮发出的噪声。

可能是因为自己出身乡下，安德烈森才会那么喜欢帕蒂斯特——一头饲养在屈伊一座农场里的小驴子。不过，他的情感并未获得回馈：那头畜生只要看见有人靠近就会低声叫起来，作势要踢对方。尽管如此，安德烈森却觉得这头驴子那种呆头呆脑而且天生懒散的模样带有一种无可抗拒的喜剧感。在今天这个星期日，他得空为那头站在场院里享受春日温暖阳光的驴子画了一幅小小的素描。他画好之后打算把这张素描寄回家。

那头驴子不是他在当地交到的唯一一个朋友。他在屈伊也结识了两名法国妇女：一个金发，一个黑发。她们是从邻近一座村庄逃到这里的难民，那里已是无人区。安德烈森之所以能和她们建立起友好关系，可能是因为他是丹麦人而不是德国人。那名黑发妇女有个十一岁的女儿，名叫苏丝，而且她把安德烈森称为"丹麦人克雷斯滕"。那名黑发妇女自从去年 8 月底以来就没有了她丈夫的消息。"她非常不开心。"

前几天，她们问我和平什么时候会降临，但我和她们一样毫无概念。我尽力安慰她们——她们为这一切的苦难而哭了起来。除此之外，你很少会看到她们流泪，尽管她们绝对有充分的理由天天以泪洗面。

安德烈森帮助那名黑发妇女写信给日内瓦的红十字会信息局，询问她先生的消息。他也送了苏丝一个洋娃娃，取名为洛特，于是苏丝很开心地将娃娃放在一个空雪茄盒里推来推去。他决定想办法帮她做个娃娃推车。

1915年3月12日，星期五
拉斐尔·德·诺加莱斯抵达埃尔祖鲁姆的驻防处所

这是一场漫长而艰辛的雪山跋涉。但令他印象最深刻的是一路上都没有看见树木，也没有鸟。他原本认为至少会有乌鸦、秃鹰或其他食腐鸟类，因为在这场行军之旅接近尾声之际，他看到了萨里卡米斯大灾难留下的残迹——数以千计的马与骆驼冻死在这里，遗骸遍地。"这儿绝对是个极为悲惨的地方，竟然连猛禽都不肯接近。"

不过，他毫不后悔。这正是他想要的。

战争在去年8月爆发之后，许多人为了参战，不惜历经迂回曲折的漫长旅程来到欧洲。拉斐尔·德·诺加莱斯的旅程也许不算太长，但无疑极为迂回曲折。如果说什么人有资格被称为"国际冒险家"，他无疑是其中之一。他出生于委内瑞拉的一个古老家族，祖先中尽是征服者与海盗（他的祖父参加了委内瑞拉的独立战争），但他却是在德国长大并接受教育，而且满心渴望着不寻常的冒险。

拉斐尔·德·诺加莱斯不像当时许许多多的人那样受到国家主义的狂热或是半乌托邦精神的感染。此外，在人生的这个阶段，他也不再需要向自己或是别人证明什么。胆大包天、个性急躁又无忧无虑的他，已经过了好几年充满冒险的生活。他参加过1898年的美西战争，在1902年的委内瑞拉革命中因为站错队而在革命后遭到放逐，也志愿参加了1904年的日俄战争（在战场上受了伤），还到阿拉斯加淘过金（他自认为是费尔班克斯这座城市的创建者之一），并且在亚利桑那州当过牛仔。现在，拉斐尔·德·诺加莱斯已经三十六岁，是个精力充沛、富有魅力、个性强悍、受过教育的男子。他身材矮小，肤色黝黑，有着一张鹅蛋脸、一对大耳朵和一双眼距较窄的眼睛。就外表而言，德·诺加莱斯也许可以说是拉丁版的波洛*——衣冠楚楚，短小精悍，还蓄有一道精心修剪过的小髭须。

他一得知战争爆发的消息，就立刻搭乘一艘邮船前往欧洲，打定主意要参与其中。那艘船名为"卡宴"号。旅程蜿蜒曲折，等他终于抵达加来的时候，眼前的景象更是充满了戏剧性。街道上挤满了难民，大部分都是妇女和儿童，身上带着"少得可怜"的财物，因为他们都带不了多少东西。每隔一会儿，就有部队或者轰隆作响的大炮拖车经过，迫使众人紧贴着墙边让出道路。由相反方向而来的则是一辆辆车，满载着身穿各种不同制服的伤兵："似乎有一场战役正在进行中，天知道是在什么地方。"他特别记得两种声音：第一种是充满威胁性的嗡嗡声，来自偶尔盘旋于上空的飞机——"像老鹰一样无情"；第二种则是数以千计的人穿着木底鞋走在圆石街道上，发出无休止的咔嗒声。所有的旅馆都人满为患，以致德·诺加莱斯抵达欧洲的第一夜只好睡在一把扶手椅上。

他成长过程中接受的教育使他的立场偏向于同盟国，但因为他得知德军部队入侵了一个弱小的邻国，竟不惜"牺牲我个人的偏好，向英勇的小

---

* 波洛是推理小说家阿加莎·克里斯蒂笔下的一名比利时侦探。——编者注

比利时提供我的服务"。不过，这点显然是说起来比做起来容易。"英勇的小比利时"婉拒了他，于是他转而向法国当局毛遂自荐，但法国也拒绝让他进入正规军服役。然后，在伤心愤恨的情况下，他接受提议而将目标转向黑山。结果，他却因为在那里的一座山上被当成间谍而遭到逮捕。塞尔维亚与俄国当局虽然态度委婉，但也同样拒绝了他的志愿参战。他曾在保加利亚见过的一名俄国外交官提议他到日本试试看，"说不定他们会……"这时候，德·诺加莱斯已深感恼怒与失望，差点在索非亚的俄国大使馆那个装潢华丽的厅堂里昏过去。

拉斐尔·德·诺加莱斯实在不晓得该怎么办。他不可能回家，却也不可能待在这里"无所事事，否则我一定会死在这里，如果不是饿死，也会无聊而死"。他在索非亚与土耳其大使的一场意外会面解决了他的问题：德·诺加莱斯决定到另一边参军。他在今年1月初加入土耳其的军队，三周后就从君士坦丁堡出发前往高加索前线了。*

现在，白雪皑皑的高山已在他们身后，他们正骑马经过要塞外围的防御性小型堡垒群。天空一片阴灰，"像一座铅灰色的拱顶笼罩着这片了无生气的荒芜大地"。他们四处都可以看见刚挖掘的战壕——还是说那是万人冢？他看见冰冻的尸体，也看见狗儿争食着那些尸体。（后来他们才发现当时有一场斑疹伤寒正在肆虐。）部队进入了埃尔祖鲁姆。这座城镇看起来不怎么振奋人心，狭窄的街道上也满是积雪。不过，尽管天气寒冷，镇上仍然一片繁忙景象，市集上的商人一排排盘腿坐着，身穿毛皮大衣，抽着他们"从不离口的水烟袋"；还有驻防要塞里成群来来去去的士兵、挑夫，以及满载物资的车队。这里是第三军的总部，或者说是他们仅存的势力范围。

---

* 这时候的土耳其人也以"君士坦丁堡"称当今的伊斯坦布尔。

下午，德·诺加莱斯向要塞的上校指挥官报到。

由于严寒与大雪，战争已经陷入了停滞。经过去年年底那场付出惨痛代价的败仗——原本的 15 万大军只有 1.8 万人生还——之后，也没有人打算立刻再冒险发动另一场冬季战役。即便是对自己意外获得一场大胜而扬扬得意的俄军，也只是在他们位于克普吕克伊正对面的那座固若金汤的山上阵地静静观察等待着。

远方偶尔会传来俄军大炮的声响。那种空洞的隆隆声透过四周的山坡传来，爆炸声有时候也会在亚拉腊山上引发雪崩："一团团体积巨大的白色冰雪从一座座山脊和峭壁上滑落而下，在阿拉斯河寂静的河岸上发出轰然巨响。"

1915 年 3 月 18 日，星期四
帕尔·凯莱门在喀尔巴阡山脉上环顾着一间空教室

他那天晚上在山隘上受的伤实际上并不严重，所以现在又回到了前线。不过，他伤后曾在布达佩斯的一家医院里暂住，接着又休养了一段时间，在匈牙利边境的小镇马吉塔负责照管补充的马匹。* 那里有一群受到严密保护的中产阶级女孩，他和其中一个身材高瘦的少女展开了一段恋情，但最后无疾而终。

喀尔巴阡山脉各个山隘中的部队仍然不断地向前推进，接着又不断地

---
* 这些马用于替代受伤或死亡的马。

后撤，如此反复，令人厌倦，而且毫无成果。近几个月来，敌对的双方都各自攻下了一些地盘，同时也损失了大量兵力，寒冷、疾病以及食物短缺往往是罪魁祸首。*凯莱门闻过这些地区散发出来的恶臭，眼看着陈旧的尸体逐渐解冻，新鲜的尸体又不停增添。现在已不再有人谈及战争迅速终结的可能性了。

凯莱门的部队现在负责前线后方的工作，在泥泞湿滑的道路上，他们扮演着增援警察的角色，保护以及协助那些排长队领取粮食的人。这是一项简单的工作，而且很安全。此外，他也没有返回前线的强烈渴望。他和他手下的轻骑兵经常借宿在匈牙利村庄空无一人的学校里。比如今天他就待在这样的一所学校里。他在日记里写道：

> 荒废的学校教室里铺着稻草，变成了肮脏的马厩。书桌犹如恐惧的牲畜四散于一旁，或者堆放在一起，或者七零八落地四处散布，墨水瓶则像是从假日服装上扯下的纽扣一样，犹如垃圾般掉落在角落或窗台上。
>
> 墙上挂着国歌的歌词与乐谱，还有欧洲地图。黑板正面朝下摆在讲桌上。书柜里散落着习字簿、课本、滑石笔和粉笔。全都是些无关紧要的小东西，却颇为赏心悦目，至少在我呼吸了几个小时的恶臭空气之后是如此。我在这些小学课本里看到一些简单的词语——地球、水、空气、匈牙利、形容词、名词、上帝，我竟得以重获内心的平衡。过去很长一段时间以来，我犹如一艘失去了舵的走私货船，迷失于不知名的海域上，摇摇摆摆，漂来荡去。

---

* 自1915年年初以来，奥匈部队中因为死亡、受伤，尤其是患病或冻伤而损失的人员约有80万。不过，这些数字却是直到1918年才公开。参战各国都对人员损失的数字相当保密，而探询这方面的信息更是被视为近乎叛国的行为。

1915年4月3日，星期六
哈维·库欣在巴黎的一所军医院里列出了一系列值得注意的病例

灰色、黑色和红色。他眼里尽是这三种颜色。两天前，他和其他人从奥尔良车站搭乘公交车，跨过河流，经过协和广场，来到位于讷伊的这所医院。他以充满好奇，甚至可说是饥渴的眼光望着这座城市的街道。灰色是军车的颜色，不论是运兵车、救护车还是装甲车；黑色是服丧者衣着的颜色——"只要不是穿军服的人，似乎都身穿黑衣"；红色是士兵长裤以及医院与救护车上的十字图案的颜色。他名叫哈维·库欣，是一名来自波士顿的美国医生，到法国来研究战伤外科学。再过几天，他就要满四十六岁了。

今天，库欣在巴黎的巴斯德中学。这里现在被称为"美国战地医院"，是战争爆发之初，由一群住在法国的美国居民成立的一所私人军医院，资金来自募款。这所军医院的工作人员主要来自美国——各大学医学院的志愿者，到这里服务三个月。有些人纯粹是为了理想而来，其他人则是像库欣一样，来这里主要是出于职业兴趣，因为这里有治疗各种伤势的机会，其中许多伤情是在中立国家，例如不受国际政治影响的美国不太可能见到的。哈维·库欣是一名脑外科医生，而且成就杰出，他希望通过在战时法国的观察学习，能收获大量临床经验。* 至于战争本身，他则是尚未得出任何确切的结论。身为通情达理又受过教育的人，他对于那些有关德国正在犯下恐怖罪行的夸张传言都抱持着一种略带微笑的怀疑态度。他认为自己能够看穿那些空洞的悲情。哈维·库欣身材瘦小，肤色白皙。他的目光锐利，微眯着眼，一张小嘴总是紧抿着：他看起来像是个习于独断专行的人。

---

* 在耶鲁大学与哈佛大学接受过教育的库欣，此时已在医学界声名卓著。堪称神童的他，三十二岁就在约翰·霍普金斯大学当上外科教授，在大脑若干中枢及其功能领域更是世界顶尖的研究者。

昨天是耶稣受难节，也是他到医院正式工作的第一天，而他对自己在这里的工作内容已经有了些概念。他已见过伤员，大多数都拖着残缺的身体，安静地忍受着伤口的感染，而愈合往往需要花很长的时间。从他们的伤口里取出的杂物不只有子弹与炮弹碎片，还有医护人员称之为"次等弹丸"的东西——布料、石头、木头碎片、弹壳、装备碎片，甚至是别人的尸体碎屑。他已经见过某些最糟糕的状况。首先，许多士兵的脚都深感酸痛，而且冻成了青色，几乎无法活动，似乎是成天站在冰冷的泥水中造成的。*其次，有不少人为了逃避上战场而装病，另外有些人则是因为羞愧或虚荣心而夸大自己的病情。再次，还有所谓的"纪念品手术"。也就是有些人受伤之后，留在体内的弹片虽然对身体无害，但伤员还是不惜冒着危险开刀取出，部分原因是他们自己想要将取出的子弹或炮弹碎片当成战利品，以便炫耀给别人看。库欣不禁摇了摇头。

今天是复活节前日。这几天来，寒冷晴朗的春季天气已经转变为连绵不断的降雨。

库欣花了一个上午的时间巡视半满的病房，列出就神经学而言最值得注意的病例。这里没几个头部受到严重伤害的伤员，所以他也把各种神经损伤包含进去。这里的伤员几乎全都来自东南区前线，所以绝大多数都是法国士兵，还有几个来自殖民地的黑人士兵（他听说德国人不俘虏黑人，但他对这种说法的真实性持怀疑态度），以及少数的英国士兵（他们通常很快就转到英吉利海峡沿岸的医院或者被送回国）。他的清单终于列完了，内容如下：

> 十一个上肢受伤的病例，伤势从臂神经丛受伤至手部的轻伤都有，其中五个是脊肌瘫痪，并伴有肱骨复杂性骨折。

---

* "战壕足病"这个名称在当时还没出现。

两个腿部神经损伤的病例，由陶尔开刀并且缝合。

三个面神经麻痹病例。其中一个病例是脸颊刺入一块和手掌一样大的炮弹碎片，伤员充满自豪地展示给我看——他展示的是那块弹片。

一个颈交感神经麻痹病例，子弹射入了该名伤员张开的口中。

两个脊椎骨折病例，其中一人处于濒死状态，另一人正在康复中。一枚炮弹落在他驻扎处附近的战壕爆炸，结果支撑战壕的一根横梁塌了下来，压在他身上。

只有一个头部重伤的病例，伤员名叫让·波尼西纳，五天前在孚日受伤，以某种神秘的方式被送到医院来。

一名护理员在午餐时间告诉库欣，几天前他看见一个在1870—1871年普法战争中失去双腿的退伍军人拄着拐杖立正，就为了向一个比他小了四十五岁的人致敬。对方在当前的战争中同样失去了双腿。库欣在下午走访了牙科部门，目前开发的那种精妙又有效率的新方法让他深感惊艳。"他们竟然能够在伤员大半个脸庞都被轰掉的情况下对齐他的下巴与牙齿，实在非常了不起。"

1915年4月9日，星期五
安格斯·布坎南在滑铁卢车站等候火车

又下了一天的雨。在黄昏降临伦敦之际，这座城市显得异常灰暗潮湿。他从下午六点就在7号站台上等候，却到现在都还没看见他们的火车。有很多人站在那里。站台上满是候车的乘客，不但有身穿卡其色制服的军人，也有许多平民——都是来滑铁卢为亲友送别。天气虽然不好，但站台上的气氛却相当轻松愉快，一群群的人站在一起，一面等待一面聊天。如果有人对于火车误点感到不耐烦，至少没有表现出来。

站台上的这些军人是第二十五皇家燧发枪营这支志愿部队的主要成员，正要踏上前往东非的漫长旅程。他们早已知道非洲那个地区的环境对于欧洲部队而言颇为艰困，但这里大多数的军人都已经受过炎热的气候与复杂的地形的考验。这个"老拓荒者军团"的成员来自世界各地，包括中国、锡兰、马六甲、印度、新西兰、澳大利亚、南非与埃及；营里不但有前极地探险家，也有前牛仔。战争爆发之时，布坎南本身正在加拿大北方的偏远荒野，全心贯注于搜集北极动植物。他在去年10月底才得知战争的消息，于是随即出发南下，在圣诞节前后才抵达一处人烟密集的地方。但他没有停留，只是一心想要赶去参军。

布坎南的连队由经验丰富的猎人弗雷德里克·考特尼·塞卢斯领导，他因出版过两本讲述非洲的热门书而知名。[*]塞卢斯是典型的维多利亚时代的探险家：无畏、乐观、残酷、天真、强悍，又充满好奇心。他蓄有一丛白色短须，虽已六十四岁，行动却像三十岁一样敏捷。（这个营的年龄上限相当宽松，高达四十八岁，但其中许多成员的年纪都更大，而且明显在自己的年龄上说了谎——当时的参军热情仍然如此浓厚。）[†]

这个营从一开始就带有一种光环，这是由一群经过特别挑选的冒险家

---

[*] 这两本书是《漫游于非洲的猎人》和《在东南非旅行和探险》。塞卢斯的名声之所以特别响亮，原因是他和其他许多探险家与冒险家一样，四处巡回演说自己的经历。他与著名的塞西尔·罗兹同在历史上占有一席之地，因为他们最早指出罗德西亚高原适合英国人定居并且从事大规模农业。讽刺的是，他后来却亲自发现了这种做法所遭遇的巨大困难。实际上，任何人只要读过多丽丝·莱辛描写非洲的小说与短篇故事，必然都熟知这类问题的存在，但塞卢斯因为对殖民活动的狂热而严重低估了这些困难。

[†] 营指挥官帕特里克·德里斯科尔上校也是发起成立这个营的人。他在布尔战争期间率领过一支著名的非正规军部队——德里斯科尔侦察兵，因此成立这个营的构想就是要组织一支类似的部队。

148　　美丽与哀愁

组成的精英部队。站台上有些人甚至擅自离弃自己的部队而加入了第二十五皇家燧发枪营。此外，这是英国远征军中唯一一支未接受任何军事训练的部队，这点即足以不言而喻：军方认为这群人已拥有丰富经验，因此根本无须再加以训练——实际上，对这群绅士冒险家施加训练简直是侮辱他们。因此，今天夜晚的空气中会弥漫着一股"浪漫气息"，也就毫不奇怪了。

这支部队的大多数成员都互不相识，而且这些独树一帜的人士也都不太习惯看到自己通常极为鲜明的个人特色被掩盖于制服之下。他们非常热切地想要互相认识。安格斯·布坎南现年二十七岁，是个博物学家、植物学家兼动物学家，对鸟类特别感兴趣。他打算利用空闲时间搜集东非的动植物标本。

时间慢慢过去。站台上的人群仍持续发出谈笑声。不过，到了晚上十一点，家人与朋友已开始对等待感到厌倦，逐渐三三两两地怀着低落的情绪离去。到了凌晨一点之后，站台上就只剩下身穿制服的军人了。火车驶入车站，于是他们纷纷上了车。就在火车开动之前，警察突然冒了出来，开始搜查车厢里是否有逃兵，但那些人全都事先接到警告，所以立刻从火车的另一侧爬了出去，一直躲到警察离去为止。

凌晨两点，火车驶出滑铁卢车站，目的地是普利茅斯，运兵船"纽拉利亚"号在那里等候着他们。那艘船将载运他们一路前往东非。

1915年4月中旬某一天
劳拉·德·图尔切诺维奇在苏瓦乌基看见一名士兵在吃橙子

橙子事件对她的心情造成了严重影响。这点不免有些令人意外，毕竟她早已见过那么多的事物。不过，她近几个月的遭遇也许能够解释她的反应——每个人的忍耐都有限度。她不断忙着一件接一件的事情，既是因为她真心想要帮忙，也是因为她刻意借此抑制内心的恐慌："我忙得没有一刻空闲，否则我一定会疯掉！"

自从德军二度占领苏瓦乌基以来，至今已经过了整整两个月。劳拉和她的子女就这么被困在属于敌军这一侧的前线。

最糟的事情是斑疹伤寒。当初在敌军进袭的时候，他们之所以无法逃亡，就是因为五岁的双胞胎兄弟当中有一人罹患了斑疹伤寒，而且另一个也在不久之后受到感染。劳拉差点失去了他们两个：

> 我像机器一样——夜不能寐地照料我的小病儿——他们看起来是那么可怜——我心爱的儿子被病痛折磨得不成人形。他们从未停止说话——只是声音变得越来越虚弱——每一夜都是与死神的抗争。

在这些充满了焦虑的观察与等待的漫长日夜里，劳拉有一天无意间瞥见"一个疯狂、苍白而陌生的妇女"，愣了一会儿才意识到她看见的是墙上镜子里的自己。经过三个星期的奋斗，那对双胞胎兄弟终于在不抱期望的情况下逐渐康复，结果她六岁大的女儿却又染上了同样的病，于是所有的担忧以及令人精疲力竭的焦虑再度袭来。

不过，现在积雪已逐渐消融。春天来临了。

粮食短缺是一种持续不断的折磨。她在战争爆发之初囤积的粮食已几乎没了，大部分不是被德军士兵窃走，就是被他们的军官没收充公。唯一剩下的只有一大堆面粉、一些果酱、马卡龙（又大又硬）、茶叶和少数几颗精心藏匿的马铃薯。（她有个藏匿粮食的地方没有被德国人发现，就是一张沙发的内部。）所幸她还有一点儿钱，尽管如此，她和她的仆人却不一定买得到东西。买东西必须靠运气,有时候买得到黑面包,有时候买不到;有时候买得到牛奶,有时候也买不到。木柴更是偶尔才买得到,所以屋子里经常冷得令人难以忍受。马铃薯与鸡蛋都已涨到了天价。

她买到五只活鸡的那天是充满喜悦的一天。现在,那五只鸡被关在原本的图书室里,不是栖息在肮脏的书架上,就是搔抓着地板,书本下尽是它们的排泄物。不过,劳拉已经不在乎了。书对她而言已经失去了意义——书仿佛属于另一个不同的世界,一个消失于去年 8 月的世界。

在劳拉眼中,这些问题源于两大灾祸:一是这整个的战争,一是德军的占领。他们一家人随时都处于紧急状态下,他们的私生活就和他们的行动能力一样备受约束。德军士兵随时可以闯入他们家中,声称自己前来执行某项任务,摆出一副威吓或霸道的模样。此外,他们的宅第高大宏伟,因此对德军军官具有莫大的吸引力,不是想到这里住宿,就是想把这里当成举办宴会的场所。屋里有个房间被改成临时斑疹伤寒医院,其他部分则被德军指挥部征用。*劳拉和她的子女以及仆人只能住在两间逼仄的房间里,而且严禁进入房子里德军设有电话总机与电报机的地方。现在,屋子里有一团团的电话线通向屋外,屋顶上也架着一根高高的天线。

这座城镇也改变了。街道清理工作已经彻底停摆,到处都是垃圾与污秽。街道上满是废弃的家具以及其他物品。前线咫尺之遥,因此他们随时都听得到炮响。道路上来来去去的都是德军的补给马车与汽车,有时候德军步兵也会行军而过,每次几乎总是唱着歌。她对他们的歌声深感憎恶。

劳拉忍不住痛恨德国人。他们是她的敌人,而且还占据了她的家,导

---

* 著名的德国陆军元帅兴登堡经过苏瓦乌基的时候,就曾在那里住过。劳拉觉得他是个颇具骑士风范,但也相当自我中心的贪吃鬼。他是这段战线的总司令,所以这里所有的苦难终究都可归咎于他,因此劳拉对他深感厌恶。

致她的生活充满黑暗与焦虑。不过，德国人并非全都一模一样，其中有些人颇具同情心，甚至对他们热心伸出援手。不过，他们许多人表现出来的都是一副高傲、优越、自信，甚至偶尔残暴的姿态。她曾经好几次见过俄国战俘遭到虐待。德国的宣传声称他们要解救俄国人民，让平民百姓摆脱俄国政府的桎梏，但这些宣传没什么效果，顶多只有当地的犹太人也许稍微听得进去，因为德军的占领似乎让他们得以摆脱旧政权的专制统治与根深蒂固的反犹态度。*她在德军占领部队中见到的这种一会儿热心一会儿残暴的行为，就某种程度而言其实反映了德国官方的政策。当前的这种混乱状态是由战争造成的，但德国人却以其高傲心态将这种现象解读为东欧既有的气质，是当地多种民族及语言混杂所造成的结果。因此，东部战线的最高指挥部推行了一项充满野心而且包罗广泛的计划。这项计划的目的一方面在于对占领地区取得完全控制，另一方面在于拯救当地居民摆脱他们的劣根性，方法是向他们灌输德国人的纪律、秩序和文化。

炮声在远处隆隆作响，劳拉和其他人都满心希望俄军能够击退德军，前来解救他们。（他们通常分辨得出德俄双方的炮声，因为俄军发射大炮都有一种特殊的节奏：一——二——三——四——停顿，一——二——三——四——停顿。）

她经常幻想自己的丈夫斯坦尼斯劳就在俄军战线那边，距离他们相当近，说不定只有十公里而已，而且德军阵线一旦被攻破，他就会再次站在她面前。不过，她大部分的时候都觉得自己孤立无援，和她的子女被困在一种荒谬且毫无慰藉的悬宕状态之中。纽约距离她非常非常遥远。孩子们有达西——他们的那条小白狗——可以陪着玩耍。

也许就是这整个荒谬的情势导致她对那颗橙子产生了这么强烈的反

---

* 指控犹太人与德军勾结的说法煽动起了俄国人与波兰人根深蒂固的反犹心态。即便是劳拉也不禁对镇上的许多犹太人产生了疑心。

应。她在街道上看见一个普通的士兵拿着一颗看起来汁水饱满的橙子，举到嘴边咬了一口。她惊骇地盯着他看。她几乎愿意不惜一切和那个士兵换取那颗橙子，把那颗橙子带回家给孩子吃。她知道这是不可能的。但最令她感到愤恨不平的是那个士兵的姿态——他吃那颗橙子的模样是那么邋遢。那人大口咬着那颗美丽、圆润、带有异国色彩又充满光泽的橙子，"仿佛那是在苏瓦乌基每天都吃得到的东西"。

风从西方吹来，劳拉在空气中可以闻到一股刺鼻的气味——那是去年冬季的死者被人草草埋葬之后所散发出来的尸臭。据传那样的尸体多达好几万具。*

1915年4月15日，星期四
威利·科庞在德帕内市郊看见一架齐柏林飞艇

飞艇巨大的椭圆形机身以宏伟的姿态几乎悄无声息地在夜空中飞行而过。那是一幅可怕但令人难忘的景象，几乎令人不禁心生敬仰。那是敌军的飞艇，但这点在当下并不重要。单是看着那架飞艇飞过，就重新激起了威利·科庞从小就想要成为飞行员的渴望——说来奇怪，这位比利时榴弹兵当初也就是在此地第一次感受到这股渴望，现在，他几乎就站在曾经渴望升起的地方，看见那架德国齐柏林飞艇越过德帕内，飞往英吉利海峡的方向。

---

* 苏瓦乌基有些较为大胆的儿童，在冬天玩的一种游戏就是到城镇外围的战场上，用树枝戳入积雪以找寻尸体。

当时他才五岁，在沙丘之间看着他的第一个风筝飘在风中。事后，他觉得那个纸做的风筝"具有一股神奇的力量，以一种难以抗拒又无可解释的方式吸引着我飞向那无尽的苍穹"。风筝的细线在风中拉紧，发出了歌唱般的声音，令他不禁因为兴奋而颤抖——但也带有些微的恐惧。

威利·科庞是比利时陆军部队里的一名士兵。在去年8月德军入侵之后，比利时目前已损失了大半的军力。德军踏上了这个中立国的国土，这也正是英国参战的借口。* 现在，他身处的地方，是比利时国内尚未被德军占领的区域，这里遍布战壕，该区域从英吉利海峡沿岸的尼乌波特一路延伸至法国边界的伊普尔与梅西讷。他的父母与兄弟姐妹都在前线另一侧的布鲁塞尔。动员令在去年8月发布之后，他被分派到第二手榴弹兵团第三营第三连，兵籍号码为49800。接着，他们便一直待在动员区域。他觉得这种无所事事的等待极为"难受"，以至"终于宣战之后，不禁让人松了一口气"。

祖国遭遇外侮，家乡被他人霸占，这无疑就是最深刻的动员令。德军在去年8月犯下的暴行（迪南、昂代讷与塔米讷的屠杀事件† 以及鲁汶的劫掠等等），虽然一再被协约国大肆宣传，而且内容被大量添油加醋，以致原本的暴行逐渐被掩盖于一团受到高度渲染的陈词滥调之下，但科庞对那些事件却根本连提都不提。也许他和许多人一样，认为那些暴行只不过是政府因宣传需要而捏造出来的东西。也许是因为更加具体的个人苦难早已取代了那些二手传播的恐怖故事。或者刺激冒险对于他来说已经胜过一切。毕竟，他才二十二岁而已。

不过，他确实对德国人心怀敌意，也对他们深感痛恨。后来，他回想

---

* 如同尼尔·弗格森所指出的，英国政治人物对于是否参战颇为犹豫。为什么要与专制的俄国站在同一边，对抗在社会立法、艺术与科学等许多领域被视为模范的德国？起初，大多数政府官员都明确反对参战。其中有些人愿意接受德国在有限度的范围内侵犯持中立态度的比利时，另外有些人则是愿意（如果必要）允许英军侵犯比利时。后来，他们对这些想法闭口不提。

† 迪南有612人遭到杀害，昂代讷与塔米讷分别有211人与384人遇害；死者当中包括妇女和儿童。凶手全都是德国正规军，因为听闻当地有游击活动的消息而在恐慌之余大开杀戒。

起德帕内市郊的那架齐柏林飞艇，声称他"向来对于自己没有机会执行轰炸国内敌军的任务深感懊悔"。不过，在这个4月的傍晚，在他望着那架齐柏林飞艇消失于外海上空之际，他心中怀有的却不是这样的想法。在这个时候，那架飞艇上的人员不是他憎恨的对象，而是他羡慕的对象。他望着那架飞艇没入暮色，心中不禁想："要是能够在那上面，感觉一定很棒。"

实际上，科庞已经提出转调空军的申请。那是今年1月的事情了。他到现在还没收到回音。

等到两架比利时军机"嗡嗡嗡"地飞来找寻那个庞然大物时，那架齐柏林飞艇早已消失于黑暗中。科庞注意到那两架飞机是"老式的双翼机，在战争中没什么用处"。他猜想空军派出那两架飞机只是为了鼓舞士气，做做样子——毕竟，他们总得做些什么嘛。此外，至今也还没有一个飞行员击落过齐柏林飞艇。*齐柏林飞艇仍然带有一种坚不可摧的科技光环以及残暴骇人的气势。这就是德军使用飞艇的原因，尽管飞艇面对防空炮火毫无抵御之力，而且也极易受到风与天气的影响。但飞艇令人恐惧。飞艇是第一件恐怖武器。†

科庞看见的消失于英吉利海峡上空的那架齐柏林飞艇，是这天夜里前往英国东南部执行攻击任务的三架飞艇中的一架。L7号飞越诺里奇地区沿岸上空，却没有找到任何值得攻击的目标。L5号在博克上尉的指挥下

---

* 第一架被敌机击落的齐柏林飞艇是LZ37号，时间在1915年6月6日至7日的夜间。但说那架飞艇是被击落的其实并不准确：立下这项功绩的英军飞行员渥恩弗德其实是要去攻击齐柏林飞艇位于比利时贝尔赫姆的巨大机库，却无意间遇到了LZ37号。渥恩弗德飞到那架飞艇上方投掷炸弹，那架飞艇便因此坠毁。渥恩弗德因为这项壮举而获颁维多利亚十字勋章。十天后，他在一场普通的航空事故中丧生。
† 当然，最可怕的地方在于这是一种发动战争的全新方式。第一，遭受伤害的绝大部分是平民；第二，这种威胁来自天空。英国对此深感焦虑，舆论甚至要求俘获的齐柏林飞艇驾驶员必须被处死。

1915

担任攻击先锋，并且在亨汉姆庄园、绍斯沃尔德与洛斯托夫特投下炸弹，却什么都没有击中。

那三架飞艇当中唯一对英国造成损害的是冯·巴特勒少校指挥的L6号。这架飞艇飞抵伦敦东北岸，但当时仍然严禁攻击英国首都，因此冯·巴特勒便在莫尔登与海布里奇上空投掷了五枚炸弹与三十枚燃烧弹。然后，便回头往海外飞去。

他的攻击行动毁损了一栋房屋，并且导致一名女孩受伤。

1915年4月16日，星期五
威廉·亨利·道金斯在利姆诺斯岛的港口写信给他母亲

他们终于上路了，目的地也总算确认无疑——达达尼尔海峡。自从2月以来，关于这项行动的谣言就一直流传不休。当时他们收到消息，得知协约国战舰对奥斯曼帝国防守达达尼尔海峡的炮台发动了攻击，不过显然没有获得什么成果。协约国在一个月前又发动了同样的攻击行动，结果还是缺乏成效。* 早在3月底，道金斯所在的旅，就有相当大一部分兵力被

---

* 这项规划不周又莽撞的行动，原本是希望利用战舰先后在达达尼尔海峡与博斯普鲁斯海峡打出一条通道，主要是为了让物资能够运入物资短缺的俄国。另外一个用意是要为高加索地区的俄军提供援助，尽管先前奥斯曼部队充满威胁的攻势在这时已经因为低温、大雪以及混乱而陷入了停滞。此外，协约国也希望奥斯曼帝国能够退出战争。所谓的"西部人"与"东部人"之间一直有着持续不断的争论，前者（通常是军方）希望优先突破西部战线，后者（通常是政治人物）则是希望攻击同盟国薄弱的侧翼，尤其是巴尔干地区以及地中海南部。达达尼尔海峡的攻击行动在相当大的程度上是当时年轻、善于操弄人而且充满争议的海军大臣丘吉尔的主意。早在1907年，英国海军就研究过这种做法，并且认为单纯的海军攻击行动不可能成功——但天性热爱冒险的丘吉尔并没有把这种平庸乏味的事实放在眼里。

156　　　　　　　　　　　　　　　　　　　　　　　　　　　　美丽与哀愁

送上了横越地中海的舰船，前往爱琴海北部的利姆诺斯岛。他自己暂时还是待在开罗市郊的大帐篷里。不过，他清楚意识到有什么重大的事件正在发生。他在先前的一封家书中写道："传言说我们将会与法国人、俄国人、巴尔干人与英国人组成一支庞大的军队，首先制服土耳其，然后再进军奥地利。"[*]

事情也真该有些进展了。这几个月以来的无所事事——如果操练可以算是无所事事的话——已对部队的士气，尤其是纪律，造成了负面影响。澳大利亚人对英国军官越来越无礼，而且各个国籍的士兵在开罗的表现也都越来越没有纪律。这种现象在两个星期前的耶稣受难节臻于高峰，在开罗的红灯区爆发了暴动。有些人认为开罗是全世界最为罪恶的城市，满是妓院与赌场，不论是毒品还是裸体舞者，各种声色娱乐应有尽有。此外，在供需法则的作用下，这些产业更是随着数以万计兜里揣着钱的年轻士兵的突然涌入而大幅增长。造成暴动的原因，一方面是士兵纪律的废弛，另一方面是部队与当地居民的摩擦越来越激烈。[†]

于是，在耶稣受难节当天，数以百计的士兵——主要是澳大利亚人与新西兰人——开始在红灯区的一条街上大闹。在一时毫无羁束的疯狂中，他们砸毁了酒吧与妓院，将家具丢到街上放火焚烧。随着越来越多的士兵加入他们的行列，这群暴乱者的声势越来越大。宪兵出面干预，他们却朝宪兵丢掷玻璃瓶进行攻击，于是宪兵开枪镇压，射伤了四名士兵。英军召集部队持着刺刀前往现场，结果武器却遭解除，只能眼睁睁地看着他们的步枪被焚毁。以骑兵镇压暴动的尝试也没有成功。不过，

---

[*] 这段描述虽然有些勉强，却多多少少总结了协约国的计划。过去的教训显示协约国战舰不可能靠着本身的力量攻下达达尼尔海峡，因此必须有陆上部队的支持。陆上部队的第一项任务，就是摧毁阻挡协约国海军的沿岸大炮，原因是那些大炮能够以相当精准的火力击毁舰队前方的扫雷舰。

[†] 道金斯在信中表达了他自己对埃及人越来越强烈的敌意，不但对他们多有诋毁，还说他们"令人鄙夷"。

暴动终究还是渐渐平息了。道金斯到过现场，协助驻守一条街道上的一处路障。接下来的几天里，有一座军营餐厅和一座军营电影院被愤怒的暴动部队放火烧毁。

一个星期前，道金斯的部队接到了离开埃及的命令。亚历山大的港口满是运兵船。两天后，他们在利姆诺斯岛上岸。那座岛太小，不足以容纳他们所有人，所以有许多士兵待在船上。今天，威廉·亨利·道金斯在利姆诺斯岛港口的"默斯霍布勒"号运兵船上写信给他母亲：

> 这里有些古色古香的风车，用来碾磨谷物。那些风车都是高大的石砌建筑，有着很大的风车叶片。这个地方很干净，这里的人也是——谢天谢地，和开罗真是一大对比。这里的一切都覆盖着青草，草原也非常漂亮，缀满了红色的罂粟花与雏菊。我们昨天全部上了岸，主要是为了让连队运动一下，顺便到岛上观光一番。这里的人和其他地方一样，都使尽浑身解数要赚士兵的钱。这里没有大型商店，所以我们四处走了走。有个人手臂下夹着一块圆形奶酪，另一人有一串无花果，还有一人的口袋里满是坚果，又有一人抱着一包饼干，每个人都想把东西卖给别人。我们玩得很开心。

道金斯知道他们很快就会再次动身，也知道他和他的连队届时所负责的任务：供应全旅的用水。"默斯霍布勒"号载运了许多水泵、水管、钻头、工具及挖掘装备。另一方面，有一艘船则是为了执行特种作战任务而正在改装，比如那艘船的船头两侧被切割出了巨大的登陆门。他们收到了目的地的地图。那里被称为加利波利，是一座狭长的半岛，把守着马尔马拉海的门户。不过，他完全没有在信中提到这些，而是这么结束了这封信：

我想不到其他消息，所以就在这里停笔了。我爱你们大家。爱您的儿子威廉敬上。向妹妹们献上我的吻。

1915年4月25日，星期日
拉斐尔·德·诺加莱斯目睹凡城两座最神圣的建筑物遭到摧毁

黎明。刚醒来的他，躺在有如美梦的绒毛被与浅绿色丝毯当中。他所在的房间也装潢得与这张豪华舒适的床相得益彰：天花板上吊着一盏阿拉伯灯，铜制骨架镶嵌着不同颜色的水晶；地板上铺着手编地毯，还有一座展示架，摆着由大马士革钢制成的装饰性武器。此外，还有以塞夫尔瓷制成的珍贵雕像。从散落于一张小桌子上的眼线笔与红色口红，他看得出这原本是个女人的房间。

土耳其的大炮在远方开始怒吼起来。一门门大炮陆续开火，刺耳的炮响相互叠合，形成一团越来越厚重的噪声，直到最后混杂成一团一成不变的熟悉声响：爆炸声、破裂声、重击声、隆隆声、轰鸣声、枪声与痛苦的尖叫声。

一会儿之后，他骑马出发了。今天上午，他要去侦察东防区。

拉斐尔·德·诺加莱斯身在凡城的郊区，这是一座古老的亚美尼亚城市，位于奥斯曼帝国一个东北省份内，距离波斯很近，而且俄国边界就在正北方不到一百五十公里处。城里发生了一场暴动，德·诺加莱斯所属的部队奉命前去镇压。

情势相当复杂。亚美尼亚暴乱者占据了这个城市的老城墙围绕的市区以及市郊埃克斯丹。土耳其总督的部队占有城市旁一座峭壁上的堡垒以及周围的区域。北方某处有一个俄国军团，目前被困在科图尔代佩的险要山隘，但至少就理论上而言，距离这里只有一天的路程。双方的情绪都不断摆荡于希望与绝望、恐慌与自信之间。信奉基督教的亚美尼亚人别无选择，他们知道自己必须撑到那个俄国军团抵达；而他们的敌人则知道自己必须在俄军出现之前打赢这场战役，否则俄军一旦抵达，双方就会立刻攻守易势。

这就是为什么这场战役会出现某些特别残暴的现象。双方对敌人都格杀勿论。德·诺加莱斯在凡城的这段时间，只近距离见过三个活生生的亚美尼亚人：一名服务生、一名翻译和一个在井里被发现的人——那个人不晓得为什么远离他自己的同胞，在井里躲了九天。这个人遭受讯问，也被给了点饮食，等到他康复了一点儿之后，便随即遭到射杀，"不再有任何客套"。这场战役中之所以会有这些令人发指的暴行，一部分也是因为参与其中的大多数人都是非正规军、狂热分子、志愿军人，以及突然间获得武器的平民百姓，他们得以对过往的各种不公不义寻求报复，同时也遏止未来可能再加到他们身上的不公——不论这样的不公是真实现象，还是仅存在于他们的想象当中。德·诺加莱斯指挥的部队包括库尔德族战士、当地的警察、土耳其的预备军官、索卡西亚族非正规军以及不折不扣的盗匪。*

---

* 屠杀基督徒的情形在以前就发生过，亚美尼亚人与奥斯曼帝国中央当局的冲突也存在已久，但这些情形都在近数十年来更加恶化。大战的爆发更导致情势急转直下。许多土耳其人都深深执迷于求生的焦虑。1914年10月，君士坦丁堡当局决定加入同盟国之时，奥斯曼帝国才刚打输了另一场战争（1912—1913年的第一次巴尔干战争，奥斯曼帝国被塞尔维亚、希腊、保加利亚与罗马尼亚的联军打败），并且再次丧失了若干以基督徒为主要居民的领土。奥斯曼帝国的其他地区，例如埃及与黎巴嫩，实质上已经受到西方列强的掌控。他们不晓得领土的流失现象是否会继续下去。此外，这团混乱在最近又添加了一项新要素，而且是一项相当致命的要素，即现代民族主义。早在1914年10月之前，这项要素就促使君士坦丁堡当局考虑大规模的种族迁徙，目的在于创造一个种族统一的国家，不然至少也要让各重要省份能够割除非穆斯林的"肿瘤"。同时，在遭受的压迫越来越严重的少数族群之间，尤其是亚美尼亚反抗分子，民族主义也激发了分离主义的遐想，促使他们希望建立属于自己的国家。

这场战争提供了借口，制造了谣言，阻断了新闻的传播，简化了思考方式，也正常化了暴力行为。目前有五个营的亚美尼亚志愿军加入了俄军，还有人致力于煽动民众起义，以反抗奥斯曼帝国的统治。由亚美尼亚反抗分子组成的小型武装团体四处进行破坏与攻击行动。另一方面，自从1914年年底以来，就一再有手无寸铁的亚美尼亚人遭到屠杀，借此作为对反抗分子的报复以及对其他亚美尼亚人的警告，同时也是对奥斯曼帝国在前线惨败的一种复仇。*或者，也可能只是因为这些人是可以被屠杀的。发动了最近的一场屠杀之后，当地土耳其指挥官那种顽固愚蠢的犬儒态度，引发了大规模的起义暴动，而这些暴力行动的本意恰恰在于自卫。

拉斐尔·德·诺加莱斯已经听闻了一些谣言，也亲耳听到了当地人的担忧并且亲眼看到了证据（难民、烧毁的教堂，还有路旁成堆的亚美尼亚人尸体，其中许多都残缺不全）。在前往凡城途中的一座小镇里，他看见一群暴民追捕杀害了镇上所有的亚美尼亚人——只有七个人因为他拔枪干预而被救了下来。†这件事令他深感不快。凡城的状况则又是另一回事了，而且形势简明。他是奥斯曼军队的军官，职责是镇压武装暴动，而且动作要快，要赶在科图尔代佩的俄军大举压境之前完成。不过，德·诺加莱斯其实并不喜欢亚美尼亚人：他虽然赞赏他们对基督教的虔诚信仰，却觉得他们整体上是个狡猾、贪婪又忘恩负义的民族。(他对犹太人与阿拉伯人也同样没什么好感。另一方面，他则是相当喜欢土耳其人，认为土耳其人是"东方绅士"。此外，他也尊敬库尔德族人，尽管他觉得他们并不可靠：他称他们为"一个年轻而且精力充沛的民族"。)

---

* 实际上是多重惨败，因为并非只是冒进的高加索侵略行动以灾难收场。奥斯曼部队进军波斯的行动也在这个阶段遭遇失败。目前正在科图尔代佩的那个俄国军团，就是在那些战役中打了胜仗的部队。

† 他把这七个人交给当地一名高级官员，那名官员承诺会保护他们。不过，德·诺加莱斯后来却发现那名官员在当晚就命人绞死了那七个囚犯。

控制凡城的任务并不容易。亚美尼亚人心知这场战役的胜败攸关他们的性命，因此以孤注一掷的疯狂勇气固守着这座城市。另一方面，德·诺加莱斯的部队里有许多志愿兵缺乏纪律和经验，又过于顽固任性，因此一定程度上而言，他们在真正的战斗中根本派不上用场。更糟的是，凡城的旧城区简直是一片迷宫，充斥着市集、狭窄巷道与泥墙房屋，不但难以深入，也无法侦察。因此，拿下这座城市的重任主要交给了奥斯曼炮兵。那些大炮其实多是古董——都是发射圆形炮弹的古老前膛炮。*不过，德·诺加莱斯发现这些简陋的炮弹对城里那些房屋的破坏效果反倒胜过现代炮弹，因为现代炮弹的冲力太大，只会直接射穿泥墙。

他们就以这种方式闯入了凡城迷宫般的街道与巷弄，一区一区地前进，一栋房屋接着一栋房屋地搜查，"头发烧焦，脸上满是黑灰，耳朵也都快被身旁的机枪与步枪声响给震聋了"。每当有一栋房屋被炸成废墟，守在里面的亚美尼亚人也丧生之后，他们就会对瓦砾堆放火，避免亚美尼亚人在天黑之后借着夜色的掩护回来。他们放火冒出的浓烟，日日夜夜都弥漫于城市上空。

德·诺加莱斯在东防区骑马前进的途中，发现了一门野战炮被埋在一栋刚倒塌的建筑物底下。他跳下马，拔出佩枪，在极度危险的情况下救回了那门炮。他身边的一个下士被子弹击中了脸。

一个小时后，他已身在堡垒的胸墙上。透过望远镜，他观看着己方的军队对城市外围一座亚美尼亚武装村落发动攻击。站在他身边的是该省总督杰夫代特贝伊，一位四十几岁的绅士，喜欢谈论文学，穿着打扮全然依照巴黎的最新时尚，晚上享用丰盛的晚餐之时，还喜欢打上白色领带，并且在纽扣孔里插一朵鲜花。换句话说，从外表看来他是个彬彬有礼的绅

---

* 他们后来还使用了几门超过五百年历史的迫击炮——效果虽然不错，对炮兵而言却有相当大的风险。

士。不过，他和君士坦丁堡的统治者关系紧密，行事又残酷无情，因此他是这场悲剧的罪魁祸首之一。实际上，他代表了这个新世纪的一种新式人物：巧嘴滑舌、思想顽固，他们衣着光鲜地坐在办公桌前就完成了一场屠杀行为。德·诺加莱斯站在那名总督身旁，看着部队攻打村庄的过程。他目睹三百名库尔德族骑兵截断了亚美尼亚人的逃亡路径。他目睹库尔德族人用刀宰杀幸存者。突然间，子弹划过德·诺加莱斯与总督身边的空气。那是几个爬上旧城区的圣保罗大教堂顶端的亚美尼亚人所开的枪。迄今为止，交战双方都对那个古老的礼拜场所心怀敬重，但现在总督却在惊吓之余立刻下令将那座大教堂夷为平地。部队随即奉命行事，他们以圆形炮弹轰击了长达两个小时，那高高耸立的古老圆顶才终于崩塌下来。这时候，已经有几个亚美尼亚狙击手爬上了大清真寺的尖塔。这一次，总督不禁有所犹豫，没有立刻下令开火。不过，德·诺加莱斯倒是毫不迟疑，只对他说："战争就是战争。"

"就这样，"德·诺加莱斯告诉我们，"凡城里两座最大的圣殿就在一天里双双遭到摧毁。这两座圣殿在过去将近九百年间一直是名气远播的历史名胜。"

这天也是威廉·亨利·道金斯在加利波利上岸的日子。

他凌晨三点半就醒了过来，洗了个热水澡。船上的灯都熄灭了，船正朝着东北方前进。他们在太阳探出海平面之际下锚。周围满是其他船只的影子，前方则是加利波利半岛的长条形轮廓——看起来有如水彩画般的模糊形状。吃完早餐之后，他们便准备下船。这时候，战舰上的大炮开始发出震耳欲聋的巨响。道金斯与他的部下先转驳到一艘驱逐舰上，来到距离海岸较近的地方，然后再搭上由汽艇拖行的木制登陆艇。

海浪，黎明的天空，撼动天地的爆炸声。他看到他的一个部下成了第一名伤员。他看见榴霰弹爆炸之后撒下的子弹打在水面上，形成千百个小喷泉。他看见海岸逐渐接近。他跳下船，发现海水深及大腿。他听见海岸上那座陡坡上方传来步枪声。这是一片岩岸。

早上八点，他所有的部下都已站在岸上，刺刀也已就位。道金斯在日记里写道：

> 我们在海滩上等待了一个小时左右。将军*和参谋人员从我们身旁经过。将军看起来心情相当愉快，这是个好征兆。没有人知道究竟发生了什么事。我们连队的其他人都上岸了。接着，我和一支巡逻队沿着海滩往南找水。我们在一间土耳其小屋附近找到了一个小池子，那间小屋旁四处散落着住户的财物。我们爬过一座高坡，又下到一条深沟里，但我们后方的步兵高喊着要我们回去。我们派出一支队伍在那间小屋旁挖井，另外一支队伍在同一座山谷中挖一口管井，还有一支队伍则是负责改善海滩上的一个小水源。划过我们头顶的子弹纷纷落在小屋附近的深沟里。前方高地上的步兵不断惊慌地大喊着说我们遭到了攻击。这还用说吗？

敌军的攻势持续不休。道金斯和他的部下趁着一波波榴霰弹之间的空当来回奔波，挖掘、钻孔、铺设水管。他有两个部下受了伤：一人伤在手肘，一人伤在肩膀。一枚榴霰弹的雷管击中他的靴子，但没有伤到他。当天晚上，他听见海岸后方的高地上传来一阵密集的枪声——"真是美妙的

---

* 将军指的是澳大利亚第一师指挥官威廉·布里奇斯。道金斯对他相当熟悉，因为他也是邓特伦皇家军事学院的指挥官。

声音"：那是土耳其部队的反攻。*这一整天不断有伤兵从高地上被送回来。他看见一名显然因为遭到炮火惊吓而头脑不清的上校，竟然下令对己方部队占据的高地开火。道金斯帮忙从一艘运输驳船上卸下弹药。

他在晚上九点左右"精疲力竭"地睡着了，但一个小时后就被一个少校叫醒，那个少校对他说目前情势非常危急。在接下来的一整夜里，道金斯一再帮忙为前线遭到猛烈炮火攻击的步兵提供增援与弹药。双方的交火持续了一整夜。道金斯在凌晨三点半左右再次躺下休息。

1915 年 4 月 27 日，星期二
卡夫卡和妹妹前往布达佩斯

火车包厢里坐满了人。他仔细打量一个个上下车的旅客。一个来自维也纳的男子"什么都知道，对什么都有意见，习惯旅行，身材高挑，金黄色胡须，两腿交叉"；一个来自布拉格日日科夫城区的年轻女孩"贫血，什么话都不说，身体发育不完全"；一位波兰中尉和他的女朋友"在窗户边交头接耳。她面色苍白，一点儿都不年轻了，双颊凹陷，手经常放在被裙子包得又小又紧的屁股上，烟抽得很凶"；两个匈牙利犹太人，其中一人的肩膀"像枕头一般，让另一个人靠着睡"；一位匈牙利军官"熟睡着，

---

* 守卫加利波利的奥斯曼步兵虽然英勇，却寡不敌众，装备也不精良，纯粹沦为炮灰。当时奥斯曼第十九师的中校指挥官基马尔（亦译凯末尔）——亦即后来的土耳其总统——所说的一句名言就充分表达了这一点。这一天，在阿尔布茹奴情势危急的状况下，他派遣了一个弹药已几乎耗尽的军团前去阻止澳新军团（澳大利亚与新西兰联军）的一波突破攻势。他对手下的士兵大吼："我不是命令你们进攻，我是命令你们去死。"那支部队——第五十七军团——也确实全数遭到歼灭。由此得证。

脸孔空洞而丑陋，嘴巴张开，鼻子很有喜感"。

列车驶过之处，尽是一片春景。弗朗茨·卡夫卡和妹妹爱莉一起前往布达佩斯，拜访刚到那里的妹夫（通常，他被部署在喀尔巴阡山脉的军团中）。卡夫卡此行是充当护花使者以提供协助。包厢内又坐进了一个人：一个壮硕、多话、来自德累斯顿的大婶，脸长得神似俾斯麦，正勤奋地阅读报纸。[当天的报纸标题："俄属波兰即将出现重大攻势"；"维也纳市政府将为穷困的居民采购马铃薯"；"布科维纳发生激战"；"英国十万名邮局职员威胁罢工"；"德军在伊普尔运河展开攻势"，"悲剧性的自杀行为"*。今日部队的官方伤病人员名单（第389期）共51页，姓名以双字段编排，采用细字印刷。] 卡夫卡在日记里写道，这位大婶：

> 心直口快。正是我觉得最不喜欢的。我总是安静，无话可说；在我的思绪中，战争根本掀不起丝毫波澜，在这群人中，更是不值一提。

最近这几个月里，情况不怎么好。写作或多或少陷入停顿；更糟的是，他被迫搬到朗格巷16号的二手出租房内，隔音糟透了。(对声音极为敏感的他，为此使用欧帕克蜡丸耳塞。这种耳塞把蜡用羊毛包覆起来，是有附着性的小东西，然而帮助有限。) 与菲丽丝·鲍尔的重新联系让他们于今年1月底在边境小镇博登巴赫有一次不太愉快的重逢。他大量阅读斯特林堡的作品。战争步步逼近。有时，他甚至认真考虑志愿从军算了。

火车走走停停。卡夫卡继续保持安全距离，打量站台上与刚上车的旅客。他们不断收到自相矛盾的、因为"禁止民用交通"而关闭路线的通告，以及各种改道与误点的信息。

---

* 这则新闻的概要是：一位住在萨拉热窝的年轻女性获知以后备中尉身份入伍的丈夫阵亡后，将丈夫照片挂在胸前，再对着照片朝自己的胸口开枪。

窗外就是蒂萨河与博德罗格河，河水洋溢着春之生命力。滨水的美景，野鸭。种植着用来做多凯酒的葡萄的山坡。接近布达佩斯，犁得平整的田野中间，突然出现半圆状的堡垒、缠着铁丝网的拒马、细心挖掘的战壕，都已颇为成形。

他们到了。旅馆肮脏又破旧。床头小桌上还有前一晚房客留下的烟灰，也没铺上新床单。卡夫卡拜会过两个不同的政府机关，想取得搭乘军用火车的通行证，不过未能如愿。这和他出示的身份证件脱不了关系，他沮丧地回到旅馆。

车站周围的房子就如一个村子，有个乱糟糟没人管理的广场。这里有科苏特的雕像，放着吉卜赛音乐的咖啡馆，糖果店，一家雅致的鞋店，卖报的小贩尖声叫卖《东方报》[*]。一名独臂士兵装腔作势，昂首阔步地走着；一张描绘德军胜利的破旧、粗糙的宣传海报。在二十四小时内，我每次经过该处，总有一堆人驻足观望这张海报。符合波普尔说的情况。郊外倒比较干净。夜晚的咖啡厅，只有平民还会来光顾；他们是乌依海依的居民，都只是平凡人，看起来却像是外来的异族。他们有点儿怀疑，倒不是因为战争本身，而是因为他们不了解战争。一位随军牧师独自坐着，读着报。今早，那位年轻、俊美的德军士兵来到民宿。他点了好多东西，吸着一根厚重的雪茄，随后奋笔疾书。他的眼神犀利、严厉，却还带着青少年的稚气；宽阔、四方的脸庞，胡须刮得很干净。随后，背着行囊，继续上路。

---

[*] 这是一份匈牙利文日报的名称。

1915年5月1日，星期六
芙萝伦丝·法姆伯勒在戈尔利采听见前线失守

  对那数百万人而言，在火车站道别其实是最美妙的经历；对于其中大多数人来说，这也是唯一美妙的经历。在莫斯科的亚历山大车站，站台上挤满了人。他们同唱俄国国歌，高呼祝福与鼓励的话语，互相拥抱，也互道珍重，并且分发了花朵与巧克力。然后，火车便在震耳欲聋的欢呼声里喷着黑烟开动，从一只只挥动的手与一张张充满了希望与疑虑的脸庞前面滑过。她也感到"一股狂野的兴奋蹿烧于我体内；我们出发了，向前线出发！我开心得说不出话来"。

  她和她的部队驻扎在戈尔利采——这是奥匈帝国加利西亚地区的一座贫穷的乡下小镇，被俄军占领已有六个月之久。戈尔利采距离前线非常近。奥地利的大炮每天都以一副心不在焉的模样轰击着这座小镇，仿佛这是一种原则，而不是什么有计划的攻击行动。他们的炮火所击中的对象，大多数都同样是维也纳那位皇帝的子民，但他们似乎不太在乎。大教堂的高塔从中间裂成两半，许多房屋也都成了废墟。这座城镇在战前原有一万两千名居民，现在却只剩下尚未逃离的几千人，而且这些人白天都躲在家中的阁楼里。直到目前为止，法姆伯勒与战地医院的其他人员都把大部分的时间花在了安抚平民的事情上，主要就是发放粮食。缺粮情形非常严重。大地已经覆上了一层新绿。

  第10野战医院的人员分为三组。其中有两组是"紧急行动分队"，可以被迅速派往最需要他们的地方：这两个小组各自都有一名军官、一名士官、两名医生、一名医务助理、四名男护士、四名女护士、三十名救护人员、二十几辆两轮救护马车，马车的防水布篷上漆有红色十字图案，还配有相应数量的车夫与马夫。剩下的一组便作为医院的大本营,这里收容伤员的空间比较多,也是各种补给品的贮存处,而且运输装备也比较多,其中以两辆汽车最引人注意。芙萝伦丝属于其中一支紧急行动分队。他们在一栋被弃置的空房子里建了一所临时医院,将屋子刷洗干净并且粉刷一新,然后设置了手术室与药房。

如同前面提过的,戈尔利采位于前线,就在喀尔巴阡山脉的山脚下,因此每天都有炮弹从天而降。尽管如此,这个区域却已有很长一段时间都处于平静状态,因此这里的俄军也相当懒散懈怠。任何人只要上到前线,都不免会注意到这一点。这里不像西部战线的其他地方那样设有坚固厚实的防御工事[*],战壕都只是草草挖掘而成的浅沟,与其说是战壕,不如说更像是排水沟,而且也只有几股带刺铁丝充当防护设施。不可讳言,冬季要在这样的地面上挖掘战壕是相当困难的,即便现在地面都已解冻,挖掘工作还是没有什么大的进展。之所以如此,一方面是因为懒散,另一方面则是因为铲子的数量不够。

俄国炮兵极少回应奥地利的轰击,据说是因为缺乏弹药,但后方其实囤积了许多炮弹。这些物品都由身穿军服的官僚控制,而他们偏偏就宁可把弹药留着不用,等待着更大的事情发生。俄国军方计划在更南方发动新攻势,在喀尔巴阡山脉上那些著名隘口的方向("通往匈牙利的门户!"),尽管那里仍然弥漫着尸臭,到处都是冬季那些伤亡惨重又毫无收获的战役所留下的尸体。把资源投注在那里会比较有价值。问题在于实际情况或许并非如此:最近几天,一股焦虑的情绪已在驻扎于戈尔利采的俄军部队当中扩散开来,传言称与他们对峙的奥地利部队已获得德军步兵与重型火炮的增援。

---

[*] 东线的战壕系统极少像西线的那么完善而且错综复杂,这点主要是因为东线变动比较频繁。西线的两军距离可能只有两三百米,而更近距离也并不少见,但在东线却经常距离一两公里以上。

在今天这个星期六，芙萝伦丝和医院里的其他人都在天亮前就被密集的炮声吵醒了。

她慌乱地滚下床，所幸她上床睡觉之前没有换下外衣。所有人——也许除了俄国第三军指挥官拉德科·迪米特里耶夫以外——早就已经猜到恐怕会有什么状况发生。随着他们周围的俄国大炮开始轰击，强度大小不一的爆炸声变得越来越频繁。榴霰弹爆炸之后撒下的子弹哗啦啦地落在街道与屋顶上。

透过不停震动的窗户，芙萝伦丝可以看见各种光线映照着仍然黑暗的天空。她可以看见炮口发出的明亮闪光以及炮弹爆炸时较为微弱的光芒。她看见探照灯的光束，还有照明弹发出的五颜六色的光芒，以及大火燎原时那无声的光亮。他们蹲伏在室内。墙壁与地板都不断震动。

接着，伤员开始涌了进来：

一开始我们还应付得了，后来就应接不暇了。成百上千的伤员不停从各方涌入；有些还能走路，有些则是趴在地上努力爬行。

在这么急迫的状况下，医护人员唯一能做的就是狠心筛选伤员。只要是自己站得起来的伤员就得不到帮助，医护人员请他们自己想办法到基地单位去，然后就把他们送了出去。无法行走的伤员非常多，全都一排排地躺在室外露天的地面上，他们先给伤员止痛剂，然后再处理伤口。"伤员的呻吟声和尖叫声惨不忍闻。"芙萝伦丝和其他人尽力帮助那些伤员，尽管他们觉得这一切根本都是徒劳，因为那些残破的躯体无穷无尽地不停涌入。

这种情况持续了好几个小时，其中偶尔会有一段比较长的静默。

天色逐渐转暗，傍晚降临了。

在尖叫声与哀号声当中，只见朦胧的身影在远方刺眼光芒的映照下不停到处奔忙。

第二天早上六点左右，芙萝伦丝和她的同事听到了一种先前没听过的可怕声响：一阵撼动大地的怒吼，犹如瀑布的轰然巨响。这是九百门以上不同口径的大炮全部一齐开火所发出的声音，也就是说前线每隔五十米就有一门大炮。几秒钟后，来自各个角落的金属爆裂声形成一道厚重的音幕，嘈杂的噪声越来越强烈，犹如某种自然力量一样旋绕不休。

这股炮火对俄军前线造成的轰击，具有一种不同以往而且令人厌恶的规律性。德语里有专门称呼这种炮击方式的用语"Glocke"，意为"钟"；英语中称之为"creeping barrage"，意即"徐进弹幕射击"。这场炮火之舞沿着俄军的前线与交通壕前后左右不停摇摆。这种炮击方式与奥地利炮兵那种偶尔随性开个几炮的做法相当不一样，比昨天那阵猛烈的炮击还要令人难以忍受。这是一种科学的炮击方式，借由精密计算让炮火产生最大效果。这是他们没有见过的新手法。

他们听到了"撤退"的呼声——一开始还难以置信。

接着，他们看见满身泥污而且一脸疲惫的士兵排列成歪歪扭扭的漫长队伍从他们身旁经过。然后，他们接到了立刻撤退的命令，要求他们抛下所有设备与伤员。抛下伤员？没错，抛下伤员。"快！快！……德军就在城镇外面了！"

芙萝伦丝抓起她的外套与背包，冲出屋外。伤员纷纷大叫、祈祷、咒骂，以及哀求护士看在上帝的分上，不要抛下他们。有人抓住了芙萝伦丝的裙摆。她把那只手甩开，然后和其他人一起跑上崎岖不平的道路。这是

个炎热晴朗的春日,但天色还是受到了烟雾的掩蔽。城镇外围的储油槽已经起火燃烧,汽油味的黑烟在空中缭绕。*

1915年5月12日,星期三
威廉·亨利·道金斯丧生于加利波利

我们也许不免纳闷,让他最忙乎的事情到底是什么:是岸边的苦力活,还是他的牙痛?最有可能是前者。道金斯确实很尽职,而且目标明确。不过,从他找医生的情形来看,他的牙痛必然一直持续不断,不时隐隐作痛,引他分心。[†]他在这些日子里的体验,必然也是一种奇怪的混合:一方面是史诗般波澜壮阔,另一方面却又一如既往地私密而琐碎。夹在这两者之间的则是一片空洞:他可能很快就与日常的平凡琐事脱节了,例如今天是星期几这种事。

他们于两个星期前登陆,之后这里的天气就一直相当好,尽管夜里颇为寒冷。不过,两天前却开始下起了毛毛雨,而且现在仍然下个不停。大量的人员与牲畜不断往返于海岸与陡峭山丘上的战壕之间,在泥泞的地面上踏出了一条条小径。不过,深谷里那些湿滑的黏土令行走着实变得艰难。威廉·亨利·道金斯和他的下士睡在岸边那片斜坡上的一道崖缝中,

---

* 这个地区的战争公墓几乎和佛兰德斯一样多。即便到了今天,只要驾车行驶在从塔尔努夫通往戈尔利采的977号公路上,仍可见到那些墓园。但与佛兰德斯不一样的是,这里的许多公墓都荒废已久,虽然带有一些浪漫气息,却也不免令人感到惋惜。这些墓园大多数都葬有来自不同军队的士兵。
† 道金斯在埃及的时候曾经看过几次牙医,但他的牙齿问题显然没有得到完全解决。直到1915年5月10日,他还是为了牙痛上岸求医。

美丽与哀愁

除了开口处有所遮蔽之外，崖缝内唯一的家具是一把几天前被海水冲上岸的老旧扶手椅。道金斯有时候会坐在那把椅子上下达命令。今天早上，他一醒来就发现外面下着大雨。

所有人都可以看见这场庞大的行动已然陷入停滞。

协约国其实只在两个地点建立了真正的桥头堡：一处是在加利波利半岛的最南端，另一处则是在这里，加利波利西侧的伽巴帖培*。不过，道金斯和其他人却没有在正确的地方上岸，而是在预定地点以北大约一英里处。从某一角度看，这样的结果其实颇为幸运，因为奥斯曼部队在那个地方的防卫力量异常薄弱，毕竟那里的地势非常险恶，守军由此认定协约国应该不可能会在那里登陆。† 于是，进攻部队得以在不遭受惨重伤亡的情况下上岸。不过，他们上岸之后，却必须费尽力气穿越那些有如迷宫般的地形，包括长满了灌木丛的陡峭深谷以及岸边的峭壁。等到被慌忙派出的土耳其步兵抵达这里时，澳大利亚与新西兰的连队已经朝着内陆推进了二十几公里的距离。然而，他们却在那里停了下来，讽刺地反映出西部战线的停滞状态。正如法国与比利时的情形，双方先是以极快的速度互相攻击，最后才在精疲力竭的情况下意识到对手不可能退却。接着，双方便就此展开艰苦沉闷的战壕战。

其中一部分的艰苦工作是维修保养以及供应粮食与水。高层人员对这些事情其实事先考虑过：他们知道水源会是个问题，尤其这时已近一年当中最热的季节。所以，他们登陆的时候带着许多驳船，上面装满了从利姆诺斯岛带来的水，足以在工兵凿出水井之前应付士兵的需求。道金斯与他的部下动作很快，随即挖出了几口井，并且为牲畜与人员设立了取水站。

但水量毕竟不够充足。举例而言，淡水不足以供应士兵盥洗，所以他

---

* 这里现被称为澳新军团湾。
† 这时已没有突击的问题，因为协约国在先前数月一再对加利波利发动海上攻击，于是奥斯曼将领在德国总司令奥托·利曼·冯·桑德斯的领导下，都已将注意力集中于这座半岛上，并将他们能够调集的所有增援部队送到了这里。

们只能到海里洗澡。不过,他们不能用海水刷牙,因为沿岸的海水中到处漂浮着牲畜的尸体以及停泊于外海的船只所排出的秽物。他们遭遇的其中一个问题,就是水泵通往取水站的水管经常断裂——不是被炮弹击中,就是因为粗心的士兵任由推车或大炮碾过水管——以致一再损失大量的淡水。因此,道金斯与他的部下花了不少时间忙着将水管埋得更深一点儿。

这是个寻常的早晨,尽管天色阴灰又下着雨。道金斯如常集合了他的部队,向各组人员分派了他们当天的任务。其中一项任务就是继续将水管埋入地下。这种工作没什么荣耀,也不可能登上报刊,但毕竟还是不可或缺。连队中有些最会惹事的家伙正好在他的排里。不过,由于他们面临的情势相当严峻,再加上道金斯的领导气质,特别是他对属下的真心关怀,这些满腹牢骚又好逸恶劳的士兵都收起了任性,而与这位性情温和的年轻上尉建立起同舟共济的团结关系。

他们开始工作的时候,天色还很早。

雨下个不停。

今天早晨,其中一组人员必须到一个异常危险的地段施工,而那个地段也轻易会被看见:长度差不多只有一百米,地面上散落着被土耳其炮弹炸死的骡子的尸体,有三十几具。不过,那里已经挖出了战壕——趁着夜间挖成的。现在,他们只需在那里铺设水管,把两边的管子接起来就行了。战场上仍然一片平静。土耳其炮兵部队寂然无声。唯一令人不快的是那些动物死尸,它们腹部都高高隆起,伸着僵直的腿。那些尸体有的在战壕边,有的在战壕上方,有的甚至掉落到战壕里。到这里出勤的七名士兵全身都沾满了血污。道金斯也是。时间是九点四十五分。

接着,他们听见了炮弹破空飞来的尖啸声。

那是这天上午发射的第一颗炮弹。尖啸声越来越大,接着是一阵猛烈刺耳的爆炸声。炮弹就在那七个蹲伏于战壕里的士兵以及他们的水管上方爆炸，但那是一枚榴霰弹，没有伤及他们。散射而出的弹丸纷纷往前飞了十五米左右的距离。其中一个名叫莫里的士兵转过头，正好看见威廉·亨利·道金斯瘫倒在地上，显然受了重伤——他瘫倒下来的姿态不受寻常的身体反射动作所控制，而纯粹是地心引力造成的结果。*

他们冲向他。道金斯的头部、喉咙与胸部都遭弹丸击中。他们将他从潮湿的地面上拉起来，把他安放在一个遮蔽处。另一枚炮弹在他们身后爆炸，发出短促而强烈的撞击声。他们把他放了下来。血水和雨水混杂在一起。他没有说话，就这么在他们面前死了。

这一天，萨拉·麦克诺坦在她的日记里写下这样一段文字：

前几天，我听到几个女士勉强讨论着道德问题，谈话的嗓音洪亮而直率。对我来说，她们简直就是女性的先驱！在战争期间，在满是男人和烟酒的室内，身穿灯笼裤的女性竟然讨论着这种事情？我知道我必须"长大"，可是这样也未免太过头了吧！

美丽的女人和放荡的女人都应该被关起来。让男人怀着清明的良心去见上帝吧。他们大多数人可能都会死在这场战争中。我们能够做的事情，至少是不为他们提供诱惑。死亡与毁灭、恐怖的景象与美妙的英勇精神，看起来都如此近在眼前又如此崇高；然后，我们却又在自己身边发现邪恶的行为。

---

* 那枚炮弹如果只是一般的高爆弹，道金斯就有可能逃过一劫，但他的下属恐怕会受伤或送命。榴霰弹的弹丸会以圆锥体的形状朝正前方散射而出，高爆弹的碎片则是以几乎九十度的方向飞出。因此，若是身在高爆弹的弹道上，就算炮弹只在几米外爆炸，也有可能毫发无伤。此外，当时冶金术的发展仍然有限，高爆弹有时候只会爆裂成几块大碎片，所以才会有不少人遭遇高爆弹在身边爆炸而仍然得以存活。有一项理论认为，纯粹就生理而言，这种经历正是造成炮弹休克症的原因：有人认为，炮弹爆炸造成的真空会对大脑造成损伤。

1915 年 5 月第二周某一天

劳拉·德·图尔切诺维奇在苏瓦乌基看见一名战俘找到一片面包

劳拉听到一个德国护士大叫着要某个人立刻停下来。叫嚷声持续不断，于是劳拉前去看看究竟发生了什么事。一名俄军战俘在一堆恶臭的医院垃圾中翻找着，对于那个护士的斥骂声充耳不闻，继续翻找着他想要的东西。

劳拉的大宅邸有一部分已经被改建为一座临时医院，用于收治镇上所有罹患斑疹伤寒的平民病患。她自己也经常过去帮忙。屋外的斑疹伤寒警告牌为这栋房屋提供了一定程度的保护，就像她自己身上的俄国红十字会护士服装也为她提供了一定程度的保护。（对于女性而言，独自走在满是军人的街道上是种不太愉快的经验，尤其是军人喝醉酒的情形越来越常见。）在这身制服的保护下，她开始为那些被留在镇上充当劳动力的俄军战俘提供食物。除了其他各种工作之外，这些挨饿的战俘也挖出了去年秋天那场战斗之后埋在她家花园里的十四具士兵尸体。

俄军战俘受到的待遇让她深感气愤。他们营养不良，满身脏污，衣服破烂，饱受寄生虫之苦，经常生病，居住环境恶劣，受到的对待也非常糟糕。比起身上的脏污、伤口以及破烂的衣服，更糟的一点也许是他们几乎全都已身心俱疲，不但丧失了所有的希望，而且在逆来顺受地默默承担一切苦难之余，也开始逐渐丧失了人性。他们已沦为畜生，甚至是物品。*劳拉对此深感震惊，所以只要有机会就尽量帮忙。

那个德国护士仍然不停斥骂，而那个俄军战俘也还是不停翻找。接

---

* 在东部战线，脏污和屈服具有一种奇特的辩证关系。清洁是德国占领军不断鼓吹的美德之一，而且他们认为这点也证明了他们本身的优越性。韦亚斯·加百列·柳勒韦修斯指出，在某些情境下，被征服者可以利用这一点，利用德国人对于感染疾病的恐惧，而借此逃避惩罚与控制。

着，他找到了一个东西。劳拉看见了他找到的东西——一片肮脏干硬的面包。那个战俘得意扬扬地举起那片面包向他的同伴炫耀，然后开始吃了起来。那个德国护士看到感觉很不适。他怎么可以吃那种东西？他难道不晓得那片面包吃了会对身体有害，甚至可能要了他的命吗？那个人继续咀嚼着他找到的面包。

劳拉也感觉相当不适，并转向了那个德国护士。她难道不能拿些像样的东西给那个人吃吗？那个护士犹豫不决，不确定自己究竟敢不敢这么做。一名身穿制服的德国医务助理听到了她们的讨论，于是出面干预——她离开了一会儿，然后带着一大碗冒着热气的浓汤回来，汤里还浮着几块肉。那个俄军战俘狼吞虎咽地把那碗汤灌了下去。

三个小时后，他死了。

他的胃显然承受不了突然涌入的大量食物。

1915年5月14日，星期五
奥利芙·金在特鲁瓦刷洗地板

这是个寒冷风大的日子。但可以说是个调剂，因为最近这一阵子一直是温暖舒适的天气。他们甚至得以在邻近的一片松林里露天睡觉，躺在还没有使用过的担架上。不过，他们之所以喜欢睡在户外，不是因为温暖的天气，而是因为他们占用的那栋庄园别墅——香特露庄园——不但屋里没有家具，而且颇为肮脏。除此之外，他们大多数的医疗设备也都出了问题。由于没有帐篷，也没有像样的厨房，他们没有办法收容任何伤员。不过，这座庄园的位置倒是相当好：虽然就在道路旁，却有一座美丽的果园和菜园，附近还有一片迷人的树林。

一如往常，奥利芙·金一大早就起床了。到了八点十五分，她已坐在救护车驾驶座上，准备动身去寻找可供这个地方使用的长凳与桌子。陪伴她的是她的一位上司，运输主管哈利太太。奥利芙·金，二十八岁，澳大利亚人，出生于悉尼，父亲是一位成功的生意人。（她是父亲钟爱的女儿，尤其是因为她的母亲在她十五岁那年就去世了。）

她的成长过程与接受的教育都相当传统，她毕业于德累斯顿，课程包括音乐以及绘制瓷器。不过，她自此之后的人生却一点儿都不传统。她的内心存在着两股互相拉扯的力量：一方面对结婚生子怀有正常而天真的渴望，另一方面却又拥有精力充沛而且躁动不安的天性。她在战前的几年间游历甚广，走访了亚洲、美洲与欧洲——尽管身边总是陪着一位女伴。她攀登过墨西哥市东南方海拔5452米的烟峰火山，是全世界第三个完成此壮举的女性，也是第一个冒险进入其火山口的女性。不过，她总是觉得自己的人生少了什么东西。她在1913年写的一首诗里，这么祈求上帝："赐给我一份哀伤……唤醒我沉睡中的灵魂。"她和许多人一样，认为这场战争带来的信息就是改变。

因此，在冒险精神与强烈爱国心的驱使下，金在战争爆发之后不久随即设法参与其中，而不只是袖手旁观。她选择了1914年当时唯一可让女性参与这场战争的途径：医疗服务。她没有受训成为护士，而是选择担任对于女性而言相当不寻常的驾驶员，由此大概也能够看出她的个性。她驾驶的是阿尔达车厂生产的一辆大型救护车，是她用父亲的钱买下来的。在这个时候，驾驶汽车仍是一项非常罕见的技能，对女性而言尤其如此。

金现在服务的机构是苏格兰妇女医院，该医院成立于1914年秋季，是当时受热情驱使而成立的许多私人医疗机构之一。不过，这个机构颇为特殊，因为其创立者是激进的妇女参政运动人士，而且机构里的人员也清一色都是女性。*

这个早上金驾驶的是她自己的救护车。车号9862，但她总是称之为"埃拉"（Ella），是英语"大象"（elephant）的简称。这辆救护车体积很大，相当于一辆小型巴士，足以载运多达十六名乘客。车尾特制的装卸区非常沉重，因此金驾驶"埃拉"的时速极少能够超过四十五公里。

她们在十点半左右回来。在另一名驾驶员威尔金森太太的帮助下，金卸下了她们找到的长凳与桌子，竖立在菜园里，然后金与威尔金森太太换下身上的衣服，开始刷洗库房，这里将用作驾驶员的宿舍。她们两人用了几桶水，以刷子与海绵不断努力刷洗，直到地板完全清洗干净为止。她们还想重贴这间库房的壁纸，但这项工作得等以后再说了。

晚餐吃的是芦笋，不但味道鲜美、价格便宜，而且是当季的蔬菜。一如往常，她们用餐的时候都会有人观看。由于餐厅的窗户正对道路，好奇的路人都会透过窗户看着这群奇怪的妇女：她们不但自愿前来为战事贡献一己之力，而且完全没有男人帮忙。用完餐后，她和其他几个人回房写信，因为邮件明天一早就要送出去。金在信里对她妹妹写道：

> 我认为战争再没几个月就会结束了。幸好那该死的毒气攻击手段没有成功，我相信这个失败对德国一定是一大打击。那些新的防毒面具这么有效，是不是很棒的事情呢？感谢上帝。希望上帝能够让那些残忍的毒气弹在德国人自己的国家里爆炸，毒死五十万个德国佬，为

---

* 奥利芙之所以选择加入这个机构，大概纯粹是出于现实考虑，而不是基于性别政治的原则：她参加的第一个医疗组织一抵达比利时就几乎立刻受到拦阻，奥利芙和另外两名女性驾驶员也因为被怀疑是间谍而遭到逮捕。不过，身为苏格兰妇女医院领导人之一的哈利太太，也就是陪伴奥利芙外出寻家具的那名妇女，乃是英国远征军总司令约翰·弗伦奇爵士的妹妹，这点无疑使得这个机构比较容易取得运营许可。

我们那些遭到残杀的可怜士兵报仇。我也希望上帝能够降下大火或洪水，摧毁德国所有的弹药工厂。

金在她刚刷洗干净的房间里写下这段文字，斜倚在一张暂时充当床铺的不太牢固的担架上。除此之外，房间里唯一的东西就是一把椅子和一台发条留声机。至于那个有着大理石壁炉架的开放式壁炉，则是她们丢弃烟蒂、火柴和其他垃圾的地方。她很喜欢这个房间的壁纸——壁纸上有着褐色的鹦鹉栖息在玫瑰丛里吃着坚果的图案。她又冷又困。属于她的真正的战争究竟什么时候才会开始？

1915年5月26日，星期三
帕尔·凯莱门在格列博夫卡买了四条白面包

俄军真的撤退了。他在过去几天骑马经过一处接一处受损严重的地点，并且看到撤退的敌军留下的所有物品——包括沿路的垃圾，以及丧命与濒死的士兵，还有新设立的路标，上面以西里尔字母标示着不知所云的地名。（这条道路通往的地方一年前叫兰堡，现在改名利沃夫，不久之后又会被改回兰堡。*）

凯莱门对于再次展开行军没有意见，对于俄国侵略军被驱退更是没有意见。不过，在戈尔利采取得重大突破的消息却没有在部队里引起预期的

---

* 利沃夫（Lvov）在战后改名为"Lwów"，今天则是称为"Lviv"。

欢欣喜庆。"大家都麻痹了,"他在日记里写道,"对于永无止境的紧张情势已经疲乏了。"

他们从昨天起就待在格列博夫卡这座小镇。他和其他轻骑兵一同骑马进入这座小镇的时候,有两件事情令他大感震惊:首先是有一栋房屋的窗户完全没有缺损,而且他还看见窗户里面挂着白色蕾丝窗帘;接着是一个年轻的波兰女子——他对于年轻女子总是特别在意——夹杂在一群士兵与俄军战俘之间一同行进。那个女子戴着白色手套。那副白色手套和那些蕾丝窗帘给他留下了深刻的印象。在这个充斥着脏污与泥泞的世界里,他将会有很长一段时间忘不了那纯净无瑕的白。

今天,他听说有人在卖白面包。他已对军方配发的面包厌倦至极,因为那些面包不是太软就是已经放得干硬。于是,他去买了四大条面包,并且在日记里写道:

我切开一条面包,还带有微温。浓烈的香气充溢了我的鼻腔。我以近乎景仰的姿态慢慢咬了一口,想要尽力品尝清楚这面包的味道,心中想着这和我在战前习惯吃的白面包是一样的。

我集中心思吃着,可是我的味蕾完全认不出这种味道。于是,这条白面包在我口中就像是我从来没吃过的食物一样,其名字和口味都是我以前不曾知晓的。

后来,我意识到这条面包和家乡的面包其实一样。改变了的是我。战争为我以前视为理所当然的这种白面包赋予了陌生的口味。

这段时间,罗伯特·穆齐尔一直待在南蒂罗尔。意大利已对外宣战,意大利部队也已越过边界。穆齐尔在日记中写道:

战争。山巅之上。峡谷宁静如昔，仿佛夏季时节的健行。在哨兵构成的安全链后方，你可以一如观光客般自在游走。

远处，双方用重型火炮互相轰击。间隔二十秒，三十秒，甚至更久。仿佛小孩从远处朝对方丢石头。即使不确定能成功，他们还是受不了诱惑，总想再多丢一颗。

炮弹落在韦泽纳隘口后方的深谷，蹿起的烟雾又黑又丑陋，好像民宅失火一样，整整持续了几分钟。

看着拉瓦罗内四周山景的可怜景象，我深感同情。

1915年5月27日，星期四
萨拉·麦克诺坦待在德帕内的日子即将结束

她受够了，再过一周她就要回英国了，而且可能再也不会回来。麦克诺坦和许多人一样，都被战争初始的那一波热情冲昏了头脑，但后来随着情势的反转以及失望的不断累积，她自感精力逐渐枯竭。她倦了。不只是身体的疲倦，还有心灵的厌倦。她对苦难感到厌倦，对危险感到厌倦，对持续不断的口角感到厌倦，对那些琐碎而且难以理解的规则感到厌倦，她真的倦了。

她仍然在车站的食物救济站工作，善尽自己的职责，但是内心却没有任何喜悦。她每天都做着同样的事情：配发热汤、咖啡、面包和果酱，也发糖。至少寒冷阴暗又寂寞的冬天已经过去了，但太阳再度露脸也有其缺点，因为站台上很热，而且空气中的气味也变得难闻许多。有热心人士送了她一辆汽车，但那辆车已经坏了。

当然，这仍然是一场对抗邪恶的战争。她对这一点没有任何怀疑。（实际上，她内心的这种感觉在春季变得强烈，原因是她听闻了客轮遭到击沉的消息，也初次目睹了德军毒气攻击的受害者。）此外，她也仍然坚定认为这场战争的重点在于义务与原则以及英国的荣誉。可是，这场战争到底会持续多久？

> 庞大的军费支出无疑有一天会终结这场战争。我们每天花费两百万英镑，法国一定不比我们少，德国说不定更多，奥地利与俄国更是远多于此。如此做法，不过就是为了让士兵待在一点儿都不舒适的露天坟墓里，为了把高爆弹射上天空，但常常又什么都打不到。

麦克诺坦努力思索这个问题。这个月月初，一名志愿士兵私下对她说，他希望自己能够受伤，"以便光荣返乡"。她也对自己扮演的角色思考了一番，结果认定她可以在后方从事宣传工作，以便发挥更大的功用。她正在写一本小书，以讲述她的经历。（毋庸讳言，书中内容多少对事实有些改动。她采取了坦率却又微带幽默的风格，而且仔细去除了文字里所有的疑虑和牢骚。她已经为这项出版计划找了一家出版商。）她也有意实现自己巡回演说的计划，向兵工厂的工人发表演说。*

她努力想要为没有意义的牺牲是否也有可能崇高这个难题找出答案——甚或这种牺牲会不会因为缺乏意义而更加崇高。她听说过有些炮兵奉命回去取一门炮，据说军士对他们说："我们会送命，可是那不重要。"他们的长官更是"重重地"答道："没错，那不重要。"这个故事深深感动了她。她在日记里写道：

---

* 麦克诺坦听闻炮弹严重短缺，也听闻这种现象对发生在费斯蒂贝尔（费斯蒂贝尔的战役刚在几天前结束）及其他地方的战役所造成的问题。

"那不重要"——什么事情都不重要。我有点儿怕回伦敦,因为在那里,各种事情可能又会开始显得重要,于是我又会因此受到束缚。我们的士兵在这里笑着赴死,原因是死并不重要。我的同胞怀有一种自豪的谦逊情操,至今仍然很少有人理解。这是幼儿园与公立学校造成的结果。在这些机构里,人都不能太看重自己,所以自己一旦死了,也"不重要"。上天保佑那些孩子!但愿他们知道这件事对我们有多么重要!对他们而言,人生已经结束了。我们甚至无法确知他们是不是还有来世。可是我知道他们的精神永远不会消失。我不确定人格是否能够永存。我关心这一点,但我不知道。不过,我知道的是:借着这些简单、光荣而且毫无埋怨的牺牲,他们达到了某种更崇高、更纯净,也更光辉灿烂的境界。我们因此多多少少得以摆脱那些愚蠢、烦乱、累赘而且令人鄙夷的事物所造成的沉重负担。这些英雄确实会"升华",而我们也随着他们而"升华"。

春天来得有些迟,但现在总算已完全降临,带来了"一片令人叹为观止的绿"。不过,紫丁香与温暖的海风让她更想家了。这里的日子还剩下一周。

1915年6月6日,星期日
克雷斯滕·安德烈森从位于努瓦永的一家医院撤离

救他一命的或许是运气,又或许是命运的一点小转变。在5月初的一个黑夜里,安德烈森跌入一条狭窄的战壕而导致右腿脚踝上方骨折。自此之后，他大部分的时间就都待在医院里，躺在一间原本是剧场的大病房内，由亲切的法国修女照料。他觉得很烦闷，因为他没什么书可以看，也对贫乏的餐点深感厌烦——因为上头认为病患所需的食物没有前线的士兵那么多*——不过他还是颇为满足。医生说他至少要休养六个星期。要是运气好一点儿，他说不定可以拖到7月再返回前线，而且搞不好那时候战争就已经结束了——虽然可能性不大，可是搞不好真的会这样。

  卧病在床的这段时间里，安德烈森一如既往，对于战争以及接下来会发生什么事情做了许多幻想，另外也幻想了和平，以及和平降临之后可能发生的状况。意大利在5月向同盟国宣战；英军在佛兰德斯发动攻势，法军也在阿拉斯发动了顽强的攻势；异常激烈的战斗已经延伸到满是弹坑的洛雷托高地；目前流传的谣言称，美国以及几个巴尔干国家也将在不久之后加入反对德国的阵营。可是许多德国人在面对这些日益增长的威胁时依然怀有自信，这让安德烈森颇感讶异：他们都说这些现象也许会拉长战争的时间，但德国终究还是会获得胜利。就安德烈森自身而言，他希望各大政治势力的消长——不论是真实发生的还是想象中的——将会带来和平。他知道自己在和平降临之后要做些什么。在1914年8月之前，他曾在温丁当了整整六个月的教师，他在战后也打算重回教席，继续从事大众教育，和年轻人待在一起。他还梦想自己盖一栋小房屋，和"多萝西娅阿姨的鸡舍差不多大小，但里面和外面都打造得非常浪漫"。

  不过，鲁瓦周围的情势近几天来已变得相当危急，这座城镇距离他的军团所驻守的前线只有十公里左右。他们日夜都听得到炮火声，而且据说法国步兵已经突破了德军阵线。幸好他不必参与那场战役，谢天谢地。而

---

* 前线的士兵能够免费获得某些物品，例如肥皂，而医院里的病患则必须付费取得。士兵的薪饷很低，而且为数不多的商店里仅剩的商品又飙上了天价，因此这种现象很快就造成了问题。所以安德烈森在这个月写回家的信件里，除了对自己远离炮火表达欢欣之意以外，也向家人要求许多物质上的资助。

且还不只如此：由于医院很快就必须腾出病床收治大量新近受伤的士兵，所有康复中的病患都必须撤离——传言说是送回德国。

他原本对此一无所知，因为他星期日几乎整天都躺在一棵梨树下的嫩绿草地上，温暖的空气中隐隐传来远方的炮火声。傍晚时分，他又去听了一场教会音乐会。直到他跛着脚回到医院之后，才听说了这些事情。安德烈森立刻开始打包收拾他的东西。回德国！他的武器和各种军事装备都堆成一堆，私人物品则堆成另一堆。他们被一一点名，领取旅行文件，然后每个人都在胸口粘上一张硬纸板小标签——上面列有姓名、所属单位、伤势等等。他们在晚上十一点收到了出发令。

他们爬上汽车，五人一辆车，然后车子便驶入了夏日的夜晚。他们在途中看见几个高级军官站在路边，眺望着远方那条被炮火的光芒、探照灯以及缓缓落下的信号弹所照亮的地平线。不过，这一切对他而言已经都不重要了。

> 我们全都要回德国去了，我实在无法形容我内心的欣喜。远离战场，远离那些炮弹。不久之后，我们就再也听不到大炮的声音了。我们穿越富饶的乡间，经过微笑的村庄。我的心里满是喜悦、星期日的平静以及悦耳的钟声。回家，我们回家了。

他们预计在绍尼中转，然后接下来的旅程都将在火车上度过。他们在一座大公园里集合，一名医生对所有人再度进行了一次检查。轮到安德烈森的时候，那名医生看了看他的文件，然后把他胸口的硬纸板标签撕了下来。安德烈森的旅程到此为止了。那名医生认为安德烈森已经恢复得差不多，再过几天就可以返回前线。

安德烈森垂头丧气地走开了，一切突然变成了"一片黑暗"。

他终于回到公园的时候，看见其他人都已排成队伍。有几个人在叫他。他的名字被点到了——他终究还是可以回德国！安德烈森刚加入队伍当中，随即就被发现他胸口上没有那张标签。于是，他再次被赶出了那群人的队伍："再见了，离开的旅程！再见了，家乡！我又要回到战场上了！"

1915 年 6 月 11 日，星期五
芙萝伦丝·法姆伯勒听闻德军渡过桑河的消息

这是他们待在莫沃迪屈的第三个星期。戈尔利采陷落之后的第一次仓皇撤退已被人忘却，不管怎么说是几乎被人忘却吧。自从 5 月初那些坏日子以来，第三军竟已经损失了二十万人——其中十四万人是被敌军俘虏的。不过，现在第三军已在宽广的桑河沿岸占据了一块新的且显然相当坚固的阵地。增援部队也总算来了。此外，他们也接到了最高层下达的命令：在这里，就在这个地方，阻挡德军与奥军的进攻！不能再撤退了！[*]于是，河流沿岸展开了激烈的战斗，双方都发动了不少小规模的攻击行动。[†]一天晚上，芙萝伦丝第一次看见大批身穿灰色制服的德军战俘；他们在月光下迈着步子，头上戴着标志性的尖顶盔，骑着马的哥萨克部队在

---

[*] 这种不能再撤退的确切命令已经不是第一次出现：自从 1915 年 5 月 2 日陷落以来，最高指挥部就一再下达这道命令。不过，此举却是适得其反，因为捉襟见肘的第三军因此被迫守卫好几个根本守不住的阵地，徒然增加了这支部队原本就已极为巨大的损失。

[†] 1915 年 5 月中旬，敌军挟着与在戈尔利采相同的那种自信又残暴的猛烈火力，确实在若干地点渡过了桑河。不过，现在那些入侵行动显然都已被击退。

旁戒护。传言称敌军遭遇了重大损失。现在有了新的希望。

芙萝伦丝所在的地方几乎没有发生任何战斗，这点无疑强化了她认为危机大概已经结束的感觉。她有许多时间做其他事情，例如到河边洗东西、庆祝意大利参战，或是庆祝她自己的命名日*。她还花了许多时间在寂静翠绿的树林里漫步，摘采初夏盛开的花朵。除了普通的斑疹伤寒以及霍乱病例之外，这里的情况平静得让有些护士心生急躁情绪，甚至有意请调其他单位，好让自己能够多做出一点儿贡献。他们的主管努力安抚他们，暗示说他们的分队反正不久就要移驻其他地方，也许到兰堡的第八军，甚至是高加索地区。（高加索前线传来了大家渴望的好消息：传言土耳其战线后方发生士兵哗变，俄军部队受此鼓舞已开始南移，并跨过了奥斯曼帝国的边界。）

现在是下午三点，芙萝伦丝·法姆伯勒已经工作了一天，正坐在她的帐篷外休息。一切都和往常一样平静。她看见四名护理员抬出了几具尸体，准备埋在附近一片原野上的临时公墓里。一对鹳鸟在一座农场的茅草屋顶上筑了巢，她听得见它们拍动翅膀的声音。来自另一个紧急行动分队的一名男子走了过来，递给她一封信，请她转交给他们分队的医生。她随口问了问对方的分队目前状况如何。那个人"努力克制着激动的情绪"对她说，那天上午有榴霰弹的子弹落在了他们附近，所以他们已经在准备转移。德军已经渡过了桑河！

这条消息令她惊恐，但她对消息的真实性还是心存怀疑。尽管她可以听到远处传来猛烈的炮火声，但是在晚餐时间问及旁人时，她发现他们也都和她一样抱持怀疑态度。晚餐过后，她回到自己的帐篷，里面仍然残留着热气。在那里她遇见了另外一名护士安娜，结果安娜有气无力地证实了

---

* 欧洲与拉丁美洲部分国家特有的传统，庆祝和本人同名的圣徒的纪念日。——译者注

这个消息。德军渡过桑河的传言是真的：

> 据说他们蜂拥而来，根本阻挡不了。我们有人，但没有武器。据说有些军团甚至连一发子弹都没有，只有几座炮台能够持续开火。

安娜接着说："我们的士兵一定会惨遭屠戮，而且从这里进入俄国只需一天的时间。"一想象到俄国遭到侵略而且被夷为平地的景象，她就觉得自己实在难以承受。她瘫倒在床上，以手臂掩住脸庞号哭了起来。芙萝伦丝笨拙地安抚她："安娜，别哭了，这可不是你的本性呀。"安娜移开手臂，怒目瞪视着芙萝伦丝："本性！什么是本性？"接着，她又激动地说："允许这种巨大的灾难发生，难道是上帝的本性吗？在这样的屠杀当中，人不但会丧失自己的本性，连灵魂也会跟着死去！"然后，她又继续哭了起来。芙萝伦丝没有再说话，"我没有再试着安慰她，我找不出话可以安慰她"。

消息最终正式得到确认，其实就是一道预备离开的命令。他们开始打包物品，一大群伤兵却突然涌了进来：

> 我们一看到他们，就知道最糟的状况发生了。他们看起来茫然恍惚，焦虑令他们忘记了肉体的疼痛，而且他们的眼神，让人不禁把到了嘴边的话又咽了回去。

黑暗降临了。远方的炮火声逐渐平息，终至静寂。一批大炮被运至邻近的一片原野上，准备开火。芙萝伦丝与其他人在夜晚的薄雾中拆掉了帐篷。接着，他们听见路上传来嘈杂的声响。芙萝伦丝循声走去，看见了一群骑兵，是哥萨克部队。一个农场的小男孩低头跑远，消失在了树林的方向。她听到尖叫与混乱的声响：哥萨克部队正有条不紊地一一搜查每一座农场，带走了他们能带走的所有牲畜与家禽——猪、牛，还有鸡。他们还把农场里的男人聚集在一起，并捆绑了起来。*芙萝伦丝看见几个哥萨克士兵将一个年轻男子按在地上，旁边的一名女子尖声大叫起来。

接着，哥萨克部队就带着他们抢来的人畜离开了。妇女的尖叫声仍然持续不断。后来，芙萝伦丝随着她的医疗队坐上早已超载的马车在暗夜里出发了，那些妇女依然在号哭着。

这是个美丽晴朗、满天星斗的夜晚。

这天，罗伯特·穆齐尔前往博尔扎诺，再次和妻子玛尔塔见面。他在日记中写道：

> 前往车站途中，我的马就累了。这意味着，我晚上必须坐带着梯子的消防马车到特伦托。同行的是位来自拉瓦罗内的救火员，他告诉我当地军心依然振奋！他表示，只有步枪兵才会敌我不分乱开枪。
>
> 他们从山峰的轮廓中打出探照灯光，它们本身就像狂想、迷幻下的产物，仿佛一只缓缓爬行的大蜗牛，从巨兽的胁腹部冒出，四处巡逻着。在某处休息了一段时间后，精神抖擞地举起尾部，照亮云端。火车里，即使二等车厢的格局，看起来都极尽豪奢之能事。文化记忆被唤醒了。

---

* 芙萝伦丝·法姆伯勒不确定那些哥萨克部队是奉命行事还是私自劫掠。大部分的证据显示应是前者。随着俄军再次撤退，他们也因此再度发挥了过往的专长，亦即所谓的焦土政策。俄军井然有序地尽力掠取当地的资源，尤其是牲畜，同时也摧毁他们带不走的一切物品，不论这么做是不是会导致平民陷入艰苦的生活或者是彻底的饥荒。这时候，俄国占领了属于奥匈帝国的领土，所以他们才会把达到兵役年龄的男性也一并带走。他们先前（1914 年入侵德属东普鲁士的时候）也采取过类似的做法，但没有像这一次策划得这么完善。(那一次，撤退的俄军强行掳走了超过 1 万名德国成年男性、女性与儿童。)即便在他们穿越边界回到俄国之后，这种有组织的烧砸劫掠行为也没有停歇，导致俄国的平民也深受其苦。这种情形自然没办法让平民百姓对这场战争产生好感。

终于抵达一片漆黑的博尔扎诺。车站的服务领班引导我到达推荐的旅馆。

1915年6月15日，星期二
艾尔弗雷德·波拉德在霍格等待天亮

这是个闷热无风的日子。他们全副武装，还得走十二公里才能到达攻击地点。一开始，他们还拖着步子，行走在波珀灵厄通往伊普尔的拥挤道路上，一切尚显得相当容易。他们四周满是其他大大小小的部队，和他们一样徒步行军，还有"马拉的炮车，骡子拉的炮车，无穷无尽的弹药运输队，攻城加农炮与榴弹炮，一排排的卡车，骑着摩托车的传令兵"。他们意识到自己即将参与一场重大攻击行动，因为他们还看见了已做好战斗准备的骑兵。那些骑兵将在德军阵线上选择一个突破口长驱直入，就此打破战争的僵滞状态——只见他们手持军刀，美丽的三角旗在空中飞扬，真是英姿飒爽。

这是艾尔弗雷德·波拉德首次参与攻击行动。他满腔热血，实际上几乎可说是开心不已。几个月来的挫折与失望终于到头。直到目前为止，这场战争的发展并不如他的预期。他得了黄疸病，还被人怀疑是装病而逃避责任。(他！他怎么可能装病？)他当过一名军官的勤务兵，也当过炊事兵。他爱上的那个女孩根本不怎么写信给他。他幻想中的战争场面尚未出现——更遑论他梦想中的英勇表现。不过，现在他的梦想终于要成真了。

随着他们逐渐接近前线，他的战友们也出现了明显的情绪变化。他非常明白这种现象：

> 离开前线的时候，每一步都离子弹与炮弹越来越远，因此部队里洋溢着欢乐的气氛；大家唱着歌，说着笑话，四周满是笑声。但开赴前线就是非常不一样的状况了。士兵一派严肃，交谈都只有三言两语；大家很少开口，大部分都沉浸在自己的思绪当中。有些人会刻意说笑，想借此展现自己的胆识，或者其实是避免自己胡思乱想；其他人则会为相对软弱的战友打气；只有少数人能够泰然自若。

在到达传说中的"地狱火角落"之前，他们接到了临时改道的命令，转而进入一片被太阳晒得温热的原野。战火离他们尚远，但有一枚炮弹突然从蓝天上呼啸着落下爆炸，他们那一营的副官还被震下了马。该来的终于要来了。队伍变得非常安静。"我们即将走入未知。所有人都不敢确定自己能否在未来的考验中存活下来。"

最后，他们在原野上停下了脚步，且必须在那里等到傍晚。等待期间，战地厨房马车开了过来，为士兵发放热茶。发放完之后，那些厨房马车就立刻退回安全地带。波拉德看着那些马车消失在远方，不禁在想他有多少战友宁愿和那些炊事兵一起退出危险之外。接着，他又转念一想，说不定有些离开的人却在心中暗自羡慕着他们这些开赴前线的人。

太阳下山之后，他们继续出发。他们排成单人纵列，在阴暗的天色下沿着一条铁轨摸索前进。攻击地点的战壕是新挖的，又浅又窄。他们必须待在那里，"成群挤在一起，简直就像沙丁鱼"，而且必须全副武装，所以只能以别扭难受的姿势坐着。他们一面抽烟，一面聊天。战壕里架着简陋的梯子——只有三个梯级。尽管日出之前不会有任何事情发生，而且睡眠才是战争中的士兵唯一可靠的福祉，但波拉德却根本睡不着：

我很不舒服，也太过兴奋。再过几个小时，我就要爬出战壕第一次参与攻击行动了。我感觉不到恐惧，甚至连紧张也没有，只是迫不及待想要让战斗赶快开始。漫漫长夜似乎没有尽头。黎明到底还会不会来？

在发动攻击的前一小时，波拉德被派至前进线，他将作为第一波攻击行动的传令兵。他深感满意。这项任务可能会增加他受伤或送命的风险，他丝毫不在意，但绝不是因为他无知。（3月，就在后来被称为新沙佩勒之役的那场战役中，英军遭遇惨败，他曾近距离绝望地眼睁睁看着一支攻击部队陷入德军马克沁机枪的交叉火力下，几乎全数遭到歼灭。）他之所以会如此置个人生死于度外，主要是他那孩子气的天真个性作祟：他觉得死神只会眷顾别人，断不会挑中他的。此外，上头也保证会为他们这次的攻击行动配备大量火炮——不像3月的那场战役，当时英军差不多只算是象征性地开过炮而已。而且，他目前的职责也意味着他未来将有更多机会做他一直想做的事——举起武器："要是幸运的话，说不定我可以用刺刀刺死德国佬。"

大炮开始密集开火："砰！砰！砰！砰！砰！咻！咻！咻！咻！轰隆！轰隆！轰隆！轰隆！轰隆！"*不久之后，炮声震天，无论如何大叫也无法让别人听到自己的声音，必须凑到对方耳边嘶吼才行。等到飞起的泥土不时掉落在他头上，波拉德才意识到德军已开始回击。士兵们开始检查他们的装备，他们的指挥官在震耳欲聋的声响中回过头来微微一笑，用嘴型对他们说："还有一分钟。"他们全部站了起来。短短的梯子已经纷纷就位，

---

* 这是波拉德的描述。只要是听过炮火声的人，就会知道他不是随便把一堆拟声词凑在一起：稍微拖长的"砰"代表大炮开火的声音，"咻"是炮弹从头顶上飞过的声音，紧密厚实的"轰隆"则是炮弹在不远处爆炸的声音。

士兵也都背上了带刺刀的步枪，——站到这些梯子前，一只脚踩在最低的梯级上。指挥官把手往下一挥，下达了出发的信号，然后自己先爬了上去。波拉德紧跟在他身后。

这场攻击行动成功了，但损失惨重。

1915 年 6 月 18 日，星期五
拉斐尔·德·诺加莱斯目睹锡尔特的大屠杀

他们来得太晚了，而他对此深感庆幸。不远处是一派田园风光。成群的奶牛与水牛在绿色的草原上静静地吃着草。青色的天空下，还有几头单峰骆驼在一处泉水旁休息。锡尔特是一座平静的小镇：一栋栋长条形的白色房屋错落地聚在一起，其间还耸立着六座细细尖尖的清真寺塔，"犹如大理石针"。

他们再往前骑了一段距离。

就在这时，拉斐尔·德·诺加莱斯的目光落在了那座高地上。

那天早上，他部队里的两名土耳其军官直言不讳地说（实际上，还有点儿扬扬得意），比特利斯的所有准备工作都已完成，现在他们只需等到上头下令，就可以在锡尔特大开杀戒了。所以，如果他想要目睹屠杀景象，他们就得快点儿赶路。

不过，他们并没有及时赶到。

那座高地就位于主干道旁，上面覆盖着……不晓得什么东西。不久之后，他看见了那是些东西。山坡上……

> ……布满了数以千计衣不蔽体的死尸，血流遍地，成堆累积，肢体扭曲，仿佛在完成死后的拥抱。父亲、兄弟、儿子与孙子都躺在地上，有的被子弹打中，有的被弯刀砍死。有些受害者的心脏还没停止跳动，鲜血仍然不断从被割断的喉咙里涌出。成群的秃鹰栖息在尸体堆上，啄出死尸或濒死者的眼珠——他们僵直的眼神透露着他们的恐惧以及无可言喻的痛苦——而食腐的狗儿则撕咬着那些仍在搏动的内脏。

山坡上累积的尸体一直延伸至道路上。为了前行，他们只好让马跃过那些"堆积如山的尸体"。震惊之余，德·诺加莱斯骑马进入了锡尔特，只见警察与穆斯林居民忙着洗劫基督徒的住宅。他见到了当地的当权者，包括亲自领导这场屠杀的镇上警察主管。德·诺加莱斯再次确认，此地十二岁以上的男性基督徒全数被害，这一次并非如过去一般算是自发性事件，而是由最高层精心谋划的一场行动。

当夜，他被安排在一栋已被洗劫过的房子里。现在，德·诺加莱斯已知道这场屠杀不再只是以亚美尼亚人为对象，也针对其他基督徒群体。实际上，这栋房屋就属于一个叙利亚基督徒家庭所有。屋子里的物品已被洗劫一空，只剩几把破椅子，而且除了一本英语辞典和隐藏在角落里的一小张圣母马利亚画像之外，这栋房子里已完全看不出原主人留下的痕迹。地板和墙壁上都是血污。

后来，他和一群彬彬有礼、谈吐高雅的军官一同坐在营区餐厅外，但那骇人的情景仍然挥之不去。他深感惊恐，但什么也没做。他勉强挤出一丝微笑，装出一副会意的模样。一群暴民从他们身前走过，拖着几个儿童和一个老人的尸体，那些死尸的头颅松垮垮地在街道的圆石上弹跳着。周围的人群则纷纷对着那些尸体吐口水或者怒声咒骂。德·诺加莱斯还看到一群警察领着一个相貌可敬的长者：

从他身上的黑色长袍与紫色无边帽，可明显看出他是个聂斯脱利派基督教主教。*鲜血从他的前额沿着脸颊流下，看起来有如殉教者的猩红色泪水。他在走过我们面前之时，盯着我看了长长的一眼，仿佛看出我也是基督徒。不过，他继续向前走，走向那座可怕的高地。

日落时分，拉斐尔·德·诺加莱斯骑马离开了锡尔特，陪伴他的阿尔巴尼亚勤务兵名叫塔辛，身材高大壮硕，另外还有七名骑警。德·诺加莱斯为自己的性命感到担忧。有谣言说上头想要处死他，也有人对他的忠诚度提出疑问。他们一路往南，穿过了没有道路的乡野。他想去阿勒颇。他打算在那里向奥斯曼军方申请退役。

1915年6月22日，星期二
劳拉·德·图尔切诺维奇在苏瓦乌基听到德军攻陷兰堡后的庆祝声

一个夏日傍晚，劳拉在屋子里为孩子洗澡。一座教堂的吊钟响了起来，接着另一座吊钟也响了，随即又是两声、三声，然后更多更多的钟响了。听起来仿佛苏瓦乌基所有的教堂都敲起了钟，温暖的空气中久久回荡着不绝的和谐颤动的钟声。不过，为什么会这样呢？

一如往常，他们对于战场上发生了什么事情几乎一无所知。对他们而言，战争不是一件惹人注意的事，而是一种不得不忍受的现状。不过，这

---

* 德·诺加莱斯以"聂斯脱利派"代表"叙利亚基督教"。

并不表示那些战役对他们而言毫无意义：劳拉和她身边的人都祈祷盼望着俄军能够突破敌军阵线，回来解放他们。不过，他们近来听到远处的战斗声响越来越明显，然后又逐渐减弱，终至消逝不闻。传闻称德军打了不少胜仗。所以到底发生了什么？

她仍然怀抱着一丝希望。钟声响起之后，劳拉的第一个念头是俄军终于突破了德军的阵线，因此德国人才会赶紧敲钟通知苏瓦乌基城内以及周围的部队，警告他们正在被俄军包围。她的一个女性友人冲了进来，上气不接下气，兴奋不已又充满期待。到底发生了什么事？

劳拉把孩子们送上床之后，就开始问她的朋友究竟是怎么一回事。她们走到阳台上，俯瞰底下的街道。她们看见德军部队在傍晚的阳光下欢庆歌唱，便随即感到一阵失望："我们从希望的云端重重跌了下来，因为期待破灭而满心沉重，以致我根本无心理会到底发生了什么事情。"可到底是什么事？

一名德国医院助理看见她站在阳台上，兴奋地对她大喊："兰堡已经被攻下来了！"

那座自去年 9 月就被俄军占据的奥匈帝国城市，如今已经被德军夺了回来。这是同盟国的一大胜利，几乎足以抹除奥匈帝国去年在加利西亚惨败的记忆——但也只是几乎而已。不过，这则消息对于劳拉·德·图尔切诺维奇个人来说却是灾难性的：兰堡正是她的先生斯坦尼斯劳的驻处*，而她已经很久没有听到他的消息了。

焦虑与未知折磨着她。斯坦尼斯劳还活着吗？他会不会被俘？他是不是逃走了？"钟声喧嚣不止——我觉得自己被钟声压得几乎喘不过气来。"

---

* 劳拉曾在 1914 年 12 月到那里探望过斯坦尼斯劳，那是在德军二度攻下苏瓦乌基之前。她原本有意带着全家人到那里和她先生团聚，却因为规定禁止携带儿童进入俄军占领区而不得不作罢。

1915 年 7 月 4 日，星期日
罗伯特・穆齐尔听见维雷那山上的炮击声

夏日凌晨，大约三点半的时候，旭日尚未真正东升，但天际已一片光亮。他看着旁边草地上的牲口正醒来："它们以舒适的姿势躺卧。显然这就是牛儿们清晨的生活。"远处不断传来炮击声。

罗伯特・穆齐尔现在身处地势高耸的阿夏戈高原，距离前线只有一点五公里远。现在，他有了新职称：国防军第一六九营营长副官。今年 1 月下旬，他被免除连长职务；上级长官认为他消极、笨手笨脚、玩忽职守，总之就是无能。绝大多数人都会觉得降级可耻之至，穆齐尔的父母都是上流的布尔乔亚阶级，两人对此备感震惊，深以为耻。不过他本人倒是处之泰然。众所皆知，他根本无法胜任自己的职务；他对降级一事的反应是解脱。现在，他有了较多私人时间。

此外，战争也为他那干枯的心灵带来些许灵感，不过主要还是美感印象。与所有战事都保持着安全距离的穆齐尔，其实过得相当惬意。他还找了个情妇，一个跟他差不多年纪、名叫玛格达莲娜・伦齐的未婚农家女。他根据她家奶牛的名字，调情似的唤她"葛莉贾"（Grigia），意思是灰色。*在当时的时代背景下，许多有妇之夫被征召入伍，穆齐尔这种军阶的军官逃离婚姻的管控，上妓院或找民女寻欢，并不是多么罕见的现象。同时，他更确信自己是深爱妻子的；她是崇高、高贵的，他以一种神圣的、准宗教式的形式展现对她的爱情，并给了自己对其他女人尽情"发泄淫欲"的

---

* 战后数年，玛格达莲娜・伦齐这个名字出现在了一篇标题为《葛莉贾》的短篇小说中。故事讲述一名男子来到古雅的乡间，和当地一名农妇展开一段短暂、激烈的爱情。值得一提的是，对来自优渥的中产阶级且行事相对保守的穆齐尔来说，一段开放的性关系显然更有吸引力。

充分理由。* 双重道德标准并不会使他困扰，反而是用意之一呢。

这几天来，意大利部队一直持续着大规模攻势。最惨烈的战火还在远方的伊松佐河延烧，但阿夏戈高原一带也燃起了战火。关于这一切，穆齐尔这个级别的军官所能见到的，就是一场炮击：

> 我看到以口径 30.5 厘米的迫击炮对维雷那山防御工事进行的炮击。炮弹所及之处，可见一片垂直升起的烟尘，顶部就像石松树的树冠。很模糊的感觉，就像在观看飞靶射击一样。而苏加纳峡谷下方或战壕内的意大利部队巡逻队，或是每天运送军需品到戈柏镇的火车，看起来也是一样模糊。
>
> 在奥地利部队防御工事周边，上一次炮击留下的弹坑如鼹鼠地洞般鲜明。
>
> 一个意大利重炮连正努力使用榴霰弹找出我方迫击炮的位置。除了空中云状的烟尘，没给人留下什么印象。云状的烟雾闪闪发亮。

夏日美好的天气持续着。当天稍晚，部队在野外举行了布道会："货箱上摆着圣者的画像以及两根蜡烛。上校† 大概觉得这一幕有令人动容的美，就顺便照了张照片。"

再过五天，穆齐尔又可以休假离营了。他和妻子会在博尔扎诺的皇冠饭店见面。

---

* 穆齐尔的传记作者卡尔·科里诺根据《没有个性的人》中的段落指出，穆齐尔的真爱其实还是自己的妻子玛尔塔。

† 上校即穆齐尔的长官，上校营长弗朗茨·格拉夫·阿尔贝蒂·德·波亚。

1915 年 7 月 14 日，星期三
米歇尔·科尔代在巴黎庆祝法国国庆节

这是个乌云密布的夏日，太阳只偶尔从云层中探出头来。米歇尔·科尔代在日记里写道：

> 一群静默无声的人。受伤的士兵，其中有些还截了肢，休假的士兵穿着被太阳晒得褪色的长大衣。前来募款的人占了一半，他们标榜着各自的慈善目标，劝说民众踊跃捐款。一支支部队在军乐队伴奏声中大踏步前进；别忘了，这些人都正要上前线去杀人。

他在戴高乐广场看见外交部长泰奥菲勒·德尔卡塞乘坐一辆敞篷车抵达现场。德尔卡塞大概是促成意大利参战最有力的推手，他显然期待着群众对他发出欢呼。不过，数目庞大的人群仍是一片静默。* 科尔代认为这样的静默是对战争的一种无意识抗议，但他同时也不禁猜想，要是我方有值得夸耀的胜利成果，群众想必是会热烈欢庆的。（商务部的一名助理在不久之前发现，部里的作战图上标示前线的小旗子都已经结了蜘蛛网。）《马赛曲》的乐声响了起来，悲痛降临于每个人身上，所有人纷纷脱下帽子。头顶的天空传来嗡嗡的飞机声。

总统庞加莱开始演讲。他再次发表了一场强硬、煽情又充满了陈词滥

---

* 意大利参战后，情势并不如期望中的那样。其中一部分原因是意军对于攻势过于乐观，但他们一到意大利边界，就会立刻在那些险峻的高山前停滞不前——有些愚蠢的意大利将领似乎还对那些高山的存在颇感意外；另外一部分的原因，则是意军的攻击引起了奥匈帝国中的斯拉夫人的顽强抵抗，因为这场进攻行动——不同于和俄国与塞尔维亚的斗争——为斯拉夫人提供了一个誓死抗战的理由。

调的演说，宣称法国将会"奋战到底"。庞加莱的言辞拙劣是出了名的。他在今年 5 月发表了一篇文章，内容了无新意，导致有些人以为那是一场恶搞。不过，结果证明那篇文章的确是出自他之手。总统指出这场战争的终极目标，就是"粉碎德国的妄自尊大所带来的这场梦魇"。科尔代认为，"这是不祥的预兆，单方面和平可能会造成严重恶果。果真如此，他就迫使我们国家陷入了一场漫长的战争，恐怕后果将是致命性的"。

这一刻，即便身在巴黎，战争也几乎触手可及。

1915 年 7 月 29 日，星期四
艾尔芙莉德·库尔在施奈德米尔听着夜里的歌声

四周一片黑暗，空气相当温暖。这是个夏日的深夜。她不晓得自己为什么会醒来，也许是因为明亮的月光。天气炎热，她只好睡在阳台上的一把躺椅上。四周一片寂静，一点儿声音都没有。她唯一听到的，就是客厅里的老爷钟发出的那令人心安的嘀嗒声。突然间，艾尔芙莉德听到了歌声，虽然相当微弱，曲调却很悠扬，歌声来自旁边的火车站。她竖起耳朵，依然听不出旋律，于是注意聆听歌词。她听到越来越多的人加入颂唱，歌声也因此越来越清晰："上帝的计划早已确定，人必须和自己最心爱的对象别离。"

夜空晴朗，星斗漫天，歌声越来越大，越来越洪亮，也越来越清晰，而她的心情则越来越低落。我们总是不愿告别童年，却又不得不一步一步走远。这一刻，艾尔芙莉德已有了这样的感悟，这种感悟对一个孩子所造

成的影响将是一生的，成人也总是为此感叹不已。她在躺椅上蜷起身子，哭了起来：

> 那些军人为什么在半夜唱歌，而且唱的还是这首歌？这首歌不是军歌。唱歌的人真的是军人吗？说不定是有一列火车抵达了我们的小镇，车上载运着阵亡士兵的棺材，说不定他们所抛下的母亲、父亲、妻子、孩子和女友也在车上，他们是不是也和我一样流着眼泪？

接着，她听到祖母的卧房传来声音——擤鼻涕的声音。艾尔芙莉德爬起来，蹑手蹑脚地走进祖母的房间，恳求道："我可不可以爬上床和您待一会儿？"祖母本不太愿意，但还是掀起被子，说："过来吧。"她依偎在祖母身边，把头靠在祖母的胸前啜泣。祖母的额头抵在艾尔芙莉德的头发上，艾尔芙莉德感觉得到她也在哭。

她们两人都没有解释自己为什么哭，没有说什么理由，也没有问对方。

1915 年 7 月底某一天
罗伯特·穆齐尔在帕拉伊欣赏留声机播放的音乐

穆齐尔驻扎在小山村帕拉伊的管区牧师寓所内，旁边的校舍已变成军方的储藏室。他的情妇玛格达莲娜·伦齐和那头灰色奶牛就在学校附近的民宅内。这里连一条像样的路都没有，于是全村的男人都被召集起来去修路了。像玛格达莲娜这样的农妇也被招揽去，在蜿蜒小径之间负责补给物资。她们背上扛着军火、粮食、带刺铁丝网和其他所需的物品，送往驻扎在山巅的奥地利部队。* 这场战争的能量与波及程度如此之大，以至这与世隔绝的小山村连日常生活都受到影响。

先前在阿夏戈高原进行的战事现已进入对峙状态，甚至停滞下来，前线几乎没有明显的动静。炮声已远去。远处，位于伊松佐河一带的意大利部队还极其残酷地持续攻击，但除了数以万计的死者†，并未换来任何实质战果。到现在为止，穆齐尔并未真正参加过任何一场战役。

他在后方的帕拉伊继续过着平静的生活，担任营长的副官。他的时间多到足以骑着小马"皮皮"到处乱转，还能仔细研究农妇们（在他看来，她们古怪又深富异国情调）的生活习惯。穆齐尔来自上流社会，是高贵的都市人，他对自己所见的景象感到既困惑又好奇。

今晚，他显然是被整个情况的荒谬给吓到了。他在日记中写道：

> 苍蝇之死：世界大战。留声机已经播放了许多个夜晚。"罗莎，我们要去罗兹，罗兹，罗兹！"还有"到我充满爱意的香闺来"。偶尔有捷克民谣以及莱奥·斯莱扎克与恩里柯·卡鲁索的歌声穿插其间。头脑迷失在一片歌舞与伤悲之中。天花板上悬挂着许多长长的捕蝇纸，一只苍蝇从其中一张捕蝇纸上掉下来，仰面朝天，躺在打蜡桌布上的一小块圆锥形光线里。旁边是一个高脚玻璃杯，插满小小的玫瑰。它想站起身来，然而小小的六只脚却不时交叠在一起，指着正上方。它渐渐停止挣扎，孑然死去。另一只苍蝇冲上前，随后又远离。

---

* 值得一提的是，大战结束前，她们当中的十三人因其奉献而获颁军方奖章。
† 最近两星期以来，这场日后以"第二次伊松佐河战役"之名载入史册的进攻行动，导致意大利陆军损失了6万人。不过当时无人知道确切阵亡人数。

1915年8月7日，星期六
安德烈·洛巴诺夫-罗斯托夫斯基在华沙东北方某处稍事休息

他的连队在昨天离开了华沙。尽管他们必须走靠近河边的街道，而那里直接暴露于德军机枪火力之下，但他们没有损失任何人员。德军不愿伤及平民，于是洛巴诺夫-罗斯托夫斯基雇用了民间的出租马车来伪装他们自己的货车，想借此瞒过敌人。今天情势很平静，因此他们好好利用了这个机会……

……好好休息，检查我们的阵地，盘点我们的物资。参谋人员告诉我们，敌人已经在好几个地点渡过了维斯瓦河，但至今还没有进犯我们的部队，只在附近出现过一支小型骑兵巡逻队。另一方面，就战略而言，我们似乎走入了一个死胡同，因为在我们两翼的两个军都比我们先撤退了。

1915年8月8日，星期日
温琴佐·达奎拉在皮亚琴察被人嘲笑

煤烟的味道，炙人的太阳，灰尘。火车靠站，却没有人来迎接他们。城镇里似乎空无一人，大多数人都待在室内，躲避那可怕的高温。他们必须自己找路，穿越令人窒息的狭窄巷道，去军队营区申请入伍。

他深感失望，受理人员不热情也就算了，竟然连一点点感激之情都没有流露出来。达奎拉他们可是不惜冒着生命危险，横渡了德军潜艇出没的大西洋，到这里来"为伟大的意大利祖国"奉献生命的！在一个晴朗的夏日早晨，他一早就躲在门厅里，等到他父亲出门之后，才偷偷溜出纽约的家，出发去港口，搭上了前往欧洲的轮船。不只是他，他只是五百名左右打算入伍的意裔美国人中的一员。船上挤满了各式各样的人，"聪明人和笨蛋、体弱者和壮汉全部混杂在一起。这里有各行各业的人：专业医生和江湖郎中、律师与讼棍、工人和游手好闲的懒虫、冒险家与流浪汉"。他也惊讶地注意到，许多人还热情地自备了武器，比如短剑、小型自动手枪以及枪管被锯短了的霰弹枪。他迫不及待地在前甲板上走来走去，等待船上的雾号响起，宣告起航，好就此展开冒险之旅。温琴佐·达奎拉有着一头浓密的深色卷发、一张率真的脸庞，还有挺直的鼻子和小巧的嘴巴。在他人眼中，他是一个优柔寡断、有点儿害羞的男孩。

在那不勒斯的地中海艳阳下离船上岸的时候，他第一次感到了失望。他原以为意大利民众会热情地欢迎他们，会有"热情的欢呼、挥舞的旗子、激情演奏的乐队，美丽的那不勒斯少女撒着花瓣"。结果他们却被草草赶进一间燠热的海关大厅，等了半天之后，才有一个头戴巴拿马帽、身穿浅色西装的律师站上一只行李箱，向他们发表了一段致辞。这就是全部。除此之外，似乎根本没有人把他们当一回事。

后来的情况也没好到哪儿去。他的一些文件在繁杂的行政审批流程中被搞丢了，以致军方一开始拒绝了他的入伍申请。现在，他不是唯一一个想要临阵退缩的人，到这时船上的不少人已经有了其他想法，寻思着要么不告而别，要么打包返回纽约。达奎拉还没失望到这种程度，他仍然满心好奇，"想要看看真实的战争究竟是怎样的"。（尽管他暗自盼望在他抵达前线之前战争就能结束，这样他就能不费吹灰之力地带着英雄身份回国。）

经过几个星期的等待，就在达奎拉差不多准备放弃的时候，他先前遗失的文件终于又找到了。经过匆忙的体检，他终于加入了步兵部队，搭上火车前往皮亚琴察接受基本军事训练。火车在途中短暂停靠于一座小车站时，他看见一口简单的棺木被卸到站台上，里头装着一名士兵的尸体。其他志愿兵却一边喝着酒，一边唱着下流小调。

位于皮亚琴察的第二十五军团军营里几乎空无一人。后来，他们总算看见了几个正在休息的身穿制服的军人，达奎拉和其他志愿兵上前说明了自己的来意——语气中想必带着些许自豪，结果那些军人却爆笑起来，颇有讽意。他们觉得，这些家伙竟然宁可放弃地球另一端的平静生活，自愿搅进"这片旧世界陷入的疯狂混乱"里，实在令人不解——不对，根本就是笨；不对，应该说是疯了。他们连番取笑着这群新来的士兵，骂他们是"笨蛋""笨驴""呆子"。这些身穿制服的军人可是想尽一切办法在逃离前线，爬出战壕。对他们来说，这些新来的志愿兵一点儿都不值得欢迎：这些人的到来只会延长这场不义的战争——以及所有的苦难。

此时，达奎拉深感幻灭。连番的失望动摇了他的热情，他本就是一个易受别人影响的人。"自命不凡的泡沫终于开始破灭了。"他和在船上新认识的朋友弗兰克一起回到镇上，弗兰克是一个天真开朗的年轻人。达奎拉到一家理发店刮了胡子。他们在傍晚回到营区，一名士官迎接了他们。现在后悔已经来不及了。当晚他睡在一间大房间里，他的床垫里塞满干草。

1915年8月9日，星期一
卡夫卡写信给未婚妻菲丽丝·鲍尔

对战争的感受越来越深刻了。现在，连布拉格的居民与弗朗茨·卡夫卡都感受到了。粮价涨了一倍，家族经营的石棉工厂由于原料短缺，不得不再度停工；这对他来说当然是一大解脱，但在劳保局的工作负担却大幅增加了。他们必须负责为日益增加的部队伤病与残障人员安排服务。这是全新的工作领域，完全缺乏操作程序及组织，因此必须从头开始。卡夫卡费尽全力想达成目标，同时还必须为数以千计的来自加利西亚的犹太裔难民提供协助。他的好友马克斯·布洛德也来帮忙。卡夫卡参与了为青少年举办的文学讲座，觉得饶有兴趣。（听众中，还有位名叫范妮·瑞斯的年轻女孩，来自俄军占领下的兰堡。卡夫卡对她颇感兴趣。）意大利在三个月前加入战局，这使他的负担更为沉重；今年6月初，卡夫卡的童年挚友奥斯卡·波拉克在伊松佐河战役中阵亡。

除了办公室庶务，和菲丽丝·鲍尔那段错综复杂的关系也持续侵蚀着卡夫卡。他完全停止写作。失眠的问题再度出现，伴随着偏头痛的痛楚。他只感到一片空虚、被禁锢，备受折磨，厌倦布拉格，他抑郁得快崩溃了。一个月前，他试着为自己在伦布尔克的疗养院申请床位，希望能得到解脱，但院方却几乎无意分配床位给他。他近乎绝望地寻找情绪的出口，甚至试过将从军的想法付诸实践。* 然而，劳保局的顶头上司却峻拒了他的要求：法学博士弗朗茨·卡夫卡担任的职务至关重要，无可取代。

---

* 两个多月前的6月3日，卡夫卡接受健康检查，检查结果显示他符合至前线服役的条件。他绝非和平主义者，这点从他那篇对后世而言显深奥难懂、用来歌咏拿破仑的诗篇可看出。他和许多文人一样，尝试用拿破仑战争时期来比喻当前的局势。

这天，他又写信给菲丽丝·鲍尔：

最糟的莫过于时间如流水般逝去，这些焦虑使我更加沮丧、虚弱；在此同时，前景也越来越黯淡。这还不够吗？我与菲丽丝倒数第二次见面后所承受以及所经历的一切*，绝非她所能想象。一连数周，我待在房里，害怕独处。一连数周，我像发烧谵妄般寝不成眠。我知道这样很蠢，但我还是去了疗养院。我到底期望什么？希望夜晚就此消失吗？实际上，一切都越来越糟了：白昼甚至都变成了黑夜。

他总结道：

他仿佛陷入高烧，四处游走，像疯狂般混乱。对他而言，当下只有两种解药可以考虑。我所谓的解药不是要弥补过去的缺憾，而是要在未来能保护他。其中一个解药是菲丽丝，另一个则是从军。两者都弃他而去。我觉得他停笔并没有错。写作不是比保持沉默更为他带来烦忧吗？

你最诚挚的，
弗朗茨

……

你答应要寄的关于去柏林旅行的信，我还没收到。不过，最近未服役人员的假全被取消了。因此，我们可能只有星期日才能出游了。

---

*　有时卡夫卡在信中，会以第三人称描述自己和菲丽丝。

1915 年 8 月 11 日，星期三 [*]
安德烈·洛巴诺夫-罗斯托夫斯基在查普利[†]附近睡过了头

下士应该在凌晨一点钟把他们全部叫起床。洛巴诺夫-罗斯托夫斯基和他连队里的士兵在农场里躺下歇息的时候，原本只打算稍微休息一两个小时，然后继续赶路。他们事先就知道后卫部队会在凌晨两点撤退，之后他们与德军之间就不再有任何阻隔。

所以，就睡个两小时吧。

实际上，他们都累坏了。洛巴诺夫-罗斯托夫斯基在不久之前还无聊得发慌，现在的情况却正好相反。工兵连队在大撤退过程中忙得四脚朝天：不是忙着炸桥、放火、拆除铁轨，就是帮忙挖战壕，而且不只是挖开或炸开地面，还必须清理射界、建掩体。不幸的是，他们没有带刺铁丝网，也没有木板与铁钉，甚至没有弹药。不过，他们还是立起了不少桩子，德军从远处看过来，或许会误以为他们的阵地还挺坚固。他们在过去的四十八个小时里就忙着为一个步兵团挖战壕——这是个繁重的体力活儿，而且大部分时候都在雨中作业。他们才刚挖好，就接到了放弃那座阵地的命令。

撤退仍在继续。

洛巴诺夫-罗斯托夫斯基是个心思敏感的人。他不仅疲惫，而且内心抑郁。一两天之前，他甚至对他的直属上级加夫里洛维奇坦白："我的精神快要崩溃了。"但加夫里洛维奇不以为意，对他说他不是抑郁了，只是累了而已，接着便转移了话题。洛巴诺夫-罗斯托夫斯基还相当担心他的

---

[*] 这一天也可能是 8 月 12 日，星期四。
[†] 当今乌克兰境内有几座城镇都名为查普利，这一座位于利沃夫州。

书——他有几本法文小说和不少厚重的历史典籍。忠实的勤务兵安东认为带着这堆书到处跑毫无意义，尤其搬运行李的工作主要都是由他负责。洛巴诺夫-罗斯托夫斯基必须把安东给盯牢了，以免他会"不慎"弄丢那批书。安东对于法国历史学家阿尔贝·旺达尔所著的关于拿破仑与沙皇亚历山大的那三本厚实的巨著尤其漫不经心：他经常随随便便把这三本书塞在包裹中，只要稍不注意，它们就会在行军途中掉出来。

所以，就休息一两个小时吧。然后，他们就会继续撤退。

洛巴诺夫-罗斯托夫斯基第一个醒来。他一看到外面的明亮天色，立刻就意识到出事了。他看看表。六点钟。他们不但睡过头，而且多睡了五个小时。

他花了一番力气才叫醒加夫里洛维奇，加夫里洛维奇命令他去叫醒睡在院子里那些推车旁的士兵，并且要悄悄将他们带进谷仓，然后再出去看看德军是否已经占领了这座城镇。

德军还没有来。

他们立刻动身。

现在，他们除了担心身后的德军骑兵的攻击外，还要防备前方那些撤退中的俄军会朝他们开火。这下他们真的是处于三不管地带了。更糟的是，根据自身经验，前方所有桥梁必定都已被炸毁或烧掉了，所以他们还过得了河吗？

安全起见，他们调整了队伍顺序，让载着炸药、装备和书的推车领头，士兵则跟在后面。这个做法似乎颇为有效，因为他们到达河边的时候既没有遭到友军攻击，也没有看到德军。幸运的是，在碧绿的河上，他们发现还有一座桥："一群不晓得属于哪个军团的士兵正准备摧毁那座桥，只见他们满脸讶异地看着我们。"

他们在上午十一点左右抵达了通往比亚韦斯托克的铁路——这条铁路

也正要被拆除。一列庞大的装甲火车缓缓倒退，士兵在后面拆着铁轨。洛巴诺夫-罗斯托夫斯基的部队跟着那列火车。他们先是炸掉了一座桥，接着来到了一座火车站——当然也立刻放火烧毁了它。

火舌蹿上车站木墙的时候，洛巴诺夫-罗斯托夫斯基发现有一只猫在屋顶上跑来跑去，害怕得"喵喵"乱叫。他找来一把梯子，爬上去救下了那只猫：

> 那只猫害怕得不停用爪子乱抓，要带着它一起爬下去实在不太安全，所以我就把它从这栋两层楼高的建筑物上抛了下去。它在半空中翻了两个筋斗，然后四足着地，随即就竖着尾巴消失于树丛中。

1915年8月23日，星期一
安格斯·布坎南守卫马克塔乌的铁轨

清晨时分。来自西南方的季风不停吹来，站岗成了一件受冻的苦差事。五点半左右，天色开始破晓，一股潮湿的雾气随之升起，遮住了低处的矮树丛。视野里一片朦胧，到处都是白茫茫的。能见度几乎为零。四周静极了，只有珠鸡、犀鸟等鸟儿发出迎接日出的啼鸣声。

布坎南所属的这支临时警备部队正在守卫乌干达铁路。这条铁路从位于海岸的蒙巴萨经由马克塔乌，通往维多利亚湖畔的基苏木。昨夜难得平静。由于德军想破坏铁路，过去一周以来，他们几乎每天都不免与边界线外的德军巡逻队交火。昨天，德军成功炸毁了一段铁轨，导致一列火车出轨。

东非的战事就是如此，至少到目前为止是如此：完全没有大规模的战役，只有巡逻、小冲突、试探性的侦察，以及边界线上的骚扰与伏击。这是一片非常广阔的大陆。*一万名左右的武装士兵在一片与西欧差不多大小的地区互相找寻着对方，但是这里几乎没有任何通信工具。最困难的事情不是打败敌人，而是找到他们。任何行军活动都少不了一大群搬运工随行。

这里的气候与自然环境极为多样，也很难令人适应。除了潮湿的热带丛林之外，还有白雪覆盖的高山与干燥的热带草原；至于"树丛"，则可能指的是开阔的稀树高原，也可能指的是浓密得几乎无法穿行的森林。此外，士兵们还经常越过许多抽象意义上的边界，那些边界线不过是在欧洲某张遥远的谈判桌上用尺和笔傲慢任性地画出来的，丝毫没有考虑那些地区的人民、语言和文化，甚至也无视大自然本身所形成的天然界线。

然而，不论双方的交战机会多么有限，这里的争战导致战争本身创造的逻辑取代了曾造就了这些古怪边界的殖民主义逻辑。1914年秋季，当地的总督还曾试图对任何军事行动都加以阻止，但这样的日子已一去不返。现在，不论是拿先前的协议说事，还是声称白人之间互相斗争终将削弱他们对非洲黑人的统治能力，都已经不再有任何意义了。†比利时与法国的部队早已开入喀麦隆与多哥，特别是法国的入侵行动迅速取得了成功，更促使协约国决定征服德属东非。此外，正如英国舰队从一开始就毫不理会殖民地长官提出的战争不该波及非洲的要求，一位德国将领，即后来成为

---

* 非洲的广袤由以下这一点可见端倪：布坎南所属的部队搭船离开普利茅斯之后，航行了五天即抵达非洲；不过，他们接下来却又沿着非洲海岸航行了二十天才抵达目的地——位于英属东非的蒙巴萨。

† 1914年8月，南非布尔人当中爆发的小型内战印证了殖民者的忧惧：内战的一方是南非政府的支持者，与英国站在同一边（尽管布尔战争不过才是十二年前的事情）；另一方则是一些激进的少数族群，借着与德国结盟寻求对英国进行报复。这场内部冲突于1915年2月结束，支持德国的反抗军战败投降。

传奇人物的保罗·冯·莱托-福尔贝克也不顾德国当局官员的固守反战主义，武装了一艘汽船，派往坦噶尼喀湖发动战争，并入侵了罗德西亚与英属东非。

这就是安格斯·布坎南他们会出现在马克塔乌附近的山上，且在那里度过了一个寒冷难耐的夜晚的原因。德军巡逻队其实就在那片雾气弥漫的树丛里，只是他们这一夜没有现身。话说回来，德军其实分两种：那些武装小分队的指挥官是德国人，他们都是殖民者常见的装束——浅色制服、软木防暑帽，一副威风凛凛的模样；士兵则都是当地的职业军人，虽是黑人，但接受的训练、使用的武器以及得到的信任都与白人士兵无异。英国的决策者认为这种做法根本是疯了，他们可不愿武装非洲人，宁可调来驻扎在南非与印度的部队，不然就是把欧洲的白人志愿兵给运过来。

迄今为止，布坎南还没有遇见几次交火，唯一的例外是在今年6月参与了一场突袭。他们袭击了德军位于维多利亚湖对岸的布科巴的一座小港口。他们光横渡维多利亚湖就花了一天半的时间，接着又花了两天驱逐德国守军，其间还遭遇了一场雨势滂沱的暴风雨，然后又花了几个小时将那座城镇洗劫一番。从军事角度而言，这场行动其实毫无意义，但是有助于提振士气，也为报纸提供了一些可供吹嘘的材料。如同不少战斗行动，这场突袭的主要目的乃是增加报纸销量。

上午九点，布坎南他们换班下哨。他们带着武器和装备，在浓密的树荫下走回营地。

营地里的生活每天都一成不变。五点半吹起床号，六点半集合以及巡视病号，接下来则是干些强化防御工事方面的活儿，直到八点用餐。早餐几乎总是清一色的茶、面包与奶酪。九点再次集合，然后再去修防御工事。布坎南自己是如此记述的：

他们在炎热的天气里一直在工作，一面咒骂，一面开着玩笑（我认为士兵在什么情况下都会开玩笑，即便在高温情况下）。他们汗流浃背，脸上和衣服上都粘满了红色的熔岩细沙，有些是随着锄头与铲子的挥动而粘上的，有些则是阵风从营区的空地上带起又飘落的。

挖掘工作持续到午餐时间。午餐和早餐一模一样，只是奶酪换成了果酱而已。现在，太阳已经升到了天空的正中央，温度高得已不可能再从事任何体力劳动，因此一切都停了下来。有些士兵躺在"热得令人窒息的帐篷底下"试图入睡，其他人则趁机洗衣服、洗澡，或者在荫蔽处打牌。这里到处都是赶不完的苍蝇。下午四点半又有一次集合，接着又是一个半小时的挖掘工作。晚餐于六点后供应，而且——

总是一锅乱炖。这道菜从来没有变过，令人厌烦，后来许多人根本咽不下去。他们的味蕾都对那团无味的恶心东西反感极了。

他们的饮食偶尔也会有些变化，有时候是因为家乡寄来了包裹，有时候则是因为他们打到了野味。除此之外，偶尔也会有来自果阿的商人到访，但他们的商品都异常昂贵，至少与英国的物价相比是如此：半公斤茶叶在英国只要 1 先令 10 便士就买得到，在这里却要价 2 先令 6.5 便士；一瓶伍斯特酱在英国只要 9 便士，在这里却要 2 先令。近几个月来，生病人数大幅增加，布坎南认为至少有半数是营养不良造成的。

挖掘工作在晚餐之后继续进行，直到暮色暗沉为止。在这个纬度，太阳很早就下山，而这一天接下来的时间里，就只剩下月光、蚊子的嗡嗡声以及燃烧垃圾与熔岩细沙的气味。

1915 年 8 月 30 日，星期一
萨拉·麦克诺坦在加地夫发表演说

她的巡回演说之旅始于今年 6 月初，至今她已走访过许多地方：伊里斯、伦敦、谢菲尔德、巴罗因弗内斯、纽卡斯尔、帕克海德、怀特英屈、罗斯班克、邓巴顿、格里诺克，还有毕德摩尔与丹尼造船厂。她的演说几乎场场爆满，有时候听众甚至多达三千人以上。她的演说会上有乐团演奏音乐，听众的情绪也相当激动——她见过大男人在她演说时啜泣起来。这对她来说是非比寻常的体验："满手厚茧的工人因为激动而高声欢呼，我不禁哽咽，足足有一两分钟说不出话来。"她认识到这件工作有多么重要："不晓得为什么，我知道我必须发表演讲，必须激励那些逃避义务的人，也要让那些无赖知道当前的状况。"

演说结束之后，她不禁有一种虚幻感。她在黑暗中躺在床上，不断在脑海中看见"无穷无尽的脸庞，所有人都注视着我"。她拒绝为自己的演说收取酬劳。她虽然疲惫，却深感满足。

她仍然精力充沛。先前在比利时和她一起工作过的一名女士问她愿不愿意随一个志愿救护团去俄国前线。经过一番内心挣扎，麦克诺坦答应了这个邀请。她怎么可能拒绝呢？俄国有许多重要的工作需要有人去做："俄国的伤兵饱尝痛苦，他们多么需要医生、护士以及战地医院啊。"她的女仆劝她不要去："夫人，我觉得您不会活着回来。"

麦克诺坦现在正在南威尔士，即将发表她的第十四场演说，听众主要都是煤矿工人。她在此地的巡回演说得到了大矿主布特家族的资助，他们邀请她在巡回演说期间和他们一起住在加地夫城堡。她在城堡的花园里漫步，与筹备委员会见面，也写了点儿东西。中午，她站在一辆卡车的车斗上，对着数百名码头工人演讲了起来。

当天最大的一场演说定于当天傍晚，地点是加地夫宏伟的市政厅。这场演说名为"大战的故事与图像"，现场座无虚席。一支军乐队演奏过后，市长介绍麦克诺坦出场。市长借此机会向听众宣布，她刚获颁比利时最高荣誉"利奥波德骑士勋章"。所有人的目光都转向讲台上这位身形娇小的女士。

于是，萨拉开口了。

关于这场战争，萨拉认为是德国的一项筹备多年的计划，而且他们将这场战争视为对德国人的人格考验。而关于大英帝国，这个国家充斥着自私与贪婪，罢工、对立与阶级斗争都削弱了国家的力量。关于义务与原则，当下所有人都必须团结在国旗之下，所有人都必须自问是否真的已经善尽一己之力。关于英国军队，也许人数不多，却是史上最精良的军队（她的演讲在这时被热烈的掌声所打断）。麦克诺坦是个优秀的演讲者，她充满活力，口齿清晰，相当有观众缘。

当地一名记者如此报道了接下来的演说：

> 麦克诺坦女士又讲了几件颇有意思的事，其中提到一群英国伤兵抵达她所在的车站时，她正在那儿照料比利时的伤兵，结果每位比利时伤兵都把自己的病床让给了英国士兵。她说，英国领土若是遭到德军占领，将会是一场不可言喻的灾难。一般人阅读报纸上的报道，都以为报道内容夸大不实，但她目睹了战场上的实况，也愿意展示比利时惨遭蹂躏的照片，如此即可让所有人知道德军目前正假托上帝之名做着什么样的事情。不论我们对战争多么欠缺准备，伤员毕竟受到了良好的照料，而且她认为以往从来没有任何一场战争的伤员曾经获得如此完善又有效率的护理。（听众鼓掌。）他们必须对没有暴发可怕的

传染病心怀感恩，而且她对护士与医生在工作上的表现也给予了最高的赞誉。当下，所有人都必须善尽自己的义务，竭尽全力终结这场战争，让我们的孩子回家。（听众鼓掌。）

排在她之后的一位演讲者，后来询问听众是否愿意"为正义而战，直到正义获胜为止"，听众全部起立，高举双手，齐声高喊"愿意"。接下来，麦克诺坦还播放了幻灯片，展示遭到德军摧毁的村庄与城镇。

演说会在此画下句点。

1915年8月底某一天
劳拉·德·图尔切诺维奇在苏瓦乌基深感绝望

夏天即将结束。兰堡已经陷落，扎莫希奇已经陷落，普扎斯内什已经陷落，温道已经陷落，普图斯克已经陷落，伊万哥罗德已经陷落，华沙已经陷落，考纳斯已经陷落，新乔治弗斯克已经陷落，布列斯特-里托夫斯克已经陷落。对于劳拉以及身在苏瓦乌基的其他人而言，德军在东部战线上那些看似无穷无尽的胜利不仅仅是地图上的抽象标示，也造成了直接影响。军队已朝东北方向移动，因此这座城镇不再有任何"军事意义"。成列的马车以及高唱军歌的步兵部队已经越来越少见，镇上的驻军也纷纷动身离开。镇子安静了下来。他们已经有几个星期没有听到大炮的声响了。

孩子又病了。这次是痢疾，而且腹泻还带血。她再一次陷入了无时无刻不担惊受怕的梦魇。一名先前帮助过她的德国军医再次伸出援手，为孩子们注射了霍乱血清。结果如何尚不可知。此外，粮食短缺现象也变得非常严重。

劳拉不晓得自己还撑得了多久。（她不是唯一有这种感觉的人。镇上已有越来越多的人因此而自杀，他们缺少粮食，也看不见希望。她的一个朋友就在衣柜里上吊自杀了。）她曾数度向德国当局申请离开波兰的许可证，因为她毕竟是美国人。不过，她的申请每次都遭到回绝。她写道：

> 在那些天里，我内心有什么东西瓦解了。如今的我已深知，要是不离开这里，我一定会失去我的孩子们；现在，我宁可失去他们，也不想看他们受苦。我一直不顾一切地抓住他们，不让他们离开我。他们的确是留了下来，可是现在我愿意把决定权交给上帝，对生死不再勉强。人一旦和死神打过照面，就不会再怕他了。

双胞胎兄弟中的一人状况尤其不乐观。她用汤匙喂他红酒，一次一滴。

1915年9月9日，星期四
米歇尔·科尔代搭火车到巴黎

这是一个秋意甚浓的早晨。米歇尔·科尔代正在一列驶向巴黎的火车上。一如往常，他忍不住偷听身旁乘客的谈话。有些人正在翻阅他们刚买的报纸。其中一人问道："有什么新消息吗？"另一人的回答很简短："俄军打了一场胜仗。"科尔代深感讶异。他们难道不晓得，自从德奥联军在5月中旬攻下戈尔利采与塔尔努夫之后，俄军就一直在不断撤退吗？那几句简短的对话，是他从枫丹白露前往巴黎的途中听到的唯一与战争有关的谈话。

他想起先前的一次火车之旅。当时他在车站上看见一名妇女正在浏览报纸上的官方战报，她以满足的语气轻呼一句："我们推进了四百米！"接着，她就谈起别的话题来了。科尔代评论道："对他们而言，这样就够了，这样就足够满足他们了。"

他到了办公室之后，与特里斯坦·贝尔纳通了电话。贝尔纳是他的好友，也是一位成功的歌舞剧作家。他和科尔代一样，对这场战争抱持怀疑态度，谈起当下形势总是语带尖酸。说起东部战线时，他说俄军"总是秩序井然地撤退，德军则是一团混乱地不断推进"。（他说起德军在杜凡与穆兰苏图旺这两个相隔甚远的地方所发动的攻击，认为其中一项攻击行动肯定是个错误，纯粹是因为司令部人员搞混了地名，结果那场不该发生的攻击行动却获得了成功。）

和其他许多人一样，他们两人也知道协约国正准备在阿图瓦与香槟区发动一场大规模进攻。大多数人都对这场攻击行动寄予厚望。他们两人知道自己在电话上的谈话很可能被监听，因此他们早已发明了一套只有他们自己听得懂的密语，以便对战事进行讨论。他们假装正在合写一个剧本，谈到日期都以页数伪装。因此，贝尔纳在电话中问及手稿有无增删，他实际上是想问攻击行动日期有没有提前或延后。（一度传言这场行动已经被取消，因此他还提了一个问题："手稿真的已经被丢进火炉里烧掉了吗？"）贝尔纳问科尔代手稿现在总共有几页，科尔代答道："十五页。"

后来，科尔代看了教育部打算在秋季学期开始之前发送给所有学校的一份公告。那份公告要求各科目的教师要以最明确的方式向学生传达有关战争的提醒："英雄事迹以及从中能够学到的高尚情操"尤其应该受到特别强调。

同一天，疲惫不已的芙萝伦丝·法姆伯勒在日记里写道：

我在早上七点翻身下床。七点半就要开始值班，所以我撑着一颗昏沉沉的脑袋下了楼，双腿仿佛随时可能瘫软下去。和我换班的叶卡捷琳娜因为睡眠不足而脸色苍白憔悴；她正在更衣室外抽着烟。"感谢老天！"她粗声粗气地说，"我总算可以去睡个觉了。"话一说完，她就把烟蒂随手丢到一旁。她目前手上没有伤员需要照料，我相信这段时间对她而言一定很漫长。

今天，劳拉·德·图尔切诺维奇乘出租车去她家那栋夏日别墅的所在地走访了一圈。她的心情好些了，德国当局终于批准了她离开波兰返回美国的申请。她写道：

我们已离开苏瓦乌基一段距离。我正纳闷为什么还没到奥古斯图夫林区，但接着我就知道了原因。树林已经不见了——只剩下坟墓，数不尽的坟墓。我请求司机调头，我受不了那幅景象。可小镇一派荒芜的景象也没有让我好受到哪儿去——房屋都没有了屋顶，没有了窗户，没有了门；也没有了动物，没有了大人，没有了孩子！他们都不见了——全被消灭一空！我特地去和我们的老房子道了别——那座曾属于我们的宫殿！我已经有好几个月没有看到它了，现在我却对目睹了它的破败深感后悔。

1915年9月10日，星期五
艾尔芙莉德·库尔来到施奈德米尔郊外的军人公墓

镇外有座战争公墓，过去六个月来墓地面积在大幅扩张。通往那里的道路穿越了一片深绿色的松林，然后抵达一道装饰优美的大门。艾尔芙莉德和她的同学决定今天去那座公墓看看。艾尔芙莉德的手上捧着一束玫瑰。

她们看见一个刚挖好的空墓穴，旁边有六把圆锹。艾尔芙莉德把花束抛进那个墓穴里，然后对她的朋友说："等到某位士兵被埋进这里，他就能和我的花一起安息。"这时，一小支送葬队伍从大门口走了进来：先是一群手持步枪的士兵，后面跟着一位随军牧师，然后是一辆小推车，上面载着一口朴素的黑色棺材，最后是一小群送葬人员，带着一个大花环。那一小支送葬队伍在空墓前停下脚步，士兵随即列队站好。

棺材被人从推车上扛起来，一直扛到坟墓前。有人大声下令："立正！举枪！"那些士兵直挺挺地站着，仿佛在地上生了根一样。棺材被慢慢垂入墓坑。那些士兵脱下头盔，牧师念了一段祈祷文。接着是另一道命令："上膛！准备！发射！"士兵们在棺材上方齐开了三枪。然后，六个人走上前，拿起圆锹，把土铲到棺材上。土落在棺材盖上，发出沉闷空洞的声音。

艾尔芙莉德站在那儿，想象着棺材里的人缓缓隐没于不停撒落的泥土下。"现在，他的脸被遮住了……接着是他的胸部，然后是他的腹部。"

事后，她们询问公墓看守人刚刚下葬的是什么人。"一个空军的士官，"他答道，"基本可以确定是意外死亡。不过这种事情永远说不好，他们有时候会喝太多酒。"

1915年9月12日，星期日
劳拉·德·图尔切诺维奇从苏瓦乌基启程前往柏林

这是个寒冷的早晨，天色阴沉，还起了雾。劳拉和孩子们坐上马车，启程前她回头看了最后一眼。她的目光不是停留在屋子上，而是在钢琴上——德军士兵在初夏的一场派对上，把那架钢琴搬到了屋外，从此就一直摆在外面。那件原本极为高雅的乐器，现在已被雨水和阳光摧残得不成样子，歪歪斜斜地立在地上，偏向一侧，还断了一只脚。

他们抛弃了那幢宏伟的宅子，但劳拉心如止水。正如屋子里的东西被一点一滴地掏空了，她内心的感情也被一点一滴蚀了个干净。那里虽然曾经是她的家，现在却只是一个充满苦难的地方。

直到离开前的最后一分钟，她还在害怕会有什么事情发生，她害怕会有人突然出现拦下他们。车站满是和他们搭乘同一列火车的德军士兵。孩子们和劳拉以及他们那条名叫达西的白色小狗一起下了马车，然后劳拉与负责在旅途中护送她的上尉见了面。劳拉疲惫不已，因为她前一晚睡不着，也不敢睡着。不过，那名上尉和他的属下却比她还累。他们连续奔波了六周，那名德国军官甚至累得连话都说不清楚了。

劳拉亲自照管行李，确认三件行李全都搬上了火车。接着，她和厨师匆匆话别。劳拉给了她一点儿钱，并告诉她在什么地方藏了一瓶乙醚，可以用来让达西安乐死,以备哪一天没有足够的粮食可以养活它。他们不可能带着那条狗一起走。它已感觉到这一点,开始显得焦躁不安。

然后,火车开动了。

劳拉看着厨师消失于视线外。她看着她的一个朋友挥舞着帽子向他们道别。她看着四周萧条荒芜的秋季景色。她看见废墟,看见正在干活的战俘。她觉得放下了心中的一块大石,但另一方面又不禁感到担心,原因是他们正驶向敌人的国家。东普鲁士。德国。

他们在马格拉博瓦换车,并下车接受检查。车站里满满都是人,其中许多是衣着光鲜的贵妇与少女,正等待着即将抵达的伤兵运输列车。劳拉和孩子们找不到长凳可以坐,于是在墙角的地板上坐下来等候。时间一分一秒地过去。孩子们都累了,不断发着牢骚。不少人站在周围好奇地看着他们。孩子们越来越坐不住,埋怨吵闹得越发厉害了。劳拉的耐心已经到了尽头,于是厉声斥责要他们安静,便不小心说了英语。

此举立即引起一阵骚动。"她是英国人!"两名妇女尖叫了起来。劳拉努力解释——"不是!我是美国人!"——可是没有人听。一群杀气腾腾的身影包围了过来,大多数都是女性,而且纷纷开始咒骂她,拿东西砸她。劳拉紧靠在墙角,让吓坏了的孩子们躲在她的裙子底下。经过仿佛有"一百年"那么久之后,护送她的那名军官才终于从人群中挤过来,然后把他们带走。他们爬上等候在站台的火车。劳拉坐在椅子上,擦拭着衣服上的唾沫。

到达因斯特堡已是傍晚,他们又换了一班车。孩子们"很沮丧,又饿又渴"。尽管他们持有头等舱的车票,他们的隔间却不久就被别人占用了。一整夜,火车在黑暗陌生的乡间不停奔驰。

到达柏林已是早上六点。

三天后，劳拉·德·图尔切诺维奇和她的三个子女进入荷兰境内。在本特海姆，他们和他们的行李——应该是说他们仅剩的行李——受到严密搜查。在一名德国女官员的监督下，他们被脱得精光，衣服受到极为仔细的检查，连夹克的衬里和鞋子都被割开。劳拉的头发也被人用细齿梳子梳开检查，确认头皮上没有暗藏什么信息。除了他们身上的衣服之外，她只能带上孩子们的出生证明、三张照片以及一本祈祷书。就这些而已。然后，他们才被放行。火车进入荷兰的时候，她无法控制地开始发抖。

1915 年 9 月 22 日，星期三
罗伯特·穆齐尔在滕纳初次接受战火洗礼

秋天。"高地仿佛是我们脚边巨大而凋萎的花环。战壕也隐身在树叶之中。我们前方就是黄褐色的英雄般的苏加纳峡谷，仿佛上帝一吹号角，就完成其创造。" 8 月下旬以来，穆齐尔接受平级调度，职务仍为副官；位置仍在南蒂罗尔，只是更往西一点儿。和玛格达莲娜·伦齐的短暂恋情已经不了了之，除了日后在写作中提及，两人不再有任何接触。他开始见识到战争的真面目，职务也比以前繁重。他体验着恐惧以及筋疲力尽的处境。他越来越难以保持对一切无动于衷的冷漠。"小规模冲突与死亡等，这些发生在战场上的事，我到现在才开始感受到。"

这天，穆齐尔和一小群士兵待在滕纳嘉德湖畔的一处堡垒上。前线相当平静。突然间，他看到空中的异状：

一架飞机尽情展翅，在空中滑翔。机翼下缘漆着绿白红三色的意大利国旗，在阳光下闪烁着，宛如教堂的玻璃窗。"这跟精神没什么关系，"我兀自思索，"但还真是美丽，好看！"就在我呆站原地，痴迷地注视着飞机的同时，脑中飞过这么一个想法：我们这些成排站着、观望着，仿佛观赏田径赛的士兵，对飞机驾驶员来说，一定是很诱人的攻击目标。下一秒钟，我听见一个轻柔的声音；不过，情况当然也可能完全相反。"他投了一根箭下来。"我心想。这些飞镖弹的飞镖，在武器机械化的时代显得如此原始野蛮，却令人触目惊心。这些飞镖比铅笔芯还要薄，却能将一个活人从头到脚劈成两半。

他听见的是意大利飞行员朝他们投来的一束空气箭。*

风划破空气，一阵噪声。噪声越来越大，时间过得好慢、好慢。突然，有个东西落地，就掉在我旁边。声音好像被吞咽掉一样。记不住是否有空气波。记不住是否有膨胀、扩大的迫近感。然而，由于我本能地将上半身扭向一边，双脚紧紧着地，深深地弯下腰来，情况一定就是这样。即便没有恐惧感，并非出于惊吓，更与心悸等纯粹的惊吓与紧张反应完全无关，我还是这样做了。随后，我感到舒畅无比，对体验过这一切觉得相当满意。这几近于骄傲；我感觉自己已接受了浸信礼，真正觉得自己被接纳——

---

* 空气箭或者称为飞镖弹，一如其名，是由尖锐的金属箭组成，未安装任何炸药或类似的引爆装置，设计构想是借由速度与重量发挥杀伤力，通常成箱投掷。当时参战双方的空军都投掷这类试验性武器，效果不一。空气箭很快就停止生产与使用。

1915

1915年9月25日，星期六
勒内·阿诺在香槟区目睹大规模攻击行动展开

不停吹拂的西南风，阴灰低悬的云层，淅淅沥沥的雨。一个寻常的秋日。不过，在香槟区东南部以及较北的阿图瓦，今天却是一点儿都不寻常，因为发动攻击的大日子终于来临了。在香槟区，两支法国部队——菲利普·贝当的第二军与费尔南·德·朗格勒·德·卡西的第四军——即将在一条宽达十五公里的战线上展开进攻，目标是将德军沿着默兹河驱往比利时。这是这场攻击行动的其中一条轴线。与此同时，在阿图瓦省，英法联军将围绕着洛奥与维米岭展开进攻，构成这场攻击行动的另一条轴线。

在去年春季，协约国曾组织过一场一模一样的行动，几乎就在完全相同的地点。那次行动收获有限而且损失惨重*，但这次却与先前不同：这次的准备工作比较完善，而且参与攻击行动的士兵人数以及枪炮数量都远多于上一次——香槟区已架设起2500门左右的大炮。但他们似乎没有考虑过这些大炮的恰当用法，唯一想得到的策略就是投入更多人力、更多大炮、更多炮弹。† 此外，这场双重进攻行动的目标也设定得非常高：不只

---

* 法军在阿图瓦损失了超过10万人，英军损失了约2.6万人，但成效却是微不足道——只推进了一两公里左右。英军在1915年5月9日于新沙佩勒展开的第一场攻击彻底失败，但军方随即将失败归咎于炮兵部队毫无功效的预先炮击——轰炸时间不超过四十分钟，不但几乎全是轻型火炮，而且还欠缺高爆弹。这就是英国"炮弹丑闻"的开端，结果导致 H. H. 阿斯奎斯领导的政府被要求下台，军火产业乃至整个战时经济也因此大幅重组。由于这场危机，英国民众才第一次真正意识到，要打赢这场战争必须付出什么样的代价。

† 不论准备工作做得多么完善，协约国对于整条战线上的山脊与高地几乎全被德军占领的情势完全无能为力。之所以会如此，原因是西部战线上的德军一旦决定停止撤退（或者推进），就会选择对他们自己最有利的地形，而战线也就因此陷入僵滞状态。这种做法使得德军享有能见度较佳的优势，而在地下水位较高的地区，尤其是在佛兰德斯。比起只能待在地势低洼区域的协约国部队，德军可以往更多更深处掘壕防守。协约国在所有的攻击行动中几乎都必须面对这些不利因素。

是要向前推进，还要"把德军逐出法国"——这是法军总司令约瑟夫·霞飞向进攻部队所下达的第 8565 号命令中的原话。他要各部队向所有士兵宣读这项命令。此外，这场行动也只是个开端——突破香槟区的德军阵线以及挺进阿图瓦——将代表全面进攻的展开。

这项行动显示协约国又回到了 1914 年的那场错觉中，尤其是梦想自己能够迅速获胜。*各方所抱的期望都非常高，简直同这场攻击行动的目标设定以及战前准备一样高调：霞飞要是能够兑现他的承诺，战争就有可能在圣诞节以前结束！

勒内·阿诺相当期待这场行动。他惊叹于准备工作规模的浩大与周密：大举调遣部队，挖掘新交通壕，还有大批的炮弹、轻型与重型火炮、为数众多的骑兵，以及"在我们头顶不停嗡嗡飞过的褐色与黄色飞机。敌军虽然不断发来高射炮，但我方的飞机仍毫发无伤。只见天空中爆出一朵朵白色的烟雾，犹如漂浮在水面上的日本折纸花，随之传来的则是低沉的爆炸声"。根据自己的亲眼所见以及霞飞的信誓旦旦，阿诺也认定这场攻击行动将会是这场战争的转折点。他在一封家书里写道：

> 我们的指挥官向我们保证这次行动一定会成功，而且从他们自信满满的模样判断，他们是打心底里相信的。我们要是失败了，将会是严重的误判，对于所有部队的士气与斗志也会造成严重的打击！

准备工作包括发放一种全新的装备——钢盔。这种头盔相当轻盈，涂

---

* 这种错觉不是因为想象力匮乏，而应该是先前经验造成的结果。欧洲最近的一场战争是 1870—1871 年的普法战争，而那场战争可是结束得相当快。由此可见，历史上的类似案例多么容易造成误导。

层为蓝色（以便搭配新的浅蓝灰色制服），顶端有一道突起的冠饰，前方则有一个燃烧着火焰的手榴弹的徽章。法军是率先采用这种新奇装备的军队。如同其他数种"新式"装备（战壕专用的钢盾、给突击队配备的狼牙棒、削尖的步兵铲以及各式各样的手榴弹），这种钢盔也让人回忆起了19世纪，今古似乎在循环往复。钢盔是战壕里的必要装备：当时已经明显可见，士兵在战场上受到的伤害中，头部创伤所占的比重不但超乎比例地高，而且致死率也远高于其他类型的创伤。* 钢盔虽然挡不住步枪子弹，却可轻易抵挡榴霰弹的子弹。不过，阿诺和他的战友却不怎么把这种新玩意儿当回事儿——这些钢盔看起来实在……很不像军事装备："我们试戴那些钢盔的时候，都忍不住放声大笑，仿佛那是嘉年华会的道具帽子一样。"

阿诺的军团被部署于战线右侧的一片树林里，他们已经做好出击准备。前方有一条浅浅的河，河对岸是另一片树林，名叫德维尔树林。据说德军就在那里，但他们基本上没看到敌军的影子，也没有听到敌军的声音。（阵地上一如往常，空空荡荡，连一个人影也看不见。）那片树林是他们的第一个目标——当然，这是在主攻部队攻破了德军前线之后的事情；在那之后，法军计划再攻击突破点两翼的德国守军。德军阵线一旦"崩溃"，他们就必须"在骑兵的支持下追击撤退的敌军"，以及采取其他各种行动。而且速度要快。人多械重。

他们已经目睹了四天的猛烈炮击，那幅景象无疑十分壮观：

> 我们的155毫米口径加农炮射出的炮弹不断落在德维尔树林附近，并伴随着可怕的爆炸声。在我们后方一处高地的掩护下，一座炮

---

* 初期统计数据显示，战场上的所有身体伤害当中有13%是头部创伤，而其中57%以上都是致命创伤。比起以往的战争，现在发生头部创伤的概率高出许多，原因是部队大多数时间都待在战壕里，显而易见头部是全身当中最容易暴露的部位。军人剪短发的习俗始于第一次世界大战，但不是像一般认为的为了避免头虱，而是因为这样可让头部伤口比较快也比较容易获得治疗。

台的四门 75 毫米口径火炮持续开火，空气都随之振动，仿佛是四座大钟在不断敲击。炮弹呼啸着从我们头顶上飞过，在短暂的寂静之后，传来四声击中目标的尖锐爆裂声。在如此猛烈的炮火下，我们认定敌军阵线中的一切都必然将被粉碎。

时间一分一秒过去。攻击发起时间定在九点十五分。阿诺在蒙蒙雨雾中眯眼望着即将发动第一场攻击行动的地方。

然后，行动开始了。阿诺看不到什么东西，只有"零零落落的黑色身影在缓慢前进"。那些小黑点朝着掩蔽在烟雾中的德军前线战壕推进。接着，攻击部队隐没在烟雾里，再也看不见了。

不久之后，就有传言称我军获得了重大胜利，骑兵已经突破了敌军阵线。大家都兴奋不已。可是阿诺的军团为什么没有接到发动攻击的命令？他们仍然待在树林里等候。现在情况到底如何？

三天后，即 9 月 28 日星期二，一切攻击行动都被取消了。德军第二防线以及德军预备队前来驰援，法军的攻势受到了拦阻。（再度证明了士兵搭乘火车的移动速度比徒步行军要快。）法军推进了约三公里的距离，代价却是损失了十四万五千人——阵亡的、受伤的、失踪的以及被俘的。阿诺的军团根本没有机会攻击德维尔树林。

1915年9月30日，星期四
艾尔弗雷德·波拉德在济勒贝克外受伤

还能怎么办？波拉德觉得又沮丧又羞耻，并且因为宿醉而头痛不已。他刚被上校痛骂了一顿，原因是他一时匆忙而忘了打绑腿。不过，他同时也对自己获得任务指派深感兴奋。他向来渴望能够有机会展现自己的能力——这个机会终于来临了。

并不是说他把事情看得很简单。他的排长早就注意到这个充满干劲而且天不怕地不怕的二十二岁大个儿——他从来不放过任何一个与敌军交战的机会，总是自愿接下艰难的任务，有时候甚至会自闯无人地带。有一次，波拉德在无人地带的一个弹坑里找到了一件博柏利大衣，衣服上有几个被榴霰弹打出的破洞，旁边还竖立着一颗头颅，却没有躯干。他觉得那幅景象"相当滑稽，却又极为可怜"。现在，他会在天气不好的时候穿上那件大衣。他有时候会忍不住想起那颗头颅。那人是友军还是敌军？他是不是位英勇的士兵，"在满心渴望战斗而向前冲锋的时候"遭到杀害？还是他只是个"吓得畏缩不前"的家伙？

波拉德刚升为中士，担任营里爆破排的副排长。* 他亲自训练下属，而且凭借着一如往常的热情态度，一再锻炼着他们的手榴弹投掷技巧。

属于他的时刻终于来临了。五天前，英军就对洛奥发动了大规模进攻，不但准备充分，而且人多势众。尽管如此，他们仍然没有取得任何重大成果，而且损失惨重。（短短几天内，参与攻击行动的两个师已损失了半数兵员，有些阵亡，有些受伤。）此外，双方的交战范围也一如既往地

---

* 英国大多数的营级部队都设有爆破排，成员皆是爆破专家。第一次世界大战当中的爆破物主要是米尔斯手榴弹与火棉。

美丽与哀愁

扩散到了前线的其他地区。在伊普尔郊外的济勒贝克,有一片被英军称为庇护林的树林。* 在那里,德军引爆了一枚大型地雷,然后占领了那个满是尸体的大弹坑。波拉德所属的爆破排被指派去夺回那个弹坑。

为了执行这项任务,爆破排的人员分为两组,一组由波拉德指挥,另一组由排长哈蒙德指挥。他们的计划是由这两组人马分别从弹坑两侧的战壕出发,沿着弹坑边缘前进,直到双方会合为止。他们的主要武器是手榴弹,装在麻袋里。二等兵还带着木棒以备徒手战斗。波拉德对于即将来临的交战丝毫不觉恐惧,且对于自己被赋予这项任务满怀感恩。他把这项任务差不多当成了一场竞赛,并且决心要让他的小组在战壕里前进的距离比哈蒙德的小组更远。

不过,波拉德并不是把全副心思都只放在战场上。他已和一个女孩通了好长一段时间的信。他认识那个女孩的家人,而且女孩也一再寄来礼物,还写了许多亲切的鼓励他的信来。他深深爱上了她,把她称为"我的夫人"以及"有史以来最圣洁美好的女子"。此外,他想到那颗与身体分离的头颅,不禁在心里产生一股希望:他若是不幸遭遇同样的命运,只盼自己死前发出的最后一个声音会是她的名字。(顺带一提,她名叫玛丽。†)几个星期前,他写了一封信向她求婚。

昨天,他收到了回信。玛丽在信中对他的求婚表达了近乎惊恐的态度,说她如果有意结婚,恐怕不会把波拉德列入考虑对象。波拉德对这个答复震惊不已,也深感沮丧,因此到邻近一座村庄的酒馆里用香槟把自己灌得酩酊大醉。他被人叫醒接受任务的时候,宿醉还没有消退。

---

* 这个名称来自1914年10月的一场交战,当时逃亡的英军士兵聚集在那里,结果当地的一名指挥官允许他们暂时待在树林里,而不是要求他们回去作战。尽管这时这片树林已经不再是一个庇护所,但这个名称却保留了下来。也许值得一提的是,现在那个地方有一家奇特的小咖啡厅,游客只要支付一小笔费用,即可观看一段被围起来的战壕的残迹,以及第一次世界大战期间留存下来的若干令人意想不到的生锈的古董。

† 与圣母马利亚同为Mary。——译者注

一场短暂的炮击在三点开始了，然后他们就立刻在震耳欲聋的声响中出发进入战壕。他们四周满是枝叶浓密的高大树木。才走了五十米左右，就被一道由沙包堆成的路障挡住了去路。他们全部开始朝着路障的另一侧投掷手榴弹："砰！砰！砰！轰！轰！轰！"三分钟后，对方展开反击，路障后方飞出德军的木柄手榴弹。手榴弹的爆炸声此起彼伏。他们如此你来我往好一阵子，波拉德终于失去了耐心。根据手榴弹训练学校的教导，身为领导者的波拉德应该排在队伍中的第五个位置，但他现在却冲到前面去。

在三个士兵分别连续丢出五颗手榴弹之后，波拉德与另外六人随即爬出战壕以便绕过路障。德军显然早就料到了这一点，因为他们一爬上去就随即陷于德军的交叉火力之下。六人当中有四人中弹身亡，但波拉德逃过一劫，跳回了战壕里。不过，他一跳下战壕，一颗德军手榴弹就在他身旁爆炸了。震波将他整个人甩在路障上，他低头看见身上到处都是被手榴弹的碎片刺出的伤口，军服上是点点滴滴的血迹。他爬了起来。

他的小组拆除了路障，继续沿着蜿蜒曲折的战壕向前奔跑。他们不断朝着前方投掷手榴弹。他们追逐的德军正在撤退，但有些身在战壕侧边的德军爬到树上，在不超过四十米的距离外对着波拉德的小组开火。波拉德的部下一个接一个中弹倒地。他回头对一名士兵下令，却正好目睹那人喉咙中弹。接着，波拉德陷入了犹如身在梦中的古怪状态：

> 我觉得自己的灵魂好像脱离了身体。我的肉体变成一部机器，冷静而精确地执行着我的灵魂所下达的命令。好像有什么外在的力量指示着我该怎么做，所以我完全没有陷入不知所措的情形。另一方面，我也一心觉得自己一定撑得过去。

他们遇到了第二道由沙包堆成的路障，于是采取和先前相同的方式越了过去。波拉德转身把一袋手榴弹交给一名部下，结果那人却突然瘫倒了下去。同一时间，他的右臂也往下一垂，那袋手榴弹跟着滑落到地面。一颗子弹射穿了他前面那个人的身体，然后转了一百八十度，竟又以钝端射入了波拉德的肩膀，而卡在了里面。在烟雾中，他看见自己上衣的衣袖有一片红色逐渐扩散开来。他的膝盖软了下去。有人让他喝了一口由水和朗姆酒混合而成的液体。他摇摇晃晃地站了起来，催促部下继续前进。

他记得的最后一件事情，是想着自己绝对不能昏倒："只有女人才会昏倒。"

然后，他就昏倒了。

1915 年 10 月 3 日，星期日
温琴佐·达奎拉开了一夜的枪

他们接到的命令听起来清楚明白，但同时又令人难以理解。今天上午，温琴佐和其他人被派往战壕替换第二十五军团第二营第七连。他们因为在户外待了一夜而浑身湿透。战壕本身就位于前进线，面对着伊松佐河上方圣露西亚山的圆锥状山峰。达奎拉被分派在一条狭窄战壕的分支里。一座边壁陡峭的深谷分隔了意、奥两军的阵线，而奥军又处于地势较高的优势地位。达奎拉的连长是沃尔佩准尉。

他们收到命令，太阳一下山，他们就必须全部开始射击。所有人都要

射击，而且要持续一整夜。这么做的目标一方面是为了干扰敌人，另一方面是为了避免敌人趁着黑暗突袭。

　　落日的余晖在地平线上缓缓消失，眼前的景象逐渐由灰转黑。射击开始了。他们营所据守的这片前线区域，一支支步枪的枪口不断发出闪光。达奎拉对这种朝着黑暗盲目开枪以及大量浪费弹药的做法深感讶异：他曾经好几次听说意大利对于这场战争多么缺乏准备，从资金到粮食再到枪炮与弹药等方面都捉襟见肘。此外，他也难以想象自己现在竟然会处在能够剥夺别人性命的地位。如同其他许许多多的志愿兵，他也一直都只想到自己可能会送命，而没有真正意识到自己也必须杀人。

　　达奎拉抬头看了看天空。夜空布满了明亮的星星。不可能，他绝不愿杀人，也不可能下得了手。但他要是拒绝服从命令，会有什么样的后果呢？达奎拉做出了一个决定。这个决定是他想要的，而且他来到这里也是出于自己的自由意志。他决定，长官一旦命令他爬出战壕，冲向小山上那些看似固若金汤的奥军阵地，他一定会奉命行事，他愿意碰碰自己的运气，但他不会杀人。不会。现在不会，以后也不会。这么一来，上帝说不定会看见他的决定，对此感到赞许，从而为了平衡而豁免对他的一切伤害。他举起装满了子弹的步枪，朝着黑暗的天空扣下扳机。在这一整夜里，他就以这种毫无效果也毫无意义的方式射击了数百发子弹。

　　直到黎明即将来临之际，枪声才逐渐缓和下来。随着晨雾逐渐升起，秋色朦胧的谷地终于陷入一片寂静。

　　那天早晨，帕尔·凯莱门身在塞尔维亚边界。他在日记里写道：

　　　　我们在一望无际的平原上扎营。四周都是人和马。铅灰色的乌云低悬在远方的地平线上。多瑙河湿地始于这里,富饶的匈牙利平原隐没在一大片广阔无垠的芦苇地里。德军步兵正往南行军,脚步声回荡在空气中。莎草在风的吹拂下柔弱无力地低下头,仿佛一切事物都不得不在多瑙河对岸那些大炮的怒吼声下瑟缩颤抖。

1915年10月6日,星期三
芙萝伦丝·法姆伯勒忍着牙痛离开明斯克

空气中多了一丝寒意,夜晚逐渐变得越来越长,也越来越冷。芙萝伦丝的一颗白齿最近疼得厉害,今天竟疼得让她受不了了。她坐在马车上,默然无声又顽强不屈,脸上戴着防晒与防尘的面纱。

他们在三天前离开明斯克,当时街道上满是身穿制服的军人,商店橱窗里也摆满了高价商品。那座城市令她大开眼界,部分原因是那里充满了粉红色与白色这类明亮的颜色。过去几个月来,她和她的同伴看到的尽是泥土、道路以及军服等种种深浅不一的褐色,以至他们几乎都忘却了世界上还有这些亮眼的色彩。她和其他护士又羞惭又自豪地发现,她们那不合身又已经褪色的服装、粗糙发红、满是疤痕的双手以及饱受日光暴晒的脸庞,与明斯克那些穿着华丽又精心装扮的上流社会妇女恰成强烈对比。然后,她们怀着略微古怪的高昂士气再度回到了战场上,听着那熟悉的炮火声与远方飞机隐隐约约传来的嗡嗡声,穿过了仍然翠绿的原野,以及叶子逐渐转为黄、红、褐色的树林。

俄军的大撤退已然接近尾声。双方都已开始固守阵地准备过冬。现在，芙萝伦丝所属分队也已明显放慢了行进速度。在寻常的日子里，这一长列摇摇晃晃的马车一天顶多只会走上三十公里。不过，他们很高兴自己不必再逃命，而且甚至已经开始盼望情势会有新的转变了。

在周遭的原野与沟渠当中，仍然可以见到撤退行动的踪迹。四处都是各种动物的尸体。当初民众为了不让自己饲养的牲畜落入敌人手中，纷纷带着它们一起撤退。不过，可想而知，这些动物都因为受不了日复一日的漫长行进而陆续死亡。她看见牛、猪、羊的死尸，因而唤起了脑中的回忆：

> 我记得在大撤退初期，我曾看见一匹马倒了下去，好像是在莫沃迪屈那可怕的沙地上。那些军人随即把它拉着炮车的挽具割断，而任由它躺在路边，连一句惋惜的话都没有。我们经过那匹马身边的时候，我记得它吃力地喘着气，望着我们的眼神就像是人的眼神，仿佛是个遭到遗弃而只能在孤独之中痛苦死去的人。

长长的队伍突然停下了脚步。他们已经进入了一片沼泽地，四周长满云杉。别的紧急行动分队的部分马车陷入了泥潭，动弹不得。慢慢地，那些马车终于一辆一辆被拉了出来，然后他们在地面上铺满云杉树枝，让马车能够安然驶过。

马车抖动了一下，再次开始前进，于是芙萝伦丝瘫坐回座椅上，再度陷入她那个除了牙痛之外别无其他东西存在的孤立世界。她只掀起过一次面纱，原因是他们驶入了一个臭气特别强烈的地方。她听到充满焦虑的问话声。原来是他们经过了一堆动物死尸，约有二十具，其中许多都是马。这堆动物尸体堆放在这里已有好几个星期之久，以致空气中充满了腐臭的气味。

没有人确知接下来会怎么样。最新的命令要求他们跟随第六十二师。那支部队驻扎于这个区域的某个地方。

现在，劳拉·德·图尔切诺维奇和孩子们已搭上一艘从鹿特丹驶向纽约的大西洋客轮。荷兰的平静安详已经被航海旅途中少不了的种种噪声以及孤立感所取代。船上虽有几位美国籍的红十字会护士，但劳拉都避着她们，因为她发现她们全都是德国的支持者。船上的医生检查了她的孩子，说他们都"出乎意料地健康"，只需要"平静的环境安抚情绪，以及适当的饮食滋养身体"。不过，劳拉虽然已经把欧洲以及那里的战火抛在身后，心中却还是充满焦虑——仿佛心怀焦虑已经成了一种坏习惯。在荷兰的时候，她趁机发了一封电报到彼得格勒，以便转交给她的先生斯坦尼斯劳。她在电报中告诉他，他们全都还活着，现在正在前往美国的路上。可是斯坦尼斯劳还活着吗？她已经很久不曾收到他的消息了。此外，还有人知道劳拉要到哪里去吗？她自己知道吗？"我们越接近美国，我就越觉得孤单。"

1915 年 10 月 28 日，星期四
温琴佐·达奎拉目睹强攻圣露西亚山的行动失败

这种体验就像是坐在第一排的座位上，这么说不是比喻，而是实际就是如此。达奎拉所在的位置就是专为观察战况而设置的，可以让人通过望

远镜监视攻击行动的过程。天空总算放晴，所以要看清那些仰攻山坡的部队应该不是问题。

传令兵、勤务兵及其他人员已经把观察站准备好了。有些用来做伪装的树枝在夜里被风吹落，现在已经修葺完毕；桌椅都已排好，野战电话也测试无误。一切都笼罩在朦朦胧胧的音幕中，爆炸声接连不断，前一道声响还来不及消退，后一道声响就又冒了出来。在山谷的另一侧，意大利的猛烈炮火正在连续不断地轰击姐妹山——圣露西亚山与圣马利亚山，只见山坡上的密林笼罩在炮弹爆炸冒出的白烟中。望远镜与雪利酒都摆好了。

观察站下方某处，第七连正在一条战壕里等待着发动攻击。达奎拉没有和他们在一起：他出乎意料地获得了连长垂青，被指派了一项不必杀人也不怕被杀的职务。他成了总部参谋人员的助理，原因是来自美国的他拥有一项不寻常的新奇技能——打字。在战壕里度过的第一个夜晚对他造成的冲击并未消退，以至达奎拉陷入了一种犹如信仰危机的状态。这样的状态以两种方式呈现出来：一方面，他不禁沉思基督徒在这种情况下可以允许自己做出什么事情；另一方面，他也希望自己的信仰能够拯救自己，而在他越来越焦躁不安的心里，这种希望逐渐成了他的慰藉。他曾经两度参与去无人地带巡逻的任务，那两次任务都颇为危险，但他终究毫发无伤。他是不是上帝选中的保护对象？此外，自己被指派了这样一个意外的任务，也被他视为上帝干预的又一证据。

不过，他调到参谋部之后的经历却丝毫没有减轻他内心的焦虑和罪恶感。实际上恰恰相反。

参谋官从掩蔽壕内走了出来。他们早餐吃巧克力与吐司，最后再来一杯葡萄酒。现在，他们纷纷走进防护周密的观察站。所有低阶人员立刻为他们让出空间，并以利落的动作向他们敬礼。高阶军官以心不在焉的姿态回礼，然后在自己的座位上坐下来。传令兵为他们拉椅子，接着又为他们奉上望远镜。

表演可以开始了。

炮击停止了。最后的几枚炮弹划过凉爽的空气，落在姐妹山上。爆炸产生的白烟缓缓消散。

四周一片安静。

这种状态持续了很长一段时间。

接着，意军的前进战壕里有了动静。分散开来的一列列身穿灰绿色制服的士兵开始朝陡坡移动。其中一群又跑又爬又跳的士兵，就是达奎拉所属的第七连。一切都进展得相当缓慢。从这样的距离来看，他们的姿势与移动方式让人觉得他们仿佛在寻找什么东西。接着，传来了奥军机枪空洞的嗒嗒声——施瓦茨洛泽重机枪。在林木茂密的山峰上，一挺接一挺的机枪在隐蔽的阵地陆续开火。尽管经过了数天的炮击，那些机枪却没有遭到消灭。现在，主宰战场的武器有两种：大炮与机枪。普通步兵已越来越成为这两种武器的仆人（以及受害者），他们的任务就是占领那些大炮已扫荡干净的区域，以及在机枪扫射敌人的时候保护机枪的安全。他们现在正在做的就是这样的事情。机枪不停开火，进攻部队的人员越来越少，速度越来越慢，他们匍匐在地面上，然后回头后撤。

这种往复来回又混乱不已的活动在山谷下重复了一次又一次。连队爬出战壕，冲上山坡，趴下来躲避机枪子弹，最后在死伤惨重的情况下逃回战壕里。过了一会儿之后，他们又会再发动一波进攻，但由于兵员比先前还少，同样不免以失败收场。他们终究还是会撤回战壕里，只是人数又少了许多。然而，过了一会儿之后他们还是会被下令再次发动攻击，就这样不断循环下去。

达奎拉惊恐不已，不只是因为他知道远方那座山坡上那些静止不动的黑点有些是他的战友，更因为那些高阶军官显得满不在乎，在战术上也没有做出任何调整。到了这个阶段,交战各方都已深谙火力之威,进攻一方必然遭遇重大死伤。尽管如此,许多将领却仍然抱持着战前的那种迷思,以为只要纯粹凭借意志力——在枪林弹雨下,不论死伤多少仍然坚定向前挺进的意志力——即可抵挡敌军的火力。但重点在于,是谁的意志力?傍晚,达奎拉听到了野战电话上的一段对话。阿尔卑斯山地部队的一名连长来电,请求上级长官别再强迫他的部下继续发动进攻。他的阿尔卑斯山地精锐部队已经强攻山坡十五次,十五次都被敌军火力逼退了回来。原本两百五十人的部队,现在只剩下不到二十五人。指挥官拒绝了这项请求,并且要求电话那头的参谋人员向那名连长提醒他当初向国家及国王所立下的誓言。

阿尔卑斯山地部队发动了最后一次攻击,结果同样以失败收场。那名连长没有幸存下来,据说他是自杀身亡。

10月30日,达奎拉奉命在打字机上打出一份命令,宣布暂停所有攻击行动。于是,所谓的第三次伊松佐河之役就这么结束了。这场战役原本设定的目标没有一项达成。*

几天后,意军虔诚地庆祝了万圣节。达奎拉发现他的好友弗兰克在那场失败的攻击行动中阵亡了。

萨拉·麦克诺坦正在前往俄军前线的途中。她和她的团队途经挪威、瑞典与芬兰,于10月28日抵达彼得格勒。他们住进一家旅馆。接着,他

---

* 意军死伤6.8万人,其中死者达1.1万人。当然,这些数据直到战后才公布。

们召开了一系列会议（没有人确知他们要被派往哪里）。第一次会议结束后，她在日记里写道：

> 我试图讲一则故事，却不禁哽咽起来，以至只能断断续续地把故事讲完。那则故事的内容是，在敌军和我军战壕之间的空地上，有一群人在炮火中踢着足球。讲完之后，我的一个朋友显然觉得这个故事毫无意义，又以为我还没说完，便开口问我说："他们为什么那么做？"（噢，天上的神明啊，求求您怜悯那些灵魂堕落的人吧！）

1915年10月31日，星期日
帕尔·凯莱门目睹一名塞尔维亚游击人员被处以绞刑

同盟国入侵塞尔维亚的行动完全按照计划进行。国内的舆论也认为是时候了：1914年，奥匈帝国军队先后三度对这个邻国发动攻击，却三度失败。不过，这一次可不一样了。10月6日，德国与奥匈帝国的联合部队展开进攻，在10月8日就攻下了贝尔格莱德（顺带一提，这是自去年8月以来的第三次）。10月11日，保加利亚的军队也发动入侵行动。现在，战败的塞尔维亚部队正在撤退，以避免遭到包围，而大批平民也随着他们往南逃亡。*

帕尔·凯莱门与他手下的轻骑兵是追击他们的部队之一。他们在雨中

---

* 单是这样的逃难就导致15%的塞尔维亚人口死于战争结束前。1914—1918年，塞尔维亚人民蒙受的灾难远甚于其他民族。

疾行，他有时候甚至连续几天都不曾下马。他们路过被洗劫放火的建筑，也走过挤满了难民的道路——其中大多数都是妇女以及儿童。他们不断朝着远方枪声的方向前进。

这个星期日，他的骑兵队来到一处废墟旁，这里原是一间塞尔维亚酒馆。数以百计的伤兵躺在酒馆旁边的泥泞地面上。追击部队与撤退敌军的后卫队仍在交火，但不是在这里，而是在前面两道山脊之后。所以，当他们下午看见一名腿部受伤的士兵被抬了进来时，不禁感到一阵惊愕。原来那名士兵是在一间农舍前被人开枪击中的。一个半小时后，又有一个士兵被抬了进来，也是在同一个地方受的伤。这个士兵中弹的部位是腹部。

一支巡逻队奉命前往调查，不久之后就带着一个衣着褴褛、中等身高的男子回来。那个人的双手被绑了起来。巡逻队后面跟着一群人，显然是那个犯人的亲属与邻居，其中包括几名妇女和儿童，还有另外几名年老的男子。帕尔·凯莱门在日记里写道：

> 他们在一名翻译的协助下审问了那个人，也听了主要证人的证词。看来那个人虽然受到同乡一再警告，却还是恶毒地对着我们的士兵开枪。他望着围观群众，看上去仿佛是来自另一个世界的野蛮人。
>
> 判决很快就下来了：这名游击人员必须被处以绞刑。*

---

* 对于游击人员——不穿军服并且于伏击敌人的武装人士——德国与奥匈帝国的军队都发展出了一套强硬处置的文化。殖民与历史经验共同促成了对于这类非正规战斗人员的一种约略性的心理印象。他们被视为一种不文明的现象，因为文明的战争应该只由身穿制服的军人参与，平民不得涉入，否则就必须受到最严厉的惩罚——死刑。再加上德、奥部队中流传着严重夸大的谣言，称他们的士兵遭到令人发指的暴行，因此这种以文明为托词而采取的强硬立场，也就导致这两国的军队犯下大量屠杀平民的罪行，残忍程度为欧洲一百多年来仅见。在1914年战争开始之初，情况最糟糕，当时德军因为误以为比利时存在游击活动，作为报复杀害了超过1 000名平民百姓——男女老幼都不放过。此外，奥匈帝国的部队（尤其是匈牙利部队）也一再于塞尔维亚境内失控，对于他们遇见的所有事物和所有人都尽数毁灭。1914年8月的歇斯底里状态，到了这个时候虽已较为平静，但这两国的军队对于没有穿着正规军人服装而从事战斗行为的人员仍然持续采取极度严厉的立场：对游击人员必须处以绞刑，没有例外。

营区的厨师，一名维也纳生猪屠宰商，欣然接下了刽子手的工作。他找来一条长绳以及一个充当活门的空箱子。他们嘱咐那个游击人员做临终前的祷告，但那人答说没有必要。妇女哭了起来；儿童满脸惊恐，一面啜泣，一面呆望着眼前的景象；士兵则是站在树旁，一副公事公办的烦闷模样，但眼里仍然带有一丝兴奋。

那个游击人员被两个士兵带了过来。他显得漠然，但以凶猛的目光环顾着四周，仿佛疯了一样。他们把绳圈套在他的脖子上，然后把他脚下的箱子抽走。绳子挂得不够高，于是那名屠宰商用力一拉，调整了绳子的高度。那人的脸逐渐扭曲，身体开始抽搐颤抖，处于垂死状态。他的舌头从嘴里滑了出来，僵直的四肢来回摇晃着。

围观群众在暮色中散去，士兵率先离开，接着是平民。一会儿之后，凯莱门看见两个士兵沿着道路走来。他们看见那个在秋风中摆荡着的尸体，于是走过去讪笑了一番。他们当中一人以步枪的枪托重重击打了尸体一下，然后两人敬个礼，走开了。

1915 年 11 月 5 日，星期五
弗朗茨·卡夫卡考虑购买战争公债

战争爆发后的第二个冬天来临。布拉格变得昏暗，更阴郁，也更冷（因此，燃料费与电费也上涨了）。弗朗茨·卡夫卡继续待在劳保局二楼的办公室，和文件、档案夹、各种纸条及档案奋战。

造成这一切的，还不只是源源不绝的参战伤兵。劳动力的不足，使得许多工厂不得不关门大吉，也让保险系统陷入更大的混乱。此外，还在运转的工厂（尤其是军需工业工厂），安全事故则越来越频繁。一方面是因为原本训练有素的工人被征召入伍，取而代之的是大量缺乏训练且经验不足的员工；另一方面是因为膨胀的生产速率。* 经济一直是隐忧之一，政府拨发的抚恤金或许足以供应残障军人三餐温饱，却无法支付后续治疗、安装假肢与再培训的费用。针对这一点，劳保局现在只能仰赖私人捐款。在布拉格，目前正在发起一项为战争失明士兵募款的活动，目前已募得39 502 克朗 56 格罗申。†

卡夫卡的抑郁症仍没有好转。菲丽丝·鲍尔想联系他，他却避开了，未回任何信。然而，上个月，秋季看似无尽的黑暗中还是出现一缕微光：他的中篇小说《变形记》（一天早上，格里高尔·萨姆沙从难以置信的梦中醒来，发现躺在床上的自己变成一只巨大的甲虫）出版了。社会上的反应非常正面，一位书评家甚至表示这部作品是一项"神迹"。随后，他又获悉一条令他大感不解的新闻：今年大名鼎鼎的德语文学奖冯塔纳奖得主卡尔·施特恩海姆决定将 800 马克的奖金赠予"布拉格的年轻作家卡夫卡"。目前也已有说法指出，《变形记》即将再版发行。

仰仗民间私人善心的，并不限于对残障军人的照护而已。目前，政府在发行第三波战争公债。没有这些信贷额度，战争就打不下去。这天的《布拉格日报》可以读到鼓励民间购买战争公债的字句。"让我们团结在一

---

* 卡夫卡在这一年写就一份标题为《战争期间危险分类与意外伤害预防》的报告，部分内容如下："从预防伤害的观点来看，众多公司企业的科技机械质量进一步下降，原因在于现在不得不以老旧或不适合的机械满足新的生产需求。较老旧的机器（这些机器绝少还被经常性使用）被重新启用，而且被用来做更粗糙、沉重的工作。然而，这些早期机器适合制造较轻便的东西，现在却被用来制造它们不擅长制造的东西。稍早生产精密仪器或部件的工厂，贸然转去生产性质完全不同的东西，比如引爆器及其相关部件、拉开的引线等。"

† 格罗申是当时德语区常用的硬币，1 先令等于 100 个格罗申。——编者注

起。团结最有力。因此，来认购战争公债吧！""要想让我们得到胜利，就请购买公债！"整份报纸也用了两页多的篇幅，以密密麻麻的小字刊登购买公债者的姓名以及购买金额。只剩两天了，要买要快。

卡夫卡在日记中写道：

> 今天下午，我陷入兴奋的状态。我开始考虑要不要买战争公债；如果要买，又该买多少。我走进商店两次，想要一次购买全部，最后还是罢手。疯狂地计算利率。然后拜托母亲购买1000克朗的公债，随后再请她把金额追加到2000克朗。此外，我还浑然不知，有一笔大约3000克朗的存款是属于我的；获知此事时，我一点儿感觉都没有。之后，关于这些战争公债，简直是永无宁日；即使我刚在最生气蓬勃的街头散步了半个小时，各种疑虑还是不断困扰着我。我感到自己仿佛透过购买公债而直接参战：思考着自己将来的经济状况，然后相信，这和我有朝一日能够支配（提高或降低）的利息金额有关。我的狂热逐渐变换，思绪转移到写作上，觉得自己蓄势待发，可以开始动笔，除了写作别无他求；接下来这段时间，我不在乎花多少个夜晚写作，就像怀着疼痛，在石桥上奔驰。

1915年11月7日，星期日
理查德·施通普夫在基尔看了歌剧《罗恩格林》的两幕演出

这是11月温和晴朗的一天。"黑尔戈兰"号驶入基尔运河，谣言随即在船员之间传了开来。里加周围爆发了激烈的陆上战役,也许他们正要前往波罗的海提供支援;也许英军正在穿越大贝尔特海峡的途中;也许中立的丹麦正被卷入战火中。或者,也许这一切都只是……又一场鱼雷射击演习。施通普夫认定是后者,"以免再次失望"。

船上的气氛很糟糕。施通普夫和其他士兵都苦闷于自己上不了战场,同时对于越来越差的餐食、严厉的管理制度以及军官的横行霸道深感厌恶。船上设立了一个特殊的惩罚处,每天都可以看到二三十个人全副武装手持步枪在船上不断绕圈跑步。他们只要稍微犯点儿微不足道的小错就有可能遭到这样的惩罚,比如洗手台没有清洗干净,不小心把袜子忘在洗衣处,值勤时上厕所,或是说了不该说的话。施通普夫在日记里写道:

> 船员的士气极为低迷,我们都不禁希望自己的船被鱼雷击中。我们就想看到那些令人可憎的军官遭遇这样的下场。一年半以前,如果有人敢说自己有这样的想法,一定会被痛打一顿。我们现在都有了这样一种恶毒的心态,只是因为我们具备良好的教养,才没有模仿俄军波罗的海舰队。*我们全都知道自己不能为了挣脱束缚而不择手段。

在运河上航行的时候,施通普夫看见树林与高地上掺杂着深浅不一的黄色、红色与褐色。再过不久,就要开始下雪了。

他们在晚上抵达基尔。施通普夫注意到灯火管制已经不像先前那么严格了。这种现象背后是不是有什么原因?还是说,只是现在开始松懈了,不如头一年那么严肃认真了?船员获准上岸休息。(正如他的猜测,他们

---

* 施通普夫指的是1905年俄国战舰"波将金"号上发生的士兵哗变事件。但他的记忆不太正确:"波将金"号属于俄国黑海舰队,而不是波罗的海舰队。

即将迎接的不是实际战斗，而只是又一次的鱼雷演习。）理查德·施通普夫赶往城里的一座剧院，看到了瓦格纳的《罗恩格林》的后两幕。事后，他在日记里写道：

> 可惜我没机会多参加这样的活动。这种活动可以让你觉得自己是个人，而不只是头毫无价值的牲畜。

1915年11月9日，星期二
萨拉·麦克诺坦在彼得格勒观看士兵操练

寒冷的下雪天。萨拉·麦克诺坦待在阿斯托里亚饭店舒适的房间里，她的感冒一直没好，于是一面休养，一面学习俄语，至少是试着学习。她发现自己很难集中精神。每隔一阵子，她的目光就忍不住投向窗外饭店前方的那片露天广场，因为有一群士兵正在广场上操练。

麦克诺坦与她的同伴抵达彼得格勒已有两个星期，而且这段时间似乎都被浪费掉了。什么事情都没有发生。他们不知道他们的六辆救护车在哪里——那些车子由途经阿尔汉格尔斯克的船负责运送——也不知道他们这次要被派到哪里去服务，如果真要派他们去服务的话。俄国红十字会推翻了先前的保证，根本不愿意接纳他们。此外，俄国政府也比英国更加官僚主义。他们参加了一大堆的会议、会面以及正式晚宴，结果却一点儿进展都没有。她在日记里写道：

我们想要分担这场战争所造成的苦难，我们愿意为崇高的信念祭献自己，祭献出自己的灵魂和肉体，结果却处处遭遇一种无法解释的怪异阻力。

他们也许会被派往德文斯克，那里自从今年9月以来就一直有着激烈的战斗——但也可能不会。从前线传来的谣言不但一片混乱，也相互矛盾。

广场上的士兵在雪中操练，麦克诺坦注意到他们的衣服相当单薄。他们的大衣是棉的，而不是羊毛的。这只是俄国和俄军物资短缺的一个例子而已。另一方面，只要有钱，什么东西都可以买得到。温暖舒适的饭店餐厅每天晚上都满是衣着光鲜的食客，在管弦乐团的演奏助兴下，尽情享受丰盛的美食与美酒。（她强烈怀疑其中有些女性顾客是妓女。）她只要坐在那间餐厅里，就觉得浑身不自在，甚至有些反胃。

与此同时，士兵们则在挨饿受冻，在遥远的前线或死或伤。即便在后方，苦难景象也随处可见。几天前，麦克诺坦才在一座人满为患的军营里帮忙发放食物，那些人全都是在德国进军波兰之前逃亡来的难民。令麦克诺坦感到作呕的，不只是那里的恶臭、混乱与贫穷，还有那些人。在她眼中，那些波兰难民看起来"就像动物一样，而且还没有动物那么值得关注"。这些人还算是幸运的——据说还有更多人流浪在道路上，只能睡在雪地里。

而我们却在阿斯托里亚饭店内，有一片玻璃将我们与外面的天气阻隔开来，将我们与波兰难民阻隔开来，将我们与贫穷阻隔开来，把我们关在这幢建筑物的可怕氛围里，和那些邪恶的女人以及刺耳的乐队关在一起！我真是痛恨金钱啊！

当然，这种对比以前就存在，只是战争将之凸显，因而变得更加刺眼，更能引起道德上的反感。哪家餐厅最好是目前非常热门的话题。

也许就是因为他们只能待在这里无所事事，她才会觉得浑身乏力。她在英国巡回演说之时的那股充沛精力已经开始消退了。她感觉得到自己的思考能力正逐渐减退。麦克诺坦刚抵达彼得格勒的时候，原本打算利用等待的时间再写一本书，但现在她却完全没有力气动笔。她草草翻阅着手上的俄语教科书。广场上的士兵一直在操练，一会儿后退，一会儿前进。他们躺下，然后站起来，又躺下，又站起来。

1915 年 11 月 12 日，星期五
奥利芙·金和盖夫盖利亚的阳光

她从来不曾真心想要离开法国。在今年 10 月中旬写给继母的一封信里，她总算流露出了一股近乎沮丧的情绪：

> 我有时候觉得自己好像永远回不了家，仿佛这场可恶的战争永远不会结束。每过几个星期，战事看起来都似乎越来越激烈，而不是逐渐平息。越来越多的国家被卷入其中，一切都变得越来越糟。至于我们，我们则是根本不晓得自己要到哪里去……

接着，苏格兰妇女医院里的女性医务人员听说她们将会乘船前往巴尔干半岛。在那里，一支由莫里斯·萨拉伊将军率领的法英联军已于今年

10月从中立国希腊的萨洛尼卡登陆，盼望借着开启第二战线以协助塞尔维亚*，不过，他们是在极度匆忙的情况下被派往当地的，因此几乎没有任何装备。金一开始并不想去，因为她那辆大救护车"埃拉"适应不了当地糟糕的路况，"埃拉"太笨重了，马力也不足。

金与苏格兰妇女医院的其他人坐了三周的船才抵达希腊。另外有一艘目的地与她们相同的医护船，在途中被德国潜艇击沉了。在萨洛尼卡，等待她们的是一团混乱——不论军事、政治还是实操层面，都是如此。在"满是黑泥"的城市街道上，相互矛盾的命令满天飞。到了11月，她们终于乘火车前往希腊与塞尔维亚边界的盖夫盖利亚，并在那里成立战地医院。

当她们抵达盖夫盖利亚时，帐篷倒是带了，却没有帐篷桩，她们只好拿别的东西凑合凑合，只可惜这些代用品无法在坚硬的岩石地面上固定住，于是白天黑夜都需要人随时将摇摇晃晃的帐篷桩敲回地面，并且将松弛的绳索拉紧。这就是她的主要任务之一。另一项任务则是负责清洗伤员的衣物，然后进行消毒。她的头虱问题并不严重，天气也还没冷到无法下河洗头和洗澡。

她们的餐厅里有电灯，电力来自为X光机供电的发电机。不过，电灯在晚上七点半以后就会关掉。在那之后，唯一能做的事情大概就是上床

---

* 1915年9月下旬有消息传出，保加利亚正在动员军队——这是个明确的征象，显示该国经过一段时间的犹豫不决以及更多的密谋策划之后，已终于决定加入同盟国。希腊深感害怕，于是命令其弱小军队也进入备战状态，并且邀请协约国的军队进驻，所以萨拉伊的联军才会被派往萨洛尼卡。第二天，事实证明保加利亚将矛头对准了宿敌塞尔维亚，并在德军与奥军入侵塞尔维亚北部的同时进军该国的南部。萨拉伊的部队受到的迎接相当冷淡，甚至可以说是带有威胁性的，原因是邀请协约国军队进驻的希腊总理埃莱夫塞里奥斯·韦尼泽洛斯被与德国亲善的国王康斯坦丁一世驱赶下台，希腊再度改变其政治立场，又成了中立国。（因此，根据A. J. P. 泰勒的说法，协约国部队在萨洛尼卡登陆，简直就像德军入侵比利时一样残忍无情。）接下来，一则短暂的胜利布告称，萨拉伊的部队正沿着连接萨洛尼卡与贝尔格莱德的铁路往北推进——这则布告之所以短暂，是因为之后紧接着传来不太出人意料的消息，亦即塞尔维亚终于被敌军击溃，残余的部队在白雪覆盖的阿尔巴尼亚群山上，正朝着南方奔逃。

睡觉，考虑到火灾风险，她们不允许在帐篷里点火。天黑得很早，下午五点就已是一片漆黑。另一方面，黎明也来得很早，早上还不到六点，天就亮了。她每天看着太阳升起，享受着美丽的日出景象，看着周围的山丘染上柔软光滑的紫红色，山峰则是在晨光下映照出粉红的色彩。

奥利芙·金有些惊讶，她发现自己颇为开心。她在今天写给父亲的信中提到："这个地方实在太美了。高山非常壮观，空气又极为新鲜，令人神清气爽。我们工作起来就像巨人一样力大无穷，吃起饭来又像饿狼一样狼吞虎咽。"

1915年11月14日，星期日
帕尔·凯莱门在乌日采逛了军官妓院

他们在这场战役中取得了胜利。塞尔维亚已经占领下来了，萨拉热窝事件终于大仇得报。现在，胜利者可以开始搜集战利品，凯莱门和几个战友今晚要去逛一家专门服务军官的妓院。那家妓院位于乌日采，是杰蒂尼亚河河畔的一座小镇。凯莱门在日记里写道：

> 灯光黯淡的大厅，地毯，装饰着壁挂的墙。一个疲惫的人正在弹奏钢琴。四个角落摆着四张桌子。室内共有四个女孩，其中两个懒洋洋地靠在一名炮兵中尉身上。而另一张桌子旁，一群陆军军官正在喝黑咖啡。一盏台灯下，一名胡萨尔轻骑兵中尉正在看报纸，几天前的报纸。

这就是我们进去之时看见的景象。我们在唯一一张空桌前坐了下来，本来想点红酒，但尝了一口后都宁可喝咖啡。我手下的候补军官莫赫在角落里修弄着留声机，但没有任何效果。一定是某个弹簧坏了。

其中一个女孩走了出去，然后又回来。她跨过一把椅子，终于坐在我们那位候补军官的怀里。另一位身穿红衣的黑发女孩则是躺在一条长凳上，直勾勾地望着我。

时间缓缓流逝。那个面目凶恶的钢琴手仍弹奏着音乐。很熟悉的曲调——我当初在家乡向一位女孩道别的时候，她就在房里弹了这首曲子给我听。那是许久以前的事情了，而且离这里也非常遥远。我起身离开。他们误以为是酒让我觉得身体不适。

1915年11月20日，星期六
罗伯特·穆齐尔被货运火车载送至伊松佐河

也许，他最深处那爱奇思幻想的个性终于有反应了？来了两份简短的命令，第一份是"全营警戒！"，第二份则是"准备搭火车"。不过，这样就够明确了。"直到现在还无法适应这些事物的神经，开始战栗。"他神色苍白，"无来由地"恼怒不已。然而，事出必有因；要求部队限期出发，只意味着一件事：伊松佐河。血流成河的伊松佐河。

这十天来，意大利部队的大规模攻势仍持续不断，这已是今年的第四波了。一如稍早，意大利部队投入所有武器，完全不考虑己方损失与现代战术的细腻性，一心只想突破奥匈帝国在河畔的防线。戈里齐亚之战吞噬了大量士兵与资源，已然演变成最糟、最惨烈、盲目至极的消耗战。这是人尽皆知的事实，穆齐尔更是心知肚明。他还盼望能在卡尔多纳佐湖畔再多享受一段远离前线的宁静岁月呢。但现在却轮到他们被丢进冒泡的油锅里了。

打包、装载的过程相当混乱：

> 漫长的等待过程中，好几群人四散各处，开小差都没被发现。夜间，班里的许多成员都喝醉了，有些人甚至是全然醉死。准将在车站拄着手杖，发表了一篇演说。运货马车内的噪声，就像兽栏一样吵。平常规规矩矩的人突然全成了畜生。威胁和循循善诱一点儿用都没有。我们关上拉门。拉门里，许多拳头不停敲打，活像在擂鼓。某些门后，有人正秘密组织反抗势力。负责关门的冯·贺芬博格中尉吼道："把手拿开！"同时，手中的猎刀挥向那些还卡在门上的手——不知是谁的。猎刀的动作，真是笔墨也难以形容。就像闪电劈下时触发的电流；只不过没有光，没有闪电之类的——而是某种白色的、果断的……

火车缓缓驶向东部战线与伊松佐河。他们被丢在三等车厢，穆齐尔只分到一张毛毯当坐垫，对肉体的不适却全然无感。他的心绪全聚焦在其他方面。火车驶过博尔扎诺时，那感受最令人煎熬，他深知自己心爱的玛尔塔就住在那儿，就在那儿，近在咫尺，两人却不得相见，更不能互相联系。绝望在心中滋长："不值，无力感，内心只想像丧家之犬一般放声悲鸣。"

最后，他们抵达普尔瓦契纳的车站，那车站位于已沦为废墟、不断冒烟的戈里齐亚镇东南方：

在旅程的后半段，就听到军机出动了。一出车厢，举目所见尽是炮火与起伏的地平线。大批伤员或龟缩在马车上，或站立。鲜血不断从白绷带下渗出。一股旋涡将你接走，一阵乱流把你卷入其中。

1915年11月27日，星期六
克雷斯滕·安德烈森在朗斯参加一场生日宴会

寒冷的雨天，风也吹个不停。树木一副光秃秃的模样，叶子都已被风雨扫荡一空。灰，灰，放眼望去尽是一片一片的灰：不论是天气、他们身上的军服，还是水加得越来越多的咖啡。不过，他今天休假，直到晚上才需要回到岗位上，于是他趁机拜访了几位在第二连服役的家乡老友。他已经有很长一段时间没有用丹麦语和人交谈过了。他觉得很寂寞。

黑夜与白昼。战壕里的生活依循光线而变。这是他从最近执行的这次任务中获得的感悟。他挖啊挖啊，在夜里，在著名的洛雷托山的山脚下。法军是在今年5月终于拿下的这座山。不过，前线目前相当平静。日光之下，法军和德军在彼此的注视下堂而皇之地行动，而且双方都不会开枪。（据说有些大胆的家伙甚至还会走访敌军的战壕。）

在不少战区，交战双方发展出了这样心照不宣的协议：得饶人处且饶人；人不犯我，我不犯人。* 不过，只有白天才是如此。夜里总是令人不安一些，也嘈杂、险恶一些。黑暗令人心生疑虑，而疑虑不免带来恐惧。

---

* 双方的将领都对这种行为深恶痛绝。值得一提的是，有些军队——例如卫队——不会有这种行为，有些国籍的部队（例如匈牙利人与塞尔维亚人）面对对方也不会有这种行为。

如同安德烈森在日记里写的,这就像是"变形人的故事——白天是人,晚上则是野兽"。士兵被杀事件通常都发生在夜里。

他们目前驻扎在朗斯,这是一座中型矿镇。他对此很满意,因为比起乡下,城镇里好玩儿的东西会比较多。当时,安德烈森正走在巴塔耶街。

然后炮弹来了。

炮弹尖啸着四处落下。一枚特别大的炮弹击中安德烈森身前不远处的一栋房子,他看见那栋房子的屋顶被掀到十几米高的空中。他看见一大块炮弹碎片掉在沟渠里。他看见溅起的水花。他一开始吓呆了,但随即告诉自己:"你得赶快跑。"于是,他跑了起来,穿越压力波形成的炙热稠密的空气,穿越从两侧不断传来的爆炸声,奋力冲到可以掩护自己的地方。

等到他敢踏出室外,已经是黄昏时分了。这时一切都已平静了下来,也有人走上了人行道。在许多地方,房主和商店老板都忙着清扫碎了一地的玻璃。在一个地方,他看见一名士兵在一堆干草旁站岗,原来,一枚炮弹在这里直接击中了两名士兵和一匹马,把他们炸成了碎片,那堆干草可能就是用来遮盖血肉模糊的残躯的。安德烈森看见一旁的墙壁上满是鲜血。他一阵战栗,赶紧快步走远,却差点被一个东西绊倒……一个像虫一样的东西,就在人行道上。

安德烈森终于来到第二连。那里有一名叫伦格的丹麦士兵正在庆祝自己的生日,用咖啡与自制的蛋糕招待众人。安德烈森终于又可以用丹麦语和别人交谈了,只可惜他很快就必须动身返回自己的连队。

晚上九点,他们外出执勤。一开始,他以为他们要到昂格尔去——近几个晚上,他们都是去那个村庄。不过,他们已经走过了那座村庄,还需要继续前进。这是个寒冷无云的夜晚,可一轮明月高悬于空。他们终于在一个完全陌生的地方停下脚步,这里距离维米岭不远。他们必须在那里新挖一条战壕。左侧方向不时有照明弹射上天空，银白色的光芒照亮了山脊，看起来仿佛覆盖着一层白雪一样。

1915 年 11 月 28 日，星期日
爱德华·穆斯利在阿齐济遇见撤退的英军

阿齐济没什么特别值得注意之处——只有一个河湾外加几栋泥屋而已。爱德华·穆斯利从巴士拉这座繁荣的沿海城市乘船沿着底格里斯河逆流而上，依次前往古尔纳、萨利赫堡、阿马拉与库特阿马拉。他听到别人数度提起阿齐济这个地名，有些人说美索不达米亚的英军目前就在那里——那支部队的正式代号是"D 军"。另外有些人则说那支部队目前正在巴格达的城门前，而且攻城行动马上就要成功了。

爱德华·穆斯利是一名二十九岁的英军野战炮兵中尉。他出生于新西兰，在剑桥主修法律，之前还在印度待过好长一段时间，直到最近才离开那里。美索不达米亚的军事行动主要由印度殖民政府主持，因此增援部队自然也由印度派遣而来。（那支英国部队的士兵绝大多数都是印度人。）穆斯利与船上的其他人正属于这样的增援力量，毕竟前线总有人死了，伤了，失踪了，病倒了。从他的照片来看，他是个自信满满的人，有着一双眼距很近的眼睛，蓄着一小撮精心修剪过的胡子，目光锐利，手指上戴着图章戒指。姿态里流露着满不在乎。他以前从没上过战场，也没有见识过真枪实弹。

穆斯利不是那种迫不及待想要上战场的人。他在外出运动的时候接到

召集电报，之后便"将训练转换为真枪实弹的战斗"。他的上校给了他一些不错的建议，他的同僚则请他喝了一杯接一杯的酒。他的健康状况并不太好，之前得过疟疾，若干后遗症仍然折磨着他，但他不允许自己被健康问题拖累。他把一些非必需品——例如他的摩托车——放进仓库，等待和平降临后再回来与它们团聚。不过，令他喜出望外的是，他竟然获准把他最珍贵的财产带在身边，就是他那匹美丽的马儿"唐璜"。然后，他和一群军人一同搭上一艘小邮轮，驶往大洋彼端。

D军的北进行动没有必要，而且缺乏妥当的规划。整场行动在某种程度上似乎仅是为了追求一个地名所散发的魅力（"英军攻陷巴格达"——这条消息在伦敦将会是多么令人振奋的头条新闻，在君士坦丁堡、柏林与维也纳也同样会引起瞩目），另外在某种程度上也是出于一种无处不在的傲慢。战争爆发之后，英国立刻就在波斯湾展开行动，当时奥斯曼帝国甚至还没有加入同盟国的阵营。英国原本的目标相当有限，只是为了占据沿海的油田而已。*不过，正如这类状况的常见发展，英国的胃口不免在此过程中越养越大。

在沿海地区，成功不费吹灰之力，这大大鼓舞了英军。再加上奥斯曼帝国只要一遭到猛烈攻击，立刻就会表现出一副满心想要逃跑的模样，因此英军又朝着底格里斯河上游数度推进。后来，该战区的英军总司令约翰·尼克松将军——他可一直待在阴凉的巴士拉——看了看他的地图，志得意满地低哼一声，提议他们不如顺便也把巴格达打下来，毕竟，那座城市不过就在四百公里以外呀，对不对？

他错了。地图上那段四百公里的距离，在实际行军的过程中显得要漫

---

* 不过，当时石油的功用并不在于推动飞机与汽车——因为那时这些运输工具仍然为数不多——而是作为英军舰队的燃料。英国海军部发现石油具有煤所比不上的若干优势，其中一项就是石油比较容易装载。

长很多。途中，英国士兵还要跟大量的苍蝇、炙人的高温以及漫溢的河道做斗争。另一方面，由巴士拉延伸出来的补给线也越拉越长。

穆斯利早已看见若干征象，攻占巴格达的行动可能不会如原本计划的那么顺利。两天前，他们遇见一艘配备了重型武器的单桅帆船，船上是一群参谋人员，那艘船上装满了以各种物品捆成的防弹护盾。换句话说，航行于河上一点儿都不安全。现在，穆斯利搭乘的汽船朝着内陆驶去，他也随即意识到有什么非常严重的事情发生了。他在众人奔走的模样中嗅到了某种紧张的气氛。他看到马都疲惫不堪，也没有受到良好的照料，而且马车与挽具上都覆盖着一层灰尘。他还看到整营的士兵戴着软木防暑帽躺在地上睡觉，"大致上还维持着队形"。

他走在那群精疲力竭的人畜之间，看见一面小旗子飘扬于一间土砌的小屋上方——显示该军炮兵部队的指挥官驻扎在那里。那名军官向穆斯利说明了状况。五天前，位于巴格达以南只有二十五公里处的泰西封爆发了一场激烈战役。奥斯曼军队在那里挖壕固守，英军虽然顺利攻破第一道防线，接下来战况却陷入胶着。双方死伤都极为惨重。后来，双方听闻对方即将获得重大增援，因此那场战役就以一种令人耳目一新但并非全然不寻常的方式画下句点——双方都在混乱当中撤离了那片炎热、沙尘弥漫而且满布尸体的战场。

不过，英军已不再有进军巴格达所需的兵力，而且伤兵的人数之多也令他们难以应付。该军共有四座战地医院，能够收治四百名病患，但在那场战役之后，他们必须照料的伤兵却多达三千五百人。在穆斯利奉命支持的第七十六炮组，只有一名军官没有受伤。此外，不同于英军，奥斯曼军队确实获得了增援，因此现在已回头追击撤退的英军。

那天晚上，穆斯利去阿齐济周围修一道半月形防御工事。他认为一切都进展得又快又顺利，而且就像战争初期的其他许多人一样，他也一直觉得自己仿佛只是在参加和平时期的演习而已。不过,他只需看一眼那些马车的破损状态、数量大幅减少的马匹,以及士兵脸上充满警戒的神情,就可以知道实际上并非如此。

他们尽可能将伤兵都送上驳船与河船,所有不必要的装备也一律运走。穆斯利也舍弃了多余的物品,例如他的马具、制服配件以及露营装备。不过,他还是把他那匹名叫唐璜的马儿留在了身边。

天黑之后,穆斯利在已经做好射击准备的炮台旁边躺下来睡觉。奥斯曼军队隐身在那片黑暗当中,而且不时会传来几声枪响。他听见胡狼的嚎叫声——它们从泰西封开始就一直跟在英军后面,等待着更多以供啃食的尸体——不论是人还是动物的尸体。疲惫不堪的穆斯利觉得眼皮越来越沉重,"它们那鬼魅般的歌声"也越来越遥远。最后,他终于睡着了。

1915年12月9日,星期四
奥利芙·金搭上驶离盖夫盖利亚的最后一班火车

她们接到的命令证实了塞尔维亚已完全溃败。对于奥利芙·金而言,这代表一段动荡而古怪的快乐时光宣告结束了。

在盖夫盖利亚的工作其实相当艰辛。那里的战地医院预备了三百张床,但收治的伤员不久就达到将近七百人。冬季已经降临,而他们在过去几个月里已遭遇过好几场猛烈的暴风雪,不少帐篷都被强风吹垮或者吹走了。天气非常冷,晚上难以入眠。金发现从事挖掘工作是最佳的保暖方法。她一天工作的时间长达十六至二十个小时，主要的任务是管理那些为帐篷提供照明的煤油灯：点火、清理灯具、修剪灯芯、添加燃料——这样的工作对她而言实在是无聊至极。她开始学习塞尔维亚语。越来越多的人染上了虱子。她在信中开心地对妹妹说：

> 我们这里完全没有报纸，也没有任何新闻。这个国家非常美妙，这里的生活也非常美妙，一定能够让你过得很健康。自从我离开亚利桑那以来，就没有觉得这么神清气爽过。

不过，现在她们收到了战地医院即将撤离的消息，尽管这则消息并不算意外。由于塞尔维亚已经战败，她们就没有必要再前往贝尔格莱德。萨拉伊的部队——现在被称为东方军队——在保加利亚部队的追击下，即将快速撤往中立国希腊。这已不是协约国第一次试图借由迂回路径打破战争僵局，而这种怪异浮夸的计划再度以失望收场。* 金与战地医院的另外二十九名妇女，只有不到二十四小时的时间完成撤离伤员、打包装备以及拆除帐篷的工作。

离开盖夫盖利亚的唯一方法是搭乘火车，因为公路不是被严重毁损，就是受到保加利亚部队的控制。十三辆法国救护车就因为上了那些公路，从此音讯全无——据说是遭到了伏击。她们周遭的包围网已经收得越来越紧了。

现在是午夜，奥利芙·金看着战地医院的其他人员陆续乘火车离去，只剩下她和另外两名驾驶员，以及火车拉不上的三辆救护车。奥利芙认为抛下"埃拉"是难以想象的事情。

---

* 第二天，协约国部队就开始从加利波利撤退，奥斯曼帝国因此取得了该国在现代时期最重大的一项军事胜利。

一班接着一班的南下火车陆续抵达，全都载满了乘客与物资。车上的空间虽然足以容纳三名妇女，却绝对载不了三辆救护车，何况其中一辆特别庞大笨重。她们等待着，期盼着。她们看着太阳升起，听着枪声从白雪覆盖的山上飘荡而下。"奇怪的是，我们完全没想到个人的安危。我们唯一关注的就是我们心爱的车辆。"她后来回忆道。

最后一班火车抵达了。

保加利亚军队距离她们只有一公里不到了。

终于，她们看见这列火车有三部空置的平板载货车！她们没有等待许可，直接就把车子开了上去。火车驶离了车站。盖夫盖利亚着火了。就在城镇消失于视线外之前，金看见车站被一枚炮弹击中而爆炸。

1915年12月13日，星期一
爱德华·穆斯利引导大炮朝库特阿马拉开火

他一大早就起床了，因为他从今天开始有了新职务——他将担任前进观察员。这是一项繁重又危险的任务，因为他必须在简陋的沙地战壕中尽可能向前方移动，但这些战壕其实差不多只能算是沟渠而已，但他和他的信号员在那些地方还是得匍匐前进。他不再戴遮阳帽，因为那种帽子太显眼了。他现在戴的是毛帽，在如此炎热的天气中实在算不上是最舒适的帽子。

英军在库特阿马拉这座小镇暂停了往南撤退的脚步，在这里等待援军到来——说得精确一点儿，是等待友军救援，因为他们现在已经被奥斯曼部队的四个师包围了。英军军长查尔斯·汤曾德将军之所以任由自己的部队受到包围，一方面是因为士兵们已经疲惫得无法继续撤退，另一方面则是因为这样可以把敌军牵制在这里，以免他们一路追到沿岸地区的油田去。不过，这些受到包围的士兵情绪却相当高昂，而且所有人都认定他们迟早会获得救援。穆斯利并不担心，尽管他和许多人一样也对英军在兵力不足且准备也不充分的情况下贸然攻打巴格达的做法甚为不满，但他相信一切终究会圆满收场。

这一天，他匍匐爬行了至少几公里的距离。有些地方弥漫着浓重的恶臭，因为阵亡士兵的尸体被人抛到了战壕外，现在已在炙热的太阳暴晒下变黑、肿胀、腐烂。在有些观察点，敌军战壕近在眼前，只有不到三十米。他引导炮弹发射的技巧娴熟，满意地看着炮弹从他头顶四到五米处飞过，有时候落点离他甚至不到二十米。他认为这种前进观察工作非常好玩。

其实这里到处都有奥斯曼军队的狙击手，而且他们的枪法非常精准。由于电话线不够长，穆斯利以旗号通知他的炮组，即便在敌军正在开枪射击的情况下也不例外。这一整天，他都一直处于敌军的枪口之下。

他后来在日记里写道：

> 实际上，这场叫作战争的东西带给我的个人体验，就像是在我清醒的那一刻，一个梦所留给我的记忆，梦里有大海与雾气弥漫的小岛。一些事情感觉比较清晰，大概是因为自己的确亲身经历过，所以尚带着一点儿余温。即便是最危险的事，如今也变得寻常无奇，直到每一天的流逝似乎不再有其他引人注意之处，只剩下与死神的恒久亲近。即便是这个念头，一开始虽然极为醒目，时间久了却也不免被抛在脑后，成为一种微不足道的常态。我坚信人会对固定的情绪状态感到厌倦。人不可能长久害怕死亡或者笼罩于靠近死亡所引发的那种恐

惧感里。人心会对这种现象感到烦腻，而将其推到一旁去。我见过有人在我身边中弹，结果我还是无动于衷地继续执行命令。我是不是麻木不仁？不是，我只是没有那么震惊了而已。

1915 年 12 月 15 日，星期三
威利·科庞入住一家位于埃唐普的饭店

房间很小，或者应该说是特别狭长，但是窗外的景观相当好。科庞只要走到窗前，就可以看见广场与火车站，还有后方一排光秃秃的树，更后面则是一片废墟，那里曾是吉内特高塔。总站饭店的这个房间还有另一个优点：著名的法国飞行员莫里斯·舍维拉尔*曾经在这里住过，而这点绝对是值得吹嘘的事情。无论如何，这间房间是总站饭店目前唯一的空房，而总站饭店又是埃唐普唯一设有洗手间的饭店——尽管只有一间，而且由所有房客轮流使用。

科庞满怀期望地来到位于巴黎以南的埃唐普。他自掏腰包在伦敦附近的亨登的一所私立飞行学校完成了为期两个月的飞行基础课程。指导他的教练脾气相当暴躁，教练机又小又老旧，而且马力也不足，只有在完全无风的情况下才能飞行（树上的叶子一旦开始晃动，所有飞行活动就一律停止）；不过，他终于在十天前完成了他的第一次独立飞行。（这是上了三十堂课以及总飞行时数达到三小时五十六分钟之后的成果。）接着，他立刻接

---
* 他在战前因其大胆而且危险的特技飞行而闻名。

受正式飞行测验，内容包括驾机进行一系列的水平"8"字飞行，然后关闭引擎精准降落在教练面前。一切都非常顺利。于是，科庞现在口袋里揣着皇家飞行俱乐部第 2140 号飞行员执照，来到了埃唐普接受军事训练。

不过，他取得执照之时"欣喜若狂"的心情，却与他今天稍早在埃唐普下火车时受到的冷遇形成了相当大的反差。根本没有人在车站迎接他。

这座乡下小镇的广场就像 12 月的夜晚一样荒凉寂寥。他望着窗外，唯一看得到的只有"乏味的房子，里面住着乏味的人"。咖啡厅里空无一人。不过，在过去几个月来，这座城镇已经不情不愿地开始逐渐恢复了生气。这里和其他许多地方一样，由于战争、偶然的机会以及有铁路从此经过等原因，重新变得重要起来——埃唐普成了飞行员训练中心。埃唐普外围有几座军用机场，因此空中持续不断传来飞机的嗡嗡声。只有在星期日，才会因为演练全部中止而享有一天的宁静。科庞因为偶遇了一名战前的朋友（他们一同修读机械工程，也经常一同骑摩托车出游），才会住进总站饭店。不过，他抵达埃唐普之后，也见到了若干不祥之兆：他远远看见一列送葬队伍，死者似乎是个法国飞行员，因为飞行事故而丧生。

那天晚上，他在隔壁的一家小旅馆吃晚餐。与总站饭店不同，那家旅馆拥有自己的餐厅。他在那里遇见了他那位摩托车朋友，还有几个同样到这里来受训成为军事飞行员的比利时人。他们的服务员是位傲慢又啰唆的年轻女子，名叫奥黛特。

与此同时[*]，在美索不达米亚边界上的泰尔阿梅尼，拉斐尔·德·诺加莱斯再度发现了基督徒遭到屠杀的证据。他原本正忙着欣赏一片特别

---

[*] 也许是同一天，但也有可能是 12 月 16 日。

美丽浪漫的景色，却在这座小镇边缘的某些古迹废墟当中嗅出了腐臭的气味：

> 我开始找寻那股气味来自何处，结果被吓得从一座座水井或是蓄水池边弹开，因为里面堆满了已经严重腐烂的基督徒尸体。我在不远处又发现另一个地下水池，而且从气味判断，里面必定也堆满了尸体。不但如此，四周还到处都是没有掩埋的尸体，不然就是只用石块草草堆在尸身上，不时可以看见一绺沾满了血的发丝或是手臂腿脚露出石堆，而且被土狼咬得残缺不全。

1915年12月22日，星期三
子弹声中的爱德华·穆斯利记

夜晚，躺在掩体里的他依然清醒，博柏利睡袋舒适地包裹着他。在这个没有窗户的黑暗空间中，唯一的光源是土墙上一个壁龛里的硬脂蜡烛，烛光在地板与天花板上投射出长长的阴影。爱德华·穆斯利望向由沙包砌成的门框。他可以看见门外的弹药推车，可以看见步枪，可以看见一架炮组望远镜、一部野战电话，可以看见一面满是弹痕的墙壁。他还可以看见一排排被削得垂头丧气的棕榈叶。空气很凉爽，可是没有风。

这天晚上，他们在库特阿马拉处于战备状态。他们预计奥斯曼军队会再度发动夜袭，届时穆斯利他们要用一组架设在椰枣树林中的18磅野战炮进行防御抵抗。在黑暗里，他偶尔能听到机枪的嗒嗒声，不时也会传来子弹打中他脑袋后方的那面墙所发出的尖锐声响。他加入美索不达米亚这支部队还不到一个月，对战争还算兴味盎然，例如子弹的声音。他在日记里写道：

> 在这里，经常会听到前方传来一阵爆裂声，就像树枝猛然断折的声音。刚上战场的时候，只要听到这种声音一定不免闪躲。那种闪躲不是有意识的举动，而是闪躲之后才发现自己做出了这样的动作。当然，那颗子弹如果直直射来，你恐怕还没听到它划破棕榈叶的声音就先中弹了。不过，向别人这么解释是没有用的。有些人不论有过多少经验，还是照样会躲。

> 截至目前，今夜仍然平静无事。奥斯曼军队的机枪一度在激烈地开火，于是穆斯利爬出温暖的睡袋，到外面检视了一番。不过，并没有什么严重的状况，只是又有几匹马被打死了，一名印度马夫受了伤——以及更多棕榈叶被子弹削了下来。

同一天，刚休假回来的芙萝伦丝·法姆伯勒在日记里写道：

> 我们都一心想要回到工作岗位上，因此第二天我们忍不住为了谁应该值勤而吵了起来。不过，安娜要去庆祝她的命名日，所以我获胜了。在我休假期间，他们又设置了一间新的手术室：那是一间洁净简朴的小房间，室内全漆成白色。我深感得意地环顾了那个房间。入夜之后，我不晓得为什么一点儿都不想睡。我坐在烛光旁看书，耳朵则是对外面的任何声响都警觉不已——尽管我知道不太可能会有伤兵进来，因为前线一片平静。

1915 年 12 月 24 日，星期五
温琴佐·达奎拉在乌迪内住院了

他先听见铃声，接着看到一小群人沿着走廊走了过来。一个身穿法衣的神父走在前头，两旁伴随着两名手持蜡烛的修女。达奎拉猜测着他们这次造访的是哪位难兄难弟。

他们走进病房里。有人即将接受临终涂油礼。

温琴佐·达奎拉此刻身在乌迪内的军医院里，他和其他许多人一样得了斑疹伤寒。几天前，他被救护车送到这里。由于冬天道路湿滑，而他又躺在救护车最上层的担架上，每当救护车遇到颠簸，他的头简直就要撞到车顶。终于抵达医院后，达奎拉又因状况非常糟糕而让护理员误以为他已经死了，将他送进了没有炉火可取暖的停尸间，直到有人在地板上的一个担架上发现了他。

他的病情加重了。他因为发烧而意识不清，昏迷中高喊着要德皇威廉为这场战争负起责任。护士把什么东西放在了他的头上，他以为是金皇冠，实际上是冰袋。他听到了什么声音，那声音美妙极了，他还听到了音乐。

不过，铃声却是真实的。神父和修女穿梭于病房里。达奎拉的目光跟随着他们，替那个濒死的可怜家伙感到惋惜。想想看，在圣诞夜，在"全世界都欢欣鼓舞地庆祝佳节之际"，那个人竟然即将告别人世。

那三人走过一张接一张的病床，身上的铃铛不停发出声响。在达奎拉发烧的脑子里，时间似乎延展开来，变得缓慢不已。时间静止了下来，仿佛片刻就是永恒。那三个人逐渐走近，他仍然紧盯着他们。

他们在他的床前停下脚步。那两位修女跪了下来。

他就是那个即将告别人世的人。

达奎拉不想死，不要死，也不愿死。那个神父喃喃祷告了一番，并且在达奎拉的眉毛上涂了油。但是在达奎拉眼中，他却成了一个刽子手，一举一动都为了剥夺他的生命。达奎拉虚弱不已，连开口说话的力气也没有。他与神父目光相接。一名修女吹熄了蜡烛，接着便留下他独自一人。

达奎拉告诉我们接下来发生了什么事：

> 我身在一片漆黑当中，我想这点促使我产生了一种静止不动的感觉。那种感觉就像是定在空中，一动也不动，不往右也不往左，不往前也不往后，不上升也不下坠。苍穹本身也静止不动。那是一种完完全全的静止……突然间，在这无法冲破的黑暗介质里经历了一阵无可动弹的压迫状态之后……一面犹如银色布帘的光幕霎时出现在那片黑暗的背景前面。那面光幕上投射着万花筒般缤纷多彩的影像，是我这一生的完整记录，从我呱呱坠地至接受临终圣礼，就这么缓缓展开在我的眼前，显然是要让我细细观赏并且从中获得启发。

一切就此改变，他对死亡的态度因此从抗拒转变为欣然迎接。

异象仍然持续不断。他变成了一个正在分娩的女人；他飞越宇宙，经过行星、恒星与银河，接着却转了个弯回到地球，回到意大利北部，回到乌迪内，回到这家位于但丁街的医院，穿越一个狭窄的小窗，进入病房里，回到生命最外围的界线，也就是他躺在病床上的躯壳里。

1915年圣诞节节期
保罗·摩内利在帕纳罗塔山接受战火的洗礼

时间到了，他接受战火洗礼的时间到了。他们午夜行军，士兵与驮着物资的骡子形成长长的队伍，在雪地上蜿蜒而行。保罗·摩内利一面走路，一面想着两件事情：一件是家；另一件是他此刻的经历，因为这是值得日后向家人吹嘘的回忆。天气很冷，天空清净无云，星星发出苍白的亮光，月光映照在白雪上。他唯一听得到的声音是他们的钉靴踏在冰上的嘎吱声、空锅子摇晃碰撞发出的声响、偶尔的咒骂声以及简短的低声交谈。走了六个小时之后，他们抵达一座被洗劫一空的奥匈帝国村庄，村里荒凉无人。他们白天在那里休息，等待天黑之后再对帕纳罗塔山上的奥军阵地发动突袭。

保罗·摩内利出生于意大利北部的菲奥拉诺-莫德内塞。他原本想要参军，后来到博洛尼亚的一所大学学习法律，而他的两大爱好——运动和写作——在那里获得了结合的机会，他尤其热爱冬季运动以及登山。大学期间，他针对这些主题撰写了一连串的文章，发表于当地的日报《零钱报》。不消说，意大利在今年5月向奥匈帝国宣战之后，他和他的同学随即申请入伍。对于摩内利而言，这不是只做做样子而已，因为身为家中独生子的他其实依法享有免服兵役的权利。他没有使用这项权利，反倒凭自己的登山经验被选拔为阿尔卑斯山地部队这支山地步兵精锐部队的成员。他在6月于贝卢诺正式参军。

不过，摩内利却在最后一刻感到一阵后悔。在出发的那天早晨，他一大早就被窗户上传来的一阵敲击声吵醒，他突然隐约感到一股恐惧。他记得那种感受有点像是宿醉，因为他前一晚怀着无忧无虑的兴奋陶醉心情上床睡觉，醒来之后却感到一阵黑暗深沉的懊悔。（和他共度那一夜的女孩哭了，但他没有把那当一回事。）他的脑中浮现了自己往后可能遭遇的种种大大小小的苦难。对他而言，参军是显而易见的选择，但他却不全然确定自己为什么会这么认为：

> 我之所以会热火朝天地投身战争，是因为我对自己在和平当中的空洞生活感到厌倦，而受到山峰上那充满危险的游戏的吸引？还是因为我无法忍受自己没有参与日后必然会受到众人谈论的大事；抑或纯粹只是出于真诚谦卑的爱国心？

接着，他想到自己出发那天早晨的天气相当寒冷。

不过，他的懊悔很快就被兴奋的心情取代。他提及自己内心充满了"一种迷人的空虚感——健康青春的自豪——充满期待的兴奋感受"。截至这个时候，他还几乎没有见识过战争，更遑论亲身体验。（他第一次在远方听见步枪开火的声音，还联想到台球相碰发出的声响。）从他的照片中可以看到他身材纤瘦，肩膀斜削，蓄着一头浓密的深色头发，眼窝深陷，目光锐利，双唇丰满，下巴还有个凹窝。他看起来比二十四岁还要小，并且在军服夹克的口袋里塞了一本但丁的《神曲》。

这一天，摩内利待在一栋白色小房子里，在一间洛可可风格的卧室里躺在一张低矮的长沙发椅上休息。他静不下心，也许是因为不断有士兵在屋里的木梯上跑上跑下，发出嘈杂的脚步声，也可能是因为他满脑子都在想即将发生的事情。后来，他们开始检视晚上的攻击计划。这场行动并不容易。他们其实不知道怎么抵达目标，甚至在地图上也找不到自己的位置。

晚上九点，他们集合列队，动身。这是个明亮、寒冷、满天星斗的夜晚。他们走进浓密的林地，所有人都越来越紧张。在他们听来，他们的靴子踩在雪地上发出的声响极大，不免泄露行踪。摩内利觉得自己饿了。接着传来一声枪响的回音。"嗒——砰。所有人随即加强戒备。"

> 一声冰冷的爆裂声，我焦虑不安起来。这是我在这场战争中听到的第一声枪响：这是一次警告，宣示战争机器已经启动，而且冷酷地拖着你向前走。你既已参与其中，就永远不可能脱身。也许你以前并不这么认为——直到昨天，你还拿着生命冒险，同时又觉得自己随时可以抽身退出。你若无其事地谈着英勇事迹与壮烈牺牲——谈论着那些你一无所知的事情。不过，现在轮到你了。

摩内利看到一个战友脸上不再是平常那种神秘莫测的木然神色，而是流露出了内心的兴奋。那个战友看见两个奥地利人在他们下方的树林里奔跑，于是朝着他们开了两枪。"在那一刻，"摩内利这么告诉我们，"我心里有什么东西突然消失无踪，于是我不再感到焦虑，而是变得像在操练场上那样充满把握而且头脑清晰。"

接下来——没有动静。

巡逻队奉命外出侦察。

摩内利和其他人睡眼惺忪地保持警戒。天亮了。一个兴高采烈的中尉冒了出来，因为奔跑而满面通红。他下达了一道命令，随即就消失了。远方传来步枪开火的声响。摩内利听到一个人受伤发出的哀号声。

接下来——没有动静。

太阳升起了。他们开始吃早餐。

接着，传来机枪的声音。战斗的声音越来越大，扩散得越来越广，距离也越来越近。几个受了轻伤的士兵从他们身旁走过。敌我双方已在前方某处展开交战。

他们停止用餐。有些人咒骂了几句。他们排成纵列，穿越雪地。摩内利心里在想："这就是死亡吗？这充满尖叫与呼啸声的混乱，这从树上被切削下来的枝叶，以及炮弹在头顶划过的声响？"

接下来——没有动静。

一片平静。一片沉寂。

他们回程的情绪相当高昂。尽管他们根本没有找到命令中要求他们攻下的阵地，但大家对于自己能够毫发无伤地渡过这一关都相当开心，摩内利也对自己经历了战火的洗礼深感得意，甚至几乎可以说是欣喜不已。他们钻过铁丝网的一道缺口，回到自己的阵线后方。不过，师长却站在那里等着他们，看起来一副冻僵了的模样，而且满脸怒容。摩内利的少校营长出现之后，师长随即拦住他，痛骂了他一顿。他们应该找到敌军的阵地，应该要攻下那座阵地；而且，他们几乎没有任何损失，是不是刻意在躲着敌人？骂完之后，师长继续站在小路旁，以冷酷的眼神瞪着那些列队而过的士兵。一切结束之后，师长便搭上在一旁等待的汽车离开了。

当天傍晚，他们又回到了那座空无一人的村庄。摩内利走进那栋寒冷的白色小屋，回到那间洛可可风的房间，再次把睡袋摊在那张低矮的长沙发椅上。透过屋顶上的一个洞，他可以看见星星在夜空中闪烁。

1915 年 12 月 26 日，星期日
安格斯·布坎南在泰塔山附近执行夜间巡逻任务

他们被黑暗包围。天空中有星星，却还没有月亮。布坎南和他的同伴

穿着软皮莫卡辛鞋，因为如果穿上厚重的军靴，在树丛里走路绝不可能不发出声音。他们的任务一如往常：提防德军巡逻队再度破坏乌干达铁路。此时是晚上九点半左右，小分队沿着一条路迅速移动，前往八公里外的一个埋伏点。他们排成单列，人与人之间隔着相当大的距离。他们不时停下脚步仔细聆听。

安格斯·布坎南刚晋升为中尉。他在第二十五皇家燧发枪营里升得非常快——他在今年4月还只是二等兵。不过，他对于脱离普通士兵的生活是怀有一点儿哀伤之感的。根据他的描述，士兵的生活"开怀欢乐、无忧无虑又打打闹闹"。

他们悄悄行进了一段时间之后，突然听到一股很大的撞击声。他们随即停下脚步。

声音来自道路左侧。

他们听到树枝折断以及灌木丛沙沙作响的声音。敌军巡逻队不会以这么漫不经心的方式移动。果然，他们接着就看见了一头犀牛。他们全部立刻静止不动。在黑暗中，他们根本看不出那只巨大的动物是否有攻击他们的意图。情势一度很紧张。犀牛在这个地区相当常见，而且非常危险——比狮子还要危险得多。布坎南知道狮子只有受了伤才会攻击人。今年已经有三十名英军士兵在东非遭到野生动物袭击而丧生。

那头犀牛在灌木丛中踏着沉重的脚步缓缓离去。他们总算摆脱危险了。

他们一行四人在黑暗中继续前进。

他们在一棵高大的杧果树下发现一堆尚有余烬的营火。敌人就在附近。

月亮升起，白色的沙路上，他们被拉长的影子正缓缓游移。不远处，是闪闪发光的河水。

他们在午夜到达一个能够清楚看见铁路的地方。他们躲在树丛里静静等待。他们等待着，等待着。

夜里万籁俱寂，只有非洲动物不时发出种种声响。在铁路对面河岸上的那些高大树木之间，可以听到猴子的尖叫声，以及它们在树上晃荡而偶尔折断树枝的声音。一只猫头鹰在远方的黑暗当中呜呜低鸣……有时候，觅食的动物也不免暴露行踪，让人发现它们就潜伏在附近：土狼偶尔会发出一两声令人毛骨悚然的低沉叫声，或是胡狼发出那有如狗儿的吠声。但它们短暂划破寂静之后，就又如同幽魂般消失于无边无际的黑暗中，继续前往他处寻觅食物。

太阳缓缓升起，又一个平静无事的夜晚过去了。他们生起一小堆火，煮了些茶，然后才在晨光中踏上归程。

士兵正在清理营地周围，各式各样的补给品堆在一旁。传言他们即将获得大军增援："我们的情绪一天天亢奋起来，迫不及待要踏上敌人的领土。"

1 9 1 6

> 这就是战争。令我们感到沮丧的不是丧生的风险,不是炮弹在落下爆炸之时发出的炫目红色火光……而是觉得自己有如木偶,被一个未知的木偶师所操控——这种感觉有时候令人深感心寒,仿佛落入了死神的怀抱一样。
>
> ——保罗·摩内利

1916 年大事记

1月10日　　俄军在亚美尼亚展开攻势，小胜。

1月　　　　俄军部队进入波斯。

2月21日　　德军在凡尔登展开攻势，大胜。这场战役持续至11月。

3月4日　　英、法两国瓜分德属殖民地喀麦隆。

3月6日　　凡尔登战役扩展至默兹河西岸。

3月9日　　德国对葡萄牙宣战。(这两国先前在非洲交战过。)

3月17日　　意大利在伊松佐河发动的第五次进攻中止，无甚成果。

4月24日　　爱尔兰爆发复活节起义。

4月29日　　在库特阿马拉遭到围攻的英军投降。

5月14日　　奥匈帝国在阿尔卑斯山的阿夏戈高原周围展开攻势，小胜。

5月31日　　日德兰海战——斯卡格拉克海峡上规模最大的海战。

6月1日　　奥斯曼帝国在亚美尼亚展开攻势，一整个夏季不断与俄军发生激烈战斗。

6月4日　　俄国在东部展开布鲁西洛夫攻势，大胜。

7月1日　　英法联军在索姆河上发动重大攻势，一直持续至11月。

8月6日　　意大利在伊松佐河展开第六次进攻，小胜。

8月9日　　伊松佐河畔的戈里齐亚被意军攻占。

8月14日　　教宗发起的和平倡议无疾而终。

8月28日　　罗马尼亚对奥匈帝国宣战，德国也随之对罗马尼亚宣战。

8月29日　　罗马尼亚展开对特兰西瓦尼亚的攻势。小胜。

9月14日　　意大利在伊松佐河展开第七次进攻。毫无成果。

10月4日　　德国与奥匈帝国在特兰西瓦尼亚展开反攻。

10月10日　意大利在伊松佐河展开第八次进攻。毫无成果。

11月1日　　意大利在伊松佐河展开第九次进攻。几无成果。

11月27日　俄军在波斯获得重大胜利。

12月5日　　德国与奥匈帝国部队占领布加勒斯特。

12月12日　德国提出的和平倡议遭到协约国回绝。

1916年1月1日，星期六
爱德华·穆斯利看见太阳升上库特阿马拉的天空

这就叫作"袋堆"，也就是一袋袋面粉堆成四米高，然后在顶端架上观察哨。视野不赖，几乎从每个方向都可以看见地平线，也能够观察奥斯曼部队在城北正搞些什么鬼。袋堆矗立在堡垒中央，所谓堡垒也就是一片围墙环绕着的空地，位于库特阿马拉周围的英军防线的东北端。

爱德华·穆斯利自从昨天以来就待在堡垒里，因为他被派到这里接替一名受伤的炮火引导官。前往堡垒的路途又长又危险：他穿越了将近三公里的战壕才抵达堡垒所在处，而且那里到处都是敌军的狙击手，只要看到会动的东西就开枪。由于堡垒位于如此孤立的位置，因此供应的餐食质量异常低劣，即便是就库特阿马拉的标准而言也是如此。他们已开始屠宰驮畜与马匹（尽管穆斯利心爱的唐璜迄今为止还没有遭殃），比较接近城镇的士兵经常以马肉为食。堡垒因为离城镇尚远，所以还没怎么见到这种现象。

穆斯利在黎明前半个小时就醒了过来。他和堡垒里的其他炮火引导官轮流吃早餐。这天清晨，他们依然吃的是米饭与肉罐头，再搭配茶水——牛油和糖已经吃完了。穆斯利喜欢拂晓的天色，喜欢看着夜影在沙漠的平原上逐渐消逝。这天早晨的天空美得令人屏息，连串的云朵在南风吹拂下快速飘过，忽而深绿，忽而紫蓝。由于今天是元旦，于是他想象着自己看到的天象是未来的征兆：他们这支部队的命运就像那些飞掠的云朵一样，将会很快推进至巴格达。库特阿马拉的所有人都平静地等待着救援部队抵达，比较乐观的人声称只需再等几天的时间，但比较悲观的人则认为至少还要几个星期。他们为此互相打赌。有时候他们会踢足球，但天气实在热得令人浑身乏力。

他喜欢黎明还有另一个原因：一天当中的这个时候最容易引导大炮射击，因为再晚一点儿就会开始出现海市蜃楼。此外，这个时候的敌军炮火也不太猛烈。敌军已发现英军用袋堆在引导炮弹发射，所以英军的大炮一旦开火，敌军就会朝着堡垒的护墙开枪。（他把大量子弹打在护墙上的声音描述为"扑哧扑哧"。）他们必须一再加固双层的面袋护墙，因为敌军持续不断的射击终究会蚀穿外层的面袋，导致子弹开始射入堡垒内部。

当天稍晚，穆斯利透过望远镜发现奥斯曼士兵开始架设炮阵。他通知一个炮组，为他们提供坐标，于是大炮随即展开轰击。不过，敌军士兵却没有这么容易被吓跑。他举着望远镜，看见他们听到炮弹飞来的呼啸声就随即跳到一旁寻求掩蔽，但炮弹落下之后，扬起的烟尘都还没落定，他们就又立刻回到原处努力挖掘。真是一群勇敢的家伙。于是，穆斯利改变了炮击的模式。他的炮组改为一门炮接一门炮陆续开火，这样每次发射的炮弹虽然比较少，却能够轰击得比较频繁。这种做法似乎产生了效果。一会儿之后，他就看见担架员与推着推车的护理员抵达了土耳其军队的阵地。

堡垒是库特阿马拉的防卫基石之一，和袋堆一样一直持续不断遭到敌军的攻击。（穆斯利走在护墙边，都会发现子弹从低处的射击孔射进来，因此他只要遇到射击孔就必须加快脚步冲过去。）所以，驻守堡垒的步兵大多数时间都待在地底下，而且这里充满了如迷宫般的地道与地下室，还有用来贮存补给品与弹药的深坑。

下午，穆斯利巡视了堡垒的外围防线。奥斯曼步兵曾在圣诞夜发动强攻。英军的机枪遭到击毁之后,奥斯曼步兵随即闯入堡垒内,爆发了一场激烈的格斗。来犯的敌人最后终于被驱走,但堡垒内也尸体遍地。在一个星期前遏阻了那场攻击的士兵仍然在此坚守阵地,也对自己的成就深感得意。他们带穆斯利观看了仍然散落在地上的奥斯曼军人的尸体——那些尸体都已经严重腐烂,有些地方的恶臭更是令人难以忍受。尽管尸臭逼人,又有敌军狙击手环伺,有些守兵还是冒着危险到那堆尸体当中寻找纪念品。一名印度士兵向穆斯利展示了自己的战利品:三顶奥斯曼士兵的防暑帽以及一把军官佩剑。

晚餐非常美味——一小份马铃薯、一份马里脊肉、枣子与面包。这顿晚餐还有一个完美的收尾,一名军官送了他一根缅甸方头雪茄。晚上七点左右,穆斯利便回到自己的地下碉堡,津津有味地抽起了那根雪茄。[*]

他与另一个同是炮火引导官的上尉共住这个地下室。里面空间相当大,面积大约有五米乘三米,睡两个人绰绰有余。只可惜顶部非常低,在里面根本没办法站直身体。穆斯利躺在床上,一面抽着雪茄,一面盯着上方那一层直径为十五到二十厘米的圆木铺成的屋顶,上面覆盖了一米厚的沙土。他注意到那层圆木已经被沙土的重量压弯了。他望着下弯的顶部,努力回想亚里士多德说过的一句格言,内容似乎是:"尽管有些木板比其他木板厚实,但只要施加足够的重量,所有木板都会断裂。"

保罗·摩内利于同一天的日记里写道:

---

[*] 方头雪茄是一种细而长的雪茄,在当时相当热门,在身处热带国家的白人之间尤其如此,因为他们认为抽这种雪茄能够预防若干热带疾病。(缅甸方头雪茄含有的烟草通常比较有光泽。)也许值得一提的是,香烟的普及性在第一次世界大战期间有了一大突破。不论是先前居于主要地位的雪茄与香烟,还是过渡时期的方头雪茄,相较于烟斗都拥有一项显而易见的优势:可让抽烟者空出双手从事其他工作。

这不就是你要的吗？坐在火堆旁，身为战争的一员，经过一夜成功的侦察行动之后，继续等待执行更重要的任务。脱口唱出愉快的歌，心中觉得这是人生中最美妙的时光，而且你所有最阴郁的担忧都消散一空。

1916 年 1 月 2 日，星期日
温琴佐·达奎拉在乌迪内从昏迷中醒来

没有人认为他活得下来，但有人给他打了一针之后——也许是鸦片？——却不晓得为什么将他从死亡深渊中拉了出来。他记得的第一件事是一名护士的惊呼声："Tu sei renato!"（你复活了！）可这是为什么呢？

经过一段时间之后，达奎拉才缓缓记起了先前发生的事情。

从病房里的日历，他可以看到今天是 1916 年 1 月 2 日。他的脑子一片混乱，枕着白色枕头，躺在床上，努力想要弄清这究竟是怎么一回事。战争仍在持续，这点他知道。可是别人原本已经认定他就要死在战壕里了，到底是什么救了他一命？他应该把自己得以活命归功于自己的智慧还是计谋呢？不对，是他的信仰。他忘不了那个护士说他复活的话，因此产生了一股自命不凡的念头——他自己的信仰既然在战争中救了他的性命，难道不能对其他士兵发挥同样的效果吗？

一个护士走到他的床边，给了他几片薄薄的糖饼和一杯温牛奶。吃完之后他又躺下来，睡了深沉香甜的一觉。

1916年1月10日，星期一
帕尔·凯莱门造访萨拉热窝刺杀事件的现场

过去几个月来，他们的工作就是巡逻以及执行占领军的其他例行公事。山上覆盖着白雪，但天气并不算冷。遭到击溃的塞尔维亚军队已经翻越了南方的阿尔巴尼亚群山，据说协约国的船只已将他们载运至克基拉岛避难。塞尔维亚境内的主要战役都已结束，剩下的工作就是扫荡游击人员。这个国家有些地区失去了所有的男性人口。凯莱门不时看见一列列各种年纪的男性步行而过：

> 干瘦的老人，被苦役折磨得不成人形，只能无可奈何地拖着步子，就像待宰的牲畜一样听天由命。后方的车子则载运着残废、智障者与儿童。

他对这些可怜的队伍所遗留下来的痕迹相当熟悉——每隔一点五公里左右，就可以看见骨瘦如柴的尸体倒卧在沟渠里，不然就是闻到他们没有洗过澡的身躯所发出的浓厚酸臭味。即便在他们于道路的下一个转角消失之后，这种气味仍然悬浮在空气中迟迟不散。

至于那些无所顾忌的人，他们倒是找得到大把剥削他人的机会。塞尔维亚的城镇里有许多女人都愿意以自己的肉体换取粮食，也许只是一点儿巧克力，甚至只是些许的盐。他可没办法参与镇里的这等粗鄙放纵的淫乱之事。也许是因为他太正派了。或者说他只是太虚荣了？毕竟，这么轻易即可得到的东西，能够证明什么呢？

他的部队自从去年12月底以来就驻扎在波斯尼亚，今天凯莱门来到了萨拉热窝。他在日记里写道：

现在已接近午夜，我告别同伴，沿着河岸踏上回家的路途。雪停了，万物都覆上一层银白。在彼岸的萨拉热窝土耳其区，清真寺的拱顶上盖着厚厚的雪。每当强风从山峰上吹拂下来，部分雪块就不免滑下，发出响亮的撞击声，暂时打破这个沉睡的国度的寂静。

街道上空无一人。一个缠着头巾的守夜人趿着草拖鞋从我面前缓缓走过。我来到米里雅茨河的河岸，站在帝国皇储遭到枪杀的街角。房子的墙壁上有一块大理石牌子，上面刻着：1914年6月28日。

悦耳的雪橇铃声从市中心方向逐渐传来。接着，雪橇出现在我眼前，它转向河岸的方向，轻盈狭长的雪橇由冒着汗的马儿拉着。在路灯闪烁不定的光芒下，我瞥见了两个模糊的身影——是个身穿毛皮大衣的纤瘦女子，身边陪伴着一个男人。随着急促的马蹄声，那幅影像转眼之间即消逝远去。那架载着一对情侣的雪橇已经转过了第三个转角。甜美的铃声越来越远，只剩下我独自一人站在寒冷的河岸，就在那块标示着世界悲剧起源的大理石牌子下。

1916年1月16日，星期日
芙萝伦丝·法姆伯勒记录了雪图维契地区一场突击行动的过程

严寒与暴雪或许才是他们最重要的盟友。德军和俄军部队都待在新挖的战壕与逼仄的碉堡内。芙萝伦丝和医护队的成员都无事可做。大多数伤员不是冻伤，就是遭狙击手击伤，敌方狙击手从来不曾像现在这么活跃过。*

芙萝伦丝对于当前的生活相当满意。她刚在莫斯科休假十天，在那里待得很开心："我渴望的灯光、色彩、温暖——全部都在那里。"她去了歌剧院，欣赏了芭蕾舞表演，甚至还跳了舞。在她寄宿的那个人家，他们一起度过了平静的夜晚，坐在柔软的坐垫上唱歌或者弹钢琴，真是一段非常愉快的时光。然而，过了一段时间之后，她却不禁隐隐感到焦躁不安，似乎少了点儿什么东西：

> 我逐渐意识到，在世人深陷哀伤的时候，我竟然沉浸于快乐之中；在世人深受痛苦的时候，我竟然在开怀欢笑，这实在是极不合宜的，实际上根本是不可接受的。我认为自己的快乐应当源自责任，而身为红十字会的护士，我非常清楚自己的职责所在。

莫斯科的最后时光，她竟然度日如年，她迫不及待想要再次穿上制服回到前线。

心潮澎湃的不只有芙萝伦丝。自秋冬大撤退以来，士气已稍恢复。近几个月的僵持局势让原本筋疲力尽的部队得以喘息，补充新的兵源，元气渐渐恢复。补给火车上又载满了新物资，军械库里也添补了新装备。现在，整整有两百万俄军驻守前线，而且已基本人手一支步枪，形势似乎大好。† 去年炮弹短缺的问题饱受诟病，虽然在当时情况不免有夸大之嫌，但现在毕竟问题都已经解决了。如今，每一门野战炮都配置了一千枚左右的炮弹，算是颇为充裕了。此外，官兵们也都获得了充分休息。

---

* 狙击的做法经常受到高层的鼓励，甚至是要求，目的在于借此维持前线的紧张气氛。否则前线一旦处于平静状态，敌我双方的士兵即可能出现自发性的和平共处，甚至直接称兄道弟起来。

† 才几个星期前，还有超过四十万名士兵没有自己的武器。

在这种良好势头下，俄军不免又乐观起来。尽管他们在短短一年半左右的时间里就损失了约四百万人，但这件事似乎已经被抛之脑后。[*]他们希望——许多人甚至是真心相信——新的一年终将会是一个充满希望的转折点。不少人甚至开始谈及俄军未来的进攻计划了。[†]

士兵们也开始摩拳擦掌。芙萝伦丝在不久前得知他们所处的前线已在计划某项行动。昨天晚餐的时候，她终于知道了行动内容：两个营将前去德军防线的一个重要区域完成武力侦察。此举旨在探测敌军实力，同时也抓些俘虏回来。参与这场行动的将会是新兵，这些满腔热血的年轻人志愿加入前锋部队。他们的任务是在德军的铁丝网当中偷偷剪出口子，留出小路——这项任务非常危险，但那些愣头青却只当这是一场充满刺激的冒险。（他们特别配备了白色罩衫，作为雪地里的伪装。）芙萝伦丝和其他一部分医护人员必须在战线后方待命，救治受伤的士兵。

到了早上，他们已经做好去前线设立急救站的准备，但是却枯等了好几个小时。直到晚上将近十点半，他们才终于接到出发命令。他们原本打算搭帐篷，却意外被获准在一间小木屋里架设装备，那间小木屋位于战壕后方一点五公里处的一片小树林里。天气很糟，风又大又冷，而且还下着冻雨。

医生们很紧张。谁能预测德军对于这样一场突击行动会有什么反应？前线仍然一片寂静，连一声枪响也没有。他们静静坐着等待。除了等待还是等待。午夜过去了。不一会儿，师长来到这里，他们拿茶水招待了他。接下来又是等待。凌晨两点，师长接到一通电话。回报的消息有好有坏：剪断德军铁丝网的第一轮行动被迫放弃，但他们已展开了第二轮行动。

等待继续，寂静依旧，接着又是一通电话。一切都进行得非常顺利。

---

[*] 不过，在这个阶段还没有人确知整体的损失状况，部分原因是俄军拙于统计自身伤亡的可靠数字。后来红军也继承了这个缺点。
[†] 知情人士都晓得协约国——英、法、意、俄——已决定在1916年采取同步攻击与推进。此举的用意在于，让同盟国难以利用其地理位置的运输优势，将后备部队轻易运往受威胁的地区。

侦察队已穿越了障碍。小木屋里的所有人都松了一口气，相互对视而笑。

等待继续，寂静依旧。三点过去了。四点。

然后，就出事了。

突然间，大炮、机枪与步枪齐声大作，打破了原本的寂静。这些声响无疑代表俄军的攻击行动已经展开。枪炮声持续不断。又是一通电话回报。侦察队被敌军发现，现在正遭到德军的猛烈炮火攻击。突破行动失败了。

伤兵开始涌入，有些是被担架抬过来的，有些是被战友扶进来的，还有些则是自己一瘸一拐地走过来的。木屋里只有两种颜色——白与红。鲜血在士兵的雪地伪装服上显得特别鲜明。她看见一名士兵握着一枚手榴弹，而且因为深受震惊而拒绝放手。她看到另一个人腹部受伤，肠子都垂挂在外面，然后才发现他已经死了。她又看见另一个人肺部中弹，一面吃力地吸着空气，一面不断冒出血泡。她还看见一个人被施与临终圣礼，但那人已处于垂死状态，连吞食圣饼的力气都没有。白与红。

这一切结束之后，芙萝伦丝出外透透气。一切再度恢复了平和寂静，附近只有零星几声枪响。武装侦察行动失败，七十五人丧生，另外约有两百人受伤。团长失踪了，据传受了重伤，倒在了冬季的暗夜里，倒在了铁丝网下。

1916 年 1 月 18 日，星期二
米歇尔·科尔代搭乘地铁前往巴黎东站

天寒地冻。这天上午，米歇尔·科尔代陪一名老朋友到火车站去。这名朋友是工兵部队的军官，正要返回他的部队。他们两人乘地铁前往巴黎东站。在地铁上，他们听到一名休完假正要返回前线的步兵对一个友人说："如果可以不回去，要我砍掉左臂我也愿意。"这句话不只是单纯的比喻，因为科尔代接着又听到那个步兵说他曾经试图让自己受伤，以便能够退出前线：他的做法是在敌军开火的情况下，把手伸出战壕的一个射击孔外，而且这么持续了一个小时——但没有成功。

这一天，人们还谈道：这场战争平均每天耗掉三千条人命以及三亿五千万法郎。目前已有人提出应设法降低这些成本，以便能够把仗打得更久。现在，甚至连"分期偿还战争支出"的说法都出现了。此外，黑山——法国与塞尔维亚在巴尔干半岛上的盟国——在昨天投降，也引起了一定程度的焦虑。不过，黑山其实别无选择：占领这个多山小国的德奥部队，正是将塞尔维亚军队驱出黑山的部队。还有人谈到一名受重伤的德军军官在前线被俘：就在他临死之际，他轻声说道："歌德真的是全世界最伟大的诗人……对不对？"说话的人认为这正是德国人自负心态的典型表现。

科尔代与他的朋友抵达巴黎东站的时候，已经上午十点了。到处可见穿着制服的军人，他们坐在行李推车或石栏杆上，不下百十人。他们如果不是在等火车，就是在等着十一点的到来。因为在十一点以前，店家被严禁为身穿制服的军人供应饮料。*科尔代听说有位部长想要点一壶茶招待两名女子以及其中一名女子的未婚夫，结果遭到店家婉拒，原因是那名未婚夫身穿军服，可是军人的饮茶时间未到。接着，那个部长打算只为那两名女子点茶，结果再度遭到拒绝，理由是那名士兵可能会喝他们为那两名女子供应的茶。不过，服务生倒是体贴地指了指门口，给他们支了一招：

---

* 这项禁令对于酒精与非酒精饮料都一律适用。我查不出这项禁令的用意何在。

未婚夫先生可以先行离开茶馆,这样他的同伴就可点饮料了,另一群顾客里的一名军官就是这么做的。

站台上也挤满了休完假的士兵。车厢旁离情依依,妇女纷纷高举着幼童,好让探身窗外的丈夫能够给他们最后一吻。科尔代将窥伺的目光悄悄落在一名士兵身上,那人的脸上表情扭曲,活像一张哀伤的面具。他心中的悲苦是如此显然,科尔代不得不把目光移开了。他离开了站台,不敢再回头看。

1916 年 1 月 26 日,星期三
温琴佐·达奎拉被转至圣奥斯瓦尔杜精神病院

一名护理员一大早就把达奎拉的军服拿了过来,要他换上。接着,他被带到一间办公室,里面有位身穿上尉军服的医生等待着他。那个医生名叫比安基。达奎拉动作利落地向他敬了礼。医生亲切地接待了他,尽管他其实并不自在,而且有些犹豫不决。达奎拉看见桌上有一沓文件,并正好注意到其中的部分文字内容。那是一份命令,要将他转送到圣奥斯瓦尔杜精神病院,以接受"观察与收容"。"症状:躁狂型脑部斑疹伤寒——对病患本身以及别人都具有危险性。"

达奎拉疯了——至少医生认为他看起来如此。在达奎拉错乱的脑子里,病倒以及后来奇迹般的复原,使他深信自己受到了上帝的"拣选"。他心中有一个狂热的念头,认为上天是因为某个特定的目标将他从死亡的深渊里救回来的。那派给他的任务是什么呢?终结这场战争。他幻想自己

在医院的病房里能够看见超自然力量的运行。他相信自己能够凭借信仰的力量治病救人。

需要治疗的人可真是不少。他苏醒之后,立刻就被转移到乌迪内外围的一座女修道院——那里是军方安置各种精神病人的地方。病人人数日益增加。实际上,面对这些患有古怪痉挛、诡异的强迫症以及不明原因的瘫痪的病患,医生根本不晓得该怎么办:这些人的身体没有受伤,心智却似乎已经崩溃。达奎拉右侧的病床上有个年轻人,每十分钟就会坐起身来,仔细检查枕头上有没有头虱,而且他这种行为不分昼夜都持续不停。在同一间病房里,还有一个人一再以为自己回到了前线,每隔一阵子就会滚下床,大喊着:"萨沃亚胜利!"他在冰冷的地板上蠕动着身体,闪躲着幻想中的子弹,直到昏过去为止。这时候,护理员就会把他送回床上,让他昏睡一阵子,直到他下一次发作。

由于不晓得这是什么病症,他们因此称之为"炮弹休克症"。

达奎拉见过那种状况,他深感惊恐。那种景象更加强化了他的信念,认为自己必须也确实能够遏止这场彻底的疯狂,也就是这场战争。一天晚上,他做了个预言性的梦。他看见两群士兵在医院外面打斗,于是他走了出去,站在他们之间:

> 我举起一只手,示意那些士兵停止开枪。接着,我感到右侧一阵剧痛,原因是敌军的一颗子弹击中了我。可是我没有倒下。相反,我冷静地用手指挖出那颗子弹,高高举起,让双方的交战者看见我是打不死的。所有人立刻停止开枪,并且将武器抛在地上,开始互相拥抱,高喊着:"战争结束了!"

达奎拉相信自己是个先知,并且口若悬河地与医生及神父争辩。他们说他疯了，可是疯了的是这个世界，不是吗？他说他能终止这场战争，听起来也许像是异想天开（他不过就是一个名不见经传的下士），可是总得有人要起个头呀，对不对？因此，他穿着睡衣四处讲道、与人辩论。他怀疑外头正酝酿着什么阴谋。他认为自己发现了上天藏在他内衣里的秘密信息。

比安基上尉不晓得为什么显得相当尴尬，一面把弄着眼镜，一面把这项转院决定归咎于高层的命令。达奎拉再度开始为自己辩护：发疯的是这个世界，不是他。他分析、预言、高谈阔论："基督不是要我们爱我们的敌人吗？"他滔滔不绝地说了许多。上尉耐心聆听，然后和他握了手，祝他好运，陪伴着他走到庭院里，一辆救护车已经发动了引擎，在那儿等他。达奎拉爬上车之后，引擎震动了一下，随即熄火了。看，是上天降下的另一个征象！

最后，司机与一名技工终于把车子发动了。他们以飞快的速度穿过乌迪内，开往圣奥斯瓦尔杜。那是个寒冷晴朗的早晨。

1916年2月某一天
帕尔·凯莱门在黑山的一条山路上目送运输车队

黑山被打败了——这个国家虽然可能不是同盟国最重要的敌人，但终究还是敌人。帕尔·凯莱门和他手下的轻骑兵参与了那场行动，但一如往常，他们没能目睹任何战斗场面。现在，他们又回到了熟悉的例行工作——巡逻、守卫。他在日记里写道：

总部开始进行搬迁。由于铁路桥尚未修复，因此两座车站之间的补给运输都由卡车进行。尽管运粮车数量严重不足，但所有车辆却还是被征用了，以协助总部的搬迁工作。一列列的卡车行驶于山路上，载满了一箱箱的香槟、弹簧床、立灯、小灶炊具，以及若干美食。部队可发放的粮食只有平日配给量的三分之一，前线的步兵更是连续四天都只有一小片面包可以吃，但参谋官的餐厅却仍然如常供应四道菜的晚餐。

1916年2月5日，星期六
奥利芙·金在萨洛尼卡期待着休假日

她和另外三名妇女住在一个帐篷里。每天早上，她们使用英国军用便携式炉具自行准备早餐：这种使用固态燃料的炉具虽然又小又缺乏效率，但还是能够用来煮咖啡，也差不多足以加热一个香肠罐头。一如往常，萨洛尼卡还是清闲无事。前线很平静，部队甚至都开始开垦菜园，打算种豌豆了。唯一和战争扯得上边的活动，就是德军齐柏林飞艇偶尔的空袭。第一次比较严重的空袭是在去年12月底，四天前又发生了一次。不过，这些攻击行动都没有造成什么值得注意的后果。

如同其他陷入僵滞状态的前线地区，这里的空中战事备受关注，大大超出其实际上的重要性。一般大众原本都期待战争会多姿多彩，充满兴奋与刺激，而且个人的英勇与技能将会在其中占有重要地位，然而，现在这种情景却极为罕见，以致大家只好将目光投注在空中的战事上。前几天，就有一架被击落的德军战机在萨洛尼卡被四处巡回展示，受到众人的欢呼庆祝。(那架战机恰好迫降于法国防线后方，其实主要是偶然造成的结果：机身上只有一个弹孔，却正好是在油箱上。)金也去看了那场游行。协约国骑兵在前领队，接着是几辆汽车，上面载满了自豪不已的协约国飞行员；然后是那架飞机，被拆解成碎片，分由三辆货车载运；接着又是更多的协约国汽车，最后又是一排骑兵。金在写给妹妹的信中描述了这场游行：

> 那是一场很正式的游行队伍，用来让那些当地土包子开开眼界，而他们也确实看得目瞪口呆。不过，最好笑的是一大堆的卡车、救护车、轿车、电车、牛车与马匹等，都被游行队伍挡住，只能跟在后面慢慢蠕动。

在这个下着雨的黑夜，金躺在帐篷里给她妹妹写信。她尽量长话短说，因为她只剩下半根蜡烛了。写完信之后，她就上床睡觉，而她上床之前并不需要多少准备时间。她只要脱下靴子和裙子，即可钻进被子和大衣底下。她和同帐篷的三位室友明天休假，她内心充满了期待。她打算明天先好好赖个床，然后与室友分享她今晚买的三颗鸡蛋作为早餐。

1916年2月13日，星期日
拉斐尔·德·诺加莱斯与底格里斯河上的野鹅

空气中有一股寒意。早上的雨到了上午十一点已经转为大雪，沙漠上笼罩着一片充满异国风情的白色。拉斐尔·德·诺加莱斯正搭乘一艘汽船在水色浑浊的底格里斯河上往南航行，他要到前线去。他又来寻求战斗与危险。昨天，他离开了巴格达，加入了一支在库特阿马拉浴血奋战过的兵旅。

除了天气寒冷，这场旅程倒是相当恬静怡人：

> 唯一能打破单调重复的景色就是犹太人的小屋和河流两岸缓缓转动的水车。每隔一段距离，河岸轮廓也会被覆满沙尘的棕榈树以及黄色的小村落打破。在铅灰色的天空上，不时会有一群野鹅振翅飞过，也许是被上游一艘单桅帆船的船员吓到了吧。因为他们一面升着三角帆，一面唱着漫长而哀伤的歌，与其说那是曲调，不如说是哀哭，简直如沙漠的地平线一样漫长而忧郁。

实际上，德·诺加莱斯从锡尔特骑马抵达阿勒颇之后，又累又病，本打算申请从奥斯曼军队退役。他在那场马背上的旅程中的所见所闻，更是坚定了他的决心。他一次又一次在无意间看到基督徒遭到屠杀的痕迹，也看到许许多多遭到放逐的亚美尼亚人——尤其是妇女和儿童——沦为"浑身肮脏、衣衫褴褛的骷髅"，在奥斯曼士兵的监视下蹒跚移步，直到丧命。

不过，来自君士坦丁堡战争部的一份电报告诉他，申请并未核准，他们提议他到总部医院接受治疗。德·诺加莱斯不敢接受那项提议：身为那些屠杀活动的目击者，他生怕自己会遭到灭口。不过，在阿勒颇与德国的军方代表接触之后，他略略宽心了一些。休养了一个月后，他申请了一个新职。*

---

* 他也意识到——或者是担心——自己如果试图西行或者前往君士坦丁堡，恐怕不免遭到拦阻。

他先到阿达纳省一个偏远的小地方负责管理运输。奥斯曼军队的运输系统一派混乱，系统中的人更是腐败无能，尽管这不是个人力量能够抗衡的，他还是多多少少尽到了自己的职责。然而，他却在去年12月意外接到一份调任新职的电报，到科尔马·冯·德·戈尔茨男爵的参谋部任职。戈尔茨是德国陆军将军，指挥美索不达米亚的奥斯曼第六军。*

德·诺加莱斯虽然还是有些不安，但渴望新的热烈气息，很高兴摆脱阿达纳驼队之路上的"流放"生活，于是他动身南下，前往美索不达米亚的前线。阻挡住了英军进攻巴格达的行动，肯定是他们的一大胜利，而如果能迫使被他们包围在库特阿马拉的英军部队投降，将会是进一步的重大胜利。现在，那座小镇周围不断发生激烈战斗，更下游的地区也不例外，因为英国援军企图从那里找突破口。

航行了几个小时之后，他们在河上遇到另一艘船。两艘船并排停在一起，他看见一名身穿奥斯曼上校军服的矮小男子通过搭板走了过来。这个蓄有山羊胡，而且姿态看来"自豪而谦逊"的土耳其男子名叫努尔艾丁，不但是在泰西封阻挡住英军的指挥官，也是成功围困汤曾德的英军部队的主要功臣。然而，努尔艾丁却"又丢了面子又成了穷光蛋"，被剥夺了巴格达总督的职位，眼下正要前往君士坦丁堡。新任总督哈利勒虽然可能没有什么过人的军事长才，却拥有第一流的政界人脉。现在，一场重大胜利既然近在眼前，他自然是要急不可耐地去窃取这胜利的果实。†

哈利勒的侄子恩维尔帕夏是青年土耳其党的一位领袖人物，激进的民

---

* 土耳其人称他为戈尔茨帕夏。帕夏是奥斯曼帝国的一项荣衔。——译者注

† 哈利勒就任指挥官之后采取的第一项措施，就是下令原本用来防止英国援军抵达库特阿马拉的土耳其部队重新集结。这明显是一项思虑不周的行动，导致土耳其防线的一个侧翼暴露出来，而英军也发现此一弱点，立刻趁机发动攻击。由此造成的结果就是1916年1月13日的哈纳战役——英军如果不是因为侦察不周，也许能够获胜。不过，哈利勒的操作最后终究获得成功：在库特阿马拉获胜的荣耀因此落在他身上，而为了恒久纪念这一点，他更把"库特"加入自己的名字里。直到他在1957年去世之前，他都一直被称为"库特英雄"，是个备受颂扬——尽管不一定够格——的土耳其军事英雄。

族主义者，促使奥斯曼帝国加入同盟国阵营参战的推手，实际上现在已是这个帝国的军事独裁者。也就是他撤换了努尔艾丁，改由自己的叔叔接任巴格达总督。

这场战争由于规模庞大，生产出英雄的速度也很迅猛，报纸上充斥着英雄人物的报道。不过，这些英雄被消费的速度也几乎同样快，过后等待他们的多半是死亡和遗忘。泰西封那场胜仗还有另一名设计师：德国将军科尔马·冯·德·戈尔茨。这位七十二岁的德国军官尽管地位极高，却几乎与世隔绝，而且还生了病，每天都独自一人待在一顶肮脏的小帐篷里。此时，他的生命其实只剩了大约两个月，最后也是斑疹伤寒夺走了他的生命。*

随着夜晚降临，德·诺加莱斯看见一排排淡淡的螺旋烟雾"飘上铅灰色与金色交杂的天空"。前线已不远了，他们马上就要下船，转乘陆上交通工具。在这里，他可以看见维系着战争机器持续运转的众多齿轮。对于大多数的军队而言，平均一名前线士兵需要后方有十五个人提供各种支持。

过去五十年来，武器的革新也是日新月异的，并变得越来越致命。然而，交通工具却几乎没什么改变。这就是战争经常陷入停滞的一个主要原因。火车一旦抵达终点站，军队如果要再继续前进，依靠的交通工具与恺撒或拿破仑的时代没有两样——士兵的双腿或马匹。然而，由于军队的组织越来越庞杂，因此需要的装备越来越多；而武器因为射速越来越快，所以也需要越来越多的弹药。†

---

* 他也是库特阿马拉那场胜仗的功臣，尽管他没有机会活着看到。他在两个月后去世，就在围攻结束之前的两个星期。官方记录称他是因罹患斑疹伤寒死亡，但有若干未经证实的流言称他是遭到土耳其军官下毒杀害。

† 在1871年，德国陆军的一个军只需457辆马车运输物资；到了1914年，所需的数目却多达1168辆——增幅超过250%。这些额外的马车都需要马匹拉动，而那些额外的马匹也都需要饲料，而饲料也需要运送。以相同的体重比较，马匹的食量是人的10倍，所以这些饲料也就需要更多的马车运送，以及更多的马匹来拉。当代的一项统计显示，每3个人就有1匹马。约有800万匹马丧生于第一次世界大战当中，因此马匹损伤的比例高于人员损伤。

对于绝大多数的战役而言，尤其是在西欧完善的铁路网以外的地区，决定胜负的因素都是后勤大于战术。一支部队不论士兵有多么英勇，武器有多么先进，其运输系统如果太过鄙陋或者落后，终究还是不免陷入劣势。这场战争已越来越转变为一场经济实力的竞争，一场工厂之间的较量。而后勤正是奥斯曼军队的弱点。

德·诺加莱斯在服役期间见识过奥斯曼帝国各式各样的无能与腐败，但在美索不达米亚的前线，他们其实已经竭尽全力。随着船只逐渐靠岸，德·诺加莱斯看见的景象实在颇为壮观。在这里，他也看出了土耳其人的决心与精力。但另一方面，这幅景象也带有一种恒久不变的特质：

> 随着时间流逝，我越来越能够清楚看见那一长排停泊在底格里斯河左岸的汽船、单桅帆船、种种商船与木筏，全都忙着装载或卸除军用物资，那些物资全都在陡峭的河岸上堆成一座座高大的金字塔。数以千计的水牛、骆驼及其他牲畜，在穿着如画般服饰的阿拉伯牧人的照料下，正在一大片草地上平静地吃草。放眼望去，草原上满是看不到尽头的白色帐篷。在那一大群身穿军服的人员当中，骑兵巡逻队与步兵排不断随着军乐声来回行进。嘈杂的人声听起来有如远方的浪潮声。人群的喧闹当中不时会冒出牲畜的尖叫、汽笛的嘶鸣、伊玛目召唤众人祈祷的歌声，以及波斯、阿拉伯与犹太商人的叫卖声，他们正比手画脚地向我们的士兵兜售烟草、橄榄与一盘盘油腻的食物。

当晚，德·诺加莱斯留在"萤火虫"号上过夜。"萤火虫"号是一艘已被煤烟熏黑而且船身满是弹痕的英军炮艇，在两个月前发生于乌姆的交战当中落入奥斯曼部队手中。双方都在底格里斯河上部署了重武装小型舰队，主要目的就是保护自己的补给链，因为这条在今年因为干旱而异常难以航行的河流是两军共同赖以维生的动脉。

远方偶尔会传来隐约的爆炸声，而在遥遥的地平线上，浓浓的油烟从棕榈树林的上方冒了出来。被困库特阿马拉的守军就在那里。

在那座围城里，其中一名守军就是爱德华·穆斯利。他得了痢疾，而这天早上醒来更是比以往还要难受：除了腹泻之外，他的后腰与头部也疼痛不已，而且还发了高烧。医生的嘱咐很简单："吃好一点儿。"穆斯利写道："他们干脆建议我去搭游轮度假算了。"库特阿马拉的储粮正逐渐减少。有些士兵为了维持体力不惜代价，竟开始吞服鸦片丸以及其他各种自行调制的药物，例如一种混合了蓖麻子油与哥罗丁的药水。哥罗丁是一种著名的止痛成药，带有薄荷味，其有效成分为鸦片、大麻与氯仿。*

库特阿马拉的状况没有改变——他们全都在等待友军再度设法为他们解围。有些人已逐渐失去耐心，但其他人只是纯粹等待着，态度近乎麻木，不再认为自己有可能获得迅速救援。他们互相开玩笑，说自己已经习惯了被围困或者固守阵地的生活。此外，他们的困境又进一步恶化：他们今天遭到了一架敌军飞机的轰炸。穆斯利在绝望之余写道："敌军已经围了过来。我们遭到来自各个方向的攻击，包括天上。"今天最令人心烦意乱的消息，就是英国的民众对于美索不达米亚发生的事情一无所知。他们以为这支部队只是进入了某种冬眠状态而已。

穆斯利在日记里写道：

---

* 哥罗丁主要用于治疗霍乱，是英国军医在印度发明的药品，也备受竞争对手的模仿。这种药品在当时深受喜爱，尽管其成瘾性极高，服用过量甚至可能致死。原始配方的哥罗丁后来终于停产——令许多爱好者深感失望。哥罗丁的例子充分显示了19世纪末与20世纪初是历史上药物滥用现象极为普遍的时期；不过，当时参与其中的人自然不会认为自己的行为是滥用药物。

我今天看完了一本小说。这本小说至少让我再度产生返回英国的渴望。我们全都充满渴望,而文明带来的最大的福气,就是提供了平抚这些渴望的手段。上苍啊!只要能有一杯新鲜牛奶和一罐果酱就好了。气温103度[*],我却在发抖。我要想办法睡个觉。一切都很平静。卫兵从我屋顶旁走过,地面都随之震动。今天是围城第七十天。

1916年2月14日,星期一
克雷斯滕·安德烈森在比利蒙蒂尼思考和平问题

冬去春来,水潭上覆盖着一层冰,大地一片淡褐色。过去几个月颇为平静,他对此感到很满意。安德烈森在前线执行了几次任务,但都是去挖战壕而不是去战斗。白天,他们坐在地窖里听着炮击声,晚上再到前进线努力挖掘。他们的阵地在深度与范围两方面都不断发展,但看不见尽头的深战壕以及越来越厚的带刺铁丝网已不再让人觉得壮观,而是令人沮丧。他对自己和其他人说,这场战争已不再可能以军事手段终结——随着更多的时间过去,交战双方的阵线也越来越难以突破。他听说这个区域的德军与法军士兵已达成一种默契,尽可能不去干扰对方。不过,偶尔还是会爆发激烈战斗,然后又随即平息下来。他完全看不出其中的逻辑何在。

除了晚上的挖掘工作之外,克雷斯滕·安德烈森其实过得相当舒适。他并未碰上任何真正不愉快的遭遇或者重大的危险,但他还是觉得心神不

---

[*] 这是华氏温度,将近39.44摄氏度。——译者注

宁，一心想要回家。他和自己的德国战友已极少往来，他觉得他们喝酒喝得太凶。他甚至厌倦了日常生活，这单调沉闷又令人心情低落的日常。他们有时候会互相恶作剧，例如在彼此的"猪鼻子"里撒胡椒粉——猪鼻子是士兵对防毒面具的昵称。他只要有机会，就会找其他丹麦人聊天。他最近在读莫里哀的作品，而且和一匹马成了好朋友。他得知黑山向奥匈帝国投降之后，不禁产生无穷无尽的猜测，认为这可能只是第一步，其他地区将会迅速跟进，于是和平就会在复活节或复活节过后不久降临。除此之外，还有其他类似的猜想。安德烈森在日记里写道：

原本在这里进行的攻势已经完全陷入停滞，一切都非常平静。我有很长一段时间没有听过大炮的声音了。我相信战争会在今年 8 月以前结束。不过，这不表示我们立刻就可以回家。到时候旧大陆一定是一团混乱。我认为世界的运转将会暂停一阵子，然后再重拾精力全力前进。

1916 年 2 月 19 日，星期六
萨拉·麦克诺坦在从卡斯文前往哈马丹的途中

他们在早上八点乘汽车出发。卡斯文的低矮房屋很快就消失在他们身后，平原随即展开于眼前。到处都是雪，风也冷得刺骨。她心想："我一直以为波斯位于热带，可是我不知道自己这个念头是从哪儿来的。"北波斯——这就是麦克诺坦和她的同伴所在的地方。

他们来到这里，颇有一番周折。去年 12 月初，一位大公夫人代表俄国当局通知他们，服务地点在高加索地区，于是他们从莫斯科搭火车出发了。他们越是往南（弗拉季高加索、第比利斯、巴统，然后又回到第比利斯），"前线"的概念越是显得模糊不清。"前线"到底在哪里？[*]他们又究竟该做些什么？他们从英国运出来的救护车只有一辆送达目的地，结果那辆车又出了故障。（他们现在开的车子是她自掏腰包在第比利斯买的。）此外，在高加索地区那些路况糟糕的山路上，汽车真的有任何用处吗？他们唯一知道的事情是，一个俄军步兵师已经深入波斯，而且据说交战仍然持续。

战火已经延烧至中立的波斯，而且他们将负责支持一支侵略军，麦克诺坦未作多想。战事正依循着一种自有逻辑逐步升级[†]，早已偏离了她在去年夏天的巡回演说会上宣传的预期轨道。但人一旦像麦克诺坦这样身陷不断变化的复杂情势当中，自然当局者迷，很难说哪些东西和崇高理想以及追求胜利的努力有关，哪些东西又纯粹只是出于卑鄙的民族自利心或帝国主义扩张心态。话说回来，她真的想要深究这些问题吗？说到底，俄国毕竟是英国的盟友呀。

不过，她内心那挥之不去的疑虑再度冒了出来。

他们驾着车奔驰在冰冻的道路上，两旁都是积雪堆成的高堤。刺骨的寒风吹袭不停。他们在一家小茶馆停下来，吃了些三明治，又喝了一杯波特酒："我觉得这杯酒让我不至于冻成棒冰。"然后他们再度上车出发，逐渐把平原抛在后方，开始驶上山路。她冻坏了。

不过，过去这几个月在俄国的经历又进一步强化了她认为英国人比其

---

[*] 她在日记里为前线一词加上了引号。
[†] 波斯卷入战火并不特别令人意外。早在 1914 年以前，这个积弱不振又不稳定的国家就已是俄国与英国帝国主义者的竞逐场域，而他们实际上也将这个国家瓜分为各自的利益范围。战争的爆发导致整个情势更加糟糕。开战才几个月后，英军即在波斯沿岸占领一座重要的产油中心，而德军也立刻发动强力的宣传活动，并且提高间谍活动的强度。由瑞典警官训练以及领导的波斯警方在 1915 年 11 月受到德国控制之后，俄军立刻就对波斯发动侵略。

他民族都还要优越的信念。此外,她也半开玩笑地开始纳闷起英国是不是在这场战争中选错了边,至少就东部战线而言是如此:

> 我经常(对俄国)深感绝望。如果俄国不是我们的盟友,我大概会说,对他们而言,被德军占领一两年绝对是最好的事情。经过起初的六个月之后,已经没有人对这场战争还有热情,所有士兵也都想回家。

她觉得俄国实在没有什么东西能够让她给予肯定:气候酷寒,城镇肮脏不已,人民粗俗无礼,官员贪污腐败,道德低落,社交生活贫乏,饮食单调,民居丑陋。在俄国难得的一段美好时光是圣诞节,那天她获邀到第比利斯与尼古拉大公共同用餐:她极为开心,一部分是因为尼古拉是"一位俊美迷人的男士,而且他可是一位杰出的大公"*;还有一部分则是因为他竟然对她敬酒!不过,接下来一切又都回归于无穷无尽的等待、无所事事以及信息矛盾混乱的现实。麦克诺坦的健康状况并不太好。

下午三点,他们抵达了被白雪覆盖的山隘,在那里会见了几个俄国军官,和他们一起共进午餐。用完餐后,那些军官和他们一同上车,并开始拖缓他们的行程。她看见鸟儿,她看见野狼,她看见野兔,她看见一头胡狼,她看见被抛弃的车辆,她看见一个哥萨克兵团,她看见运输马车,她看见马匹拉着大炮。前方确实有一场战斗,这个念头鼓舞了她。目前阶段,前线仍然处于僵滞状态,但尼古拉·巴拉托夫将军率领的一个师将在不久之后开始进攻德黑兰,他们届时就会需要她和她的同伴去照料伤

---

* 尼古拉·尼古拉耶维奇大公拥有超乎常人的高挑身材,原是俄军最高指挥部的领导人,却在1915年9月因为宫廷里的权力斗争而遭到解职。这项职务由沙皇尼古拉二世自行兼任,但他对于军事却是一知半解。在那之后,尼古拉大公即被调到高加索前线。在那里,由于他的部下提出良善的计划——他也欣然采纳他们的建议——而且他又能够调集充分的援军,因此俄军在与土耳其部队的交战中已逐渐占据上风。

兵。* 至少当前形势走向是如此的。

天色逐渐转黑。坐在路中间的野兔被车灯照到之后仍然动也不动，仿佛被下咒了一样。太阳下山之后，气温又突然变得更低。她看着四周的高山消失于冰冷的雾气当中。

他们在晚上十点抵达哈马丹，一座波斯城镇，举目是低矮的土房。通往镇里的道路路况极糟，以致车子被卡在路上动弹不得。于是，麦克诺坦下车步行，有些人则待在车上。两名俄国军官护送她前往她工作的医院。她注意到其中一名军官喝醉了。更令她生气的是，她发现医院里只有"一个惹人厌的犹太医生"和两名年轻护士，而且医院也没有为了她的到来做好任何准备工作。（不仅如此，那两名军官还和护士打情骂俏了起来。）

这里可真是一团糟，在寒冷当中等待了好一段时间之后，她终于放弃了。现在已近午夜，她来到一栋由一对美国传教士夫妇占用的房屋。他们很热心，招待了她一杯茶，并且提供一张床让她过夜，尽管那张床所在的房间没有火炉。她裹着自己"忠实的披肩"睡了一晚。

1916年3月2日，星期四
帕尔·凯莱门在博斯纳布罗德的火车站观察一名妇女

近来的发烧与疲惫现象总算找到了原因：疟疾。虽然未到最严重的阶

---

* 有不少人试图争取麦克诺坦对目前正涌入高加索地区这一带的亚美尼亚难民的援助。前一年的屠杀事件备受谈论，而由于麦克诺坦亲自和若干目击者与幸存者谈过，因此她对那场屠杀的规模与凶残也知之甚详。不过，她对亚美尼亚人颇感厌恶——"一群可憎的人"——而宁可到前线协助俄军。

段，但他还是需要悉心的照料。当然，他对于自己被送到一家匈牙利医院深感满意。凯莱门在绵绵春雨中与他的下属以及同僚道别。他们的心情都很激动——他的中士甚至流下了眼泪。接着，他就离开了位于卡塔罗外围的那片沼泽平原上的军营，搭乘一艘运兵船抵达阜姆。[*]

他们熄灭船上的灯火，沿着达尔马提亚的海岸航行。在冰冷的布拉风[†]中，他们经过了亚得里亚海最危险的区域：那片海域是一条死路，意大利在奥特朗托沿岸布满了水雷。他无法理解船员的兴奋之情，他"不懂为什么还有人能够因为察觉到危险而两眼发光，也不懂这种不怕死的精神到底从何而来"。尽管其他人都在冰冷不已的甲板上紧张地扫视着意大利的水雷，凯莱门却独自坐在船上的餐厅里，用戈尔德克牌的红酒把自己灌得烂醉。

今天，他坐在博斯纳布罗德等待一班火车。这里是铁路交会处，车站里挤满士兵。[‡]货车在街道上来回行驶，车站内也有各式各样以及各个时代的火车头与车厢。食物罐头与弹药堆得到处都是。装卸工作由蓄着胡须、身穿肮脏制服的年老民兵负责。车站的餐厅里满是军人与各式各样的政府官员，但有一张桌子旁却坐着一名年轻女子，凯莱门的注意力完全集中在她身上：

她身穿一身简单的晚礼服，脖子上围着毛皮围脖。我忍不住去研

---

[*] 卡塔罗（Cattaro）是意大利人取的名称，今名为科托尔（Kotor），位于黑山共和国境内。阜姆（Fiume）也是意大利人取的名称，指的是当今克罗地亚的里耶卡（Rijeka）。值得一提的是，阜姆原是匈牙利的领土，不属于奥地利所有，而且自从18世纪以来就是个半自治的单独实体。博斯纳布罗德（Bosna Brod）是现在位于波黑境内的波斯尼亚布罗德（Bosanski Brod）。

[†] 布拉风是一种严寒的下坡风，发生于亚得里亚海、波黑、克罗地亚、黑山、意大利、希腊、斯洛文尼亚、波兰与土耳其等地。——译者注

[‡] 车站里之所以会人满为患，部分原因是奥匈帝国的双君主制当中所存在的一项怪异特征暨弱点。此帝国的不同地区拥有各自的铁路系统，包括铁路车辆与费率。因此，货物与乘客从一套铁路系统换到另一套的时候都必须换车转乘。博斯纳布罗德这座村庄就是借着波斯尼亚与奥地利的轨距不同而得以从转车乘客身上获利。

究这个瘦弱而疲惫的女人,还有她的旅行垫、披肩、手提包、放在椅子上的箱子以及挂在挂衣钩上的外套。

她一度把她那张表情木然的脸庞转向我,但接着又满不在乎地重新埋头干她自己的事情。她面前有一张战地明信片*,她手上也握着一支铅笔,却许久连一个字都不曾写下。也许是因为我看着她,或者是因为一支即将赶赴前线的连队出发的吵闹声响打断了她的沉思,总之她终于下定决心,写下了寄送地址。接着她微微低下头,用双手托住,再度一动不动地坐着,目光呆滞地望着前方。

载着那支部队的火车现在缓缓驶出车站。欢笑、大叫与歌唱的声音传入了餐厅里。她微微抬起头,但没有望向外面。我在一份摊开的报纸后面望着她,看见泪水涌上她的眼眶。她有好一阵子都不肯拿起手帕,后来才用手帕轻轻碰了碰脸颊。她拿起铅笔,又写了几个字。

站长从月台上走进来,摇响自己手里的铃铛,然后以洪亮的嗓音宣布往北的火车就要进站。那个女的付了账,然后就像一般独自旅行的女人一样,手忙脚乱地穿上外套,把自己的许多小零碎收拾起来。突然她看见桌上那张写了一半的明信片,就拿了起来撕成碎片;她戴着手套的双手不停颤抖,然后把碎纸丢在桌布上。一个搬运工提着她的行李箱跟在她身后走了出去。

---

* 军队成员可以利用战地明信片写信给家人而不必支付邮资。他们的家人回信时只要使用对方附上的特殊邮票或者明信片,就同样也不必支付邮资。小包裹一样可以免费寄送。

1916年3月4日，星期六
理查德·施通普夫在威廉港看见"海鸥"号凯旋

一个晴朗的春夜。整支德国公海舰队都停泊于易北河口外，在清澈如玻璃的海面上轻轻摇晃。也许现在该有什么事情要发生吗？一切东西都为了战斗而固定好，即便是装潢奢华的军官卧舱也都把所有不必要的物品清理一空。军官都佩带了手枪，以便"使用武器强制士兵执行命令"——这是前所未有的，因为船员们早已心灰意懒。

船半夜起锚。理查德·施通普夫听见了熟悉的声响，尤其是三部蒸汽引擎发出的震动。那样的震动透过金属船体传出，感觉有如跳动的脉搏。不过，他不知道他们要朝哪个方向前进。灰色的船队在灯火全无的情况下静静航行，但不是像平常那样往北，朝空旷的北海航行，而是往西北方前进，经过了东弗里西亚群岛，然后沿着海岸航行。真奇怪。

早晨天空放晴，温暖的阳光普照。施通普夫在军舰舰桥上负责瞭望。这回他对天气、对这项任务、对生活总算满意——至少是基本满意。不只是因为天气很好，而且舰队终于"有所行动"，也因为今天早上有一份电报张贴在无线电通信舱外的告示板上，是公海舰队司令发给"海鸥"号的，内容只有四个字："欢迎回家！"

他们都熟知"海鸥"号。"海鸥"号代表了施通普夫和其他千百万德国人想象的海战应有的样子：英勇地巡游世界各大洋，和敌人斗智斗勇，一次又一次把明显占优势的对手打得落花流水，取得最后的胜利。

"海鸥"号原名"彭戈"号，是一艘再寻常不过的货轮，和平时期不过用来从德国殖民地喀麦隆运香蕉。战争爆发才几天之后，法军就入侵了这个德国殖民地，英军也随即跟进。* 但英法想迅速制胜的美梦落了空，当然，他们美梦落空的地方不止喀麦隆。直到1915年，英法两国军队才最终攻陷了德国的前哨基地。† 由于德国与喀麦隆之间的香蕉贸易在战争期间已不可能继续，因此"彭戈"号便在1915年秋天被改装为"海鸥"号，成了一条武装商船，用于军事偷袭。德国舰队大概拥有十几艘这种类型的船。这种船看起来像是中立国（主要是斯堪的纳维亚国家）的寻常货轮，实际上却配备了水雷，也藏有大炮。它们主要的攻击目标是协约国的商船，并造成了不小的恐慌与混乱。此外，这些不起眼的船所击沉的船只数量竟比庞大、昂贵又拥有强大武力的公海舰队所击沉的数量还多，也令各方面不免有些难堪。

不过大多数的战舰都只是百无聊赖地停泊在港口内，这种现象已引来了许多民间人士的嘲讽：庞大又昂贵的舰队在战前耗费了三分之一的军事预算，现在则派不上用场，有些人甚至悄悄说起这是一支不能用的舰队。因过分谨慎而被免职的前海军总司令只要一到街上，就不免遭到别人的指点奚落，尤其是妇女。下面这两句话就是威廉港墙壁上的涂鸦，也可以在街道上的孩童歌声中听到：

> 亲爱的祖国，请保持平静；
> 舰队在港口里沉睡不醒。‡

---

* 法国的主要借口是声称他们必须摧毁杜阿拉的无线电台，因为那座无线电台拥有一部强力短波发射机，能够用来协调德国海军分散于海洋各地的小部队。当然，此举终究还是为了他们自己的殖民利益。

† 才两个月前，剩余的德国居民都搬迁到了木尼河区这座西班牙飞地，在那里他们遭到拘留。在1916年3月4日这一天，随着德国最后一座前哨基地莫拉在获得有利条件的保证而投降之后，喀麦隆便正式被英、法两国瓜分。

‡ 这两句话系由《莱茵河上的卫兵》的副歌歌词修改而来。

因此，在这种情况下，像"海鸥"号这样的货轮就必须弥补海军战果的明显欠缺。"海鸥"号在去年12月挂着瑞典旗帜出海，而且从各方说法来看，这趟航程显然大胆。"海鸥"号在英国位于斯卡帕湾的大型海军基地外海布雷，从而击沉了老旧战舰"爱德华七世"号。接着，"海鸥"号绕过爱尔兰，抵达法国海岸，然后经过西班牙与加纳利群岛，最后再横越大西洋抵达巴西海岸。在这一整趟旅途中，"海鸥"号不断布雷，也一再抢劫商船：在三个月内劫掠了十五艘船，其中十三艘被击沉，两艘被当成战利品拖入港口。*

他们正准备坐下来吃午餐，却突然听到左舷传来喊叫声。施通普夫与同伴冲往欢呼声传来的方向。在3月的阳光下，他们看见小小的"海鸥"号在灰色大型战舰之间冒着黑烟缓缓驶来，桅杆上飘扬着它所击沉的那些船的旗帜。一位军官率先号召大家一同欢呼，于是所有人都齐声加入，"疯狂地欢呼，用尽全身的力气"。"海鸥"号的船员在低矮的甲板上全部排成一列，也开心地欢呼起来，表示回应。施通普夫讶异地指出："有几个穿着蓝色上衣戴着红色帽子的黑人站在甲板上，而且令人难以置信的是，他们也在欢呼。"

接着是一幅舞蹈般的美妙景象——整支分舰队整齐划一地同时转向，以表达对"海鸥"号的致意：

> 那是一幅难以描述的壮观景象。不远处，黑尔戈兰岛在金色的阳光下闪耀着光芒。海面一片深绿，我们的军舰看起来犹如五十头史前怪物般在凯旋的"海鸥"号周围跳着胜利之舞。真可惜我身上没有相机。

---

* "海鸥"号无疑冒了极大的风险：才四天之前，也就是1916年2月29日，另一艘武装商船袭击舰——"狮鹫"号——就在北海被击沉。英军也有类似的船只，它们被称为"Q-Ships"，是精心藏匿了武装的小型船只，用于伏击德国潜艇。

总算有人打了胜仗。后来,第一分舰队再度航入威廉港装载燃煤,直到晚上八点。他们随即要再出港——据传这次是真的有任务了。

几天后,理查德·施通普夫在日记里写道:

又一次,根本没有事发生!就在我写下这些文字之际,我们已回到了亚德河,平平安安,毫发无伤,连一枚炮弹都没有发射过。我已经放弃一切希望了!我们的士气降到新低。

1916年3月8日,星期三
芙萝伦丝·法姆伯勒谈及在克奥提科夫的平民生活

他们回到了敌军领地。他们已经在奥属加利西亚的克奥提科夫打了一个月的仗。这座城镇在去年遭到严重毁损,原因是当时俄军部队预计自己即将被敌人逐退,而放火焚烧了许多建筑物。此处的人口有一大部分都是犹太人。芙萝伦丝在日记里写道:

克奥提科夫的希伯来人处境非常可怜。他们遭到报复性的仇恨对待。身为奥地利国民,他们原本享有完全的自由,不曾像俄国的犹太人那样遭遇残酷的压迫。然而,在新政府的统治下,他们的权利与自由都已消失,而他们对此剧变也深感愤慨。

只要一下雪——今年冬天下雪下得很频繁——每户犹太人家就都必须派出一人，在手持皮鞭的俄军士兵监督下清扫街道，而且那些俄军士兵拿鞭子抽起人来也毫不手软。芙萝伦丝和其他几个护士暂住的房屋对面有一座废墟，原本是镇上一名拉比的住宅。废墟的隔壁则是一间被劫掠破坏过的犹太教堂。

今天上午，一名犹太女裁缝为芙萝伦丝带来了为她做的灰色棉质洋装。女裁缝的心情很不好。芙萝伦丝问她发生了什么事，她说前一天晚上有三个哥萨克士兵来她家敲门，要求腾出房间给他们住。（所有士兵都享有这种权利，而且绝大多数都选择住在犹太人的房子里，有时候甚至一下挤进来二三十人，拥挤的情形难以言喻。）她老实告诉对方她家所有的房间都已住满了士兵，但那三人却不由分说地闯进门内，在房子里随意搜查。他们很快就找到了他们所找寻的东西——一把显然是他们栽赃给犹太人的左轮手枪。女裁缝和她的丈夫徒劳地辩解，懊恼又惊恐，因为平民持有武器是严令禁止的行为，违反者有可能被处以死刑。当然，这一切都只是那三个士兵的诡计。他们说，只要十卢布就可以让他们忘记整件事情。女裁缝和她的丈夫别无选择：

> 于是，他们凑出了十卢布，交给那三个哥萨克士兵，而且那三人离开之时还愤愤地大声谴责犹太异教徒的奸险狡诈。这类不公不义的事件在这个地区相当常见。在俄国士兵眼中，"犹太人"一词显然就是个令人鄙夷的字眼。

除此之外，过去几个月其实颇为平静。除了在北方对维尔纽斯城外的纳拉奇湖发动过徒劳的攻击行动之外，俄军的形势丝毫没有预期的那么乐观。一种失望的情绪弥漫开来，甚至连芙萝伦丝也难挨这无穷无尽的等待。

前线平静无事，也极少有伤员需要照料，所以芙萝伦丝和其他护士都转而为平民提供帮助。许多人得了斑疹伤寒与天花，而且疫情又因为以下两项因素而更加恶化：一是居住环境的过度拥挤加快了疫病扩散的速度，二是粮食的短缺。镇上的商店里满是奢侈品，例如紧身胸衣、高跟鞋、丝带与麂皮手套，但是牛油、鸡蛋与酵母这类基本必需品却很难买到——就算买得到，价格也是高得离谱。

去年这里暴发了一场严重的斑疹伤寒疫情，幼儿的感染情况最严重，一度一天就有十至二十名儿童死亡。照理来说，芙萝伦丝如今已算见多识广，但她仍在日记里写道：

> 有时候，我觉得我在去年的撤退期间目睹以及治疗过的那些可怕伤势，都比不上这些身受疾病所苦的儿童更令我痛心。他们小小的脸庞毫无血色，幼小的身体也毫无力气。

她照顾的其中一个患者，是个名叫瓦西里的四岁男童，来自镇外一个贫穷的农家。他的父亲在战争爆发之初就入伍了，后来即告失踪；他的母亲则是借着为俄军士兵洗衣谋生。这个男童在去年感染天花，因为疾病与营养不良而不再发育。芙萝伦丝每次抱他起来，都觉得他的双臂和双腿犹如树枝一样细瘦。

今天寻求她帮助的病患当中，还有一个乌克兰少女。她说她十八岁，但看起来年纪应该更小。她在昨天来到这里，看起来脾气暴躁又充满恐惧。她因为皮肤问题前来求助，于是医护人员先剪掉了她缠结成一团的肮脏头发。接着，他们拿了软性药皂给她洗澡。"她的身体上满是溃疡，透露了她卖淫的悲惨经历。"这个女孩把自己的肉体卖给士兵以谋求温饱。

她今天再次过来,情绪已经平和了不少,原因是她已了解到这里的护士是真心想要帮助她。

女孩离开的时候,芙萝伦丝正站在门边。她看见她回过头,对医生鞠躬,低声说了句谢谢。女孩走过芙萝伦丝身边的时候,她"在那一刻瞥见她紧紧闭上的眼睑下方垂挂着泪水。她同样也是战争的受害者"。

爱德华·穆斯利被炮击声吵醒。一开始,他以为那是他们自己的炮兵在库特阿马拉发动炮击;接着,他又想到那一定是奥斯曼炮兵在轰击英国救援部队,因为最新的消息称援军已在不到三十公里外的底格里斯河北岸。他爬上屋顶,看见了远方的闪光。那些闪光来自援军的大炮,轰击目标是河流南岸杜扎伊拉的土耳其阵线,距离这里大约只有十二公里。援军显然已在夜晚偷偷过了河,现在正试图突破敌军阵线,前来营救他们。

受到围困的部队因此振奋不已。随着天色越来越亮,他们看见奥斯曼部队匆忙赶往受到威胁的阵地。穆斯利得知受围困的部队计划发动突围以助援军一臂之力,突围地点可能在北方,也可能在南方,就看援军从河流的哪一边抵达。不过,命令一直没有下达。上午九点左右,他看见奥斯曼军队的战壕里有许多人在奔跑,全都是朝着东南方移动。

战斗的声响越来越激烈,奥斯曼部队持续赶往多哈伊拉。

接着一切突然安静了下来,远方的地平线也不再看得到闪光。

穆斯利心想,这样的安静或许表示英军步兵已抵达了突围点,因此改为与敌人近距离的肉搏。

安静依然持续。受困士兵越来越紧张。到底发生了什么事?他们为什么没有发动突围?

时间缓缓过去,什么事情都没有发生。多哈伊拉周围的大炮仍然寂静无声。

夜晚降临了。

四周一片平静。

这时候的萨拉·麦克诺坦仍然身在波斯北部的哈马丹,孤独一人卧病在床。她在日记里写道:

> 我整天躺在床上,屋外的雪大得吓人。工兵偶尔会进来帮我准备一杯本格尔氏食品。*除此之外,我就只能在自己有力气的时候用手肘撑起身体,用我的携带式火炉煮些东西——保卫尔牛肉汁或热牛奶。不过,煮完之后我就累得没有力气吃,以致病情再度加重。唉,我要是能够离开这个地方就好了!如果有人能够把我那辆被取走的车子送回来,或是能够让我得知怀恩太太与贝文先生†在哪里就好了!可是我不得如愿,这个可憎的地方被锁上了,钥匙也丢掉了。我已经搞不清楚自己在这里待了多久,只能一天一天地等待着,盼望有人能够来把我带走,尽管我现在已经非常虚弱,恐怕没有办法上路。在这一切的失望当中,不禁让人纳闷是否真有天意存在。我想没有。到这里来是我自己犯的一大错误,我也因此备受折磨。神明啊,这是一个什么样的冬天呀——令人幻灭,单调乏味,而且充满了痛苦的深切失望!

---

* 这是一种供幼儿或病患食用的营养补给品。——译者注
† 怀恩太太与贝文先生是她的两个同伴。

1916年3月9日，星期四
威廉·亨利·道金斯的父亲收到阵亡儿子的个人物品

在这一天，阿瑟·道金斯领取了在埃及的澳大利亚军方当局通过通济隆公司海运来的一个包裹。包裹内所装的是威廉·亨利·道金斯的个人物品，分别是：

一个手电筒
一本《圣经》
一只皮质零钱包
一本笔记簿
一本日记
一把剪刀
腰带
三把折叠刀

同一天下午三点在库特阿马拉，爱德华·穆斯利在日志里写道：

援军没有突破敌军阵线。这是我们得到的非正式消息。我们全都觉得这就是所谓的"大行动"，而不是试探性的攻击。我们深感失望，但除了失望，我们一无所有。对这一点，我们早就习以为常。

1916年3月11日,星期六
安格斯·布坎南与乞力马扎罗山上的云雾

他们在所经之处留下了一条路——不是铺设出来的路,而只是靠他们自身的重量压出来的路。这支队伍共有四五千名士兵,数以千计的骡子与马,许许多多的大炮,各式各样的弹药车和补给车,队伍后面甚至还跟着几辆汽车。他们的前进速度快不了。

在行军之初,他们行走于沙地平原上,布坎南回过头去,在飞扬的沙尘中看见他们在远处留下的足迹:看起来犹似"一条弯弯曲曲的线,画在一张残缺地图的空白之处"。他们的前锋部队偶尔会遇上看起来在撤退的敌人,于是会出现短暂的交锋。他们发现一座德军匆促抛下的营地,于是放了一把火烧了它。

现在,他们将要征服德属东非。

在地图上看来,这无疑是一场令人叹为观止的大规模行动。这里的德军和在欧洲一样,将会同时遭到来自几个不同方向的夹击:英军从北罗德西亚进击,比利时部队入侵坦噶尼喀湖北侧,葡萄牙部队将攻打南部(德葡双方在过去两天已进入战斗状态)。不过,主要行动还是集中在德属东非的东北角,即乞力马扎罗山周围的区域。此举用意是围歼敌军主力。布坎南与第二十五皇家燧发枪营的其他成员将从北向南如铁砧般拦住撤退的德军部队,以便铁锤——从西方进军的主力部队*——能够将他们一举击

---

* 主力部队主要由南非士兵组成。南非经过短暂犹豫之后,终于决定加入英国的阵营。(一如往常,这个国家也是因为受到未来的领土利益引诱而在这场战争中选边站。非洲的战争与中东一样,只不过是延续了欧洲强权在19世纪中叶恣意妄为的帝国主义竞争而已。)现在与英军并肩行军的许多士兵都是布尔战争老兵,在十年前还与英国人处于不共戴天的敌对状态。这场行动的总司令也是昔日的布尔人指挥官——传奇人物简·史末资。战争造就了许多古怪的结盟关系。

溃。这两支部队的目的地都是莫希。（这座小镇是德国人从沿海的坦噶铺设的长途铁路的终点站。）这套作战方略完全是把欧洲战争思路全套照搬到了非洲。

"向南扫荡"，本是想攻击敌军后方，如今却沦为一场未知世界里的冒险。自从进入丛林之后，这支分遣队的行动速度就大幅减慢，更糟的是他们还闯入了蛇蝇肆虐的地区，他们的马与骡子都是从海外运来的，特别容易感染这种昆虫所散播的疾病。牲畜死亡的速度与数量都很惊人。*（在这里用马与骡子到底是谁的主意？但显然不是对非洲这个地区有过任何实地经验的人。）一整天都有骡子和马死亡或者瘫倒路旁。这些牲畜一旦死亡，尸体在二十四个小时内就会"被一大团不停蠕动的青蝇幼虫占据——令人看了不禁作呕"。（当然，士兵死亡之后同样也是如此。）腐烂的尸体所发出的恶臭令人难以忍受。

另外还有一个坏消息，雨季即将来临。昨晚就突然下起了大雨。他们现在没有帐篷也没有被子（这些东西都在遥远的行李搬运车上），所以布坎南与他的战友顶多睡了三个小时，他们只能就地而眠，浑身湿透，不停打战。忍受恶劣环境远比英勇作战要困难得多。

他们不断南行，山顶覆盖着白雪的乞力马扎罗山位于他们左侧。到了傍晚，他们终于走出丛林，进入开阔的原野。差不多就在这时候，这支分遣队开始转向东方，朝着那座大山行进。最后，他们总算遥遥地望见了他们的目的地——莫希。莫希这个地名在斯瓦希里语里意为"烟雾"，指的是海拔5 895米高的乞力马扎罗山上终年围绕着峰顶的云雾。他们在日落之际听见枪声，队伍停了下来，原来前锋部队遇上了敌军的侦察队。不过，这场冲突并没有发展成大规模的交战，因为他们的敌人和往常一样，

---

* 在这场行动中，主要分遣队的7 000头骡子损失了5 000头。

不久之后即消失得无影无踪。短暂等待了一阵子之后，这支长长的分遣队再度动身。

他们在晚上九点于桑贾河畔扎营。黑夜里，他们能看见莫希附近的火光。过去七天，他们只走了不到七十公里。他们在夜里偶尔会听到卫兵因为过度紧张而开的枪。除此之外，一切都非常平静。

铁砧已缓缓接近了预定的位置——但铁锤在哪里呢？

第二天，他们发现德军早已逃出陷阱并消失于南方，不但速度快得惊人，而且井然有序，也没有重大损失。莫希已被占领，镇上的德国人口纷纷逃离，只剩下非洲人、希腊人以及到处可见的果阿商人。除此之外，这场行动堪称失败。

星期一几乎下了整整一天的雨，星期二也是一样。

1916年3月15日，星期三
写给温琴佐·达奎拉母亲的一封信

达奎拉在美国的家人知道他进了医院，但他们知道的也仅止于此。他的母亲一再向意大利军方以及医院拍电报询问她儿子的状况：她想知道他现在好不好，以及他是否能够返回美国接受照料。她终于收到了圣奥斯瓦尔杜精神病院院长的回信。

敬爱的女士：

很抱歉我无法答应您的要求，因为军方当局安排将他转至锡耶纳的精神病院，并且已于3月10日执行完毕。

他的身体状况相当令人满意，但那些自命不凡又荒唐无稽的错乱思想却仍然存在。看来恐怕会是长期性的心理疾病。

院长于乌迪内
1916年3月15日

1916年3月18日，星期六
保罗·摩内利在龙切尼奥遭到轰炸

突然间——你看哪，灾祸就那样从天而降，两枚炸弹在你身旁五米处爆炸了，你仍然不晓得自己有没有受伤。（耳朵听不见了，也不晓得多久之后，你才能听到那仿佛来自遥远的他方的声音，和你一起趴在地上的同伴说话的声音："摩内利，你受伤了吗？""我摸摸看。"）然后，你认为自己反而被这种"恩典"愚弄了。战地医生发怒了，将盘子扔向那空中的入侵者。

1916年3月20日，星期一
罗伯特·穆齐尔因病被后送至因斯布鲁克

"通常，死期将至之际，人们会更纵欲狂欢，今朝有酒今朝醉。诗人都这么说，"他又写道，"其实不是这样的。人们只是从僵直的膝盖或沉重的背包中解脱出来，从拼死求生、对死亡的恐惧中解脱出来。人心不再纠结，自由了。有种突然能主宰一切的光辉感。"

这是一个艰难的严冬。由于他并非战斗人员，只担任营长副官，因此全营部署在伊松佐河前线的三周以来，他得以毫发无伤地全身而退。然而，他受够了意大利人沉重、震耳欲聋的炮火。他不想回去，只企盼能回到有刮胡镜、柔软的床，有性交、书本、水晶玻璃、胡须蜡、甜点、椅垫与沙发垫的人生。"在浴缸里泡澡、樱桃、草莓、黄瓜沙拉、果酱、皮尔森啤酒，还有味道不会像羊皮的葡萄酒；穿着束腰、短上衣，乳沟若隐若现的女孩们。"因此，他动用一切关系，想尽办法使自己能被调离前线。

伊松佐河战役之后，全营自然会被调回南蒂罗尔。不过，等在那儿的是另一项艰巨的任务：在冬季期间构筑苏加纳峡谷的通信设备，并且确保其正常运作。那儿的敌人不是意大利人，而是雪崩。（有时，这两大噩梦还会合而为一；双方大量、密集的炮轰行为常会导致雪崩。）不到一个月前，穆齐尔就曾在阿拉巴参与过雪崩后的搜救任务，搜救人员自己的生命也处于刀口上。（使他记忆犹新的是，即使只有双脚伸出雪堆，就能从靴底看出一个人究竟是死是活。"军靴底部的钉子是最坚硬的东西，一种你意想不到的坚硬，足以使你心惊胆战。"）在前线的这块区域，死于雪崩和冻死的人数还远远多于实际战斗中阵亡的人数。

然而，穆齐尔并未被战火或冰雪所伤；他只是病了，病得非常严重。他发着高烧，猛打寒战，眼睛患了结膜炎，口腔感染严重恶化，使他根本食不下咽，体重也直线下降。他心情抑郁，全身无力，现在正坐在准备将他送到因斯布鲁克医院的火车上。

他们进站了。

他被扛出火车车厢，用担架抬着上路。从几位旁观女性悲怜的眼神中，穆齐尔不难理解自己病得有多重。

1916 年 3 月 28 日，星期二
克雷斯滕·安德烈森在比利蒙蒂尼迎来的不只是春天，还有别人的不满

春天来了，却又没完全来。灌木丛与山毛榉都冒出绿芽，苹果树上出现花苞，银莲花及其他花朵也纷纷在树林里绽放。不过，气温仍然很低，吹来的寒风依然刺骨。

安德烈森这几天过得很不开心："我对一切都厌倦了，我再也打不起精神来了。"尽管他刚在家休了十天的假，而且是自从战争开始以来的第一次休假，又或许正是因为休假让他产生了这样的感觉。他才刚回到家，就又住进了医院，这一次是因为严重的喉咙感染与发烧。他还是尚未参与过真正激烈的战斗：在一封写给亲戚的信里，他的语气几乎像是在为此道歉，为他没有任何特别刺激的经历可以讲而道歉。（不过，他倒是寄了些纪念品回家，主要是炮弹碎片。）对他而言，真正令人厌倦的不是战争的

西部战线

"黑尔戈兰"号,理查德·施通普夫所在的战舰。"在这个秋日的凌晨四点,起床号吹响了。战舰上的船员们醒来,然后就是一整个上午的忙碌。"

1916年10月17日,德帕内海滩上的一队比利时步兵。"现在,威利·科庞所身处的地方,是比利时国内尚未被德军占领的区域,这里遍布战壕,该区域从英吉利海峡沿岸的尼乌波特一路延伸至法国边界的伊普尔与梅西讷。"

朗斯的一条街道。"炮弹尖啸着四处落下。一枚特别大的炮弹击中安德烈森身前不远处的一栋房子,他看见那栋房子的屋顶被掀到十几米高的空中。"

2726

1914年10月的庇护林。"在伊普尔郊外的济勒贝克，有一片被英军称为庇护林的树林，德军在那里的英军阵线底下引爆了一枚大型地雷，然后占领了那个满是尸体的大弹坑。"

1914年，基尔一景，后方远处为海军基地。"他们在晚上抵达基尔。施通普夫注意到灯火管制已经不像先前那么严格了。"

1916年4月1日，凡尔登的杜奥蒙堡垒遭遇猛烈炮击。"阿诺坐在地上，头垂在两膝之间。'我虽然身在凡尔登的战场上，却几乎没有意识到这个事实。'"

1917年8月，身在宗讷贝克的英军运水员。"在通往宗讷贝克的道路上，浑身泥土的加拿大部队与卡车、大炮以及驮负着弹药的骡子挤成一团。"

1918年5月，布洛涅的海滩即景。"下午，库欣回到了他住的海滨大别墅。温暖的春风从敞开的窗户吹进室内，他眺望着英吉利海峡。"

1914年9月，维莱科特雷一座被炸毁的桥梁。"今天，阿诺抵达目的地之后，听闻他的军团仍然待在原地，尚未离开维莱科特雷。他在最后一段路搭了一名屠夫的便车。"

1918年3月底，佩罗讷。"波拉德现在搭乘驶向佩罗讷的火车，预计到了那里之后能够与营里的人员碰头。他冷得不停发抖，也仍然深为模糊混乱的梦魇所苦。"

1918年11月初，聚集于威廉港准备进行示威的水兵。"施通普夫穿上军礼服纪念这一天，然后就和其他船员开始了示威活动。就军官的态度来看，水兵很有可能在这场示威活动中获得胜利。"

东 非

1914年，战火延烧至非洲。"一万名左右的武装士兵在一片与西欧差不多大小的地区互相找寻着对方，但是这里几乎没有任何通信工具。最困难的事情不是打败敌人，而是找到他们。任何行军活动都少不了一大群搬运工随行。"

德军土著部队在东非某处作战。"那些武装小分队的指挥官是德国人，身着殖民者常见的装束——浅色制服、软木防暑帽，一副威风凛凛的模样；士兵则都是当地的职业军人，虽是黑人，但接受的训练、使用的武器以及得到的信任都与白人士兵无异。"

德属东非的潘加尼河。"他们为了追击德军而潜行于灌木丛、密林与沼泽地里,越过河流、高山与莽原,但对方却显然不为当地的气候与疾病所苦。这点并不令人意外,因为德军士兵都是当地人,自然对这样的环境习以为常。"

1916年9月,英王非洲步枪队的英军土著部队在林迪接受阅兵。"在滂沱大雨之中,来自尼日利亚、加纳、肯尼亚与西印度群岛的黑人士兵只能守在堡垒里。"

1915年夏，位于鲁菲吉河三角洲的"柯尼斯堡"号残骸。"布坎南也可以看见敌军大炮发出的烟雾——那是德国人凭着他们废物利用的天赋，从被英军击毁的'柯尼斯堡'号轻型巡洋舰上拆下来使用的10.5厘米口径的大炮。"

东非某处,德军麾下的一个黑人机枪组。"从莫哈姆比卡的山谷撤退之后,德军就坚守于坦达木提的山脊上。自从(1917年)6月中旬以来,双方就不断交替进攻与反攻。"

东部战线

1914年7月31日,动员中的俄国军队在圣彼得堡征集马匹。"这场战争的对手是俄国人,对不对?大家都知道。德军的动员令是为了响应俄军的动员令,而且大家都知道俄国人很快就会发动攻击。"

1915年春,俄军战俘在喀尔巴阡山脉上的乌斯佐克隘口。"喀尔巴阡山脉各个山隘中的部队仍然不断地向前推进,接着又不断地后撤,如此反复,令人厌倦,而且毫无成果。"

运送在1915年5月与6月的战役中被俘的俄军官兵。"然后,他们接到了立刻撤退的命令,要求他们抛下所有装备与伤员。抛下伤员?没错,抛下伤员。'快!快!……德军就在城镇外面了!'"

1915年8月5日或6日，奥地利骑兵在华沙普拉加越过维斯瓦河。"参谋人员告诉我们，敌人已经在好几个地点渡过了维斯瓦河，但至今为止还没有进犯我们的部队，只在附近出现过一支小型骑兵巡逻队。"

1915年，明斯克的德军部队。"那座城市令芙萝伦丝·法姆伯勒大开眼界，部分原因是那里充满了粉红色与白色这类明亮颜色。过去几个月来，她和她的同伴看到的尽是泥土、道路以及军服等种种深浅不一的褐色，以致他们几乎都忘却了世界上还有这些亮眼的色彩。"

1917年，艾尔芙莉德·库尔所在的施奈德米尔一景。"艾尔芙莉德再次去了火车站。她要去找她最好的朋友多拉·亨施，多拉的父母在火车站里经营一家小餐馆。"

1917年10月，莫斯科红场。"她上次回莫斯科只是不到两个月之前的事情，但这座城市却已出现了极大的变化。漆黑的街道上，戴着红色臂章的士兵来回巡逻——他们不但手握生杀大权，而且开枪毫不迟疑。"

1918年11月，一列火车停靠于布达佩斯，车上满载着返乡的奥匈帝国部队官兵。"随着他们驶入布达佩斯的市郊，窗外的房屋也逐渐变得越来越密集。午夜零点左右，火车在拉科什的一座小车站短暂停顿了一会儿。"

意大利前线

1917年10月,圣露西亚山附近一支奥匈帝国的补给队。"战壕本身就位于前进线,面对着伊松佐河上方圣露西亚山的圆锥状山峰……一座边壁陡峭的深谷分隔了意、奥两军的阵线。"

1915年，意大利阿尔卑斯山地部队身处他们擅长的环境中。"保罗·摩内利以自己的登山经验被选拔为阿尔卑斯山地部队这支山地步兵精锐部队的成员。他在（1915年）6月于贝卢诺正式参军。"

1915年，奥匈帝国山地部队在阿尔卑斯山脉攀爬前进。"一声冰冷的爆裂声，我（保罗·摩内利）焦虑不安起来。这是我在这场战争中听到的第一声枪响；这是一次警告，宣示战争机器已经启动，而且冷酷地拖着你向前走。你既已参与其中，就永远不可能脱身。"

1916年，十一号山峰。"保罗·摩内利所属的阿尔卑斯山地营在这一带山区已经待了好几天，在这段时间也偶尔遭到敌军的炮击。可是现在情势到底如何？"

1916年，考里奥尔山。"到了这时候，他们已经在许多环境严酷的山上待过，但这座山俨然会是最糟的一座。他们大约在一个月前发动强袭而攻占了考里奥尔山——这是一项颇了不起的成就。"

1915年，奥蒂加拉山上的一间奥匈帝国军医院。"过去两个星期以来，他们看着一个营接着一个营被派往奥蒂加拉山顶，每一次都目睹了这样的结果：首先下山的是抬着伤兵的担架员以及驮着死者的骡子，接着——经过几个小时或几天之后——则是幸存下来的士兵拖着脚步走过。"

1917年10月，乌迪内的意大利战俘与打了胜仗的德军部队。"不论是报纸还是公报都送不到这里来，所以他们只能置身在这什么都不知情的迷雾中，唯一的信息来源就是谣言，而谣言也一如往常地混乱不已、相互矛盾而又异想天开。例如说，德军已经攻占了乌迪内；有二十万名意大利人投降受俘。"

巴尔干半岛与达达尼尔海峡

1915年,位于澳新军团湾的补给品、伤兵与游泳者。"不过,道金斯和其他人却没有在正确的地方上岸,而是在预定地点以北大约一英里处。从某一角度看,这样的结果其实颇为幸运,因为奥斯曼部队在那个地方的防卫力量异常薄弱,毕竟那里的地势非常险恶,守军由此认定协约国应该不可能会在那里登陆。"

1915年10月至11月间，一支奥匈帝国的补给队。"同盟国入侵塞尔维亚的行动完全按照计划进行。国内的舆论也认为该是这么做的时候了：1914年，奥匈帝国军队先后三度对这个邻国发动攻击，却三度失败。"

1916年2月，黑山，被俘的塞尔维亚部队正在前往缴械的途中。"战败的塞尔维亚部队正在撤退，以避免遭到包围，而大批平民也随着他们往南逃亡。"

1915年，加利波利半岛南端的V海滩。"协约国其实只在两个地点建立了真正的桥头堡：一处是在加利波利半岛的最南端，另一处则是在这里，加利波利西侧的伽巴帖培。"

1915年,马其顿,当地人看着一架德军飞机起飞前往作战。"现在只剩马其顿那边还有真正的战斗,而英军部队则因为那里的泥泞与脏污而将其戏称为墨其顿。"

1916年4月,萨洛尼卡城外的一座英军军营。"萨拉伊的东方军队仍在萨洛尼卡,不但丝毫不把希腊的中立地位放在眼中,也毫不理会他们身在这里已经毫无意义的事实。"

1917年8月，大火过后的萨洛尼卡。"这几年来被西方占领之后，来自世界各个角落的部队不断涌入，更是进一步强化了这座城市的种种鲜明对比以及国际都会的氛围。"

中 东

1916年，埃尔祖鲁姆的防御工事。"远方偶尔会传来俄军大炮的声响。那种空洞的隆隆声透过四周的山坡传来，爆炸声有时候也会在亚拉腊山上引发雪崩。"

库特一景。"英军在库特阿马拉这座小镇暂停了往南撤退的脚步，在这里等待援军到来——说得精确一点儿，是等待友军救援，因为他们现在已经被奥斯曼部队的四个师包围了。"

1916年，底格里斯河上装载沉重的英军河船。"双方（英军与奥斯曼军队）都在底格里斯河上部署了重武装小型舰队，主要目的就是保护自己的补给链，因为这条在今年由于干旱而异常难以航行的河流是两军共同赖以维生的动脉。"

1917年12月1日，耶路撒冷投降，迎接战胜部队入城。"加沙在去年（1917年）11月陷落，接着耶路撒冷也在12月陷落——前者是军事上的一大打击，后者则是政治与声望上的一大灾难。"

布尔萨一景。"英军高阶将领都被监禁在布尔萨,因此爱德华·穆斯利也得以分享他们的特权,诸如丰盛美味的餐点、较为晚近的报纸以及相当程度的活动自由。"

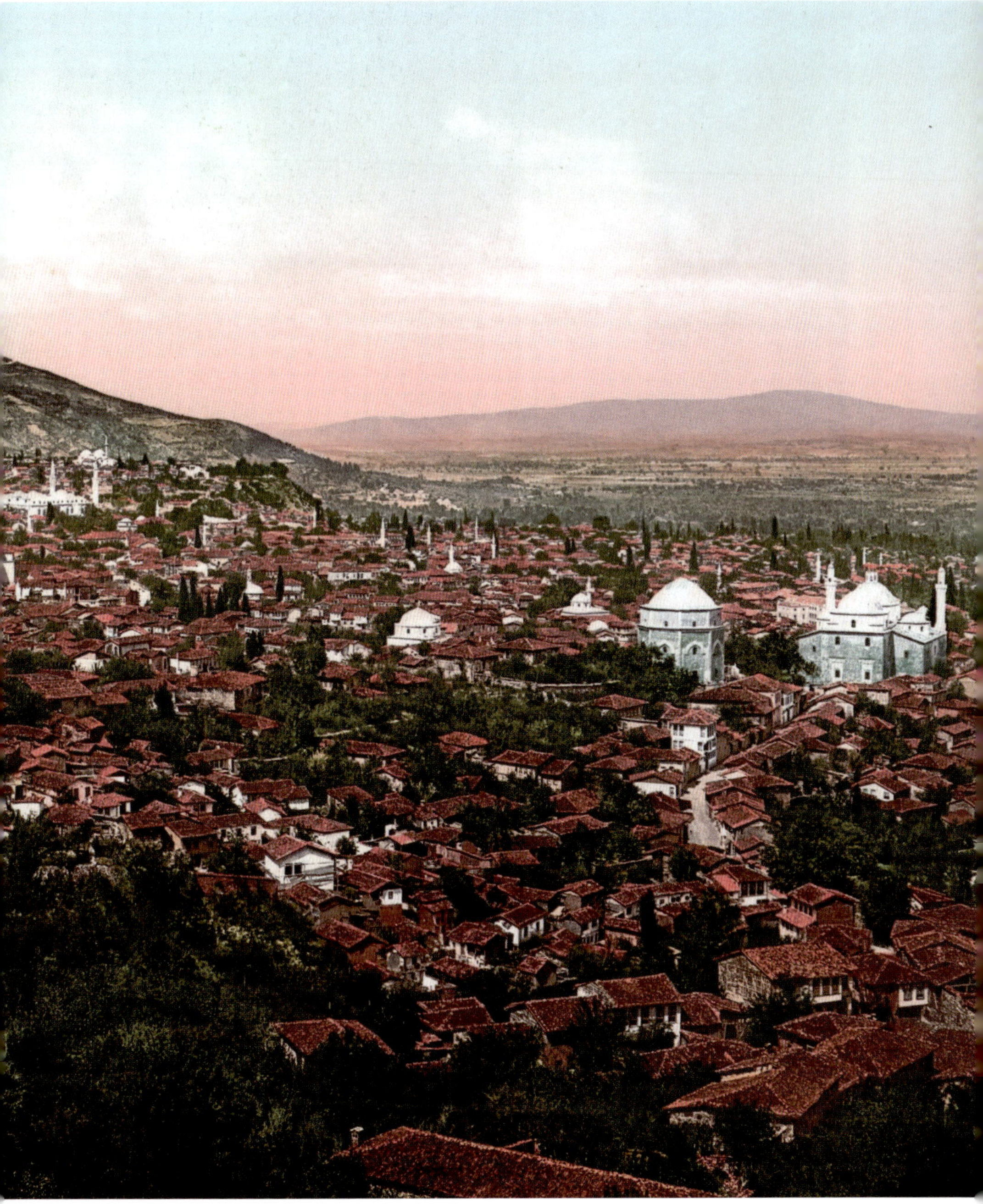

1917年11月,加沙陷落之后的废墟。"四处都笼罩在死亡的寂静下。在街道当中的焦黑橡木与毁损的马车之间,堆着千百具尸体,是人与牲畜烧焦破损的残骸。"

巴勒斯坦前线遭遇攻击。"自从第一次加沙战役那场造成惨重损失的混战以来,至今才差不多过了一个月。双方原本都以为自己是战败的一方,但最后却是由奥斯曼军队获胜,原因是英军在缺水及其他问题的压力下,撤出了他们攻占的地区。"

可怕,而是那种无聊乏味的状态。迄今为止,他不是在后方工作,就是在夜里挖战壕。

这是他穿上军服的第二十个月,他已不再对战争能早日结束抱任何希望。他不无痛苦地回忆起:就在差不多整整一年前,他还满心以为战争很快就会结束。如今希望破灭,他心情怎么会不低落呢?

对于这场战争漫长而无尽头,而且耗费的成本越来越高,他不是唯一感到灰心丧气的人。所有参战国都深受通货膨胀与粮食短缺之苦,和俄国一样,德国与奥地利的情况是最糟糕的。协约国的海上封锁策略造成的影响是致命性的[*],国内粮食生产也受到其他几项因素的冲击影响,包括政策疏忽、运输不济以及许多农民与农场工人都被国家征召入伍。至于仍然坚持农业生产的人,常常抗拒不了黑市的诱惑,因为黑市的价格可能高达十倍以上。(例如德国与奥地利生产的鸡蛋与猪肉,据估约有半数都直接投入了黑市。)再加上日用品的价格也迅速上涨,大多数的家庭都无法承受这样的物价压力,尤其是城镇里的家庭。各种统计曲线的箭头都开始指向错误的方向:疾病、营养不良、儿童死亡率、社会不满与少年犯罪率全都呈现上扬趋势。

安德烈森遇到了其他刚休假回来的士兵,他们讲述的经历更是令人震惊:

> 其中一人向我们谈起不来梅的一场暴动,当时许许多多妇女打破了商店橱窗,抢劫店里的商品。来自斯基伯伦的莫滕森遇到一个来自汉堡的人,他在假期结束的四天前就离开了汉堡,原因是他的妻子已经没有食物可以给他吃了。

---

[*] 英国的封锁行动造成了一种矛盾的效果:迫使德国加强资源控制,并将经济置于战争产业的基础上,德国的战争产业有好一段时间都比英国更有效率。

不晓得什么原因，有几个心怀不满的人竟然将愤怒发泄在安德烈森身上——例如有一人指控他是极端爱国主义者。今天有个来自汉堡的士兵走到他面前，一手拿着社会民主党的党报《前进报》，开始就南石勒苏益格的国会议员对于战争的态度向他提出质问。安德烈森只好回应："那里有很多人都只为自己着想。"前线的军人也已开始感受到粮食短缺的冲击：他们极少有机会能够在粗劣的军用面包上涂抹牛油——牛油已被一种令人倒胃口的果酱取代，士兵们都用挖苦的歌曲加以讽刺。（军中笑话也为这种果酱取了各种昵称，例如"兴登堡奶油"或"德皇威廉纪念牛油"。）

前线一片平静：

> 我回来之后的这个星期，几乎不曾听过枪声。所有部队都聚集在凡尔登。传言有一处要塞失守了，但现在什么样的谣言都有。罗马尼亚的状况又如何？在我看来，一切都相当平静，不过这无疑是暴风雨前的宁静。

1916年4月8日[*]，星期六
罗伯特·穆齐尔因病被后送至布拉格

因斯布鲁克的医生们对穆齐尔严重的口腔感染束手无策。（他们获悉他有梅毒病史，为了保险起见，他们给了他一剂特效水银药剂，可能还使

---

[*] 穆齐尔的日记中并未标示确切入院的日期，不过我们可以确定这是他入院的日期；他描绘的也正是伤兵团入院接受照护的必经程序。

他的状态更加恶化。）因此，他现在又身处前往布拉格的火车上，准备被送到另一家医院。他躺在一张可收纳在墙壁里的床上，位于天花板正下方。他透过有铁丝网的小窗户望见天际与乌云。他乘坐的火车上，清一色都是来自东部战线的伤员。

从波兰来，日以继夜，夜以继日。那些受重伤、被认为撑不过这趟旅程的人，被安置在装设栅栏的载货车厢内。有人肺部被枪弹击中，伤势垂危；另一人的臀关节完全粉碎，两人正在对话，争论抬杠。一个是蒂罗尔人，另一个则是维也纳人。维也纳人坚称蒂罗尔人在这场战事中一点儿贡献都没有，那位蒂罗尔人对此反应非常激烈。肺部受枪伤的维也纳人不断冷嘲热讽。整辆列车哄笑声不断。这类引人注意的鸡毛蒜皮小事，足以遏阻对死亡的恐惧。到站时，维也纳人就死了。火车到站停下之后，绝大多数人开始像动物一样吼叫，发泄着无法承受的痛楚。不管是军官还是士兵都一样。

稍后，他抵达位于布拉格的卡罗琳恩塔尔医院。他在那里写着*：

我竟然到了急救站，真是意想不到。五十个人塞在一个不怎么大的房间里。身着白袍的医生与护士，面对全裸、半裸或着装的受伤病患。病患的状况五花八门，双脚冻僵、臀部一丝不挂、大腿被砍断、双臂残废。医护人员穿梭在仰卧着且一丝不挂的身体之间，大家急忙伸手抓取器具，女人也抓着刷子，全神贯注，仿佛一幅描述某种痛

---

* 奥匈帝国的国防部在许多方面弊端丛生、有待加强，但值得一提的是，他们的军医院并非如此。五十年来医学领域的长足发展，对陆军兵员无疑是重大的福音。进入军医院的伤员中，最后顺利回到战场服役的高达77%。军医院伤员的死亡率低达4%。

苦、堕落的绘画。其他人只是蹒跚跛行，从外面把东西搬进来。不管有没有穿衣服，所有人全混在一块。

一如往常，他特别仔细地研究在场的女性。护士们——

和你天南地北说着聊着，梅毒、受检尿样、灌肠剂。她们帮你穿脱衣服，准备触碰你身体的任何部位。她们似乎对性很冷淡，却还是不折不扣的女性。

1916年4月10日，星期一
爱德华·穆斯利在库特阿马拉目睹最后一批马被杀

他们宰杀驮运行李物资的牲畜已经有一段时间了，但一直刻意没碰那些坐骑。不过，现在已经没有办法了。又一次的救援行动无疾而终，现在上头已经下令宰杀仅剩的马，以供被围困的守军食用，否则他们很快就会陷入饥荒。

穆斯利拔了一些青草，走到一排马的前头。他自己的马唐璜无疑认得主人，于是以他先前教它的方式热情迎接他。穆斯利把那把草喂给了它。

然后，宰杀行动就开始了。

一名士官开枪击毙了这些马。随着一声声枪响，这些体型硕大沉重的动物——瘫倒在地。血流满地。一开始，穆斯利只是静静看着。他发现马也知道当下正在发生什么事，因此在等待轮到自己的时候都不禁怕得浑身发抖。唐璜也和其他马一样焦躁不安地跺着脚，但除此之外仍然相当温顺。快要轮到唐璜的时候，穆斯利再也看不下去了；他请求执行枪决任务的士官要一枪毙命，并且在完事之后再告诉他。接着，他亲了一下唐璜的脸颊，便转身走开了。他看见唐璜转过头来望着他离开。

然后，又是一声枪响。

他那天晚上的晚餐是唐璜的心与肾。（马的这些部位总是保留给主人——穆斯利也把唐璜的黑色马尾保存了起来。）不可讳言，这顿晚餐吃起来感觉确实有点儿奇怪，但他并不认为这么做有任何不对。他在日记里写道："我相信它一定宁可被我吃掉，而不要让别人吃掉。"

萨拉·麦克诺坦现在身处德黑兰。又病又累的她，已经决定提前结束在波斯的服务工作，提早返回家乡。待在这里的日子，她根本没什么事情可做，所以实在称不上是在从事服务工作。她在日记里写道：

> 在我身上出现了一些很奇特的变化。在家乡，我就这么过着日子，从来不觉得自己年纪越来越大，也很少注意自己的生日，我总是生气蓬勃，有一大堆事可做，每天都早起晚睡。然而，现在的我和青春时期以及过往的日子之间却隔着一条巨大的鸿沟，里面堆满了我无法忘怀的亡者。在死亡方面，人不该干涉天意，但我觉得现在实在不是我该离开的时候。

1916年4月19日，星期三
弗朗茨·卡夫卡梦见战士们

春季再临布拉格。然而，卡夫卡的抑郁症毫无缓解迹象。他感到自己"像被禁锢的老鼠，失眠和偏头痛在我体内尽情地肆虐"。办公室的工作吞噬着他，尤其是现在工作时数增加了。现在，他从上午八点到下午六点都待在办公室，午餐时间稍微延长。不再有自由的午后时光，不再能够漫步于皇家公园，不过他和菲丽丝·鲍尔的鱼雁往返却渐趋频繁。

上周，他和刚住进市内医院的作家（同时也是步兵中尉）罗伯特·穆齐尔见面。*卡夫卡还没放弃从军。

这天晚上，他做了一个梦，梦境令人非常不快：

> 两群人正在打斗。我们这边俘获了对方一个人，他身材壮硕，全身赤裸。我们五个人捉住他，一个人扣住他的头，两个人抓住双手，另外两个人抓他的脚。不幸的是，我们没有刀子，不能将他穿肠破肚。我们急切地问着，附近有没有人带着刀，不过就是没人带。不知什么缘故，我们不能浪费时间。附近有一个烤箱，大得出奇的铸铁制盖子正发红、泛热。我们把那男人拖到那儿，将他其中一只脚推进烤箱盖子，直到开始冒烟；然后拉回来，让它烤熟，再推回烤箱盖前。之后，一直重复这个过程。

这时，卡夫卡醒了。一身冷汗，两排牙齿咯咯打战。

---

* 当时部署在意大利前线的穆齐尔，是较早赏识卡夫卡作品的文人之一。两人战前即在柏林见过面。穆齐尔入院疗养的原因并不怎么具有英雄色彩：他是因嘴角伤口受到感染，才不得不住院的。

1916年4月25日，星期二
艾尔芙莉德·库尔在施奈德米尔火车站目睹一场骚动

艾尔芙莉德再次去了火车站。她要去找她最好的朋友多拉·亨施，多拉的父母在火车站里经营一家小餐馆。艾尔芙莉德在那里的时候，两个士兵走了进来，其中一人颇为年轻，五官端正，另一人体型壮硕，喝得酩酊大醉。那个酒醉的士兵大声喊着要啤酒，但身形圆胖的亨施先生拒绝了他。接着，那个酒鬼在吧台上探过身，自行倒了一杯啤酒，但亨施先生抓住他的肩膀，把他推开。那个酒鬼随即抽出刺刀，刺向亨施先生，但亨施先生立刻以出人意料的速度冲向后门，多拉和她妈妈则同时尖叫了起来。几个客人站起身，抓起椅子，有的准备当武器，有的则是当护身的盾牌。与此同时，那个酒鬼的同伴却在一张桌子旁坐了下来，双腿直直伸在身前，语气平静地对他的战友说："你走吧——动作快点。"于是那个酒鬼便乖乖离开了。

亨施先生随即回到店里，身后跟着一名准尉和两名卫兵。那名准尉走到酒鬼的朋友身前——那人仍然坐在桌前，若无其事地翻阅着报纸——以温和有礼的口气询问那个逃走的人叫什么名字，属于哪个军团。那个看着报纸的士兵拒绝提供这些信息，于是那名准尉上前一步，对他说了些艾尔芙莉德没有听到的话。那个年轻士兵因此站起身来大吼："你是一头猪，长官。我从来就不想参与这场战争，却被迫扮演士兵的角色。很好，没关系！你如果要跟我说话，那么请你至少使用正式的军事用语。你尽管骚扰我吧，反正我不会透露我朋友的名字！"

这场争辩持续不休：那个年轻士兵拒绝回答军官的提问，最后他被逮捕了。艾尔芙莉德看着他被两个卫兵押走，卫兵的步枪上都装有亮闪闪的刺刀。被逮捕的士兵脸上毫无血色，嘴唇看起来几乎是白的。那四个人走出门外之后，人们再度谈起话来。餐馆里充满了兴奋不已的声音。艾尔芙莉德用手抚着多拉的胸口，发现她的心脏跳得非常剧烈。

艾尔芙莉德对多拉说，她没办法决定到底谁才是对的——究竟是那个准尉，还是拒绝透露朋友姓名的士兵。亨施先生听到艾尔芙莉德的话，随即对她咆哮道："你给我听好，这件事没有任何灰色地带。那个准尉分明是对的。军队必须要有纪律，不然……不然就会一团混乱。"怒气冲冲的亨施先生在艾尔芙莉德的屁股上重重拍了一下，然后将她推出了餐馆。

茫然又心烦的艾尔芙莉德回了家。双方她都是能理解的——一方面，那个俊朗的年轻人拒绝出卖朋友；另一方面，那个准尉只是善尽自己的职责而已：

> 不过，我最气的还是自己。对于这场战争，我没有办法分辨哪些事情是对的，哪些事情又是错的。我对我们打的胜仗雀跃不已，但只要想到那些死伤的士兵，我就又不禁感到伤心。我昨天听说森林里有一间军医院，专门收容脸被打烂了的士兵。他们的模样非常可怕，一般人根本不敢看他们。*这类事情让我深感绝望。

今天是艾尔芙莉德的十四岁生日。她开始换了一种不同的发型，更有成年人的样子。

这天晚上，爱德华·穆斯利在库特阿马拉看见援军最后一次尝试为受困的英国守军运送补给品。一群特殊的志愿兵（所有人都未婚）操控驾驶

---

* 所有参战国都有这种伤员，而且他们也都一样被隔离在封闭的疗养院里——通常是出于自愿。在法国，9900 名脸部受创的军人在战后组成了一个特殊的退伍军人协会。

一艘载满粮食的装甲船，试图在黑夜掩护下沿底格里斯河逆流而上，偷偷穿越奥斯曼部队的阵线。不过，这艘名叫"尤尔纳"号的船还是被敌军发现了，并遭到来自四面八方的炮击，结果因此搁浅。穆斯利在日记里写道：

> 土耳其的大炮在短短几米的近距离内对它开火。船上的军官被杀，考克利少校被俘[*]，然后它被拖到我们的堡垒边等待接应人员的视线可及之处，还有一小群守军在库特阿马拉的屋顶上望着它。它现在就摆放在那里。这项以悲剧收场的光荣之举，显然是我们最后的希望。我们的粮食恐怕撑不到明天。

1916年5月7日，星期日
克雷斯滕·安德烈森在比利蒙蒂尼过着沉闷的生活

初夏的绿意，初夏的暖和。鸟声啁啾。现在最令他感到苦恼的就是眼下这虚度的日子：日子就这么流逝，每天过得一模一样，日光之下无新事，所有人每天都说着同样的话，做着同样的事，而且还一事无成。此外，他也对自己变得如此健忘深感惊恐。他回想着自己先前学过的许多东西——历史、文学史——却什么也想不起来。他现在看书更是一看完就随即忘了书中的内容。一如往常，他对于和平将在不久之后降临的谣言仍然充满期待，尽管他已经失望过了那么多次。前线全然平静，他对此深感欣喜。

---

[*] 查尔斯·亨利·考克利少校，被俘之后随即被处死。他在死后获颁维多利亚十字勋章。

今天，安德烈森正在写一封要寄给家人的信：

亲爱的爸妈，

　　我上次从这里寄信给你们之后，当天就不小心跌倒，扭伤了左手中指的上关节，米瑟可能已经告诉了你们。我也因此错过了我的车。不过，我的手指在这周应该会好很多，其实我的指节很快就能拉直了。我现在到处晃荡，游山玩水，享受生活。我的洗衣女工借了我一本很好看的法国小说，我看书看累了就素描自娱。我打算寄几张小画给你们——我已经寄了一张给多萝西娅阿姨。倒不是说我画的这些画有什么收藏价值，只不过我目前的日子浑浑噩噩，我现在似乎已完全一无是处。我不晓得该怎么办。可是我相信这种现象一定和我们的饮食有点儿关系。我们每天都只有燕麦粥可以吃！当然，还有军用面包以及那永远吃不完的果酱。

1916 年 5 月 8 日，星期一
萨拉·麦克诺坦回到她位于伦敦的家

　　一名年轻男子扶着麦克诺坦走进她位于诺福克街 1 号的家。在家里迎接她的有她的两个姐妹，还有她的年老女仆玛丽·金。麦克诺坦一看见她的女仆就说："你说得对，玛丽。俄国要了我的命。"*

---

* 麦克诺坦的女仆当时说的话参见第 215 页，1915 年 8 月 30 日。

对于从波斯回英国的这段旅程，她只记得一些零碎的片段：在北上的旅程中，和她同行的传教士帮了她不少忙；在四百五十多公里的路程中，他们翻越了白雪覆盖的高山，并且一路行驶至里海；他们因为迟到一个小时而误了船；她在彼得格勒的英国大使馆内休养了一个星期；她还经历了在赫尔辛基为了转搭另一艘船而拄着拐杖走在冰上。

到了这时候，麦克诺坦已不再写日记。她的最后一篇日记写于一个月前：

> 我希望能够在欢声笑语中"离开宴会"——退出生命的宴会。我一定会对自己的离开感到难过，但那样也绝对好过待到所有灯光都熄灭了之后。在那种情况下，我必然能够真心对这场宴会的主办者说："谢谢您让我享有这段美妙的时光。"可是，现在许多宾客都已经离开，炉火将熄未熄，而我也累了。

他们扶她上楼，让她回到自己的卧房。她的头发早已稀疏灰白了，身体非常瘦弱，脸色也极为苍白。

1916 年 5 月 18 日，星期四
安格斯·布坎南离开姆布尤尼，对骡子有了一些了解

雨季高峰已经过去了。在乞力马扎罗山周围地区的潮湿气候下等待将近两个月之后，现在该是启程继续找寻行踪飘忽的敌人的时候了。攻下莫希虽是一大胜利，但他们再度错过了杀敌的机会。布坎南和他的许多战

友一样，虽然心有不满，却还是不禁对他们的对手德军深感敬佩，包括德军的土著部队在内，因为他们展现出的纪律、技能以及勇气实在可嘉。所以，这项任务绝对不容易。德军已经变身游击队，但英军仍然表现出正规军的笨重、谨慎和缓慢。

主力部队在下午从姆布尤尼动身。布坎南今天正好监管行李搬运队伍，其中包括骡子——因为他们再度进入了崎岖不平的地带。空气中飘荡着潮湿的植物被太阳晒过之后的气味。

结果，这段行军历程——套用他自己写下的话——"令人难忘"。大多数的骡子都是新的，其中有些甚至从来没有戴过驮鞍，于是这些骡子人立起来，全然不听指挥。不时有骡子挣脱或是甩掉它们不习惯的挽具，于是布坎南和其他几个士兵整晚都忙着在整支队伍旁骑马来来回回，追捕逃跑的骡子。他们每隔一阵子就必须停下来修补挽具，或者为这些"不停抗拒、害怕又顽固的畜生"重新上鞍。

终于到了扎营的时候，布坎南知道有四头骡子已逃之夭夭。尽管如此，他们的骡子数目却比出发前点算的还多了两头。在黑暗中，他们只要看到胡乱逃窜的牲畜就全部抓回来，因此其中有些显然属于其他营。一如往常，他们决定把这些多余的牲畜留下来，不向上级报告。

1916 年 5 月 23 日，星期二
保罗·摩内利参与从十一号山峰撤退的行动

他们匆匆忙忙地上了卡车前往前线。驾驶员把他们知道的一切都说

了，但也不外就是那些持续撤退的谣言。奥匈部队自从 5 月 15 日就在阿夏戈高原周围发动攻势，所获颇丰，而意军则在伊松佐河上无甚表现。除非意军能够阻挡他们，否则他们就会抵达低地，从而直取沿岸地区，进攻威尼斯。现在距离维琴察只有三十公里左右了。保罗·摩内利所属的阿尔卑斯山地营在这一带山区已经待了好几天，在这段时间也偶尔遭到敌军的炮击。可是现在情势到底如何？他们为什么要待在这里？

摩内利和其他人都没有收到任何消息，但他们仍然努力想要了解目前的情势，努力解读各种征象——而他们看到的征象都相当不妙。他们自己的炮兵部队战斗力越来越弱，而且他们这个区域的最后一组大炮——一组轻型山炮——竟在昨晚不见了。更糟的是，战斗的声响、爆炸声以及炮火的闪光不但离他们越来越近，现在更是已经移到了他们后方。他们营里的一个连已被召回至山谷里，所以他们今天早晨醒来之后，发现他们已然成了山顶上的孤军。有人说十二号山峰被攻陷了。十二号山峰？他们全都转过头去——那座山就位于他们后方，对不对？"我们就像掉进陷阱的老鼠一样。"

然后，他们接到了命令：他们必须在原地待到天黑——他们是后卫队，所以不论他们能够抵挡敌军多久，都可让其他人有机会撤离。"我们会怎么样？意大利会怎么样？"他们可以看见奥匈部队从他们邻近的山上列队朝山下移动。他们除了眼睁睁看着之外，完全无能为力，因为敌军身在射程之外，而且阿尔卑斯山地部队也没有重型武器。但摩内利和他的战友一直没有受到任何攻击，仿佛所有人都忘了他们的存在，包括敌军在内。时间慢慢流逝，他们却什么也不能做，只能待在原地等候，完全孤立，和其他部队彻底隔绝，"等待的折磨，加之对灾难降临的恐惧，令人更难以忍受"。

摩内利在午餐时间爬上了参谋人员所在的山洞。他在洞口遇见少校营长，只见他的眼睛因睡眠不足而布满血丝。少校站在洞口搓捻着自己的胡须。他喝醉了。"过来，"他对摩内利唤了一声，然后给了他一些酒，"你忏悔过了没？今天晚上我们就会被包围了。"少校收到上级命令，被要求坚守阵地。"所以，我们只能坚守阵地，然后被俘虏，然后我们就会被骂，被人嘲笑。"

喝酒多少有些效果。（少校把酒称为"一个永远不会遗弃你的朋友"。）在微醺之下，摩内利开始能够以比较正面的眼光看待当下的情势。再过几个小时天就会黑了。说不定他们能够逃走。如果敌军在天黑之前发动攻击，那么他们的连队就会尽力为先前撤退的部队多争取一些时间。"这么一来，师部说不定能够把档案文件安全送走。"

奇迹发生了。没有人攻击他们。

天黑之后，他们分成小组，陆续下山进入丛林里。

寒冷的雨下个不停。但邻近的一座村庄着了火，树木与岩石的形状在火光的映照下显得扭曲怪诞。他们在桥梁预定被炸掉的半个小时前过了河，在对岸短暂休息了一会儿。他们喝了点水，钢杯在河底石头上碰得叮咚作响，然后他们又吃了点饼干。在翻过下一座山脊之前，他们先花了点儿时间埋葬了那天最后一个阵亡的人。他名叫乔万尼·帕纳托，在他们下山之时被一枚敌军随意发射的炮弹散射出来的碎片击中。这种情形经常发生：随机的肇因导致随机的结果。帕纳托受伤的时候大叫了一声，但还是奋力前进，最后仍不免倒下身亡。

他们打包物品，钢杯被塞进背包时发出叮叮咚咚的碰撞声。这时候，士兵们开始问起了问题。他们为什么要撤退？他们为什么不留下来作战？摩内利不晓得该怎么回答他们的问题：

> 但是对发生的事情，他们了解什么？我又了解什么？什么都没

有。我们作战，我们行军，我们停下，在这个大队人马中只是一个号码而已。我们在这多山的前线大批涌来，在阿尔卑斯山脉这一段巨大的叫作多洛米蒂山峰的冰雪中间被调来遣去。我心中愤恨不平，只有一种痛苦的感觉，因为什么也不知道，因为什么也看不见。

与此同时，在远方某一座地板上铺着柔软地毯的宫殿里则有着这样一群人，摩内利称之为"那些编织着我们命运之线的神秘神祇"。换句话说，就是"一个军官在写，一个文职人员在抄，一个副官走出房间，还有一个上校不停咒骂着"。

这就是战争。令我们感到沮丧的不是丧生的风险，不是炮弹在落下爆炸之时发出的炫目红色火光（他站起来，看了看四周，对于那巨大的痛苦茫然不解*），而是觉得自己有如木偶，被一个未知的木偶师所操控——这种感觉有时候令人深感心寒，仿佛落入了死神的怀抱一样。没有任务的时候，你只能待在战壕里，无时无刻不伴随着危险。你的命运由你的连队编号或战壕名称来决定，不能任意脱下上衣，不能任意写信回家，你的生死由规则决定，而规则不由你定——这一切就是战争。†

他们在黑暗中继续前进，又是一段上坡路。泥泞与冰雪当中，他们的步伐越来越沉重。他看见另一座着火的村庄，也听到身后传来爆炸声与枪

---

* 摘自但丁《神曲·地狱篇》第二十四章。如同先前提过的（第270页），摩内利总是把《神曲》带在身边。

† 摩内利接着写道（本书作者也以个人经验担保这段话的真实性）："造访战壕的新闻记者不明白（战争），为了获得勋章而到这里来陪伴我们的总参谋部军官也不明白（战争）。他们一旦饿了、累了，或者觉得自己已经尽到了责任，就可以掏出表，说：'时间晚了，我得走了。'"

响。后卫队——准确来说应该是后卫队的后卫队——受到了攻击,那是可怜的老达·佩尔吉内和他的手下。*

他们的速度越来越慢,所有人都困乏无力地迈着机械的步子。过了一会儿,大家甚至连埋怨的力气都没有了。摩内利和他的战友已经有几个晚上不曾好好睡过觉,疲倦和痛苦渐渐产生了一种麻醉效果。包裹在疲惫与痛楚中,他们任由周围的世界缓缓从身边经过,一切都不再有任何意义。他们不再对爆炸与着火的房屋有所注意,也几乎不去想正在追赶他们的敌军,尽管他们随时都可能遭到攻击。现在,休息也不再有太大的帮助,每当他们(在积雪的地面上)小憩醒来之后,只会觉得自己更麻木绝望,更沮丧疲惫。

他们在森林里走了一夜,直到寒冷苍白的黎明来临。

他们抵达己方阵线之时,太阳已经升起来了。两个卫兵想要拦住他们,要求他们答出口令。这些疲惫的士兵以一连串的脏话咒骂那两个卫兵,然后就拖着蹒跚的脚步走了过去。又走了一会儿之后,他们遇到了其他连营的士兵,还有他们的拖车和紧张的骡子,"蹄铁踏在石头上发出尖锐的声响"。天空下起了细雨。

终于的终于的终于,他们可以好好休息一下了。摩内利钻进一顶小帐篷里。他紧握双手沉沉睡去。在梦中,他仍在行军,永无尽头地行军。

同一天,勒内·阿诺仍在阿戈讷地区贝尔瓦尔这座村庄里等待着。他们可以听到凡尔登传来的炮声。他们非常紧张,猜想自己很快就必须投入战斗了。平静期的前线,虽然有其危险性,但丧命的概率不算特别大:虽

---

* 达·佩尔吉内是自愿领导后卫队的军官。摩内利对他非常有信心:"我们的后方很安全,因为有达·佩尔吉内负责防护:他主动接下那项危险的任务,因为他说他很熟悉这里的阵地。"

然偶尔可能必须执行突击行动，但通常只有英军才会做这种事情。然而，在发动重大攻势的情况下被送到前线，就是完全不同的一回事了。在这种情况下，必然要有人送命，而且人员的损失数字会是很庞大的：

> 我们四处走动，交换各种小道消息。我还记得营里的军医特吕谢站在那儿，低着头，双腿叉开，脸上带着焦虑烦躁的神情，紧张地用左手搔着他的黑胡子："真是可耻！这样的杀戮应该受到制止！他们任由成千上万的人遭到屠杀，就只是为了保卫一堆老旧的堡垒。真是可怕！唉，我们的将领还真是自作聪明呀。"

1916年5月30日，星期二
勒内·阿诺抵达位于凡尔登城外三二一高地前线

勒内·阿诺如此写道：

> 战时最令人痛苦的心理折磨，就是思绪不受控制，开始妄想着一些尚未发生或是之前经历过的事物；或是想象力逐渐膨胀，潜伏在前方的危险被放大了百倍。大家都知道，在内心想象危险而产生的恐惧，远比实际上遭遇危险还要令人心神不宁，就像欲望在获得满足之前也比较令人陶醉一样。

自从德军在今年2月底发动精心策划的攻势以来，这场大战就一直持续不休。阿诺与他的部下都知道迟早会轮到他们踏上"圣路"*。得到这个好名称的路是这个前线战区唯一可用的补给道路，这条路上平均每十四秒就会有一辆卡车经过。对于接到命令必须前往凡尔登的部队而言，这段路程就像是一场献身之旅。†

阿诺听到别人谈起统计数字。一个刚从凡尔登回来的军官毫不避讳地指出："很简单，等到你手下的士兵阵亡了三分之二，你就会被换回来了。现在的情形就是这样。"

这一天，阿诺和营里的其他人都在凡尔登的17世纪的堡垒里度过。这是一座恢宏的建筑，内有工作人员休息室、储藏库、无穷无尽的走廊、地下炮台以及防弹营房。堡垒内弥漫着甘蓝菜、发霉的面包、消毒剂、汗水与发酸葡萄酒的温热气味。远方的炮弹爆裂声犹如持续不断的咆哮。石壁虽有一米厚，那些声响却还是从墙壁中的小缝隙传了进来。德军在这片前线平均每米所配置的大炮数目，是戈尔利采那场大突破的三倍——而且效果也明白可见。

天气热得令人窒息。阿诺躺在他的草席上想着那些统计数字。三分之二。他的部下有哪些人不会从凡尔登生还？营里十五个军官，有哪些军官能够度过接下来的这一周而未受伤或丧命？就统计而言，只有三到四人。他会不会是其中的一个？

他们在下午接到了命令：

> 第六营必须在今晚替换第三〇一步兵团驻守于三二一高地的营。
> 第六营将在十九时十五分从堡垒出发，并于二十一时整抵达通往布拉

---

* 在法军的330个步兵团里，总共有259个团曾在凡尔登参战。
† 将这条路取名为"圣路"的是法国知名的民族主义政治家、记者兼作家莫里斯·巴雷斯。作家伊恩·奥斯比猜想取名原因是这个名称可以"令人联想到耶稣的'苦路'，从而将士兵在凡尔登遭受的苦难与牺牲和基督在各各他山上走向十字架的那段路途相比"。

的道路与皮埃德格拉维耶谷地的交会处。队伍之间必须保持五十米的距离。

阿诺跟忙着往背包里塞进罐头食品、饼干、工具和弹药的部下谈话。空气中充满了紧张的气氛。他试图安抚他们，不是高谈爱国心——他知道那种话在这种情况下从来没有效果——而是引用先例："我们这个连向来很幸运。我们一定会从凡尔登回来的。"

他们在黄昏时分排成一列纵队动身，一群接着一群，走出阴暗而安全的堡垒，穿越城镇里空洞寂静的废墟。每隔一阵子，就有一枚重炮弹落在大教堂附近。一长队行装沉重的士兵走浮桥过河，浮桥的木板在他们脚下晃动着。阿诺看着暗沉的河水，心中不禁纳闷："不晓得我们有多少人能够再一次走过这座桥。"

休息的时候，一个"脸庞圆胖，眼中闪烁着狡猾光芒"的士兵走到阿诺面前，拿着几份文件向他恳求。那个人显然是想在最后关头试试能否有机会逃过这场劫难。他说自己是个裁缝，因为患有疝气而从来不曾上过前线。他手上的文件证明了这项说辞。阿诺心中原本就怀着一股愤愤不平的情绪，原因是在他们即将被派往凡尔登的前夕，营里有一名职业军官就以投机取巧的方式突然被调往行李搬运队。因此，他现在忍不住对那人愤怒咆哮。

看着那个人沮丧地转身走开，低垂着头，手里仍然握着那些文件，阿诺却也不禁为他感到难过，又在心里想着，要不是因为自己制服上的军阶臂章，说不定他也会采取和那个人一样的做法。

不久之后，他们碰到了一支刚得以脱离战火的部队，只见对方所有人衣服上都满是泥巴，眼神中充满了兴奋。他忍不住羡慕起率领那支部队的年轻中尉——"我真希望自己是他！"

他们开始爬上从谷地通往战场的那片斜坡。

大炮的隆隆声越来越响，各种声音全都混在一起。落在杜奥蒙堡垒的炮弹所发出的火光，映照着他们右侧的天空。那座堡垒在这场战役的第四天即被德军攻占，现在成了双方攻防的一个中心点。不仅如此，现在那座堡垒已然成了一个地标，一个吸引注意的焦点，一个传奇（对双方而言都是），一个象征——而且就像所有的象征一样，其意义已然超越实际上的战略重要性，成了德国与法国政府宣传的竞争焦点。随着成功的本质越来越抽象，失败却仍然明确具体，因此攻占那座堡垒即可算是一大成功。自今年2月底战役展开以来，落在战场上的炮弹已有两千万枚左右。

天色越来越黑，他们仍在这条空荡荡的道路上持续前进。突然间，他们头顶上闪现一道光亮，接着是一声短促刺耳的爆炸声。所有人都本能地蹲伏下来。这是他们遭遇的第一枚敌军炮弹。他们不时停下来休息一会儿，这时已能闻到尸体腐败的臭味。阿诺心中充满恐惧，而且越来越觉得无法忍耐。最后，他们总算见到了他们的向导：

> 我们快步动身，穿越了一座深谷，爬上了几段陡坡，一会儿转向右边，一会儿又弯向左边。炮弹不断落在我们两侧。我们跳进一条交通壕，又爬了出来，然后又跳了进去，最后再次爬了出来。我跟在前方的部队后面，仿佛在睡梦中迷迷茫茫地往前走。

他们在一座遭到德军炮火轰击的山脊前突然停下脚步。他们的向导在黑夜中已经不见踪影。阿诺背负了极大的压力：他不晓得他们身在何处，但他知道他们必须在日出前抵达阵地。天亮之后如果他们不在掩体内，就会被德军的前进观察员与机枪组发现，如此一来他们就别想活命。于是，他走到连队前方。他们随即又快步前进，走入一座满是弹坑的小山谷。在经过一座山丘时，只见 15 厘米口径的炮弹不断以四发齐射重击一条空无一人的交通壕。他们看见一座临时搭建的简易掩体，里面有两个军官睡眼惺忪地依偎在一盏烛光旁，那两个军官不晓得三二一高地在哪里。

阿诺继续往前走，打赌那座高地位于他们的右侧：

我已经可以感觉到空气中的寒意，凌晨不久就要来临了。我加快脚步，身后跟着许多摇摇晃晃的刺刀与水壶。但愿我们能够在天亮之前赶到那里！在仍然黑暗的天色下，远方的山脊轮廓已逐渐显现出来。炮火越来越猛烈，在凌晨之前总是如此。"快走！快走！"

终于——地下掩体、隐隐约约的人影、三二一高地。[*] 他找到了营长。营长指派一名向导陪伴他们走最后一段路，爬上一段看似无穷无尽的斜坡。一爬上高原，他们就立刻受到一阵炮弹的迎接，但还是继续前进。接着，他们遇见一名上尉，也就是他们接替的那支连队的连长。在黎明的灰暗光线下，他们的交接仪式极为简单——那名上尉指出德军以及他们自己战壕的所在处，然后只跟他说了一句："前线就在这里，晚安。"

地图上显示的战壕，结果实际上只不过是条小沟渠，差不多只有一米深而已。他手下的士兵相互倚靠着躺了下来，很快就沉沉睡去。阿诺自己也疲惫不已，不只是因为身体的疲劳，也因为精神上的巨大压力。他坐在地上，头垂在两膝之间。"我虽然身在凡尔登的战场上，却几乎没有意识到这个事实。"

---

[*] 三二一高地是一段隆起的地势，始于现在杜奥蒙公墓所在的山脊。由停车场沿着所谓的"星辰之路"往西北方行走约四百米，即可抵达三二一高地的确切地点。如有意造访该处，应穿着耐磨的鞋子，并且避免走入死巷。

1916年5月31日，星期三
威利·科庞在埃唐普列出春季意外事件清单

每当有死亡事故发生，就必须遵循一项特殊的程序。所有的飞行完全停止，飞行机器全都拖入机库里，所有受训人员集合起来，为残破的尸体守灵——"一件令人沮丧的事情"。葬礼于次日举行，镇上所有的居民以及学校里所有的学生，还有其他受训飞行员，都列队走过坟墓向死者致意。（事故的死者都埋葬在埃唐普本地的小公墓里。）然后，机库门再度打开，飞行课程也恢复正常。

在春季期间，威利·科庞反复目睹了这项程序许多次。事实上，死亡事故极为常见。*最让他难忘的是与事故相关的各种声音：首先是旁观者的尖叫声，接着是"木材碎裂的可怕声响"，最后则是一片寂静，也就是引擎停止，残骸散落地面，飞行员的身体闷声坠地之后，那片寂静持续了几秒，但又仿佛是永恒。

科庞目睹的第一场事故发生于今年2月1日。当时，他和其他几个人正裹着毛皮衬里的飞行大衣，躺在微弱的冬季阳光下等待着驾机练习。天空中回荡着飞行器环绕机场飞行所发出的嗡嗡声。突然间，他听到其中一具运转顺畅的引擎开始加速，接着便有人大叫："天啊，他会害死自己的！"

> 就在那一刻，我抬起头，看见一架法尔曼式飞机不晓得为什么以将近垂直的角度俯冲下来，速度太快，以致整架飞机在半空中即告解体。飞机的机身直接爆开，机翼、拉杆及其他部件都四散飞出。我

---

* 后来也一直都是如此，在第一次世界大战期间，比利时飞行员因坠机事故丧生的人数比战死的人数还多。

342　　　　　　　　　　　　　　　　　　　　　　　　　　　美丽与哀愁

甚至可以看见机尾、引擎和飞行员。所有东西都直直掉落下来，坠落在我们面前约四百米远的一片空地上。

有些旁观者立刻赶了过去，但科庞不是其中之一。他不想看。此后，死亡事故仍然持续不断发生：

2月8日，我们埋葬了法国飞行员沙卢布。

3月6日，勒·布朗热转弯太急，结果失速坠地。我们把他从残骸里拖出来，发现他受了重伤。

3月14日，我们埋葬了法国飞行员克雷门特。

4月26日，皮雷驾驶布莱里奥飞机转弯时失速，从九十米的高度倾斜着滑落于地面。他这次依然很幸运，只受了轻伤。

4月27日，比埃朗·德·卡蒂永以令人惊恐的方式将一架亨利·法尔曼式飞机*倒转了过来，所幸受伤不严重。

5月16日，弗朗索瓦·弗尔居尔坠毁了一架莫里斯·法尔曼式飞机，但没有受伤。

5月17日，阿德里安·里夏尔在降落过程中又撞毁了另一架莫里斯·法尔曼式飞机，结果他们利用这两架飞机的残骸制造了一架新机。

5月20日，德·默莱梅斯特尔——一位非常杰出的飞行员——表演了一个危险动作之后，飞机即旋转坠地。他坠落地面的高度虽比勒·布朗热还高，受伤的情形却没有那么严重，一两天后就能够下床活动。

5月27日，埃夫拉尔†撞掉了一架 BE-2 军机的起落架。

---

* 莫里斯·法尔曼与亨利·法尔曼是兄弟，他们分别以各自的名字命名的两款飞机相当类似，引擎与螺旋桨都位于飞行员后方。
† 不过，莉莉·埃夫拉尔却在那年夏天的另一场事故中丧生。

今天，5月31日，又发生了一场事故。这次是一名叫克赖因的飞行员，他驾驶一架莫里斯·法尔曼式飞机，因降落的方式过于拙劣以致发出十分刺耳的撞毁声。一件最近的发明——飞行帽——救了他一命。不是每个人都戴这种帽子。有些人认为这种帽子太丑，看起来就像忧心忡忡的佛兰德斯母亲在孩子学走路的时候因为怕他们跌倒而为他们戴上的软垫帽。

科庞迫不及待想要接受考试。一旦通过考试，他的制服就会别上金色翅膀，军阶晋升为中士，每个月的薪水也会增加五枚金路易*。

同一天，理查德·施通普夫在日记里写道：

总算，总算——总算发生了。我们过去二十二个月来朝思暮想、满心期待的重大事件终于发生了。我们多年来怀着热情努力工作、认真受训，期盼的就是这一天。

他指的是日德兰海战，也就是274艘德军与英军战舰在丹麦外海所发生的冲突，战事从下午延续至傍晚。到了天黑之时，已有14艘英军战舰和11艘德军战舰被击沉，并且有超过8000名水兵丧生。施通普夫所在的舰艇"黑尔戈兰"号在这场战役中发射了63枚炮弹，但本身只被一枚炮弹击中。船员都没有受伤。他这天的日记里还有另一段记载：

---

* 金路易是昔日的法国金币，1个金路易相当于20法郎。——译者注

> 我认为人无法描述自己在初次受到战火洗礼期间心中的想法与感受。我如果说自己当时很害怕,就不免撒了谎。不是的,那是一种言语无法描述的感受,混杂了喜悦、恐惧、好奇、麻木以及……战斗的乐趣。

不久之后,德国就宣告在这场混乱的战役中取得了一场小胜利,自然这也不是全无道理。尽管如此,这场战役对于战争全局并没有影响。

1916年6月8日,星期四
安格斯·布坎南到潘加尼河上打猎觅食

其实他一点儿都不想去打猎。其实他宁愿继续躺在那里,裹在自己温暖的毯子里。安格斯·布坎南看得见天上一点一点的星光,但知道太阳即将升起。"再睡五分钟吧。"

"起来吧!"一个压低了声音的呼唤叫醒了他,于是他坐起身来。天已亮了。就在他旁边的树丛下,坐着名叫吉尔汉姆的另一个中尉,正在绑鞋带。他们两人相视一笑,对于彼此的秘密心照不宣。尽管严禁打猎,甚至禁止离开营地,但他们两人却正打算这么做。他们已经厌倦了那种用倒胃口的罐头煮成的炖肉,而且反正现在每日的配给量也因为军粮存量降低而减少了。两人都吃不饱。没有吃的他们哪有力气打仗?

许多士兵都已处于营养不良的边缘,再加上炎热的天气,因此病倒的人数急遽增加。病患必须送往后方接受医疗照护,因此又占用了原本就已有限的运输资源。此外，病患一样还是需要吃饭：被送到后方的士兵所消耗的粮食并不比赶赴前线加入战斗部队的兵员来得少，以致后者的粮食配给量只能进一步削减，从而形成恶性循环。原来的一个团，现在只有170人至200人，相当于一个连队的规模。*

他们为了追击德军而潜行于灌木丛、密林与沼泽地里，越过河流、高山与莽原，但对方却显然不为当地的气候与疾病所苦。这点并不令人意外，因为德军士兵都是当地人，自然对这样的环境习以为常。他们非常熟悉这里的地势，不但移动起来速度相当快，也知道有哪些东西可以采食。此外，由于德国人对待他们相当好，给予的酬劳也相当高，因此他们对自己的德国主人非常忠心。

情势所迫，英军不得不重新思考自己不愿为非洲人提供武装并让他们参与战斗的做法。布坎南在雨季结束以来所参与的这场行动，目标之一就是要将德军逐出塔波拉，也就是德军招募最优秀的黑人士兵的地区。冯·莱托-福尔贝克也证明了自己深谙就地取材之道：他已收不到来自德国的补给品，于是开始自行制造弹药，教导士兵自行制作靴子，还在"柯尼斯堡"号巡洋舰被英军赶进鲁菲吉河三角洲之后，借着抢救船上的大炮之名而拥有了重型火炮。

布坎南与吉尔汉姆拿起他们的军用步枪，偷偷走过一排排酣睡的士兵，溜出了营地。他们带上了布坎南的非洲仆人哈米西。一开始，他们必须设法穿越浓密的干燥灌木丛。最糟的部分是有刺灌木与树木，而其中最可怕的则是非洲人所谓的"姆贡加"†，因为这种植物的刺又长又锋

---

* 读者也许会认为布坎南有点过度夸大，因为军团的人数通常多达3000人至5000人。不过，有些史学家指出，在这场战役当中，战场上每阵亡1人，就有另外30人因为罹患疾病而丧生或失能。由此看来，布坎南的记述显然有其可信度。
† 姆贡加，斯瓦希里语称为"mgunga"，学名为 *Acacia polyacantha*，英语又称为"falcon's claw acacia"（鹰爪金合欢）或"white thorn tree"（白荆棘树）。

利，而且数量又很多。他们尽可能避开这类矮小的树木。布坎南表示："我这辈子永远忘不了姆贡加这种植物。"他们的双手、手臂与双腿很快就满是鲜血。

经过一个小时之后，地貌逐渐开阔了起来，而他们现在距离营地也已经够远，不至于被人听到他们的枪声。布坎南与吉尔汉姆为步枪装填子弹，然后蹑手蹑脚地悄悄前进。哈米西跟在后面，和他们保持一段距离。

他们才走了差不多一公里，就突然看见一头扭角林羚跳了出来。但他们还来不及开枪，那头动作优雅的羚羊就又消失于树丛里了。布坎南咒骂了一声。又走了三公里，他们什么也没看到，只有黑斑羚与疣猪留下的足迹，另外也对一两群珠鸡开了枪。该是回头的时候了。太阳已经升上清澈的蓝天，再过不到一个小时就会热得令人难以忍受。这天早晨，猎捕那些动作敏捷而且行踪飘忽的动物，就和他们的师追击德军的驻防部队一样徒劳无功。

布坎南、吉尔汉姆与哈米西在回程改走另外一条路，结果这项选择颇为幸运。首先，他们遇见一头长颈羚，两人纷纷开枪，但都没有命中。他们继续前进，灌木丛再度变得越来越浓密，以至布坎南看不见吉尔汉姆的身影。不过，他却突然听见一声枪响，接着是一声欢呼：吉尔汉姆发现了另一头长颈羚，而且打中了它。他们两人兴奋地欢声大叫。有肉可以吃了！而且还是羚羊肉！布坎南爱怜地看着他们脚下那头濒死的动物。他在今天以前从来不曾看过这种羚羊：

> 体形修长优美，有着一身又短又密的光滑毛皮，呈现出黑巧克力般的褐色。侧腹中央有一条特殊的水平线，明显将深色的身体上半部与颜色较浅的下半部区分开来。

他们三人宰杀了那头动物。哈米西背着大部分的肉块，布坎南与吉尔汉姆则是提着他背不动的部分。由于害怕被人发现，他们以极轻的脚步悄悄走回营地。

他们今天总算能够大快朵颐了。

在这同一天，勒内·阿诺与他的部下在凡尔登的三二一高地上遭到德军步兵攻击。炮火停歇了下来，然后身穿灰衣的身影就出现在他们前方那片满是弹坑的地面上：

> 枪声以及闻起来有如大蒜味儿的火药烟雾，很快就让人觉得醺醺然。"开枪杀了那些猪！杀了他们！"突然间，我看见一个块头很大的人在我右前方移动。我瞄准他，心中产生了这一枪会命中目标的直觉；我扣下扳机，枪托因后坐力而在我的肩膀上一震，然后那个大块头就不见了。事后，我不禁纳闷究竟是我自己还是别人发射的子弹击中了他，或者他只是在猛烈的步枪火力中趴倒于地面以躲避子弹。无论如何，他是我在三年半的战争期间唯一"撂倒"*的德国人，而且我还不敢完全确定。

他们终于借着手榴弹遏制了敌军的攻势。

这天，罗伯特·穆齐尔在盛夏时分回到美丽的博尔扎诺，他在该地谋

---

* 阿诺在此处以反讽语气写下的字眼是"descendu"。

得一份相对安稳的文书职务（还是一位地位显赫的熟人为他安排这次的异动）。前线总会寄出各种战场上优异表现的表扬建议书，他负责收件与文件审理。他和妻子住在一栋文艺复兴风格的别墅内，有着城堡的城垛、尖塔与门廊，看起来美轮美奂。这真是一大特权。（这栋别墅本属于一位意大利企业家，但屋主在战争爆发时就逃离了；别墅随后遭到奥匈帝国士兵的恣意掠夺。为他安排豪华住处的，还是这位朋友。）穆齐尔的生理状况已经恢复正常，但肆虐了整个春天的抑郁症却还是不放过他。他放弃日记写作，但还是保留一本小札记，尝试从两大因素评估自己的身心状态：工作的热情以及性需求。以下是他最近留下的注记：

> 5月23日到6月3日：热烈的性行为。工作欲望良好。一切往来都驾轻就熟。
> 6月3日：颓丧。
> 6月5日与6日：恢复正常状态。

今天的状态则是：

> 6月8日：各方面都掉入极度抑郁的状态。

要想知道真正原因是什么，简直不可能。这一定和失望有关，不只是对这场战争感到幻灭，也是对他自己。当初那股源源不绝的崇高力量，究竟到哪儿去了？

1916年6月10日，星期六
勒内·阿诺离开凡尔登前线的三二一高地

等到消息传来的时候，阿诺对时间已经失去了概念。他不晓得他们在这宽大的山脊上待了多久。（他后来计算了一下，认为是十天。）经过这么长时间，又发生了这么多事，阿诺早已放弃了会有人来替换他们的希望；实际上，他根本放弃了所有的希望。夜以继日的炮击以及他们对德军两场进攻行动的阻击，仿佛将他麻痹了。他对危险似乎无动于衷，看见死人也是视若无睹：

> 身在战火之中，这种冷漠无感也许是最好的状态：纯粹依据本能与习惯行事，不怀希望也不带恐惧。长期以来那种压倒性的强烈情绪，终于随着情绪本身的消亡而终结。

一时之间，他无法理解那些被派去领取粮食配给的士兵为什么会在傍晚双手空空地回来。但他们很快就解释说："我们今晚就要回去了。"他们全都开始兴奋地跳上跳下。"我们今晚就要回去了！"

不过，还有一件事情需要完成。那位大部分时间都在喝干邑白兰地喝得醉醺醺的上尉在这时现身，对他们说他们必须先把所有阵亡士兵的尸体拖进身后那条半完工的战壕里，然后才能离开岗位。他们不能在新连队接手之后仍然任由自己连队的死者散落四处。士兵们为此咕哝埋怨，但阿诺说服他们这是不得不做的事情。

他们在信号弹与炮弹爆炸发出的光芒之下完成着这件不愉快的任务。一具接一具的尸体都被拖到充当担架使用的防水布上，然后他们再拖着沉重的脚步把这些尸体拖到那座临时坟墓里。尽管那些死者都已"死了很久，尸体也都已经腐烂"，但他们还是认得出每一个人：贝拉尔（和其他许多人一样，是被贵妇谷那边的德军机枪打死的——那机枪的扫射范围可覆盖他们整座阵地）；博纳尔（一个非常热爱葡萄酒的传令兵）；马菲厄（原是炊事兵，却因值勤时喝醉酒而被罚充任步兵）；维达尔中士（蓄着黑色胡须，还有一双忧郁的眼睛，他在前天随着部队击退德军攻势之时被一枚子弹击中额头中央而身亡）；马拉尔（来自旺代，拥有一头黑发与一双蓝眼——他不小心被自己的手榴弹炸断了脚，结果失血过多而死）；若（阿诺以前的下士，原本就黝黑的肤色因为常晒太阳而显得更深，有着一双儿童般的温柔眼睛，还有一丛乱糟糟的胡须）；奥利维耶（勇敢忠心的小奥利维耶，有着一头金色直发）；卡尔特利耶中士（身材高瘦，而且对禁令置之不理，总是穿着一双醒目易认的特殊短筒靴）；以及其他许许多多的战友。*

这几天的天气相当炎热，因此在搬运尸体的过程中，腐臭的气味也就一阵一阵地传来。士兵每隔一阵子就必须休息一会儿，呼吸一些新鲜空气，才能再继续执行他们的任务。

直到将近凌晨两点，他们才把所有尸体清理完毕，阿诺因为"完成了一件必须完成的工作而体会到一股苦涩的满足感"。他看着前来接替的部队——士兵们背负着沉重的行囊，他们走过的地方都留下一股浓厚的汗味。接班的中尉满腹牢骚。抱怨带刺铁丝网架设的屏障残缺不全，扭曲变形，指挥所也只不过是两堆沙包之间的一个洞而已。一开始，阿诺对这些牢骚气愤不已："我们经历这么多的苦难，真的就只是为了让一个白痴到这里来摆出一副我们没有尽到职责的嘴脸吗？"但他还是平静了下来，心想那个脾气暴躁的中尉很快就会知道把守三二一高地十日十夜究竟是怎么一回事了。

---

* 这些人并非全都是遭到敌军杀害——在凡尔登交战的双方都有不少士兵死于己方误射的炮弹。这种失误有一部分的原因是人为疏失，例如瞄射失准；另一部分的原因则是大炮使用过度造成的机械故障。野战大炮的使用寿命通常约为 8 000 发炮弹。

从前线回来的行程快得令人讶异。他们的疲惫仿佛全被清洗一空。没有人想要多休息，而是宁可在日出之前尽可能走得离战场越远越好。回程的路线经过弗鲁瓦特勒堡，于是他们在其掩蔽下休息了一段时间，并且因此遇到一支正从另一个方向开赴前线参战的部队。那支部队看起来就像是他们十天前的模样："他们的大衣仍是浅蓝色，鞣革装备仍然呈现黄色，锅子也都还是亮闪闪的银色。"阿诺身上的大衣满是泥巴，脖子上挂着望远镜，皮护腿瘪皱不已，脸上布满了十天来的胡茬儿，头盔也已残缺不全——冠饰在6月8日的一场肉搏战当中被打掉了。他手下大多数的士兵都没有帆布背包，也没有腰带。有些人甚至连步枪也没了。

阿诺和他的部下正打量着这支行装光鲜的生力军，突然看见一枚炮弹落在他们的队伍中。阿诺的部下完全无动于衷，只是沿着泥泞的道路继续往前走。他们在路旁看见许多人员与马匹的尸体，甚至还有一辆被弃置的救护车。他们尽力加快脚步，"显得害怕又混乱，仿佛正在逃离战火一样"。他们的眼中闪烁着狂热的光芒，脸上满是泥土。他们毫不回头，只是不停地望向在晨曦中飘浮于德军阵线上空的观测气球，并且出声咒骂——那颗气球随时可能指示炮兵对他们开火。事实证明，阿诺在前往凡尔登途中所听闻的估算确实没错，而且近乎精准：他率领了一百人到前线去，现在只有三十人活着回来。

他们抵达了十天前经过的十字路口。阿诺看见凡尔登在朝阳下一片寂静，闪耀着红色与白色的光芒，不禁在心里想着："战争很美——在将领、记者和学者的眼中是如此。"

他们渡过河流，将战场上的危险渐渐抛在脑后。他们在一片树林的边缘休息片刻，阿诺看见一名后备中士在看一份单张报纸。阿诺问他有什么新闻，那名中士哼了一声说："还不是一样的那些东西。"他把报纸递给阿诺，阿诺看了看，不禁大叫："是我们！是我们！"他的部下纷纷围了过来，于是他大声念出了那篇新闻公告：

> 6月8日，23：00……在右岸，经过猛烈炮击之后，敌人针对我们位于蒂欧蒙农场东西两侧的阵地数度发动攻击。所有的攻势都被我方防守的炮火与机枪所逐退。
>
> 6月9日，15：00……在右岸，德军针对蒂欧蒙农场东西两侧将近两公里长的前线持续发动猛烈攻击。西侧的所有攻势都以失败收场，敌人也遭受了惨重损失……*

有一人插嘴指出，这份公告故意没有提及我方的损失。尽管如此，其他人却不晓得为什么都深感欣慰，而一再重复着："新闻提到了我们！"——仿佛这是一句具有抚慰效果的祈祷文。这些简短的报道，也许为他们经历的战斗提供了一个理由。说不定这场战役从一开始的用意就在于成为报道对象；说不定他们这支连队经历了十天的苦难牺牲，就是为了让人可以说他们守住了三二一高地（尽管这座高地本身在军事上并没有太大的重要性）。

的确，就法国的观点来看，捍卫凡尔登的象征意义大于实质意义，主要是让法国的将领、政治人物、记者与平民大众都可以相互安慰："没错，这座城镇守住了。军队正在那里坚守阵地，而且绝对不会退却。"不过，真的有人认真想过这个小小的及物动词："tenir"——"坚守"——究竟代表了什么吗？"坚守"在高阶将领眼中代表的是一种意义，在巴黎的民族主义媒体传声筒眼中又是另一种意义，在战场上的指挥官眼中又是另一

---

* 值得一提的是，这些官方公告不仅在当时备受仰赖，并且经常受到引用（例如笔名为亨利·迪加尔的作者所撰写的《凡尔登之役》，就早在1916年即告出版），其中提供的数据至今也仍然深深影响着史学家。《凡尔登的三百个日子》这本出版于2006年（该场战役的九十周年）的法文巨著，尽管深具参考价值，但其中的大量数据却正是仰赖这类公告。

种意义，在实际经历战火的士兵眼中——例如阿诺以及他那三十名生还的部下——更是另一种完全不同的意义。因此，战争的残酷与悲哀，不只是实战人员之间种种毁灭力量的总和，更是那些下令开战的人物在修辞和语义上犯下的种种含糊混乱造成的结果。

不过，他们现在已撑过了战争中最凄惨也最激烈的时刻。在短短一个多星期里，德军已针对整个前线发动了自今年2月以来最密集的攻势。在其他几个地方，如法国的要塞伏堡在猛烈交战之后被敌军攻陷。*

后来，阿诺听见蜿蜒于凡尔登与巴勒迪克之间的那条窄轨铁路上的火车鸣笛声，才意识到自己真的幸存了下来：

> 我走下了苦难的绞刑架，回到了一个和平和生命的世界。和死神面对面十天之后，我原本以为自己还是以前的那个人，但我错了。我已经失去了我的青春。

芙萝伦丝·法姆伯勒在同一天于日记里写道：

> 今天又热又闷。早上，亚历山大·亚历山德罗维奇——我们的一个运输指挥官——愿意开车送我们去看看废弃的奥军战壕，我们欣然答应了。其中某处的奢华与舒适度远远超越了其他地方：我们认定那里必然是某个炮兵军官的掩体。里面有椅子、桌子，加固的墙壁上挂着画，还有不少书籍，甚至有一本英语语法书。

---

* 阿诺所属的营在三二一高地损失惨重而撤出前线之后，德军随即又展开了新一波的攻势。三二一高地最后还是不免陷落。

1916年6月25日，星期日
爱德华·穆斯利在努赛宾偷了一个死人的防暑帽

徒步行进的旅程持续不休。自从在库特阿马拉遭到围困的英国守军向奥斯曼部队投降以来，将近两个月的时间过去了。总共有13 000多名将士被俘[*]，而且尽管奥斯曼部队在事前曾经做出承诺，事后却还是劫掠了战俘的财物，并且将军官与士兵互相隔离。军官由河船载运至巴格达，士官与士兵则是被迫步行，尽管其中许多人的身体状况已经相当糟糕，而且一年里最热的时期也才刚展开——即便在树荫下，温度还是可以高达50摄氏度。

穆斯利在投降之时已经病倒了，因此必须等待特殊船只将他载运到巴格达去。讽刺的是，他们最后搭上的正是"尤尔纳"号，也就是4月底试图前来救援他们的那艘汽船。他被押解上船之时，注意到船身上到处都是弹孔。在仿佛永无止境的缓慢旅途中，"尤尔纳"号不时停下来抛掉已经死亡的俘虏的尸体。

在巴格达，穆斯利恢复了相当程度的体力，行程得以继续。由于俄军部队位于巴格达以北不到两百公里处，因此奥斯曼当局一心想要尽快将英军战俘送走，以免他们在俄军进军巴格达之后获得释放。他们先由火车被运至萨马拉，接着在卫兵押解下沿着底格里斯河步行至摩苏尔，然后再往西横穿沙漠。

像穆斯利这样的被俘军官可以将行李交由骡子与骆驼驮运，身体最虚弱的还可以骑乘。尽管如此，这次旅程仍然极为可怕，一路上留下了几个

---

[*] 其中只有3000人是英国白人，除此之外都是印度人。库特阿马拉的平民百姓只要被认为与英军有勾结（例如担任他们的翻译），即遭到绞刑处死，有些甚至还在死前遭受酷刑折磨。

病倒和奄奄一息的人员，还有累倒的骡子以及被遗弃的装备。一具具被炙热的太阳烤得焦干的尸体，展示了前面走过的人的痕迹。另一方面，武装的阿拉伯人也如影子一样尾随着他们，等着劫掠杀害掉队的人。他们饱受沙暴、炎热与饥饿之苦，口渴更是令人难熬。他们赖以维生的食物有无花果、黑面包、茶，尤其是葡萄干——全都是在行经之处以极高的价钱购买所得。和其他人一样，穆斯利也几乎彻底丧失了时间概念。"我只知道有两种时间，"他在日记里写道，"一种是行走的时候，另一种是没有行走的时候。"他虚弱无力又发着烧，体重已掉了将近十二公斤，而且患有严重的胃病，眼睛也疼痛不已。[*]

他们现在已抵达努赛宾这座小镇，预计将在这里停留一两夜，然后再继续前往艾因角，并在那里转乘火车。他们在一座古罗马的桥梁下扎营。天空晴朗无云，天气炎热不已，穆斯利又比先前更加虚弱了。他刚从一场严重的中暑当中恢复过来，原因是他的遮阳帽在昨天一场异常猛烈的沙暴中被吹走了，而他绑在头上的手帕又没什么效果。

他无意间听闻镇上有个生病俘虏的收容站，而且有个英军中尉刚在那里去世。穆斯利打算去那里弄来那名死者的防暑帽——毕竟，那个人再也用不上那顶帽子了。他花了很长的时间"穿越狭小的巷道与阴暗的住宅及后院"，最终找到了那个地方。走过一道由一面挂毯掩蔽住的小门，他进入了一座开阔的庭院。

在墙壁内侧，只见一排排骨瘦如柴的病患躺在用草和树木枝叶临时

---

[*] 不过，以汤曾德将军为首的英国高阶军官却获得极佳的待遇。（穆斯利以讥讽的语气称汤曾德在这段旅程中过得有如王侯一般。）大约在这个时候，瑞典探险家斯文·赫定参加了一场由哈利尔帕夏举行的盛大晚宴。晚宴上的主宾不是别人，正是汤曾德——赫定在战前的旅程中曾经和他会过面。赫定告诉我们，这位英国将领"以从容的态度面对自己的命运，晚宴上的气氛甚至颇为欢乐，实在是个适合建立友谊的场合。哈利尔斟满酒杯，向他的主宾致辞，祝他未来一切顺利。那位英国将领举杯与他相碰，为自己在巴格达获得的热情款待表达感谢。宴会结束后，汤曾德便搭乘哈利尔帕夏的汽车回家"。

搭设的遮阳篷下。大多数人都全身赤裸，只有腰间围着一块布，干瘪的脸上也布满了一整个星期没刮的胡茬。这些人都是来自库特阿马拉的英军士兵，这里除了黑饼干以外什么吃的都没有。他们需要水必须自己到两百米外的水道去舀取，所以可以在沙土上看见他们来回爬行留下的痕迹。

有些人已经死了，更多的是奄奄一息。*他看见一个人下巴垂落，脸上满是苍蝇。穆斯利原本以为他死了，但那人还活着，而且他只要微微一动，就有成群的苍蝇从他张开的口中飞出。穆斯利以前就见过这种情景，濒死之人的口中聚集着大批苍蝇，随着他们微弱的动作而不时飞出飞入：他称之为"蜂巢现象"。

穆斯利找到了那名去世的中尉，发现了他的防暑帽，于是直接拿走了。他回到队伍里，向其他军官告知了他看见的景象。他们前去向这座城镇的指挥官抗议。所有尚能走动的士兵也加入他们的行列。军官们凑齐了他们仅有的钱，以便留给那些无力走动的俘虏。他们把凑齐的六十英镑交给那些不幸的人员，好让他们至少能够花钱买得一点粮食与照护。

穆斯利回到那座罗马桥梁，在日记里写道：

> 晚上，等到酷热无情的太阳下山之后，我们就会在卫兵之间来回游荡，抽着我们弄得到的阿拉伯烟草，并且焦虑地望着西方的地平线。在遥远的那边，就是艾因角那座铁路总站的所在处。从这里到那里，还得走上好几个漫长的日夜。我们到得了吗？

---

* 在第二次世界大战期间，日军借由以下这项原则判定一个挨饿的人还能活多久："站得起来——还能活30天；坐得起来——20天；连排尿也必须躺着——3天；已经说不出话来——2天；连眨眼都没有力气——活不过天明。"

1916年6月27日,星期二
芙萝伦丝·法姆伯勒在布恰奇照料伤员

截至今天,布鲁西洛夫攻势已经迈入第四周,好消息仍然不断传来——实际上,这些消息好得令人讶异。法姆伯勒的医疗队所依附的部队(第九军)已取得了所有部队当中最佳的战果,驱使奥匈帝国的部队不得不展开看似慌乱的撤退。说得更精确一点,应该是彻底恐慌的撤退。*芙萝伦丝和她的同事都非常开心——他们对于新的一年所抱持的高度期待以及备受谈论的大规模攻势都真正获得了实现。天气很热。

芙萝伦丝已见过大批战俘(这种景象在先前是少见的)†,也见过敌军遭到炮火摧毁的战壕,而不禁对其精良的构造留下深刻印象。她也见过胜利较少被人提及的某些方面:集体坟墓刚填满了尸体,幸存者坐在一旁,在成堆的靴子、腰带及其他装备中拣选,全都是他们阵亡战友所留下的遗物。此外,她还见过打了胜仗的士兵恣意饮用俘获或劫掠而来的酒,喝得酩酊大醉。

她所属的医疗队目前正驻扎在布恰奇,那是一座美丽的小镇,横跨斯特雷帕河两岸。那座城镇虽然备受战火蹂躏,许多居民也都已经离开,但仍然色彩缤纷,而这点必须归功于那一大片盛开的洋槐。芙萝伦丝的医疗队占用了一栋房屋,那里原是奥地利教育局长的住宅,但他已随着奥地利部队离开了布恰奇。在芙萝伦丝与她的同伴抵达之时,那栋建筑早已遭到

---

* 奥匈帝国首先在德涅斯特河试图阻止俄国部队势如破竹的推进攻势,但没有成功,于是接着在普鲁特河重整阵线。俄军在十天前突破了奥匈帝国阵地,第九军因而得以攻占切尔诺维茨,并且开入奥属布科维纳。

† 自从布鲁西洛夫攻势在1916年6月4日展开以来,俄军已俘获将近20万人,缴获700门左右的大炮。奥匈帝国在加利西亚的防守已然崩溃。自从这场惨败之后,该国的军队就一直没有能够恢复元气。

劫掠，只见书本、图画、地质样本与干燥花散落满地。仍然待在镇上的奥地利居民都已被命令离开自己的家，且将会被送往东方。芙萝伦丝目睹的这幕情境正是去年夏天的翻版，只不过现在逃亡的主要是说德语的民众。她已看到数以千计的民众仓皇逃离，男女老幼驱赶着牲畜，财物高高堆在早已超载的拖车上。

不过，他们听到的不只有好消息。好消息毕竟有其代价，而像芙萝伦丝这样的人员就必须在那些不断涌入战地医院的伤残肉身当中努力挽回尚有生机的性命。

昨天傍晚，她协助了救治两位腹部受伤伤员的手术。这类伤势的预后非常不乐观，主要是因为肠子的内容物一旦流入腹腔，就很难避免致命的感染现象。她非常佩服那位外科医生的技术，只见他把肠子的破裂部位切除，然后将仍可正常运作的部分缝合在一起。腹部受伤的患者很难照料，不只因为他们的死亡率非常高，也因为他们大量失血而处于脱水状况，所以会不断要水喝，但这项需求却又有着高度的并发症风险而不被允许。手术完成之后，芙萝伦丝仍然待在临时设置的手术室里，原因是她听说还会有更多的伤员进来。她在手术室里的一把椅子上睡着了，直到半夜才醒过来。

到了早上六点，才开始有更多的伤员抵达，而芙萝伦丝也忙着照料他们，只有早餐时间得以喘息一会儿。其中一名伤员是个左上臂中弹的年轻士兵。她把子弹从伤口内取出，却是出乎意料地容易，原因是那颗子弹击中他的时候已经没什么力道，而且尾部也露在外面。那个男孩不停哭叫埋怨，即便在伤口已经清理包扎好之后还是如此："护士[*]，好痛！"另一名伤员的伤势很奇怪：他也是遭到子弹击中，但那颗子弹却从他的肩胛骨上弹

---

[*] 原文为"Sestritsa"，是俄语中称呼女护士的用语。

开，转了个方向，划过他的身体右侧，穿越腹股沟而钻入右大腿内。第三个伤员也是个年轻人，满身都是沙土和干燥的血块，于是她先清洗他的脸：

"护士，"我的伤员努力挤出一丝微笑说道，"不用洗，没关系！反正我不会再出门了。"我原本以为他在开玩笑，所以也正准备以玩笑话响应，但这时我突然看见他头上那道严重的伤口，于是明白了他的意思。

后来，她看见了她前一晚帮忙进行手术的一位腹部受伤的伤员，发现他的状况变得越来越糟。那人想要喝水的渴求极为强烈，以致她必须找来一个男性护理员帮她把那人压制在草席上。那个人的脑子开始出现幻觉，大声嚷嚷着说他和他的战友现在已在大河边，尽情喝着一口、一口又一口的水。

1916年6月30日，星期五
克雷斯滕·安德烈森在索姆河修复交通壕

湛蓝的天空，被太阳烤得温热的青草散发出夏季的气味。又是更多的挖掘工作。安德烈森手里拿着十字镐与圆锹的时间，比握持步枪与手榴弹的时间还长——但他对此毫不埋怨。在最前方担任警戒任务是一件危险、令人不快而又疲惫的工作，而且现在更是如此。原因是英军正持续不断地轰炸位于几十公里外的德军阵线，可能是为了准备发动大规模进攻。炮火甚至不时会扫过安德烈森负责的交通壕，以致这些战壕需要一再修复。白垩质的土壤挖起来很费力，但只要挖掘好了，即可变成绝佳的掩体。

他的工作依循一套固定的模式：挖八个小时的战壕，中间有一段相当长的休息时间可供用餐，然后即可自由活动。他正在挖掘的其中一条交通壕穿越一片仍然覆盖着夏季新绿的树林，阳光斑驳摇曳，被击倒的树木散落在地上。过了那片树林之后，战壕沿着一条溪流向前延伸，直接穿过一座老旧的水车磨坊。他们睡在地底深处的掩体里，虽然安全，但相当拥挤。床铺非常狭窄，以致所有人都只能侧睡，而且床板之间的宽大缝隙更是令人难以安睡。床垫内部填充的都是木屑，经常会黏附成一团。此外，掩体内的空气也不太新鲜：

> 一旦在那里面睡了五六个小时，胸中就不免产生一股紧绷空虚的感觉，仿佛罹患了哮喘一样。可是只要爬到地面上接触到新鲜空气与光线，这种感觉很快就会消失。

安德烈森的健康状况不太好。他的感冒一直好不了，胃不太舒服，也经常头痛。他们多次看到战机在晴朗湛蓝的天空中缠斗。英军在空战中似乎占有优势。"不久之前，著名飞行员伊梅尔曼就在这里被击落。*当时我在掩体内睡觉，可是在地面上的人都看到了。"

一如往常，他满心只想听到有关和平的消息。目前有一个谣言尤盛，称战争将会在 8 月 17 日结束。那一天是星期四。

---

* 马克斯·伊梅尔曼是德国当时战绩排名第二的王牌飞行员，打过十七场胜仗（仅次于奥斯瓦尔德·伯尔克的十八场）。他是第一位获颁功勋勋章的飞行员。功勋勋章在当时是德国的最高军事荣誉，后来在德军飞行员之间俗称为"蓝马克斯勋章"。我们不知道他究竟是被英军的战机击落，还是因为机械故障而坠机。

1916年7月2日，星期日
安格斯·布坎南在夸迪雷玛买了几只鸡

今天是星期日，他们总算得以过一次像样的安息日。他们在营里已经待了好几天——据说是为了等待筹集补给品，以便继续行军。他们近来深受粮食短缺之苦，士兵再度陷入了挨饿状态。

今天很安静，布坎南甚至没有带领部下进行机枪操练。不过，这种情形并非完全有益，因为在这么一个闷热无风的星期日，一旦没有事情能够吸引人的注意，就很容易兴起思乡的情绪。布坎南很想知道家乡现在的状况，但在丛林里根本收不到什么消息，更遑论信件。他们已经期盼了好几个星期的邮件。

不过，这一天绝不算是虚度了。除了有机会休息之外，布坎南也对自己谈成了一场绝佳的交易而深感得意。他在几天前结识了两名土著，那两人回他们的村庄走了一遭。现在他可以和他们以货易货，于是他用几件衣服换得了面粉和十三只鸡。这个意外的加餐令他们深感开心，他们可以在晚餐时享用鸡肉了。此外，这项交易也唤起了他在动物学方面的兴趣。（他从来不曾彻底放弃自己在这方面的兴趣。布坎南只要一有时间和精力，就会搜集植物和蛋，尤其还有鸟类。他以科学家的细心——甚至几乎可说是钟爱——将自己找到的一切分门别类。最近的一次是在5月14日发现一只雌的粉颊小翠鸟，他将其编号为163号。）他买下的其中一只鸡，在头上有一根奇特的白色羽毛，他不晓得为什么下不了手宰杀它，于是决定养它一阵子。这只鸡说不定会下蛋——甚至可能会变成他的宠物。

1916年7月7日，星期五
勒内·阿诺所属的营准备返回凡尔登的前线

这个消息在暑热当中令他们大吃一惊：他们必须返回凡尔登"填补一个空缺"。他们所有人都没想过自己还会再次被派去那里，尤其是在遭受了那么惨重的损失之后。旅中的两个团因为损失了大量兵员而被合并，以致阿诺与他的战友必须拆下领章上原本的"三三七"这个号码，改绣上"二九三"——一个月前才在凡尔登参与过战事的三三七团，现在已经不复存在了。

阿诺尽力安抚连队里的士兵，但觉得自己没有成功。此外，他自己也深感沮丧。他们所有人显然都和他有着一样的念头："你可以幸存一次，但不太可能会有第二次。"傍晚时分，团长在凡尔登堡垒内的一间地下室里向他们做简报。他们的部队必须夺回蒂欧蒙与弗勒里之间一块近来失守的地区，距离他们今年6月初防守的阵地不远。中校团长试图鼓舞士气的说辞和阿诺对自己部下说过的话差不多，也同样没什么效果。阿诺看得出团长的压力有多大——他紧咬着牙关，也显然不相信自己所说的话。不过，阿诺却稍感平静了一些——他的营在一开始将会先担任后备队。

阿诺出门走到走廊上，看见有五十几个他营里的士兵站在另一个房间外面排队，那个房间是他们营的代理医生巴耶所使用的诊疗室。巴耶是一个身材圆胖、理着平头、戴着一副大眼镜的男子。那些士兵都是前来告病的，希望借此逃避那等待着他们的炼狱。各种想象得到的病症都出笼了：疝气、风湿、伤口愈合不佳。巴耶忙得满头大汗，围绕在他身旁的那群士兵"就像溺水的人紧抓着救生圈一样"。阿诺后来听说营里有几个高阶军官也以生病为由告假:"简而言之,全营的士气都彻底崩溃了。"

那天傍晚,阿诺去看了巴耶医生,也同样试图称病告假。他觉得自己的手法颇为细腻。阿诺首先埋怨称有个军官(其中一名功勋彪炳的军官)竟然借着称病逃避任务,接着声称自己绝不会这么做,尽管他的心脏问题其实是称病的充分理由。他以一副漫不经心的模样解开制服夹克的纽扣,请医生帮他听诊,满心盼望着医生会听到什么奇怪的声音,而为他开具一份免除任务的诊断证明。医生听了听,然后以厌倦的语气说他也许听到了些微的杂音。他就只说了这么一句话。阿诺不禁感到一阵羞愧,扣上了夹克:"经过这次示弱的表现之后,我再也不敢谴责别人了。"

天黑之后,他们再度行军离开堡垒。行装沉重的士兵缓缓越过河流,走向那片闪现着爆炸亮光的阴暗高地。他们爬上第一道陡峭的山脊之后,阿诺俯卧在地上,心脏猛跳不休。"我疲惫不已,但主要是道德而不是身体上的疲惫。我以为自己会昏过去,甚至可能希望自己会昏过去。"他们在一条狭窄的交通壕里行进了好一阵子,然后抵达了一座简陋的碉堡,屋顶只盖着一层瓦楞铁皮。他在那里睡着了。

攻击行动在两天后的黎明展开,结果以失败收场。损失极为惨重,指挥官也在行动中阵亡了。阿诺的队伍没有参与攻击行动,他因此安然活了下来。

1916 年 7 月某一天
拉斐尔·德·诺加莱斯在耶路撒冷城外目睹一名逃兵被处死

几乎每天早上都会有两三具新的尸体垂挂在圣城各处的电线杆以及其他临时搭设的绞刑台上。那些死者大多数都是奥斯曼军队的阿拉伯人逃兵。那些人与拉斐尔·德·诺加莱斯可说是恰好相反，因为他们没有选择战争，而是战争选择了他们。他们代表了军人当中沉默的大多数（不论是哪种肤色的人）：不同于德·诺加莱斯那样热切地投身于战争的活力、危险与幻象当中，那些人乃是被迫卷入战争的，尽管不情不愿、疑虑重重、无心参与，也只能默默接受。

德·诺加莱斯并不是瞧不起他们：就某方面而言，他其实了解那些逃兵的感受。奥斯曼军队再度在补给问题上陷入困境，主要是因为贪腐、浪费以及团伙盗窃。此外，营养不良也再度为疾病开启了大门，尤其是斑疹伤寒。由于这整个地区都粮食短缺，斑疹伤寒因此广为流行，对许多刚迁居至这座城市的犹太人口的冲击尤其强烈。他们因为这场战争而失去了来自故国的一切协助。由于饥饿与思乡情绪，阿拉伯军队的逃兵人数因此大幅飙升。[*]

斑疹伤寒的大范围流行以及巴勒斯坦的补给严重短缺，导致所谓的帕夏远征队（一支由土耳其部队与德国及奥匈帝国部队组成的军队，配备了大量的大炮、货车以及其他现代装备）无法按照原定计划在穿越小亚细亚的漫长旅程之后于巴勒斯坦歇脚，而必须在酷热之下继续朝着西奈半岛前进。他们奉派前往参与第二次堵截苏伊士运河的行动。[†] 轰隆驶过的一列列货车以及全新大炮深深吸引了德·诺加莱斯的目光。

---

[*] 许多阿拉伯人都被征召加入有制服却没有武装的工兵营，担任维修道路以及挖掘战壕等工作。
[†] 第一次的行动参见第 127 页，1915 年 2 月 6 日。帕夏远征队同样没有成功。

奥斯曼军队指挥官对于逃兵现象的应对做法就是不断将逃兵处以绞刑，但没什么效果。（德·诺加莱斯认为这种严酷的措施所试图矫治的问题，指挥官本身至少也必须负一部分责任：一般认为他也参与了导致部队缺粮的贪腐活动。）于是，指挥官决定最新出现的一个逃兵必须被公开行刑，要让他在耶路撒冷驻军中的战友亲眼看着他被行刑队处决。

这场死刑就在今天举行。

受刑人又是一个阿拉伯人，这次是一位伊玛目。

耶路撒冷密集而或平或圆的屋顶下，一列长长的队伍蜿蜒而出。在前头领队的是一支军乐队，演奏着肖邦的《葬礼进行曲》。军乐队后面跟着一群高阶军官和平民，接着是那个即将被处死的逃兵，他打扮得极为醒目，头戴白色头巾，身穿鲜红色的土耳其式长衫。跟在他身后的是行刑队，然后是一长列的耶路撒冷驻军——至少是耶路撒冷驻军的大部分成员——包括拉斐尔·德·诺加莱斯在内。

这一长串的人员聚集在一个小土墩周围，土墩上插着一根粗厚的桩柱。在死刑宣判的过程中，德·诺加莱斯仔细观察着那个受刑人。他看起来"一点都不在乎自己即将面临的命运，平静地抽着他的方头雪茄，呈现出穆斯林典型的那种对于死亡满不在乎的姿态"。听完判决的宣读，那人在另一位伊玛目面前的一张草席上双腿交叉着坐了下来。另一位伊玛目原本应当抚慰受刑者的心灵，但抚慰得过分了，以至他们两人陷入一场越来越激烈的神学争辩，差点打了起来。

受刑人被拉着站了起来，然后被绑在桩柱上，再由一条布蒙住他的双眼。在这整个过程中，他仍然平静地抽着他的雪茄。"准备"的命令下达之后，行刑队举起枪瞄准目标，那人随即把雪茄举到嘴唇边。枪声响起，鲜血在原本就已是红色的土耳其式长衫上扩散开来，于是那人软倒了下去，"他的手被一颗子弹钉在了嘴上"。

1916 年 7 月 20 日，星期四
奥利芙·金在萨洛尼卡发放衣物

这天天气变凉了。放衣服的储藏室里堆着九个背包，奥利芙·金不耐烦地在一旁等待着。背包里装着九个病号的衣服、装备与个人物品。那九个病号今天要用船送出萨洛尼卡。她的工作是把这九个背包准确发放给它们各自的主人。九个人都还没过来取背包，她自己希望在营门关闭之前能有时间到温暖的海水中去洗澡。最后，她终于等不及了，走到那九名病号的病区去，要求他们动作快一点。现在，她总算可以发放背包了。不过，其中一名病号打开背包就抗议起来，说是里面的东西不是他的。奥利芙·金就得和那个病号一起寻找那个正确的背包，但显然毫无希望。

她今天傍晚没办法去泡海水澡了。

洗不成澡，她就把给她父亲的信写完了。信中透露了一件事情——她迄今为止一直把这件事视为一个"深沉而黑暗的秘密"，那就是她已经剪掉了长发：

> 我们刚到这里的时候，我就把头发剪掉了（所以我到这里之后才会一直都没有寄照片给你）。这实在是我能想象得到的最美妙的事情，替我省下了许多时间，而且也总是清洁舒适。短发其实很好看，而且现在我的头发已长得很密了。开车的时候不会有发丝吹进眼里，这也是很棒的事情。我一把头发剪掉之后，就纳闷为什么以前从来没这么做过。

萨拉伊的东方军队仍在萨洛尼卡，不但丝毫不把希腊的中立地位放在

眼中，也毫不理会他们身在这里已经毫无意义的事实。现在，这座过度拥挤的城市已经被一道防御工事所包围，而且战壕的深度几乎和西方战线的防御工事不相上下。*换句话说，战事已陷入了僵局。现在只剩马其顿那边还有真正的战斗，而英军部队则因为那里的泥泞与脏污而将其戏称为墨其顿。那里比沿海地区还要热，疾病也极为猖獗，尤其是疟疾，也有登革热。作战造成的人员伤亡其实非常少。

奥利芙·金考虑加入塞尔维亚的军队，一方面是因为对于在萨洛尼卡这座受到防护的飞地里的一切琐碎工作、枯燥等待以及井然有序的无所事事，她已经深感厌烦；另一方面则是因为她发现一般护士以及她们的新任主管都非常厌恶像她这样的女性志愿者。金说她已经"受够了女性的纪律——或者应该说是缺乏纪律"，而宁可到真正的军事组织去服务。此外，还有另外一项因素，她结识了一位迷人的塞尔维亚联络官。塞尔维亚仅存的兵力有一大部分都已从克基拉岛被运到了萨洛尼卡。

晚上可以说是一段相当愉快的时光，只要风不太大，别吹得空气中满是沙尘就好。她都会利用晚上的时间阅读或者写信。有时候，她和几个朋友会去抓乌龟来举行赛跑。有时候，她们会从铁丝网下钻过去，到营地后方的一家小咖啡厅去坐坐。那里经常都没有什么客人，她们会在那儿喝柠檬汽水，并且伴着一部发条留声机所发出的刺耳乐音跳上几个小时的舞。那家店里只有两张舞曲唱片——《金钱公主》与《白鸽》——她们就一而再再而三地播放这两张唱片。

---

* 法国前总理乔治·克列孟梭曾被问及东方军队究竟在做些什么，据说他当时咆哮着答道："挖土呀！就让他们在法国与欧洲被人称为'萨洛尼卡的园丁吧'。"另外可能也值得一提的是，萨拉伊干预希腊政治比对抗同盟国花费的心力更多，还有则是克列孟梭在1917年再次担任总理。

同一天，弗朗茨·卡夫卡来到名叫"玛莉安浴场"的矿泉疗养池。他和菲丽丝就在豪华的巴摩拉与奥斯本城堡饭店再次见面。他们投宿在相邻的两个房间。这次见面竟是意想不到的顺利。两人第一次发生性关系，甚至决定重新订婚。战争一结束，他们就搬到柏林。战后，只要战后，一切就可以实现了。卡夫卡的健康突然好转；偏头痛消失无踪，他甚至睡得比以前还要香甜。此外，卡夫卡开始试着增加体重。他不胜喜悦，对菲丽丝写道：

> 昨天的菜单：上午十点半上了两杯牛奶，蜂蜜，两份奶油，两小块法国面包。十一点：四分之一公斤的樱桃。十二点整：烟熏猪腰肉，菠菜，马铃薯，香草面，小法国面包。下午三点整：一大杯牛奶，两小块法国面包。晚上七点整：各式蔬菜，沙拉，面包，瑞士埃曼塔奶酪块。九点整：两块蛋糕，以及牛奶。还有什么好说的呢？
>
> 弗朗茨

1916年7月24日，星期一
萨拉·麦克诺坦在伦敦家中去世

她从波斯回来之后又重新燃起了希望，至少有一小段时间是如此。亲戚与朋友经常过来探望她，有时候人数甚至多到她的女仆不得不严格限制每个人的探望时间。医生对于她的病况语焉不详，也许是某种热带疾病。他们嘱咐她遵循一种特殊的牛奶饮食法，但她觉得难以下咽。才一个月前，她觉得自己似乎就要痊愈了：她的体重逐渐增加，于是她开始整理自己的信件，到楼下的图书室看看书，也谈及想要重新装潢房子。她还计划好要搬到乡下去，以便在那里享受夏日时光。

不过，后来事情就变了。

她已经有几个星期不曾离开过房间，昨天还陷入了昏迷。现在已经无法和她沟通了。

以下是今天的《每日镜报》所刊登的几则报道标题："英军突破敌军防守进入波济耶尔"；"驾驶员发动抗议——今天又有更多公交车停驶"；"法军对莱茵镇展开空袭"；"战争还会再延续一年吗？"；"戈灵顿夏季拍卖剩下最后一周"；"红十字会帆船大赛于泰晤士河上举行"；"大公在小亚细亚持续推进"。

她在白天突然变得烦躁不安。也许纯粹是因为对死亡的恐惧，也有可能是她的身体在人生的末途鼓起仅剩的最后一丝力气。她的一个姐妹在楼下用风琴弹奏着圣歌，音乐透过麦克诺坦敞开着的卧室门口传了进来。没有人知道她是否听得到。她在傍晚去世，房间里摆满了花。

同一天，米歇尔·科尔代在日记里写道：

一个老人穿着脏灰色制服，头上的帽子垂在耳边，蹬着黄褐色的马靴，佩剑与马刺碰撞得叮当作响，胸前别着一堆神秘的绶带，全身焕发出自豪的光芒，足以照亮整条大街。在他身旁，则是一个撑着拐杖的可怜家伙，身穿操练服、灯芯绒裤，有一条腿在大腿处截肢。真是令人感叹的对比！

1916年7月26日，星期三
罗伯特·穆齐尔在《士兵报》发表第一篇文章

编辑部由五位男性组成，人人身穿制服。他们办公的地点在博尔扎诺市中心的罗林饭店，用餐则在葛丽芙饭店，就连印刷厂都位于博尔扎诺的博物馆街上。再次拜熟人之赐，穆齐尔获得《士兵报》编辑的新职务，这不只安稳，更能让他一展长才。

就算是在奥匈帝国（或者更正确地说，至少在奥匈帝国境内），也可从大战的所有战役意识到那缓慢、逐渐增长的无趣感。哪怕是在这里，政府还是孜孜不倦地要从事说服与倡导。《蒂罗尔士兵报》就是一个例子；一开始，它不过是由前线士兵投书所构成的小刊物。不过，早先的编辑部在上个月被免职了，穆齐尔和其他四位军官获任命接管刊物，预算增加，可以运用昂贵的四色印刷。组织上，该报直接受当地陆军军部的指挥。

说直白些，任务就是宣传、洗脑。这份报纸就是要平息对奥匈帝国公职部门的一切质疑声浪。报社的座右铭是："效忠上帝、皇帝与祖国！"每份零售价为0.2奥地利克朗。

今天发行的报纸内容，第一次刊出罗伯特·穆齐尔的文章。这篇文章匿名发表，描述一场对意大利军队的成功部署与袭击（不过并非作者的亲身经历）。以下是其中一部分引言：

> 野战炮队开始进行地面测量。早上十点，炮队开始射击，隆隆响起的炮声宛如合唱队。第一线步兵边寻找掩护边前进，散布的士兵使大地陷入一片焦虑、不安。
>
> 这时，敌人做出了回应；原本沉寂的左翼重炮部队的火力，开始

猛烈轰击。无法进入内部,你根本弄不清方向。不管再怎么努力找掩蔽,马上就身心俱疲;过了一阵子,你根本就不愿再多想。心头压着可恨的荒谬,大家都熟悉的,那种因距离遥远而产生的感觉。衣物湿暖的潮气在夜里蒸发,滴淌如雨。损失并不惨重,反而是每一个如绑了铅般的脚步,显得沉重得多。然而,哪怕只有一会儿,没有任何事物能阻止这波安静的前进浪潮。

遇到遍布砾石与鹅卵石的地面,向上攀爬变得更加困难。几乎站不起来的士兵们在新长出的森林中辟出一条路。就在这儿,前线侦察兵前进到离战线只有二十到三十步的地方,第一线敌军只部署有三百人,以带刺铁丝网做掩护。有步兵忍不住开了致命的一枪。就像在泥泞中行军后冲入浴室一样,炮火在这时齐放开来。士兵们再也忍不住了,把背包抛在地上,鲁莽地往前冲锋。从一棵树到下一棵树,从一处掩蔽到另一处掩蔽,由军官带头。

很快地,眼前出现密集的带刺铁丝网,义勇军们英勇地冲锋上前,做出最崇高的牺牲。他们尝试在敌火下,以钳子在敌军的铁丝网上剪出一个洞。

第一个战壕早被机枪打得稀烂,其他战壕也立即遭受同样的命运。一位胸部已经中弹的士兵继续屈膝作战,直到头部中弹死亡为止。第二个士兵被枪托重击,第三名则死于铁铲之下,其他人尽可能地杀敌。同时,我军的机枪也开始行动,加入战局。战斗僵持了几分钟,敌军绝望地疯狂射击,想在乱军中杀出一条血路。部署在前线的后备部队也参战了,像被投石机抛掷的石块一般,将第一波士兵投入战局。

…………

"最崇高的自我牺牲精神！"重新回到舒适办公桌前的穆齐尔，真的找回 1914 年 8 月的信念了吗？答案当然是否定的。那个操纵奥匈帝国战力的冰冷、古板且弱智的官僚体系，他已经见识得太多了。* 然而，他的生命也因此变得更为吊诡：他在私人生活中对官方宣传与国家机器嗤之以鼻，但在公众场合却必须力挺到底。

1916 年 7 月 27 日，星期四
米歇尔·科尔代在巴黎美心餐厅吃晚餐

巴黎今年夏天的天气晴朗又炎热，咖啡厅里都满是顾客，摆在人行道上的桌子也都座无虚席。星期日，当地的火车都会满载着游客开往翠绿的乡下。身穿白衣的年轻女子成群结队骑着自行车漫游于街道上。对于想要亲近海水的人士，大西洋沿岸的许多度假区更是连一间旅馆空房都找不到。

米歇尔·科尔代和一名友人在香榭大道附近的美心餐厅用餐，眼前的景象与他知道目前正在发生的事情之间形成了强烈对比，这又让他再度深感讶异。他不禁又一次想到，在这里，战争看起来是那么遥远。这家餐厅以美味的餐点和时髦的新艺术装潢著称，因此坐在这里仿佛身处时光胶囊里，让人得以忘却当下，一方面回想起过往的快乐时光，另一方面也期许着美好的未来。没错，战争确实距离这里非常遥远，但毕竟还是当下的

---

* 像这样炼狱般的洞察也出现在他后来的作品中，他写了许多大战期间所遇见的人物，但都用了极度讽刺的手法。

事情，尽管一般人都宁可闭口不谈战争在这里的表现方式——通过酒精与性，或者说得更精确一点，是通过迷醉与放荡。

餐厅里满是身穿军服的男人，分属军方不同部门，也包括许多不同国籍的人士。除此之外，还有一些熟悉的面孔，例如写作滑稽剧的乔治·费多，以及教授兼战争画家弗朗索瓦·弗拉芒，在广受喜爱的《插画》杂志里，几乎每一期都看得到他的水彩画。弗拉芒属于那种难以抗拒军事世界吸引力的平民，因此也穿上了一套他自己专属的军服式服装。今天晚上，他戴着一顶法国军用平顶帽，身穿一件胸前缀满了勋章饰带的卡其夹克，而且还套上了护腿。另外还有不少女性在场，其中许多——也许是大多数——都是高级妓女。

今天晚上在美心餐厅喝掉的酒非常多。有几个飞行员享用了所谓的香槟晚餐——什么都不吃，只喝香槟。放眼望去，餐厅里到处都是喝得酩酊大醉的顾客。若是在战前，有些行为会引来严词谴责或者导致别人尴尬地转开目光，现在不但会受到容忍，甚至还会得到其他用餐顾客赞许的笑声。科尔代看到几个英国军官大喝特喝，其中一人已几乎站立不稳：那个人想要戴上自己的军帽，却无法将帽子对准自己的头，坐在周围的其他顾客对于这幕滑稽场景显然也看得津津有味。两个喝得烂醉的人分别站在两张餐桌前，在这个装潢高雅的用餐空间里以不堪入耳的粗话互骂。所有人都对他们毫不理会。

买春的行为几乎毫不遮掩。如果有顾客想要购买某个女子的服务，就会直接询问餐厅经理。科尔代听到一名餐厅经理很快地回应一位顾客："今晚随时为您服务。"接着他又说明了价格、地址与路线，最后还提及"卫生要求"。

即便是在合法妓院历史悠久的法国，这场战争也还是促进了性产业的大幅增长。当然，这种现象一方面是需求增加造成的结果——每天都有成群的休假士兵来到巴黎，妓女更是从全国各地涌来——但另一方面也是因为有关当局在军方的鼓励下，经常选择对这种问题视而不见。尽管如此，因为非法卖春遭到逮捕的人数还是增加了40%。

此外，性病的传染也大幅增加。* 许多军队都定期向休假士兵发放安全套。不过，这项做法其实没什么效果。† 令人讶异的是，不是所有人都尽力避免受到感染：染病的妓女有时候反倒比身体健康的妓女还要抢手，原因是她们吸引了想要借着感染性病而逃避上前线的士兵。最恶心的一种现象，就是买卖淋病脓汁的交易——有些士兵会购买这种脓汁，涂在生殖器官上，盼望自己能够因此染病而被送进医院。‡ 为了逃避上战场而真正不择手段的人，甚至会把这种脓汁涂在眼睛上，许多人因此导致终生失明。

即便是妓女本身，也为这场战争尽了一份心力。有些妓院会收容无家可归的难民，科尔代相信今晚身处美心餐厅的所有高级妓女必然也都将会有所谓的"义子"。也就是说，妓女会为了爱国原因而"收养"一名士兵，每当这名士兵休假回乡，该名妓女就会免费与他性交。

餐厅里的酒醉喧嚣持续不停，伴随着酒瓶的开瓶声，还有嘶喊、欢笑、尖叫、大吼以及酒杯相碰的声音。一名身着剪裁讲究军服的军官高声吼道："打倒不当兵的浑蛋！"

同一天，芙萝伦丝·法姆伯勒在日记里提及自己目睹了一名受伤的年轻军官死去的过程：

---

* 与科尔代同在餐厅里的费多，就在战争结束前因梅毒去世。
† 在奥匈帝国的军队里，士兵如果感染性病就会遭受惩罚。为了遏制性病的流行，"源头管制"这种古老做法也曾经被采用。（德军在1915年8月攻占华沙之后，最早实施的一项措施就是要求所有从事"职业性行为"的妇女申报登记，并且接受健康检查。）尽管如此，在1915年一年间，驻在法国的加拿大士兵仍有22%的人感染性病，在1917年夏季造访法国首都的协约国士兵也有20%的人染病。
‡ 同样的原因也促成了另一种同样恶心的交易行为，亦即买卖肺结核病患咳出来的痰。

那种坏疽的腐臭味强烈侵扰着我们，但我们知道这种情形不会持续太久。在死神前来解放他之前，他突然变得比较平静——他回到了家乡，回到了自己心爱的人身边。他突然抓住我的手臂，大喊着："我就知道你会来！叶莲娜，小亲亲，我就知道你会来！吻我，叶莲娜，吻我！"我知道他在神志不清的情况下误以为我是他心爱的女孩。我弯下身，亲吻了他潮湿滚烫的脸庞，于是他平静了下来。就在他仍然处于平静安详的状态下，死神接走了他。

1916年8月6日，星期日
艾尔芙莉德·库尔在施奈德米尔的一个派对上弹奏钢琴

这是一段让人困惑的时光，可怕又刺激，痛苦又迷人，煎熬又充满欢乐。世界正在改变，她也跟着一起改变，一方面是当下发生的事所造成的结果，另一方面又与那些事无关。转动的轮子里也有小轮子跟着转动，虽然有时候方向相反，但毕竟还是一体共同转动的。

许多人曾经为这场战争欢呼雀跃，认为这场战争是一项承诺，也是一个机会，承诺人类与文化中最美好的一面将有可能得以实现，同时欧洲可借机摆脱战前那种四处可见的动荡不安与崩解现象。*不过，战争永远都是一种充满矛盾且极为讽刺的东西，经常会改变众人想要珍藏的事物，促

---

* 例如英国陆军元帅弗雷德里克·斯莱·罗伯茨伯爵，就认为"在我们的工业城市里猖獗肆虐的人类腐败现象"，唯有借着战争才有可能化解。也别忘了，托马斯·曼曾在1914年提出一项美好的希望，盼望这场战争会使德国文化变得"更自由也更优秀"。另外还有许多把战争视为希望、承诺与解放的例子，参见延斯·永格伦的《情感的战争》。

成众人想要避免的情况,并且摧毁众人想要保护的对象。

　　与1914年的美好希望彻底相反,现在有些现象——传统上都被归属于"危险的崩解"之下——反倒出现了失控的倾向。许多人都对两性关系越来越自由以及性道德日益沦丧的趋势颇感忧心。这种情形被归咎于以下几个原因:第一,由于男性纷纷入伍服役,许多女性——例如艾尔芙莉德的母亲与祖母——因此被允许或者甚至被迫接下先前由男性负责的工作。当然,这种现象对于战争的成败具有绝对关键性的作用,因此不该真的受到质疑,但仍然有不少人认定这种女性的"男性化"情形长此以往将会带来严重后果。* 第二,男性因身在前线而长时间缺席家庭生活,导致性需求大幅增长,从而造成自慰、同性恋与婚外情这类在先前受到严格禁止或谴责的行为随之激增。† (德国和法国一样,也出现了性交易与性病双双增加的现象。) 第三,军人在全国各地不停来回移动,也导致许多地区在正好缺乏男主人监督家中女性的同时,又突然出现了众多性精力旺盛的年轻男子。举例而言,在各个有军队驻守的城镇里,婚外受孕与非法堕胎的情形就有大幅增加。施奈德米尔也不例外:这座城镇驻扎着一个步兵团,又是著名的阿尔巴特罗斯飞机工厂的所在地——这家工厂不但生产军机,也引来大量年轻飞行员接受训练。

　　(双翼机在这个地区颇为常见——包括意外坠毁以及必须紧急迫降的飞机——即便在城镇中心也是一样。艾尔芙莉德知道造成人员丧生的意外事故也并不罕见:她每周都会看见送葬队伍,有些走向森林里的战争公墓,有些则是到火车站,将棺木送到火车上。)

---

* 另一方面,因为在前线的经历而导致精神崩溃的士兵,则是经常被视为"歇斯底里",因此他们这种表现亦可被解读为某种形态的"女性化"。
† 1915年6月,一本德国杂志刊登了一则报道,有个电影院老板在中场休息时间起身警告观众,称有个身穿军服的男子刚闯进电影院打算抓奸,因为他知道自己的妻子与外遇对象正在这家电影院里。为了避免闹出丑闻,那个电影院老板向观众告知电影院右侧有个紧急出口,从那里离开比较不容易引起注意,结果有320对情侣随即在灯光昏暗的电影院里起身离开。

1916　　　　　　　　　　　　　　　　　　　　　　　　　　　　　　　　　377

截至目前，艾尔芙莉德一直都是隔着一段距离观察着这一切——充满好奇与不解，却又看得目不转睛。她学校里一个十三岁大的女孩因为被一个少尉搞大了肚子而被退学。有一次，艾尔芙莉德在柏林经营音乐学校的母亲回来探望他们，也对镇上的情景深感讶异，认为"这里的人穿着打扮不比选帝侯大道那里差多少"。艾尔芙莉德认为自己知道这种现象的原因：

> 就是因为第一三四后备营以及第一与第二后备空军中队里那些来自外地的军官。由于那些男人，我们这里的妇女和少女都开始花许多时间装扮。

年纪较大的女孩经常与士兵厮混在一起，有些成年妇女也是一样。归根结底，她们这么做的原因也许是"出于同情"，因为那些士兵"即将上前线去，一旦到了那里，就算不送命也会受伤"。显而易见，由于死神近在眼前，死在战场上的人数又如此之多，以致原本严格的道德准则因此瓦解。*艾尔芙莉德尚未任由自己受到诱惑，但她注意到那些士兵和她说话的方式已经发生了改变。她认为这是因为她现在已开始穿起裙子，而且也和成年女性一样将头发盘了起来。

她一个同学的姐姐经常为年轻飞行员举办小型派对。派对上供应咖啡与蛋糕，并且由艾尔芙莉德弹奏钢琴。情侣们不但在派对上谈情说爱，甚至也会稍微亲吻。截至目前，这一切对于艾尔芙莉德而言还只是个有趣的游戏。在这类场合上，她总是把自己想象成"冯·叶勒尼克中尉"（这是她玩战争游戏时经常扮演的角色），在军官餐厅里为朋友伴奏音乐，"就像

---

* 引用澳大利亚诗人弗雷德里克·曼宁的话："在面对死亡的惊惧厌恶之中，我们不禁会在本能的驱使下投向爱的怀抱，因为爱似乎证明了存有的完整性。"

托尔斯泰小说里的场景一样"。

她今天一到派对上,就在楼梯上遇见了一个金发蓝眼的年轻飞行军官:

> 他停下脚步,向我打了招呼,问我是否也是"受到邀请的对象"。我说不是,我只是负责弹钢琴的人。他扮了个鬼脸,答道:"原来如此,真可惜。""为什么可惜?"我问。他只笑了笑,然后就走进房间里去。

1916年8月8日,星期二
克雷斯滕·安德烈森在索姆河上失踪

不再有太阳,只有雾与霾。自从7月中旬以来,前线并没有什么移动,但战火仍然延烧不休。大地显得毫无色彩,看起来颇为奇怪。各种颜色,尤其是绿色,早已消失无踪。炮弹的轰击已将一切夷为一片了无生气的灰褐色。*双方都架设了密集的大炮,大炮在有些地方甚至轮子抵着轮子,而且日夜不停开火。今天,英军步兵正在攻打吉耶蒙这座村庄——不过,那里只不过名义上是个村庄而已,连续几周的炮击已经让那整个地方沦为一堆堆的石块、梁木与残骸。此外,在英军最高指挥部所使用的地图上,那里也不是一个村庄,而是一个被标记为必须攻占的"重要位置":

---

* 色彩方面的了无生气,也是这场战争令战前那些充满过度浪漫想象的人士感到失望的另一个面向:这场战争不仅每天的例行公事枯燥乏味,连色彩上也显得单调沉闷。

不是因为攻下这里能够截断德军的阵线，而是因为如此一来能够为他们提供可以调动部队的空间。（英军发动这场攻击有几个原因，其中一个原因是英王乔治五世正在法国视察部队，所以英军总司令道格拉斯·黑格将军想要打个胜仗迎接国王陛下。）*

英军为这场攻击做了充分的准备。他们从最近点——位于特罗纳备受炮火蹂躏的树林里——挖掘了新的交通壕，因此步兵即可在最接近德军阵线的地方发动攻击。奉派执行这项任务的部队是经验丰富、身经百战的第五十五师，而且预先炮击不但持续时间极长，也猛烈无比。

即将面对这场攻击的其中一个德军士兵，就是克雷斯滕·安德烈森。

他所属的军团奉命支持索姆河上最缺乏掩蔽的一个区域。吉耶蒙的一侧是隆格瓦勒，接着是德尔维尔森林，然后是马坦皮什、波济耶尔、蒂耶普瓦尔、博库尔与博蒙阿梅尔——全都是过去一个月来的军方公报经常提及的地点，现在则是布满了发臭的尸体与破灭的希望。他在两天前写信给他的父母：

> 我希望我在这里已经尽了我该尽的一份力，至少就目前而言。人永远不可能知道未来会发生什么事。不过，我们就算被派到海底深处，也不会比这里更糟糕。

损失极为惨重，他有许多丹麦朋友也都不幸阵亡，大部分是死于持续不断的炮击：

---

* 英军决定在索姆河上发动攻势，与那个地区的战略重要性无关（那里根本没有任何战略上的重要性）；只纯粹是因为英军与法军的前线在那里交会，所以这场攻势的用意乃是在于让两军进行合作演练。德军的主要防线位于当今的英国吉耶蒙路公墓所在处，紧邻重建后的村庄。

> 我亲爱的好友彼得·厄斯特加德——我不懂他为什么应该阵亡。我们付出了那么多的牺牲。鲁斯穆斯·尼森的腿受了重伤；扬斯·斯高失去了双腿，胸部也受了伤；来自伦葛斯玛克的延斯·克里斯滕森也受了伤；来自林特勒普的约翰内斯·汉森受了重伤；来自斯麦德比的约根·伦格——受伤；来自阿斯雷弗的阿斯穆斯·耶森——受伤。所有人都已经不在了：伊斯科夫、劳尔森、内勒高、卡尔·汉森——他们全都走了，差不多只剩下我一个。

猛烈的炮火非常可怕。他们头上不断落下各种口径的炮弹，尤其是大口径的炮弹——18厘米、28厘米、38厘米。安德烈森写道，每当有一枚那种大口径炮弹爆炸，感觉就像是遇到"英雄传说里的怪兽"。周遭会突然变得一片寂静黑暗，等个几秒钟后，烟尘才会逐渐飘散，让人得以看见几米外的事物，但随即又会有另一枚炮弹尖啸着飞来。他们一度在一条没有碉堡的交通壕里遭到猛烈的炮火袭击。[*]他和其他人完全无能为力，只能紧靠在战壕侧壁，把戴着头盔的头埋在双膝之间，并且紧紧抱着帆布背包，借此保护自己的胸部与腹部。在他最近寄回家的一封信里，他写道："在战争展开之初，虽然同样有种种可怕的现象，但仍然带有一种诗意。那种感觉现在已经不见了。"

现在，克雷斯滕·安德烈森身在前进线。他努力想为自己所处的状况找出一些正面的观点，而且也确实认为自己找到了一些。几天前，他和另一个连队里的一个丹麦人聊天，曾对那个人说："我们很可能会被俘虏。"在敌军的炮击结束之后，看着英军第五十五师的士兵爬出几百米外的战壕，也许他心里就是这么盼望着。

---

[*] 这种现象颇为常见，因为交通壕和主要战壕不一样，不是为了作战使用，只是为了方便人员移动。

英军攻击吉耶蒙的行动相当笨拙，令人不禁联想起英军在索姆河上发动的其他攻击行动。

当然，英军大炮正在进行所谓的徐进弹幕射击，所以理论上步兵应该是跟在弹幕后面前进。如此一来，德国守军在炮火的压制下就只能躲在碉堡里，直到英军步兵逼近面前才能出来抵御。不过，实际上执行起来仍与往常一样，炮兵纯粹依照自己的步调行事，也就是说炮火会在一段时间里向前移动几米，不论英军步兵是否跟得上。[*]不久之后，弹幕就消失于远方，抛下成排推进的步兵，于是这些步兵即不免闯进德军的炮火当中[†]——甚至彼此撞成一团：在烟雾弥漫又混乱不已的情况下，英军两个营竟然互相打了起来。即便是在这团混乱当中仍然得以向前推进的士兵，也立刻就陷入了德军的交叉火力中，原来德军将机枪掩藏在村庄前方一条低于地面的道路上。

几群零零散散的步兵终究抵达了德军位于吉耶蒙边缘的战壕，于是混乱的近距离战斗爆发了。

克雷斯滕·安德烈森在8月8日中午左右还活着。

德军部队在下午展开反击。他们对这里的地势了如指掌，很快就夺回了被敌军攻占的战壕，也击败了来袭的英军部队。（10名军官以及374名士兵被俘。）在一条战壕里，他们发现了安德烈森所属连队上的一名伤兵：他受伤之后即躲在一座碉堡内，因为他听说英军会用刺刀刺死受伤的敌人。不过，他倒是目睹了英军把德军战俘带回他们的阵线。

---

[*] 步兵带着各式各样的设备，以便协助后方的炮兵观察员看见攻击部队的前沿位置。举例而言，英军步兵在这一天于背部缝上小小的抛光金属片——这些金属片理当会在太阳下反光，显示出步兵的所在处。问题是这一天是阴天，而且炮弹爆炸扬起的烟雾与尘土也导致攻击进行期间根本难以看清战况的进展。

[†] 一般而言，德军的炮火比英、法的炮火更加致命，原因是德军不把精力浪费在击毁敌军防御工事这种徒劳无功的事情上，而是把炮火集中在准备发动攻击的部队身上，并且在攻击展开之后，随即以弹幕袭击无人地带。在《火线》这部名作的一个段落里，亨利·巴比塞描述了穿越这种弹幕的感觉。

第一连集合点名之后,发现有29人生死不明,其中一人是克雷斯滕·安德烈森。

自此之后,就再也没有他的消息了。

他的下场没有人知道。*

1916年8月13日,星期日
芙萝伦丝·法姆伯勒在德涅斯特河上看着一座战场

他们眼前那片开阔的乡野,美得令人屏息。两侧都是绵延不绝并且长满了树木的高地;前方是一片和缓起伏的平原,远方映衬着喀尔巴阡山脉高耸醒目的山峰。不过,随着他们的队伍逐渐接近昨天的战场,那幅田园般的景象也就幻灭了。他们经过刚被废弃的机枪火力点;他们穿越惨遭炮火蹂躏和战壕切割的村庄,只见整座村庄仅剩下一堆堆的石头与木材;他们驶过满布弹坑的焦黑原野,四处都是又尖又深的坑。弹坑的大小取决于炮弹的口径:一般的野战炮口径约7厘米或8厘米,打出的弹坑直径不到1米;口径42厘米的巨炮所造成的弹坑则是前者的12倍以上。

---

* 第一次世界大战中,一个被遗忘的士兵与一位声名远播的参与者差点在吉耶蒙交会。恩斯特·容格尔中尉与他所属的第七十三皇家燧枪兵团在1916年8月24日被派往那里作战。容格尔在他杰出的战时回忆录《钢铁风暴》里描述了这段经历。等到容格尔抵达的时候,那座村庄已经完全被夷为平地:"在那片满是弹坑的原野上,只有一些白色的痕迹显示了村里房屋的白垩石遭到粉碎的地点。"整个地方弥漫着强烈的腐臭味,更有千百万只肥大的绿头苍蝇飞来飞去。即便是平常一派镇定从容的容格尔也不禁对自己眼前的景象深感震惊。"坑洞遍布的战场是一幅骇人的恐怖景象。死尸躺在仍然活着的士兵之间。我们挖掘地下碉堡的时候,发现死尸一层层地堆栈在一起。一连接一连的士兵肩并着肩坚守阵地,却纷纷丧命于猛烈的炮火之下;然后,他们的尸体被掩埋于炮弹掀起的泥土下,于是后继的部队又接替了阵亡的士兵。"

他们在一座小丘上停了下来。昨天这里原本是奥匈防线中防守最严密的阵地，今天却只剩下一堆纠缠成一团的带刺铁丝网以及部分塌陷的战壕。阵亡的敌军士兵仍然散落在地上。他们才死了没多久，因此即便在夏季的高温下也还没出现腐烂的迹象——实际上，他们看起来仿佛还活着。她看见三具尸体紧靠在一起，只有从扭曲的肢体才得以确认那些人真的死了。在另一个地点，她看着一个敌军士兵仰躺在一条被炸得不成模样的战壕里：那个人的脸上完全没有伤痕，肌肤也仍然带有活人的光泽。正如其他许多人一样，看见相貌如此平静安详的死者，芙萝伦丝也不禁心想："他看起来似乎只是在休息而已。"

他们回到车上，继续前进。不久之后，他们就开始理解到这场在昨天实现重大突破的战役究竟规模有多么大。这场战役原本只有一座战场，后来却蔓延至多座战场。他们经过了一些地方，发现俄军也还来不及为己方的阵亡将士收尸：

死者仍然散置于各处，以古怪异常的姿势躺在地上——就在他们丧命的地点：有些蹲伏着，有些身躯对折，有些四肢展开，有些俯伏在地……奥地利人与俄国人的尸体混杂在一起。还有些撕裂、破碎的尸体倒卧在被血污染深了颜色的土地上。有个奥地利人少了一条腿，脸孔乌黑肿胀；另外一个则是脸被打烂了，令人不忍卒睹；还有个俄国士兵的双腿拗折在身体下，倚靠在带刺铁丝网边。在许多伤口上都可以看见苍蝇爬来爬去，还有其他的东西在动，看起来像线一样的东西。我很庆幸安娜和叶卡捷琳娜在我身边，她们两人都没有说话，她们也一样对眼前的景象惊骇不已。那"一堆堆的东西"曾经是人：年轻、健壮又充满活力的人。现在他们却毫无生气地静静躺在地上，原本活生生的身躯沦为看不出形体的血肉。生命是多么脆弱啊！

这些残缺破损的尸体不但是现实的情景，也象征了这场战争对人类的观念与希望乃至整个旧大陆的摧残。一如其他事物，这场战争一开始也是为了保存欧洲的原貌，维系既有的现状，但现在却反倒彻底改变了欧洲大陆的面貌，远远超出任何人的想象。一个古老的真理再度显现：由于人类及其社会总是倾向于不惜一切地盲目追求胜利，因此战争迟早不免失去控制而导致适得其反的后果。这点在当下最是真切无虚，原因是掌权者在无意之间而且毫无计划的情况下释放出了彻底不受控制的力量：极端民族主义、社会革命、宗教仇恨。（更遑论高筑的债台已然削弱了所有参战国的经济健全。）法姆伯勒对自己眼见的景象惊恐不已，只好在自己的信仰当中寻求抚慰："啊！我们必须信奉以及信赖上帝的慈悲，否则这些骇人的景象将会对我们的大脑造成损害，我们的心也不免昏厥于绝望的深渊里。"

后来，他们停下来扎营的地点也一样四周满是死尸，但由于现在又过了更多时间，因此那些尸体已开始腐烂。他们可以闻到空气中那种令人反胃的甜味，也可以听到吃饱餍足的苍蝇四处纷飞的嗡嗡声。医疗队里的男人们对那些尸体不以为意——或者说是假装如此——只担心卫生问题而已。不过，芙萝伦丝和其他护士到了用餐时间却深感不自在。她的帐篷后方就有一具尸体，虽然被炮弹掀起的泥土遮掩了一部分，但头颅却明显可见。一名护士走了过去，将一块布盖在那具死尸的脸上。一会儿之后，芙萝伦丝重新提起勇气，拿出相机拍摄那许多的奥军阵亡士兵。她只拍了两张照片，内心就突然涌出一股羞耻感：她凭什么侵犯这些没有生命的个体？才不久之前，她还特地跑去看了自己这辈子看到的第一具死尸；才不久之前，她还说着："我想要看死神。"

这一天就在死亡的符号中继续。

后来，在等待分派工作或是继续前进的命令之际，她再次克服内心的感受，而出外探险了一番。她走过一座被俄军炮火彻底夷平的村庄（"愿上帝拯救那里的居民"），经过一座臭气冲天、还没有填土掩埋好的万人冢，最后来到这种过程最有逻辑性的终点——一座小巧但相当漂亮的战争公墓，大概只有几年的历史而已。她早就知道奥匈军方非常重视战争公墓，也以极大的尊重对待敌军的阵亡将士。这一小片墓园周围精心设置了篱笆，入口的大门也雕刻得很精美，上方挂着一个木十字架，并以德文刻着这段铭文："为祖国捐躯的英雄长眠此地。"此处的"英雄"指的是各个国籍的死者，因为这里埋葬的除了奥匈帝国的士兵之外，也有俄军和德军的士兵。一名阵亡的犹太战士没有被迫葬在十字架底下，他的坟墓上标志着大卫之星。

在晚餐时间，他们收到的全是好消息。他们早已知道北方的行动遭遇了极大的困难，但他们今天则目睹了南方的大规模攻势仍在持续进行，并且也听闻了一则令他们喜出望外的消息：由于这场新突破，奥匈军队正在迅速撤退，俄军于是和他们断了联系。现在敌军似乎已陷入完全崩溃。这让他们重新燃起了希望。一旦失去奥匈帝国的助力，德军将会难以为继，意军也将获得调度空间，得以在毫无抵御的情况下完成入侵奥匈帝国的行动。[*]

芙萝伦丝还听到了另外一个小消息，令她个人深感开心。波斯在不到一年前遭遇英、俄两国的部队入侵，而被迫卷入战争，自此之后就一直处于战火当中。今天晚上，芙萝伦丝得知在波斯付出最大心力重建秩序的人物是个英国人——珀西·赛克斯准将。[†] 身为英国人的芙萝伦丝自然不免为此感到自豪。

---

[*] 经过一阵激战并损失惨重后，意大利军队终于在四天前攻下了伊松佐河畔的奥地利城镇戈兹（Görz），而将其改名为戈里齐亚（Gorizia）。这个名称一直沿用至今。

[†] 这位赛克斯可能与英国政治人物兼退役军人马克·赛克斯混为一谈。马克·赛克斯在这一年稍早时候刚与法国外交官弗朗索瓦·乔治-皮科谈成了一项最高机密协议（赛克斯—皮科协议）。在这项协议之下，双方政府同意在战后瓜分奥斯曼帝国，将一大部分领土分置于俄、法、英三国的直接控制下。其他的决定还包括了由英国取得美索不达米亚、法国取得黎巴嫩以及俄国取得亚美尼亚。好一场"终结所有战争的战争"。这一切所造成的结果——我们在付出惨重代价之后所得知的——就是一场"终结所有和平的和平"（套用戴维·弗罗姆金一部著作的书名）。

因此，尽管这一天目睹了许多景象，终究还是在微笑当中画下了句点。太阳下山了，夜风把成千上万名英雄尸体越来越强烈的腐臭味吹进了帐篷里。

那一天，安格斯·布坎南与他所属的分遣队正在一条河道旁。他们为了追逐一支迅速撤退的敌军部队而不断朝着西南方赶路，但那支敌军部队只要每越过一条河，就会把桥梁毁掉。他写道：

> 我们现在来到了不利健康的沼泽低地，这里的空气又闷又潮湿，而且满是苍蝇。在那一天剩下的时间以及接下来的两天里，我们许多人就像忙碌的蚂蚁一样，努力架起了一座由木材支撑的桥梁，连接起这条河流高耸的两岸。我在最后一天结束之际发起烧来，只能凭着意志力勉强撑着继续工作。

1916 年 8 月 29 日，星期二
安德烈·洛巴诺夫-罗斯托夫斯基差点参与了布鲁西洛夫攻势

原本只是一个愚蠢的玩笑，结果却差点让他付出生命的代价，更使他遭遇了在前线这几年来最可怕的经历。他们在星期一收到一个消息，称罗马尼亚在狡猾地摇摆不定了一年之后，终于加入了协约国而对同盟国阵营

宣战。这似乎是一个好消息*，洛巴诺夫-罗斯托夫斯基奉派前往支持的那支连队里，也有些人忍不住往德国人的伤口上撒盐：他们以德语写了一面大标语，向对面战壕里的敌军告知了罗马尼亚的决定。

一开始，德军似乎毫无反应。洛巴诺夫-罗斯托夫斯基在傍晚返回他位于前进线的岗位之时，一切仍然相当平静。实际上，还比平常更加平静。没有机枪的嗒嗒声，夜空也总算不再有信号弹发出的绿色、红色与白色光芒。

尽管一片平静，他却觉得紧张不已——或者正是这样的平静令他感到紧张。他拿起野战电话，拨通了指挥所，向他们询问现在的时间。对方的答复是"二十三点五十五分"。

五分钟后，事情就发生了。德国人仍然不改准时的本性。

实际上，那片平静并不是假象。他和禁卫师的其他人驻守在斯托霍德河上，这里的前线在俄军大获成功的夏季攻势之后才稳定了下来——那场攻势以其规划者暨领导者为名，也就是才智过人又不依守常规的阿列克谢·布鲁西洛夫。那场攻势始于今年6月初，分阶段持续了一整个夏天。由此取得的成果也令人讶异。俄军攻占的领土规模不但达到了1914年秋季以来的最高峰（现在有些部队已回到喀尔巴阡山脉，对匈牙利形成直接威胁），而且导致奥匈帝国军队损失惨重，使其陷入了崩溃边缘。

布鲁西洛夫与他的南方集团军取得的战果原本不可能实现：在人数与火力都不具备大幅优势的情况下，他们竟然对深深固守于战壕里的敌军成

---

* 这其实不是好消息。罗马尼亚参战造成了协约国的负担，尤其是俄国，因为俄国后来为了协助这个新盟友而不得不派遣大量部队到南方去，不但成本高昂，而且徒劳无功。罗马尼亚的军力在纸上看起来相当强大，在1912—1913年的两次巴尔干战争当中无疑也打出了一定程度的名声，但终究证明是名过其实。该国军队的装备不是短缺，就是过于老旧；许多士兵都穿着19世纪那种色彩鲜艳的帅气制服；军官团不但缺乏实力与经验，也经常把心力投注在错误的地方上。罗马尼亚军队动员之后首先采取的一项措施，就是发布一道命令，规定只有少校军阶以上的军官才能在战场上画眼影。葡萄牙在这年3月参战，同样也没有为协约国带来任何可见的效益。

功发动了一场迅捷攻势。[*]

为什么"一战"战场上的大多数攻势都以失败收场，前线的战事又为何经常会陷入停滞，其原因在于两项矛盾。第一项矛盾是：攻势要获得成功，就必须既要有完善的准备，又要出其不意，但这两个条件却不免互斥。攻击方一旦进行所有必要的准备，就不免会被敌军发现，于是也就无法达到出其不意的效果。不过，如果把出其不意视为优先要素，就必须放弃详尽的准备工作。第二项矛盾是：攻势要获得成功，就必须同时具备重量与机动性。一方面，重量——尤其是数以千计的大炮，其中许多都非常沉重，有些更是极度沉重——是在敌军防线中轰出一条道路的必要元素；另一方面又需要有机动性，才能在轰出道路之后长驱直入，让守军来不及用后备部队或是匆促挖掘的新防线堵住缺口。

但后者当中的两个条件同样也是难以兼得。一支军队一旦装备了达成突破所需的大炮、榴弹炮、迫击炮等大量武器，移动速度就不免极为缓慢，炮击之后，不过是得到了一片满布尸体与弹坑的突出部。随着敌军的后备队前来就位，一切就又必须从头开始。不过，一支军队如果具备能够迅速冲入突破点的机动性，就不太可能拥有足以达成突破的重量。这些困境就是造成这种漫长阵地战的主因（而不是将领的低能弱智）。[†]

布鲁西洛夫攻势的杰出之处就在于简单。他以出其不意的元素为主，所以没有集结大量的人员与物资；实际上他也不需要从事那样的准备工作，原因是他无意在一个小区域里追求大幅优势（不像阿列克谢·埃弗特在今

---

[*] 这场行动和英军在索姆河上的攻势一样，也是在处境艰困的盟友求援之下发动的：当时法军在凡尔登备受压力，在阿夏戈的意军也是如此。布鲁西洛夫同意了长官的请求，提议发动全面攻势，而且还只要求了极为有限的增援部队。当时他的部分同僚不禁摇头叹息。疯了，他们心想，所有人都知道（不是吗？）发动攻势需要有人数上的大幅优势、制空权以及千百万的炮弹等各种条件。

[†] 实际上，战役与其说是守军的战壕、机枪与进攻方的攻击部队、大炮之间的竞争，不如说是守军的后备队（这些后备队可以借由火车而迅速驰赴受威胁的区域）与进攻方前锋部队的缓慢推进之间的较量——进攻方的大炮总是不免在推进过程中有落后情形，而且在穿越刚被自己夷为平地的地区（效果通常相当显著）之时，经常会遭遇极大的困难。

年3月发动的俄军攻势），而是要在整个南部前线攻击一系列的地点。如此一来，德国与奥匈帝国的将领根本不晓得该把后备队送往哪里，于是进攻部队也就因此占得上风。*

洛巴诺夫-罗斯托夫斯基目前在斯托霍德河上的所在处，正是布鲁西洛夫攻势因为德军补进大量援兵而且俄军又遭受惨重损失之后而逐渐陷入停滞的地点。此外，由于俄军的攻击部队越来越远离铁路网，因此后勤补给的难度越来越大；相形之下，敌方的守军则是在节节败退之下而越来越接近他们自己的铁路网。交战双方在这个地区进行了一系列漫长的进攻与反击，但斯托霍德河周遭地区在最近这段时间已经平静了下来。双方都耗尽了力气：1916年夏季的东部战线就像西部一样，战场上的伤亡已经超乎任何人的想象。

对于洛巴诺夫-罗斯托夫斯基而言，过去几个月是比较平静的一段时间。他也从工兵部队被调任了另一个更少有机会参与战斗的职务，这或许足以证明他不特别好战的性情。他现在负责领导一支架桥分队，共有八十名人员、六十匹马以及若干笨重的浮筒。他们在这整个期间都与炮兵一起跟在军队后方行进。不过，即便身在后方，他也注意到了两件事。第一，俄军的能力确实进步了，尤其是在布鲁西洛夫的集团军里。因此，现在俄军的战壕已建得比一年前在波兰时好得多，而且伪装的技术更是高明。第二，许多俄军部队的状况都良好。他见到他们行军而过，"高唱军歌，而且队伍整齐划一"。他还观察到各部队都处于满员状态，尽管军官都年轻

---

* 当然，布鲁西洛夫的攻击对象是奥匈军队，对他而言也相当有利，因为奥匈军队在这时候已陷入"几近于西班牙哈布斯堡王朝那样的慵懒与无能"（套用诺曼·斯通的话）。除此之外，这里的铁路网发展程度远远落后于西部战线，部队密度也低了许多。（这点也能够解释为什么东部的战况整体而言比西部更具机动性。）同盟国的许多师都只是一再搭着火车到处跑，原因是犹疑不决的指挥官一再更改他们的驰援地点；在1915年2月的攻势当中，洛巴诺夫-罗斯托夫斯基本身就曾经处于这种状况。不仅如此，许多前来赴援的德军与奥匈部队都才刚从凡尔登的激烈战火或是阿夏戈周围的严酷高原奉召而来，因此不但疲惫不堪，战力也大幅下降。

390　　　　　　　　　　　　　　　　　　　　　　　　　　美丽与哀愁

得像孩子一样，显然才刚从见习军官学校毕业。1914年的老兵已所剩无几——死的死，失踪的失踪，不然就是住进了医院或者因伤病而退役。

洛巴诺夫-罗斯托夫斯基总算有一次被派往前线，暂时负责指挥两盏探照灯，原因是原来负责的军官在前进线待了六个星期之后精神崩溃了。这两盏探照灯连同其发电机都设置于尽可能靠近前线的位置，用意是德军如果在夜里发动突袭，就可以将这两盏探照灯打开。他手下的步兵认为这个构想愚蠢至极，也公然对他说他们不需要他和他的探照灯。探照灯会引来敌人的炮火。不过，命令就是命令。

尽管如此，那两盏探照灯还是没有派上用场，洛巴诺夫-罗斯托夫斯基也因此得以顺应自己的本性，把大部分的时间都用来看书。面对那些影响自己的难以理解的重大事件，书呆子总是会选择一种令人颇觉感动的做法，也就是试图从书中找出解答。洛巴诺夫-罗斯托夫斯基就是如此，他投注许多时间研读了不少德国军事理论家以及战争史学家的著作，例如特奥多尔·冯·伯恩哈迪、科尔马·冯·德·戈尔茨，以及"黑暗大师"卡尔·冯·克劳塞维茨。

把焦点拉回当下。那面得意地宣告罗马尼亚已加入协约国阵营参战的幼稚标语——顺带一提，罗马尼亚的选择乃是布鲁西洛夫攻势意外获胜所带来的直接后果——引发了德军同样莽撞的反应。午夜零点一到，矗立着那面标语的战壕便遭到猛烈的炮火轰击，德军炮兵以绝无仅有的精准度同时发射了所有的炮弹：轻型野战炮的尖啸声，榴弹炮的低沉声响以及迫击炮的中音。

安德烈·洛巴诺夫-罗斯托夫斯基正置身于这场由钢铁、沙尘与爆炸气体构成的风暴当中。他和部分下属挤进一座临时搭建的碉堡，而且他仿佛痉挛发作一般，仍然将野战电话的话筒一直压在耳朵边。炮弹的爆炸声中断了一会儿，于是他听到一段对话的零碎片段："第九连报到，目前有十五人阵亡,此外其他一切都好。"接着又是一阵齐射的炮弹落了下来,这次距离他们非常接近。一切都为之震动。尘土飞扬,声响震耳欲聋,电话听筒里一片沉静。光线从屋顶上刚被炸出的一个洞口透了进来。对他而言,身在猛烈炮火中是一种全新的体验。

  这种感觉无法言传,可是经历过这种体验的人都知道我的意思。最接近的一种比喻,也许可以说是持续不断的强烈地震加上轰雷与闪电,同时又有个愚蠢的巨人玩弄着数百盏闪光灯。在那震荡怒吼当中,我躲在坑洞里,痛苦地努力思考,也设法做出正确的事情。

他遭遇的这种经历,正是其他数百万士兵初次真正进入战壕之时所体验到的:视野受到大幅限制,眼睛可见的事物变得非常少,但嗅觉与听觉却被大幅强化。声音尤其会变得非常大,几乎令人难以忍受。两个念头闪过了他那一团凌乱的脑子。"第一个念头:如果有任何不幸降临在我身上,我就没有机会看完克劳塞维茨的那本书了。这是多么可惜的事情呀!第二个念头:我的士兵都看着我,所以我一定要掩饰自己的恐惧。"

在那片混乱当中经过了一阵子之后,洛巴诺夫-罗斯托夫斯基便完全失去了时间概念。他一度觉得——不是听到,也不是看见,而是觉得——似乎有什么东西即将来临。接着,他还来不及细想,立刻就有一批15厘米口径的炮弹形成一道圆圈落在他的周围。等他醒来之后,他发现自己没有受伤,只是身上盖满了泥土。这时一个躺在他身边的士官对他说,探照灯已被炮火击中,被炸成了碎片。炮弹持续从黑暗的天空不断落下。

四周突然间平静了下来,只剩下无边无际的黑暗。

接着是一片沉寂。"变化极为突然,令人不禁觉得痛苦。"

这时正是凌晨三点整。德国人还是不改准时的习性。

现在，攻击终于告一段落，洛巴诺夫-罗斯托夫斯基却开始剧烈颤抖了起来，抖得满身大汗。

那天晚上没有其他的事情发生。

1916年9月16日，星期六
米歇尔·科尔代晚上在巴黎的部办公室里加班

初秋，天高气清。一如往常，报纸又惹得他恼怒不已。头版满是宣扬协约国又打了哪些胜仗的斗大标题，直到第三版他才看见一则负面的报道：有三行文字提及罗马尼亚军队持续不停撤退。

除此之外，没有其他任何迹象。科尔代刚看了一个上校所写的一封信，其中提及最近发生在凡尔登的一起可怕事件——没错，那场战役还没结束，只是已经没有先前那么激烈。（法军在一周前攻打杜奥蒙，占领了几条战壕。德军在两天前发动反击。另外，索姆河上的战火停歇了一段时间之后，现在又开始燃起：昨天，他们初次使用一种全新的战争机器——某种机动车辆，配备有炮管与机枪，由装甲钢板保护，并且采用履带行驶。[*]）那个上校在信中提及塔瓦讷有一条废弃的铁路隧道，长久以来一直被部队当成掩体、宿营处以及弹药贮藏库使用。这条封闭的隧道里面总是塞满了人，不是与自己的队伍走散的士兵，就是在连续不断的炮击当

---

[*] "坦克"（tank）这个名称原本是为了欺骗敌人。当然，开发这种武器的计划是最高机密，每当有人问及，军方总是谎称那些大型车辆是为部队运水的"水箱"（water tank）。结果，"坦克"后来就变成了这种车辆的名称。

中寻求掩蔽的人员。9月5日晚间，一堆火药突然爆炸，引发的大火导致500~700名士兵丧生。报纸上完全没有提及这件惨案。（也没有人向政治领袖报告这场灾难。）

出版审查极为严格，其规定涵盖广泛，令人难以理解又匪夷所思。*报纸上经常可以看到一块块的空白，都是最后一刻被撤除的报道。另外有些例子则纯粹是语言上的操弄——有时候甚至近乎荒谬。文章作者如果写及"和平之后"，就会被要求改为"战后时期"。他在隔壁部门认识的一名同事才刚说服报社不再使用"马匹竞赛"这个词，改而使用"马匹挑选试验"。"我们得救了！"科尔代鄙夷道。

不过，让科尔代最感懊恼的其实不是出版审查或者文字规范，而是记者竟然心甘情愿任由自己成为民族主义政客以及观念褊狭的军人的传声筒。科尔代在日记里写道：

> 法国媒体从来不曾揭露事实，就连在审查之下能够取得的事实也一样。于是，我们只能一再接受疲劳轰炸，看到的尽是美妙的言辞，无穷无尽的乐观姿态，对敌人的彻底诋毁，对战争的恐怖与哀愁的致力掩藏——然后把所有这一切都掩盖在道德理想主义的面具之下！

文字是战争最重要的一项战略资源。

科尔代在下午步行至部里办公室。他在街道上遇见许多身挂勋章而且

---

* 且举这段时期的几个例子。一篇标题为《我们没有被打败》的文章被禁止刊登，还有一篇报道则是因为提及这场战争已经造成5万名左右的法国人丧生而遭禁。一篇文章称协约国可借由延长战争得利，一篇报道提及罗马尼亚在战争期间有大量幼童死亡，结果双双不得刊登。报刊严禁详细探讨与德国的媾和试探活动。此外，也只有立场最极端以及民族主义色彩最浓厚的德国报纸可以被引用，目的在于借此让社会大众认为那样的观点代表了德国的一般舆论。英国官方推出的索姆河战役纪录片在最近刚被引进法国，其中有些片段也遭到删剪——包括这个最著名的场景：一群士兵从战壕里冲出，结果其中一人中弹后仰面倒地。（也许值得一提的是，这一幕可能是演的。）

394　　　　　　　　　　　　　　　　　　　　　　　　　　美丽与哀愁

受了伤的休假军官:"他们似乎是特地到这里来享受别人仰慕的目光的。"他走过杂货店门外的排队人龙。迄今为止相当重要的一项宣传重点就是,德国已出现各种物资短缺的现象,但法国仍然一切都相当丰足。不过,现在法国也已开始出现物资短缺的情形。糖很难买到,牛油只能以一百克的配给量售卖,商店里也已经买不到橙子。不过,城市里倒是出现了一种新的景象——暴发户。这些暴发户包括黑市商人、发战争财的人,以及借着承包军方业务或者利用物资短缺现象牟取暴利的人。暴发户是所有餐厅里常见的身影,经常可以看到他们在那里享用着最昂贵的餐点与最高级的美酒。女性的时装奢华又铺张,珠宝商的生意也极少这么兴隆。现在谈论战争的人少之又少,至少在下层阶级是如此。

米歇尔·科尔代今晚加班。他和一个教育部的同事花了许多时间努力准备一份发明委员会的报告。他们完成的时候,已经将近凌晨两点了。

1916 年 9 月下旬某一天
帕尔·凯莱门在沙托劳尔尧乌伊海伊光顾一家铁路餐厅

凯莱门已经大致上从疟疾中康复,也因为经过长时间的休养而觉得精神饱满(他在休养期间不但常去教堂,也不时纵容自己尽情饮酒),于是被再度委派了比较轻松的任务。他带着驮马运送物品到喀尔巴阡山脉前线的乌左克附近,今天正在返回的途中。乌左克一名步兵上尉给了他这一年半以来第一次真正的休假——借此悄悄换取了一双非常帅气的新马靴。凯莱门的目的地是布达佩斯,他现在心情好得不得了。

他必须在沙托劳尔尧乌伊海伊换车。在那里，他去了铁路餐厅等车。餐厅里满是乘客，男女老少、平民与军人都有，"杂乱地围坐在铺着褪色桌布的餐桌旁"。他的目光落在一个满身勋章但有着一张娃娃脸的年轻少尉身上：

> 他坐在一张桌子的首席，平静地吃着一块倒在盘子里的裹着金黄色糖衣的蛋糕。他的眼睛不断扫视着大厅，但目光空洞疲惫，每次目光回到自己盘中的那块蛋糕上，就流露出显而易见的满意表情。他穿着一件破旧的也是最常见的野战服，胸前挂着大大小小的银质勋章。他也许刚休完假，正要返回战壕里去。
>
> 餐厅里嘈杂热闹，但他就那么坐在墙边，仿佛四周没有任何喧嚣，全神贯注于自己内心的思绪——以及他的盘子里那第二块没几口就吃完了的蛋糕。
>
> 他喝了一口水，又从玻璃高脚盘上拿取了第三块蛋糕——高脚盘上那个蛋糕包覆着厚厚一层糖衣，已经切成一块一块，让人胃口大开。他现在已经不是因为蛋糕美味而吃，而是为了即将来临的艰苦，先在肚子里塞满家乡特有的美食。

1916 年 9 月 23 日，星期六
保罗·摩内利在考里奥尔山对着一名死者说话

到了这时候，他们已经在许多环境严酷的山上待过，但这座山俨

然会是最糟的一座。他们大约在一个月前发动强袭而攻占了考里奥尔山——这是一项颇为了不起的成就,因为这座山很高,而且奥匈军队的阵地又相当坚固。不过,接下来的发展却是这场战争中常见的状况:在花费那么多力气又遭受了那么多损失之后,他们已无力继续推进。敌军在生力军来援之后,随即展开反攻——唯一的原因就是这个基本上毫无意义的地点已开始受到官方公报与报纸的报道,从而成为一个值得抢夺或捍卫的目标。

摩内利的连队已击退了敌军的数次反攻。带刺铁丝网上挂着不少阵亡的奥地利士兵的尸体。不过,意军也损失了非常多的兵员。他们几乎无时无刻不遭受敌军的火力攻击以及来自周围山峰的炮火。摩内利发现他排里原本的成员几乎都已不在了。不论日夜,空气中都弥漫着尸体腐烂的恶臭。他们附近有个岩石裂缝,里面就有二十几具已经开始腐烂的尸体,其中一具原本是个奥地利军医。那具尸体正好暴露在外,因此摩内利能够目睹其缓慢的腐败过程:尸身上的鼻子昨天爆开,渗出了某种绿色的液体。奇怪的是,那具尸身的眼睛倒是几乎没有任何改变,而且摩内利觉得那双眼睛似乎以谴责的目光瞪着他。他在日记里写道:

> 杀你的不是我——而且你既然是医生,为什么要参与那场夜间攻击行动呢?你有个心爱的未婚妻写信给你,内容也许并不真实,却那么令人安慰,而且你也把那些信收在你的皮夹里。雷克在你被杀的那晚拿走了你的皮夹。我们看过了她(一个漂亮的女孩——还有人说了些下流的话)的照片,还有你的城堡以及你珍爱的所有财物的照片。我们把所有物品摆成一小堆,然后安坐在我们的碉堡里,喝着一小瓶酒作为对自己辛苦的奖赏,并且因为击退了敌军的攻势而开心不已。你阵亡只是不久之前的事情,但你已经无关紧要了,只不过是悬崖边

的一团血肉，注定要腐烂发臭。而我们还活着，少尉，如此缺乏人性地活着，以至我在我们的意识深处完全找不到任何一丝懊悔。你以如此深切的热情看待这个世界，将她的年轻身躯拥抱在怀里，并且把这场战争视同自己的职志，对你又有什么好处？也许你太陶醉于这个重大的任务，太陶醉于你身在前锋部队的职务，太陶醉于你也许注定要自我牺牲的命运？可是为谁牺牲呢？那些忙碌不已的幸存者，那些已习于战争这种猛烈生活节奏的幸存者，那些不认为自己有必要牺牲性命的幸存者——那些人都已经不把你放在心上了。你的死仿佛不只终结了你的生命，更抹杀了你的人生。你暂时还会存在一段时间，是班长点名册上的一个数字，是悼词当中一个可悲的主题；然而，你这个人已经不存在，而且仿佛从来没有存在过。我们把那些人称为死者，但躺在那里的那些东西其实只不过是碳与硫化氢，包覆在破破烂烂的军服里。

裂口里那些尸体的恶臭越来越令人难以忍受。天色黑了之后，四个士兵奉命将那些尸体拖走。他们每人都先喝了一杯白兰地，再戴上防毒面具防臭。

1916 年 9 月 26 日，星期二
温琴佐·达奎拉从锡耶纳的精神病院出院

现在是中午十二点整。电话打来的时候，他正与另外几个病患在庭院里。一个男护士挥手要他过去,告诉他必须到院长室报到,并且对他说:"向你的好朋友道别吧,下士。你要离开我们了。"达奎拉与他的患难弟兄相互道别、彼此祝福,接着却突然感到一股矛盾的情绪:"一方面,因为要离开这些弟兄而感到难过;另一方面,又因为能够重拾自由而感到开心。"换上军服、打包物品之后,他就到行政大楼去,找到院长室,敲了敲门。

达奎拉到了锡耶纳之后才开始恢复活力。他仍然深信这场战争必须受到阻止,也认定战争是违反公义的错误之事,但现在已体认到被关在精神病院里不太可能从事这么重大的任务。他到医院的洗衣部门工作,负责晾晒床单,也折叠了无数的枕套。他想要获释出院,想要被宣告为一个心智健康的人,而且他也不愿承认自己曾经发疯过。院里的医生反驳了这一点,称他如果没有发疯过,他们现在就没有立场说他已经复原。后来面对一个直接提问,达奎拉答称他完全无意再回到前线。

有些医生怀疑达奎拉是装模作样,认为他的精神疾病是伪装出来的结果,也有人试图证明他是装病。分清装病与真病是医护人员的主要职责之一。不是所有医护人员都对这项工作一样热切,达奎拉实际上还看过有些医护人员协助病患装病。那些医护人员不但会在医生出现之前事先警告病患,还会偷带食物给那些表面上宣称不肯进食的病患。达奎拉认定自己见过的精神病患当中有极高比例都是装病,而他也在丝毫不觉得自相矛盾的情况下对那些人抱持着近乎鄙夷的怀疑态度。但另一方面,有些人也怀疑他正是一个装病的家伙,尤其是他还说过这样的话:"在战争结束之前,待在精神病院比在战壕里好得多。"他没有在折叠枕套或者在庭院里散步的时候,就会和其他病患一起翻阅报纸和杂志、打牌、玩骨牌,以及无休止地讨论战争的情势和接下来的预期发展——尽管他们讨论的热切态度远远超越了他们实际上所知的。

1916

达奎拉在今年 8 月领导了一场短暂的绝食活动，抗议他们的餐点过于单调：举例而言，米汤就是餐点中一道固定不变的菜肴。结果，他因此被院长狠狠训斥了一顿，还被关了三天禁闭，而且院长也自此给他贴上了装病的标签。以复原的名义放他出院，在院方眼中可能是一举两得，不但赶走了一个麻烦制造者，也可借此惩罚他：如此一来，达奎拉就必须回军队里服役，而他若是拒绝，就会正式被判定为逃兵。

门打开了，但接待达奎拉的不是院长，而是院里的一位医生，一位身材矮小的教授，名叫格拉西。那位医生和他握手，恭贺他获释出院。

达奎拉在当天离开锡耶纳前往罗马。途中，他必须在佛罗伦萨等待几个小时以转车。他利用这段时间到城里走走，却在美丽的领主广场上突然停下脚步，深感讶异又愤怒不已。在他脑中，两个不同的世界在这里突然响亮地碰撞在一起。过去一年来一直在他内心萦绕不去——而且实际上可以说是逼疯了他——的那些问题与折磨，在这里竟然毫无影踪。在这个地方，甚至根本看不出目前有一场战争正在进行中。只见众人啜饮着咖啡，吃着冰激凌，互相打情骂俏。广场上还有一个管弦乐团演奏着维也纳华尔兹舞曲。

1916 年 10 月 8 日，星期日
卡夫卡写了一篇战争精神官能症的文章刊登在《伦布尔克报》

各种恶性循环如矛与盾般彼此勾结，彼此证明，彼此强化。自从去年 4 月以来，卡夫卡就深陷在长期、持久的写作痉挛之中。但是，他不正是

因为心情不好才写作的吗？还是因为不写作而感到郁闷呢？他开始质疑自己的文学能力。即使夏天在玛莉安浴场的重逢使人由衷感到喜悦，他和菲丽丝·鲍尔的亲密关系却再一次陷入复杂。或者说，拜此之赐，此刻的卡夫卡认为自己在道德上有义务和她成婚。(上床？他的罪恶感实在太过强烈了。*) 未来深切地困扰着他。† 到底想还是不想？好困难的抉择。

工作也是一样。卡夫卡夜以继日梦想着从军，成为士兵，扛着武器，逃离公务员的世界。但聪明的他也意识到，即使在这儿，他还是得面对"两方势均力敌、同等强烈动机的冲突，两边都是悲愁、烦忧"。

他在劳保局的工作让人难受，却绝非毫无意义。相反地，他的职务可不是一般官僚式、关在办公室的弹珠游戏。对许多人来说，他的工作至关重要。一如稍早所述，卡夫卡和同事们的首要任务就是协助成千上万的伤兵复原，奥匈帝国军队一如往常的无感无能已多少成为民间社会沉重的负担。

伤兵的问题包括生病、截肢、失明，还有饱受诸如"炮弹休克症"之类的重度心理与精神官能症问题所扰。卡夫卡对最后这类问题尤为关注。再过一周，德属波希米亚老兵精神病院设置的基金会即将成立，卡夫卡是发起者之一。设置地点选择在伦布尔克，这与他最私密的经验脱不了关系：他去年曾在伦布尔克的疗养院为自己登记治疗抑郁症。

下列文字，正出自卡夫卡在当地报纸上刊登的文章：

---

* 然而，不应据此认定卡夫卡缺乏性经验。不过，一如同一社会阶层里的其他男性，他的性经验大多局限于与布洛德一同造访布拉格的妓院或类似的风月场所（包括"苏哈沙龙"与极富传奇色彩的"金匠沙龙"）。

† 自当年夏天以来，他也尝试以特别的方式改造菲丽丝（类似倒转版本的《卖花女》故事）。他想使她放弃布尔乔亚的生活理念（长期以来，这一直是他的眼中钉）。他甚至对她施压，要她协助自东部前线涌入的犹太裔难民，一方面他也想强迫她放弃被他视为"肤浅"的倾向，另一方面则希望她正视犹太人艰难的处境。

战争爆发后不久，一阵可怖又可怜的异象席卷了城市的大街小巷。他是刚从前线归来的士兵，他只能拄着拐杖，或以轮椅代步。他的身体不停地颤抖，仿佛感到极度寒冷，他一动也不动地站在寂静的街道上，还被禁锢在前线的经历中。我们也看到其他只能颠簸而行的男人。他们既贫穷、憔悴又苍白，好似被一只无情的手掐住颈子，向前或往后抛掷，举手投足无一不受到折磨。

人们怜悯地望着他们。但随着这种异象不断增加，成为街景与生活的一部分，人们的感受就淡漠了。然而没人能说出下面这样的必要解释：

"我们所见到的是精神官能症，大部分由创伤或其他形式所造成。无论我们在街上看到多少发抖、颠簸而行的男性，他们实际的数量绝对还要高得多。而且，这还只是其中一种精神官能疾病，甚至还不是最严重的——这些只不过是最明显的。想想那些在前线服役而导致精神官能症的病例：神经衰弱，歇斯底里，癫痫病。即使是现在，我们已有数据显示，单是位于内莱塔尼亚[*]的医院就已收容超过2000名病患。但还不止这些。我们还必须列入由精神官能疾病造成的众多言语、听觉与脸部肌肉失调症状。位于内莱塔尼亚地区的医院目前已接获超过1000个这类的病例通报。然而，神经失调疾病的总数还不止于此，还必须把所有精神疾病都涵括进来。内莱塔尼亚地区各医院总共收容了近3000名病患。现在，这些精神官能病患的总数还不完全。这些数据只统计到被送至战线后方医院的病患。"

---

[*] 内莱塔尼亚意指奥匈帝国中以奥地利人为主体的区域。此一名词现已很少使用。

1916年10月15日，星期日
艾尔弗雷德·波拉德在索姆河畔发现夏季那场战役的痕迹

秋季的黑夜，又冷又潮湿，天空上挂着一轮满月。今天晚上，艾尔弗雷德·波拉德再次到无人地带执行侦察任务。他身在索姆河畔，脸上用烧焦的软木涂得一片漆黑，手里握着左轮手枪，在无穷无尽的弹坑上匍匐前进：

> 我前进了一小段距离，突然感觉到身体底下有什么东西被我压垮了。那是一具死尸的骸骨，骨头上的肉已被战场上的老鼠啃噬一空。*一件残破的上衣仍然包覆着那具裸露的骸骨。我掏了掏那件上衣的口袋，想要找些能够辨识身份的东西，但口袋里空无一物。有人比我先到过这里。后来，我又发现了另一具骸骨，接着又是一具接着一具。这些骸骨都是始于今年7月的那场惨烈战役的死者，全都是英国人。

安格斯·布坎南在同一天于日记里写道：

> 七个德军黑人士兵在一夕之间投降。他们提及粮食短缺现象，也称有不少土著士兵逃离部队，往西穿越丛林，找寻回家的道路。此外，如同我们先前听闻的，他们也说德军的脚夫在营地里都会被捆绑起来，所以他们无法在夜里逃跑——如果他们想要逃跑的话。

---

* 各国的前线士兵对战壕里的老鼠怀有一股厌憎排斥的感受，原因是那些老鼠以死尸为食，而且食物来源丰足不已，因此全都长得异常肥大。腐烂以及被老鼠啃噬的程度，是判断一个人已经死了多久的两个指标。这两种进程处于互相竞争的状态，而且经常都是由老鼠获胜。

本日最新一期的《蒂罗尔士兵报》中，刊登了罗伯特·穆齐尔的新文章《奇特的爱国者》（就在几天前，他正式成为该报的总编辑）。下面是其中一段内容：

战争能彻底改变人的态度。现在，你们说：可是我们以前如何如何。我们从来未能了解自己有多么优秀、团结、富有纪律。我们甚至饿不死，自己却浑然不觉，但我们可是世界上自然资源最丰富的国家之一。似乎即便我们充满活力，自己也不知道。如今，奥地利人似乎只为一些你们根本没听说过的事情感到自豪。而这并非能在未来养成信心的原因，正好相反。连最低下、最混乱不堪的俄国人都团结起来了，据说道德最沦丧的法国人，现在却生气勃勃，仿佛全都在最后关头找回了力量。所以，如果优越感就是取决于优先做、提早做以保持优势于不坠，那么现在该做什么，答案是："挖战壕！"

1916 年 10 月中旬
芙萝伦丝·法姆伯勒剃光了头发

芙萝伦丝感染了副伤寒。几周前的一个晚上，在她发烧烧得最厉害的时候，她觉得自己仿佛有三张脸：一张是她自己的脸，一张是她一个姐妹的脸，还有一张则似乎是一个受伤士兵的脸。这三张脸都不停地冒汗，必须不断擦拭。她知道自己只要停止擦拭，就会因此送命。她想呼喊护士，却发现自己发不出声音。现在，她在克里米亚温暖的秋日太阳下休养。她接受治疗的医院其实是一座收容肺结核病患的疗养院,但她还是获准待在那里。户外仍然一片翠绿,她的康复速度也超乎预期地快。她在日记里写道:

> 我的头发状况很糟,不断整团掉落。所以,有一天理发师到了我的病房来,不只是帮我剪发,而是把我完全剃成光头!我确信我绝对不会后悔,而且日后再长出来的头发一定会更粗也更坚韧。从那时开始,我就一直戴着护士的头纱,结果除了极少数知情的人士以外,根本没有人猜想得到这顶头纱遮掩着一片光滑的头皮——连一根头发也没有!

米歇尔·科尔代在这段时间于日记中写道:

> 目前正在休假的阿尔贝·J提到士兵们有多么痛恨普安卡雷,因为他们认定这场战争就是由他发动的。阿尔贝指出,士兵们之所以参与攻击行动,原因是他们害怕自己不这么做会被别人视为懦夫。他还笑着说,他考虑结婚,原因是这样就可以放四天的婚假,一旦生了孩子还可以再额外休三天。此外,他还希望能够生下六个子女,借此取得免役证书。

1916年10月19日，星期四
安格斯·布坎南在基萨基卧病在床

他躺在一张用草铺成的床上。虽然他现在已经觉得比过去几天好得多，却还是非常衰弱。痢疾。所有人都知道痢疾的症状：腹痛、高烧、疼痛而且带血的腹泻。布坎南在很长一段时间内一直得以保持健康，但就长期而言，他终究还是不免病倒。

这场四处游荡、令人疲惫的战役仍然持续不断。在这场越来越像是纯游击战的战争当中，敌人已经从潘加尼河被驱往德属东非内陆，而布坎南与他的战友也不断在丛林中往南追击着他们。他们有时候会经过有人居住的地区，而得以借着与当地居民以物易物增添军粮。* 布坎南甚至一度得以用一件旧衬衫与背心换得两只母鸡和半打鸡蛋。

不过，他们确实取得了一些成果。今年6月底，他们终于在卢基古拉河与行踪飘忽不定的德军部队进行了一场真正的交战。第二十五皇家燧发枪营虽然状况颇为糟糕，却再次表现优秀，首先进行了一场快速的侧翼行军，然后以大胆的刺刀冲锋吓得敌军惊恐奔逃。他们在8月底攻占了莫罗戈罗这座位于中央铁路沿线的重要城镇，但也因此损失惨重，何况之前还行军穿越了极为艰苦的地势，包括丘陵地带、淹水区以及沼泽地。德属殖民地里最大也最重要的港口三兰港，自从9月初以来就已落入英军手中。随着布坎南所属的师往南行进，德军也持续一步步撤退，一路上双方不断发生小冲突。

他们后来为了抓住那狡猾不已的敌人，又进行了几次代价高昂却不成

---

* 当地居民对钱毫无兴趣，他们早已拥有许多毫无价值的德国紧急纸币。

功的行动，然后一切就在9月底陷入了停滞。那时候，补给线已经拉得太长，军粮太少，人员也太过疲惫。布坎南的连队令人不忍卒睹。大多数的人员都枯瘦不已，许多人都没有上衣可穿，穿靴子也都没有袜子。他们极少收到新消息，来自家乡的信件有时更是要长达六个月才会送达。他们对于当前的战争情势只有非常模糊的概念。

布坎南在初秋得了疟疾，但已经康复，接着又得了痢疾。陪伴着他的是他当初决定饲养的那只有着白色头羽的母鸡。那只母鸡变得非常温驯，已然成了他的宠物。在行军期间，它被放在篮子里，由一个非洲仆人背着；到了扎营处，它即可自由活动，四处找寻食物。在众多的人畜当中，不晓得它为什么总是有办法找到布坎南而回到他身边，而且每天都会下一颗蛋给他。有一次，布坎南看见它捕食了一条小小的毒蛇。到了夜里，它就睡在他身边。

布坎南躺在那张用草铺成的床上，写着他的日记。他又病又沮丧，而且这样的心情低落和他们缺乏具体战果脱不了关系：

  今天觉得比较舒服，心情也好了一点儿，但我希望——既然我已失去了耐心——我们能够继续完成"这场节目"，然后离开非洲一阵子。因为我怀有一股热切的渴望，希望我们能够稍微改变一下这幅图画当中的色彩与质地；毕竟，这幅图画当中的奇异特色已经因为长久的熟悉而留下了无可磨灭的印象。我必须说，有时候我觉得自己仿佛身在牢里，而渴望着牢房外的自由生活。在那样的时刻，思绪就会在旧时的情景当中——熟悉而亲爱的旧时情景——迅速飞进飞出，此刻对这些情景我确实深深地心怀感谢。但愿那些情景能够停留下来，但愿那些情景能够凭着其意志力托起我的肉体，带着我飞越广阔的空间，将我放在某个美丽和平的国度。

同一天，保罗·摩内利正焦虑地听着意大利炮兵进行预先炮击，轰炸着战斗仍在进行中的考里奥尔山。他在日记里写道：

> 天上乌云密布，而且悬垂得很低。雾气从山谷中升起，把我们所在的山峰与我们即将攻打的那座山峰阻隔了开来。我们若是死在这里，将与外界隔绝，并且不免觉得根本没有人关心我们。人一旦接受了自己终将牺牲的命运，通常也会希望这样的结果能够发生在一群观众面前。死在太阳下，在世人的眼前，在世界这座公开的舞台上——我们总是想象自己会这样为国捐躯；可是这里的情况比较像是一个定了罪的囚犯在暗中被勒死。

1916年10月29日，星期日
理查德·施通普夫觉得"黑尔戈兰"号上的生活单调乏味

他不晓得该说何者比较糟糕——是他们位于甲板下的卧舱当中那弥漫不消的蓝色烟草烟雾，还是无所不在的煤屑，"无时无刻不在渗入我们的内脏"。施通普夫的心情和今天的天气一样阴郁。他记得自己在将近四年前申请入伍之时所怀有的热切期待，现在却因为当前的情势而陷入恰恰相反的心绪。日德兰海战之后的高昂情绪已经消退了。他们现在又回到那单调乏味的例行公事——和战舰船身的灰色一样单调不变：在沿岸海域进行平静无事的短暂巡逻，然后在港口内停泊一段漫长的时间。如果要说公海舰队有什么变化，那么就是变得比以前更加小心谨慎。他的"钢铁监狱"——"黑尔戈兰"号——现在再度停泊于港口内,这次是等着修复左舷引擎里出了故障的汽缸。

烟草烟雾又逼得施通普夫不得不爬上甲板。"那些臭死人的烟斗!那种味道让我浑身不舒服,也破坏了我的胃口。听到小卖部里的烟草价格上涨,我唯一的感觉就是开心。"* 烟味令他苦恼,单调的生活则是令他闷得发慌。此外,他在船上也没几个朋友。其他水兵都觉得他怪怪的,一方面是因为他喜欢看书,另一方面是因为他把所有时间都花在书写上。在船上,施通普夫的精力没有其他发泄的出口,没有任何事物能够让他的身心有所寄托;而且他在当下也没有任何东西可以阅读,尽管他已从柏林订购了几本书。

对于理查德·施通普夫而言,这一天似乎又浪费掉了。不过,中午过后不久,全体船员都集合于甲板上,迎接一艘巡逻归来的德国潜艇。施通普夫看见附近其他船上的船员开始欢呼,并且将帽子抛向空中。来了——船身狭长的 U-53 号潜艇。那艘潜艇的全体船员列队站在甲板上:"他们都穿着油布衣,脸上带着欢腾的神情。"†

---

* 伊恩·盖特利指出,欧洲在 1914 年以前就开始逐渐对烟草加强管制,但战争的爆发破坏了这种态度的转变。战争期间消耗的烟草数量极为庞大,而且烟草也从一开始就是士兵基本配给当中的一部分。英军士兵每周获得配发两盎司的烟草,德军士兵则是每天可以领到两根香烟或雪茄。(英国海军的配给量是陆军的两倍;如果德国海军也是如此,即可说明为何施通普夫会如此深受烟味所苦。)各种不同形态的烟草,在救援组织与亲人邮寄的包裹当中也是必备的标准物品。举例而言,法国军人报纸《刺刀》除了一再对物资短缺表达担忧之外,也经常刊登赞颂烟草的文章。抽烟之所以广受喜爱,也许是由多重因素共同造成的。尼古丁有轻微的麻醉效果,加上抽烟可让士兵在紧张情况下能够转移注意力,这无疑有助于抚慰许多人的心绪。对于军队的指挥者而言,还有一点至少也具备同样的重要性,就是抽烟能够抑制胃口。此外,烟味有助于掩盖尸体腐烂的恶臭:在尸臭特别严重的战壕里,部队也经常因此配发额外的烟草。
† U-53 号潜艇一路航行到了美国,甚至还在罗德岛的港口停泊了一会儿(美国在当时仍然保持中立)。这趟航程的目的原本是为了护送巨大的远洋商用潜艇"不来梅"号从美国运回具有战略重要性的原材料。不过,"不来梅"号在横越大西洋的处女航中因为不明原因失踪,于是 U-53 号潜艇只好自行返国,并且在途中用鱼雷击沉了五艘船。德国海军拥有七艘与"不来梅"号(U-151 号)同级的巨型商用潜艇,用于送运必要物资。德国在第一次世界大战期间体认到潜艇的效用,于是制造了各种形态和各种标准级别的潜艇:UB 级潜艇的用途是在近岸海域攻击敌舰;UC 与 UE 级潜艇则是小型潜艇,分别用于在近岸以及外海水域布雷。

施通普夫非常羡慕那些容光焕发的潜艇人员，只希望自己能够是他们中的一员。另一方面，他也盼望战争能够早日结束。一如往常，他的心情颇为矛盾：

> 我们在和平时期的生活真的有那么美好吗？就算看起来真的是如此，我们当时也不觉得满足。我记得当时有许多人都盼望战争来临，以便改善我们的生活。每当我回想起我们以前如何烦恼着找工作的问题，烦恼着工资纠纷以及工时长短的问题，就不禁觉得和平没有那么吸引人。但就目前而言，和平看起来似乎有如天堂，可以让我们尽情购买自己想要的面包、香肠与服饰。不过，和平对于那些没钱可以买任何东西的可怜虫可没什么帮助！也许，等到我们所有人都能够幸运地重享和平，才是真正的危机降临的时候。

1916 年 12 月 10 日，星期日
卡夫卡撰写关于协助伤病军人的文章刊登在《布拉格日报》上

大战开始后的第三个圣诞节即将到来，罗马尼亚的激战成为新闻焦点。在该地，德军与奥匈帝国军队屡战皆捷，并于四天前攻陷布加勒斯特。关于渐趋复杂的希腊政治情势，也有许多报道：该国号称的中立状态，还能维持多久？西部战线则全无新闻。政府再次郑重向全民呼吁购买战争公债，有效期直到 1956 年。为战争中失明士兵的募款活动成效卓著，募得 132 260 克朗。

弗朗茨·卡夫卡重拾生命力,至少在文学方面是如此。不到两个月前,他的第二部作品《审判》获得出版。(全书的第一句是:"一定有人举报了约瑟夫·K。一个早上,他没犯下任何罪行,却遭到拘留。")刚好一个月前,他获邀前往由作风前卫的戈尔茨画廊在慕尼黑所举办的文艺之夜,朗读自己的作品。由于战时铁路交通的种种不便,列车花了十一个小时才抵达,长时间的等待让书评家与听众感到不耐烦,甚至兴趣索然[*]。和菲丽丝的不期而遇,结果只是变成甜点店里的拌嘴。当晚的盛事真是以惨败收场,但最后结果还是正面的。一如往常,他受到失败的刺激。卡夫卡又开始写作了。

他继续朝夕不倦地在劳保局工作。和之前一样,都是在为战争伤员安排照护与康复。财源始终是大问题。和早先一样,他们极为依赖民间的资金与捐款。这天《布拉格日报》刊登一篇卡夫卡的长文,他郑重呼吁大众伸出援手。读者可以读到下列内容:

> 参观布拉格这两所收容伤兵的学校,就能察觉这些措施的成效。其中一所由陆军团军医耶利卡教授所负责,共有 721 位伤残军人接受训练,也有 745 位伤员在成人教育课程专家的指导下,已完全准备好展开职场的新生涯。修课学生中,已有 190 人获得永久工作。仅仅在 1915 年下半年,这家医院就进行了 1543 次石膏手术,安装了 910 只暂时性假肢、84 只永久假肢、64 只仿真手,以及 86 只工作用假肢。布拉格另一所照护伤残军人的大型学校存在时间并不长,负责人是资

---

[*] 卡夫卡选择朗读当时尚未出版的《在流放地》。关于三名女性听众在听到刑囚与绞刑机的段落昏迷不省人事,必须被抬出会场并以嗅盐唤醒的逸事,信息来源并不真确。听众反映近于礼貌性的淡漠,慕尼黑媒体则大加挞伐。后世对这段诡异、使人不快的文字仍多持观望态度。若抽离了大战的背景,就很难理解这段文字。一如托尔斯滕·艾克布姆所指出的,逐渐增强的威胁感、对各种战役的关注、真知的难以取得、表里之间的差异、自我的匿名与罢黜,构成卡夫卡作品中众多最重要、重复出现的主题。

深医生库恩博士,在各种工作坊中为1 197位病患提供治疗、训练与就业服务,制造出252件假肢与整形外科设备。

位于利贝雷茨的德属波希米亚残障军人福利组织也展现出了卓越的成效。截至1916年9月30日,残障军人之家总共照护了743位伤兵,执行了1 570次X光手术、进行过535次外科手术、1 310次石膏手术,使用了多达11 920条绷带。在居家后续追踪治疗上,已有180 872位门诊病患获得545 765项疗养型治疗(泡澡、蒸气浴、电击治疗、按摩、石英灯放射性治疗、电疗法)。而假肢工作坊则生产了694件整形外科辅助器材(包括假肢)。

当地的冰上曲棍球联盟在美景宫的水塔旁挖了一个溜冰场,除了开放大众使用,还设置有电力照明设备。看来,这将是一个凛冽的寒冬。

1916年12月16日,星期六
安格斯·布坎南看见援军抵达基萨基

这是一段休整期——对所有人而言都是如此。安格斯·布坎南已从痢疾当中康复,他所属的营——或者说是营里仅存的成员——也已从秋季的艰苦当中恢复了元气。在很短的时间里,安格斯与他所属的营竟已恢复了大量精力。布坎南本身仍然持续搜集鸟类,也到姆盖塔河对岸执行过一次时间相当长的侦察任务。而且,尽管他此时得了轻微的疟疾,却还是在他这辈子里初次猎杀了两头大象——先是一头年轻的雄象,接着是一头母象。与此同时，部队则是忙着开路，以便继续穿越敌军区域。他们在姆盖塔河畔砍伐了许多树木，并且搭建了几座桥梁，也在奇伦威的原始森林里开出了一条宽敞的道路。

今天，他们更加振奋，因为有一支人数约一百五十人的分遣队抵达，实在是这个实力遭到大幅削弱的营所急需的增援。这支增援部队的领导者戴着一顶大呢帽，背着一把猎枪——正是布坎南先前的连长弗雷德里克·考特尼·塞卢斯。现年已经六十五岁的塞卢斯，几个月前还因为重病而被送回英国，大家也都认定他不可能会再回到战场上。不过，他现在看起来倒是气色非常好，布坎南与他的战友都喜出望外，也深感讶异。"他在年纪这么大的情况下再度回到前线为国征战，实在是忠心爱国的最佳典范。"塞卢斯又因为另一点而更加受到他们的欢迎：因为他能够向他们告知家乡目前的情形，以及整体的战况。

到了傍晚，随着气温逐渐下降，影子逐渐拉长，他们开始讨论起各种话题。塞卢斯谈及他把自己搜集的大量蝴蝶带回了英国，布坎南则向他提起猎杀大象的事情。与此同时，布坎南的机枪排当中的黑人搬运工为他们口中的"老大"塞卢斯搭建了一间草屋。再过几天，他们就会往东南方朝着鲁菲吉河前进，因为据说敌人据守在那里。他们的心中再次充满了期待。

1916 年 12 月 30 日，星期六
艾尔弗雷德·波拉德写信给他母亲

对于艾尔弗雷德·波拉德中士而言，今年是相当美好的一年。1915

年9月,他在庇护林弹坑周围那场成功的攻击行动中受伤,结果获颁了忠勇勋章。他对此相当得意,尽管内心深处其实有些许失望,因为他原本盼望的是维多利亚十字勋章。

他在英国住院住了一段时间。然后,在等待军方宣告他能够回到部队服役之前,他利用这段时间到剧院与音乐厅欣赏表演(伤兵皆可免费入场)、参加宴会、在他母亲的花园里练习手榴弹投掷技巧,还申请报名参加军官训练,结果获得通过。自从今年5月以来,他就已回到法国,并且负责主持全营的手榴弹战斗训练。除此之外,他也重拾了夜里走访无人地带的老习惯。

唯一让波拉德感到心情低落的事情,就是得知哥哥在夏末阵亡了。在得知这个消息的当下,他原本有意请调比较不容易暴露于战火下的职务——这是出自对母亲的顾虑,因为她现在只剩下他这么一个儿子了——但随即就把这个念头抛在一旁,决心要为他的哥哥报仇:"与其退缩,我宁可竭尽全力杀死尽可能多的德国人。"他在前线后方的一座法国城堡度过圣诞节,在那里继续教导士兵使用手榴弹的时间、地点与技巧。他有了个新的昵称——"爆伯"。

今天,他正在写信给他的母亲。

最亲爱的妈妈:

我听说您最近身体不太好,希望您现在已经康复了。邮包塞得满满的,也许是因为圣诞节的关系。我收到了休闲服和制服,还有柏克的蛋糕,全都很切合我的需要。如同我告诉您的,我现在身在学校,也打算继续待在这里。可是,妈妈,我内心其实一直觉得我必须跟着我的营回到前线。那大概会是接近明年1月底的事情,所以请别现在就开始担心。不过,我觉得自己有义务和他们一起去。我已经提出了辞职申请,但可以留到课程结束。无论如何,您下次写信也许可以不要再寄到学校来，而是直接寄到营上给我。我很抱歉，妈妈，可是我知道您会理解的。

我最近骑马骑得很痛快。昨天下午我骑到了一座七英里外的城镇。在回程路上，有三英里的距离里我们一路疾驰而完全没有暂停。真是太棒了！路旁有两排树木，中间是松软的泥土。

就写到这里了，再见！

两个星期后，波拉德所属的营回到前线，而波拉德也身在部队中。他这么做是不是想要寻死？也许不是。他在口袋里带着一个新的吉祥物——一个小瓷偶，腰间系着一条淡紫色的缎带，脸上带着天使般的神情。这是玛丽的妹妹送他的礼物——玛丽就是那名断然拒绝了他求婚的女子。[*]波拉德把这个瓷偶取名为比利肯[†]，自此之后即一直带在身边。

---

[*] 关于那次求婚的记录参见第 231 页，1915 年 9 月 30 日。
[†] 比利肯是美国插画家弗洛伦丝·普雷兹在 1908 年创作的婴儿形象，据说可为人带来好运，在当时曾经风靡一时。——译者注

1 9 1 7

你体内的野蛮人促使你仰慕起这片战场的肮脏、浪费、危险、争斗以及壮丽的噪声。你不禁觉得，归根结底，这才是人应该做的，而不是坐在安乐椅上，抽着烟，喝着威士忌，阅读着晚报或畅销书籍，假装这样的装模作样就代表了文明，假装你浆挺美观的衬衫后面没有隐藏着野蛮的本性。

——哈维·库欣

1917年大事记

1月31日　　德国宣布发动无限制潜艇战。

2月3日　　 美国断绝与德国的外交关系。

2月21日　　驻法德军按照计划撤退至所谓的兴登堡防线后方。

2月24日　　英军夺回美索不达米亚的库特阿马拉。

3月9日　　 彼得格勒的粮食暴动情形恶化,转变为革命。

3月11日　　英军开进巴格达。

3月26日　　第一次加沙战役。奥斯曼守军击退英军。

4月6日　　 美国对德国宣战。

4月9日　　 英军在阿拉斯发动攻势。小有斩获。

4月16日　　法军在贵妇小径发动重大攻势。收获不大。

4月19日　　第二次加沙战役。奥斯曼守军再次击退英军。

4月29日　　法军发生士兵哗变。士兵哗变情形广为蔓延,一直持续至6月初。

5月12日　　意大利在伊松佐河展开第十次进攻。小有斩获。

7月1日　　 俄军在东部战线展开攻势,结果在月底彻底瓦解。

7月31日　　英军在佛兰德斯的伊普尔附近展开重大攻势,一直持续至11月。

8月3日　　 协约国在东非重新展开攻势。

8月5日　　 德奥联军在罗马尼亚展开攻势。

8月19日　　意大利在伊松佐河展开第十一次进攻。小有斩获。

8月21日　　德军在里加附近展开攻势。大有斩获。

10月24日　奥匈帝国与德国在卡波雷托展开联合攻势。大有斩获。意大利全面撤退。

10月31日　巴勒斯坦的贝尔谢巴战役，英军有所突破。

11月6日　加拿大军队攻占帕森达勒。攻势就此减弱，甚至停滞。

11月7日　布尔什维克在彼得格勒发动政变夺权。

11月9日　意大利军队沿着皮亚韦河建立新防线。

12月1日　德军在东非仅剩的部队撤到莫桑比克。

12月2日　德国与新成立的苏俄布尔什维克政权展开和平谈判。

12月9日　协约国部队开入耶路撒冷。

1917年1月4日，星期四
安格斯·布坎南在贝霍贝霍参加连长的葬礼

一开始，这场行动看起来像是又一场失败的钳形攻势。第二十五皇家燧发枪营——说得更精确一点，是原本的一千两百人当中仅剩的二百人——在黎明之前即已动身。他们号称是英军中最可靠而且移动速度最快的部队，再次被提前派去展开包围行动。他们的目标——同时是主力部队的目标——是贝霍贝霍这座村庄。其他部队从东边朝这座村庄进发，布坎南和他的战友则必须暗中绕过去，再从西边夹攻，避免村庄里的德军又像以往一样溜走。阳光，炙人的高温，树叶蒸腾出的气味弥漫于空气中。

在丛林里小心翼翼地行进两个小时之后，他们抵达了伏击撤退敌军的位置。他们面前有一条从村庄延伸出来的蜿蜒小路。持续不断的枪声飘荡在炎热的空气中，主力部队已经展开攻击了。第二十五皇家燧发枪营的人员散开排成一长排，趴在凉爽的树荫下静静等待。远方的交战丝毫没有停歇的迹象，他们在不久之后逐渐开始感到不耐烦。这次会不会又是一场毫无收获的行动？

在德属东非进行的行动一直都是如此。英军分遣队笨拙地从一座山谷移动到另一座山谷，将充满机动性而且行踪飘忽不定的德国驻防军缓缓驱向南方。不久之后，他们就会抵达鲁菲吉河。

这样的进展表面上看似乎颇为成功，而且大部分的德国殖民地现在也都已落入协约国手中。不过，这样的成果却是由巨大的苦难与资源损耗换来的。这场战争对非洲造成的影响，也是其他冲突无法相比的。在第一次世界大战期间的非洲，单是英军就雇用了一百万名黑人搬运工（几乎所有储备物资都曾在部分旅途中由非洲搬运工负责搬运），而且其中有五分之一没活到战争结束。

在史末资领导下的协约国军队指挥官们未能理解的一点，就是冯·莱托-福尔贝克——他们那位强悍、聪明又愤世嫉俗的对手——根本不在乎这片殖民地。从一开始，这位游击战大师就认为自己的任务是必须吸引尽可能多的敌军部队，因为敌人每多运送一个人员、一门大炮和一颗子弹到东非，西部战线的敌军就会减少一个人员、一门大炮和一颗子弹。结果，德军在这方面收获的成果远远超乎他们的期望：现在，史末资手下的士兵数量是冯·莱托-福尔贝克的五倍，却还是无从打败德军。

几个兴奋不已的侦察兵在酷热之中跑了回来。他们看见敌军沿着小路过来了。命令随即下达，于是趴着的人员纷纷站了起来，走近路边，武器准备就绪。布坎南负责指挥的两挺维克斯重型机枪，这时也已架设完成。在小路远方，他们看见德军的黑人士兵刚从村庄里出来。布坎南描写道：

> 一看到他们，我们立刻火力全开，这让他们始料未及，死伤严重。尽管如此，他们还是奋勇反击，但不久就被我们的火力压制住了。于是仅剩的少数兵员没有再出声，而是纷纷逃入树丛里。

新兴军事技术在非洲的地势与气候条件下施展时，都不免遭遇一些问题。汽车经常抛锚，大炮陷入泥沼，飞机则是在浓密的植被当中找不到目标。不过，机枪的致命效果在非洲却丝毫不逊于其他战场。（在先前的殖民地战争中有过经验的人士早就知道了这一点。）在树丛或丛林里交战之时，步枪通常都打得太高。不过，重型机枪的效果则是像镰刀一样，因为机枪会在离地一米的高度射出一连串子弹，扫过浓密的枝叶，击倒躲在其中的任何对象；而且机枪又因为能够利用棘轮架设在固定发射阵地上，能更进一步提高其杀敌效果。

布坎南与他的部下向前推进，经过死伤的敌军，继续朝着贝霍贝霍前进。他们在村庄外一座小小的露天陆脊上就定位，与村里的黑人士兵又展开了一场为时甚长的交火。太阳将人的肌肤炙烤得发烫。

接下来的几个小时过得极为艰苦。

他们所处的那座低矮陆脊，被闪闪发光的白色鹅卵石覆盖着，那些鹅卵石在阳光的照耀下从远处看想必相当漂亮，但对于必须被迫趴在地面上的士兵而言，却是烫得难以忍受。他们身上全都起了水泡，疼痛不已，即便那些常年身在非洲因而早练就一身黝黑肌肤的人士也不例外。另一方面，村里的敌军部队却可躲在阴影下，还能爬到树上，狙击那些趴在滚烫鹅卵石上的士兵。

交火持续不断，第二十五皇家燧发枪营的伤亡人数越来越多。布坎南也受了伤，左臂被一颗子弹击中。过了一会儿，有条消息被士兵们高呼传递着——他们的连长塞卢斯上尉阵亡了。他为了确认几个特别恼人的狙击手的所在位置，向前移动了十五米左右。不过，他才刚举起望远镜，就被一颗子弹击中了身侧。他回过身，显然想要回到自己的阵线，却在这时被另一颗子弹击中头部而死亡。他们听闻这则消息惊骇不已，因为他们所有人都"深深敬爱他，不但视他为长官，更把他视为一位勇敢无畏的老大哥"。最悲痛的是拉马札尼，他是塞卢斯的非洲仆人，塞卢斯战前多次出外狩猎，拉马札尼一直都担任他的扛枪手。拉马札尼哀痛如狂，满腔燃烧着复仇怒火，他奋不顾身地冲入枪林弹雨中，完全不理会隐身在村里的那些枪法精准的敌军射手。

到了下午四点，敌军再度从他们面前溜走，又一次消失于丛林当中。布坎南和其他英军士兵于是进入了空无一人的村庄。

那天晚上，他们把塞卢斯和其他死者埋葬在一棵猴面包树下。*

1917年1月16日，星期二
米歇尔·科尔代不知道后世会怎么看待这场战争

情势出现了变化。社会氛围已变得与先前不同，其中一部分的现象是大众对于战争的兴趣已逐渐降低——说得更精确一点儿，应该是众人越来越倾向于沉浸在逃避现实的虚构世界里：在战争开始之初，大多数的杂志都充斥着以浪漫手法吹捧军人以及各种英勇事迹的文章；但现在这类文章已越来越少见，而逐渐被推理小说、犯罪小说以及其他逃避现实的娱乐性作品所取代。此外，改变还可见于公开的反战言论，尽管沙文主义者、民族主义者、投机分子以及言辞浮夸的人士所发表的文章与演说仍旧主导着舆论走向。

盲目爱国的思想仍可见于"一般"大众的言论当中，而且倡导和平——甚至只是谈论和平——长久以来也一直被视为禁忌。"和平"已然成了肮脏的字眼，带有隐隐约约的负面色彩，让人觉得这个人怀有失败主义、支持德国的心态以及缺乏骨气的妥协倾向。单是这个字眼，就足以引来别人的驳斥、咒骂、鄙夷以及其他种种反应，而且它甚至受到了查禁。

---

* 另一份目击记录称是一棵罗望子树。

只有胜利——全面且无条件的绝对胜利——是唯一可以接受的概念。如同其他参战国的状况，战场上的重大苦难与损失并没有激起妥协的渴望，反而导致态度更加强硬，更不愿意接受除了"胜利"以外的其他任何结果。其他的一切都将表示所有的苦难与牺牲毫无意义，不是吗？况且，既然根本不可能战败，又何必妥协呢？

不过，情势还是出现了变化。语言的规则已经出现了变化，尽管目前还只是在街头，在人与人面对面的交谈当中。

现在已经不难听到别人谈论自己对于和平的渴望——没错，"和平"。几天前，科尔代冒着严寒等电车，无意间听到一名妇女和一位刚从索姆河及凡尔登回来的随军牧师谈话。那位随军牧师对她说："穿着丧服哀悼儿子的母亲已经太多了，希望这整件事能够早日结束。"也就是最近，他又在同一班电车上听到一个裹着毛皮大衣的上层阶级妇女提高嗓门对一名士兵说："要不是因为那些成千上万的恶棍和白痴投票给那些好战的政党，你就不必忍受三十个月的这种生活了。"车上许多乘客都因为她这句话而窃笑或者显得局促不安，但科尔代身旁一位劳工阶级的妇女却喃喃说了一声："她说得一点儿都没错。"

这种氛围的改变不只是疲乏与厌倦日盛的结果，也是对上个月的和平倡议的一种反应——其中一项倡议来自德国首相特奥巴登·冯·贝特曼-霍尔维格*，另一项则是在几天后由美国总统伍德罗·威尔逊提出。协约国

---

* 贝特曼-霍尔维格的提议是第一次世界大战期间未能被把握的机会之一。他之所以提出和平倡议，部分原因是他体认到，在德国打败罗马尼亚且英国的索姆河攻势也宣告失败之后，德国的地位虽然看似比先前更稳固，但德国取得无条件胜利的机会已然降低。这项提议其实也是个迫切的举动，目的在于抗拒德国鹰派与军国主义者最喜爱的念头——发动无限制潜艇战。德国首相和他的许多支持者都担心发动无限制潜艇战将会激使美国参战，事实也证明他们的担忧确实没错。尽管如此，他的提议却缺乏具体内容：他没有规划任何条件，也没有给出任何承诺，更遑论应允让比利时从这场战争中安然脱身。这不是德国第一次提出和平倡议；德国也曾在1915年试图向俄国递出橄榄枝，但巴黎与伦敦提供的条件更丰厚（例如君士坦丁堡），因此彼得格勒当局对德国的提议也就置之不理。

阵营的各国统治者立刻拒绝了第一项倡议，对于第二项倡议也提出了一连串的驳斥、要求以及模糊不清的主张，因此所有人都可以明显看出近期内不可能会有和平的希望。

不过，这个字眼毕竟是重新浮现了。"和平"。

公开刊登德国皇帝写给首相的信件，是德国对于和平倡议的宣传手法之一。德国皇帝在信中写道："提出和平倡议乃是一项必要的道德行为，唯有如此才能让全世界——包括中立国在内——摆脱那难以承受的沉重负担。"每一份法国报纸都对这封信大加抨击，通常是质疑其真实性，同时也对美国的提议表现出冷淡乃至轻蔑的态度："纯粹是妄想！异想天开！痴人说梦！"科尔代甚至听到一个人哼了一声后，斥责美国总统"比德国人还要德国人"。

作为平民大众能接触的唯一信息媒介，报刊既已受到严格审查，又掌握在宣传人士、战争贩子与狂热分子手中，一般人怎么可能对和平的可能性提出美好的期待呢？尽管可以想到我们的子孙后代将能够厘清这场战争所带来的强烈情绪、偏执观念、夸大其词、片面真相、虚妄幻想、语言游戏以及撒谎欺骗，但科尔代并不因此感到欣慰。他经常努力回想两年半前的夏末究竟发生了什么——实际上发生了什么——导致这场大灾难正式展开。他热切搜集散落于各处的零碎事实，就像是在事隔许久之后回到犯罪现场采集遭人遗忘的线索一样。问题是，在这一切结束之后，究竟能够取得哪些信息？

他早就深知这场战争以及当下的舆论在新闻媒体中呈现出来的形象毫不客观，几乎可说是达到了欺骗的程度。他在1915年4月于日记中写道："由于害怕遭到查禁，同时也为了迎合［大众］最卑劣的本能，［新闻媒体］的内容充斥着仇恨与谩骂。"当初在1914年煽动舆论支持战争的政治人物和军事将领，已然受困于他们自己的仇恨言论。那些言论导致妥协式和平成了无法想象的事情，甚至也导致军队无法执行战术上所需的撤退行动，因为只要一撤退，就会立刻被新闻媒体和街头的民众解读为战败的象征：凡尔登的情形就是这样。*不过，现在可能总算开始出现了一点变化。

所以，对于未来的历史学家而言，报纸无疑不可能是可靠的信息来源。那么私人信件呢？科尔代在这方面也不禁心存怀疑："来自前线的信件都呈现出对这场战争的虚假感受，因为写信的人知道自己的信件可能会被开封检查。此外，他们写信的主要目的也是讨好未来的读者。"照片呢？也许后人能够从照片中看见战争期间真正的状况，例如在大后方。不过，科尔代不这么认为，他在日记里写道：

> 虚荣心或羞耻心将不免导致生活中的某些面向未能反映在我们的图文杂志里。因此，后代将会发现这场战争的摄影记录充满了空白。举例而言，摄影记录不会呈现室内因为灯火管制而几乎陷入黑暗的情形，也不会呈现水果商贩在阴暗朦胧的街道上只能仰赖烛光照明，也不会呈现人力短缺导致人行道上的垃圾桶到了下午三点仍没有人清理，也不会呈现大型杂货店门外那些为了购买配给的糖而排了多达三千人的队伍。另一方面，摄影记录同样也不会呈现餐厅、茶馆、剧院、杂耍表演以及电影院里人满为患的情景。

---

* 即使在德国，也有高调而且颇具影响力的舆论反对任何形态的妥协，并且认为比利时在某种意义上理所当然属于德国。持这种意见的人同样也认定德国的殖民地扩张不可避免。

1917年1月某一天
保罗·摩内利学会如何避开好奇的访客

冬季的天气与枪声都已和缓下来，骡子走的蜿蜒小径上开始人来人往了。在这种情况下，通常就会有访客前来，他们对这些声名狼藉的山峰充满好奇，也一心想到此一游后能够回去对别人说："我去过那里。"

这里不欢迎他们。

如果是社会阶级较低的访客，士兵们就会在一段距离外直接用雪球和冰块砸他们，等到那些人气喘吁吁、满身是雪又一脸困惑地抵达山峰时，士兵们便装出一副完全不知情的模样。至于阶级比较高的访客，则必须采用比较细腻的手法。士兵在防守阵地附近埋了一些炸药，只要一接到电话说山下有某个高官大吏已经套上了雪地装备，他们就会引爆炸药。如此一来，即可导致一堆冰雪和石头滑落山下，也一定会引来对面山顶上的奥匈军队阵地发射五六枚炮弹。（"叽咻叽咻！"）

然后，营长就会阴郁地宣称他不晓得发生了什么事："山上原本很平静。"这时候，山下那个高阶访客"就会立刻产生对山谷的怀旧感"，随即离开。

这段时间，卡夫卡一直待在布拉格。这已是开战后的第三个冬天。地面上可见深厚的积雪，天气很冷，异常寒冷。粮食和燃料空前短缺。饥饿的面貌开始在城市中浮现出来。电车停驶，剧院以及许多餐厅和咖啡馆早已歇业。还在营业的店家常无法供应暖气，能提供的饮食选项更是寒酸。但卡夫卡对此并未感到烦闷。通过小妹奥特拉的协助，他在位于城堡区下方狭窄却颇富诗情画意的术士巷，租到一栋非常小的房子，周边是成排低矮歪斜的民宅。奥特拉已事先清扫过，也重新粉刷了墙壁，还增添了一些简单的家具，其中包括一把舒适的书桌椅。他可以静坐着，不受打扰，专心写作。这么久以来，他从未感到如此惬意[*]，他非常享受这栋小房子[†]。在给菲丽丝的信中，他写道：

> 对我来说，这真是太完美了。上坡路这段美妙的漫步，与居高临下的寂静，对我而言，这一切真是天造地设。我和邻居只有薄薄的一墙之隔，不过他很安静。我常带晚餐上来，通常会在这儿待到午夜。慢慢走回公寓的好处，是让我在回家路上，将头脑冷静下来。我必须克制自己。

即使正值隆冬时节，他身上还是只穿一件单薄的外套。

1917 年 2 月 1 日，星期四
爱德华·穆斯利在卡斯塔莫努看见下雪

他撑过了这场徒步旅程，抵达了艾因角的铁路总站。他和其他的战俘一起被赶上牲畜列车，往西北方前进。所有人都同他一样，是从巴格达出

---

[*] 卡夫卡文学遗产中大部分的短篇小说，就是写作于战事方酣、严酷冷冽的 1916 年至 1917 年的冬天（他在术士巷 22 号进行密集、近乎疯狂的写作）。这个月月初，他所写的一篇短篇小说获《布拉格日报》刊登，该报是各个家庭获取外界信息的最主要途径。

[†] 多亏这栋房子非常小（十五平方米），仅由一个房间组成，要让房间保持温暖并非难事。根据卡夫卡的说法，只需几根薪柴、一些废弃的草稿纸，就能使房间保持温暖。

发，经历为期两个月的沙漠徒步之旅才终于抵达此处的。他们路过了许多地方：幼发拉底河、奥斯曼尼耶、前托罗斯山脉、只能在远方望得见一道银色波光的地中海、奇里乞亚山口、托罗斯山脉、波赞特、阿菲永卡拉希萨尔、埃斯基谢希尔、安卡拉。到了安卡拉之后，他们再次恢复步行，朝着北方爬坡，翻越针叶林覆盖的高山，气温越来越低，他们一直走到了距离黑海七十公里左右的卡斯塔莫努。在那里，俘虏被安置在城镇边缘的几栋大房子里，位于亚美尼亚人遭到屠杀后显得空空荡荡的基督徒区内。

他们在卡斯塔莫努过得相当不错，相较于他们在投降之后那几个月的处境，更可以说是非常好。他们获得良好的待遇，穆斯利和其他人不禁开始怀疑那场徒步之旅的艰苦状况其实不是出于特别的规划，而是奥斯曼人惯常的满不在乎与处事无能所造成的结果。此外，具备军官身份者在卡斯塔莫努有其优势：士官与士兵的处境还是极为严酷的。穆斯利和其他军官仅需忍受烦闷、做噩梦以及长途步行之后的疲惫与疾病，幸存下来的低等士兵却要被迫在各个地区从事繁重的劳役。[*]

在卡斯塔莫努，穆斯利每周都得以在看管得不算太严的卫兵伴随下去一次商店与澡堂。此外，俘虏也能够去教堂并收寄邮件，包括家乡寄来的包裹。他们下棋、打桥牌和玩英式橄榄球，偶尔也获准到周围的高地上散步休闲。他们打算成立一个小型的管弦乐团。穆斯利的疟疾再次发作，也被迫接受一名希腊牙医为他治疗牙齿——围城期间贫乏的饮食严重损坏了他的牙齿。现在，他的体重甚至还增加了。他们大多数人都尽力遵循某种惯例，例如吃晚餐前要换衣服，就算只是把一件破旧褴褛的衬衫换成另一件同样破旧褴褛的衬衫也没关系。奥斯曼人严禁他们与镇上的居民来往，但他们偶尔可以喝醉酒。

---

[*] 在库特阿马拉投降之后被俘的低阶人员约有 70% 未能存活下来。这样的死亡率和纳粹最严苛的劳改营不相上下。

自从进入冬天以来，他就一直觉得很冷。木材相当短缺，而他能够取得的少数木材也通常都颇为潮湿，一旦放进小火炉里烧，总是只见冒烟不见火焰。不过，最糟的是烦闷与单调，穆斯利大部分的时间不是抽烟，就是在他与另一名军官同住的房间里睡觉。他已经有很长一段时间没有在日记里写东西了。

他在今天早晨望向窗外，发现天色看起来比较阴冷，也比较黯淡。下雪了。整个世界都变了。他平常看见的那些红褐色屋顶都变成了白色，整座城镇突然变得别致优美，几乎有如图画一样美丽。街道上空无一人，唯一的生命迹象就是清真寺尖塔里的宣礼员发出的低吟声。目睹降雪——"这纯净圣洁的元素，宁静而神秘"——这突如其来的转变对他造成了某种影响，驱走了他原本那百无聊赖的淡漠，代之以饱满而非凡的精力。他因此再次开始燃起希望，再次开始想要记住自己所经历的事。

他拿出日记，写下去年10月以来的第一篇文字："1917年2月1日——四个月过去了。在我写下这些文字的同时，大地已被白雪覆盖。"后来，他和其他几个英国军官前往一点五公里外的一座山丘，在那里玩雪橇，"仿佛我们回到了童年时光"。他们在回程的途中打了一场雪仗。

1917年2月2日，星期五
理查德·施通普夫在威廉港重拾希望

气压计指针显示的数据持续升高。今天早上，下哨人员获准上岸行军——说得精确一点儿，是去造访玛丽恩西尔。船上的乐队奏着乐在前方领头,各种礼节都弃繁就简,所有人的情绪都相当高昂。冰层仍然相当厚,在阳光下闪闪发亮。施通普夫对于冰层的厚实与美丽很难忘,但他认为这些冰层很快就会裂解,然后消融得无影无踪。他们在回程的途中经过威廉港。

"黑尔戈兰"号再度重新补给、修复与改装。这一次,拆卸的是船上88毫米口径的速射机炮。日德兰海战显示这种武器的射程不够长,因此被认为无效。施通普夫在日记里写道,两年前如果有人敢提出"这种观点",一定会"以叛徒的罪名被枪毙"。那几门炮连一枚炮弹都没有发射过,负责操作的人员(包括施通普夫在内)显然浪费了时间。他试着安慰自己,那些炮说不定在陆地上比较派得上用场。*施通普夫也认为有什么重大的事件正在酝酿当中。他重拾了对未来的信心:"全世界都屏息等待着德国集结力量,发出惊天动地的最后一击。"

回到船上之后,他们吃了午餐,然后值勤军官带了一张纸过来——"美妙的消息"。"各位听好,这是一份来自柏林的电报。'我国即日起展开无限制潜艇战。'"宣布的这个消息令他们所有人"开心不已"。不久之后,这个话题就挂在船上所有人的嘴边了。大多数人似乎都认为英国迟早会被打垮。这项行动等于是"对英国宣告死刑"。这是德国版的"奋战到底",只不过法国的政治人物都仅是空口说白话,德国却付诸行动了。

施通普夫属于心存怀疑的那一群,但他愿意先观察四个月的时间。四个月后,情势应该就会比较明朗。不过,他确实把这项举动视为对英国封锁行动的响应——就是因为英国的封锁,德国才会陷入这个寒冷又凄惨的"芜菁之冬"。他们现在最常吃的就是这个:以各种方式料理的芜菁。(基本原料不变,但料理方式的变化倒是无穷无尽:芜菁布丁、芜菁球、芜菁

---

* 一个历史花絮:这些被弃用的88毫米口径机炮,在岸上却成了非常有效的防空炮。此外,第二次世界大战期间最令人畏惧的一种火炮,即德军的88毫米口径大炮,也是从这种机炮发展而来。

泥、芜菁果酱、芜菁汤与芜菁沙拉。有些人把芜菁称为普鲁士菠萝。）芜菁经常用已经略转酸臭的猪油烹煮，再添加苹果与洋葱掩盖那股轻微的味道。脂肪的欠缺导致肠胃疾病增加，饮食的缺乏变化也导致许多人出现水肿的状况。平均而言，德国军人与平民的体重下降了大约20%，船上的水兵绝大多数又比之前瘦了许多。施通普夫的体重只减了5公斤，但这是因为他经常收到住在巴伐利亚的父母寄来的食物。

无限制潜艇战？有何不可？就让英国人尝尝报应吧："我希望他们也尝尝我国萨克森或威斯特伐利亚居民挨饿的滋味。"

1917年2月7日，星期三
艾尔弗雷德·波拉德在格朗库尔村外发现一条满是尸体的战壕

这一次，他总算对自己被指派的任务心生犹豫。第一，他才刚执行完一项任务，连回来休息一下的机会也没有——实际上，波拉德根本还没来得及爬下战壕，就遇见了一脸不耐烦地在那儿等着他的上校，并被告知他必须再度出去。这时约是凌晨一点，他的任务是率领一支巡逻队进入格朗库尔这座村庄，"不惜代价"。上校重复了那句不吉利的"不惜代价"两次，所以波拉德知道这项任务非常重要。空军回报称德军已经撤退，上校希望他们的军团率先进入那座空村（借此博取军团的威望）。波拉德疑虑的第二件事，是他不晓得要怎么前往那座村庄，因为他们的阵地与格朗库尔之间隔着宽阔的昂克尔河。他问上校他们要怎么渡河，上校的回答很简单："这点就必须交给你想办法了，波拉德。"

天上挂着一轮满月，地面上覆盖着白雪。波拉德带着他的四人巡逻队走下一座山丘，抵达一条被遗弃的战壕。虽说被遗弃了，里面却一点儿都不空，而是堆满了英军士兵的尸体，属于另一个师。他看到自己同胞的僵硬尸体躺在那里，身上撒满了雪，不禁想起先前听人说过有一个身在前进阵地的连队，遭遇德军发动的夜袭，结果所有人都被刺刀刺死了，无一幸免。他听完之后就把那个故事忘了。这类传闻很多，有的是一个小分队遭到歼灭，有的是整个连队消失得无影无踪。

他们继续朝着河边前进，波拉德突然想起他第一次看见一条满是死尸的战壕的情景。那是他参加的第一次攻击行动，在1915年6月的一个热天里，地点在霍格：

> 我当时还是个孩子，以充满希望的乐观态度看待人生，并且把战争视为一场有趣的冒险。我看见葬身于我军炮火下的德军尸体，不禁对那些英年早逝的士兵充满怜悯。现在，我已是个男人，对于战争在短期内结束已经不抱希望。我看着一条满是尸体的战壕，却毫无感觉。我没有怜悯，对自己可能会加入他们的行列不感到恐惧，对杀害他们的凶手也不感到愤怒。我完全无动于衷。我只是个机器，尽力完成我被指派的工作。

在白皑皑的雪地里，波拉德发现了对那条战壕发动攻击的德军所留下的足迹。这点颇为幸运，因为他随着那些足迹越过一片冰冻的沼泽来到河边，结果发现了一座不太牢固的小桥。他拔出佩枪，轻手轻脚地走过那座桥，就像往常一样还是带头走在前面。一切都很安静。他挥手让其他人过来。他们一步步爬进那个被白雪覆盖的村庄。一切都很安静。空军的回报确实没错——德军已经撤离了那座村庄。

尽管波拉德和协约国阵营的其他人都还不晓得这一点，但这其实是德军计划中的一系列撤退行动，目的在于拉直前线。防御强固的新阵地已经准备就绪，正在前方等待着他们。

1917年2月9日，星期五
奥利芙·金在萨洛尼卡修理她的救护车

2月寒风湿冷，空中弥漫着雪的气味。又是一个在萨洛尼卡度过的冬天。这个城镇已然成为一座过度拥挤也过度防御的军营，但驻扎在这里的军队却无事可做。街道上仿佛举行着军装华服游行：法军的蓝灰色制服，英军的卡其色制服，塞尔维亚军的褐色制服，俄军的褐绿色制服，以及意大利军的绿灰色制服。除了这些分属欧洲各国的部队之外，还有来自印度、中南半岛与北非的殖民地部队。去年秋天这里曾经发起过几次行动，企图将保加利亚人驱往北方，但前线位置几乎没有移动。现在，一切再度陷入停滞。天气仍然像以前一样善变：一会儿又热又晴朗，一会儿却是又寒冷又起风。雪已经下了两天，空气中的寒意依旧。奥利芙·金躺在她的救护车底下，冷得难以忍受。

金原本打算今天上午要在港口边的一间热澡堂里度过，但她的救护车让她打消了这个主意。她的车子需要修理，所以她现在才会在一座冷冰冰的车库里躺在地面上修车。她冻得手指发紫，做起事来笨拙不已。外面风很大。

奥利芙·金已经成了塞尔维亚军队（奥利芙和她的两辆车）的一员。

（除了原本的"埃拉"之外，她又买了一辆重量较轻、速度较快的福特救护车，也就是她现在正在修理的这一辆。）塞军在大撤退中几乎丧失了所有车辆，因此她现在忙得很。她现在已不必再参加无穷无尽的巡逻，不必再运送一袋袋的破旧衣物，而是奉命开车完成漫长而艰苦的旅程，行驶在狭窄危险的山间小路上。这样的道路在西欧恐怕根本连名字都不会有——有些可能是马道，有些则是泥土小径。这时候的路况最为糟糕。温度如果高于零度，地面上就会满是烂泥；如果降到零度以下，则是滑溜的结冰路面。

金越来越接近战火，战火也就越来越逼近她。曾经在法国和她一起出外寻觅家具的哈利太太，自从那时以来就一直是她的工作伙伴，而且"在这个大多数老太太都宁可安坐在家中编织袜子的时代"，哈利太太可谓历尽艰辛，所吃的许多苦恐怕连只有她一半年龄的妇女都承受不了。然而，她却在一个月前丧命了。她当时正在莫纳斯提尔协助难民，结果被敌军炮兵——保加利亚人？奥地利人？——发射的榴霰弹子弹击中。从造访北方前线的旅程里，金不但带回了两大帆布背包的战场纪念品——子弹弹壳、炮弹碎片，也带回了战场上尸体遍布的回忆。而且，她也首度看见"可恶的敌人"（保加利亚战俘）。

除此之外，她还坠入了爱河。这样的情形并不罕见——这种充满不确定性的情境带有某种特殊的氛围，足以瓦解原本可能会在两个人之间形成障碍的日常恐惧和习俗。就我们所能取得的证据来看，这段爱情在当时对她的意义远胜于其他任何事物。对她而言，这段爱情远比这场战争重要。这场战争已成了一片背景，成了战场上的人影，成了一成不变的例行公事，有时荒谬怪异，有时危险或是令人作呕，而且经常只是纯粹令人恼怒。就像现在，因为刹车故障而导致她无法如愿泡个热水澡。

她爱上的对象是米兰·约维契奇上尉，一个迷人的塞尔维亚联络官，人称约维，年龄与她相仿，性情爽朗又爱开玩笑。他们的恋情在一顿顿的晚餐与简单的聚会当中发展起来——在那样的场合里，大概经常可以听见由老旧的唱片播放的《白鸽》乐音——但同时也背负着身处危险之中的压力。去年9月，她因为初次罹患疟疾而卧病在床，当时约维每天都会过来探望她两次，而且经常一待就是好几个小时。她的爱似乎获得了回报。他们的恋情必须保密，但还是有不少关于他们的闲言碎语，这点令她颇感心烦。

这并非只是逢场作戏。她以前也谈过逢场作戏的恋爱，但这段感情远不是这样的。

金知道这几年对她造成的改变，她对此颇感惊恐。不过，她最害怕的也许是别人会怎么看待她的改变。在加入塞军之后寄给父亲的一封信里，她写下了这段文字：

上天保佑您，亲爱的爸爸。我好爱您，您绝对不会知道我有多爱您。我常常纳闷您是不是会发现我变了很多。我觉得我在这场战争中变得很自私，我也知道自己现在变得比以前更独立。

她只字未提自己恋爱的事情。她只把约维称为"好友"，但即便是这样的说法，也已经超越了战前的社会风俗所能接受的程度。不过，现在已经没有人还想着去管未婚男女之间的交往以及穿着打扮是否合宜这种事了，至少不会在此时此地。

午餐时间，奥利芙·金暂时放下在冰冷车库里的修理工作，穿越雪地走回她和另外两名女性驾驶员同住的小公寓。她一进门，就立刻点燃她的小煤油炉——这是屋里唯一的暖气来源，她们在一年中的这个时候只要身在屋里，这个煤油炉就一定要点着。她很担心煤油的价格，因为煤油似乎一直在不断涨价——现在一罐要价十九法郎，而且只用得了两三天而已。"美国如果参战，应该要让我们以较低的价格买到煤油才行。"

金决定暂时待在房间里。她已经做了她今天该做的事情，剩下的工作应当由其他技师接手完成。她想起美味的塔斯马尼亚苹果，纳闷现在那些苹果在澳大利亚是否仍然当季，不晓得她父亲是不是能够寄一箱给她。

1917年2月某一天
芙萝伦丝·法姆伯勒在特罗斯佳涅茨思考着这个冬天

这个冬天不论就大大小小哪方面而言，都很糟糕。她在去年12月接到父亲去世的消息，他享年八十四岁。上个月，雇用她担任家庭教师的那位俄国心脏外科名医也去世了。此外，前线的状况再次陷入停滞。在东部战线的这个区域，由于下雪与低温，一切重大军事行动都暂时停止，芙萝伦丝的医疗队收到的病患也就只有零零星星数人。一天也许会来一两个伤兵，第二天再来一两个病人，但大部分时间都是无事可做。

一如往常，粮食短缺的现象在寒冷的月份不免更加恶化，而今年更是比以往还要糟糕。莫斯科与彼得格勒都发生了面包暴动。厌战情绪越来越强烈，而且这种日益增长的不满也以令人意外的直率方式表达了出来。动乱、破坏行动与罢工的谣言四起。在1914年以前，一群经济专家就曾指出任何战争都不能拖得太长，否则必然会带来经济灾难。现在，他们的说法已获得了证实。所有参战国都已经用光了钱——真正的钱——因此现在交战双方都是靠着借贷或印钞票的方式提供战争所需的资金。因此，俄国的粮食危机不只是因为天气寒冷，不只是因为当下的粮食短缺，也是螺旋式通货膨胀造成的结果。此外，去年夏天的多次胜利虽让民众欢庆不已，但当他们发现那些牺牲未能带来最终的转折点或是决定性的效果时，欢欣鼓舞的情绪随即转变成了失望与不满。

在普遍的厌战情绪下，对军方领导人乃至沙皇的批评也逐渐浮上台面。关于宫廷内发生了什么或正在发生什么，社会上有很多传言。一个半月前，恶名昭彰的妖僧拉斯普京被谋杀，似乎更显示出腐败现象已直达最高层。* 芙萝伦丝有两个亲近的人最近去世，因此这些事情没有引起她太多的注意。不过，她倒是颇为同情沙皇——对于沙皇最贴切的描述，就是满怀善意但能力不足。

所以，这的确是个很糟糕的冬天。原本就已闲得令人发慌的情况下，再加上一股弥漫于空气中的不安情绪，医护人员们也因此变得紧张易怒，一再为了小事发生口角。芙萝伦丝也避免不了这样的心理状态：

> 我们似乎等待着什么事情发生。当前的状况不可能长久持续。问题满天飞，却没有人能够给出答案。"战争会继续下去吗？""俄国和德国会不会达成和平协议？""我们的协约国阵营在这种紧急情况下会怎么做？"……
>
> 这是个令人透不过气的烦闷冬天；冰霜麻痹了我们的思绪，也阻碍了我们的活动。

---

* 这起谋杀案本身虽然没有改变任何事，但原本对这个深受沙皇皇后宠幸的古怪人物的厌恶与批评，却因此转向了皇室家族。

1917 年 2 月 25 日，星期日
艾尔芙莉德·库尔的祖母在施奈德米尔的马肉店外昏倒

艾尔芙莉德居住的那条街上有个卖马肉的肉贩。那个肉贩是犹太人，名叫约尔。艾尔芙莉德知道有些人不喜欢犹太人，但她不属于那一类人。有一次，她甚至还因为有个男孩骂她的犹太朋友是猪而和对方打了起来。这个地区住着许多犹太人和波兰人。对艾尔芙莉德而言，他们全都是德国人，只是种类不同而已。

今天发生了一件不幸的事，艾尔芙莉德的祖母在寒冷的室外昏倒了，就在约尔先生的店门外。几个路人将她抬进店内，后来她才在约尔先生客厅里的沙发上慢慢醒了过来。不过，她的两腿颤抖无力，因此约尔先生坚持用他的货车送她回家。艾尔芙莉德和她的弟弟看着他们的祖母被人抬到床上，并且注意到她的脸非常苍白冰冷，不禁深感害怕。所幸他们的一个邻居正好过来拜访，于是为他们的祖母泡了一杯咖啡。当然，现在已经没有真正的咖啡了，只有用烘焙过的谷物冲泡而成的替代品。不过，那位邻居倒是在杯子里添加了真正的糖，而不是现在常用的人工甜味剂。艾尔芙莉德的祖母喝下那杯咖啡，过了一会儿之后终于觉得好了一点儿："我觉得身体又暖和起来了，孩子们。"

她为什么会昏倒？也许是因为她和许多人一样，工作得太辛苦了。也可能是因为她和所有人一样，吃得太少了。

不过，艾尔芙莉德还是不禁深感焦虑。到该做物理功课的时间了，她把文具搬进卧室里，以便在做功课的同时还能注意祖母的状况。反正，学校的功课也不是她现在最关注的事情。将近一个星期之前，她和一个朋友到河边的水淹草甸上溜冰。那里聚集了许多人，全都随着一部发条留声机播放的音乐绕圈溜冰。在那里，她遇见了那天在同学姐姐家举办的派对中和她在楼梯上短暂交谈过的那位年轻中尉。他叫维尔纳·瓦尔德克。那次派对结束之后不久，她偶然间在街上又遇到了他，于是和他聊了一会儿——在他们道别之前，那名中尉亲吻了她的手，说他希望日后还会有机会见面。结果他们确实又见了面，就在五天前的那片结冰草甸上。溜完冰后，天色渐暗，那名中尉带她去了弗利格纳糕饼铺。那里虽然没有闪电泡芙，但他们喝了香料酒，又吃了甜点。她非常开心。瓦尔德克中尉陪她走路回家，并且在门廊的阶梯上试图吻她。她羞赧地挣脱他的怀抱，跑进了屋里，但后来却对自己这么做颇感后悔。

从他们挂在学校教室里的战争地图上看，目前的情势并没有什么变化。这几个星期以来，非洲与亚洲都没有发生什么值得注意的事情。可惜的是，昨天有289名士兵在德属东非的利库尤投降，在美索不达米亚的库特阿马拉西南方也有几条土耳其战壕被英军攻占。就这样而已。意大利与巴尔干半岛相当平静。西部战线同样没有任何新战况，唯一的例外是偶尔发起的突袭行动。只有东部战线能够持续为报纸提供值得注意的消息，而且那里的战斗近几个月来几乎全都集中在一个地区——罗马尼亚。现在，地图上的那个部分已插满了黑色、白色与红色的小旗，而且他们可能很快就会在那里取得一场重大胜利。他们最近一次的胜利是在去年12月6日，当时布加勒斯特被攻陷，学童因此放假一天。艾尔芙莉德利用那个意外获得的假日出外散了散步。

1917年3月18日，星期日
安德烈·洛巴诺夫-罗斯托夫斯基在彼得格勒试图进入阿斯托里亚饭店

"随大流就是了。"医生这么说。现在是凌晨两点，天气冰冷刺骨。洛巴诺夫-罗斯托夫斯基把他的勤务兵安东留在车站照顾行李，自己则直接动身前往饭店。奇怪的是，车站外竟然没有出租车，也没有马车，因此他只能走过去。这里显然发生了什么奇怪的事情，什么不太对劲的事情。他在阴暗的街道上遇到武装巡逻队，他们"以怀疑的目光盯着他"。他走过烧毁的警察局。在莫斯卡雅街这条时尚购物街上，他发现了动乱的明确证据：商店橱窗都被打破，店里的商品遭到劫掠，建筑物的墙上还有弹孔。

当然，洛巴诺夫-罗斯托夫斯基知道3月8日爆发的那场动乱，当时妇女走上街头抗议面包短缺。* 此外，他在基辅的火车站就已目睹过乱象，看见一群暴民伴随着怒吼声冲入头等车厢的餐厅，扯下墙壁上的沙皇肖像。尼古拉二世在三天前逊位了。洛巴诺夫-罗斯托夫斯基在上周四离开医院之时就听闻了这件事：一个军官走到他面前，告诉了他这个骇人听闻的消息——他是用法语说的，以免被旁人听见。在日记里，洛巴诺夫-罗斯托夫斯基对这个消息抱持乐观的态度："会有一位新皇帝，或是一位更有活力也更有智慧的摄政王的，如此一来即可确保胜利。"

这一线希望可能来得并不容易。他在今年年初得了疟疾，3月15日——沙皇逊位的前一日——才刚出院。他回到营里报到，得知自己将被

---

* 抗议活动背后的真正原因是广泛的不满情绪，但这些活动之所以会在这个时候爆发，至少部分是因为天气。持续了一段时间的极度寒冷天气在3月8日左右缓和下来，气温大幅上升，于是也就有更多人加入示威活动。

派往彼得格勒的后备营。这个消息令他深感绝望,原因是他听说那里的部队都奉命上街射杀示威民众与罢工人士。他去看了一位医生,那位医生努力抚慰他,并且问他是不是在考虑自杀。洛巴诺夫-罗斯托夫斯基因此坦承了内心的疑虑:"是政府的愚蠢导致了这场动乱,不是人民的错,但我却要被派到彼得格勒去对民众开枪。"那位医生对他温言安慰,并且提出了一个令他铭记在心的忠告:"随大流就对了,船到桥头自然直。"

洛巴诺夫-罗斯托夫斯基抵达了阿斯托里亚饭店,他的叔叔与婶婶正住在那里。饭店也留有骚乱的痕迹,甚至可以看出这里发生过巷战,因为墙上满是弹孔。一楼的大窗户都被打破了,仅用木板草草封补。大厅里一片阴暗,推拉门也上了锁。他在门上捶打了几下,却没有人出现。奇怪。他走到一道侧门前,敲了敲门,结果立刻被一群携带武器的凶恶水兵包围了。他们把武器对着他的胸口,并以充满威胁的口吻问他:"你的通行证呢?"他说自己没有通行证。"你为什么带着一把左轮手枪?"一个年轻的海军上尉在这时现身,设法说服那些水兵放洛巴诺夫-罗斯托夫斯基走:"同志们,让他走吧。他刚到这里,不晓得这里发生了革命。"

回到街上之后,他快步赶回火车站,喝了些茶,等待黎明到来。

他在早上八点左右又回去了一次。远方传来工厂的汽笛声,清晨的灰色天空飘着雪。温度升高了,因此街道上满是潮湿的融雪。除了冲突的痕迹之外,其他一切看起来几乎都与平常无异。像往常一样,街上满是出门工作的人潮。不过,有一点倒是与过去不同:到处都可见到一片片的红色,不论是建筑物还是民众身上都是如此。所有路人都佩戴着某种红色的东西:玫瑰状饰带、纸花,或是单纯把一块红布扎在钮孔里。即便是汽车与高贵的马车上也都装点着红色,还有房屋正面与窗户也都是如此。挂在房屋外墙上的大布条,在微弱的晨光下看起来近乎黑色。

这一次,洛巴诺夫-罗斯托夫斯基终于进了饭店。大厅里一片狼藉:

到处都是玻璃碎片与被损毁的家具，红色的厚地毯上还有一摊摊结冰的水。许多人不断涌进涌出。一群兴奋激动的人围聚在角落的一张桌子旁边——他们正在为某种激进军官组织招募成员。暖气已经停了，因此室内的温度与街道上相同。他找不到亲人的踪迹。"一切似乎都混乱不已，而且所有人都是一问三不知。"

他不知道的是，这场革命中若干最血腥的冲突就发生在豪华的阿斯托里亚饭店里。许多高阶军官及其家人都在这里住宿，结果有人——也许不止一人——对经过饭店外的示威群众开了枪。示威人士随即以机枪回击，接着武装群众冲入大厅，双方就在水晶吊灯与装满了镜子的墙壁之间爆发激烈冲突。许多军官被枪杀或被刺刀刺死了；饭店的酒窖也遭到劫掠。（在这段时期的彼得格勒，正义的抗议活动经常与破坏行为以及彻头彻尾的犯罪行为混杂在一起。）*

洛巴诺夫-罗斯托夫斯基再度走上满是融雪的街道。到了傍晚时分，他对当前的情势仍然没有多少了解，不过他倒是找到了他的叔叔与婶婶。他们在动乱期间从阿斯托里亚饭店逃到海军部大厦——结果发现那里同样也发生了严重冲突。至于他应该去报到的近卫团后备营，他则是收到了种种相互矛盾的信息：

> （该单位）拒绝参加革命，已经被全部歼灭。它是最早加入士兵哗变的部队之一，结果士兵杀死了所有军官。所有军官都平安无虞。各种说法不一而足。

尽管心怀焦虑，他还是决定在第二天早上搭出租车去军营报到。"随

---

* 奥兰多·费吉斯已指出，把 1917 年 3 月的革命视为一场和平运动其实是种迷思。实际上，在这些动乱中丧生的人远多于布尔什维克在同年 10 月发动的那场更为知名也更加重要的政变。

大流就对了,船到桥头自然直。"

1917年3月24日,星期六
安德烈·洛巴诺夫-罗斯托夫斯基被士兵委员会推选为军官

到处都是一片乱象。士兵们穿着邋遢不已,不对军官敬礼,而且一副吊儿郎当的模样。他现在等于是军营里的囚犯,等待着士兵委员会做出决定。他们会不会核准他加入部队呢?

决定在今天出炉了。是的,他们决定让他担任军官。不过,这不表示他的地位仍与先前相同:营长向他指出,军官就像立宪君主一样,只有形式责任,没有实质权力。洛巴诺夫-罗斯托夫斯基觉得松了一口气——他如果没有获得他们的认可接纳,很可能会遭到囚禁,甚至会有更惨的下场。他写道:

> 看来决定性的意见来自一个曾经在我手下干过的中士。他向委员会述说了1916年在雷泽克内发生的事,当时我违抗军团团长的命令,自负责任让部下休假回家。不久之后,就有委员会的两个成员过来看我,向我告知了他们的决定,还很客气地问我是否愿意待在营里,并且称如果我同意,那将是他们的荣幸。那天傍晚,我们得知莫斯科军团有五名军官在前一天获得士兵认可,却在夜里被他们杀害。

1917 年 3 月 26 日，星期一
拉斐尔·德·诺加莱斯参加第一次加沙战役

　　拉斐尔·德·诺加莱斯已有一天半不曾睡过，只觉得疲惫不堪。他率领一支巡逻队深入敌军阵线后方，奉命找到并且炸毁英军铺设的饮用水输送管道——那条管道从苏伊士运河经由西奈半岛，一路延伸到加沙这座沿海古城外的前线。过去这三十六个小时以来，他们已经在沙漠里行走了一百五十到一百六十公里，而且任务彻底失败：他们甚至连那条管道的影子都没见到。等他们回营之后，他要做的第一件事就是立刻睡一觉。

　　不过，情势却是一点儿都不平静。所有单位都正在进行作战准备，原因是情报显示一支英国大军正在穿越加沙防线前方那条干涸的河床。看到这幅忙碌的景象，就足以让德·诺加莱斯重新充满活力："我原本感到的浓厚倦意在一瞬间消失得无影无踪。"他换了一匹马，随即策马而出，准备执行新任务。

　　首先，德·诺加莱斯奉命将行李搬运队伍中所有的骆驼、驮马和推车带到安全地带。唯一留在原地的是白色的帐篷——他们希望借此掩饰他们重新集结的行动。接着，他又回来加入其他土耳其骑兵的行列，据守那条干河床的一个重要河段。英军必然会在这个地点发动攻击，因为这里是奥斯曼防线的左侧翼，而且相当薄弱。英军如果突破了这个点，即可轻易进攻奥斯曼军队的后方，也会对位于泰勒沙里亚的司令部形成威胁。

　　英军的这项重大攻势，是中东战局已然出现转变的又一征象。自奥斯曼军队在去年夏天第二次试图截断苏伊士运河的行动失败之后，英军就一再发动反攻，并且采取了唯有经过沉痛教训才会懂得使用的循序渐进的做法。他们突破了巴勒斯坦的最后防线，就某些方面而言也是最有效的防线——沙漠。而他们突破的方法，乃是铺设窄轨铁路，以及德·诺加莱斯找不到也炸不着的那条饮用水输送管道。

这是个雾气弥漫的寒冷夜晚。

黎明时分，加沙方向传来了重型火炮的声响。炮火声越来越激烈，机枪声与步枪声也跟着加入行列。攻击行动已经展开。

前方初步回报：英军架起了桥，以出乎意料的速度越过了干河床。伴随着步兵的坦克开始攻打加沙，骑兵也同时从两侧包抄，打算切断这座城市的后援。德·诺加莱斯向一名德国军官打听情况，那名德国军官非常悲观；他认为加沙的情势颇令人绝望，而且可能已经陷落。随着天色渐亮，他们可以看见远方的黑烟，从加沙周围的爆炸与大火中冒出。

奥斯曼骑兵团继续等待着英军的攻击，但这里却什么事情都没有发生。接着，他们奉命上马沿着干河床朝加沙前进。德·诺加莱斯负责将弹药车队带到安全地点，但他中途抛下了这项任务，去找寻一支迷路的部队。找到那支部队之后，他热切地随着他们投入战斗，试图在包围加沙的英军当中杀出一条通往城里的血路。德·诺加莱斯表示，尽管他疲惫不已，却受到一股紧张的狂喜与热情的驱使——"即便是最迟钝的人，一旦听到炮弹的呼啸声与榴霰弹在头顶上炸开所发出的爆裂声，也必然会在心中产生"这样的感受。

英军战机从头顶上飞过，投掷着炸弹。不久之后，他即可在"壮观开阔的视野"中望见加沙周围那片战场，其中一片三十公里宽的区域笼罩在浓烟当中，黑烟里还一再喷出红色的火舌以及炮弹爆炸的光芒。

过了一段时间之后，德·诺加莱斯才记起自己原本的任务。他从战斗中抽身离开，和他的勤务兵骑马回去料理那些弹药车。他们的马匹累得满身大汗。他们两人找到那支弹药车队的时候，正好看见它被一支在巴勒斯坦协助奥斯曼军队的德国炮兵部队误击，"射速之快、准度之高实在令人嫉妒"。在车队遭遇重创（役畜的损失最为严重）之后，总算有个德国飞行员发现此状况，而设法通知德军炮台停火，因此拯救了车队免受进一步的炮击。

傍晚的天色逐渐昏暗下来，德·诺加莱斯带着车队前往位于泰勒沙里亚的总部，在那里他见到了加沙前线指挥官弗里德里希·克雷斯·冯·克雷森斯坦上校。这位德国将领紧张不已，不断拍发电报，因为他确信他们已经输了这场战役。德·诺加莱斯的脑子里也浮现过同样的念头，因为当下的情势显得一片混乱。因此，在他准备上马驰向战场之际，却听到英军不晓得为什么开始撤退的消息，也就不免大感意外。

这场战役结束了。双方都承认失败，只是英军率先退兵而已。

这天晚上，德·诺加莱斯在月光下骑马进入备受摧残的加沙：

> 四处都笼罩在死亡的寂静中。在街道当中的焦黑橡木与损毁的马车之间，堆着千百具尸体，那些人与牲畜烧焦破损的残骸。建筑物的焦黑墙壁仍然冒着烟，而且显得摇摇欲坠。在那些墙壁上，可以看见一大片一大片的紫色污渍，它们看起来有如红色的康乃馨——那是濒死的伤者在咽下最后一口气之前将胸口或头颅靠在墙上的血痕。夕阳的最后一丝金红色余晖在暗沉的天空中消失之后，宣礼员如泣如诉的呼唤声便从清真寺的尖塔上响起，向先知的虔诚追随者宣告死亡天使已在这片沙漠上展开双翼——在这片沙漠上，现在正有成千上万的基督徒士兵在巴勒斯坦的星空下陷入光辉而恒久的睡眠。

他骑马回到营地，他的马儿已累得几乎站不起来。德·诺加莱斯为自己裹上一条毯子，然后躺了下来，把头枕在马儿的侧腹上。他立刻就睡着了。

1917 年 4 月某一天
帕尔·凯莱门在科洛斯堡城外练习机枪射击

即便是奥匈军队，也不免受到现代化的影响。骑兵部队虽是该国军队的荣耀及其皇冠上的明珠，其成员穿着最精美的制服，现在也将遭到收编或解散。骑兵已不再有任何功能，也根本没办法被派上战场。他们试过，结果几挺机枪就足以歼灭整个骑兵团。总体来说，骑兵在这场战争中扮演的角色就是照看俘虏、在阵线后方巡逻，以及举行壮观多彩的游行。此外，他们的马匹需要大量的粮草，而一如其他各种物品，现在粮草也相当短缺。*

奥匈骑兵拥有公认的全欧洲大陆最美观的军服，但这一点对他们没有丝毫帮助。不再骑马的他们，也必须告别那些毛边的蓝色上衣、绣花红色长裤、带有冠饰的皮质头盔，以及羽饰、带扣、饰带、金色纽扣与金线花边，还有擦得闪闪发亮的淡棕色皮革高筒靴。从今以后，他们必须和步兵一样穿上那种仅仅讲求实用而显得单调、廉价又毫无特色的蓝灰色制服。又一件属于旧欧洲的事物消失了。凯莱门的骑兵团也遭到解散，所有成员转而接受步兵训练——他对这点深感厌恶，也许不只是因为步兵的任务更危险更艰苦，也因为他的审美观与自视非凡的性情使其难以接受这样的安排。他现身参加转任步兵军官所需接受的机枪训练课程，接待他的上尉是一个已过中年的男子，满脸胡茬，穿着一件皱巴巴的军服夹克。他立刻注意到凯莱门仍然佩戴着骑兵特有的金色军阶章。他没好气地说："这东西得拆掉。"但凯莱门仍然继续佩戴着军阶章，忍不住要以这小小的叛逆行

---

* 当时一项估计显示，每月 40 支补给队足以供应 1 个 1.6 万人的步兵师，但是供应同样数目的骑兵，却需要多达 4 倍的补给队。另一个缺点则是，又宽又长的骑兵队伍极易挡住重要通道。

为表达抗议。

课程内容乏味得令人难以忍受，其他学员以及他们待的那座城镇也是如此。乏味就是这里的常态。今天下午，他们搭乘马车前往一座偏僻的靶场，以便进行实弹射击练习。他们经过一座村庄。平坦空旷的匈牙利平原一路延伸至远方的地平线。最近总是下雨，现在太阳也还是躲在厚厚的云层后面。他们抵达靶场，凯莱门在日记里写道：

> 村庄里的尖塔已被我们远远抛在后头。我们的右侧有一座茅草屋顶的棚子，现在是机枪支队的靶场。靶板竖立于地上，有如样貌古怪的稻草人；在一道最近刚挖好的战壕里，已经架设了两挺机枪，准备供人练习。
>
> 那两挺机枪开始开火。子弹以飞快的速度射向充当目标的假人。经过刚刚那段宁静的路程之后，机枪持续不断的嗒嗒声震得我耳朵疼痛。我尽可能远离机枪架，并且转过身去，仰望着越来越暗的天空，直到西方的阴影宣告夜晚降临。南方，染了色彩的云朵仍然飘浮在空中，远方一所农舍的白墙也在夕阳的余晖下映照出黯淡的光芒。开阔无垠的原野回荡着子弹的尖啸声。
>
> 我以为只有士兵目睹着这些可怕的杀人工具的练习活动。不过，在一个抽水井的方向，突然有一群野鸭振翅飞了起来，拿不定主意似的在空中盘旋着。其中一挺机枪转向它们。一排鸟儿跌落在地面上——明晚可以加菜了。

这段时间，罗伯特·穆齐尔写下自己在蒂罗尔《士兵报》的最后一篇文章，主题是多民族组成的奥匈帝国境内的矛盾与冲突，笔锋犀利，一针见血，相当罕见。他为报纸奉献了莫大心力，业务也备受夸赞，但仍无法挽回报纸停刊的命运。一想到必须离开美丽而且极富乡村情韵的博尔扎诺，他就难过不已；也许，这就是他允许自己敞开心胸的原因。下面是其中一段文字：

> 现状已经持续了三十年、四十年、六十年，甚至更多年，全国势均力敌的各政党都在谴责其他政党无能、无所作为；然而，这种无能会损耗全体国民的精力、热忱与牺牲。如果使用正确的方式提出这个问题……真有人会相信，这些势同水火的政敌会突然体认到和谐的重要性，停止乱斗吗？这些冲突的根本原因不仅持续存在，还完全没被检讨过呢。这就如同把童话故事的道德寓意投射到国内政客的乱斗一样，这种一厢情愿的想法必然要幻灭的。然而，开战以来，即便一切乱象从未停止，我还是从各语言的舆论中听到最天真且不切实际的论断：战争结束，只要战争结束，一切都会好转的。这怎么可能呢？

1917年4月20日，星期五
拉斐尔·德·诺加莱斯与第二次加沙战役的最后阶段

他们身在前线后方好一段距离，并且认定最糟的时刻已经过去了。这场战役在前天达到高峰，德·诺加莱斯参与了两次骑兵冲锋行动。他们第一次接到攻击命令的时候，感觉仿佛是接受"死刑"——奥斯曼骑兵必须对阵英军的机枪。由于某种奇迹，这次攻击行动进行得相当顺利，尽管他的大腿受了伤。他的护卫兵塔辛以一团口嚼烟草为他止血，"虽然有点刺痛，但非常有效"。

自从第一次加沙战役那场造成惨重损失的混战以来，至今才差不多过了一个月。双方原本都以为自己是战败的一方，但最后却是奥斯曼军队获胜，原因是英军在缺水及其他问题的压力下，撤出了他们攻占的地区。第二次加沙战役主要是当地的英军指挥官在事后向伦敦提出的报告过度乐观（实际上彻头彻尾地不正确）造成的结果。那份报告再度燃起了英国政府的希望，以为有重大突破即将到来：唯一需要的就是再增加一些兵力，增加几门大炮，发动另一场攻击，等等。

英军部队迅速获得援兵增补（包括八辆坦克以及四千枚毒气弹），还得到了上级的承诺，称他们只要打开通往耶路撒冷的道路，即可获得更多的增援。于是，英军部队在昨天发动了一场重大攻势。这场战役后来却沦为艳阳下的西线战役失败的翻版，充斥着空袭、猛烈但毫无意义的炮击、抛锚的坦克以及惨遭歼灭的步兵部队——因为他们遇上了构筑完善的战壕系统。

德·诺加莱斯所属的骑兵师，在这场战役中的贡献是骚扰英军的侧翼。他和其他军官在黎明时接见了一名传令兵，这名传令兵是加沙指挥官冯·克雷森斯坦上校派来的，向他们表达了他的祝贺与感激之意。现在，第二次加沙战役差不多已经结束，英军并没有实现突破。

十五分钟后，在黎明的微光下，整个骑兵师朝着阿布胡里拉前进——那是一片位于更后方的沼泽地，那里将会有水供他们的马匹饮用，并且让他们获得一些休息。随着气温逐渐升高，这一大群骑兵扬起一大团沙尘，就飘浮在他们身后的空气中，宛如一条巨大的尾巴。德·诺加莱斯颇为担心——英军无疑能够看见这团沙尘，从而得知有一支大军正在行进中。不过，师长对他的担忧却只是微微一笑。抵达沼泽地之后，一个个兵团便各自排成紧密的纵队停了下来。

他们还来不及下马，事情就发生了。

一开始，他们只是听见引擎的嗡嗡声。接着，立刻就出现了六七架英军双翼飞机。一枚接一枚的炸弹在紧密排成一个个长方形的骑兵与马匹队伍之间爆炸开来。在半分钟内，这些炸弹造成的死伤就比他们在前一天一整日下来遭受的损失还多：

> 将近两百匹马不是垂死躺在地上，就是四散奔逃，因为疼痛而惊狂不已，而且垂挂在体外的内脏还不停喷出鲜血。脚还卡在马镫上的骑兵因此被那些马儿拖行在身旁。一时糊涂而试图阻挡那些马儿的士兵，则不免被马蹄踏在地上。

拉斐尔·德·诺加莱斯相当钦佩那些飞行员，认为他们执行了一场"特别出色的攻击行动"。

邻近的一个德军防空炮组击中了两架飞机，其中一架歪歪斜斜地飞向地平线，另一架则是直接朝下俯冲。德·诺加莱斯看着那架飞机坠落于地面上，化成一团黑烟。他随即上马，在一支长矛轻骑兵巡逻队的伴随下策马奔向远方的那团黑烟，距离大概有五公里远。

他的念头是要救出那个飞行员，至少也要保全他的尸体。

他知道目前奥斯曼军队里那些属于非正规军的阿拉伯人只要发现受伤的敌人，就会予以残杀并且劫掠他们的财物。他在夜里看见了许多英军士兵残缺赤裸的尸体。他还遇见一个牵着一匹马的向导，马背上满是步枪、血迹斑斑的军服、靴子、腰带等物品，全都是他从士兵尸体上劫掠而来的。那人甚至还举起了一个苍白的长条形物体，在火把的照耀下才看出是一只从手肘上方砍下的人类手臂——原因是那只手臂上有着精美的刺青图案。德·诺加莱斯在略感反胃的情况下买下了那只手臂，命人妥善掩埋。

他们抵达那架飞机的坠落地点，但已经太迟了。

那个飞行员被压在飞机的残骸下，尸身赤裸，还被砍掉了双脚，可能是因为劫掠者不想花时间解开靴子的鞋带：

> 那个丧命的军官有着一头金发，发色介于黄褐色与红色之间，而且他还很年轻。他身上唯一明显可见的伤口是在胸部，只见一块炮弹碎片刺穿了他的肺。从一千多米的高空坠落下来所造成的巨大冲击力，导致他的蓝色或淡褐色眼珠迸出了眼窝外。

那个飞行员的一名战友在他们上空盘旋，寻求着报仇的机会。

德·诺加莱斯的内心涌出一股强烈的感受。也许是因为那个死者相貌俊美，也可能是因为（德·诺加莱斯自己是这么说的）他对这个高尚无畏的敌人感到敬重，尤其对方还是一名军官，也和他一样是基督徒。总之，他不能任由那具尸体遗落在那里，成为沙漠野狗的食物。他抽出左轮手枪，强迫一个人将那具尸体搬上他的骆驼，运回阿布胡里拉。

到了阿布胡里拉之后，德·诺加莱斯确保那名飞行员获得妥善的埋葬。他在仓促之下不可能找到棺材，于是以自己的斗篷将那名死者包覆起来。他还取下自己从小就一直戴在身上的金色小十字架，像勋章一样别在那名死者的胸前。

1917年4月25日，星期三
艾尔弗雷德·波拉德写信给他母亲

军事将领因为心怀希望，才能够持续执行计划以及发动攻击，而促使他支撑下去的力量也是同样的希望：认为我方虽然处境艰困，但敌人必定更加凄惨。所以，打败敌人只是迟早的事情，只需再多坚持一会儿，再多坚持一会儿就行了。再过不久，敌军的前线就会崩溃，于是战争就会出现确定的结果，在我方获胜的情况下结束。（经常可以听到的"推进"一词也是出自同样的心态：只需要有一场决定性的"推进"，即可迫使德国屈服。）德军在法国按照计划撤回兴登堡防线的行动被解读为一种软弱的征象，而且这种看法并非毫无道理。*

波拉德的连队是紧跟在德军后方的队伍中的一支。他一度率领自己的连队爬上一座山丘，并在将近三年来第一次看见一派几乎完全没有遭到战火波及的风光，而且还洋溢着青翠的春色。在那一刻，他真心认为他们已站在胜利的门槛上，只需再推进一点儿，再推进一点儿即可打赢这场战争。他得知自己的部队即将完成任务交接，接下来的任务会由别的队伍接手，不禁深感沮丧——竟然选在这个时刻，就在战争的结束近在眼前的时候。"不过，命令就是命令，无论如何还是必须服从。"他那支只剩下三十五人的连队沿着泥泞的道路回头。春天的太阳颇为温暖，他们因此纷纷脱下了夹克。

英军在今年4月初于阿拉斯发动了又一次的攻势。当时波拉德正在一

---

* 兴登堡防线是介于阿拉斯与兰斯之间的一条壁垒严密而且准备完善的防线。构筑这条防线的目的在于将德军前线缩短五十公里，以便腾出十个师左右的兵力。德军在1917年3月发起战略性撤退，撤至这条防线后方。

座基地营地休养，原因是他受了一次平庸乏味的伤：他在黑暗中绊倒，导致一只脚严重扭伤。他不惜一切代价想要参加那场攻势，于是迅速回到前线，他所属的营正在那里等着被派往战场。再一次，他的任务又是率领巡逻队进入无人地带。

今天，他写信向母亲告知自己最近的战斗事迹：

> 我前几天在一条德军战壕里经历了一场非常刺激的冒险。我剪断了他们的铁丝网，跳进他们的战壕，我以为里面没人，结果却随即发现里面满是德国佬，只好赶紧撤退。所幸我安全逃了出来。我听到传言，说准将因为这件小事而推荐我获颁另一枚十字勋章。所以，您如果注意看报，可能很快就会看到我的名字。别以为我冒了什么没有必要的险。我没有。我只是依照命令行事而已。
>
> 亲爱的妈妈，尽管不在前线上，我们也还是远离文明。顺带一提，我又收到了一箱新唱片，可是那该死的留声机必须更换调速器弹簧才可以用，所以请赶快给我寄弹簧来。

1917年4月29日，星期日
艾尔弗雷德·波拉德在加夫雷勒阻止德军的攻击

前进线的激烈交战不足以打扰他的睡眠。吵醒他的是个传令兵，后者为他带来了一项非常简短的命令：他必须立刻为侧翼部队提供掩护。波拉德跳出了他的地下碉堡："没有时间问发生了什么事。显而易见是出了什么问题,我必须马上行动。"

奇怪的是,他一到明亮的春季阳光下,却只见到一片全然寂静的景象。不但没有炮弹爆炸的声音,甚至连步枪声都没有。不过,这种表面上的平静只是令他更觉不安。波拉德感到自己的心脏怦怦跳个不停。他凭本能认定他们正处于致命的危险当中。他扫视前进线的战壕。右边一切看起来正常无误。他看向左边。突然间,他看到了:就在那里,大约一点五公里外,德国正在展开反攻。他看不见移动的士兵,但可以听到手榴弹发出的典型声响——"砰!噌!噌!噌!"——也能看到手榴弹爆炸之后冒出的灰色烟雾。

这种情形持续了五分钟。

接下来,却发生了一件完全出乎意料的事情。

遭遇直接攻击的阵地似乎在坚守不退,但侧边的战壕里,却有些英军士兵开始跑了起来——远离敌人。恐慌的情绪迅速传播开来,只见一大群士兵在战场上四散奔逃。

接着,波拉德看见德军的反攻部队从防线的缺口迅速涌入,穿越交通壕,冲向第二道防线,直接朝着他所在的阵地而来。在这种时刻,在德军的突击队只剩几分钟就会抵达的情况下,一个勇敢但性情普通的人想必会认为自己只需立刻整备守卫部队,再等待那无可避免的冲突即可。德军部队看起来相当强大,至少有一连的兵力,说不定是一整营。

不过,波拉德可不是普通人。

一开始,他因为震惊而一时腿软,不得不抓住战壕边缘,以免跌下去。

　　接着,我产生了以前描述过的那种奇怪感受,觉得自己不再是按照自身的意志行事。我身外的某种力量,某种比我更强大的力量,似乎掌控了我。在这股神秘力量的影响之下,我开始向前奔跑。

首先，他设法阻止了一些恐慌逃跑的士兵，将他们安置在弹坑里，命令他们开枪——有没有打中敌人都不重要，甚至根本不瞄准也没关系。接着，他拔出了自己的左轮手枪。手持着枪，身后跟着三名士兵，只带着六枚手榴弹，他便准备冲向交通壕里的德军，浑然没想到敌军的人数可能比他们多了一百倍。

他向自己的那一小支队伍简短下达了一些指示。波拉德带头，三名士兵跟在他身后，手中握着手榴弹做好准备。他们只要听到他开枪，就要把一枚手榴弹丢向他身前十五米处的战壕转角后方。

他们出发了。

他们奔跑向前。

在最初的一百米，他们没有看见任何人。一切安全，于是他们随即继续前进。他们遇见一个落单的英军士兵——"我这支小军队的第四名成员"。他们在空无一人的交通壕里继续前进。

又前进了一百米之后，波拉德转过一个转角，结果看见一个德国士兵举着上了刺刀的步枪朝他而来。波拉德立刻开枪。他看见那个德国人的步枪掉落在地上，手抱着腹部瘫倒了下去。两枚手榴弹从波拉德的头顶飞过，落在下一个转角。另一个德国士兵出现了。波拉德再次开枪，这个人也一样瘫倒在地上。手榴弹爆炸。他看见一个德国士兵回头撤退，却也看见其他几个德国士兵向前推进。他再次开枪。更多手榴弹飞过他的头顶，然后爆炸开来："砰！嚓！"剩下的德国士兵退了回去。

这时候，德军的进攻既已在看似不可能的情况下被击退，一个勇敢但性情普通的人想必会认为自己的工作已经完成，尤其是手榴弹也已经全部用完了。

不过，波拉德远非普通人。

他满腔热血，心中感到"一股兴奋激动的情绪，只有橄榄球运动员冲过对手球员之间企图得分的感觉可以比拟"。他在交通壕里追赶着那些逃逸的德军。他瞥见身穿原野灰军服的德国士兵身影，随即开枪，但没有打中。最后，他终于恢复理智，开始安排防卫事宜。他的专长是手榴弹，而他喜出望外地发现德军留下了成堆的手榴弹。比起英军的手榴弹，波拉德更偏好德军的木柄手榴弹，一方面是因为这种手榴弹可以丢得比较远，另一方面是因为它们内含的炸药爆炸力比较强，发出的爆炸声也比较大——纯粹就心理效果而言，爆炸声非常重要。他们尽量把手榴弹往身上塞。

不到十分钟，德军就重整了队伍发动反攻。这次的交战成了一场手榴弹的决斗。一枚枚手榴弹在空中划出短短的弧线。爆炸声一声接着一声，持续不止。尘土与灰色的烟雾悬浮在空气中。波拉德脱下头盔以方便投弹，一会儿之后也扯掉身上的防毒面具袋。"砰！砰！砰！砰！"德军的手榴弹若是落在他们的双腿之间，他们就立刻捡起来，丢到战壕外。震惊又意外的德军显然不晓得自己面对的只是区区四名士兵。不过，无论如何，交通壕里的空间也非常狭隘，因此一次只能容两三人参加战斗。假如德军士兵能想到爬出战壕，从旁边的平地绕过来，波拉德的这支小队伍必然会在短短几分钟内遭到歼灭。

他们捡来的手榴弹消耗得很快。波拉德的一名部下注意到了这一点，于是问他是否该开始后撤。波拉德回绝道："我一步也不退，雷吉。"

然后，一切都平静了下来。

德军的攻击行动展开得很突然，结束得也一样全无征兆。他们数了数身上的手榴弹，发现只剩下六枚。他和两名部下沿着交通壕往回走，捡拾他们刚刚没拿的手榴弹。他们在途中遇见了波拉德所属连队的士兵前来支援。这些生力军加入之后，他们没有花太多力气就击退了德军下一波的反攻。

一切又平静了下来。

在那天下午接下来的时间,波拉德都忙着安排交通壕的防卫事宜。

情势仍然维持平静。

随着夜晚降临,终于有其他连队来接替他们。到了这个时候,波拉德已经精疲力竭了。在回程的途中,他们穿越了一条毒气带,但他累得连戴上防毒面具的力气也没有。回到餐车上时,他觉得很不舒服,但喝下一杯热茶之后,他的恶心感就减轻了不少。

1917 年 5 月 1 日,星期二
威利·科庞在豪特许尔斯特上空盘旋了四分半钟

他高估了自己,这点毫无疑问。尽管他的飞机还没装上前射机枪,也就是说他完全只能仰赖观察员的武器,但威利·科庞还是决定深入敌方领土,找寻一架能够击落的敌机。今天,科庞觉得自己"刀枪不入"。这是因为他对自身能力的自信——他现在已是一位合格的飞行员,尽管他的战斗经验还相当有限——但也是因为他对自己的飞机怀有信心。这是一架索普威斯公司制造的 1½ 斯塔特式双翼机,是科庞驾驶过的速度最快也最现代化的机型。[*]

他们飞越了伊普尔前线。底下一片平静——那座城镇与周围那片原野

---

[*] 这型飞机极为耐用,在若干国家的空军中扮演各种不同角色,许多战区里都使用过——从西部与东部战线到巴尔干半岛、意大利与美索不达米亚。根据肯尼思·芒森的说法,这种飞机之所以取了"1½斯塔特式"这个古怪名称,原因是其"内翼支柱颇短,从机身上侧向外倾斜,并呈对角线交叉"。这是第一架能够穿越螺旋桨进行射击的英国飞机,原因是其制造商意外获得了一架在浓雾中迷失方向而降落于英军区域中的德军战机,于是仿造了那架战机的同步机制。1½斯塔特式双翼机是协约国在 1916 年夏季取得制空优势的决定性因素。

终于得以从炮火的蹂躏当中获得片刻的喘息。稍往南，英军正在阿拉斯发动一场攻势，而埃纳的贵妇小径周围也有一场激战仍在进行中。*

他们继续朝着东北方向飞行，以仅仅3 000米的高度飞过兰格马克与1914年旧战场的上空。就在他们飞越豪特许尔斯特的广袤森林之际，科庞终于看见了他寻找的对象。他发现了四架德军单座飞机，那四架飞机的高度比他低，但已开始朝着他的方向爬升。他一面试图移至攻击位置，一面注意观察他们——他太过专心了，反而没有注意到从相反方向悄悄出现的另外四架敌机。

这正是新手最容易犯的错误。

直到敌机发射的第一批子弹射中机身，科庞才发现自己遭到了夹击。

在这场战争里，或然率是战机飞行员最大的敌人：在天空中可能发生的状况实在太多——飞机容易起火燃烧，结构脆弱，引擎马力不足，保护设施付之阙如，武器也不可靠。他们还没有降落伞。† 飞机引擎没有起动马达，必须手摇发动，所以引擎一旦在空中出现故障，就根本无法补救。（空战的高度通常介于3 000米至6 000米之间。那个高度的气温很低，不但会给敞开式座舱里的飞行员带来持续的不适，还可能因为冷却与润滑系统故障而导致引擎失灵。）令科庞备感折磨的不仅是飞机坠毁之后紧接而来的那种寂静，引擎在空中停止运转所带来的那种突如其来的寂静，也几乎同样可怕。

极少有战斗人员会像1917年春季末期的协约国飞行员那样面临如

---

* 巨大的伤亡以及缺乏成果所带来的失望，不久之后即在法军当中引起一波士兵哗变潮。不过，就当下而言，这两场战役正处于停顿喘息的状态，也就是这类战役经常可见的典型现象。进攻方正在补充弹药与物资，并以生力军接替疲惫而且损失了不少兵员的部队。防守方当然也从事着同样的工作，因此这种消耗战不久之后就会再度从头来过。这种模式经常会一再重复，令人厌倦不已。
† 即便在合适的降落伞出现之后，大多数空军也还是禁止使用，原因是他们认为使用降落伞恐怕会鼓励飞行员在不必要的情况下弃机逃生。战机上也没有提供救生衣。有些飞行员设法自救，将旧车胎的内胎充气，套在腰间充当救生衣。

此高的阵亡率。一般人谈及"血腥四月"都不禁为之变色。德国空军因为飞机比较先进、训练比较精良,又采用了新式战术,因此在空中已逐渐取得优势。这项优势在目前——阿拉斯进攻行动期间——正臻于高峰。过去一个月来,法军撤回了许多损失惨重的飞行中队并进行重建;但英军却选择继续作战,妄想着数量上的优势能够弥补技术与训练上的劣势。*

结果是一场大屠杀。英国在过去一个月损失了占总数三分之一的战机。平均而言,英军飞行员在阵亡之前的飞行时数只有 17.5 个小时。

威利·科庞现在就差点沦为那些数据的一部分。德军战机射出的子弹成排击中了他的飞机。一块子弹碎片打到拧紧线,反弹之后重击他的头部左侧,但没有造成伤口。尽管如此,这一击却打得他往右一偏,结果操纵杆也随着他不自主的动作而向右偏斜,飞机于是跟着向右飞转。这实在是不幸中的大幸,因为如此一来,剩下的子弹就以偏斜的角度擦过机身,而不是直接射入机体侧面。

科庞将这种经验描述为"被铅弹溅了满身",事后他也坦承"身为别人射击的目标,对神经系统实在很不好"。

不过,在恐慌当中,他却想起了一名法国飞行员在不久之前给他的一个忠告。像他驾驶的这种大型双座飞机一旦遭到小型单座飞机的攻击,就只有一件事情可以做:不停转向,来回转向。很简单,就是为了让敌人难以击中目标。

于是,科庞立刻采取这样的做法:转弯、摆荡、扭动、摇晃。而在不规则的盘旋当中一再下降,是难以维持水平飞行的。科庞根本看不清敌人,只是偶尔瞥见一架机身上漆着黑色大十字标志的飞机朝着他俯冲而

---

* 英国当时的情势从数字上来看显然相当不错。在双方开始交战之际,英军拥有 385 架战机,德军只有 114 架。不过,统计数据并不代表一切。

来，或是翻转爬升以便再次攻击。不过，他倒是听得见敌机的声音，也可以听见他的观察员间歇性地用机枪朝敌机开火。

科庞回到己方的阵线之后，那四架德军战机便掉头离去，不再追击。这整个过程只历时四分半钟，但他却觉得仿佛过了"一辈子"。在那段短暂的空战中，他总共下降了 1200 米。

降落之后，他和他的观察员检查了飞机的损坏程度。他们总共找到了三十二个弹孔，其中二十九个都距离座舱非常近，科庞不必离开座位即可触摸得到。其中一颗子弹穿过他的双膝之间，差点射中他握着操纵杆的右手。不过，除了那块嵌在他的飞行帽上的子弹碎片之外，他却完全没有中弹。他称之为"奇迹"。刀枪不入？

在卡斯塔莫努，爱德华·穆斯利正坐着写日记，这里到处是春季的翠绿。

> 乐团在发展壮大。我现在是首席小提琴手，也是"管弦乐团"的领导人。我们有五位小提琴手、两位大提琴手和一位低音提琴手，还有鼓手、两位单簧管手、长笛手与班卓琴手，而且"人形四分音符"*在编曲方面的进度也令人激赏。他从我们通过邮件收到的种种乐谱中取材，其中许多是钢琴独奏曲，还有许多曲子是我们凭着记忆写下来的。我们每个星期日晚上都会轮流在不同的房屋练习。有时候，我们的演奏听起来几乎就像是家乡的海边乐团！！！我真希望能够再到皇后厅去听音乐会。

---

* "人形四分音符"是一名俘虏的绰号，也许是针对他的相貌而取的。

1917

穆斯利也花时间为《烟》写文章。这是一份手抄报纸,在卡斯塔莫努的英军战俘之间秘密流传。他还草拟了一份国际法的方案,也思考着在战后成立一个超国家组织——"一个国际协会或者国际机构"——的可能性。他渴望回家。他想逃跑。

1917年5月21日,星期一
哈维·库欣在大西洋看见船只残骸

这是他们出海之后的第十天,天气总算放晴了。艳阳高照,海面平静无波。这艘船名为"萨克森尼亚"号,船上载着哈维·库欣以及第5基地医院的其他人员。第5基地医院是最早派往欧洲战场的美国机构之一。才一个月前,美国宣称为了"让民主制度安然屹立于世界上"而参战。就经济上而言,这项举动至少让英国得以继续安然作战。英国凭着贷款支撑战事,但这些贷款在去年年底就似乎濒临耗尽,有些政府官员因此悲观地谈起经济崩溃的风险。不过,在这最后关头,英国却获得了美国的资金挹注,还有美国价格低廉的原材料。

迄今为止,这趟航程虽然平淡无事,却充满了焦虑。"萨克森尼亚"号独自航行[*],在海上以"之"字形的方式曲折前进,随时注意着德国潜艇的潜望镜。船上所有人都二十四小时穿着救生衣,也一再练习搭乘救生艇。到了傍晚,万物似乎都染成深浅不一的蓝灰色:船只、海洋,还有天

---

[*] 当时护航船队制度尚未完全建立。

上的云朵都是如此。

即便这是个基本上非军事性的组织，也开始深受军事习惯的影响。现在，武装卫兵在船上随处可见。他们在甲板上操练，所有人的鞋子都擦得闪闪发亮，而且军官在每日做健身操的时候，也严禁其他阶层的人员观看，以免有损他们对长官的敬意。库欣不太能够习惯这一切。在他领取马刺（纯粹是军官的阶级象征，因为第5基地医院并没有马匹）和一把手枪（M1911型）的时候，不禁吃了一惊。"一把样貌凶恶又油滑的自动手枪"——他极少将那把枪带在身上，也完全无意使用它。

倒不是说库欣对这场战争怀有任何疑虑。长久以来，他一直认定美国迟早会被卷入这场战事——而且是必须参与其中。此外，他也花了许多时间努力做波士顿同僚们的工作，让他们做好迎接战争的准备。他在1915年春季以医学观察员的身份在法国待了一个月，这一方面加深了他对战争的厌恶，另一方面却也降低了他对战争的恐惧。他造访前线的时候极少感到害怕。如同他那年春季在日记里所写的："一旦离家越远，并且越来越接近战争现场，反倒越来越少听到关于战争的话题，于是战争也就不再显得那么可怕。"从那时开始，身为神经学家的他就对"炮弹休克症"的现象深感兴趣，而这种纯粹属于专业上的动机至今也仍然存在。不过，后来也添加了其他更加有力的因素。

那时候，他只是个中立的观察者，对于种种关于德国穷兵黩武的传言都抱持怀疑的态度。不过，那种事不关己的冷静姿态已经变了。造成这种态度变化的决定时刻是1915年5月8日。他当时在爱尔兰外海，正在返回美国的途中，结果他搭乘的船无意间驶入了"卢西塔尼亚"号的残骸之间。那艘船在前一天被德国潜艇击沉，造成1198名成人以及儿童罹难，其中124人是美国公民。他们航行了整整一个小时，才驶离那片散布着残骸的海域。震惊不已的库欣看见躺椅、橹桨与一个个箱子漂浮而过。最惨的是，他还看见一个妇女和一个小孩的尸体漂浮在一艘充气救生艇旁边。一艘拖网渔船在远处环绕残骸航行，打捞着尸体——捞一具尸体有一英镑的赏金。

现在，1917年5月的这一天，他再度看见船体残骸，因此勾起了那段回忆。不过，这次所见的只有一叶船板、若干垃圾以及一件救生衣。这天下午，一艘护卫舰前来为他们护航，这是一艘老旧的小型驱逐舰，舰首漆着"29"这个数字。这艘驱逐舰在他们后方五百米处就位，于是他们纷纷欢呼挥手，大大松了一口气。库欣认为今天晚上会有比较多的人放心睡在甲板下。

接近傍晚的时候，他们在上甲板练习抬担架——他们的经验欠缺也明显可见。最后，这项训练是借助一本说明手册才得以完成的。他们新发放的军用手提箱都堆放在船首。如果一切按照计划顺利进行，他们将于明天上午六点在法尔茅斯入港。

1917年5月29日，星期二
安格斯·布坎南在林迪的一片白色沙滩上岸

有时候，三个月的时间可以过得很快。三个月就是布坎南所属的部队在开普敦所待的时间——那是一个"美丽安详的地方"，简直称得上是天堂。这段休息期极为必要，如果不是因为这样，第二十五皇家燧发枪营恐怕撑不下去。他们待在东非的后期，军官与士兵的情绪都是沮丧而麻木的。

反正雨季也没什么事情可以做。在滂沱大雨之中，来自尼日利亚、加纳、肯尼亚与西印度群岛的黑人士兵只能守在堡垒里。

现在，休息过后的部队正在乘船返回东非的途中，所有人神清气爽，据说准备去把事情做个了结。冯·莱托-福尔贝克的部队虽然被驱逐到了殖民地的东南角，却仍然没有被打败。新任的协约国南非总司令路易斯·"贾皮"·范·德芬特少将坚决要求进行更多的直接交战，而不再使用那种巧妙但通常毫无成果的钳形攻势。(他青睐的做法是"重击"。)他们先前选择在丛林里迂回行进，目的是减少战斗伤亡并且智取敌人，但这样的做法却一再导致补给线拉得太长。一般认为前任总司令史末资的策略虽然在战场上拯救了不少性命，但因病损失的人数却是数倍之多。*此外，像布坎南这样撤至南非休养的许多军人，也都相当羸弱，这引起了广泛关注。大多数人都不曾见过白人处于这样的状况——黑人有，但白人从来没有。

这支由五艘船组成的舰队满载兵员，准备投入即将发动的攻势。他们在离一片白色沙滩一公里的地方下锚，那片沙滩就是这些部队上岸的地点。不远处的那座城镇——林迪——目前已在英军掌握中。布坎南写道：

> 我们怀着复杂的情绪望着海岸。冒险仍然对我们充满吸引力，但这片大陆潜在的种种可能，想起来却足以令人毛骨悚然。因此，我们乃是以相当清醒的目光审视着眼前的这片陆地。那里有着我们已经充分见识过的丛林地带，那是一幅绝对没有人能够看穿的阴暗景象。

一艘小汽船驶到巡洋舰旁边，于是众人纷纷提起背包、装备与步枪，

---

* 在派往东非的2万名南非士兵当中，半数因重病而被后送回乡。

爬下梯子到汽船上。那艘汽船将他们接驳到一艘在旁等待着的大艇上，再由大艇将他们载到最后的一片浅水区。然后，一身干爽的他们会由黑人橹夫背上白色沙滩。

此时，罗伯特·穆齐尔被部署在位于波斯托伊纳的西南前线指挥部，在书记处工作。最近他还获颁弗朗茨·约瑟夫军团铁十字勋章，这真是一件赏心悦目的装饰品。这种奖章本意（形式上）是奖励在前线英勇杀敌的军人，现在却像通货膨胀一般到处发放；穆齐尔对此，自是心知肚明（他曾负责审核表扬建议书，从体系内对弊端有深切了解）。他对这一切的意识极为清楚；对于所有恭喜他获此"殊荣"的人，他都难以开口答谢，这份殊荣非但没能使他感到高兴，反而让他更加愤恨不平。他从几位姊妹家中租了一间附有家具的小套房，得以再次和妻子玛尔塔同居。妻子较习惯更热闹的地方，因而常抱怨。然而他在新居却感到莫名平静：

> 我的房间真是奇怪，有着赭色的土耳其窗帘，家具表面满是裂缝与空隙，使小石一般的灰尘得以乘虚而入。细微的灰尘也仿佛是石砾所化。他就置身在前所未有的宁静中，置身事外，心中惦记的，只有远山的孤寂。那是一种只会受昼夜转换所扰的孤寂。

短短几公里外，第十次伊松佐河之役已历时超过两周；意大利部队再一次寻求突破*，双方再一次遭受惨重的损失，进展却相当微小。从远山传来的炮击声不绝于耳。每天数以千计的人死去，而他对此却不置一词。

---

* 这次是意大利的西方协约国盟军坚持发动攻击，希望能够分散对法国的攻势。

1917年5月31日，星期四
理查德·施通普夫在"黑尔戈兰"号上观看铁十字勋章颁发典礼

一旦没有新的胜仗，就只好努力把旧事拿出来炒作。日德兰海战一周年之际，公海舰队举行了盛大的庆祝活动。"黑尔戈兰"号的舰长"目光炯炯有神"地发表了一段慷慨激昂的演讲。在这场演说当中，他越说越激动，音调也越来越高：

> 我们的敌人致力于追求一个特殊的目标，就是要离间我们的最高指挥官与他的海军和陆军。霍亨索伦皇室一旦遭到推翻，他们就会强迫我们接受类似于英国与法国的那种议会政体。这么一来，我们就会和他们一样，受到商人、律师和记者的统治。在那些国家里，他们只要对一位将领或者军事领导人感到厌倦，就会直接将他免职。可是在这场战争结束之后，我们将会需要更加强大的陆军和海军。各位必须反对所有那些想要将议会政体引进德国的人，也绝对不能忘记德国的伟大系于我们的皇室、我们的陆军，以及我们成军未久的海军。切勿忘记这件事：在与我们交战的所有国家里，那些社会民主主义者都一心想要毁灭我们。

演说的结尾是为"我们的战争最高指挥官皇帝陛下"欢呼三声，接着为参加了那场战役的人员颁发二十枚铁十字勋章，而获得勋章的人大致上是随机挑选出来的。

一如往常，施通普夫的内心充满矛盾，既担忧又愤怒。演讲者的激情和话语的力量令他深感着迷，他不禁觉得那些话可能有一部分是真的。不过，他在情感上虽然这么觉得，理智上的看法却恰恰相反。他很明白舰长为什么会抱持这样的观点，而且他如果也是军官，大概会有同样的想法。不过，他却是个平凡的水兵，一个"没有资产的平民"，因此他不可能支持"皇帝、陆军与海军的专制权力进一步增长"。实际上，"如果你自己不必付出代价，这种话当然很容易说"。施通普夫并不害怕议会政体，而且他认为德国的敌国领袖当中也有许多正直优秀的人物。在当下这个时刻，他"宁可沦为英国的奴隶，也不要身为德国的水兵"。

自从战争爆发以来，施通普夫的内心已经累积了许多暴躁、恼怒与失望的情绪，而其中只有一部分是严苛的纪律以及舰队缺乏行动的极度沉闷的生活所造成的。他对德国的现状感到十分愤怒，尤其是对他所认为的存在于德国核心的基本原则——阶级制度。追根究底，就是对于阶级制度的不满，才导致施通普夫从1914年的那个极端爱国人士转变为1917年的这个心中充满困惑与愤怒的激进分子。

极少有人能预见这场战争会发展成目前这种模样，也更少有人乐见这样的发展，而阶级制度就是这场战争所揭露的事物之一：社会主义与无政府主义宣传了数十年，都无法揭开旧秩序当中的谎言、伪善与矛盾，结果短短几年的战争就达成了这样的效果。此外，欧洲的种种荒谬现象在德国公海舰队上的呈现，也少有其他地方能及。

军官与船员生活在一起，不论就比喻义而言还是实际上都是同在一条船上，但他们的生活条件却是天差地别，就饮食、住处（军官的卧舱装潢得有如上层阶级的住宅，有东方地毯、衬皮扶手椅与真品绘画），乃至工作条件或者娱乐（一般水兵极少获准休假，军官有时候却能够请假数月之久，而且船只停泊在港口之时还经常能够回家过夜）而言，都是如此。船上不可避免的近距离生活，以前所未有的清楚度揭露了这些以往隐藏在台面下的差别。与此同时，没有行动，没有战斗与胜利——简而言之，没有流血——这更使得人们可能质疑这些差别。

陆军的状况则不同。尽管陆军内部的生活条件差异也有些引人注目，却由于若干实际原因而不显得那么刺眼，甚至在一定程度上因为陆军军官所承受的沉重压力与牺牲而可以受到宽容。在这场战争里，最危险的职务就是步兵部队的基层军官。*但在海军中，在几乎静止不动的公海舰队里，军官承受的压力很小，牺牲更是少之又少。如此一来，除了他们出身自特权阶级之外，还有什么理由能够解释他们享有的特权？况且，这一切有关荣誉、义务与牺牲的堂皇说辞，难道不会终究丧失其力量，而被人看出只是一种托词，目的在于让大众安于现状吗？

即便在这场周年庆祝典礼当中，施通普夫也可以看出阶级制度的存在。军官自然是在他们布置奢华的餐厅里享受一场持续至凌晨四点的酒宴，一般的水兵则是只有"几桶掺水的啤酒"可以喝，而且派对也是在甲板上举行。不过，施通普夫最恼怒的不是军官享有的好处远远多于船员——这天晚上真正令他恼怒的是，仍有这么多的普通水兵愿意对他们的主人卑躬屈膝（对方则是以一副纡尊降贵的姿态对他们咧嘴而笑），只为了获得几句感激的言辞以及分得军官餐桌上的一些残羹剩饭：

> 军官餐厅犹如疯人院。不过，更可耻的是看到水兵向那些醉鬼乞讨啤酒、香烟与烈酒。我不禁想要对他们自取其辱的行为高声尖叫。他们有些人完全丧失自制力，而向军官保证自己是好水手也是好普鲁士人，因此获得一杯额外的啤酒作为奖赏。最后他们更是沦落到为个别军官喝彩，为对方的慷慨大方而欢呼。

---

* 在这场战争里，中尉或少尉的存活率远低于一般士兵。根据估计，基层军官的死亡率是其他军人类型的6倍。

1917年6月6日，星期三
保罗·摩内利行军至位于卡尔迪耶拉山峰的前线

傍晚。他们在行军的途中。一整营的长长队伍在黄昏下持续不断往上攀登。他们全都知道自己要到什么地方去。参加过去年战役的人员一再指出他们认得的地方，也回忆着阵亡将士的姓名。"一次苦旅。"一开始，摩内利低头俯瞰，俯瞰月光下的山谷，不禁感到一阵强烈的眩晕。不过，身体累积的疲惫很快就让他对周围的一切事物失去了兴趣。最后，只剩下机械的脚步以及疲倦困乏的感觉。

他们在黑夜的掩护下穿越高原，地面的残雪依然散发着些微寒意。他看见几堆火，也看见沉睡的士兵；这些部队将参与明天的攻击行动。可怜的家伙，他心想。接着他又想道：

所有人的命运似乎都比我还要悲惨。没有被选上参与第一波攻击，在我看来显然是一大幸运。看到这些人能够睡得那么沉，实在令我感到惊讶。明天，他们一旦爬出战壕，就没有任何东西能够保护他们的性命了。我为他们感到害怕。（这种感觉就像是我以前站在岩石上观看别人攀爬岩壁，而不禁感到眩晕——结果第二天我就跟着他的脚步做了一样的事情。）

他们在黎明时分抵达目的地，开始扎营。他看见峭壁、白雪以及零零落落的几株松树。

1917年6月11日，星期一
安格斯·布坎南和济瓦尼的战斗

敌人在哪里？我方的人员在哪里？夜间行动总是不免会遇到这样的问题。午夜零点整，在黑暗的掩护下，布坎南所属的第二十五皇家燧发枪营与一个黑人步兵营（现在黑人步兵营数量越来越多了）在卢库莱迪河上某处上岸，距离林迪与海岸有十五公里远。这项行动的构想相当不错：如此一来，他们与一支在北方推进的部队联合之后，即可由侧翼包围德军靠近海岸的坚固阵地。

问题是，这么一场行军在白天就已经够困难了，在黑夜里更是有如梦魇，何况他们的行军路线还是在丛林里。不过，上头的将领总算想到了这一点。他们的想法是，布坎南的营将沿着一条窄轨铁路穿越一片平地丛林——他们知道那条铁路从河边延伸往姆夸亚的方向。布坎南的营现在就走在这条铁路旁，所以前进的速度相当快。他们所有人都因为在泥泞的河岸下船而弄得浑身又湿又冷，所幸借着步行让身体又暖了起来。不过，那两个问题还是没有获得解答：敌人在哪里？我方的其他人员又在哪里？他们希望那个黑人步兵营在他们左侧某处沿着平行的路线前进。

布坎南听到一只公鸡打鸣的声音，又响亮又清楚。他因此知道他们正走近一个村落，而且黎明即将来临。他看见地平线上的微弱光芒。他听到远方传来的微弱炮火声。那是他们的一艘炮艇与敌军交火的声音。不久之后，他还听到了飞机的嗡嗡声，那是英军派出来侦察敌人的飞机，但敌人都隐藏在芬芳的深绿色丛林里。

他们在黎明的苍白光线下经过姆夸亚，然后队伍便朝西转向莫桑比克的方向。两个小时后，天已经大亮。他们爬上济瓦尼附近的一座山脊，终于首度看见了他们自从午夜以来就一直搜寻的对象——他们的敌人。在不到一千五百米外的山谷另一侧，大批的德军黑人士兵正在移动。他也可以看见敌军大炮发出的烟雾——那是德国人凭着他们废物利用的天赋，从被英军击毁的"柯尼斯堡"号轻型巡洋舰上拆下来使用的10.5厘米口径的大炮。布坎南和其他人往山谷里移动，却发现敌人早已盘踞于山谷中，而且他们立刻就遭遇了兵力强大的德军巡逻队。双方不免一场混战，英军于是撤退至山脊上。他们很快就发现，左侧的那个营也与敌军交上了火。接着，第二十五皇家燧发枪营奉命暂时在山脊上挖掘战壕，守住阵地。

这项工作花费了一整个上午，午餐之后也继续进行。

不过，下午两点却发生了一件事情。

在不到三十米的距离外突然枪声大作，原来是配备了步枪与机枪的德军黑人士兵在树丛与高草的掩蔽下，神不知鬼不觉地爬到了前面来。布坎南把这阵枪声比拟为猛烈的雷雨。

他后来描述这起事件的时候，发现激烈的近距离战斗一旦展开，就很难清楚知道状况究竟如何：

> 接下来，你会丧失对于时间以及一切事物的认知，只不过有一件重大的事情发生着，使得你全身充满活力，并以狂乱的速度做着各种工作。

幸运的是，发动攻击的敌军犯下了在浓密草木中战斗常见的一种错误：他们瞄准得太高，以至大多数的子弹都从守军的头顶上飞过。但这番好运却也带来了一个缺点：那些射得太高的子弹打下了树上的蜂巢，于是被激怒的蜜蜂一见到人就攻击。这个品种的蜜蜂蜇起人来特别痛,连平常相当内敛的布坎南都称被那种蜜蜂蜇到的疼痛令他们"几乎发狂",且绝对不是夸大其词。这种情形在东非的战役当中发生过几次,布坎南一度见过一个人被蜇得很严重,结果真的因为疼痛过度而发疯。

战斗终于随着天黑而结束。德军撤退,第二十五皇家燧发枪营仍然守在山脊上。英军士兵的身上满是黄色肿块,有些人的脸甚至肿得难以睁开眼睛。明天,他们将返回林迪。

1917年6月14日,星期四
米歇尔·科尔代在夕阳下漫步于巴黎的一条大道上

原本的主题上又添加了一个全新的主题,这可不仅仅是变奏而已。可想而知,这个新主题与美国参战有关。米歇尔·科尔代在众议院里听了勒内·维维亚尼的演说。科尔代对维维亚尼的评价不高,不只因为他是个优柔寡断的政治人物,且吸毒丑闻缠身,还因为他在1914年所做的事情——或者应该说是他当时没有做的事情。身属左翼阵营的维维亚尼是战争爆发时的法国总理,但他却没有采取任何行动以避免这场灾难。实际上,他甚至还致力于推动战争信用法案的通过,而该项法案正是法国参战的必要前提之一。

维维亚尼身为"掌权者"的日子基本算是结束了,但凭着演讲才能(确实非常杰出)仍然活跃。维维亚尼擅长华丽又煽动人心的辞藻,而在这种情况下,演说者说话姿态的重要性总是不亚于实际的内容。他发表的演说确实"雄辩滔滔"。他说的话和其他人大同小异，这场演说也和往常一样，重弹了"奋战到底"的老调。不过，他这次却添加了某种新的东西，使得科尔代不禁为之屏息。这场战争有了一个新的目标、新的意义、新的理由。现在的说法是，这场战争的真正目的乃是让"我们儿子的儿子不必再丧生于这样的冲突当中"。原来这才是这场战争真正的重点！他们打的是一场终结所有战争的战争。这是一种新的概念。漂亮。真是一句漂亮的口号。

将近晚上七点，科尔代在西沉的暖阳下漫步于一条大道上。街头混杂了各种景象，就许多方面而言也反映了这场战争的样貌：

> 有些妓女戴着像遮阳伞一样大的帽子，穿着及膝的裙子，袒露着胸脯，套着半透明的丝袜，脸上化着浓妆；年轻的军官敞着领口，身上别满了引人注目的勋带勋章；协约国的士兵——身材壮硕的英国兵、和气的比利时兵、不幸的葡萄牙兵、长靴傲人的俄国兵，以及身穿合身战斗服的年轻人。

科尔代也看到了一种新现象——军人乞丐。近来在餐厅或咖啡厅常可看见他们的身影。他们的胸口通常佩戴着勋章，而且都是级别崇高的勋章，例如因为在战场上的英勇表现而获颁的军功十字勋章。他们借着贩卖明信片或者唱爱国歌曲而换取一点小钱。

科尔代在人行道上遇见的这名军人乞丐缺了一条胳膊，而且还喝醉了。他游走于人群中，不断向人乞讨几枚钱币，不然来根香烟也好。他还不断重复着这个字眼："和平……和平……"

后来，科尔代和一名友人谈话，对方告诉他法军里的士兵哗变尚未结束，至今已有超过四百名参与哗变的士兵被枪毙。* 他的友人还提及，有个哗变的士兵被判处死刑的时候说："如果他们枪毙我，至少我知道我是为了什么而死。"

1917年6月20日，星期三
芙萝伦丝·法姆伯勒返回沃洛申纳的前线

夏日的太阳，炎热的天气，天上不时传来雷声。在山丘上，她可以看见掩映在树枝下的帐篷，还有围聚在几棵树下享受阴凉的马儿；她还可以看到有人在混浊的河水中泡澡。法姆伯勒很高兴能够回来。现在一切都很安静，但有谣言说俄军将在几天内发起一波新的攻击。如果真是如此，那么他们届时就会有忙不完的事情了。

法姆伯勒因为要和其他部队的英国护士见面而离开了几天，但这几天却已足够让她对先前觉得寻常无奇的事物敏感起来。例如餐点。她接过士兵所吃的标准稀粥，不禁犹豫了起来。其中那一团团的油脂令她感到恶心，而鱼汤又太咸。她虽然饿，却只吃了点黑面包，配了些茶。她觉得众人的交谈令人沮丧，而且大家似乎都一心想要找人吵架。

晚餐后，我和索菲娅一起走到我们这座山丘顶上。远处可以看见

---

* 这个数字严重夸大。士兵哗变发生后成立的军事法庭判决有罪的约为2.3万人，其中500多人被判死刑。不过，判处死刑只是为了杀鸡儆猴，最后被枪毙的不到50人——而且通常执行于他们的战友面前。所谓整支部队被赶到无人地带，再由己方的炮兵开火屠杀的说法，只是流言。

高山的山尖，笼罩在深蓝色的薄雾中。萨兰丘基、科托夫与里布尼基等小村庄分别位于我们脚底下远远的那几座山谷里。我们可以看到那些村庄里的家园都已毁损荒弃。敌人的战壕清晰可见，与俄军前线极为接近——只有二十米，索菲娅说她听人是这么说的。四周的原野上长有一片片鲜红的罂粟花，还有雏菊以及少量矢车菊。那一片罂粟花看起来是那么抚慰人心，那么有家乡的感觉。

同一天，艾尔芙莉德·库尔在日记里写道：

这场战争是个身穿灰色褴褛衣裳的鬼魂，是个有蛆虫从中爬出来的骷髅头。近几个月来，西部又发生了新一轮激烈的战役。我们在贵妇小径、埃纳与香槟区作战。整个地区都沦为废墟，到处都是鲜血和烂泥。英国人带来了一种可怕的新式武器，一种用滚轮移动的装甲车，能够闯越各式各样的障碍。那种装甲车被称为坦克。* 任何人都逃不过它们的摧残：它们能够碾过每一座炮台、每一条战壕、每一座阵地，而将其夷为平地——更别提那种装甲车对士兵造成的伤害。现在，到弹坑里寻求掩蔽已不再有用。除此之外，还有那野蛮的毒气。不同于德国士兵，英国人与法国人还没有真正安全的防毒面具能够为他们在毒气攻击中供给氧气。此外，还有一种毒气能够侵蚀衣物而对人造成毒害。这是多么悲惨的死法呀！

---

* 参见第 393 页的脚注，1916 年 9 月 16 日。

1917年6月25日，星期一
保罗·摩内利所属的营在奥蒂加拉山陷入炼狱

现在轮到他们了。他们等待这一刻已经等待了好一段时间。过去两个星期以来，他们看着一个营接着一个营被派往奥蒂加拉山顶，每一次都目睹了这样的结果：首先下山的是抬着伤兵的担架员以及驮着死者的骡子，接着——几个小时或几天之后——则是幸存下来的士兵拖着脚步走过。这里的状况就是这样，运作得相当规律。一整营的官兵被送入炮火当中，遭受无情的轰炸，等到他们损失了大多数人员，再由另一营接替，照样待到他们损失了大多数人员为止。就这样持续不断循环下去。

这种战役被称为物资战。交战双方不时会发动攻击，穿越山谷中密密麻麻且尚未冷却的弹坑，再爬上某一座山峰或者翻越满是岩石的山脊。但大体上而言，步兵主要的任务就是死守特定地点——这样的地点在他们看来多多少少是随机选定的，但在参谋部的地图上或是胜利公报的幻想世界里却具有相当程度的重要性。这些"地点"通常是上帝或勘测员认为应当标示出其海拔的地方，于是地图上标示出了各种号码，例如"2003""2101"或"2105"——然后这些号码就成了必须征服或保卫的"高地"。*

今天早上的情势看起来很不妙。摩内利在黎明时分醒来，炮火的怒吼声比先前更加响亮。他爬出睡袋，到外面看看究竟是怎么一回事。一会儿之后，他所属的营便收到了集合的命令。他们动身，一长排背负重装的士兵静默无声地爬上高地，在一片危岩上沿着一条狭窄的小径不停爬坡。太阳在蓝色的天空缓缓攀升，看起来今天会是炎热的一天。

---

* 德军经常提到"蓝点"。他们的地图上都以蓝色数字标示敌军的战壕线。

摩内利这么描述士兵脸上的表情："在无可避免的命运面前，表现出一种平静的认命姿态。"他尽可能避免思考，设法让自己的心思专注在各种细节与实际问题上。这样的做法相当有效。他开心地注意到，自己向一名部下下达命令的时候，嗓音听起来利落又平稳。他推敲起自己的感觉：有没有任何不祥的预感？没有，但是诺贝尔文学奖得主乔祖埃·卡尔杜齐的一句诗却在他的脑海里盘旋不去："我们的时代来临了，我们必然获胜。"摩内利觉得自己已经转变成一件工具，一件良好坚韧的工具，受到一股来自体外的力量的掌控。他看见一支分队带着骡子下山。他看见榴霰弹爆炸冒出黑色和橘色的烟雾。

他们终于来到一座山洞前，洞口朝着战线。他们一旦走出洞口，就会置身在炮火之中。山洞的洞口狭小又拥挤，满是电话接线员与炮兵。那些人把身体紧贴在冰凉的洞壁上，以便让摩内利及其战友通过。他们以意味深长的目光盯着他以及阿尔卑斯山地部队的其他成员，摩内利不禁吃了一惊，但随即努力将那些目光从脑海中甩除。可是他因此产生的念头已经在脑子里扎了根："老天，原来真的有这么糟糕。"

领队的上尉只说了一个词："前进！"前进！

他们随即一人接一人快步冲出洞外，就像游泳池的泳客跳下跳板一样。奥军机枪开始"嗒嗒"响了起来。摩内利向前方的凹陷处一跳。他看见一个人被一大块炮弹碎片击中头部，也看见地面上满是小弹坑。他看见尸体，有些地方堆了好几具，于是认定那些地点必然特别危险，在那里必须多加小心。他在几块岩石之间寻求掩蔽，并且吸气准备下一段的冲刺。"我在片刻的懊悔中看见自己的一生从眼前闪过；不祥的预感浮了上来，随即在惊恐中被摒除。"接着，他冲了出去，向前狂奔，听到子弹飞过的声音——"咻，咻"——终于安然通过。不过，他看到上尉躺在了后面。

他们先前已被警告过毒气的危险，于是他手忙脚乱地戴上防毒面具。

过了五分钟后,他又把防毒面具脱了下来——戴着防毒面具根本无法奔跑。他们接着冲到了地面的下一个凹陷处。那里堆满了死尸,包括去年战役留下的尸体,现在只剩下骸髅与破烂衣物,以及尚有余温、还流着血的新鲜尸体——但他们都处于同一种不再受到时间影响的永恒状态了。摩内利又来到了另一个危险的区域。远方有一挺奥军机枪随时待命,只要有人胆敢通过这里就立刻开火——已有六七人死于那挺机枪之下。他看见一名士兵迟疑不前——那人的朋友刚刚中弹。那人口中说着想要回头,可是回头也一样危险。摩内利看见那个人在胸前画了个十字,然后冲下岩坡。机枪随即开火,但那人没有中弹,又跑又跳又滚地下了山坡。摩内利跟着依样照做。

时间约是十二点,太阳高悬于天上,天气很热。

接下来又是上坡,又得翻过一座山脊。在那里,摩内利终于抵达了他的连队应当据守的阵地。阵地?所谓的阵地只不过是一长排焦黑的岩石,以及一座岩架上的一堆堆石头。于是,他们挤在那些石头后方,动也不动,一言不发,惊恐不已,在猛烈的炮火下完全发挥不了任何作用,只能消极地待在那里,但毕竟身在那里了。一个年轻士兵看见摩内利,随即站起来向他示警,并且招手要他到自己所在的掩蔽处来,却突然被弹片击中胸部而瘫倒在地。

后来,摩内利与他的营长前去找寻旅指挥所,结果发现旅指挥所设置在山上的一座洞穴里。一如往常,以沙包屏蔽的洞口内挤满了在持续不断的炮击下前来寻求掩蔽的人员。洞里人满为患,以致他们两人必须从众人的手臂、腿脚和身躯上爬过,而且那些人都毫无反应。参谋官位于洞穴后方,那里相当阴暗,而且寂静无声。摩内利和他的营长如果以为两营援兵抵达的消息会引起众人的感激甚至兴奋之情,那么他们必定会失望。那些参谋官没有收到援兵已抵达的消息,迎接他们的姿态也是"默然冷淡"。

这座阴暗冰凉的洞穴里弥漫着阴郁的气氛，实际上不只是阴郁——还充满了羞辱与认命的情绪，众人觉得自己遭到遗弃，只能等待着无可避免的命运降临。疲惫不已的旅长对他们说："你们可以看到，我们已经被敌军包围，他们想把我们怎么样就可以把我们怎么样。"

尽管如此，他们还是带着发动攻击的命令离开了——命令是那个旅长临时下达的。摩内利认为某个最高层的人士——也许是这个军的军长——可能陷入了精神崩溃，因为他们收到的指示越来越互相矛盾且混乱。不过，这还是他们收得到命令的时候，因为持续不断的炮击大约每五分钟就会把电话线炸断一次。这时候，就必须派人进入那片噪声、烟雾与飞啸的炮弹碎片当中，找出断裂处并且加以修复。通信兵的工作是奥蒂加拉山上最危险的。

不过，通信兵不是此处这种战争矛盾现象的唯一受害者——所谓的矛盾现象，就是军队的毁灭力量已大幅增长，远远超过了将领控制以及引导部队的能力。在大型战役中，通信几乎总是不免中断，这导致战场上的部队在炮弹爆炸的烟尘中盲目混战。*

---

* 在战场上进行有效通信的科技在当时根本还不存在。新式的无线电机庞大、笨重又不可靠，因而并不实用。有线电话适合永久性通信网络，在炮击不太猛烈的情况下也相当有效；不过，一旦遭遇密集炮火，电话线就很容易损坏。到了战争的这个阶段，电话线都已经被埋在地下数米深，可能的话还会被包覆在管道里，但如此周密的做法只有在前线僵滞不动而且相对平静的情况下才有可能。所有参战部队都采用了各式各样的视觉通信方式（照明弹、日光反射、灯光、旗语），但这些方法都需要良好的能见度——而这点在猛烈的战斗中根本是奢求。另一种可能的做法是实体传递命令与报告。交战各方都尝试过利用狗充当传令员，但这种方法在猛烈炮击下行不通：狗和马匹一样，在猛烈的炮火中通常会因害怕而发狂。此外，交战各方也都使用信鸽——单是德军就使用了30万只——有时候这是最可靠的通信方式。根据一项估计，十分之九的信鸽都飞抵了目的地。信鸽甚至还获颁勋章及其他荣誉。其中最著名的一只，是1916年6月的凡尔登战役当中受到围困的沃堡所送出的最后一只信鸽。那只信鸽飞抵了目的地，却因伤死亡，目前在沃堡仍有一块铭牌纪念那只鸽子。另外，还有著名的信鸽"挚友"：在1918年10月的阿戈讷战斗期间，一支遭到包围的美军部队送出这只信鸽，结果它虽胸部受伤，还被打掉了一条腿，却仍然飞抵了目的地。后来，这只鸽子获颁军功十字勋章，死后被制成标本展示于华盛顿的史密森尼博物馆。如果别无选择，部队就会使用传令兵，通常一次派出两人，指望至少有一人能够活着将信息送出。这种任务无疑都非常危险。（希特勒在第一次世界大战期间经常担任传令兵，并且因此两度获颁勋章。这样的经历使他对军事事务获得了有限但具体的了解，后来即借此击败不少将领，原因是那些将领的经验都仅仅来自作战指挥室，属于纸上谈兵。）

482　　　　　　　　　　　　　　　　　　　　　　　　　　　　　美丽与哀愁

黑暗降临了。空气中弥漫着三种气味：炸药的苦涩味、尸体腐烂的甜臭味，以及人类粪便的酸臭味。所有人都是就地便溺，不论蹲伏还是躺卧在什么地方，只要有需要就直接拉下裤子，当着所有人面排泄。除非是不要命的傻瓜，否则这样绝对是唯一可行的做法。苦涩、甜味与酸味。

那天晚上，一支连队攻击2003号高地，结果顺利攻占了下来。

三天后，奥军又夺回了那座高地。

1917年6月30日，星期六
保罗·摩内利从奥蒂加拉山回来

他在山上撑过了五天。他们有时候会同时遭到四面八方的炮轰，有时候感觉仿佛整座山都受到了强烈的电流袭击，只觉得地面隆隆颤抖、不停跳动，还发出爆裂声与嘶嘶声。他们与死尸共存，靠着死尸维持生命：使用他们的弹药，食用他们的口粮，饮用他们水壶里的水，将他们堆放在防御工事上方阻挡子弹，站在他们身上以避免脚部冻伤。两天之后，他们就损失了一半的人员，有的死，有的伤，有的得了炮弹休克症。摩内利心想，也许会有十分之一的人员能够安然度过这段时期，因此他盼望也祈祷自己能够是其中一人。每当敌军的炮火暂停一会儿，他就随手翻阅几页他的口袋本《神曲》，借此寻求些启示。

结果他活了下来。

摩内利在日记里写道：

> 我茫然讶异，不敢相信自己能够获得重生，能够坐在帐篷门口的阳光下感知这新的一切。生命是美味的东西，我们以健康的牙齿默默咀嚼。死者是缺乏耐心的同志，匆匆出发去执行他们自己未知的任务。至于我们，却可以在身上感受到生命的温暖抚触。我们轻轻啜饮一些令人开心的家庭回忆，然后对于自己再次能够向家乡那些可怜的老家伙说浪子即将回来而感到如释重负——这是我们在出发的那一天所不敢想的事情。

1917年7月19日，星期四
勒内·阿诺在努瓦永看到玛丽·黛尔娜的演出被观众喝倒彩

一场表演为何不该依循传统，以《马赛曲》作结？师长大感意外，也颇为不悦。剧场总监似乎有点儿难堪又有点儿紧张，赶紧解释说，他们"过去有过多次不愉快的经历，发现在士气像当前这么低的情况下，最好避免在部队面前演唱法国国歌"。

法国军队里发生士兵哗变至今已有三个月，军队直到现在才算是再度能够作战——但也仅是大致算得上而已。平静的表面下仍然潜藏着紧张关系。

对于4月底的士兵哗变情形最贴切的描述，也许就是所谓的幻灭造成的内爆。将领与政治人物将士兵哗变归咎于社会主义者的煽动、和平主义者的宣传以及俄国革命的影响等。整体而言，今年春季对于法国而言是个动荡不安的时期。法国国内无疑也像俄国一样出现了对于战争的厌倦，而且就某些方面而言，这种情绪也以同样的方式呈现了出来：抗命、罢工以及示威活动。不过，促成这些现象的力量不是未来的梦想，而是当下的梦魇。此外，一股巨大的失望感无处不在。

法军在4月发动的重大攻势同样也是在慷慨激昂、严重夸大的宣传背景之下展开的，就像1915年秋季在香槟区发动的重大攻势一样：准备工作完美无瑕，德军已在崩溃边缘，这次必然能够突破敌军阵线，现在已到了战争的关键时刻，胜利毋庸置疑，等等。在宣称战争即将于四十八小时内终结的宏大承诺下，即便是对战争厌倦至极的人员也打起精神投入了这场攻势。"祖国的孩子们快来吧！光荣的日子来临了！"[*] 不过，随着攻势无甚收获——战果微乎其微，损失却极其惨重——所有累积的情绪便随即爆发开来。[†]

阿诺所属的营并未受到士兵哗变的影响。他的营来自旺代——一个丝毫不具革命传统的地区。他们首度意识到士兵哗变情形是在一天晚上。当时他们已在前线待了十天，即将卸下勤务回后方休息，结果却被告知他们离开前线的时间必须延后二十四小时。原本应当接替他们的那个营提出了几项精心拟定的要求，并且在那些要求获得满足之前拒绝进入战壕。

也许是因为他的部队在士兵哗变期间坚守立场，他们的师长才会要求在表演结尾演唱《马赛曲》。剧场总监终于不情不愿地屈服了。今天的

---

[*] 这是《马赛曲》的歌词。——译者注

[†] 士兵哗变臻于巅峰之际，共有54个师牵涉其中，以致西部战线有许多地区根本毫无防卫。（德军不晓得为什么竟然没有发现此现象，这绝对是第一次世界大战期间最重大的情报纰漏——尤其是德国一直极具技巧地善用和支持俄国的布尔什维克，想借此削弱俄军的战力。）哗变的法军士兵中，有些要求立即实现和平，另外有些人威胁进攻巴黎，但大多数人都仅是拒绝发动攻击，并且针对餐点、医疗、休假等各种福利提出简单而具体的改善要求。因此，后来被判处死刑的人非常少，而且部队的物资情况也获得大幅改善。

剧场表演也可以视为军方高层的一种表态，显示他们在士兵哗变发生之后觉得自己必须对士兵表达更多的关怀：这场演出举行于户外，以便让最多的人能够观看。现在正值盛夏，因此在户外演出并没有什么问题。

表演接近尾声之际，主角登上了临时搭建的舞台。这场表演的主角可不是小人物，而是黛尔娜——堪称欧洲最杰出的女低音，成名已有十年之久；巴黎歌剧院自然不必说，除此之外，她在米兰的斯卡拉歌剧院、伦敦的科文特花园歌剧院与纽约的大都会歌剧院也都曾经登台演出过，的确是个重量级的大明星。此外，如同阿诺以及其他观众所注意到的，她现在不仅在音乐界具有重量级的地位，而且连身材也是如此：他们在海报与照片中所熟悉的那个身材纤瘦窈窕的女声乐家，已经变成了一个极度肥胖的女子。尽管如此，她的歌声还是和以前一样优美，站在舞台上，身穿白色衬衣，手中拿着一面法国国旗。"同胞们，拿起武器！集结成军！前进！前进！"[*]在当前的情况下高声唱出这样的歌词，也许显得带点儿挑衅意味。毕竟，现在有那么多人都不肯拿起武器，也不肯集结起来，更不愿意在战场上前进杀敌。

她唱完最后几句歌词之后，大多数士兵的鼓掌声当中也掺杂了嘘声。师长暴怒不已，立刻下令找出那些发出嘘声的人。结果自然是徒劳无功。

---

[*] 这是《马赛曲》的歌词。——译者注

1917年7月21日，星期六
艾尔弗雷德·波拉德在白金汉宫获颁维多利亚十字勋章

　　这场典礼总共将颁发二十四枚维多利亚十字勋章，但在白金汉宫禁区里等待授勋的军人只有十八人，另外六人是死后追赠授勋。一旁站着几个身穿平民服装的人——他们是那六名死者的近亲，将代表他们领取勋章。一支军乐队在旁演奏，还有一支仪仗队擎着旗帜。他可以瞥见一批群众聚集在白金汉宫周围那道镀金的高耸栏杆后方。

　　波拉德获颁维多利亚十字勋章的消息一经宣布，各种庆祝活动就随即展开。不过，这些庆祝活动根本比不上他和另一名获奖者休假返乡一个月时所遇到的情景。他回乡之后，生活中尽是无穷无尽的派对、剧场表演、晚宴邀请、别人的欢呼以及对他的拍背恭维。他虽然有时候不免觉得有些尴尬，但总是相当开心。每当他们两人想要为自己点的饮料付钱，总是有人会抢先付账，坚持为他们买单。他们只要抵达高级餐厅，就会立刻被人认出来，然后餐厅人员就会带着他们绕过排队的人龙，直接将那一刻最好的位置排给他们。波拉德出名了。报纸上都可以看到他的照片。

　　波拉德也订婚了。对象是玛丽·安斯利，也就是被他称为"我的夫人"而且一度坚定拒绝了他求婚的那名女子。波拉德猜测她当时之所以会拒绝，其中一个原因可能是他只是个名不见经传的普通士兵。但现在，现在！现在他已是军官，而且又获得了大英帝国能够给予的最高军事荣誉。这场战争为他灌注了更多的自信，于是有一天晚上，他以手臂环抱住她，然后滔滔不绝地说出一大堆"语无伦次的话语"，倾诉着他有多么爱她，多么想要她。在第二天上午出外散步的时候，玛丽说她还是不爱他，但实在不该在他这么爱她的情况下让他失望——况且，爱情是可以慢慢培养的。他们的订婚戒指是白金的，嵌着碎钻与一颗黑珍珠。他们过去这几天和几个朋友住在海边的一家饭店，一同游泳、乘船游玩、散步、听音乐会、享用美味的晚餐，也吵了第一次架。

不过，现在他却站在这里，和另外十七个人一同在白金汉宫外等待着。每个人的军服都别上了一个特殊的钩子，以方便国王陛下为他们挂上勋章。接着，典礼开始了。所有人都立正站好，仪仗队也举枪致敬。军乐队中断了原本正在演奏的乐曲，改奏起《天佑吾王》。仪仗队将旗帜放低。国王出现了。真的是国王！他身边伴随着一群副官。十八名等待受勋者直挺挺地立正站着。音乐声逐渐消退。"稍息！"

他们一一被点名上前，波拉德排在第六位。他和其他人一样，被点到名之后即向前踏出十步，然后立正站在国王面前。一名上校宣读褒扬令，开头是"为了表彰英勇与坚决的行为"，最后一段是："这位已经获颁忠勇勋章与军功十字勋章的军官，毫不理会危险，为所有看见他的士兵注入了勇气。"宣读完毕后，国王就将那枚附有酒红色绶带的勋章挂在波拉德胸前的钩子上，并且说了几句赞扬的话，然后与他握手。国王握手握得很用力，以致波拉德在海边度假时被割伤的一道伤口又裂了开来。这位刚获颁勋章的二十五岁军官后退一步，接着行礼。

这是波拉德在这场战争中最美好的时刻；实际上，也是他人生中最美好的时刻。

艾尔弗雷德·波拉德，这名来自伦敦的保险公司职员，原本注定只能过着乏味而且无足轻重的一生，现在却收获了他梦想中的所有成就，成了他心目中向来认定自己实际上是的那个人物。这一切得以实现，都是因为战争。

典礼结束后，接着是一连串的庆祝与致敬活动，而他明天就将返回欧洲大陆。传言称英国正计划在佛兰德斯某处发动一场重大攻势。他注意到自己内心出现了一股不寻常而且先前没有过的情绪,他第一次感觉不到那种迫不及待想要返回战场的冲动。

同一天,威利·科庞驾着一架单座飞机出战:

> 我在舒尔上空遇见一架在3 200米高空盘旋的双座飞机。我以坚定的决心对它发动攻击,却没有任何效果。那架双座飞机的副驾驶员对我回击,却也同样徒劳无功——我的飞机完全看不到中弹的痕迹。我在500米处放弃了我的猎物,眼睁睁看着它消失于远方,只能咒骂我自己的无能。

1917年7月某一天
保罗·摩内利目睹两名逃兵被处死

> 黎明。整个连队都站在一片小小的林间空地上等待着。行刑队也在,还有医生。神父也在场,因为即将发生的事情而不禁颤抖着。两名囚犯当中的第一人先到了:

> 看,那就是要受刑的两人之一。他虽然在哭,却没有眼泪,紧缩的喉咙发出一连串模糊不清的声音。他一言不发,眼中不再有任何神情。他的脸上呈现出一种呆滞的恐惧,就像一头即将被宰杀的

牲畜。他被带到杉木前，两腿再也站立不住，以致整个人瘫软在地，必须用电缆线将他绑在树干上。脸色苍白得像死尸一样的神父拥抱了他。与此同时，行刑队排成前后两排的队形，前排负责开枪。军团的副官早已向他们说明过："我会用手下达指令——然后你们就开枪。"

那两个士兵是他队伍里的成员。在奥蒂加拉山上那场惨烈的战斗期间，他们被派入山谷中执行劳动勤务。不过，在前线待了三天的他们觉得自己受够了，下到山谷之后就没有再回来。位于埃内戈的一个军事法庭以逃跑的罪名判处他们死刑。意大利军队的纪律极为严苛，几达残酷的程度。* 被判刑之后，那两人即被送回原本的部队，由部队自行处决（在部队的所有人员面前行刑，以儆效尤）。押送他们回营的两名宪兵，不忍心向他们告知他们的命运。那两人被关进一间小屋之后，在里面又叫又哭，不但一再求情，还试图讨价还价："报告中尉，我们愿意每天晚上出外巡逻。"没有用。于是，他们停止了尖叫、求情与讨价还价。上锁的小屋里唯一传出的声音是哭声。他们两人都是老兵了，自从开战之初就身在军队里。所有军队招募兵员的方式，都结合了外在强制与个人意愿（不论是自发性的同意还是精心安排所促成的结果）；实际上，这整场战争就源自这两种概念的结合。而个人的意愿一旦日益减弱，外在的强制就越来越严厉。不过，强制力的效果也有其限度。一旦纯粹只剩下强制力，一切就不免陷入崩解的下场。

副官举起手，下达了无声的指令。

---

* 意大利军队在战争期间处死了 1000 多名本国军人，远多于英军（361 名），更遑论德军（48 名）。超过 15000 名意大利士兵因为违反军纪而遭判无期徒刑，其中许多人在战争结束后许久仍然身在牢狱中，有些人甚至一直被关到 1945 年。意军总司令路易吉·卡多尔纳坚持必须要建立"铁的纪律"。

毫无动静。

士兵看了看副官，又看了看被绑在树上的那个被蒙住眼睛的犯人。行刑队里有他的同志、战友，"说不定甚至还有亲戚"。

副官又下达了一次指令。

一样毫无动静。

副官紧张地将双手一拍，仿佛需要这样的声响来让士兵相信真的是该开枪的时刻了。

一排子弹射了出去。

受刑人向前瘫倒，但被身上的绳子拉住，因此只在树干旁微微下滑。转瞬之间，他就从一个人变成了一具尸体，从有意识的主体变成了没有意识的物体，从生物变为无生物，从"他"变成"它"。医生上前稍微检查了一下，随即宣告他已经死亡。没有人会对这点感到怀疑。摩内利看见他的头颅被打掉了一半。

接着，第二个人被带了过来。

不同于前一名囚犯，这人显得相当平静，嘴角似乎还微微上扬。他以一种几近虔诚的古怪语调对行刑队说："这么做是正确而且合乎正义的事情。你们可要瞄准一点儿——而且不要做出和我一样的行为！"行刑队因此出现了一阵骚乱。有些人要求退出第二次的行刑任务，理由是他们已经射杀了一个人。经过一阵言辞往返，副官连骂带威胁，终于恢复了行刑队的秩序。

枪声响起，受刑人瘫倒下来。他一样也死了。

行刑队被解散，所有人缓缓走开。摩内利看得出他们有多么懊恼，也在他们的脸上看见了恐惧和痛苦。那一整天，所有话题都围绕着这场死刑，而且每个人都压低着声音说话，可能是因为羞愧，也可能是因为惊恐：

我们充满不情愿的脑子里浮现了问题与质疑，而我们只能恐慌地将这些念头推开，因为那些疑问太侮辱我们的崇高原则，亦即那些我们当成信仰一般全心信奉的原则；也因为我们害怕自己一旦失去那些原则，就再也没有办法善尽身为军人的义务。祖国，必要性，纪律——这是我们的训练手册里的用词。对我们而言，这些字眼其实意义晦涩不清，它们只是从口中发出的声音而已。被行刑队处死——此一举动使得那些字眼在我们悲哀的脑子里变得清楚明白又容易理解。不过，那些身在埃内戈的人，没有，他们没有到这里来目睹他们以言辞宣判的惩罚实际施行起来是什么模样。

1917年8月2日，星期四
安格斯·布坎南参与坦达木提山脊的强攻

又一场夜行军，又一场攻击行动。他们前方那片光秃秃的山脊从周围浓密的植被中隆起，看起来犹如一头溺水的史前动物的背部。山丘顶端有一片小树林，其中隐藏着一座堡垒。那座堡垒就是他们的攻击目标。

主要攻击行动在九点展开。机枪的嗒嗒声与榴弹炮发出的沉闷爆裂声不停回荡在丛林里。第一波进攻的部队是由黑人士兵组成的英王非洲步枪队第四团第三营。他们损失惨重，攻势也在光秃秃的山坡上停滞不前。第二波部队——安格斯·布坎南所属的第二十五皇家燧发枪营——收到发动攻击的命令。他们已开始对黑人士兵心怀尊重，甚至也和一些经验比较丰富的非洲部队培养出了某种同志情谊——这是在战前根本不可想象的事情。

布坎南负责指挥营里的机枪排,他与他的机枪组跟着一长串的步枪兵沿着满布尸体的斜坡爬向山顶。现在,枪声已经融合成一股连绵不断的怒吼。

德军已被驱至殖民地一个越来越小的角落里,也开始以少数几座坚固阵地作为抵御的据点,双方的交战因此变得更加猛烈,死伤也更为惨重。尽管现在实际上参与战斗的部队总数比早期的战役少了许多,战场上的死伤人数却是先前的三倍。

双方都越来越感到绝望:德军感到绝望,是因为他们在这块大陆上只剩下最后的小小一块领土;英军感到绝望,则是因为指挥高层收到了越来越强硬的命令,要求这场战役必须完结——而且越早越好。之所以会提出这样的要求,不只是因为战争贷款已所剩无几,商船队的船舶吨数也越来越有限。自从德国在今年1月底发动无限制潜艇战以来,德军击沉的船只已多过协约国能够制造的数量。* 每四艘船就有一艘遭到击沉,导致不列颠群岛的补给备受威胁,因此派遣运补船队前往东非也就成了一种奢望。

从莫哈姆比卡的山谷撤退之后,德军就坚守于坦达木提的山脊上。自从6月中旬以来,双方就不断交替进攻与反攻,现在又是新一轮的循环。

第二十五皇家燧发枪营的两个连队朝着那片树林迅速前进,却被一道"驳马"挡住去路——那是一种由荆棘丛编织而成的障碍物,效果不逊于带刺的铁蒺藜。在驳马的阻隔下,他们被敌人驱向左侧。不过,与此同时,布坎南已经在距离这道障碍物不超过五十米的地方架设了机枪。双方开始激烈交火,不到一会儿,布坎南手下就有四名"能力最杰出也极为重要的机枪手"中弹身亡。不过,布坎南还是坚守在原地,不停扫射敌军阵地,而他们后方的榴弹炮所射出的榴弹则是几乎毫无声响地飞过他们头

---

* 1917年1月间,德国潜艇击沉了35艘船,吨位合计109 954吨;到了4月,被击沉的船已增加至155艘,合计516 394吨。不过,开始采用护航制度并更加积极布雷之后,损失已有所减少。此外,空军飞行员也越来越善于击毁德国潜艇。(第一艘在海中遭到飞机击沉的潜水艇,是法国的"傅科"号,在1916年9月15日于亚得里亚海被奥地利水上飞机击毁。)

顶，然后在树木之间爆炸，发出黑烟与火光。*

布坎南注意到来自堡垒的反击火力已逐渐变得越来越弱，而且他认为自己似乎听到山脊后方传来德军号兵吹出的撤退号角的声音。不过，就在这胜利在望之际，他却收到撤退的命令：德军在另外一边发动了反攻，因此他们的退路可能会遭到截断。布坎南与他的部下远离山脊的时候，可以听到远处的猛烈枪声。他们所有的脚夫都已不见踪影，只见他们的布袋、箱子与盒子沿着小径四处散落。就在他们刚意识到他们的行李搬运队伍必定遭到了德军黑人士兵攻击的时候，敌军突然朝他们近距离开火。

后来，他们抵达战地医院，结果发现那里也遭到德军部队的劫掠，但劫掠者却是井然有序的：

> （德国军人）非常大胆，竟敢命令土著护理员为德国白人奉茶，而他们则取走了他们所需的奎宁以及其他药物。不过，那些白人倒是对伤员相当体贴，还拔枪命令他们部队里那些极度兴奋的黑人士兵不准干扰伤员。

其他战线的战争虽然都越来越残酷野蛮，但在东非交战的白人却经常以特别的骑士风度互相对待。这种同胞情谊不只是战前认为殖民地不该卷入冲突的观念所带来的结果，也表达了他们内心一种同舟共济的感受——因为他们同是这个黑人大陆上的少数白人。† 整体而言，白人战俘受到的待遇非常好，他们的餐点有时候还比士兵的餐点更佳。在这场战役中，一度还有一名德国军医越过英军战线，请他们返还一袋他留在那里的

---

* 许多士兵都对遭受榴弹炮及迫击炮的攻击深感厌恶，因为这两种武器和其他类型的大炮不同，其射弹飞过空中的时候声音很小，无法让人事先获得听觉上的警告。(不过，其飞行速度倒是相当慢，因此经常可以看见它们飞来。)

† 受过教育的非洲人已开始认为这场战争将会造成殖民主义的自我毁灭。

医疗器材，结果英军真的把那袋器材还给他，还允许他回到自己的部队。此外，冯·莱托-福尔贝克在战争期间获颁功勋勋章，与他敌对的英军将领还寄了一封措辞有礼的信向他表达恭贺之意。

晚上十一点左右，布坎南和营里的其他成员——仍然健在的人员——抵达了济瓦尼的营地。经过整整二十二小时的行军或作战，所有人都疲惫不堪。

再过一个星期，他们将会再度攻打同一座山脊。

同一天，哈维·库欣在日记里写道：

> 凌晨二时三十分。大雨下了一整天——也涌入了许多冷得不停发抖的伤员，他们浑身满是泥泞与血污。有些伤员头部的枪伤，一旦把泥土刮掉之后，才发现只是小伤——但另外一些则是超乎想象地严重。手术准备室仍然挤满了人——我们根本来不及消化大量涌入的伤员。此外，这里缺乏制度的做事方式也令人不禁发狂。传来的消息非常糟糕。史上最重大的战役已陷入一团混乱，大炮也深陷于泥沼里。

1917年8月8日，星期三
芙萝伦丝·法姆伯勒穿越边界进入罗马尼亚

他们在早上七点开始行军。雨下了一段时间，道路泥泞不已，但她觉得满是丘陵的开阔景色相当迷人，大地的色彩与轮廓在轻柔的晨光中显得朦胧不清。他们走在一座正由奥地利战俘修补的桥上，脚下是普鲁特河，而她也看见他们的帐篷在雨后已经彻底湿透。有些俘虏静静坐着不动，等待着太阳再升高一点，以便晒干他们身上湿漉漉的衣服。

马车通过桥上的木板路面抵达对岸之后，他们就身在罗马尼亚了。是什么让他们又满怀了希望？昨天，他们被告知自己将南下进入这个隔邻的国家，医护人员都欣喜不已。一部分纯粹是因为他们终于能离开了，不只是远离向前推进的德军，也远离过去一周以来那幅溃败、士气涣散以及撤退的景象。

到了这个时候，俄国新政府为继续参战而采取的最后一项行动——"自由攻势"*——已彻底失败。芙萝伦丝的医疗队属于第八军，这支部队原本看似成功地突破了德涅斯特河以南的敌军阵线，却在推进大约三十公里之后即停滞不前。原因不外乎补给短缺，而且士兵也缺乏热情。士兵们召开会议，提出问题，讨论条件，选举委员会，并且要求享有自行推选军官的权利。逃兵人数大幅增加，许多人更是公然为之。甚至有整个师完全拒绝攻击敌人。令芙萝伦丝感到讶异不安的是，大部分的士兵其实都不想再继续作战。而且，除了军官以外，他们现在又找到了另一个发泄不满的新对象：女护士。这是因为她们是志愿服务者吗？还是因为她们是女性？或者两种原因都有？无论如何，她们现在发现自己成了嘲笑、咒骂以及性暗示的受害者。芙萝伦丝第一次对己方的俄国士兵感到害怕，并开始远远避开他们。

越过边界之后，他们如果幸运的话，就不必再目睹俄军持续崩解的状态了。此外，在边界的另一边，罗马尼亚与俄国的部队已联合开展了一

---

* 现在普遍称为"克伦斯基攻势"，因为这项攻势是当时在任的俄国临时政府总理兼陆海军部长亚历山大·克伦斯基下令发动的。

496　　　　　　　　　　　　　　　　　　　　　　　　　　　　美丽与哀愁

些小型自由攻势，而且就最近的各方消息来看，他们显然取得了一些成果。他们之所以对这次前往罗马尼亚如此欣喜不已，不只是因为他们将借此远离战争，也是因为他们将可借此前往一个能够让他们真正有所贡献的地方。

他们在一片开阔的原野上停下来休息，享用军方配发的一种餐点："将鱼和肉混在一起，放进一种荞麦汤里，里面还有些奇怪的绿叶子，但绝对不是在甘蓝菜园种出的蔬菜。"太阳高悬于蓝天上，天气非常热。芙萝伦丝听见争辩的声音——内容自然是政治议题。她听到了一些细节：克伦斯基一定会撤换他们崇拜的布鲁西洛夫，说他必须为攻势的失败负责。这时又有更多愤愤不平的声音加入讨论，连芙萝伦丝也不禁感到懊恼。不过，她没有卷入那场讨论中，而是和朋友一起外出，打算到河里泡澡取凉。可惜的是，她们找不到比较隐秘的地方，到处都是士兵——于是她们回到原野中的队伍，钻进一辆大马车的车底。她写了几封信后，才听到继续前进的命令。这时已是下午四点左右。

后来，他们来到一片又长又陡的山坡，必须停下来等待，因为马儿需要些帮助才能将满载物品的沉重马车拉上山坡。她在日记里写道：

> 一群健壮结实的年轻士兵帮助每一匹马和每一辆马车爬上山坡顶端，过程中不断传来吆喝声，马儿也受到了许多不必要的鞭打。那些可怜的马儿害怕不已，它们知道自己必须做些什么，因此也竭尽全力；不过，它们上气不接下气，口吐白沫，满身是汗，显示了它们的每一个动作都是多么费力。

路况极差，他们在众多山丘之间一会儿上坡，一会儿下坡；穿越一座座的村庄，看着村里那些美丽小巧的木屋，窗户都拉上了窗帘；也经过妇女和儿童身边,他们身上都穿着充满异国风情而且绣着优美图案的服装。她听到一名老妇人因为见到这群军人而发出惊恐的呼声,芙萝伦丝觉得那名老妇人的说话声令她联想起意大利语。原来这里就是罗马尼亚。他们在一座小镇里停下来,向犹太商人买了些苹果——使用的货币是卢布。鸡蛋没得买,因为全被士兵买光了。他们走进一片美丽的松林之后,夏日的炎热终于感觉比较能够忍受。

随着夜晚即将降临,他们在一座村庄旁的山坡上扎营。不过,天气热得他们都不想睡在帐篷里,而是将行军床直接露天架设。他们的领队取得了一份才三天前的报纸,于是在营火旁大声念给大家听。大部分的内容都涉及俄国首都的政治动荡,芙萝伦丝对那些消息兴趣索然。不过,有一则报道却引起了她和其他几个护士的注意:那则报道指出,目前情况危急,因此已经成立了完全由女性组成的步兵营。

她早已知道俄军里有女兵,也实际上遇到过几个女性伤兵。她特别记得其中一人——她在加利西亚照顾过的一个二十岁女子,因为太阳穴被子弹擦过而留下一道严重的伤口。那名女子一心只想立刻回到战场上去。这个新的女步兵营是在雅沙·巴卡洛娃[*]的倡议下成立的——她来自西伯利亚,出身平凡,原本和她先生并肩作战,在她先生阵亡之后也仍然待在军队里。她受过伤,数度获得授勋,并且被晋升为中士。报纸的报道引述了她说的话:"如果男人拒绝为国家而战,我们就让他们看看女人的能耐。"一个完全由女性组成的步兵营已经在"自由攻势"中参与过作战,当时她们被派去保卫一条被逃兵遗弃的战壕。芙萝伦丝及其他护士都认为这是一个绝佳的消息。

这是个温暖的夜,月亮又大又亮,高悬在繁星点点的空中。

---

[*] 此人即玛莉亚·雅什卡·巴卡洛娃。她后来因为与白俄军的关系,在1920年被指为人民公敌并被处死。她的部队被称为"俄国第一妇女死神营"。

1917年8月9日，星期四
弗朗茨·卡夫卡第一次肺出血

夏夜。弗朗茨·卡夫卡在新公寓内熟睡着。现在，他在华美的申布伦宫（美泉宫）侧翼租了两个高而宽敞的偌大房间。这真是一处华美的两室公寓：晨曦将高耸、精美的窗户染成金色与红色，其中四扇窗户正对着"陷于寂静中的庭园，另一扇则面对公园"。房里有电灯、浴室和电话。不过室内潮湿，很难使房间暖和起来（因为现在木炭短缺，无法用暖气）。但他选择忽略这一点。毕竟现在是夏天嘛。这个公寓应该会很适合他和菲丽丝。再撑一下。等到战争结束。就在上个月，他俩公开宣布再度订婚。婚事近了。

昨天的新闻主要是敌军在罗马尼亚发动小规模攻势，但一经德军反击施压即告瓦解。佛兰德斯地区只剩下炮击，斯德哥尔摩正在筹划一场盛大的和平会议——不过会议开不开得成，还是个未知数。整个夏天，到处都是关于停战的传言。卡夫卡继续在伏尔塔瓦河游泳。

卡夫卡醒了过来。不太对劲，他咳血了。

> 我起身，对周遭的新事物感到兴奋不已（必须一直躺在床上，还真是不自在），不过还是有点心惊。走近窗户，又走近盥洗台，在房里转来转去，再坐回床头——突然就看到血了，而且一直在出血。这三四年来，我晚上总是失眠，还得假定不会再出血；因此，我对现在的出血并不特别担心，总算可以睡上一觉了。只希望接下来一整夜别再咳血，让我一觉睡到天亮。

早上，他的女侍者来查看他的状况。她是一位"精明、干练、极富自我牺牲精神的小姐"。看到血迹之后，她用捷克语说："博士先生，这景况真是不妙，您恐怕来日无多了。"卡夫卡觉得自己没问题，一如往常地去上班。

直到下午他才去拜访米尔施泰因医生。医生诊断是一般的支气管炎，这使人心安不少；医生给他开了三瓶药，嘱咐他一个月后回来复诊。

隔夜，卡夫卡出现严重的肺出血症状。米尔施泰因医生在他回诊时表示，这可能是结核病，不过并不怎么严重。卡夫卡相信，这场病是由心理因素造成的*：拯救他免于陷入与菲丽丝的危险婚姻。同一瞬间，他觉得自己被解放、被征服了。

1917年8月18日，星期六
奥利芙·金目睹萨洛尼卡被大火烧毁

到了今天下午，已可明白看出城市里发生了一场大火，奥利芙·金一心想要近距离观看。因此，她一听到塞尔维亚军需仓库需要车辆协助抢救补给品，就立刻把握住了机会。直到她驾车经过韦尼泽洛斯街，才了解到情况有多么严重。一开始仅是普普通通的火灾，现在完全酿成一场大祸。整个土耳其区似乎都陷入了火海：

---

*　患有抑郁症的卡夫卡，长期以来对现代医术的效力心存疑虑。

> 街道上的混乱情形难以描述，一大群慌乱不已的民众忙着运走他们的财物，有些人用牛车载，有些人自己背，有些人用小型的无顶马车，也有人用摇晃不稳的狭长希腊小推车，也就是平常对交通造成阻碍的那种车子。烈焰不断发出怒吼，每一刻都有建筑物倒塌而传来的巨大轰鸣，并且造成千百万的火花漫天飞舞。瓦尔达尔河的热风不停吹拂，大量的火花与燃烧碎屑不停飞落在我们身上。天还没黑，但一切都映照在那诡异的金黄色火光中，像是一场灿烂耀眼的日落。

直到今天，萨洛尼卡（今希腊塞萨洛尼基）依然是一座令人困惑但又风景如画的城市，有些地方非常优美，带有数百年来受到奥斯曼帝国统治的明显印记。市区内可以见到清真寺的尖塔，外围有一道坚实的城墙，还有一个绝佳的市集。只要到迷宫般的狭窄街道与中世纪巷道里行走一番，即可确信自己在地理位置上确实身处欧洲，但同时也可体会到这个地方的感觉、气味与声音都像是东方。实际上，才不到五年前，这座城市确实仍然处在奥斯曼帝国的统治下。这种东方特质不但丝毫没有减损这个地方的魅力，反倒成为这里之所以迷人的一个重要因素。这几年来被西方占领之后，来自世界各个角落的部队不断涌入，更是进一步强化了这座城市的种种鲜明对比及其国际都会的氛围。在这里，清真寺、拜占庭大教堂与希腊东正教教堂并肩林立于电影院、各种剧院、酒吧、高档商店、高级餐厅与一流宾馆之间。不过，在某些人眼中，萨洛尼卡不只是一座汇集了多种语言（金和她的许多朋友都使用一种独特的皮钦语，基本语言虽是英语，但混杂了大量法语和塞尔维亚语）的城市，更是一座充斥着罪恶的巴别塔。

萨洛尼卡的本质如果真是如此，那么惩罚的时刻显然来临了。强风导致大火蔓延的速度出乎意料。

金数度闯入越来越猛烈的火海，抢救必要物资或是民众的私人财物。每次停下来，她就必须跳下那辆小小的福特救护车，不停扑灭飞落在车上的火花。她开车行进的时候，必须不断按喇叭，才能穿越拥挤的人群，其中有些人因为过度恐慌而陷入歇斯底里，另外有些人则是因极度痛苦而变得麻木。她注意到一般人最常抢救的两件物品是大面镜子以及铜床架。火焰终于延烧至港口与海边之时，她意识到自己和仓库之间横亘了一道长达五公里的火墙。她仍然继续驾车前进，油料用罄之后则是下车徒步行走，设法找寻更多汽油。

在这场大火造成的混乱当中，军纪也不免难以维系。一如往常，英勇表现中也混杂了自私与怯懦的行为。城里出现了一波劫掠活动。有几大桶葡萄酒在高温下爆裂，以致奔流于街道上，"犹似鲜血"。士兵与平民都趴在地上努力啜吸。后来金再次经过那个地点，那里不仅酒味冲天，还到处都倒卧着浑身粘满呕吐物的醉鬼。一堆炮弹被火引燃，造成了一场大爆炸。她还可以听见零星的枪声。

太阳在这个漫长的夜晚之后再次升起，但天空中弥漫着浓浓的烟雾，以致整天都只能见到蒙蒙眬眬的阳光。金驾车来到港口。电车的电缆有些地方已被熔断，垂落在街道上，所以她行车时必须一再左弯右拐加以闪避。她看见士兵与平民在冒着烟的废墟里找寻着有价值的物品。

奥利芙·金连续开了二十个小时以上的车。她又累又饿，困倦不已地回到自己的房间，却发现走廊上有一个无家可归的妇女和九个儿童。这场大火烧毁了将近半座城市，有八万人丧失家园。后来又花了近两个星期，才终于将火完全扑灭。这座城市在战争结束之前都一直是一片焦黑的废墟。大火发生前的那座萨洛尼卡就此消失了。

1917年8月26日，星期日
哈维·库欣终于看见了一个沙盘

前线很安静，但所有人都知道这只是暂时的现象而已。上午的时间主要都花在为伤员更换绷带上。库欣认为他先前动过手术的许多患者似乎都已逐渐复原——或者也许只是因为他连续两夜都得以安睡休息，心情比较好而已。

目前尚未有美军部队加入战斗，所以库欣和他的医疗队被北迁至佛兰德斯前线。自从今年7月底以来，英军就在那里展开了又一场攻势，那也是所有攻势中规模最大的一次。那场战役已经被命名为帕森达勒战役，或称第三次伊普尔战役。

至今已经发动了四次重大袭击。其间雨几乎没有停过，战场已经成了一片泥泞之海。截至目前，成果之小与损失之大根本不成比例，但实在很难得知当前的状况，而且也极少有人能够对全局拥有概括性的了解，因为信息的查禁很严格，官方的公报又缺乏参考价值。不过，库欣却借着观察那些溅满泥泞的救护车持续不断运来的一个个衣衫褴褛、血流不止的伤兵，对战斗的进展做出了颇为准确的猜测。伤兵的人数有多少？他们的士气高不高？他们等了多久才被送到救护站？大多数伤员身上都裹着一层厚厚的泥巴，以至脱下衣物、清理脏污以及找寻伤口都必须花上超乎寻常的时间。已经打过破伤风针的伤员，都用笔迹难擦掉的铅笔在额头上写了个"T"。医院旁边有一座范围不断扩大的公墓，里头的坟墓都是由身穿蓝色短上衣的中国工人挖掘而成。

头部严重创伤是库欣的治疗专长，他一天尽量完成八场手术。他在一座帐篷里动手术，围着一件厚橡胶围裙，脚上穿着军靴。他的一项特殊技术，就是利用强力磁铁小心翼翼地从伤员脑中吸出炮弹碎片。仅受普通枪伤的伤员非常少，被刺刀刺伤的伤员更是极为罕见。库欣的伤员几乎全是炮火的受害者，而且几乎所有人都并非只有一处伤口。库欣已然成为伤口处理专家。举例而言，他发现最严重的伤害通常都隐藏在最小的伤口里面。

地平线附近可以见到一颗颗观测气球。炮弹有时候会落在医院附近。他们如果有空闲的时间，就会到医院旁边的一座网球场打球。今天午餐过后，库欣和一名同事驾车到附近的其他医疗队去探访朋友。这一天天气难得晴朗。炮火声不断由远方传来。从卡茨山到雷米的道路在一座高高的山脊上，视野绝佳，往北可以望见伊普尔前线那里连绵不断的炮火。

一位加拿大上校允许库欣看了他这段时间以来一直想看的东西——一个巨大的战场沙盘，用沙子按照1∶50的比例制成，用于计划攻击行动。一切都被仔细标示了出来：每一片树林、每一栋建筑物、每一条等高线。协约国的战壕由蓝色缎带标示，德军战壕则是红色。库欣看了写在一个个小标签上的名称：因弗内斯灌木林、克拉珀姆枢纽站、庇护林、波利冈森林。看了这些标签之后，库欣对当前的情势稍微有了多一点的了解。不过，从沙盘上看来，下一场攻击将以格朗库尔斯森林为目标——那片树林像是一个红色凸块，蔓延至所有的蓝线后方。

他们不是唯一研究这个沙盘的人。有几个军官与士官也看着沙盘，试图了解当地的地形。这些人明天将越过那座高的山脊。

库欣与他的同事回到医院正好赶上晚餐。用完餐后，他的指挥官拿走了库欣昨天还没看的《泰晤士报》。后来库欣向他要，那名高阶军官却把报纸藏在背后，并且指给他看钉在餐厅门上的一份陆军公告。库欣颇觉恼怒，而且他也觉得那份公告上的代码与地图坐标看起来完全不知所云：

Morning	Report	aaa	YAWL	reports
S.O.S.	sent	up	about	5
a.m.	this	morning	on	left
of	CABLE	and	right	of
LUCKS	front	Enemy	attacked	on
front	J.14.A.5.8	To	right	at
5	a.m.	Posts	at	J.14.A.7.4
Were	driven	in	Posts	at
J.14.A.8.8	are	still	maintaind	aaa[…]

午夜前后，库欣躺在帐篷里听着远方越来越激烈的炮火声。接着，雨再度开始打落在帐篷上。

第二天，有人告知库欣说，在7月23日至8月3日之间，这个区域的三所战地医院共有17299名（当然，这个数字不包含死者在内）伤员转院接受进一步治疗或是已经出院。第五军还有另外十二所像他们这样的战地医院。

1917年9月4日，星期二
爱德华·穆斯利搭乘马车前往安卡拉

今天的早餐完全是一流水平：香肠、蛋糕、茶和果酱——穆斯利刚收到家里寄来的一个包裹。看管他们的卫兵吃了面包、橄榄、甜瓜与洋葱。然后，他们全部从那家满是臭虫的小旅社动身。一开始，穆斯利和另一名战俘——一个手臂骨折严重发炎的英国士兵——搭乘同一辆马车,但到了一座山的上坡路段,他们就只能下车走在马车旁:因为拉车的牲畜实在没有足够的力气拉着他们两人上坡。山坡上长满了高耸的松树。一大群骑警跟随着他们,一方面是为了防止他们逃跑,另一方面也是为了保护他们免于盗匪的袭击。他们经过一座瀑布。

穆斯利其实盘算着想要逃跑,而且夏天他曾在卡斯塔莫努与一群俘虏花了几个月的时间准备一场极为大胆的逃亡行动。他们打算沿着山里的一条小径逃到黑海,那里应当有一艘船埋在沙子里——有桨,但没有帆。穆斯利甚至假扮成土耳其人练习逃跑了几次,测试怎么样最容易骗过卫兵。他有一次差点被抓,自此之后就受到严密监管。不过,那群俘虏当中有些人确实逃了出去,但(可能)又被抓了回来,(恐怕)是因为遭人告密,或者(更有可能)是因为假扮成德国人的扮相太过拙劣了。

不过,现在穆斯利已离开了卡斯塔莫努的监禁处所。他仍然为防守库特阿马拉那段时间留下的后遗症所苦。真正的问题是背部的严重挫伤——他的背部曾被一块炮弹碎片击中,伤了几节脊椎骨——经常痛得他晚上都睡不着。他收到伦敦外交部几个友人寄来的一封信,于是借此虚言恫吓土耳其部队的指挥官,使对方以为伦敦当局对他的案子特别关注,结果那名指挥官安排将他转送到安卡拉。穆斯利本身一再要求到君士坦丁堡接受治疗:他心中隐隐约约有个念头,就是在那里会比较容易逃跑。

上山的路程花了大半个上午,直到下午三点他们才抵达山隘。山峰已在不远处,笼罩在雾气当中。他们在山隘休息了比较长的时间,并且在下山之前吃了午餐。穆斯利非常厌恶阿里,也就是负责这趟旅程的军官。阿里脾气暴躁、野心勃勃、外强中干,可是他们却借着一再为他奉上香烟而取悦他。穆斯利对于看管他们的士兵穆斯塔法则评价高了许多,而且他和另外那名俘虏也与穆斯塔法培养出了不错的关系。这个"任劳任怨的土耳其农民"虽然患了严重疟疾，却仍然毫不埋怨地善尽自己的职责，令他们两人颇感钦佩。

温度升高了。尽管穆斯利与他的同伴现在能再回到马车上，但这段旅程却不太惬意。天气炎热，路面又颠簸，马儿也极为虚弱，有时甚至不免跌倒，而必须由人帮忙撑起。此外，马具也不得不一再修补，而且他们一度差点驶下路旁的陡坡。穆斯利的眼睛越来越不舒服，尽管如此，他的心情却是出奇地好。他在日记里写道："可是这几天非常美妙，我们不停移动，踏上重新发现这个世界的旅程，从睡眠迈向梦境，从死亡迈向生命。"

他在途中认出了他们当初遭俘虏之后被带到卡斯塔莫努的路上所见过的景色：这里的一间小农舍，那里的一间磨坊，还有那栋被摧毁的亚美尼亚人住宅。他们今天又在另一家小旅社过夜。抽了一根烟之后，他们就到屋顶上睡觉，也许是因为这家旅社虫满为患，也可能只是因为室内的温度太高。

同一天，安格斯·布坎南离开了标记为C23的营地——又一个炎热而且疾病猖獗的丛林营地。他写道：

> 全营在9月4日离开C23，前往纳伦尤前方的中央与左侧营地，据守那里的前线，接替第八南非步兵营，因为他们都病得东倒西歪，不再适合在前线服役。一段时间以来一直折磨着我的体力透支和热病，在这里开始逐渐压垮了我的耐力。

1917年9月10日，星期一
艾尔芙莉德·库尔在施奈德米尔做了"农夫蛋卷"

现在，每个人都在谈论粮食——以及囤积物资的必要性。没有人想要再经历像去年的"芜菁之冬"一样的冬天。所幸，他们在阿尔特班霍夫大街17号的家里有一整个地下室的马铃薯（他们向肯茨勒先生买了一大堆）和芜菁。不过，他们没多少面包，也没有油。他们的饮食极为单调乏味。*

然而，艾尔芙莉德却成了做"农夫蛋卷"的专家——这是她和她弟弟都非常喜爱的一道菜肴。她先用一片老猪皮涂抹铁锅，加点盐，放入切片马铃薯，细火慢煎，以免烧焦。接着，她把一个鸡蛋连同水、面粉、盐与胡椒粉一起打一打，再和一些洋葱或细香葱一起倒入锅里——如果有洋葱或细香葱的话。诀窍在于水要加得恰到好处，足以盖过马铃薯，但又不能多得完全稀释掉蛋香。

两天前，艾尔芙莉德和她的朋友特露德在莱韦伦茨与瓦尔德克这两位中尉的陪同下出外散步，走了很长一段距离。天气仍然带有夏日的温暖气息，他们一路走到了柯尼斯堡。瓦尔德克中尉走在她身边，听她说话，伸臂环抱着她，被她说的故事逗得开怀大笑，以一种古怪但深情款款的模样看着她，还亲吻她的指尖、鼻端以及额头。莱韦伦茨中尉一度对瓦尔德克摇了摇手指头，以讨人厌的口吻说："不行，不行——未成年！"此外，莱韦伦茨中尉与特露德不时接吻，但瓦尔德克中尉却仅以牵着艾尔芙莉德的手以及将她的头按在他的肩膀上为足。他们直到傍晚才回家，而且在阿尔特班霍夫大街家门口的阶梯上告别之时，他还在她耳边悄声说他爱她。他，瓦尔德克中尉，他那一身精美的飞行员制服、斜戴的军官帽，还有皮

---

* 问题不只是英国的封锁行动阻断了进口贸易。政府在前一年也下令禁止进口橘子、葡萄干、菠萝、姜与香草等"异国"食物。

手套、铁十字勋章，以及他那双蓝色的眼睛与金黄色的头发。她开心不已，只觉得双腿发软。

尽管如此，或者也许正是因为如此，她仍与往常一样持续和格蕾特尔·瓦格纳玩着角色扮演的游戏。艾尔芙莉德最喜欢的玩法，就是她自己扮演冯·叶勒尼克中尉，格蕾特尔扮演玛尔塔护士。现在，她们的游戏出现了一个新剧情：冯·叶勒尼克中尉通常深深爱着一位想象中的女郎或者玛尔塔护士。不幸的是，他／她心爱的对象却已经嫁给了一名少校，因此他们的爱只能够是保持距离的柏拉图式爱情。

她目前把大部分的时间都花在玩这种游戏上，但她偶尔还是会像以前那样到车站的红十字会餐厅帮她祖母的忙，不然就是单纯在那儿看着运兵列车与医护列车。不过，她到车站的频率已越来越低，对于教室里那幅战争地图上的黑、白、红色旗子也不再感兴趣。现在，他们在学校已很少谈及各条前线的状况——除非有人的朋友或亲人在前线阵亡。此外，他们也已经很久不再因为庆祝胜利而放假。如同艾尔芙莉德在日记里写的，这场战争已经持续得太久，以至几乎"成了常态。我们都不记得和平是什么模样了。我们现在已经都不再把战争放在心上"。

1917年9月28日，星期五
米歇尔·科尔代到图尔拜访阿纳托尔·法朗士

火车在午餐时间驶入车站。阿纳托尔·法朗士站在站台上，他是一位年纪老迈、身材肥胖的绅士，蓄着一撮白色短须，头上戴着一顶红色帽子。他们和他一起搭车前往法朗士美丽的乡下庄园贝舍勒里耶，它坐落于城外两公里的一座小山上。

这场战争对这位老人实在是一场考验。这倒不是说他受到了战争的直接影响。他没有亲人在前线，而且他在1914年8月和许多人一样为了躲避无法阻挡的德军而南迁之后，就一直平静地住在卢瓦尔河一条支流上的这座庄园里。不，他受到的打击更在于这场战争从一开始就彻底粉碎了他原本信奉的一切价值，这就如同一场痛苦的幻灭。

这位老人遭受的痛苦尤其难熬。他原本已经习惯被别人的称颂赞美所环绕，现在却突然遭到汹涌而来的辱骂与威胁，纯粹只是因为他坚持自己先前说过的话，在1914年的战争狂热中拒绝盲从。于是伤害来得猝不及防，恐惧的法朗士（以七十一岁的年纪）表示自己志愿从军，但此举却只为他招来众人的讪笑。现在，法朗士已经不再特别遭到迫害，却备受漠视。尽管他偶尔还是会谦逊地提出一些微不足道的小建议，却都被置之不理。科尔代觉得法朗士已经对人性彻底丧失信心，尽管这位伟大的作家还是忍不住沉思当下发生的事情。他向科尔代表示，他有时候会觉得这场战争恐怕永远不会结束，而这个念头逼得他几乎忍不住要发疯。*

他们抵达贝舍勒里耶之后，就有午餐招待他们。这幢石砌的17世纪建筑非常美丽，而且里面摆满了法朗士这位狂热收藏家多年来收藏的物品。这段时期造访过这幢住宅的一名访客，将其比喻为"古董店"；客厅中央还矗立着一座维纳斯的镀金雕像。午餐桌上还有其他宾客，包括镇上的一名布商，那人也对未来深感悲观：

> 图尔绝大多数的居民都希望战争继续下去，因为战争为工人带来

---

* 他觉得这样的反应有其道理。法朗士在写给另一名友人的信里指出："这场战争造成如此可怕的苦难仿佛还不够，又把那些尚未发疯的人都变成了白痴。"

高薪，也增加了商人的利润。只从反动报纸上摄取精神养料的资产阶级，已完全接纳了战争永不结束的概念。简而言之，他宣称，只有身在前线的士兵才是和平主义者。

他们在花园里一栋小建筑物内的图书室里度过下午的时光。谈话的内容总是会回到战争上——这是他们所有人都不能也不愿停止抠挖的疮疤。他们讨论了去年出现的各种不同的和平倡议：德国的版本、美国的版本，当然，还有教宗刚在一个月前提出的版本。[*]

我们可以想象那个特殊的氛围。在一间可以说是由书本撑起来的房间里，聚集着一群深富文化教养的人士——全都是像科尔代与法朗士这种心思细腻、品味高雅、思想激进的人文主义者，被迫在自己所属的时代活得像是陌生人，因为那些他们无法了解的事件以及他们无法影响的力量而深感懊恼又惶惑。通往和平的道路真的完全封闭了吗？他们只能奋力抓取渺茫的希望以自我安慰。说不定威尔逊总统的回答被翻译得并不正确。说不定德国答复教宗所附上的备忘录是伪造的。说不定还有什么潜藏的协商策略。说不定，有可能，希望是。为什么，为什么，为什么？

在这个温暖又有遮蔽的房间里，他们不停交谈，交换着彼此的想法。不久之后，天色就逐渐昏暗了下来。一轮又圆又大的月亮升上空中，将四周的秋季景色染成银白色。

---

[*] 其中前两项倡议在那时就已经不再受到讨论：美国的版本之所以取消，原因是美国已经参战；德国的版本之所以取消，则是因为提出这项倡议的贝特曼-霍尔维格已被柏林的鹰派斗垮下台。1917年7月，德国国会以212票对126票通过一项决议，要求在没有领土得益，也没有赔偿的情况下终结战争；这项决议彻底违背了德国当时实际掌权人士，也就是以兴登堡与鲁登道夫为首的军事最高司令部的野心。由此可见，1914年的所谓"国内休战"已然被打破，因此贝特曼-霍尔维格致力于维持双方平衡的立场也就无以为继。

1917年10月13日，星期六
哈维·库欣列出这一天的伤员名单

坏天气仍然在持续。大部分时间都下着雨，而且还刮着近乎风暴的大风。库欣又在手术台前度过了一天。尽管天气极糟、水位高涨、满地泥泞而且能见度低，星期五五点二十五分，又一场攻击行动在伊普尔展开。库欣从他救治的生还者口中听闻有些伤兵溺死在弹坑里。

他今天早上所做的第一件事，就是先记下等待着他治疗的伤员：

E. 温特。860594。第十七师第七边境部队——小脑穿刺伤。原本戴着头盔坐在地上，却被炸上了天。昏迷了一段时间，不晓得多久。后来自行爬回战壕——症状包括两腿无力、头晕等。

H. 鲁滨逊。14295。第九师第一南非步兵营——右太阳穴穿刺伤。受伤于昨日下午六时左右。摔倒在地，但没有丧失意识。头盔已被刺穿。行走了最多二十米——症状包括头晕、呕吐、左臂麻木等。由于地面泥泞，直到今晨才被送来。

R. 马修。202037。第八黑卫士部队——右顶骨穿刺伤；脑疝。自认为受伤于三天前。是个挺拔壮硕的苏格兰小伙子。

J. 哈特利。第八师第二十六机枪队。昨夜十一时受伤，没有丧失意识。步行至急救站，认为他们已达成任务，等等。

博格斯。第一澳新军团第三新西兰步枪旅。前额沟槽弹创。行动展开前已在阵线上待了两夜——状况极糟。受伤时已推进了一千米，等等。

比提。第九师第七西福斯兵团。担架员，在距离前进线三百米处搬运第三名伤员（四人一具担架）之时受伤。枕骨穿刺伤（？）。

梅德格克。第九师第十一皇家苏格兰兵团。多处受伤，包括头部等。

多比。第四师御林军营。昨天下午在波卡佩勒附近受伤，下午七时送至此处，即一再接受急救。伤势严重，需照 X 光，等等。

到了傍晚，库欣觉得颇为满意。手术都相当顺利，他也利用他的特殊磁铁技术从三名伤员的脑部取出了碎片。

库欣觉得这场攻击行动进行得不太顺利，伤员持续涌入。不过，没有人看过最近的报纸或官方公报，也不可能确知实际上的状况。

两天后，伊普尔再度恢复了平静。天气逐渐转好。传言称英军有三个师因为损失极为惨重而不得不撤出战场，而且第二军的增援部队已在来援的途中。库欣在下午看见成千上万的鸟儿盘旋在战地医院附近的一片小灌木林上空。有人告诉他那些鸟儿是欧椋鸟。

1917 年 10 月 24 日，星期三
米歇尔·科尔代评论巴黎的街谈巷议

战争开始之后的第四个冬季即将来临，巴黎市内的氛围又比一年前更令人沮丧，尽管物资短缺的现象已经有所改善。现在只要有钱，就什么东

西都买得到。黑市商人越来越常见，越来越富有，也越来越明目张胆。许多高级餐厅都雇用功勋卓著的退役军人以及伤残军人担任门房。科尔代不禁好奇他们内心的感受。毕竟，他们为之开门的那些人，只不过是"急着赶往饲料槽填饱肚子的饕餮"而已。他在日记里写道：

> 在街道上可以听到别人盘算着未来的生活。常常有人会说："战争结束后，我要……"语气非常平静，就像是谈着自己冲完澡之后要做些什么事情一样。他们把这场震撼世界的大战和自然灾害归为一类。他们完全没想过自己其实有能力终止这场战争，他们完全没想过这场战争其实是寄生在他们的默许之上的。

1917年10月28日，星期日
哈维·库欣在宗讷贝克看见加拿大部队集结

薄雾，淡云，曚昽的阳光，冷冽的空气。他内心对于这场战争没有丝毫的认同。正相反，他完全反对。这场战争造成的悲惨伤员一波波涌入他的医院，他每天的工作就是努力将他们残破的身躯拼凑回来。经验已经使他深切意识到战争的代价。他几乎没有一天不需要洗掉手上的血污与脑浆。此外，原本身属波士顿上层社会的他，也觉得自己现在的生活有许多方面都非常不舒适：下个不停的雨，一成不变的餐点，还有低温，冻得他在薄薄的帐篷里难以入睡。他把自己的折叠式浴盆带在身边。

至于代价——库欣对于几乎毫无节制的物资浪费深感惊恐。有些地下碉堡的地板上堆叠了一层层没有开过的食品罐头。他们曾经在一个地方发现两百五十条新的防水裤，原本是供在淹水严重的战壕中使用的，结果却在某个部队用过一次之后就遭到丢弃。士兵在作战之前都会把笨重和非急需的物品丢掉，心知他们若是存活下来，即可将那些东西呈报为战斗中的遗失物品，另外再领取新的装备，而不会受到任何质疑。被遗弃的步枪到处都可以看到，有的在战壕里被当成路标或支撑物使用，不然就是被扔在地上直至生锈。针对一小块地区进行五分钟的炮击，消耗掉的弹药成本就可能高达八万英镑。

他已经耳闻目睹太多事物，实在没有办法不对英军在伊普尔的作战方式感到不以为然。举例而言，他前天刚听到一件事情，是他的一名伤员——第五十师的一名士官——所说的。那个年轻人躺在床上不停颤抖，假装抽着香烟。他所属的营在夜雨之中迷失了方向，于是打算挖个阵地就地据守。由于泥泞遍地，他们只能挖起一些潮湿的泥土堆积起来，然后躺在那些泥堆后方的水坑里。他们在黑暗中两度被下令前进之后，终于收到发动攻击的命令。他们试图跟着徐进弹幕推进，但弹幕移动的速度却快得让他们无法跟上。突然间，他们发现自己竟然站在一排德军的水泥碉堡前面。"那里已经都没有人了。"

库欣实在不了解，在恶劣的天气或者其他不利条件下，为什么不能把攻击行动取消。他一度向一位高阶英国军官提起这个问题，结果对方的回答是：很遗憾，这是不可能做到的。在这么短的时间内不可能。攻击行动涉及太多的组织工作以及太过复杂的规划，所以不可能说取消就取消。太多、太复杂——就某方面而言，已然超出人力所能控制的范围。这整场战争带给人的印象也正是如此。

今天这个星期日颇为平静，只偶尔见到一两个伤员被人送进来。不过，战役尚未结束，新的攻击行动仍在准备当中。库欣在第二军的一名友人曾经答应带他到前线去看看，今天看来正是个合适的机会。他们两人在其中一个管制点登记了姓名，把他们的汽车换成一辆救护车，然后就取道波珀灵厄开往伊普尔。他们越接近那座城镇，交通就变得越拥挤。他们在泥泞的道路上左弯右拐，闪避着行军的士兵、骑着摩托车的传令兵、卡车车队以及马匹拖行的大炮。他们穿越了一座灰色瓦砾散落一地的废墟。他们经过千疮百孔的梅宁门之后，又继续开到波蒂日泽，然后在那里停车，接着徒步前进。这么做是为了安全着想，因为前线距离这里只有几公里左右。

库欣深感震惊。不只是因为黏腻的泥泞里遍布着垃圾——"马匹的尸体、被炸毁的坦克、坠落解体的飞机、火药桶、炮弹、迫击炮、炸弹、被毁坏或者丢弃的推车、带刺铁丝网"——也因为这个地方就某方面而言正合乎他的预期。实际上，这里看起来与照片中的战场一模一样。

在通往宗讷贝克的道路上，浑身泥土的加拿大部队与卡车、大炮以及驮负着弹药的骡子挤成一团。路旁还有些等待着出发的部队。空气中回荡着此起彼伏的炮火声：那些声响时高时低，时低时高，但从不停下来。飞机盘旋于曚昽的阳光中，时隐于高射炮弹爆炸后的一团团黑烟中。他看见一枚德军炮弹落在差不多两百米外的地方，黑色的泥土"像喷泉一样"高高喷起。接着，他又看见另一枚炮弹落下，这次距离更近。他对自己的反应吃了一惊：

> 你体内的野蛮人促使你仰慕起这片战场的肮脏、浪费、危险、争斗以及壮丽的噪声。你不禁觉得，归根结底，这才是人应该做的，而不是坐在安乐椅上，抽着烟，喝着威士忌，阅读着晚报或畅销书籍，假装这样的装模作样就代表了文明，假装你浆挺美观的衬衫后面没有隐藏着野蛮的本性。

站在深渊的边缘，他感到一阵眩晕；他——这位对于战争造成的苦难与悲惨知之甚详的医生——怀着近乎不情愿的心态，而突然觉得自己也能体会到这场战争的宏大与优美，或者该说是形塑了此一悲剧的黑暗毁灭力量。不过，他们已经看够了，于是转头返回伊普尔。他看着太阳在中世纪的服装会馆的废墟后方落下，看着夕阳最后的光辉映照在一个准备收工落地的观测气球上。

同一天，芙萝伦丝·法姆伯勒在日记里写道：

清晨，有个被德军子弹打伤的人被带了进来。不久之后，他就得知自己是那间病房里唯一一个被敌军打伤的士兵。他趾高气扬地走来走去，在那群自戕或是意外受伤的士兵当中颇觉得自己是个英雄。

1917年10月30日，星期二
保罗·摩内利喝着白兰地等待消息

在过去这个星期里，伊松佐河上发生了大事。敌军仅仅凭着一次攻击行动，就达成了意大利军队在十一次攻击行动中一直达不到的目标——突破对方的阵线。此外，敌军也正在持续推进。摩内利与北方前线的其他士兵都不确知究竟发生了什么事，也不确定目前的状况。他们据守着一座坚固的阵地，在几天前还正准备住进他们刚盖好的小屋里过冬。他们身在高纬度地区，这里早就已经下了不少雪。

没错，他们什么都不知道。不论是报纸还是公报都送不到这里来，所以他们只能置身在这什么都不知情的迷雾中，唯一的信息来源就是谣言，而谣言也一如往常地混乱不已、相互矛盾而又异想天开。例如说，德军已经攻占了乌迪内；有二十万名意大利人投降受俘，还是三十万？气氛很低迷。军官餐厅一片寂静，摩内利喝着白兰地以纾解绝望所带来的紧张。

他在日记里写道：

> 东方的前线传来悲惨的消息。敌人踏上了我们祖国的领土，我们的士兵却纷纷抛下武器。在这里，什么事情都没有发生。我们只能等待，这原本已经够糟了，却又因为官僚的愚蠢、签核与传阅、指挥官在紧张之余仍然迂腐的行事作风，以及不受我们尊敬的长官所说的笑话，而更令人难以忍受。

1917年11月1日，星期四
帕尔·凯莱门看见一个步兵营离开伊松佐河的前线

灰色的天空笼罩着一座灰色的高山，一场静默无声的雨持续不断下着。傍晚，一个奥匈帝国的步兵营在前线待了一段时间后开始后撤。帕尔·凯莱门也在那里，看着他们拖着蹒跚的脚步，沿着山上的小径从高原的阵地上撤下来。

卡波雷托攻势[*]其实只是要为伊松佐河上处境艰难的奥匈帝国部队争取一点喘息的空间，以便迎接意大利军队即将发起的另一场重大推进。然而，不晓得什么原因——薄雾、毒气、突袭、意大利人愚蠢的性情，抑或是经验丰富而且受过新式机动战术[†]训练的德军部队——这场攻势达成的突破不论在广度上还是深度上都远远超出所有人的期望。接着，这项突破带来的影响又接连导致了后续的发展。伊松佐河上的意大利军队因为面临被包抄的威胁，恐慌之下朝着塔利亚门托河撤退。这是奥匈帝国的一场重大胜利。[‡]

在下山途中被凯莱门看见的那个步兵营没有实际参与攻击行动，但还是显示出了这场行动留下的痕迹。凯莱门在日记里写道：

> 他们时而动身前进，时而被前面的人挡住而停下脚步，有时也在路旁躺下休息。看着那些人，实在难以相信他们就是奥匈帝国的政治家与将领们赖以捍卫国家的战斗部队。这群衣衫褴褛、疲惫瘦弱的士兵，满脸蓬乱的胡须，穿着皱巴巴、湿淋淋又脏兮兮的制服，踩着破破烂烂的靴子，脸上满是倦容——这就是"我们英勇的步兵"。
>
> 这时部队停止了前进。整个营都在斜坡上坐了下来。有些士兵从

---

[*] 卡波雷托（Caporetto）其实是这个地区在战后成为意大利领土之后所取的名字；这里在1917年仍是奥地利的领土，当时这座小镇被称为卡夫利特（Karfreit）。这场攻势的名称稍有误导之嫌，因为真正的突破其实发生在卡波雷托/卡夫利特以北。这个充满田园气息的地点现在位于斯洛文尼亚境内，名为科巴里德（Kobarid），在那里设有一座纪念这场战役的博物馆，虽然规模不大，但内容非常充实。

[†] 突击战术首度使用于1917年9月初，当时德军没有花费太多力气，就突破了里加的俄军阵线，迫使俄国第十二军仓皇北逃。同一个月晚些时候，受过新式渗透战术（参见第536页的脚注，1917年12月20日）训练的德军又在法国康布雷击退了英军在坦克支援下的突破行动。

[‡] 关于意大利军队在卡波雷托的溃败，最著名的描写是海明威的《永别了，武器》。不过，这部小说虽然具有很高的文学价值，却不是第一手的记述。海明威到了次年才抵达意大利，也不曾置身于战斗现场。这本小说大部分的内容，是他备妥了各式地图以及历史文献之后，才在1928年夏季于美国堪萨斯市的家中写成的。另外一份记述是《步兵攻击》，它虽然名气远远比不上海明威的小说，作者却是后来声名远播的埃尔温·隆美尔。年轻的隆美尔中尉随着他所属的德军阿尔卑斯山兵团参与了这场战役，后以略显抽象的文字详尽记述了战斗过程，并且佐以丰富的地图资料。他因为这场战役而获颁功勋勋章。

背包里拿出口粮罐头，用折叠刀的长刃挑出食物，直接塞进嘴里吃。他们的手上粘满尘土，也因为搬运重物而结满了老茧。他们脸上的皱纹随着咀嚼的动作而蠕动。他们坐在潮湿的岩石上，面无表情地盯着开了盖的罐头。

　　他们的制服所选用的布料，比规定的还差了许多。他们的靴跟简直像纸糊的一样。得以豁免兵役的军需供货商就借着这种偷工减料的货色赚取利润。

　　在家乡，在没有受到战争影响的家户中，现在正是享用晚餐的时间。电灯泡发出亮光，洁白的餐巾、精巧的玻璃杯、银制的刀叉在灯光下闪闪发亮。外表清爽而且身穿平民服装的男士，带领着女士走到餐桌边坐下。一旁的角落说不定还有乐队演奏着音乐助兴。饮料晶莹闪耀。他们面带笑容，闲聊不着边际的话题——在友伴当中，谈话的内容应当是轻松愉快的。

　　在今天晚上，他们有没有想到这些肮脏邋遢的部队？由于这些人承担了超乎人力的艰巨任务，家乡的生活才能保持不变。不变？——对于许多人而言，现在的生活甚至比以前更好。

1917年11月10日，星期六
弗朗茨·卡夫卡梦见塔利亚门托河之战

　　最近这几个月，卡夫卡的生活发生许多变化。他和菲丽丝的婚约再度解除（这样倒好）。他被诊断出罹患结核病，生病成了他的借口。他向工作单位请假，且离开了位于申布伦宫的公寓——"我最后一次关上宫殿的窗户，锁上门，感觉就像死去一样。"出于健康考虑，他搬到乡下，和亲爱的小妹奥特拉同住。她住在卡罗维瓦利以东五公里、位于图尔瑙的小农庄里。

最近几周以来，战事也发生许多变化。巴西对德国宣战，苏俄则传出政变的谣言。英军在西线佛兰德斯的大型攻势，最终陷于停顿。然而，奥地利报纸的新闻标题仍是《出奇成功的卡波雷托攻势》。在这秋季灰暗、疲惫、缺乏民生物资之际，非常需要好消息。这两天，意大利部队被迫放弃了塔利亚门托河畔的新据点。

这天晚上，卡夫卡梦见这场战事：

> 一片平原，几乎望不见河流，许多激愤不已的围观者互相推挤着，准备伺机而动，视情况向前或向后跑动。我们正前方是一片轮廓清晰的高原，上面长着高大的灌木丛。奥地利人就在高原上与另一边作战。人们不耐烦地等待后续发展。有时（显然是集中精神的时候），我们还看见那片阴暗斜坡上的零星灌木丛里，躲着一两位意大利人从后方射击。这其实一点意义都没有，但我们已经开始跑动了。随后又是高原；奥地利人沿着空荡的边坡跑着，在灌木丛后方停下来，然后继续跑。这显然很糟糕，实在无法理解这一切怎么运作得这么顺畅：大家就只是平凡人，怎能如此胁迫其他还有自我防卫意识的人呢？
>
> 好强烈的绝望感，大家很快就得逃命了。这时，一位普鲁士少校出现了。整场战争中，他一直跟着我们走；当他气定神闲地出现在这片瞬间变得空荡荡的区域时，仿佛是某种全新的天启。他双手各伸出一根手指头，放到嘴边，开始吹起口哨，就像对小狗吹口哨那样，却是用更可爱的方式。这是他给师团的信号；他们在不远处等着，现在

开始行进了。这是一支普鲁士卫队，安静的年轻人，人数不多，也许只有一个连，大家看起来都像是军官；至少他们的佩剑都相当长，他们还穿着深色制服。他们步伐短促、缓慢，肩并肩地从我们前方行进而过，不时望着我们。就在这一刻，这场必然的死亡行军竟如此感人、崇高，充满必胜的信念。从这些突然现身的人身上，我获得了解脱；突然，我就醒了。

1917年11月11日，星期日
芙萝伦丝·法姆伯勒听到政变的谣言

他很英俊，几乎可以称得上是俊美——昨天被送进来的那个二十岁的中尉。他才刚被人抬进来，芙萝伦丝就注意到他拥有"苏俄南方人典型的古典相貌：一头深色卷发，眼珠是淡灰色，还有又长又黑的睫毛"。她还注意到这名中尉的体格相当健美。他的名字是谢尔盖，身边伴随着他的勤务兵。那个勤务兵对他们说，这名中尉是七个兄弟姐妹中的大哥，十七岁就志愿从军，并且被选上接受军官训练。

这名年轻中尉的伤势很棘手。他深感疼痛，情绪激动，充满恐惧，言行又霸道不已。他不理会医生的明确指示，要求别人扶他下床；并且高声使唤叫骂他那个可怜的勤务兵，尽管那个勤务兵显然对他充满敬爱，并竭尽全力以各种笨拙的方式帮助他。预后状况非常糟糕：这名中尉的腹部受了重伤——他的膀胱已经毁坏了，肠子也有许多破洞。不过，外科医生已经尽了力，现在只能希望后续一切顺利。那名二十岁的中尉对着他的勤务兵大吼：

"滚到战壕里去吧,你这狗崽子!滚到最前方的火线去!"

芙萝伦丝看见那个矮小的勤务兵悄悄溜到隔壁病房里,等待他主人的情绪恢复平静。不晓得为什么,那名中尉把芙萝伦丝叫作吉娜:他可能已经神志不清了。

他们仍然处于罗马尼亚前线一个比较孤立的地点,但今天却从苏俄传来了一些颇为耸动的消息。彼得格勒在三天前发生政变,由布尔什维克这个倡导革命的派系发动。自此之后,动乱就不停散播开来。当前的消息仍然充满混乱与矛盾,而且其中一大部分仅是谣传,但布尔什维克似乎已在彼得格勒掌权,克伦斯基政权则是在莫斯科苟延残喘。"我们最担心的事情发生了:自由苏俄正在发生一场内战。"

中午过后不久,有人发现了一件可怕但并非出乎意料的事情:那名中尉的腹部开始丧失血色。是坏疽。他已活不过几个小时了。

芙萝伦丝整夜坐在他身旁,任由男性护理员处理新送来的伤员。那名中尉迅速陷入了昏迷并死亡。他数度呼唤他的母亲,而芙萝伦丝唯一能做的事情就是以高剂量的吗啡减轻他的痛苦。

他在清晨五点半去世,尸体被人抬到一个小房间里。芙萝伦丝看着他躺在那里——应该说是看着"它"躺在那里——闭着眼睛,双手交叠。他的勤务兵坐在他身边,脸色苍白,神情紧绷。炮火的声音听起来很近,但那个勤务兵似乎毫不在意。

后来,芙萝伦丝在日记里写道:

> 我觉得我已经无法继续忍受下去了。尽管在战争中不免目睹许多悲惨与痛苦的景象,但我一直希望自己的战争经历能够刺激我的灵性生活,提升我的慈悲心,"增强我灵魂中所有的善性"。可是,现在我只想在世界上找个和平的角落静一静。

这一天，威利·科庞在法国于克塞姆参加一个英国飞行中队举行的一场派对。他之所以获邀参加，是因为他介入了两架英军战机与七架德军战机的缠斗，结果他的意外出现促使那些德军飞行员中止了攻击行动。他写道：

> 晚宴非常轻松愉快。那些被我从那支德军飞行中队的枪口下救出来的英国飞行员纵情饮酒，而且他们喝得越多，向我表达感激的音量就越大。由于众人的附和以及酒精的催化，我也越来越认定自己真的是英雄。

后来，科庞终于骑着摩托车回到自己的基地，那时他已喝得酩酊大醉，在寒冷的夜风中大声嚷嚷着自己是个英雄。他的朋友在夜里把他的房门钉了起来，以至他第二天早上只能从窗户爬出去。

这一天，罗伯特·穆齐尔刚抵达意大利东北部的乌迪内市，他刚晋升为上尉。在卡波雷托战役的重大突破渐趋明朗完整之际，西南前线总部所有人员必须迁到乌迪内市，穆齐尔只能不情愿地跟随。意大利部队匆忙撤退后，城里混乱与失序的状况使人手足无措。天气也让人心烦，他实在不了解，这次的配置究竟有什么道理。不过，他的工作还是有点特殊：对部队向前推进时所掠夺的大量艺术品进行估价、保护并签收造册。在乌迪内有很多事要做，但穆齐尔相当讨厌这个地方，尽可能想请长假，或是在首都坐拥丰富资源的"战争新闻通信社"谋得职位，打算尽快脱身前往维也纳。他也打算重新拾笔，继续撰写1914年停笔的那部戏剧。

1917年11月14日，星期三
哈维·库欣从巴黎搭火车前往滨海布洛涅

搭乘火车已经变得越来越麻烦。要想确保自己上得了车，就必须比发车时间提早至少一个小时抵达车站，而且上车之后面对的又是一个遵循丛林法则的世界，至少座位完全是先抢先赢。哈维·库欣造访了巴黎许多次，因为他在那里加入了不少委员会，致力于改善军队的医疗状况以及普及新式治疗方法方面的知识。所以，他仍然保持着务实而且专业的一面，这也正是当初促使他来到法国的原因。尽管如此，他的这一面也已处于摇摇欲坠的状态。

不过，今天盘踞在库欣脑子里的并不是这件事情。他坐在摇摇晃晃的火车上，正在返回滨海布洛涅的途中，准备回到他刚开始在那里工作的一家医院。现在时间是上午刚过十点。

与库欣坐在同一个包厢里的乘客，显示了这场战争已经变得多么庞大复杂。他看见一对中年法国夫妇，妻子裹着旅行毯，先生全神贯注地看着早报。还有几名苏俄士兵，其中一人蓄着模样夸张的白色络腮胡。也有一些比利时士兵，因为他们帽子上悬垂着的流苏而极具辨识度——但库欣认为那样的设计"很愚蠢"。此外，还有一个葡萄牙军官，他一脸愠怒地站在走廊上（库欣猜想自己可能抢了他的位子）。还有一名身穿深蓝色制服的飞行员，翻阅着《巴黎生活》这本有伤风化的杂志。这本杂志之所以恶名昭彰，是因为其中经常刊登衣不蔽体的女性照片（经常被士兵撕下来钉在战壕与住所内），以及许多女性征求（新）丈夫的广告，尤其还有士兵寻求"教母"的广告。大家都知道——不然也会这么怀疑——这些广告大多数都是性交易的暗号，而美军士兵也收到高层发出的警告，告诫他们不要购买这本法国的色情杂志。*

库欣已逐渐将伊普尔周围旷日持久的血腥战役抛在脑后。那些战役刚在一个星期前画下句点，因为加拿大部队终于攻占了一堆残垣断壁——这里正是那场战役由此得名的村庄，即帕森达勒。英军司令部似乎纯粹只是为了名声而任由那些徒劳无功的攻击行动继续下去，一定要等到他们能够宣称自己达成了"目标"才肯叫停。

还真是个可笑的目标。库欣今天觉得心情灰暗悲观。"我有时候不禁纳闷这一切究竟是怎么一回事，我们又全在这里做些什么，"他在日记里写道，"以及我们实际上为什么会在这里。"他的阴沉情绪主要是由苏俄与意大利那些令人不安的消息所引起。高举"现在就要和平！"口号的布尔什维克已在东方夺取了权力，伤亡惨重的意大利军队也一再撤退。他们真的有可能守住皮亚韦河的新阵线吗？（库欣的医疗队之所以得在这么仓促的情况下接手滨海布洛涅的医院，原因是本来驻扎在这里的英国医疗队接到命令，必须尽快迁移到意大利。）库欣觉得协约国正处于1914年的马恩河战役以来最糟的状态。

一如往常，情绪一低落，就往往会迁怒于他人。库欣怒目瞪视着包厢里的那些比利时与苏俄军人。他写道，比利时士兵的帽子上之所以会有那愚蠢的流苏，"遵循的显然是在倔强懒散的骡子面前得垂挂一小束干草的原则"。至于苏俄人，则是只懂得吃，却什么都不做，"他们的士兵当然不作战，更糟的是也不工作"。协约国之间没有任何团结精神，挫败更是一再接踵而来。与此同时，"德国佬据说已计划在春季之前突破西部战线"。库欣并不觉得特别乐观，而且像其他千百万人一样，也觉得自己的命运掌握在遥远的力量——一种再也没有人能够控制的力量——

---

* 美军部队也严禁饮酒，因此这类警告通常强化了美国人的清教徒形象，让人觉得他们恪守道德教化。

手中。"在任何时刻,我们的命运都有可能被某种万花筒般的变化所改变。"

那名飞行员放下手上的《巴黎生活》,转而看起一本名叫《我的小女人》的小说。火车在铁轨上发出规律的声响,摇摇晃晃地前进。

1917年11月15日,星期四
保罗·摩内利参与守卫通达雷卡尔山的行动

湿雪与烂泥。工兵在山肩上架设了带刺铁丝网,那里就是敌人必须受到阻挡的地方。这不是他们第一次听到这样的话语。恰恰相反。他们在上个月早已听过许多次同样的话,但意大利军队却仍然在一座座山顶与一条条河流之间不断撤退:从伊松佐河退到塔利亚门托河,又从塔利亚门托河退到皮亚韦河。在北方的阿夏戈高原,意军仍然或多或少据守着部分阵线。不过,即便是那里的阵线也已开始缓缓后撤。这两条前线当中只要有一条失守,另外一条就会陷入极为艰困——实际上根本是无以为继——的处境。

他们在通达雷卡尔山上守卫的阵地一点儿都不理想。这里的射界毫无用处,摩内利的连队必须守卫的区域也长得荒谬。他平均每一百米只能部署八个人。摩内利本身充满了自制力与决心,尽管一连串的撤退以及意大利恐将战败的可能性令他惊恐不已:如果战败,输掉的不只是这场战役,还有整个战争。他真心要死守这座阵地,不论这座阵地有多么糟糕,也不论情势有多么不利。他上一次在日记里留下记录是两天前。他写到这些山已经被敌人占领是多么悲哀的事情。"不过,"他在最后指出,"他们一旦与我们的痛苦和仇恨面对面,绝对不可能突破我们的防线。"

他们等待的攻击行动展开了。

敌军的突击队向前冲刺,伴随着怒吼与尖叫声。摩内利瞥见一个灰色的人群以极快的速度移动。他们的攻击队形非常紧密,就 1917 年而言实在是异常紧密。敌军的攻击部队与他们属于同一类型,是奥地利阿尔卑斯山猎兵。怒吼,尖叫,枪声。武器纷纷开火,机枪嗒嗒作响,子弹呼啸飞过。摩内利看见他自己的几个部下:德·凡蒂、罗马宁、特龙博尼、德·里瓦。他们虽然须发杂乱、形容憔悴,但显然和他一样坚决死守这座阵地。他们的神情出奇地平静。怒吼,尖叫,枪声。那波灰色的人潮逐渐缓慢下来,停下脚步,然后被驱逐了回去。有一名军官欣喜若狂地跳上战壕边缘,对着撤退的敌军大骂脏话,只见那些攻击部队消失在他们自己的阵线里,留下了满地一动不动的尸体。吼声,挂在带刺铁丝网上的尸体——他们刚刚已经逼到了这么近的距离。

这样的攻击行动又重复了两次。接着,情势才稍微平静下来。炮兵部队里的一名少校小心翼翼地探头往外望,然后以难掩讶异的语气说道,他们的阵线竟然守住了。他称赞了他们几句,然后随即闪人。

摩内利在战役结束后拿出日记,在今天的日期底下只写了一句话,"Non é passato."。敌军没有突破。就这样而已。*

---

* 细心的读者也许不免纳闷,这么语焉不详的一句话怎么可能呈现出那一天的战斗状况。所幸,除了其他参考资料之外,摩内利的战争经历回忆录(写于 1928 年 4 月)第四版的序言也详细描写了这场战役的过程。

1917年12月3日，星期一
艾尔芙莉德·库尔看着一具棺木被运离施奈德米尔

今天虽然寒冷刺骨，但她还是站在那儿等待。她等了漫长的两小时，手里拿着一枝她用自己攒的钱买下的玫瑰。下午两点半左右，终于传来了鼓声。接着是更多的声响：先是整齐划一的行进脚步声，然后是管乐声，再然后是歌声。现在，她已能够看见送葬的队伍：前方是身穿原野灰色制服的乐队，接着是牧师，后面跟着灵车与哀悼者，最后是一支头戴钢盔、手持步枪的仪仗队。

哀悼者？她应当加入他们的行列——毕竟，她也是其中一员。

维尔纳·瓦尔德克中尉死了。他在两天前因为飞机坠毁而丧生。艾尔芙莉德昨天抵达学校之后才得知这个消息。她觉得自己的脑子里仿佛出现了一个"巨大的黑洞"，她所有的言行都成了机械的动作。现在，那个洞里回荡着两个问题。第一个问题是：他现在是什么模样，他的头是不是撞烂、撞碎了？第二个问题是：我要怎么隐藏我内心的感受？

灵车朝着她驶来。她看见了棺木。那是一口褐色的棺木，顶盖扁平，上面摆着一个花环。灵车行经她面前的时候，她上前几步，将玫瑰抛到棺木上。那株玫瑰滑了下来，掉落在路面。

灵车继续前进，穿过火车站货物区敞开的大门，艾尔芙莉德跟在后面。瓦尔德克中尉的遗体将以货物托运的名义被运送回乡。一节红褐色的货运车厢停在铁轨上等候。棺木从灵车上被抬了下来，然后牧师就在堆积的货箱之间朗诵了一本黑色小书的内容。士兵脱下钢盔，齐声念诵主祷文。接着，仪仗队士兵举起步枪，连发三枪。枪声过后就是一片静默。艾尔芙莉德可以闻到火药味。棺木连同花环被人抬上车厢，然后两个全身粘满煤灰的铁路工人"砰"的一声关上了门。

她回到街上，看见她的那枝玫瑰遗落在地面上。她走过去捡了起来——花朵没有受到损伤。她把玫瑰举到鼻子下，然后低着头迈步跑开。她可以听到身后传来军乐队演奏乐曲的声音。

1917年12月4日，星期二
安德烈·洛巴诺夫-罗斯托夫斯基独自在山顶上的皮索泽里隘口

事情开始得颇为顺利。他们在黎明时分从山脚下的营地出发，开始上山的漫长旅程。山路很窄，但修筑得很不错，绕着一个个大弯蜿蜒通往山顶的隘口。天气很好，景色也非常壮观——不论往哪边看，都可以望见阿尔巴尼亚群山高耸雄伟的山峰。不过，他们才行走了将近十公里，就开始遇到艰困的路段。

安德烈·洛巴诺夫-罗斯托夫斯基在巴尔干半岛，远离他的家乡与祖国。他志愿加入这支被派往萨洛尼卡以支持苏俄分遣队的部队。他这么做不是因为渴望冒险：正好相反，这是他精心思虑过后的计划，借此远离苏俄，因为那里的政治革命已经转变为社会革命。"接下来恐怕会有不少流血事件，甚至可以预期会有恐怖活动。"

一如往常，他也试图借着阅读来了解当下的情势发展。过去六个月来，他埋首阅读历史文献，这些书探讨了革命活动（自然是法国大革命，但也有1848年的一系列革命），以及古罗马的马略与苏拉之间的权力斗争。当苏俄开始在他身边崩溃瓦解时，他正忙着阅读、做笔记以及沉思。

他认为自己在法国大革命的各个发展阶段发现了明显类似的展开。在那个时候的法国，一个明智的人会怎么做？那个人想必会在恐怖统治开始之前就离开法国，在马克西米连·德·罗伯斯比尔垮台之后才回去。这么一来，那个人即可避开具有毁灭性的时期，而在一切恢复正常之后再回到家乡。这正是他想做的事，所以他才会志愿到这里的前线服役。军服就是他的避难所。

不过，来到萨洛尼卡却令他大感惊骇。部分是因为被烧成废墟的城市景观："我从来没见过像萨洛尼卡这样规模如此庞大的荒芜景象。"放眼望去，尽是烧焦的房屋。平民百姓——包括希腊人、土耳其人、犹太人与阿尔巴尼亚人——"悲惨地住在帐篷或简陋的木屋里，而那些帐篷或木屋就搭建在他们原本家宅的废墟当中"。除此之外，还有协约国部队里弥漫的情绪。他不久就发现士气低落至极，而且所有士兵"都痛恨这条前线"。战役发生的频率并不高，但疾病却夺走了数以千计的生命，其中尤以疟疾最为猖獗。在比较好的餐厅里，经常可以看见桌上的盐罐与胡椒罐旁摆放着奎宁药片。休假的士兵经常暴动，即便在军官餐厅里也会有不同部队的成员之间爆发斗殴事件。洛巴诺夫-罗斯托夫斯基对于军官餐厅里的斗殴现象尤其深感震惊，因为他以前从来没有见过这种情况。同一个国籍的军人通常都会团结起来，和其他国籍的军人对立：英国人、苏俄人与塞尔维亚人联合起来和法国人、意大利人与希腊人斗争。在山区里，有个神志不太正常的法国上校自行宣告成立了一个小小的独立共和国，不但自己印行货币，还发行邮票。*

洛巴诺夫-罗斯托夫斯基的计划进展得不如他的预期。即便远在巴尔干半岛，还是可以感觉到苏俄革命造成的影响。他所属的营里出现了越来越多的骚动情形，尤其是在他们收到最新的消息之后。他们已得知布尔

---

* 那个上校是亨利·德库安；他宣布成立的共和国叫作"科尔察阿尔巴尼亚自治共和国"，后来在1920年回归阿尔巴尼亚。

什维克已成功夺权,并且开始——实际上,就是从昨天开始——在布列斯特-里托夫斯克与德国进行停战协商。士兵与士官满口埋怨,不但违抗长官,对于命令也都爱搭不理,集合时更是经常迟到。卫兵在岗位上打盹儿,军官不愿发放弹药给部下。洛巴诺夫-罗斯托夫斯基还真的遭到士兵开枪攻击,结果因此被调到一个信号连担任连长。

现在,他正率领这个信号连上山加入驻扎在普雷斯帕湖的一个苏俄师,而通往那里的唯一道路是通过海拔1800米的皮索泽里隘口。这段路程在一开始颇为轻松,但山上较高的地方仍有积雪,而且狭窄弯曲的道路也结了冰。洛巴诺夫-罗斯托夫斯基听到身后传来叫喊声。他转过身,看见一辆马车滑到路边跌下了山崖。他们赶到残骸处,发现其中一匹马已经死亡,他不得不将另一匹马射杀以解脱它的痛苦。又走了一段路之后,坡度变得极为陡峭,疲惫的马儿再也爬不上去,所以士兵只好慢慢将马车推上隘口。背负着电报仪器的七十头骡子则表现得比那些马儿好一点儿,但它们没有受过适当的训练,以致有两头骡子跌入了深渊。时间慢慢过去,整个连队拉成一长列精疲力竭的队伍,只见士兵、马车与牲畜都以极慢的速度吃力攀爬上坡。

下午下起了雪,但他们却还没通过隘口。洛巴诺夫-罗斯托夫斯基骑着马沿着越拉越长的队伍来回巡视。他们在六点左右抵达山顶,当时天色已经渐趋昏暗。在路旁一片被白雪覆盖的原野上,他看见一名士兵努力赶着一头骡子,但那头顽固的畜生却说什么也不肯动。洛巴诺夫-罗斯托夫斯基叫那名士兵去找人帮忙,他会先待在这里看着那头骡子。

洛巴诺夫-罗斯托夫斯基等待了许久,却都没有人来。到底怎么了?他们难道决定抛弃他吗?还是他们只是在下着雪的黑夜中找不到他?该怎么办?过去这一年来对他而言充满了失望与挫败,但他现在更是感觉跌落了谷底:

在这整场战争当中，我极少觉得这么悲惨。刺骨的寒风吹袭不停；雾气逐渐升起，遮蔽了周遭的山丘；夜晚降临得很快，我却独自一人在山顶上，拉着一头骡子。

后来，他终于在黑暗中听见声音，于是赶紧出声召唤。那是两个落后的士兵，带着他们的马车与马匹。那两个士兵帮助他赶动了那头骡子。等到最后一辆马车通过隘口，已经是凌晨两点。

1917年12月5日，星期三
保罗·摩内利在卡斯特尔贡贝托被俘

早在昨天，他就开始怀疑尽头已经不远了。尽头——竟然使用这么不祥的字眼？这场战役很可能会有不止一个结果，但出现圆满结局的可能性已随着时间的过去而越发显得渺茫。经过一轮猛烈的炮轰、毒气的攻击、遭到包围的威胁，又经过失败的反攻以及一片混乱的近距离战斗——在这一切之后，摩内利与他的士兵再度撤退，而据守在一个高度较低的地方，在卡斯特尔贡贝托的一片树林里。不过，太阳一旦升起，奥军突击队必然也会对这里展开攻击。

这个时刻终于到来了。这就是我自参加这场战争的第一天以来所预见的时刻，不论我有多么不愿意。感觉就像是有一股巨大的力量，将过去所有的战斗，以及所有的煎熬与困苦集中在一个决定性的悲剧时刻。

这是个寒冷的黑夜，而且还下着雪，摩内利与他的部下都又冻又饿又渴。昨天的撤退极为仓促，以致他们来不及吃已经发放的餐点，甚至也来不及把餐点打包带走。他们心中充满了深沉的恐惧与不安。他们不晓得敌人在哪里。摩内利派出一支巡逻队设法与己方部队联络——那些部队应该、可能、想必在他们左侧某处——但那支巡逻队却没有回来。他们睡得很少。他们有一门榴弹炮，不断在黑暗中盲目开火。他们有十箱榴弹，宁可在敌军发动下一波攻击之前把这些榴弹消耗掉。无论如何，既然他们不得安睡，自然也要让敌人尝尝同样的滋味。

黎明。天色亮了之后，奥军机枪就开始朝着他们的阵地开火。接着是大炮。土木工事里满是烟雾，导致他们的眼睛与鼻子都刺痛不已。情势越来越绝望——当前的情势确实已然毫无希望。他们的连队人数越来越少，所有人饿着肚子，而且弹药也即将耗尽。

他们投降。奥军士兵包围了他们。

摩内利拔出身上的左轮手枪，往旁边一丢，看着那把枪滚下一道陡坡。那一刻，他的内心充满了苦涩：三十个月的战斗，结果就是这样的下场。他看见几个老部下流下了眼泪。他听到一人叹息道："妈妈会怎么说？"

1917年12月7日，星期五
威利·科庞在德帕内自得其乐

午餐过后，他们已经坐在车上，准备出发，这时却来了一通电话。一架德军飞机正在攻击几条前进战壕。他们能不能派几架战机赶走敌人？那个德军飞行员竟然无视恶劣的天气状况——科庞所属的飞行中队已经因为天气问题而有两天不曾升空，所以他们才会在机场里待得烦闷不已，而打算开车到德帕内去找些乐子。

李柏*与他著名的歌舞团正在德帕内的医院剧院演出。李柏及其歌舞团在前线后方进行的戏剧和音乐表演，经常能吸引上千名的观众，其中大多数是法国或比利时的士兵，许多是复原中的伤员，而且所有人都深深渴望能够获得娱乐消遣。他们一行人中的两人下了车，急忙赶去换上飞行服；其他人则是按照原计划前往德帕内的剧院，沿着那条两旁种植着桦树的道路——那条他们现在已经极为熟悉的道路——行驶。不过，他们倒是看见了第一架飞机升空，飞上灰色的天空。那是韦尔豪斯泰腾——科庞因为他试射机枪的特殊方式而认出了他。这一次，他试射机枪的声音听起来几乎像是和他们打着招呼。说不定确实就是如此。

那天晚上，在中场休息的时候，他们收到一条电话消息：韦尔豪斯泰腾死了，被地面上发射的机枪子弹击中。他的飞机坠毁于己方的阵线后方。这群身穿军服的年轻人沉默了一会儿，接着又继续先前的谈话，"仿佛什么事情都没有发生"。死亡是如此常见的现象，随时盘旋在他们身边，因此他们实在无法将心思放在那上面。总之，他们如果想要继续从事这样的工作，就不能把死亡放在心上。†

不过，对于现实的否认毕竟有其限度：

> 后来，我兴高采烈地对大家说了一声："各位先生晚安！"然后就离开了餐厅。在回房途中，我经过了韦尔豪斯泰腾的房间，就在我的

---

* 古斯塔夫·李柏（1877—1957），是一名比利时演员。
† 至少当时的情况对他们颇为有利。春季那种屠杀协约国飞行员的行为已经成了往事，敌我双方的空中战力也已平衡了许多。实际上，甚至还有迹象显示德国空军成了备感压力的一方。如同其他地区，这里的协约国生产设备也开始发挥了功效。

房间隔壁。现在，他的房间一片黑暗。我在他的房门口停下脚步，心中情感翻腾不已，因为我突然明白感受到了他的消失所带来的冲击。直到这一刻，我才意识到这场悲剧的规模。我开始扪心自问，像这样的牺牲是否真的必要，而我也不禁开始产生怀疑。

1917年12月20日，星期四
帕尔·凯莱门在帕德尔诺对一营波斯尼亚士兵印象深刻

卡波雷托的重大攻势结束了。冬天已经降临，强悍的德军各师纷纷转而找寻其他受害者练习渗透战术*，而法国与英国的增援部队也已抵达，为摇摇欲坠的意大利军队提供助力。前线已沿着皮亚韦河稳固了下来。

今天，帕尔·凯莱门遇见一营波斯尼亚穆斯林士兵。一如为法军效力的穆斯林殖民地部队，波斯尼亚穆斯林部队也被视为精锐部队。他们经常被派到情势异常危险的地方作战。温文尔雅的凯莱门对这些人大惑不解，因为他们在许多方面都令他深感陌生。他们那种令人难以理解的好战精神让他感到害怕。他们能够从这场战争中得到什么？波斯尼亚在1908年被奥匈帝国吞并，这离现在那么近。凯莱门认为其中至少有些年纪较大的波斯尼亚人曾经"反抗过那个强权，但他们现在都已成为那个强权手下可靠而勤奋的士兵"。尽管如此，他还是忍不住对他们感到钦佩：

---

* 渗透战术的意思是，攻击部队与其以连绵不断的漫长阵线展开进攻，企图一举打垮敌军的整条防线，反倒不如分散成一支支小型机动部队，攻打敌军防线中的弱点，避开防守较为强固的地点。然后，这些小型机动部队再尽可能朝着敌军防线后方推进，最好能够击垮敌军的炮兵部队。一旦没有炮火支持，前方难以攻克的据点即可被轻易拿下。

高瘦结实、强而有力的战士,就像现在已经濒临灭绝的稀有杉木品种一样。他们微微驼着背,仿佛为自己长得这么健壮感到害臊。走路的时候,他们的头垂在双肩之间,深陷的小眼睛以锐利的目光扫射四方。坐着的时候,他们把双腿交叉于椅子底下,将头上的土耳其毡帽推至头顶,然后怡然自得地抽着他们的长柄烟斗,平静得仿佛置身于他们的家乡,在那布满纤细优美的清真寺尖塔的传说国度。他们几乎所有人都已成年,被太阳晒红的脸庞边缘蓄着尖尖的胡须。他们现在正在休息用餐。军用口粮那寒酸的罐头,拿在他们骨节突出的手指之间显得很奇怪。

同一天,保罗·摩内利抵达了他的目的地——萨尔茨堡的一座老旧城堡,现在被当成战俘集中营使用。他已随着一群疲惫而且士气低落的战俘行走了将近两个星期,身上穿着褴褛的制服,勋章与军阶章都已被扯掉。有些人互相争抢食物,队伍当中也不时爆发骚乱,原因是部队被俘之后,阶级秩序即告瓦解,于是有些士兵就借机反抗过往的严格纪律并攻击自己的军官。许多士兵都为自己不用再打仗而深感开心——也毫不掩饰他们这样的感受。摩内利也注意到,敌军虽然获得了胜利,但他们本身也存在着严重的问题:许多站在路边观看战俘的奥匈帝国士兵都显得营养不良而且过于瘦弱。(敌军显然也遭遇了人员的严重短缺,因为摩内利发现他们的士兵当中有几个驼背,甚至还有一个侏儒。)对于摩内利一行人而言,他们的集中营生活将在今天展开,但他已经意识到,在可见的未来,他的生活将不断摆荡于两种状态——烦闷无聊与挨饿——之间。他在日记里写道:

我们在 12 月 20 日抵达萨尔茨堡的那座城堡——一座阴森的堡垒,

有着陡峭厚实的墙壁，坐落于一座难以接近的高地顶端；这里没有阳光，我们在空荡荡的房间里冻得不停发抖。在这北方的冬天里，被雾与雪环绕，想到传统的圣诞节庆活动实在是一大煎熬。饥饿让悲苦的情绪更甚，一个被仇恨所包裹的灵魂，实在体会不到任何甜美或欣喜。

1917年12月31日，星期一
艾尔弗雷德·波拉德在勒图凯开了几个美国人的玩笑

　　也许是他流露出了自己孩子气的一面，也可能是因为他对美国人越来越觉气恼，也说不定这两种原因都有一点儿。
　　波拉德在深夜悄悄潜入美国军官所住的狭长营房，身边有三个朋友伴随着他。灯火都已熄灭，只有月光透过窗户洒进房里。室内唯一听得到的声音，就是那些美国军官的酣睡声，所有人都舒适地裹在他们的睡袋与棉被里。
　　美国人。波拉德和其他大多数人一样，都知道他们确实需要美国人。法国军队经过近年来的惨重损失以及春天的士兵哗变之后，至今尚未恢复元气；英军在伊普尔攻势持续许久又付出高昂代价，却仍以失败收场之后，也陷入了兵员紧张的状况；意军在秋末于卡波雷托突然溃败之后，现在也仍然处于彷徨孱弱的状态。在东部战线，一切征象都显示苏俄即将退出这场战争。布尔什维克已在彼得格勒掌权，不但高呼和平口号，也与德国达成了停战协议——该项协议生效至今已有两个星期。原本被牵制在东部的德军各师，现在无疑将全数投入西部战线。所以，他们确实急需美国的援助，包括美国的兵员、金钱与工业。

要是他们别那么，别那么……过于自信就好了。

波拉德原本以为美国人会欣然接受别人的忠告，会吸取英军付出高昂代价而得到的教训。实际上却不是如此。他见过的许多美国军官不是天真得令人瞠目，就是傲慢得出人意料，并且认为自己完全没有需要向盟友学习的地方。毕竟，他们本身也已经参加战争（如果他们与墨西哥盗匪之间的小冲突算得上战争的话*）一年多。这些新来的家伙显然完全能够胜任在军营广场上的操练，他们的普通士兵也相当勤奋，而且体格壮硕、营养良好。即便是波拉德也不能不承认这一点。不过，美国人认为英军的进攻方法——到了这时候已经比较先进，比较具有想象力，获得的成功也越来越多，但需要各个部队密切配合，以徐进弹幕搭配装备精良的小型机动部队——太过矫揉造作，也过于复杂。

听美国人说话，英国人有时候不免觉得他们似乎打算把时间倒转至1914年8月，以紧密队伍持着上了刺刀的步枪朝敌军进攻。波拉德只能摇头。美国人终将吸取教训，但届时他们付出的代价将会是鲜血。

除此之外，还有另外一件事。波拉德内心热爱狂欢的一面，使他对美军的禁酒令以及因此造成的虚伪现象深感恼火。私底下，几乎每个美国军官都会毫不迟疑地拿出自己藏在装备里的酒来喝。不过，今天晚上——看在老天分上，今晚可是新年夜哪——营里的十九个美国人却全部拒绝了这

---

* 自从1916年以来，墨西哥就陷入反抗人士潘乔·比利亚与总统贝努斯蒂亚诺·卡兰萨（"贝努斯蒂亚诺"是个颇耐人寻味的基督教名字）之间的内战。美国境内的协约国宣传致力于将比利亚塑造成一股受到德国控制的威胁力量，而他也因为从德国使者手中接受了一小笔金钱资助而多多少少证实了那种宣传的正当性。比利亚对于美国支持卡兰萨深感气愤，于是开始在墨西哥北部攻击美国公民，并且在1916年3月袭击新墨西哥州，攻打哥伦布这座小镇，并杀害了20名左右的美国人。美国立刻反击，入侵了墨西哥北部。(美国在这段时间曾经数度恣意进军多多少少具备独立主权的国家。美军在1898年与西班牙打仗，1899年至1902年在菲律宾打了一场殖民地战争，在1912年进军尼加拉瓜，并且在1915年与1916年分别派遣海军陆战队进入海地与多米尼加共和国。这场入侵墨西哥的行动已是短短几年内的第二次；美国曾在1914年发动军事干预，目标在于推翻当时的政府。) 由于比利亚及其党羽的行踪飘忽不定，美军有好一段时间都只能毫无头绪地追着他们跑。到了这个时候，比利亚穿越边界侵袭美国领土的行动仍然持续不断。

个欢庆的机会,而在十点就上床就寝。波拉德认为这些无动于衷的美国人比较像是银行职员,而不是真正的军人。

现在,他身在勒图凯,与各个不同国籍的军官一同学习操作路易斯轻机枪。波拉德今年夏天过得很平静,秋天也是。他陆续担任了几个前线后方的职务。除了其他任务之外,他所属的营主要负责守卫位于蒙特勒伊的远征军总部,也曾在9月参与镇压今年英军爆发的唯一一场小型暴动*,这可是革命层出不穷的一年。不过,波拉德的心情颇为矛盾。一方面,缺乏作战的生活已开始令他感到躁动不安又烦闷无聊。另一方面,他过去对于别人常说的这句话——"那些在家乡有女孩想念着他们的人,比较不像了无牵挂的人那么勇于冒险"——总是不屑一顾,但现在终于体会到这句话确实有其道理。他可以忍受前线后方的这些职务。只要能够在战争结束的时候在场,他就满足了。

他们一行四个英国人蹑手蹑脚地走到最近的床前,两人一床。

一声令下,他们随即抬起身前的床铺,把裹得有如厚茧一般熟睡的军官倒在地上,接着随即冲到下一张床,重复同样的动作……然后又是下一张床……然后又是下一张床。室内响起了被棉被捂住的尖叫声以及响亮的咒骂声。有些惊醒过来的美国人开始挥拳乱打,打到的却是与他们同样受害的战友,而那些战友自然也立刻反击。一场混战因此在黑暗中展开。还没有人来得及开灯,波拉德和他的同伴就已开开心心地溜出营房,消失于夜色之中。

1918年来临了。

---

* 此处所指的是1917年9月9日至12日发生于埃塔普勒[Étaples;英军士兵称之为"吃苹果"(Eat-Apples)]的士兵哗变。邻近海岸的埃塔普勒设有一座训练营,那里的纪律要求异常严苛。士兵哗变的导火线是一名新西兰士兵未经请假就离营,结果遭到备受众人怨恨的宪兵逮捕,并且被控以逃兵的罪名。他的战友以及其他心怀不满的士兵于是集结起来要求释放他。冲突因此爆发,有人开枪,造成一名示威者丧生。越来越多的士兵聚集于那个地点,随即将宪兵逐出营地。后续几天持续出现骚乱情形与自发性的示威活动。9月12日,波拉德所属的营与另外两支可靠的部队奉命带着木棍前往镇压,结果成功平息了这场士兵哗变。

1 9 1 8

这将会是我们承继的恶果，或者善果，总之是我们无可摒除的承继物——而我们也将永远受制于我们的回忆。

——保罗·摩内利

1918年大事记

1月28日　　芬兰爆发内战。

2月18日　　一度停战之后，德军再度开始进军苏俄。

3月3日　　同盟国与苏俄在布列斯特-里托夫斯克媾和。

3月9日　　协约国在美索不达米亚持续发动攻势。

3月21日　　德军在西部发动一场重大攻势。斩获极大。

3月29日　　法军在西部的反攻暂时阻遏了德军的攻势。

4月3日　　德军进入芬兰，加入白军一方参战。

4月4日　　德军在法国西北部再度展开攻势。斩获重大。

4月9日　　德军在佛兰德斯发动攻势。斩获重大。

5月1日　　第一支美军部队在西部战线投入战斗。

5月7日　　英军部队在美索不达米亚攻占基尔库克。

5月24日　　英军部队在摩尔曼斯克登陆。

5月29日　　德军在埃纳周围展开攻势。大有斩获。德军不久就抵达了马恩河。

6月15日　　奥匈帝国在皮亚韦河展开重大攻势。收获不大。

7月15日　　德军在马恩河展开重大攻势。小有斩获。三天后，协约国发动强大反攻，迫使德军撤退。

8月8日　　协约国在亚眠展开重大攻势。斩获极大。

9月3日　　德军开始全线撤退至兴登堡防线后方。

9月15日　　协约国在马其顿展开攻势。保加利亚军队被迫全线撤退。

9月19日　　英军在巴勒斯坦发动重大攻势。大有斩获。

9月26日　　美军在阿戈讷展开攻势。斩获重大。

9月28日　　协约国在佛兰德斯展开重大攻势。斩获重大。

9月30日　　保加利亚投降。

10月10日　 经过猛烈攻击,兴登堡防线终于被完全突破。

10月24日　 协约国在皮亚韦河展开攻势。达成极大斩获。

10月30日　 美索不达米亚的奥斯曼军队投降。

10月31日　 维也纳发生革命。奥匈帝国瓦解。

11月1日　　塞尔维亚军队解放贝尔格莱德。

11月3日　　德军士兵哗变在基尔的公海舰队展开。

11月4日　　协约国与奥匈帝国的停战协议生效。

11月9日　　柏林起义爆发,德国宣布成立共和国。德皇威廉二世宣布退位。

11月11日　 停战。一切军事行动在上午十一时正式终止。

1918 年 1 月初某一天
帕尔·凯莱门目睹卡斯泰莱里奥上空的空战

一个晴朗美丽的冬日。即便在前线平静无事的时候——就像意大利北部这里现在的状况一样——空中的战争也仍然持续不休。一架大型的意大利卡普罗尼轰炸机在清亮的蓝天嗡嗡飞过，奥匈帝国的高射炮则是对其发出猛烈炮火。一朵朵的白烟像花一样绽放于天空中，但都毫无效果。*炮弹爆炸的烟雾渐渐淡去，消散在风中。一架奥匈帝国的单翼机飞入视线范围内，开始追击那架速度缓慢的三发动机轰炸机。帕尔·凯莱门在日记里写道：

> 在我们头顶上，体型庞大的卡普罗尼轰炸机和我方那架小小的单翼战斗机展开了激烈战斗。我们的高射炮虽然不断对着天空开火，却一点儿用处也没有。炮弹爆炸的白色烟雾逐渐散开，然后在明亮湛蓝的天空中缓缓消失。
>
> 我方的飞行员越来越接近那架笨重的双翼飞机，在地面上能够清楚听到双方激烈交火的机枪声。突然间，那架意大利轰炸机往下一沉，我方的飞机在它上方盘旋了一会儿，就朝北方飞走，而那架卡普

---

* 这种情形并不罕见：在 1918 年，奥匈帝国的高射炮台平均每发射 3000 发炮弹才会有 1 发击中，而这样的命中率已算是相当不错。

罗尼轰炸机则是以越来越快的速度俯冲下来,引擎已经停止运作,机翼颤抖不已,然后撞上了地面。

等到我抵达坠机地点,被机枪子弹击中丧命的意大利机长已经被拖了出来,放在飞机旁边的草皮上。那只"战争巨鸟"的一个翅膀已弯折断裂,插在地上,满是弹孔的引擎不断流出油料。

那个意大利军官身穿全皮套装,外表看起来优雅无瑕,只有帽子斜压在他白净的脸庞上。一只精致的银质手表仍然正常运转,他躺在地上的模样看起来似乎只是睡着了一样。

我们搜查了他的口袋,有人把他的手提箱递给我。除了信件、钞票和纸张之外,还有一张折起来的卡片,放在一个黑色的硬式活页夹里:"马戏团季票,维罗纳。"

在这片满布弹坑的荒芜原野上,马戏团只是印在一张厚纸板上的一个名称而已。观众席底下的灿烂灯光、在地上铺了厚厚一层的木屑、驯兽师的响鞭、身穿蓬裙又佩戴闪亮珠宝的无鞍女骑士,还有其他无穷无尽的青春乐趣,都被这个年轻人永远抛在身后了。今天晚上,包厢里其他那些清瘦潇洒的军官将再也等不到这位战友。不过,马戏团的乐队仍会奏出响亮的乐声,满脸涂白的小丑仍会带着一脸职业笑容在铺着绒毛地毯的沙地上翻筋斗。女士同样会在远方向那些军官卖弄风情,就像他仍然在场一样,说不定他昨天就是如此。

我想把那张卡片塞进他沾满鲜血的上衣底下,就像古时候的英雄战死沙场之后,生前拥有的一切物品都会随着他长眠地底。所以这张票卡也应随着这位军官从地球的表面上消失,于是这世界上至少会有一个座位空下来纪念他,在维罗纳的马戏团。

威利·科庞在同一天于日记里写道:

我在我们负责的防卫区南部朝向伊普尔的方向进行巡逻飞行之时，无意间飞入一场暴风雪中，彻底迷失了方向。我们飞机上的罗盘很差，设置在地板上，没什么用处。我完全辨不清自己身在何处，直到凯默尔山出现在我面前才得以脱离险境。接着，我又飞到了敦刻尔克，然后即轻易地辨识出方向，飞回我所属的部队。

1918年1月7日，星期一
芙萝伦丝·法姆伯勒抵达莫斯科

在朝日的微弱光芒下，火车摇摇晃晃，哐啷作响地行驶于一片雪白的冬季大地上。铁轨旁的居民建筑群越来越密集。十二点半，他们驶入了莫斯科的车站。从敖德萨来到这里的旅程花了她整整一个星期，这就是苏俄现在的混乱状况。这趟旅程不仅漫长，也极不舒适，她还数度为自己的安全担惊受怕。

火车上人满为患，挤满了各式各样的士兵，他们处于各种不同情绪状态：开心、暴躁、醉酒、热心、自私、欣悦、愤怒。在这场旅程的部分路段，甚至还有人坐在车顶上，有些人为了上车更是直接把车窗打破，然后从窗口钻进车厢。他们都和芙萝伦丝一样把前线与战争抛在脑后，只想尽快返回家乡。她所在的医疗队已经整个被解散，原本的想法是都一起搭车回家，但事实很快就证明这种做法并不可行，因为他们随即就在混乱的人潮当中走散了。她帮助了一个生病的孕妇，结果被别人占走她的座位，以致她在大半的旅途中都只能站在走廊里，把饱受疼痛之苦的头颅靠在冰冷的窗户上。她在基辅换车而终于有另一个座位之后,整整有两天半不敢离开那个位子,生怕又被别人抢走——尽管她没有东西可以吃,也没有多少水可以喝,而且周遭充斥着噪声、烟味以及一面喝酒一面大吼大叫的士兵。她所有的行李在这个时候都已经被偷了。

芙萝伦丝怀着沮丧茫然的心情下了车,身上穿着破旧肮脏的制服:

> 我像个游民一样回来,失去了一切我所珍视的事物。我在红十字会的工作已经结束,我战时的流浪也画下了句点。我的心中与脑子里有一种令我深觉痛苦的空洞感受。人生似乎突然彻底陷入停摆。未来会是什么模样,完全不可能预测;一切看起来都太过黑暗空虚。

她上次回莫斯科只是不到两个月之前的事情,但这座城市却已出现了极大的变化。漆黑的街道上,戴着红色臂章的士兵来回巡逻——他们不但手握生杀大权,而且开枪毫不迟疑。(她认识的许多人都故意穿着褴褛的衣衫,以免引起那些士兵的注意。)夜里经常可以听见枪声,而且在她的房东家里,所有人都是和衣睡觉,以便必要的时候能够立刻逃出门外。粮食短缺的情形急剧恶化,已然达到饥荒的程度。每日的粮食配给是一两面包或者两颗马铃薯。现在,即便是像盐这样的基本必需品也已经无法获得。有些餐厅虽仍继续营业,但价格已飙涨至天价,而且他们供应的肉类通常都是马肉。城里的气氛充满了恐惧和惶惑。

这段时间,弗朗茨·卡夫卡待在位于图尔瑙镇的小农庄。小妹奥特拉细心整修、维护这片庄园。看来,他的结核病正在康复,也将走出与菲丽丝·鲍尔分离的阴影。他给担任图书馆管理员的朋友费利克斯·威尔齐写了一封信。

亲爱的费利克斯：

开着窗户，睡在六到八度的环境里，一大早还要先把小水桶里的冰全敲碎倒进洗衣盆里才能洗澡，当然是赤身裸体——这样一连过了八天，我就算本来不习惯，也得习惯了。你真该仿效我这个榜样。这八天中，连续待在图书馆里，其实还是挺惬意的。听完我这样的描述，你有兴趣来这里一游吧？对了，帮我问候奥斯卡。对了，别忘了转告依尔玛太太，这儿还有钢琴呢！

弗朗茨（疗养院经理与首席病患）

房间光线不足，使他无法随心所欲地阅读；他最怕老鼠，但它们却已开始侵入整栋建筑。然而，除此之外，他感到由衷喜乐。

1918年1月27日，星期日
米歇尔·科尔代思考着未来

刺骨的寒冷已逐渐缓和下来——才几个星期前，气温还低达零下18摄氏度。政府当局已禁止销售苦艾酒，也不准士兵围围巾。[*]蛋糕被禁止供应（茶馆现在只供应糕饼），面包配给也将在不久之后进一步减少——减

---

[*] 科尔代没有解释这些措施背后的动机。

至每人每天三百克。谣言称劳工阶级居住区即将发生动乱，巴黎即将遭到敌军轰炸，德军也即将在西部战线发动攻势。据说巴黎戏剧界里发现了一群全数都是女性的间谍。

科尔代在日记里写道：

> 克莱德河的造船厂工人打算在1月31日罢工，"如果和谈没有在那个日期之前展开的话"。在人民对领导者的抗争中，这点确实揭露出了一项新挑战——人民已开始要求领导者说明他们为什么要被迫上战场打仗。经过了四年的时间，这项正当合理的渴望才终于浮上表面。这种渴望已在苏俄达成了目标，现在又开始在英国发声，在奥地利也开始抬头。我们不知道这样的渴望在德国与法国有多么强烈。不过，战争已然进入了一个新阶段，也就是牧羊人与羊群之间的冲突。

1918年1月29日，星期二
理查德·施通普夫看到一份号召全体罢工的传单

在过去两个月里，"黑尔戈兰"号再度接受了修缮。整修工作搞得船上肮脏无比，"手不论碰到什么东西，都不免粘满灰尘"。施通普夫对这种状况已经认命了。平民百姓的不满情绪虽然日益高涨，而且船上也经常有人讨论政治议题，但施通普夫认为水兵太不团结、太容易受骗、太过懒惰，也太过愚蠢，以至对于现况根本无能为力。

施通普夫决定自力救济，为自己的精力找到了一个新的发泄渠道：他编织一种粗糙的麻鞋，再卖给其他水兵。他的生意不错，因此在船上的烘焙厨房设置了一间临时鞋匠铺，以避开军官的视线。从月历上来看，现在应该是冬天，但实际上的天气却俨然已是春天。

不过，这一天上午发生了一件事，似乎有助于遏阻施通普夫的厌世悲观想法。传言说船上有人发现了宣传社会主义的传单，接着才过了短短几分钟，全体船员就都知道发生了什么事。水兵纷纷聚集成群，传阅着传单。他自己也看到了一份传单，并且注意到传单没有署名，也没有标示印刷处所；他还注意到传单的内容有一部分的确合乎实情，但也有一部分只是"愚蠢的陈词滥调"。其中的主要口号是："德国如果不由士兵统治，那么各位就应该准备发动全体罢工。"

现在刚传到威廉港的这场震荡，源头在上千公里之外的维也纳。在1月中旬，那座奥地利首都的兵工厂爆发了一波罢工行动，抗议面包配给减少以及战争持续不断。情势很快演变得极具威胁性，以致哈布斯堡王朝家族在武装部队护送下逃离了首都。罢工浪潮迅速传播开来，蔓延至布达佩斯与卡塔罗的海军基地——那里的水兵拘押了军官，并且升起红旗。奥匈帝国的动乱已暂时告一段落，但柏林的军火工人与金属工人刚在昨天发起大罢工。德国境内的不满情绪的肇因同样是粮食短缺以及当权的军事将领任由战争持续下去。实际上德国已快要被经济问题压垮了。引发罢工活动的导火线，是德国与苏俄在布列斯特-里托夫斯克的和谈触礁的消息。* 罢工人士要求和平——而且是双方都不需要割地或赔款的和平，是基于人民

---

* 此一结果主要被归咎于苏俄的布尔什维克。自从1918年1月9日以来，苏俄的代表团即由列·托洛茨基领导，而他采用的乃是一种精心准备（而且明显可见）的拖延战术。他以他招牌的诡辩说法表达了自己与同盟国进行协商的策略："不战也不和。"毫不意外，这个口号随即激怒了德国军方的谈判代表。同样也应该一提的是，刚独立的芬兰在此时爆发了一场内战："白军"与"红军"展开一场战争，某种程度上而言乃是第一次世界大战衍生出来的分支。之所以这么说，一方面是因为这一次大战使得芬兰得以独立，另一方面是因为德国部队逐渐开始为白军提供大量支持，而苏俄则是与红军站在同一边。

1918　　　　　　　　　　　　　　　　　　　　　　　　　　　551

自主的和平。

罢工浪潮在今天扩散至德国各地，慕尼黑、布雷斯劳、科隆、莱比锡与汉堡共有超过一百万人群起响应。

午餐前，船员奉命到甲板上集合，依照各自所属的部队分组。军官对士兵发表训话。一方面，他们对于有人立刻向舰长汇报那些煽动性传单的举动表达感谢，并且鼓励水兵在未来遇到类似的状况时也能够采取同样的做法；另一方面，他们也严词警告船员不得参与罢工或其他政治活动。

施通普夫发现自己很难确知接下来究竟会发生什么事。他深知船上普遍弥漫着不满的情绪："只要有任何人能够掌控这股不满情绪，一场大爆发就几乎无可避免了。"水兵与工人当中有许多埋怨的声音，但这些抗议言论不但缺乏焦点，也不够持久。根据他的经验，释放出来的怒气总是在很短的时间之后就会消散。此外，他觉得船上的码头工人看起来也没有任何异常之处：他们没有表露出想要放下工具的征象，也没有呈现出假装工作的模样。

不过，施通普夫后来走到一名工人身边，却听到他说："从明天开始，我们就要终结这一切的敲击。"施通普夫认为他所谓的"敲击"指的是战争。

第二天，船上宣布取消所有上岸休假，原因是威廉港出现了动乱情形。午餐时间，几乎所有造船厂的工人都放下工具，并且随即下船。水兵纷纷高声为他们打气，劝告他们"永远不要再回来"。阳光普照，温暖的空气中弥漫着春天的气息。

这一天，哈维·库欣身在维姆勒——滨海布洛涅以北一个小小的度假胜地。他到那里参加同事加拿大医生约翰·麦克雷的丧礼。麦克雷的名气

552　　　　　　　　　　　　　　　　　　　　　　　　　　　美丽与哀愁

主要来自一首诗，而非他主持加拿大第 3 综合医院。那首诗叫作《佛兰德斯战场》，极少有人没读过其著名的起始诗句[*]：

> 佛兰德斯战场上罂粟花随风摇摆，
> 十字架矗立其间，一排接着一排，
> 标志着我们安息的地点；天空中
> 云雀仍然不断勇敢地歌唱飞翔，
> 尽管鸣声不免为地面的枪声掩盖。

这首诗在 1915 年 12 月发表于《笨拙》杂志之后，就成了协约国最常被引用也最广为翻印的一首诗。而且，由于其中对于战争的持续表达了决不妥协的信息，也特地被用来游说美国参战。

> 我们是阵亡的死者。短短几天之前，
> 我们仍然活着，感受黎明，观看夕阳，
> 心有所爱，也为人所爱。但时至当下，
> 我们已躺卧于佛兰德斯战场。
> 接续我们与敌人的争战：
> 我们以衰颓无力的手抛掷火炬，
> 由你们接替高高举起，
> 切勿对我们这些死者毁弃诺言，
> 否则罂粟花虽如旧生长，我们却无法安眠

---

[*] 有一个经常被引述的传说，称他在 1915 年 5 月参加了一位朋友的葬礼之后，满心忧伤地坐在一辆小救护车的后车厢，后在二十分钟内写出了这首诗。可惜这个传说并非事实。还有另一个传说，称他写完之后就把这首诗扔了，但一名同事将揉皱的纸团捡了回来，这同样也不是事实。

在佛兰德斯战场。

麦克雷在昨天去世，死因很平常，就是肺炎而已。库欣在日记里写道：

> 我们在第 14 综合医院会合——那是个阳光灿烂的午后——然后步行了一点五公里左右前往公墓。北斯塔福德军团的一个连队和英国皇家陆军医疗队的许多护理员以及加拿大修女走在队伍前方——接着是麦克雷的坐骑，名叫"营火"，由两名马夫牵着，按惯例挂着白色花环，主人的马靴被倒挂在马鞍上——然后才是我们其他人。六名中士从大门抬着棺木过来。棺木被垂入墓穴里的时候，远方传来了枪声——仿佛特地为了这个场合而鸣响。

1918 年 2 月 1 日，星期五
艾尔芙莉德·库尔的弟弟收到征召令

他的遭遇听起来不太愉快。艾尔芙莉德的弟弟威里显得相当懊恼，向她述说了他们所有人如何必须在冰冷的营房里一丝不挂地列队站好。迄今为止，威里一直因为身体原因而得以免服兵役："因为猩红热而导致"膝盖积水以及心脏无力。不过，现在军方已经改变了想法。如同欧洲其他参战各国的军队，德军也面临人力严重短缺的问题。一个医生压了压他的肚子，又听了听他的肺部，然后就宣告道："十分健康！"

威里吐了一口唾沫，愤愤地说："那个自以为是的白痴！他只想为德

皇威廉多找些炮灰而已！"艾尔芙莉德和威里的好友汉斯·安德罗夫斯基笑着逗他："你的模样该有多么壮观呀——全身脱光光！你的青春体态根本是希腊众神的模范吧！"接着，他们的谈话变得沉重了起来，于是他们开始讨论威里该怎么应付这种状况。因为视力不佳而不必服役的安德罗夫斯基说，不论怎么样，威里一定要避免成为步兵。加入空军最好——当然，要当地勤人员，不是开飞机。"跟他们说你写得一手好字！"威里对他们所有的提议都听不进去，只是一再看着黑暗面："普鲁士兵役。我这下大祸临头了。"艾尔芙莉德告诫他最好不要让母亲听到他这么说——他们的母亲仍然信奉这场战争的正当性。接着艾尔芙莉德又语带讽刺地指出，威里要是战死了，他们的母亲一定会把他视为英雄。

接着，他们谈起了这场战争。艾尔芙莉德提起一个许多人都在问的问题：为什么，那么多人到底是为什么而死？"好几百万人牺牲了性命，却根本毫无意义，一点儿意义也没有。"安德罗夫斯基不同意。并非全无意义。例如那些阵亡的苏俄士兵，就借着他们的死为祖国的大革命铺了路。艾尔芙莉德怒火上升。"借着他们的死？如果这就是革命的代价，那我再也不希望世界上发生革命。"威里什么也没说，只是咬着指甲。

1918年2月8日，星期五
奥利芙·金思索着自己没有眉毛的模样

现在已是冬季，但天气却异常温暖。有些意大利军官显然已经训练得不再怕冷，而敢在这种天气下洗澡。奥利芙·金不再住在萨洛尼卡这座废墟城镇边缘的那间小屋子里，而是搬进了一间临时搭建的木屋，由先前装着一架飞机的巨大木箱改造而成。

洗澡？也许是因为他们没有其他事情可做。萨洛尼卡没有任何新进展。尽管东方军队获得了大批部队增援，却没有任何进展。这场行动的批评者——现在这种人多得很——把这座要塞城市称为德国最大的俘虏收容所。他们在1917年曾经试图突破北方的保加利亚防线，但进展却是微乎其微。（萨拉伊自身的指挥官职务倒是在几个月前被撤换了。）部分问题是疾病肆虐。名义上，东方军队号称有六十万人，但由于疟疾、登革热及其他疾病的肆虐，实际上真正能够执行勤务的只有十万人左右。医院里人满为患。

不过，奥利芙·金并没有闲得发慌。她近来数度往返克基拉岛，说得精确一点儿，是往返那座大岛正对面的萨兰达港。美国红十字会向塞尔维亚军方的卫生勤务部队捐赠了二十九辆救护车，她就是负责把这些新车开到萨洛尼卡的其中一名驾驶员。这段旅程来回一趟就得花上八到十天，这时金已经对这段道路非常熟悉了。[*]

驾车行驶在这些狭窄险峻的山路上通常并不容易，有时候也充满危险。暴风雪和车辆抛锚的情形金都遭遇过。她发现自己通常比男性驾驶更能够吃苦，"他们厌恶不舒适的状况，包括下雨、泥泞与寒冷"。就她本身而言，她声称自己过着"吉卜赛人的生活"。她的健康情形良好，只是会偶尔牙痛或感冒。她总是借着用开水、兰姆酒与大量糖混合而成的饮料治疗感冒。

明显可见，她是因为需要转移自己的注意力，才如此狂热地全力投入工作。她深感失望，原因是她与塞尔维亚军官约维上尉的感情已经结束。

---

[*] 当今连接萨洛尼卡与萨兰达港的道路距离为350公里。不过，金当时行驶的路线自然不是现代的道路。

他们上次见面是在去年10月，当时她刚因为在大火中的英勇表现获颁一枚塞尔维亚勋章，然后便与约维在克基拉岛上会面。（他即将到伦敦出任务。）他们共度了几天的时光，然后在返回本土的船程上道别。她流了些眼泪——实际上，她很想坐下来大哭一场。接着，她陷入了一段时间的寂寞与抑郁。后来她收到约维寄来的信，告知她说他已有了新的交往对象，这进一步加重了她的抑郁状况。

所以，她现在坐在她的木屋里，再度写信给她父亲。她父亲想要一张她的照片，她承诺不久之后就会寄一张给他。倒不是说她没有机会拍照——城里有不少街头摄影师，而且他们都有许多顾客："你经常可以看到一个英国士兵站着，脸上露出腼腆又叛逆的微笑，身边围绕着讥讽嘲谑着他的朋友。"不过，她因为相貌上的问题而一直拖延拍照。她先前因为炉子点不着火，而倒进了一点汽油，结果"蹿起一把火，烧掉了我的眉毛、睫毛和前额的头发；这已经是今年第二次了"。金不想在这些毛发长回来之前拍照。她已在先前的一封信里向她父亲指出，她恐怕永远无法回归寻常的家庭生活：

> 噢，爸爸，我常常想到，经过了这漫长的五年之后，我们一旦再度相见，不晓得您对我会有什么样的想法。整天处在男人堆里，我敢说我一定变得极为粗鄙，而且我也一点儿都不漂亮、秀丽或者迷人。

星期一，她再度出发前往萨兰达港。前线毫无动静，一点儿动静都没有——就和往常一样。

1918年2月18日，星期一
威利·科庞驾机飞越被德国占领的布鲁塞尔上空

科庞已经做好了力所能及的一切准备：测试新的发动机，确认油箱都已加满了油，拿了一小份地图，带了一把自动手枪以及一盒防风火柴（如果他迫降在敌军阵线后方，即可借此点火烧毁飞机），还有他最精美的一顶制服帽（在不幸被俘的情况下戴上，因为若是遭到俘虏，身上的穿着绝对不能随随便便）。这是个澄澈美丽的冬天早晨，天空湛蓝无云。

他在八点三十五分驾着飞机起飞。他的目的地是布鲁塞尔。那座城市位于一百公里外，属于德国的占领区。

这次飞行的目的？其实没有什么真正的目的——比利时的将领已认清这一点，所以才会禁止如此长距离的飞行。严格说来，他打算做的事情是违背命令的举动，有可能招致军法审判。不过，科庞已做好准备，不但愿意承担这项风险，也愿意承担深入敌军区域的风险。某种程度上而言，他这么做只是一股活力冲劲使然，同时又因为这个行为充满危险又引人注目而更具吸引力。前一夜里，单是想到这趟飞行就令他兴奋得不禁发抖。不过，他这趟飞行并非只是一个带有乐趣但毫无意义的举动：在一座已经被占领了三年半的城市上空展示机身上的比利时国旗，也是一种展现大胆无畏以及求胜意志的方式——这正是当前这个时刻所需的特质，因为厌倦、疑虑与不确定的情绪在当下比先前更为普遍。

毕竟，这一切到底会怎么结束？也许没有太多人会认为协约国能够获胜，而且即便是乐观人士也冷酷地估算着这场战争应该会持续到1919年。法军尚未从去年的士兵哗变中完全恢复元气，而英军经历帕森达勒的血洗之后，以及意大利经历卡波雷托的灾难之后，也同样都是如此。没错，美军已在来援途中，但人数仍太少。至于苏俄呢？这个国家已陷入革命的混乱，因此不论就哪方面看都已算是退出了这场战争。此外，还有谣言称德军即将从越来越平静的东部战线大举调遣至西部战线。

他之所以会被布鲁塞尔吸引，还有另外一个原因：他的家人。他辗转经由荷兰与他们通信，所以知道他们都还活着，但自从1914年以来就不曾与他们见过面。事实很简单，他想再看一眼他的家乡。

九点过后，科庞在迪克斯迈德以5400米的高度飞越前线。在他下方，他发现有两架法国斯派德战机朝相反方向飞行。他很幸运。那两架法国战机吸引了德军高射炮的注意力。他看见那两架飞机周围满是炮弹爆炸发出的烟雾，而他则得以安然前进，显然没有被德军发觉。他算不上是导航专家，所以他打算依循一般的做法，沿着醒目的著名地标飞行，因此他的航线也就不是朝着布鲁塞尔直线飞行。他先飞向布鲁日，看见远方的一大片红色屋顶之后，再沿着铁路线经由根特飞到首都布鲁塞尔。在根特以南，科庞发现一架德军双座飞机突然出现在他右侧，但他努力压抑住对那架飞机发动攻击的冲动。

这时候，他首度感到一阵担忧。他回头望向后方，已经看不见己方的阵线。又过了一会儿之后，包括艾泽尔河乃至迪克斯迈德也都消失于视线之外。他完全是独自一人。"单独身在一架脆弱的飞机里。"——这句话在航程中不断盘旋于他的脑子内。与世隔离的感觉非常强烈，以致他不再环顾周围，而是将目光集中在前方的地平线上——尽管这么做大大增加了遭到敌人突袭的风险。

在阿尔斯特上空，科庞初次瞥见了布鲁塞尔。他身体前倾，眯起眼睛，隐约可以看见司法宫，其巨大的圆顶耸立于市南区的一大片屋顶之上。怀着高兴又茫然的心情，他开始大声唱起歌来，尽管他的歌声被引擎的嗡嗡声给盖了过去。

科庞经过一列在底下缓缓前进的火车——这是他首度见到人烟的迹象。

九点五十二分，他飞进布鲁塞尔上空。

在布鲁塞尔南站，他俯冲而下，掠过屋顶上方。在那样的高度与速度下，他的体验变成了一连串飞快闪过的印象。在路易斯大街上，两辆电车在几栋浅色建筑物旁交会而过；在圣十字广场的市集上，有些摊贩欢欣地将蔬菜抛到空中；索尔维公园里可以看见树木，还有水库如同镜子般微微荡漾的水面；不远处，他父母的住宅，一幢高耸的白色房屋，有着红色的屋顶。家！科庞向右急转弯，在房屋的一扇窗户内看见两名女子的侧影，随即认定其中一人必定是他的母亲。在房屋后方，他看见自己儿时房间的窗户。透过映照着阳光的玻璃，他想到了自己大概在八年前挂在房间天花板上的飞机模型——那架飞机说不定还挂在那里，就在房内的阴影当中。

在布鲁塞尔上空来回盘旋十三分钟之后，科庞飞离了那座城市密集的屋顶与巷弄、宫殿与街道，朝向根特飞去，接着再从根特直接飞往迪克斯迈德的前线。远方，北海在阳光下闪闪发光。现在，几乎确定自己能够安全回航，他于是觉得放下了心中的一块大石，尽管这种感觉只持续了一会儿而已：

> 不过，我一想到自己刚刚做的事情以及我的父母，内心就不禁又充满了绝望——这样的绝望使我的心揪成一团。我后来再也没有感受过这种心灵上的痛苦，它几乎令人无法忍受。

十点四十五分，威利·科庞滑翔降落在勒莫埃尔的机场。他看见狭窄的营房建筑以及罩着绿色防水布的机库，但现在他"内心的绝望已被胜利的喜悦所取代"。他跳出驾驶舱的时候，笑得近乎歇斯底里。他拍了拍发热的引擎整流罩，然后哼着歌走开了。

1918年2月某一天
帕尔·凯莱门在卡尔多纳佐的山路上目睹一场意外

他仍然驻扎在意大利的北方阿尔卑斯山前线,能够望见弗留利平原。天气如果很晴朗,甚至还能够瞥见地中海在远方形成一条闪亮的细线。谣传说奥匈帝国将再度发动一场攻势,但部队要从哪里来?粮食与弹药短缺的状况空前严重,大多数部队的实力都远低于名义上的战力。不过,天气已渐渐回温了。

在凯莱门驻扎的高地上,补给品都由卡车运来。在蜿蜒于险峻山坡的道路上驾驶那些笨重的车辆,需要非常高超的技巧。帕尔·凯莱门在日记里写道:

在艳阳高照的晴朗天气里,一名将领从他的车上出来检查一处防御工事,身旁跟着不可或缺的助理——一名傲慢的参谋部军官。他们的车辆在路上横冲直撞,不断按喇叭,从远处就借此示意一辆沉重的补给卡车让路。那辆卡车尽可能开到了路旁,却还是没有足够的空间让那辆擦得闪闪发亮的原野灰色大车通过。那个参谋部军官探出车窗,怒声大吼:"停到旁边去,你这头猪!"结果那头可怜的"猪"把车开得太接近路边,以致连人带车滚落于山崖下。

1918年3月11日，星期一
米歇尔·科尔代到法兰西喜剧院观赏一出戏

这是阿纳托尔·法朗士的新戏《科林斯人的婚礼》在巴黎法兰西喜剧院的首演。当然，米歇尔·科尔代与他的妻子都到场观赏。演出在第二幕进行到一半的时候被打断：一名演员走到脚灯前，宣布空袭警报已经响起，德军轰炸机再度出现于飞往巴黎的途中。观众席前排有人大叫："继续演！"

接着，尽管有五分之一的观众离席，演员却还是又开始继续演出。科尔代觉得焦虑不安。他也想离开剧院，却不好意思在包厢里当着所有友人的面这么做，所以只好和他妻子待了下来。结果，这场演出变成了一段奇特的体验。空袭警报的尖鸣声交杂于演员音调高亢的台词之间。在晚上九点二十五分，他们听到了第一批炸弹爆炸的声音。听起来像是被闷住的缓慢鼓声。

自今年年初以来，巴黎已经遭到多次空袭，最近的一次是在三天前的夜晚。那些轰炸机——大型的双发动机哥达轰炸机[*]，不然就是体型更庞大的四发动机齐柏林-斯塔肯轰炸机——总是在天黑之后发动攻击。探照灯、高射炮弹的爆炸闪光以及信号弹的银色光芒因此点亮了夜空。

现在，巴黎实施了彻底的灯火管制。太阳一旦下山，民众出门就必须手持小手电筒以便照明。（罪犯随即利用这种状况，导致街头抢劫案的数量增加。）电车与地铁里有涂上蓝漆的辉光灯，科尔代认为那种灯光使得街头妓女化了浓妆的脸呈现出和"腐烂的尸体"一样的颜色。重要建筑与纪念碑都盖上一层保护用的沙包，商店橱窗也增添了奇特的花样，原因是

---

[*] 这种飞机由于其异步的双发动机所发出的特殊声响，而被英国民众昵称为"汪汪"。

商店老板纷纷将纸条粘在橱窗上，以降低玻璃破裂而四处飞散的危险。1月30日的空袭过后，科尔代在大军团大街一栋被炸毁的房屋外看见窗帘与壁毯的碎片，还有一只女性的粉红色长袜飘扬在树上。附近所有房屋的窗户都被震破，仆人们忙着清扫玻璃碎片，并且暂时用报纸将窗户贴起来。

由于整座城市一片黑暗，炸弹又是从极高的高空投掷而下——高度通常超过四千米——那些轰炸机都不会瞄准特定目标，因为根本无从瞄准。这些攻击行动纯粹只是要引起法国人的恐惧，尽管规模有限。不过，这些空袭确实有其效果，许多人已开始逃离巴黎。英国与法国的空军也展开了空袭，选定了轰炸机航程范围内的德国城市——斯图加特、美因茨、梅斯、曼海姆、卡尔斯鲁厄、弗莱堡与法兰克福。不过，除了多佛以外，伦敦却是欧洲最常遭到轰炸的城市。* 一开始，轰炸伦敦的空袭行动都是由齐柏林飞艇队执行，但后来事实证明那些飞艇力有未逮，因此在1916年间便被重型轰炸机取代。不过，即便在那里，伤亡人数也不是特别多——造成最多伤亡的一次空袭，是1917年6月13日的一场日间空袭，共造成162人丧生。† 不过，这些空袭行动倒是表示交战双方又打破了另一项重要禁忌：空袭的轰炸目标完全是没有武装的平民。科尔代认为这种行为非常野蛮。

在第二幕与第三幕之间的休息时间，科尔代与他的妻子走进一片漆黑的剧院休息室。休息室里空无一物，只有一座伏尔泰的雕像藏在一堆沙包后方。休息时间长得异乎寻常：剧院经理正忙着与人讨论是否应该继续演出。讨论结果决定表演必须继续下去，尽管空袭尚未结束。"可想而知。"

---

* 协约国轰炸德国的空袭行动造成2600名左右的平民丧生，德国对于英国的空袭造成1736名平民丧生。在法国，空袭与长程炮击则导致超过3300名平民丧生。

† 伦敦只是这场空袭行动的其中一个目标，此处统计的死亡人数包括了其他地方的受害者。

科尔代语带尖酸地评论道，因为他确信自己的想法没错：所有人一定都想要回家，却只是"因为害怕遭到别人批评而留下来——尽管别人也都满心想要回家。面子比性命重要"。

于是，他们回到观众席观赏第三幕。落幕的时候，外面的空袭仍在继续进行。演员邀请观众到剧院的地下室避难。科尔代与妻子跟着身穿晚礼服的人潮走进巨大的地窖，见到原本装点着剧院内部的大理石胸像现在都被成排摆放在那里，盖着防水布。科尔代看见一个身穿军服的人把自己的帽子戴在莫里哀的雕像头上。众人的情绪显得压抑而麻木，尽管女演员试图借着朗诵诗文转移大家的注意力。

到了午夜，有人高喊说轰炸已经结束。他们离开剧院，发现街道笼罩在浓雾当中。手电筒发出星星点点的光芒，在朦胧的雾气中四处晃动。

1918年3月12日，星期二
拉斐尔·德·诺加莱斯听到约旦河的方向传来震耳欲聋的炮火声

总部设在一座方济各会的大修道院里。众人的情绪充满了不安。约旦以东的前线是否守得住？他们可以听到远方传来隐隐约约的英军炮火声。情势已经演变得非常危急，以至非要职的军官以及其他人员都奉命必须拿起武器上战场作战。他们都由卡车被运往炮火的方向。

现在也许不是从事礼节性拜访的恰当时机。拉斐尔·德·诺加莱斯走进修道院拜访指挥官的时候，想必对这点也是心知肚明。但他怎么抗拒得了呢？他想要表达敬意的对象不仅名声响亮，更已经成了传奇英雄人物。

奥托·利曼·冯·桑德斯，普鲁士将军，奥斯曼帝国陆军元帅，他的祖父是个归化德国的犹太人。在战争爆发之前，利曼是土耳其陆军的督察长。※
战争爆发之后，在协约国登陆加利波利的时候，他正是身在适当地点的适当人选，于是身为第五军指挥官的他为同盟国遏阻了一场原本可能迅速演变成灾难的攻击行动，且反倒以更快的速度将这场行动转变为协约国的灾难。有个人会见过富有魅力的利曼之后，说他是"一名很有教养的军人，拥有永不停歇的精力，永不倦怠，对自己和别人的要求都非常严格"。不同于其他许多被派往中东担任顾问与指挥官的德国军人，他与奥斯曼将领合作并没有什么问题。† 一个月前，利曼被派到巴勒斯坦这里来再度发挥他著名的魔力。

当下这个时刻确实需要他的魔力。加沙在去年 11 月陷落，接着耶路撒冷也在 12 月陷落——前者是军事上的一大打击，后者则是政治与声望上的一大灾难。现在，前线从西边的雅法延伸到东边的约旦。英军现下正在死海以北的桥头堡持续朝外进击。

远方传来的战斗声响在下午变得更加激烈。拉斐尔·德·诺加莱斯体认到自己恐怕也会必须前往受威胁的区域。他写道："我开始准备贡献自己一份渺小的力量。"

"一份渺小的力量"这句话本身颇为引人注意。由此可见，即便是德·诺加莱斯终于受到那种导致千百万人幻灭的感觉的影响——他在这场战争中的寂寂无名以及可取代性，已导致他沦为一个无足轻重的元素，只是一粒沙、一滴水、一颗尘埃、一个渺小无比的东西，被一个巨大的

---

* 战争爆发前的几年，德国在奥斯曼帝国的影响力大幅增长，使得俄国人深感紧张，因此开始思考他们的军事选项。这是促使俄国推动军事现代化这项重大计划的背景因素之一，结果这项计划令德国参谋部恐惧不已，开始考虑自身的军事选项。双方如此不断交互影响。

† 不过，这并不表示他拥有无限量的影响力。举例而言，他曾试图阻止对亚美尼亚人的种族屠杀，却没有受到理会。

事物所吞没。个人被迫为这个巨大的事物付出一切，但这样的牺牲对于事情的发展却没有任何可见或可测的影响。这就是为什么功勋彪炳的英雄与著名将领如此重要——因为他们代表了扭转乾坤的一线希望。

自从加沙战役之后，德·诺加莱斯就一直待在远离前线的后方，先是在耶路撒冷治疗耳朵的毛病，接着是纯粹为了休闲而前往君士坦丁堡。在那里的时候，他有一天晚上坐在摆满了丰盛菜肴的晚餐桌前，身旁环绕着欢乐的人群以及盛开的木兰花，内心却突然涌现一股感受："安逸的生活经常会在身上佩剑而且脚蹬带有镀金马刺的靴子的军人心中唤起一种古怪的焦躁不安。不晓得为什么，我的心思开始飞越海洋，飞到我遥远的祖国。"

就在德·诺加莱斯即将出发前往前线之际，却传来了一个出乎意料的消息：英军已停止攻击行动而撤退了。

魔法。或者也可能只是那些司空见惯的原因：误解、疲惫、情报错误。

1918年3月17日，星期日
威利·科庞看见一只昆虫变成一个人

没有任何重要的事情发生。各由三架飞机组成的两支巡逻队一同返回机场。接着，科庞看见其中一名飞行员——德·默莱梅斯特尔——突然驾机向下俯冲。科庞随即跟着俯冲而下。

然后他才发现了原因——他们下方有一架速度缓慢的德军双座飞机。

德·默莱梅斯特尔率先接近目标，并且完全遵照空战准则，等到最后一分钟才开火攻击。接着,这位比利时飞行员紧跟在那架德国军机后面,持续朝着他的猎物射出一轮接一轮的子弹。科庞随即加入他的行列。他看见敌机冒出一股蓝烟,而且己方的子弹仍然继续命中对方的机身。他看见那架德军飞机突然翻转,随即解体,接着就只剩下一团残骸碎片。

那团四散纷飞的碎片当中冒出了两个醒目的物体。其中一个是机身,冒着黑烟垂直往下坠落;另一个则是机上的观察员,仍然活着,却头下脚上地朝向地面跌落。那个人在空中缓缓旋转,双臂张开,像是被钉上十字架一样。科庞忍不住盯着那个落下的身影看,看着他缩小成一个黑点,一个微小的黑点。科庞一次又一次认定那个人一定即将撞击地面,但他却一直不停坠落,持续了仿佛有一辈子那么久之后,那个黑点才突然静止不动。

科庞惊恐不已:

> 可怜的家伙!可怜的家伙!这一次,我首度看见飞机里的人,以致再也无法像以前一样想象着自己攻击的对象只是某种巨大的昆虫。

科庞掉头回转,飞过敌机仍然缓慢飘落的残骸。一张飘浮在空中的地图被他的翼端钩住,一会儿之后才飞走。

他需要"某种激烈的反应",才能让自己摆脱那幅可怕的景象以及他因此产生的思绪。于是,他操控自己的飞机进行一圈接一圈的回转,一次又一次。其他人也跟着照做。

1918 年 3 月 21 日，星期四
艾尔弗雷德·波拉德听到别人谈起德军在索姆河上的突破

德军的春季大攻势在今天上午展开。尽管他们知道德军从东部调来了大量的部队与物资，尽管他们很久以前就料到德军会发动攻击，却还是不免大吃一惊，尤其是因为这场攻击行动非常成功。大多数人都以为德军的攻势会落入与协约国相同的下场，也就是缓慢而且终究徒劳无功地稍微侵蚀根本无法突破的防线，并且在过程中遭遇重大损失。然而，德军结合了秘密行动、出乎意料的大量炮火以及在意大利与东部战线实际测试过的渗透战术，实现了无人预见的重大突破。

艾尔弗雷德·波拉德写道：

我们初次得知这起事件，就是收到一道紧急命令，要求我们在半个小时内整装完毕，准备出发。看着这道命令对营里各个成员造成的影响，是非常有趣的事情。以前没有上过前线的人相当开心，其他人则是分成两类。有些人心情低落，大多数人无动于衷，少数人则是像我一样深感欣喜。我的确是雀跃不已。度过了无聊乏味的几个月之后，能够参与作战无疑是令人振奋的事情。

1918年3月24日，星期日
哈维·库欣在滨海布洛涅发觉自己难以享受春天

炸弹在夜里从天而降。现在是个温暖晴朗的春季早晨，库欣正跟随着一名将军巡视夜间空袭造成的损失。一颗炸弹击中战地医院的仓库和X射线管；玻璃瓶及其他实验室器材连同化学药品散落于满地的瓦砾当中，在他们的脚下嘎吱作响。屋顶被炸掉了，但没有人受伤——至少医院里面没有。附近不远处有几栋房屋因为被另一颗炸弹击中而坍塌，据说仍有人被压在残骸底下。

接着，他们前往邻近的一座战俘营——94号战俘营——原因是那位充满热忱的将军也想到那里巡视一番。库欣颇感好奇，因此陪着他去。他们抵达的时候，德军俘虏正集合于带刺铁丝网外，分成两组，每组各五百人左右。他们受到的待遇良好，住在刷洗干净的营房里，也能收取从家乡寄来的包裹。有些德军士官收到家里寄来的新制服，于是在星期日特地换上，连同勋章一应俱全。尽管受到监禁，他们仍然严格遵守军事礼仪。在这趟走访期间，到处都可以听到鞋跟靠拢发出的清脆敲击声。不过，库欣并没有对他们感到特别惊艳。尽管这些俘虏看起来都营养充足，他却觉得他们很矮——比原本就不算高大的英军士兵还要矮小。他也认为"其中没几个看起来头脑聪明的"。

那位英国将军对于礼节也是一丝不苟。他检视了两组俘虏，从他们面前一一走过。将军指出有些德国战俘穿着过大的灯芯绒外套，还扑上前抓住一个在原野灰长裤上打着蓝色补丁的俘虏。接着，他开始到处窥探，找寻其他能够批评的地方。在垃圾堆的顶端，他发现了一些应当可以吃的马铃薯皮，还有一根应当可以用来煮汤的骨头。视察结束之后，那些俘虏四人一排，踢着典型普鲁士正步从那位英国将军面前走过。

下午，库欣回到了他住的海滨大别墅。温暖的春风从敞开的窗户吹进室内。他眺望着英吉利海峡，看见三艘驱逐舰驶向南方。他看见几艘"伪装得极为可笑的运兵船"停泊在近岸处，还看见一排排渔船等待着起风。现在是退潮，许多人都走在别墅底下的干燥沙滩上，享受着温暖的阳光，寻觅着贻贝。

库欣感到焦躁不安。德军的重大攻势仍在持续进行，目标主要是英国的第五军，但第五军在去年秋天的第三次伊普尔战役当中遭受惨重损失之后，至今尚未恢复元气。一如往常，各种报道仍然充满了矛盾，出版审查仍然非常严格，谣言更是满天飞——不过，英军似乎确实正在撤退。医院几乎完全没收到任何伤员，这是个很糟糕的征象；德军显然推进得非常快，以致英军根本没有时间后送伤员。由某种巨型大炮发射的炮弹已开始轰炸巴黎。不过，库欣和其他人都没有收到新指示，所以只能"坐在阳光下或者在沙滩上漫步——慢慢等待。这是最痛苦的事情"。

他望出窗外，俯瞰着底下的走廊，几个军官正坐在一张长凳上和一个小孩玩耍。

1918 年 3 月 27 日，星期三
爱德华·穆斯利在君士坦丁堡度过三十二岁生日

近几个月真是过得多彩多姿。在圣诞节当天，被转送至君士坦丁堡的穆斯利展开了一场逃亡行动。一开始进行得颇为顺利。借着虚张声势以及充分的准备，他和几个同伴沿着一条经过仔细勘查的逃亡路线抵达加拉塔大桥，并且搭上一艘由一名帮手事先取得的船航入马尔马拉海。船上备有大量鸡蛋，以供他们在航程中食用，但是缺少几件重要工具，特别是舀水桶。风很大，浪很高，海流也很强。桅杆在不久之后就断裂了，于是整场逃亡行动随即沦为一场闹剧。他们全身上下沾满了鸡蛋打破之后的蛋液，将不断进水的船奋力驶向岸边。他们别无选择，只能偷偷回到他们被监禁的那栋屋子，在全身湿淋淋又沾满蛋液的情况下爬进屋内。

在那之后，他得到了一个惊喜——被转送到布尔萨。那里是一座美丽怡人的矿泉疗养小镇，有许多著名的硫黄浴场。这得益于他的眼科医生柯尼希的医嘱。柯尼希原是战斗巡洋舰"戈本"号的随船医生，那艘战舰与另一艘军舰在1914年导致奥斯曼帝国卷入了这场战争。* 英军高阶将领都被监禁在布尔萨，因此穆斯利也得以分享他们的特权，诸如丰盛美味的餐点、较为晚近的报纸以及相当程度的活动自由。他在那里经常与人下棋。†

接着，他收到了返回君士坦丁堡的命令。

穆斯利原本希望这道命令代表的是他即将经由换俘而被送回家乡。然而，他却在昨天被送往一座恶名昭彰的监狱。他刚得到通知说，他将因为逃亡未遂的罪名接受军法审判。他被关进一间狭小阴暗的牢房，里面还有一个阿拉伯人、一个土耳其人以及一个埃及人。他从栏杆往外望，可以看见一条长廊、一间厕所和一个壮硕的警卫来回走动着。

今天是穆斯利的三十二岁生日，他肚子非常饿，而且身体不太舒服。他想要点儿食物，但似乎根本没有人把他当一回事。他拿到了一份报纸，

---

* 另一艘是轻型巡洋舰"布雷斯劳"号。1914年8月，这两艘战舰因为炮击法属阿尔及利亚的波尼［Bône，今为安纳巴（Annaba）］而遭到英国地中海舰队的追击。它们穿越达达尼尔海峡逃逸，抵达君士坦丁堡之后即正式转为土耳其海军（包括船上的德军船员）。一般皆认为这项合作是巩固同盟国与奥斯曼帝国结盟关系的一大助力。

† 但穆斯利没有与汤曾德一起下过棋。汤曾德被囚禁在君士坦丁堡外海的王子群岛，舒适地住在其中一座岛屿上的专属别墅里。

但报纸的内容无法令他感到开心：德军在法国的攻势仍在推进，看似无可阻挡。他在日记里写道：

> 我的警卫和狱友都借着大谈德军如何践踏着法国与我们而自得其乐。不过，我却等待着反攻。只要我们的实力尚未彻底瓦解，我们就会发动反攻。而且，在现代战争中，大量人员与物资的调动需要经历繁复的通信，所以德军的推进无论如何一定会遭遇距离过长的问题。这真是极为悲惨的一个生日。

唯一值得庆幸的事情发生在傍晚。他的两个狱友打起架来，于是穆斯利趁着混乱溜到隔壁牢房，给一个他知道关在那里的英国皇家空军军官留了话。

1918年4月6日，星期六
安德烈·洛巴诺夫-罗斯托夫斯基在拉瓦勒拔出左轮手枪

他相当确定，自战争爆发以来，这是他最想朝人开枪的一次；而且讽刺的是，他威胁开枪的对象竟是他自己的同胞。安德烈·洛巴诺夫-罗斯托夫斯基继续着他的旅程，但与其说这趟旅程带他远离了家乡的安全（就算结果真是如此），不如说是远离了革命的威胁。

结果，萨洛尼卡根本没法逃离家乡的动乱，连那里的苏俄部队也不免受到革命的影响，尤其是在布尔什维克掌权之后。现在何必作战？于是，洛巴诺夫-罗斯托夫斯基继续逃离——逃往法国，在一个愿意继续作战的苏俄军营中担任连长，身上穿的虽然仍是苏俄军队制服，却是为法国效力。(萨洛尼卡绝大多数的苏俄士兵都拒绝加入，反倒组成革命委员会，挥舞着红色旗帜，唱着《国际歌》。然后，他们就在摩洛哥骑兵的严密看守下被押往法属北非接受劳役监禁。)

不过，即便在法国也可以感受得到苏俄革命的影响。或者，也许只有"革命"，因为弥漫于欧洲各地的情绪都是如此——摇摇欲坠、灰暗、疲惫、幻灭而且死伤惨重的欧洲，经过了将近四年的战争摧残；在这四个漫长的年头里，所有迅速获胜的承诺以及光荣复兴的希望都化为泡影，转变为恰恰相反的结果。洛巴诺夫-罗斯托夫斯基才刚抵达拉瓦勒的大营地不久——西部战线的俄军部队都聚集于此——但已看得出"这个营的精神受到了腐蚀"。

这其实没什么奇怪的。首先，苏俄已经退出战争，因为战胜的德国与处境窘迫的布尔什维克在一个月前签订了以条件严苛著称的《布列斯特-里托夫斯克和约》。* 所以，就当下而言，苏俄人实在没有什么必要再在战场上卖命了。当洛巴诺夫-罗斯托夫斯基一行从萨洛尼卡来到这里的时候，这座营地里早已充斥着士气低落而且不受控制的苏俄士兵——他们是先前驻扎于法国的苏俄军团的成员。遇见他们无疑对新到的人员有所冲击。此外，巴黎距此不远，所以士兵也很容易受到该市许多激进移民团体的煽动。

---

* 与其说这是一项和约，不如说是一道扩张主义命令，迫使苏俄放弃对乌克兰、白俄罗斯、芬兰、波罗的海三小国、波兰与克里米亚的控制权。这些地区大多数都在后来成了德国的独立卫星国。高加索则是让给奥斯曼帝国。此外，苏俄还必须向战胜国(奥匈帝国与保加利亚虽然同属战胜国，却因为胜利的果实几乎全都落在德国手中而深感沮丧又愤怒)缴交大量的石油与谷物，以及为数众多的重要军事装备，诸如火车头、大炮与军需品。布尔什维克新建立的苏俄因此损失了34% 的人口、32% 的农业土地、54% 的工业以及89% 的煤矿。德国部队已经开入格鲁吉亚——为了获取石油——而德军将领更是深深陶醉于这场胜利，因此热烈谈论起将德国潜艇运往里海，甚至侵略印度。

动荡不安的征象四处可见。在一场游行当中，有人将一根大螺栓掷向负责指挥所有驻法苏俄部队的将领。有些排突然集体罢工，而且与萨洛尼卡一样，军官也收到了匿名的死亡威胁。

事情的发展就在今天达到巅峰，原因是他所属的营即将首度被派上前线。洛巴诺夫-罗斯托夫斯基在今天上午抵达集合场检阅连队的时候，却发现集合场上空无一人。有人告诉他士兵刚召开了一场会议，决定拒绝离开营地。洛巴诺夫-罗斯托夫斯基又担心又紧张，几乎到了崩溃的程度，但他意识到自己除非采取"极端措施，否则一切就完蛋了"。他不知道该怎么办，但他还是下令全连的两百人必须到集合场上集合。虽然花了很长一段时间，但人员总算到齐了。

他对全连发表了一段简短的即席训话。他对他们说，他对政治上的问题根本不屑一顾，但纯粹就形式上而言，他们现在属于法军的一部分，也已宣誓将持续作战直至战争结束为止，而他的职责就是确保这支连队开赴前线。接着，他问他们是否愿意动身出发，结果他们齐声回答："不！"

他不晓得接下来该怎么办，于是等了几分钟后，又问了一次同样的问题。他得到的同样又是个响亮的否定答案。他的脑筋转得飞快，而且"如梦似魇地望着眼前这幕场景"。

洛巴诺夫-罗斯托夫斯基满心凄凉地意识到他把自己逼进了死角。绝望之余，他未经深思就拔出了身上的左轮手枪——他在事后坦承这个举动"颇为戏剧化"。然后，他说出了这句话："我再问你们最后一次。坚决不上前线的人请出列。不过我警告你们，我会对第一个出列的人开枪。"

现场一片寂静。

洛巴诺夫-罗斯托夫斯基盘算着最糟的结果。他真的打算对出列的人开枪吗？没错。他既然已经口出威胁，自然别无选择。不过，士兵也有可能集体扑上来对他施以私刑。这种情形曾经发生过。如果真是如此，他就会用手上的左轮手枪自我了断。"在我的记忆里，那段寂静有如梦幻一般。我的脑子里转着许许多多的念头。接下来该怎么办？"

寂静仍然持续着。士兵静止不动、犹豫不决的时间越长，他距离获胜就越近。士兵也意识到了这一点，于是寂静中的沉重气氛逐渐缓解，反抗的情绪转为顺服。队伍中有人高喊："我们不是针对你个人，上尉。"洛巴诺夫-罗斯托夫斯基手中仍然握着左轮手枪，再次向他们强调了一通义务与原则。现场仍然一片寂静。接着，他要求愿意善尽职责的人举手——结果全连都表示自己愿意上前线。放下心中的一块大石之后，他宣布放所有人一天假，他们将在明天一早出发。

洛巴诺夫-罗斯托夫斯基离开集合场的时候，整个人摇摇晃晃得像喝醉了酒一样。他觉得脚下的地面不停旋转。他遇到一名军官战友，对方讶异地盯着他看。"你怎么了？"那名军官问道，"怎么脸色又青又紫？"

1918年4月15日，星期一
芙萝伦丝·法姆伯勒抵达符拉迪沃斯托克

火车在清晨缓缓驶入符拉迪沃斯托克（海参崴）。透过车厢的窗户，她可以望见港口，看见四艘庞大的军舰停泊在那里，其中一艘飘扬着英国国旗。芙萝伦丝·法姆伯勒看到那面国旗，不禁大大松了一口气。一瞥见那块布，她所有的紧张、烦恼以及阴郁的担忧仿佛瞬间消失得无影无踪。她几乎克制不住内心的兴奋：

啊！我内心的喜悦、如释重负，以及满满的安全感！有谁能够知道这面光辉灿烂的旗帜对我们这些奔波劳累的难民具有多大的意义？我们仿佛是听见了一个亲切而熟悉的声音，对我们说："欢迎回家！"

他们从莫斯科出发至今已经二十七天，在这列呜咽哮喘并且不停吱嘎作响的运货火车上待了二十七天，混杂在一群陌生人之间——其中大多数是朝着东方逃难的外国人——在一节为了运送俘虏而设计的车厢里，肮脏又不舒服。不过，尽管寒冷令人难以忍受，甚至有时候还出现粮食与用水双双短缺的现象——缺水状况一度严重到所有人都不准洗手——但这尚不算她遇过的最糟的处境。此外，他们排列整齐而且盖满了官方戳章的旅行证件，帮助他们顺利通过了多疑的红军以及专横的铁路官员的检查。

就某方面而言，离开的决定是无可避免的结果。她没有工作，苏俄与莫斯科当前的状况也不适合继续停留，饥荒越来越严重，社会秩序崩解，内战已然迫在眉睫。但即便如此，离开也不是一项容易的决定，而且她在做出这项决定之前还一度陷入了绝望当中。有一天，她的一个朋友看见她坐着哭泣，但她却说不出自己为什么哭，甚至连自己都搞不清楚，因为答案并没有那么简单。她翻阅自己的日记内容，对过去若干不愉快的经历感到恐惧或厌恶，并且一面问着自己："目睹那幕情景的人是我——真的是我吗？做出那件事的人是我——真的是我吗？"她想起自己见过的许多死尸，包括她这辈子看见的第一具尸体：身材瘦小的瓦西里，那个莫斯科的马夫，甚至算不上是战争的受害者，因为他是罹患脑瘤而死的。她问着自己："后人会记得他们吗？可是谁能记得住那成千上万的人？"她在二十七天前向莫斯科的朋友以及她的雇主家庭告别之时，只觉得自己笨拙又冷淡，也觉得言语不足以表达她内心的情感。

他们走出火车车厢，走到镇上。她在街上可以看见各种国籍的人以及身穿各式各样军服的军人，有中国人、鞑靼人、印度人、苏俄人（当然）、英国人、罗马尼亚人、美国人、法国人、意大利人、比利时人与日本人。（港口里有两艘大型军舰是他们的。）外国已开始干预苏俄内政，原本只是意图敦促苏俄继续参战，现已逐渐转变为反对布尔什维克的行动。市场与商店里的商品都相当丰足，甚至也买得到牛油。她一抵达领事馆，就遇到一位热心的官员，将她弟弟从英国寄来的二十英镑转交给她。符拉迪沃斯托克也有出海的航班，但那位官员没办法确定时间。

能够再度吃到白面包与草莓果酱，令她深深乐在其中。

哈维·库欣在同一天于日记里写道：

今天冷得不合时节，强烈的北风吹个不停。偶尔可以看见飞机逆风飞行，但数量不多。这种枯等命令而无事可做的状况实在令人难以忍受。所有人都同样受到这种状况的影响，因为我们知道在别的地方，一定有外科团队正在奋力应付繁重不已的工作。

1918 年 4 月 18 日，星期四
米歇尔·科尔代在巴黎听到几个打牌客的谈话

又是一个阴天。焦虑的氛围稍微消退了一点儿，但只有一点点儿。德军的大攻势已进行了将近一个月，但往南朝着巴黎推进的行动确实看似已经停止，反倒是北方的佛兰德斯发生了一连串的攻击。另一方面，德军也在同时开始朝着瓦兹河与默兹河进军。

目前巴黎最热门的话题，自然就是巨炮了。自从3月23日以来，法国首都就几乎每天都会遭到某种特殊大炮的轰击，那门炮能够从德军阵线后方一个掩蔽良好的阵地将炮弹射击至一百三十公里外——此一射程非常令人难以置信，以至专家一开始都不禁怀疑其真实性。*这种大炮的随机轰击（一会儿打这里，一会儿打那里，每隔两小时左右就打一次），再加上德军迅速推进的消息，起初在法国首都几乎引起了一片恐慌。

科尔代在日记里写道，这种气氛令他回想起1914年8月的状况。所有人的谈话都由这个充满焦虑的问题起头："你有没有听到什么消息？"车站里挤满了想要搭上火车的人潮，排队的人龙也一路延伸至街道上。银行里满是赶来提款的民众，只怕德军一旦入侵，他们存在银行里的血汗钱不免将付诸东流。到了这个时候，已经差不多有一百万人离开巴黎到其他城镇避难，例如奥尔良的人口就瞬间增加至原本的三倍。贸易活动大幅减少——从事奢侈品买卖的公司尤其备受冲击，不得不裁员作为应对。

科尔代注意到，大多数离开巴黎的人都不愿显得怯懦，因此总是会为自己的逃离找出一大串的理由。有个笑话是这么说的："不对，我们离开的原因和别人不一样，我们是因为害怕才要离开。"他认为自己能够察觉到许多虚伪现象，不只在于逃亡者忙着为自己编造借口的表里不一，也在于逃亡者都属于哪一类型的人。根据科尔代的说法，现在离开巴黎的人士当中，有许多都是先前大力支持战争，呼吁着别人"奋战到底！"的人；

---

* 这种"巴黎大炮"将炮弹射上平流层，于是炮弹即可因为平流层较低的空气阻力而飞得更远。发射这种21厘米口径炮弹所产生的压力极大，以致炮管每发射一枚炮弹就会稍微增大，因此后续的炮弹也就需要有越来越大的环带。同理，弹膛的扩张也导致火药必须不断增加。这种大炮每发射60—70发炮弹，就必须将炮管重镗为24厘米。这种大炮造价极高，制造时间也很长，因此相较于花费的成本，带来的成果实在微不足道。

现在，这些人自己终于面临了真正的危险，结果就是立刻逃之夭夭。（科尔代也认为绝大多数的逃亡人士都是中上阶层。他们拥有逃亡所需的资源，而且他们的人脉也能让他们更容易逃走。）

恐惧的情绪正是源于情势的不确定性。实际状况究竟如何？严苛的信息审查——甚至包括信件与明信片——更让人觉得自己仿佛置身于无人地带，介于固定不变以及变化不定的状况之间：一个朦胧不清的处境，再也无法仰赖新闻报道或者官方公报的内容。就许多方面而言，这两种媒体反正也已经融合成了一体，因为现在严令禁止出版物上出现违背军方公告的说法。即便是私下面对面提出这种言论也可能受到处罚。如果有人在谈话中声称德军的方位比政府当局所说的还要接近，或者声称敌军拥有的资源可能比官方承认的还要多，就可能会以"危言耸听"的罪名遭到起诉。举例而言，他们既不准讨论巨炮的炮弹落在什么地方，也不准讨论那些炮弹造成了多大损失——否则就可能招致十四天的牢狱之灾。*

如果有人遭到起诉，通常都是因为被人告密了。政府组织了一群民间志愿者，在街头偷听别人谈话，只要听到不当言论就立刻报警。电话也同样遭到窃听。今天，科尔代注意到他的部门最近发布了以下几项警告：

> 某日某时，有人在办公室里打电话给亚眠的区长，后者在电话中称情势非常危急，而且英军一如往常溃退奔逃。这是一段绝对应该受到谴责的对话。

还有：

---

* 平民做出这种行为或其他类似违法行为，所受到的处罚远比军人严苛，因为军人的犯罪行为皆受军事管辖。

1918　　　　　　　　　　　　　　　　　　　　　　　　　　　　579

××号分机在办公室打电话给一名电话号码为××的女士，向她询问目前的情势。这场谈话中出现了不适当的用语，这种现象往后绝对不得再发生。

自从炮击巴黎的行动展开以来，科尔代再次注意到人们对正常的生活有多么渴望——即便是在最极端的状况下，他们也还是一样会建构出普通生活的常态，而这种能力可谓是一把双刃剑。

炮弹刚开始落下之初，警察随即在巴黎各处吹哨，并敲击小鼓向市民发布警报。这种做法没有引起太多的惊慌，反倒引来众人的嘲谑（同时吹哨又敲鼓其实没有表面上听起来那么容易），街上的儿童、家庭主妇以及路过的士兵都纷纷嘲笑他们。后来，远方开始传来爆炸声，以前从来不曾听过炮弹爆炸声的科尔代将那种声音描述为"空洞、刚硬，又带着回音"。他指出，有一天早上，一颗炮弹从天而降，但附近的人仍然继续拍打着他们的席子，结果拍打席子的声音盖过了炮弹爆炸的回音。他的一个朋友甚至连爆炸声都没有听到，原因是负责收集垃圾的阿尔及利亚人倾倒垃圾桶所发出的噪声比爆炸声还大。

科尔代对于这样的反应惊恐不已："在灾难发生处的五十米外，众人仍然继续买卖商品、谈情说爱、照常工作、照常吃喝。"圣热尔韦广场上的教堂在举行耶稣受难节弥撒之时被炮弹击中。当时教堂里满满都是人，正在为近几个星期阵亡于艰苦战斗中的许多将士祈祷。炮弹造成教堂屋顶崩塌，导致75人丧生。* 这起事件发生的时候，科尔代正在地铁上。后来

---

* 这么高的伤亡数字相当罕见。在射击距离如此之远的情况下根本不可能精确瞄准，所以这些巨大炮弹造成的伤亡通常远少于此。实际上，许多炮弹爆炸之后根本没有造成任何伤害。这种现象的部分原因是，为了减轻炮弹的重量，炮弹里只含有少量的炸药。经验老到的军人听到这种炮弹的爆炸声，认为听起来很像小了许多的7.7厘米口径炮弹。整体而言，巴黎在1918年3月23日至8月9日之间总共遭到44次炮击，共有367枚炮弹落在市区里，造成250人丧生。

他在马德莱娜站走到地面上之后,一个他不认识的妇女向他告知了刚发生的事情。"几个年轻人坐在车站入口旁的栏杆上继续大声说笑。"

今天,科尔代坐在一家咖啡厅里。四名男子围坐在一张桌子旁,一面打着牌,一面谈论过去这几天的炮击事件:

我选梅花……有14个人死亡……王牌!……还有40个人受伤……红心!……其中也有妇女……王牌!王牌和一个黑桃!

1918年5月19日,星期日
威利·科庞击落他的第五颗观测气球

天气非常好。今天早上,威利·科庞正在飞往豪特许尔斯特的途中,因为他知道那里有一颗德军的观测气球,而他打算击落它。一旦成功,这将会是他击落的第五个目标,而击落五个目标就是比利时空军对于王牌飞行员这个头衔所设定的标准。他的飞行中队派出了几架飞机随行,以便在遭遇德军战机的情况下为他提供支持。(攻击观测气球的行动在很远的距离外就会被发现,于是天空中会立刻布满爆炸的高射炮弹,敌军的战机也会随即赶到现场保护气球。)

他们飞抵迪克斯迈德的前线,看见一小队敌机正往南飞行。科庞与他的护航机转向它们,但那些德军飞机似乎无意交战,只是朝着原本的方向继续飞行。接着,他看见了那颗气球。天空开始冒出一朵朵高射炮弹爆炸产生的烟雾。

上午九点四十五分，科庞俯冲而下，以一连串的子弹把那颗气球打成了一团火球。

他降落之后，随即有一群飞行员围上来恭贺他。不只有飞行员，他们的欢腾雀跃还吸引了飞行中队里的几条狗，包括一条名叫比凯的猎狐狸、一条名叫马利纳的德国狼犬，以及一条名叫托普西的可卡犬。后来，科庞和中队里的另一名飞行员在当天被召唤到位于豪特姆的总部，由比利时空军指挥官正式恭贺他获得王牌飞行员的资格。科庞回来之后，在六点半左右又参与了另一场到前线巡逻的任务。

那天晚上，他的姓名首度出现在官方的比利时公报上。科庞又自豪又兴奋，因为他知道这份公告不但会在前线后方到处张贴，也会刊登在国内外的报纸上。他前往德帕内，和人群一起站着阅读最新的公报，并且听到朗读公报内容的士兵读出他的姓名——他的姓名！——他形容自己"开心得像孩子一样"。"不过，只有刚开始是如此。后来我就对自己的出名感到麻木了。"

同一天，理查德·施通普夫看见一艘军舰为了迎接圣灵降临节而张灯结彩。他在日记里写道：

> 属于军火库的小型船舰"日耳曼尼亚"号在我们附近下锚。船上最高的桅顶装饰着一大束桦木枝叶，栏杆与上层构造也都绑上了嫩绿的树枝。我心想，这些人虽然经过了四年的战争，却没有丧失美感。要不是因为如此，怎么会有人愿意冒着生命危险爬上桅顶呢？

1918年5月23日，星期四
哈维·库欣在伦敦买糖

医院位于卡尔顿府联排10号，接近蓓尔美尔街，可以眺望圣詹姆斯公园。这个时髦的地址显示这是一家私人机构，纯粹用于照料受伤的军官，创办人是一位富有的资助者，一位人称里德利夫人的英国上层阶级妇人[*]。库欣来到这里是为了拜访一名友人——在这里接受治疗的飞行员米基·贝尔-欧文。

库欣因公来到伦敦。他要和几个负责英军医疗事务的高层人员会面，以便讨论有关神经疾病治疗资源的密切协调问题。对于离开滨海布洛涅，他一点儿都不觉得难过。所幸，德军在佛兰德斯发动的第二阶段春季攻势已经消退，因此现在前线处于一种弥漫着不安情绪的平静状态。不过，德军的空袭却仍然持续不休。库欣出发前往英国的前一夜，天空晴朗无云，明亮的月亮高挂空中，滨海布洛涅正遭到德军的猛烈轰炸。

伦敦之行令库欣充满了困惑。

尽管这时已经接近5月底，伦敦却仍然显得阴郁灰暗。到处都是伤残人士。大多数人似乎都渴望和平，而且普遍认为，如果美国没有参战，至少战争早就结束了。此外，众人的情绪也变得开朗许多——英国人不再像传说中的那样沉默寡言。不论在地铁上还是街道上，他的美军制服都一再吸引伦敦人主动向他提供协助，或是向他说明没有必要说明的事物。

库欣发现伦敦存在粮食短缺的现象，尤其是糖与牛油。他今天早晨在旅馆里吃早餐，服务生端上的法国面包搭配了两小团软塌塌又令人倒胃

---

[*] 里德利夫人是前海军大臣丘吉尔的亲戚。

口的人造黄油，而且咖啡也没有加糖。不过，他在一家服务美国士兵的商店里，却仅以几便士就买到了一公斤糖。商家低调地将他购买的商品包装在一个法蒂玛香烟的盒子里，然后交给了他，后来他就立刻把这盒糖转送给了一名英国友人。只要你有足够的钱和适当的人脉，就没有买不到的东西。不过，库欣认为这里的人们大体还算健康，因为大家都吃得比以往少，走路又走得比以往多，所以"他们的脑筋可能因此变得比较清楚"。

库欣走进他的朋友所住的病房。米基不是在战斗中受的伤，而是因为练习特技飞行。他在空中翻转几圈，然后又翻滚了几次，结果一侧的机翼突然断裂，飞机因而从一千五百米左右的高度坠落下来。他虽奇迹似的生还，却受了重伤。他的一条腿被压碎，以致外科医生别无选择，只能帮他截肢。

米基正坐在床上，用手紧抓着他的残肢。他被截肢的那条腿产生严重幻痛，因此被注射了大量药剂，但他仍以往常那种充满魅力的亲切姿态迎接自己的访客。因此，库欣过了好一阵子才发现床上这名被施药的伤员根本不晓得自己面前的访客是谁。库欣对此深感沮丧，后来在日记里写道，米基"现在深受痛苦折磨而又肢体残缺不全——死了也比这么活着好"。

1918年5月30日，星期四
勒内·阿诺返回他位于维莱科特雷的军团

阿诺在四天前结束休假，于是他离开巴黎，返回他所属的军团。他在不久之前刚晋升为上尉，现在担任连长的职务。不过，实际上要返回部队却没有表面上说起来那么容易，因为他的军团已经往东移动，朝着德军刚突破的地区前进。几天前，德军开始了春季攻势的第三阶段，这一次是对贵妇小径周围一片荒芜的老战场展开猛烈攻击，而且也再次取得重大成效：德军俘获了将近五万人，收缴了八百门大炮，正以令人担忧的速度往距离巴黎只有九十公里的马恩河推进。

阿诺连续三天都是一早从巴黎搭乘火车出发，前往他得知的军团所在地，到了那里才发现军团已经离开，于是下午就又回到巴黎，如此白白空跑了三趟。他看出军方的最高指挥部其实并不晓得当前的状况，所以只好跟挪动棋子般反复移动，集结足够的后备部队，以便进行反攻。[*]

今天，他抵达目的地之后，听闻他的军团仍然待在原地，尚未离开维莱科特雷。他在最后一段路搭了一名屠夫的便车。阿诺对此颇觉讽刺。

这一天，新创刊的《家园报》刊登了一篇由罗伯特·穆齐尔撰写的文章。人脉再一次将他带回维也纳与爱妻玛尔塔身边，让他重回写作之路（这可是他最爱的工作）。一如《蒂罗尔士兵报》，《家园报》也是由军方经营的政令倡导工具。这一切确实有其必要：年初，奥匈帝国的民众陷入恐慌，而这样的恐慌情绪在维也纳更是明显。罢工、抗议、示威，环环相扣，一发不可收拾。缺粮危机迟迟未能好转（更讽刺的是，连军队都开始面临缺粮的窘境）。许多成人的体重降了十到二十公斤，甚至有人瘦了四十公斤之多。有些养老院与精神病院不得不关闭，原因是收留的患者全饿死了。[†]

---

[*] 再过几个月后，许多德军士兵也遭遇了同样的命运，一再搭乘火车沿着前线来回移动，却不晓得目的何在。那时已轮到他们来回调动以遏阻敌军推进。据估计，德军有些时候共有多达三分之一的部队搭乘速度缓慢的火车，散布于法国与比利时乡间各地。

[†] 几个月后进行的一项调查显示，当时维也纳市民一天平均摄取的热量为1721卡。一般正常的情况下，每人每天卡路里的建议摄取量为3 000卡。

当权者忙于应付这个多民族帝国内各种即将引爆的社会危险因素，早已无暇他顾；现在还要加上来自苏俄布尔什维克党的威胁。东部战线趋于平静之际，来自后者的威胁顿时提高。这就是穆齐尔在《家园报》第一篇文章的主题：

> 我方的战俘将要从苏俄回来了，在结束长期监禁后，他们将见到久违的家园。他们备尝艰辛，被迫经历沙皇铁腕统治后，又逢天翻地覆般的革命，原本的贱民一跃成为统治者。这一连串事件的力量，让有些人感到困惑与混乱。回家时，他们受到苏俄动乱的感染，还试图将在苏俄所获得的理念付诸行动，将它们强加到我们的社会环境里。
>
> 就算这些被感染的人极为少数（只有万分之一），他们的诉求还是非常有害，必须受到谴责。他们到底是叛徒，还是疯子？我们不想和疯子同睡一张床上，所以两种情况都一样。因此，那些即将返乡且仍保持高贵心灵的人必须时时提高警觉。假如发现有人试图在我们身上强加苏俄式的社会制度，我们就必须在受到伤害前，果断将其逮捕。

穆齐尔过着双面人的吊诡生活为时已久，这时开始显现出轻微的精神分裂症状。* 他写着这些逢迎献媚文章的同时，脑中却充斥着抨击社会的念头。† 此外，他更发现，埃贡·埃尔温·基希‡，这位他在维也纳"战争

---

* 卡尔·科里诺提到过一次"值得注意的精神分裂"。
† 穆齐尔可能将自己定位为"不愿参与政治"。
‡ 基希生于布拉格，年方三十三岁，是一位用德语写作的犹太裔新闻记者。战前他即以笔触犀利、无畏、激动人心的报道闯出名气，敢于挖掘社会的黑暗面。战后许多人的思想走向极端、偏激，他正是其中之一；一切发生于他在塞尔维亚与喀尔巴阡山脉步兵营服役之后。两年前，由于过分犀利的文字，他受到当局短期监禁。穆齐尔和基希的天赋难分高下，但个性却如水火一般，难以容忍对方。

新闻通信社"的下属，暗地里正急切地串联当地工人与军人势力，意图仿效有名的"革命模式"。穆齐尔完全不希望家人和别人谈论自己白天的所作所为。

1918年6月3日，星期一
勒内·阿诺领导一场攻击莫斯罗伊的行动

他惊醒了过来。他的周围有些树木，身边则是他的副手罗班。"他们在朝我们开炮。"德军的7.7厘米口径炮弹不停落在他们四周。爆裂声短促响亮。他和连队其他人匆忙离开他们过夜的灌木林，冲向不到一百米外的几栋建筑物。所幸，敌军的炮弹有许多都是没有爆炸的哑弹——这种情形现在已经越来越常见。

在一座地下室里，他们找到了驻守这个区域的营长。阿诺的部队其实是奉命前来接替另一个营的一支连队，而且那个营还属于另一个师。不过，他们在夜里迷失了方向，现在不太确定该怎么办。又一次，他们必须打一场防御战。

他认为自己能够在法军当中看出一种古怪的征象："一方面似乎即将丧失控制，另一方面却又似乎即将重拾控制力。"许多迹象都显示危机就在眼前。道路上经常可以见到"与所属军团失去联络"的士兵——这种说法他已经听了太多次而深觉反感。步兵严重短缺，因此许多骑兵部队都在仓促之下转变为步兵。一般士兵都毫不掩饰地对这种现象抱着幸灾乐祸的态度，因为骑兵此前都一直得以安然待在前线后方，闲适地等待着承诺已久却从未实现的法军突破。*尽管如此，一周前弥漫于人心中的那种震惊与讶异已渐趋缓和，法军也开始打起精神准备反攻。不过，恐慌仍然潜伏于这种表面的平静之下。

阿诺向地下室里的那位少校说明了当前的情况，说他们迷失了方向，所以现在自己的连队愿意听任他的差遣。那位少校向他道谢。接着，一名身材圆胖的士官长匆匆忙忙地跑下阶梯，打断了他们的谈话：

"报告少校，德军出动坦克了。"

"妈的，"少校咒骂了一声，"我们最好快走。"

于是，他迅速抓起自己丢在桌上的腰带与佩枪——这虽然不是什么英勇的表现，却显得驾轻就熟——接着才想到我：

"这样吧，上尉，既然你在这里，就由你发动反攻吧！"

"可是……报告长官，朝什么方向呢？"

"反攻，直直往前就对了！"

"是，长官。"

不到几分钟后，阿诺的连队就排成两排，中间隔着二十米的距离，然后随即出发。他带领这支部队已经操练了一整个冬天。操练过程并不容易，因为连内许多成员的年纪都比较大，不仅胆小，还缺乏经验与训练，在这场战争中的大半时间都是待在远离前线的安全阵地。如果不是因为征召兵员严重短缺，他们现在也还是一样会留在前线后方。阿诺看着两排士兵秩序井然地前进，不禁深感满意——他们看起来就像是身在操练场上一样。

---

* 骑兵的军官团一直被不得人心的法国贵族当成他们专属的特殊后备队，因此又更进一步加深了一般士兵这种幸灾乐祸的心态。

连队向前猛冲，然后所有人寻求掩蔽，等待一会儿，再继续推进，接着再次卧倒。第三次冲刺的时候，他看见左侧有两个人仍然趴在地上，没有跟着其他人前进——他们遭到了敌军的火力攻击。"卧倒，大家卧倒！"所有人都停下了脚步。阿诺扫视前方一眼。他们正趴在一道长斜坡的顶端，因此视野能够一路延伸至河边。这里完全看不到敌军士兵。不过，在更远处的一棵树下，他确实看见了一辆德军坦克的正方形轮廓。那辆坦克看起来没有移动。阿诺决定适可而止：

> 一个刚抵达前线的军官，由于缺乏实际经验，满脑子都只是理论，也许会认为自己应当继续前进，从而导致他的部下死得毫无意义。不过，到了1918年，我们对战场上的实际状况已经有了足够的经验，所以懂得什么时候该及时停止。明显可见，刚在附近的蒂耶里堡离开前线的美国部队并没有这种经验，而我们也都知道他们在战场上的短短几个月里遭遇了多么惨重的损失。

阿诺把指挥权交给他的一名准尉（罗班中尉手臂受了伤），随即回去汇报。他已经执行了他所接到的命令。

他们在傍晚卸除了任务，得以和他们所属的军团会合。

后来，阿诺得知自己又有了一项新任务：他必须接任营长的职务，因为原本的营长受了伤。传达这道命令的士兵是这么说的："那个该死的浑蛋，只不过被一小片炮弹碎片刺伤了手，就立刻被送走了。他妈的——那点小伤还不足以让我儿子上学请假呢。"

1918年6月23日，星期日
奥利芙·金在萨洛尼卡获颁勋章

这是个炎热的日子，而且充满了失望。奥利芙·金得知她即将再度获颁勋章，这次是因为她的优异表现而获颁塞尔维亚金质奖章，授奖典礼将在上午十点举行。她估算自己只要九点起床即可及时赶到会场，于是为了赶一份报告熬夜到凌晨三点。（她正忙着为她那些薪酬过低而且有时候还营养不良的塞尔维亚驾驶员建一间餐厅。）不过，她却在六点就被敲门声吵醒，一个小小的脸庞出现在她窗前，对她说她必须到车库报到。她匆匆洗个澡提神，然后就出发了。

授奖典礼确实准时于十点举行。一名上校发表了一段冗长的致辞，赞誉她的贡献，然后把闪闪发亮的圆形金质奖章别在她的胸前。金注意到旁边的桌上还摆着一个小盒子，一时不禁以为还有另一项殊荣要颁给她。可是没有——这是第一件令她失望的事情。第二件令她失望的事情发生于十一点半左右。阿尔察——其中一名塞尔维亚驾驶员——原本答应帮她向负责搭建餐厅的塞尔维亚工兵部队解说餐厅的素描图。可是没有——他并未依言现身。早上在匆忙之中没有时间吃早餐，饥肠辘辘的金于是决定去吃顿午餐。可是不行——负责为她打扫宿舍的那名妇人，突然前来进行一周一次的打扫工作，以致金必须待在住处不能离开。她的运气在下午终于稍有改善。邮件送达的时候，她还盼望着能够收到父亲的信，可是没有……

大大小小的失望。除了少数几场小战役之外，萨洛尼卡前线还没有发生任何值得关注的事情。打破僵局已经没有可能，尤其现在已有两万名法军与英军士兵被送往法国，抵御德军在那里重新展开的攻势。（传言称计划在南方这里发动攻势的是保加利亚,而不是协约国——至少这是敌营的一些逃兵所说的。)

奥利芙·金感到疲惫、恼怒又烦躁。她渴望回家。她在这里已经连续工作了三十三个月,没有喘息也没有休假,但是令她灰心丧气的不只是萨洛尼卡的单调情势以及日常生活中的微小挫折。另一段感情又无疾而终了。与约维分手之后,伤心不已的她总算又因为与另一名塞尔维亚同事谱出新恋情而重振心绪——那名同事就是先前提到的阿尔察。他们的感情发展得相当认真,阿尔察也向她提出求婚,但她父亲却不允许她嫁给那个年轻人。她顺从了父亲的意思——而且显然不是特别抗拒。

她内心有某种东西已经消失了。因此,她在先前的一封信里突然以强烈的意识形态——一反她以往的作风——开始语带颤抖地论述地缘政治与战争的目标。我们并不难感受到她其实是在对着自己说教,企图借着文字为内心的伤口止血:

> 目前显然还有千百万人根本不晓得德国为何参战。他们只有个模模糊糊的概念,知道德国想要一条通往海洋的道路,于是踏过比利时。德国确实想要比利时,也想要荷兰,但与它想要塞尔维亚以及和土耳其结盟的方式不一样。拯救大英帝国唯一的方式,就是支持南斯拉夫的统一之梦,在这里扶持一个强大的盟国,形成一道恒久的屏障,遏阻"东方的推进"。

现在已是晚上,奥利芙·金坐在她的小木屋里,敞开所有的门窗。天气又热又闷。吹了两天的凉风突然停了,她"对今晚的一切都感到厌倦"。她把古龙水滴在脚上,然后吹了一口气。液体的蒸发带给她一丝稍纵即逝的清凉。

1918年6月30日，星期日
哈维·库欣在巴黎讨论未来

户外是个暖和而美丽的夏日，室内则是阴暗沉郁。这一切的阴郁是他们面前的那个人散发出来的。他名叫爱德华·埃斯托尼耶，是一位五十六岁的作家，在战前因为他教化社会的心理小说而小有名气。（他与普鲁斯特是同一代的人，人们有时也会将其与阿纳托尔·法朗士及路易·贝特朗相提并论。）* 屋子里一片寂静，而且空无一人。埃斯托尼耶已经把家人送走，使他们远离几乎每晚都会来袭的德军轰炸机，也远离那些长程大炮。

库欣对于空袭也已习以为常。他和一名同事在几天前来到这里的时候，他们搭乘的地铁就因为空袭警报而暂时停车。后来，他们在欧陆饭店里一座能够眺望杜伊勒里花园的阳台上看着空袭进行："哥达轰炸机——灯光——炮弹碎片——偶有炸弹爆炸的火光——一小团火——巴黎一片漆黑。"他们穿越旺多姆广场，人行道上满是玻璃碎片，建筑物的正面也被炮弹碎片打得坑坑洞洞。不过，坐在书桌前的埃斯托尼耶之所以如此沮丧，并不是因为这些持续了几个月的攻击行动。空袭也许是导致他情绪低落的原因之一，但最主要的原因却是战争的整体态势。

在一个多月前，德军发动了自今年3月底以来的第三场攻势，这次在巴黎东北部。德军再度证明了他们能够突破协约国阵线的任何一个地点，而且这次他们推进得比以往更快。才两个星期前，德军停止了推进的脚步，现在他们距离巴黎已不超过七八十公里。所有人都预测他们会再度展开推进，而法国首都将会是他们的下一个目标。

---

* 埃斯托尼耶在今天最为人所知的事迹，就是在1904年创造了"télécommunication"（电信）一词。他是一名合格的工程师，任职于法国邮政与电报局。

库欣前来拜访埃斯托尼耶，是由一位名叫卡明斯的同事带他来的。他们三人谈论的话题只有战争。法国几座美丽的大城镇在近几个月遭到摧毁，埃斯托尼耶对此深感惊恐又丧气："先是兰斯，然后是亚眠，现在是苏瓦松，再过不久就会是巴黎了。"埃斯托尼耶真心认为巴黎即将陷落，而且他认定他们唯一能够做的最后一件事情，就是打一场英勇的最终战役："宁可挺身对抗敌人而损兵四万，也不要像上次一样在撤退当中损失这些人。"库欣与卡明斯努力反驳这个观点——法国必须不计代价保存军力，才能够继续战斗。不对，埃斯托尼耶答道，看看比利时或者塞尔维亚，它们的军队虽然保存了下来，国家却已经灭亡。法国也逃不过灭亡的命运，但一定要战到最后一兵一卒。真是可怕。

这两个美国人一再努力想要反驳他，称他们本身就代表着这么一种论点：驻法美军的军力正在持续不断增强。库欣听说现在驻法美军已有五十个以上的师，兵力达七十五万人。法国既然获得如此规模的增援，想必能够遏阻德军的进攻。除此之外，还有刚在佛兰德斯开始蔓延的致命流感——传言称这场流感疫情已经对敌军造成了严重影响。不过，不论他们怎么说，都难以动摇埃斯托尼耶的绝望心态。接着，他以哲学家的口吻说道：纵观历史，在正义与野蛮的斗争当中，野蛮向来都会胜出。

耳边回荡着这个法国人的悲观预言，库欣与卡明斯怀着沉重的心情走出门外，踏入夏季的烈日之下。他们发现从自己所在的地点可以步行抵达埃菲尔铁塔、凯旋门以及其他著名建筑物，于是花了一整个下午的时间在巴黎漫步，热切想要尽可能多看一点，一心想要将这座城市的景观烙印在记忆里。他们两人都觉得这可能是他们最后一次欣赏这里的景观了。

1918年的一个夏日
保罗·摩内利在哈特谈及囚禁生活

他试图逃亡过两次,第一次是在抵达萨尔茨堡的城堡才十天之后的事情。他两次都被抓了回来。

有些人已适应了被俘的生活,而决心在战俘营里待到战争结束。不过,摩内利在这个灰暗阴郁的琐碎世界里却是越来越萎靡。他觉得自己被锁入了一个永恒不变而且充满憎恨的当下。摩内利年方二十六岁,但他的青春仿佛已被剥夺。说不定他的青春早就已经遗失了。他经常做白日梦,经常回想过往的时光,经常渴望着摆脱当前的处境,想象着自己在和平时期的生活,想象着现在已不可及甚至也不可望的简单日常,例如穿着刚擦亮的鞋子走在人行道上,或是与女性友人去咖啡厅喝茶。他经常想到女人。俘房当中普遍弥漫着在性方面的很强挫折感。餐食很糟,分量也很少,所以他们随时都有挨饿的危险。*

他现在身在哈特,这里是他待过的第三座战俘营。他们住在长条形营房里,在炎热的夏日之下,闷热不已又满是苍蝇。在铁丝网围篱外,他们可以瞥见美丽的乡野田园,还可闻到刚割下的干草所散发出来的香气。意大利就位于远方地平线上的蓝绿色高山后方。摩内利发现烦闷无聊是最令人难以忍受的事情:

> 今天就像昨天一样。什么都没有改变。今天和昨天或明天都没有任何不同。一早在阴暗的宿舍里被起床号吵醒,晚上必须接受夜间检

---

* 战俘营的卫兵也有同样的问题。到了这个时候,粮食短缺的现象已经扩散至奥匈帝国全境,主要是因为情势混乱以及缺乏运输工具。

察以确认灯火都已熄灭；而介于这两个时间点之间，则是毫无意义的生活，所有人都因不敢想象而不再思索未来——这样的生活只能单调乏味地依附着少数恒久不变而且令人受挫的回忆。

在相连的营房中，踏着沉重的脚步走在无穷无尽的长廊上，唯一的光线只来自屋顶上的天窗。在这里，有时候不免会遭到噩梦袭扰：梦里的我们都早已死亡，被埋在地底，只不过是一具具焦躁不安的尸体，从坟墓里爬出来，到放风场和其他死人短暂谈谈话。奥地利人强迫你和这些狱友朝夕相处，但你却忍不住痛恨他们；这个地方弥漫着人的臭味，五百名囚犯发出的恶心恶臭，一群饥饿又自负的家伙，一具具二十岁的躯壳，只能过着自慰与无所事事的生活。我并不认为自己比他们优越，尽管我偶尔能够写出一两句智慧之言，尽管与朋友热烈谈论过往的战役仍然能够为我注入生气，在日复一日的羞辱当中为我提供抚慰。

连我也学会了下棋；连我也偶尔会紧靠在铁丝网围篱的菱形网格上，借此表达我对路过的女子的欲求；连我也会心不甘情不愿地将配发给自己的一公斤米投入公共粮食库，仿佛那是必要的义务奉献。谁晓得，说不定连我也终将自甘堕落，开始向狱友借阅那本色情书。

1918年7月16日，星期二
爱德华·穆斯利在布尔萨的高地上写下一首十四行诗

他的脑子里仿佛有两个人在争抢着空间。或者，这也许只不过是理性与感性之间那种寻常无奇的冲突。

他内心有一部分觉得战争已经到了转折点。德军在法国似乎已不可能再有所推进，而且德国的盟友（奥匈帝国、保加利亚，更遑论奥斯曼帝国）也都出现了明显的厌战征象。穆斯利本身过得相当不错。在他的说服之下，奥斯曼军事法庭对于他被指控的逃亡未遂罪名做出了无罪判决！他之所以能够争取到这样的判决，一方面是因为他在学校修习过法律，精通国际法；另一方面则是因为他被迫发起了绝地反击。现在，他又回到了布尔萨这座矿泉疗养小镇，置身于高阶军官俘房之间，而且获准在受到严密监控的情况下钓鱼和观看足球赛等。

他内心的另一部分则是充满了绝望，闷闷不乐地看着自己最好的年华在囚禁中一点一滴流逝。

今天，穆斯利再度前往浴场沐浴，也和往常一样由一名武装卫兵随行。今天天气很热，穆斯利颇感疲惫，也觉得身体不太舒服。他们走上环绕着布尔萨的其中一座高地。景色很壮观，尤其是高耸的凯希什山。过了一会儿之后，穆斯利意识到自己无法在浴场关门之前抵达，于是在路旁坐了下来。他在那里写下一首十四行诗：

> 有一天，我在道路旁边找到了一棵树；
> 一条满布尘土，深为囚犯熟知的阴郁道路——
> 我的脑子屈从顺服，心中却满怀热血，
> 强烈抗拒着看守者的驱赶催促。
> 我对着"异国原野"合上疲惫的双眼，
> 那片原野从我身周一路延伸至星光的边缘。
> 在这多年的劳累当中稍事休息，借此
> 忘却——同时也窥见若干受到隐藏的美善。
> 不过，在天空的方向，布满深刻而古老的痕迹，

我看见奥林匹斯[*]挺着厚实的肩膀高高耸立，
那些古往今来纵横交错的命运蹊径
系由上帝的指头画成，依循上天的旨意——
那些让人行走的轨迹，只有时间才能造成影响——
以供我们流泪之后的清明目光凝望。

"不过，"他后来反思自己一时有感而写下的这首诗，不禁坦承道，"这种时刻少之又少。"接着，他以自己在被俘期间学到的那种混杂了外来词的英文写道："生存的压力，还有 shikar（找寻）粮食与金钱的需求，以及对于生活琐事的整体 bandobast（安排），都占据了许多心力。"

1918 年 7 月 26 日，星期五
米歇尔·科尔代在巴黎一条刮着大风的街道上看女人

今天上午，科尔代乘坐一列开往巴黎的火车。他按照往常的习惯，偷听着包厢里其他乘客的谈话。有个人说："我们到处都在推进！"一名法国中尉在一个美国士兵面前举起当天早上的报纸——尽管他并不认识对方，而且对方可能也听不懂法语——指着头条标题的斗大字眼，说："太棒了！"

一位平民绅士对于协约国取得的最新战果兴奋不已。德军在月中于

---

[*] 凯希什山的希腊文名称是奥林匹斯。穆斯利写下这首十四行诗的时候，身为少数民族的希腊人仍有大量人口居住在土耳其的这个地区。又经过几年之后，才发生了那场导致他们全数遭到驱逐的战争。

马恩河上展开了另一波攻势，却因遭到协约国的坚决反攻而停滞不前。现在，敌军已经停止进攻，退回了那条恶名昭彰的河流对岸。德军企图以致命一击赢得战争的狂妄赌注已告失败。这点在所有人眼中都是明显可见，尤其是所有身穿平民服装的空谈战略家。德军的赌注仅仅在协约国的前线造成了若干凹痕——这些凹痕在地图上看起来颇为壮观，实际上却没什么效用。科尔代听到一位热心的绅士向一名略怀疑虑的上尉解说着前线出乎意料的新情势：

"我跟你说，现在就有八十万名士兵正在赶往那里。"那名上尉语带疑虑地反问："你确定吗？"那人答道："八十万，我向你保证。一个都不少。而且我们一定会把他们全部俘虏回来！"他仰靠在椅背上，手指在报纸头版的地图上比画着行动地点："你看！那里……那里……还有那里！"那名上尉终于信服了。他说："他们真的被彻底击垮了！他们一定痛恨不已！想想看他们的感受……"

在这同一天，米歇尔·科尔代听闻了一件事情：有一名妇女在战争开始之初被困在里尔的德军阵线后方，后来终于得以和她丈夫团聚。不过，她的丈夫听到她"赞许德军军官的行为颇有骑士风范"之后，便用一把剃刀杀了她。现在，那名丈夫已获得无罪释放。

这天稍晚，科尔代和一个朋友走在巴黎的一条街道上。风很大。他的朋友心情极佳，因为他早上刚收到在军中担任旗手的儿子所送来的好消息。此外，他的朋友又因为看见强风掀起路上女子的裙摆而更加兴致高昂。战争改变了一切，包括女性的服装。这些年来，在实用因素大过意识形态因素的考虑下，女性的服装变得颜色比较低调，材质比较简单，剪裁也比较适合工作以及活跃的生活形态。而且，这种变化极为彻底，影响所及不仅在于外观部分，也包括了看不见的地方：战前那种装饰繁复奢华的内衣已然消失，取而代之的是比较轻薄短小也比较简朴的物品，同样也是为了活跃的生活形态所设计。对于曲线的执迷——承继自19世纪，而且需要由约束活动的束身马甲促成——已经不再流行。线条变得比较平直，裙子也从来没这么短过——而且材质的轻薄更是前所未有。街道上的女子在强风中必须努力抓紧裙子才能避免走光。科尔代和他朋友的前面走着一个年轻女子。一阵突如其来的强风将她的裙子掀上腰间，科尔代的朋友因此露出满意的微笑。

1918年7月28日，星期日
艾尔芙莉德·库尔在施奈德米尔的儿童医院工作

他们尽力帮忙。婴儿一旦没有牛奶可以喝，他们就为婴儿喂食米饭、麦片粥或茶。真正的尿布一旦不够——这种情形经常发生——他们就使用一种用纸制成的新式尿布。这种纸制尿布不太好用——纸会粘在婴儿的皮肤上，护理人员帮他们脱下来的时候还会痛。

代用品，到处都是代用品。咖啡替代品、假铝金属、人造橡胶、纸绷带、木纽扣。创造力虽然令人惊艳，由此造成的产品却不是如此：荨麻纤维与纤维素制成的布；面粉混杂马铃薯、菜豆、豌豆、荞麦与甜栗做成的面包（烘焙好之后必须放个几天才能吃）；用烤过的豌豆与黑麦再加上些许化学调味品制成的可可；将米压实之后用羊脂煮成的肉（最后再加上一根由木头制成的假骨头）；用晒干的根茎与马铃薯皮做成的烟草；用木头制成的鞋底。政府核准许可了 837 种能够用来制作香肠的肉类代用品，还有 511 种的咖啡代用品。镍质硬币取代了铁币，锡锅取代了铁锅，锡屋顶取代了铜屋顶，1914 年也被 1918 年所取代，只见所有物品都变得更薄、更不坚固，也更不实在。代用品：假冒的产品，假冒的世界。

艾尔芙莉德·库尔现在施奈德米尔的儿童医院里工作。她花了些时间才得以适应那里的工作，并且压抑着自己看见鲜血、脓汁、褥疮或满头的皮屑之时所感到的恶心反胃。院里的儿童几乎全都有营养不良的问题，不然就是患有营养不良所引起的疾病。（他们之所以饮食不足，一部分的原因是英国对德国的封锁相当成功，另一部分的原因则是几乎超出人力所能及的战争活动，使得德国的农业与运输体系都不堪负荷。就算有粮食，也没有火车可供运输。）就某方面而言，这些儿童其实和前线的阵亡士兵一样是战争的受害者。包括因"卢西塔尼亚"号被击沉而命丧海底的那些儿童。德国的儿童死亡率在过去几年间已经增长了一倍。*

许多幼儿都是由母亲送进来的——那些年轻士兵的妻子因为无以为继而不得不出此下策：

> 噢，这些小婴儿！瘦得剩下皮包骨。一个个挨饿的小家伙。看他们的眼睛有多么大！他们一旦哭起来，哭声也只是微弱的呜咽而已。有个小男孩注定活不了多久，他的脸看起来像是干瘪的木乃伊。医生为他注射食盐水。我俯身在他床上的时候，那个小不点儿就以一双大眼睛盯着我，看起来像是睿智老人的眼睛，可是他才六个月大而已。

---

* 女性死亡率也有所上升。相较于战前的统计数据，女性死亡率在 1916 年提高了 11.5%，在 1917 年更提高了 30.4%。老年人的死亡率在 1918 年比 1914 年高出 33%。根据估计，战时德国共有 76.2 万名平民死于营养不良以及相关疾病。维也纳九岁儿童的平均体重从 30 公斤下滑至 22.8 公斤；而且这座城市在战时平均每天只喝掉 7 万公升的牛奶，战前则是 90 万公升。许多收容精神病患与老人的院所都在战时关闭，原因就是有太多被收容者死于饥饿。除此之外，出生数也近乎腰斩。

那双眼睛里明显存在着疑问，实际上应该说是谴责。

她只要有机会就会偷些真正的尿布，这样那个小男婴就不必穿那种一点儿都不舒服的纸制品。

艾尔芙莉德早上六点起床，一个小时后就开始工作，一直到晚上六点才结束。她的弟弟威里已经应召入伍，现在是空军里的二等兵。这时他还在接受训练。艾尔芙莉德在弟弟入伍之后和他见过面，觉得他穿着军服的模样很难看，而且头上还戴着一顶奇特的漆光帽。最糟的是他立正站好的模样，全身僵直不动，双手紧贴在裤子的接缝处，眼睛直直地望着远方的某个点。威里看起来就像是艾尔芙莉德假扮冯·叶勒尼克中尉的模样，但这却是真的，比假扮的游戏好得多——同时也远远更加糟糕。艾尔芙莉德最近一次见到威里是在他的生日，在两个星期以前。威里在那次见面的时候对她说了两次："一切都会陷入毁灭。"

1918 年 8 月 6 日，星期二
帕尔·凯莱门在阿尔隆遇见几个美军战俘

他舒适地住在一栋两层楼的建筑物里，有自己专属的卧房、客厅和大门。这间屋子看起来像是为了出租而兴建的公寓，但是谁会到比利时的这个地方来度假呢？为了表示合作与感激[*]，奥匈帝国军方象征性地派遣了四

---

[*] 自从 1915 年以来，奥匈帝国的军队在东部战线多次因为德军介入而获救，包括在巴尔干半岛以及意大利。

个师带着几门著名的 30.5 厘米口径迫击炮前往西部战线。帕尔·凯莱门就是这四个师的其中一名成员。从弗留利到这里的火车旅程历时八天，横越伊松佐河周围那些可怕而且荒芜的战场，接着进入奥地利（"城市、文化、女人，但到处都呈现出战争的疲态"），穿越德国（他看见遭到猛烈轰炸而且充满恐慌的梅斯），经过卢森堡，越过比利时边境，最后抵达了阿尔隆这座小镇。火车驶入车站的时候，这座小镇正遭受猛烈炮击。他深感害怕。

阿尔隆已经被德军占领了四年，德国致力让这座小镇维持正常状态，但并不成功。商店、旅馆与餐厅都和以前一样照常营业，但任何人都可看出这里的生活一点儿都不寻常——甚至还不必提及最明显可见的征象：例如空袭时从天而降的炸弹以及长程大炮不停发射的炮弹，一视同仁地炸死了许多德国人与比利时人。首先，这座城镇在每天晚上八点准时陷入死寂，因为宵禁以普鲁士人的作风精准实施，灯火管制也彻底执行。这种做法与奥地利人那种充满魅力但缺乏效率的逍遥作风完全不同：纪律严明是这里的常态。此外，这里也几乎没有男人，除了老人与幼童，就是四处可见的被强制做苦力的苏俄战俘。阿尔隆的男丁不是在比利时军队里服役，就是被送到德国或其他地区从事强制劳役。不论在这里还是在其他占领区，德国人都设法充分剥削其经济价值。

按理说，这种情形对于热爱女人的凯莱门而言可谓正中下怀，但他很快就意识到自己与比利时人之间有着一道不可克服的障碍。平民对于占领军毫无尊敬，也都尽可能避免与他们目光接触。不论占领军成员出于什么原因进行攀谈或者询问，当地居民都干脆假装听不懂，而且眼神和言行举止都充满了轻蔑反抗的姿态。在凯莱门所住的那栋房子里，他为了稍微赢取女房主的欢心，而试图向对方说明自己是匈牙利人，不是德国人，而且匈牙利人在历史上经常对抗德国人。不过，那名女房主充耳不闻，故意假装听不懂。在阿尔隆镇上，凯莱门已经注意到"一个迷人的年轻女孩"。前几天，他看见那名女孩站在一扇敞开的窗前，随即策马过去以法语和她交谈。不过，他还来不及开始与对方调情，就有个妇人冒了出来，将那名女孩拉进屋里。后来，凯莱门才发现那名女孩是阿尔隆警察局局长的女儿——而她的父亲遭到了德军监禁。

德军自从3月以来的第四波攻势在上个月中旬展开，这次在马恩河，但进展的状况似乎和先前的其他攻势相同：一开始取得迅速而且重大的成果，也对协约国造成惨重损失，于是德国的宣传机器随即利用醒目的头条标题以及响亮的教堂钟声宣扬战果；但接着推进的速度就逐渐缓慢下来，一方面是因为德国的运补跟不上，另一方面是因为协约国迅速集结后备部队以加强抵抗。美军参战所造成的影响也越来越明显。这些生力军的作战方式非常轻率，简直可说是满不在乎，与近年来对军事战术获得的新洞见背道而驰，因此他们也遭遇了毫无必要的重大伤亡。不过，他们的众多兵力已经逐渐扭转了战争情势，尤其是德军的攻势原本就是希望在美军深度涉入这场战争之前率先达成决定性的战果。自从三天前，德军部队就都几乎退回了原点。

阿尔隆邻近的前线区域正是德军发动最新一波攻势的地点，奥匈部队的任务是增援德军前线。今天，凯莱门首度看见一小群美军战俘被人带着经过。他觉得那幕情景颇令人丧气，在日记里写道：

> 他们的身体状况好得惊人，他们的制服质量极佳，靴子与腰带等配件都使用了大量的皮革，而且他们即便遭到俘虏，眼神也仍然充满自信——我这才意识到这四年的战争对我们的部队造成了多大的影响。

同一天,哈维·库欣在日记里写道:

> 我因为一种尚不能确诊的疾病在床上躺了三天。我认为应该是西班牙流感——三日流感——随你叫它什么。我在蒂耶里堡玩乐了两天之后,搭着一辆敞篷道奇轿车在凌晨一点回到家里,浑身又湿又冷,而且还没有吃晚餐,然后才生了这场病。我仿佛突然老了,以致我们的司机只好搀扶我上楼——我不停颤抖又疲惫不已……

1918年8月17日,星期六
艾尔芙莉德·库尔在施奈德米尔看着一个死去的婴儿

一个夏日夜晚。温热的天气。他死了——艾尔芙莉德最喜欢的那个六个月大的男婴。昨天,那个消瘦的男婴在她的怀里咽下最后一口气:"他把头搁在我的手臂上——和那骨瘦如柴的身躯相比,他的头显得超乎寻常地大——就这么死了,连发出个声响或叹息都没有。"

现在是凌晨三点,艾尔芙莉德打算再去看一眼他的遗体。他仍然躺在一张罩着蚊帐的床上,床已被推到比较凉爽的走廊上。她摘了些野花铺在那具瘦小的尸体周围,但效果不太好。"可惜的是,躺在那些花朵中间的他,看起来像是个已经死了几百年的远古侏儒。"

她站在那儿看着那具尸体,床上却突然传出一股隐隐约约的声音。那是一股模糊不清的微弱嗡鸣,听起来闷闷的,而且一会儿声大,一会儿声小,一下子又完全听不见。艾尔芙莉德一时困惑,不禁倾身向前。没错，那股声音是从床上传来的。该不会……她看了看，又听了听，从而惊恐地发现那声音确实来自那个死去的男婴。可是他不可能死而复生啊，是不是？然而，那声音又的确是来自他的胸中。艾尔芙莉德进一步向前俯身——没错，那声音来自他半张的嘴里。他一定是想要呼吸。

艾尔芙莉德鼓起全身的勇气，抓住男婴的脸颊，强行扳开他的下颌，以便让他吸入更多空气。

但她随即吓得往后一缩，只见一只绿头大苍蝇从男婴的嘴里爬了出来。

艾尔芙莉德感到一阵恶心，立刻将那只苍蝇赶走了。

然后，她把蚊帐边缘再度塞进床垫底下——塞得很紧，非常紧。

1918年8月24日，星期六
哈维·库欣在萨兰莱班观察手部僵硬的症状

雨下了几乎一整天。上山的旅程漫长又辛苦，但这一切都非常值得。这里的视野令人屏息，还有底下那片完全没有遭到战争波及的景色也是。库欣是前往参观第42号神经医学站的一个小型代表团的成员。这座医学站设置于萨兰莱班一座古老的山上堡垒中，位于贝桑松以南。

库欣来到这里纯粹是出于职业目的。军方设有许多神经医院，第42号神经医学站专精于一种特殊的大脑疾病——这种大脑疾病会导致手部僵硬与跛足。库欣对于手部僵硬的症状特别感兴趣。军医都很熟悉这种现象：病患的双手仿佛僵锁于一种恒久的痉挛当中，一再朝着前臂扭曲成看似不可能的姿势。这是一种肌肉的拗折，但几乎不会对受影响的肢体造成什么生理伤害。这种病人的双手可以说是"冻结"了。库欣对于各种变异症状深感惊讶，法国医生甚至已为这些症状做出分类：助产手、斗篷手、握拳手等等。

这种疾病经常在长期包扎绷带或接受牵引治疗之后发生，但另一种肇病因素也得到了大量确认。这种病症经常出现于曾在战场上受过轻伤——通常是微不足道的小伤——却生怕再度被送回前线的士兵身上。不论有意识还是无意识，他们的大脑似乎无视伤势的轻微，而放大了伤势的影响。

这种病症的治疗纯粹采用心理疗法，主导者是一位名叫布瓦索的上尉。他的医术非常精湛。库欣目瞪口呆地看着他治疗一名刚被送进来的"自致畸形"的士兵，只见他单纯凭借话语就慢慢诱导了那名病患摆脱他的畸形病症。有一间病房展示着先前的病患所使用过的手杖、撑拐、束腰以及双角规形夹。

这种疗法无法保证一定成功。在山脚下的村庄里，有一座收容出院病患的营房。他们在那里会被分成三组：一是完全康复，适合返回前线服役；二是状况不明的病例；三是永久病患。库欣与代表团的其他成员看着第一组病患全副武装行军而过。一名法国神经学家注意到其中一人有病况复发的现象，于是那人随即被叫出列，以便被送回第42号神经医学站。那名士兵在那里必须先经过三天的隔离，然后再次接受治疗："由一人的心智努力掌控另一人竭力抗拒的心智。"

他们在大雨中开车返回贝桑松。后来，他们的一名导游邀请他们共进晚餐。

1918年9月1日，星期日
威利·科庞因为感冒而卧病在床

8月的炎热已经过去了。这是平淡无事的一个月。威利·科庞又增添了六笔击落记录，全是德军观测气球——这是他专精的攻击目标。（自从这一年开始以来，他已经击落了二十七个目标。）他知道这么做的危险性，因为他曾经数度在返回基地之后，发现自己的飞机被子弹与炮弹碎片打出许多洞。那些破洞都由白色补丁修补，在他那架昂里奥飞机俗丽的淡蓝色机身上显得相当醒目。才一个星期前，他还差点被一架偷偷跟在他后面的德军战机击落。

这一切的经历令科庞处于一种略显怪异的心态中。8月10日上午，他在一个半小时的时间里击落了三颗气球：

> 在飞行期间，成功击落目标并脱险的感觉，都令人深感兴奋。不过，我一旦降落地面，回到我的中队里，刚刚还令我深感振奋的战斗就随即变得没有什么意义。喜悦退潮，疲乏与厌倦又涌了上来。

除了飞行以外，他们平日的生活则是充满了青春的躁动。他和其他飞行员总是四处找乐子——举行派对，去餐厅和戏院，到他们在机场上自建的球场打网球，以及想出各种恶作剧的点子。最近的一次是拨电话到其他中队，向接电话的人谎称阿尔贝国王即将前来视察。

今天，科庞因为感冒而卧病在床。这种情形很不寻常，因为他们经常待在高空的清新空气中，似乎使得他们拥有更强的抵抗力，而不易染上小病。他读着父亲寄来的一封信——他的父亲仍然身在被德军占领的布鲁塞尔。科庞写道：

> 这封信仍是以我们常用的那种具有高度创意的文字写成。不过，我从字里行间可以察知，他已听闻了我最近攻打可恨的敌人所取得的成果。不过，在他提醒我要小心的一句话里，我也察觉到他担心我会因太过冒险而乐极生悲。这样的担忧虽是发乎自然，但会不会也是某种不祥的预感呢？

1918年9月10日，星期二
艾尔芙莉德·库尔读着母亲写来的信

秋天来临了。大多数的路灯都因为天然气短缺而没有点亮。他们的马铃薯吃完了。艾尔芙莉德的祖母感染了当前正在流行的流感，因此大部分时间都躺在沙发上。他们一名邻居的兄弟刚截去了一条腿。艾尔芙莉德的弟弟在军队里被任命为职员，艾尔芙莉德则赐死了她的假扮人物冯·叶勒尼克中尉，原因是她认为自己现在已经长大，不适合再玩那种游戏。（她和格蕾特尔为他举行了一场隆重的葬礼。冯·叶勒尼克中尉庄严地躺着，胸前别着硬纸板做成的铁十字勋章，她们还哼着肖邦的《葬礼进行曲》为典礼伴奏，最后由艾尔芙莉德吹胀三个纸袋再将它们击破作为最后的致敬礼。格蕾特尔哭得无法自已。）

今天，艾尔芙莉德收到母亲寄来的信，收信人是她和她弟弟：

孩子们，今年秋天让我很沮丧。大雨下个不停，真是冷极了。而且，你们相信吗，我的煤炭配给卡竟然弄丢了？我明天必须做的第一件事情，就是联络煤炭商。幸好他喜欢我，不会对我见死不救。办公室里那种摧残心灵的工作让我感到厌烦不已，我渴望自由和音乐。可是，在当前的状况下，谁会想要学音乐？如果不是可靠的拉普小姐固定在晚上过来上课，钢琴根本没有机会发出声音。看着那些空无一人的练琴室，不禁让我内心感到一阵恐惧。在柏林，所有人都呼吁着和平，但届时会是什么样的和平？那样的和平真的令人期待吗？我们如果战败，就会失去一切。我们那些英勇的士兵！亲爱的吉尔，亲爱的皮特*，为可怜的德国祈福吧！这么多的鲜血绝对不能白流！

这段时间，弗朗茨·卡夫卡暂时待在位于格拉斯北方的图尔瑙镇。初夏，他从妹妹的农庄搬回布拉格，结核病显然已经痊愈。他重新回到劳保局的工作岗位。劳保局就像王国里这一整片区域的缩影，受到捷克人与说德语者之间斗争的影响；大多数人也了解，捷克人占人口的大多数，终将获得胜利。劳保局还能继续存在吗？奥匈帝国还能继续存在吗？身为犹太人，卡夫卡努力置身事外，保持旁观者的立场，研读希伯来文，梦想在战后能移民到巴勒斯坦。好友费利克斯·威尔齐的姐姐打算来图尔瑙镇拜访他。他写了一封信给费利克斯。

---

* 这是他们的母亲为他们取的昵称。

亲爱的费利克斯：

　　这就是和最讲理的夫人讨论的结果，还有我个人的经验。这一带实在很难找到什么好看的景点。旅馆不是已经歇业，就是即将歇业；还有些旅馆一直传出要开业的风声，但就是不开始营业。假如你姐姐真想在秋冬二季来访，那真是例外中的例外。（假如不是因为个人关系，几乎没人会主动到这儿来的。）此外，还在营业的少数旅馆，它们的设备、条件都很糟，没有煤可以烧；不过在图尔瑙镇上多少还是有点物资。

1918年10月14日，星期一
威利·科庞在托尔豪特上空受伤

　　科庞如果知道自己必须参与黎明的巡逻任务，前一晚一定会早点睡觉。他在午夜时分骑着摩托车回到宿舍，灯火都已熄灭，四周一片寂静。他凭着火柴的亮光阅读了次日的命令，才意识到自己必须起床的时间比原本预期的早了太多。

　　现在是凌晨五点，他顶多只睡了四个小时。科庞知道他们为什么必须这么早起床：比利时军队要在今天早上发动攻势，以便对处境已经相当紧迫的德军施加更多压力。决定性的时刻就要来临了。

　　问题是今天乌云密布，又起雾了。飞机已经从罩着绿色防水布的机库里拖了出来，但在黑暗里几乎看不见。天色不够亮，他们还不能起飞，至少目前还不能。所以，他们只能耐心等待。

五点半，位于他们东方的大炮纷纷开火，炮口的闪光融入初升的太阳的红色薄雾中。科庞在这个前线区域从来没听过这么猛烈的炮火。他对身边的战友说："战争会不会就要结束了？"

一名参谋官在五点三十五分走到他们面前，称前线来了一通紧急电话——他们必须击落托尔豪特的观测气球。比利时的大炮遭到了非常准确的反炮击，指引德军炮火的观察员几乎可以确定就身在敌军阵线后方那颗飘浮于空中的香肠形观测气球上。各国军队都采用这种由钢索系住并装有篮子的气球，可供上面的一名或两名观察员通过电话将他们的观察结果通知地面的部队。这种观测气球是备受炮兵喜爱的助手，但深受步兵痛恨，对于空军飞行员而言则是个诱人但不免危险的攻击目标。这些"香肠"都由众多高射炮台保护，而且这种充满氢气的囊袋其实没有一般人想象的那么容易着火。要击落这种气球需要很大的勇气，也必须使用特殊武器，例如燃烧弹或火箭。*但即便如此，也不表示一定能够成功。

五点四十分，科庞驾着他那架满是补丁的淡蓝色昂里奥飞机起飞。他的僚机飞行员是个新人，名叫艾蒂安·阿热。位于 900 米高空的云层毫无缝隙，科庞与阿热都飞在云层下方 100 米处。太阳虽已升起，阳光却才刚开始穿透灰色的 10 月雾霾。他们两人因此只能在灰暗的天空中朝着前线飞去。

他们飞近战壕线之时，科庞发现他们必须对付的气球不是一颗，而是两颗。其中一颗正如预期的悬浮在托尔豪特上空约 500 米处，但另一颗则是升起于普拉特-博斯上空——那颗气球虽已飘浮至 600 米的高度，但还

---

* 飞机攻击气球是 19 世纪与 20 世纪的科技互相角力的例子。不出意料，现代科技占了上风，因此这种气球的平均寿命只有 15 天。不过，观察员的平均寿命反倒有所增长，原因是气球组员自从 1916 年以来都配备了降落伞（与飞行员的状况恰成对比；参见第 461 页的脚注，1917 年 5 月 1 日），尽管那些降落伞在 60 米以下的高度无法使用。

在继续上升。* 科庞依据过往的经验，知道在这种情况下绝对应该先击落高度较低的气球，因为这些"香肠"只要一受到攻击，地面上的人员就会开始用绞盘将其拉下；尤其现在德军都已改用机械绞盘，因此下拉的速度相当快。此外，观测气球一旦降到一定的高度以下，高射炮即可轻易击中来机——如此一来，继续执行攻击行动无异于自杀。（举例而言，英军飞行员通常不会攻击高度在300米以下的"香肠"。）

不过，阿热却欠缺经验又满腔热血。科庞朝着托尔豪特的气球飞去，但阿热飞在他前面，迫使他只能先攻击普拉特-博斯上空那个比较高的气球。阿热依样行事，于是托尔豪特上空的气球暂且先被他们放过了。

六点，科庞首度开火。他看见气球的表面已经着火，于是开始转向第二颗气球。不过，火焰在这阴冷潮湿的天气下扩散得颇为缓慢，以致阿热没有看见那颗气球已经着火，而再次回头加以攻击。科庞陷入犹豫，不确定该怎么办。他看见托尔豪特上空的气球已经开始下降，而且他的眼角又瞥见了几架来路不明的飞机。那些飞机有可能是敌机。他不能丢下阿热不管，于是掉头回去，正好看见普拉特-博斯上空的那颗气球化成一团火球，然后旋转着掉落地面。

这时候，他们两人终于共同转向托尔豪特上空的气球。

那颗气球下降的速度相当快，等到他们接近的时候，高度已经低于300米了。

尽管如此，科庞仍然从一大团不停爆炸的高射炮弹以及来回扫射的曳光弹之间飞越而过。他飞得极低，以致机枪的"邪恶吠叫声"都清楚可闻——这种声音通常会被飞机的引擎声所掩盖。

几秒钟后，在六点零五分，他已接近能够开火的距离。不一会儿，他

---

* 这类气球能够达到的最大高度约为1500米。

觉得左腿受到一记重击，接着一阵剧痛传遍全身。那股疼痛过于强烈，他不由自主地踢出右腿，而将右方向舵踏板踩到底，导致飞机向下旋转俯冲。只见天与地不停旋转，同时他的手又因一阵痉挛而扣住操纵杆上的扳机，于是子弹便从不停翻转的飞机上扫射而出。

腿部的疼痛稍微缓和了下来，于是科庞用尽全力止住飞机的旋转。他的左腿已经不听使唤，只是一动不动地瘫着，而且他可以感觉到腿上不断有鲜血涌出。（他后来才知道是一颗曳光弹射穿了驾驶舱的底部，击中他左腿的下半部，扯裂肌肉，也削断了胫骨与动脉。）不过，他还是可以利用右脚控制方向舵，因为左右方向舵的踏板彼此相连。

现在，科庞的脑子里只有两个念头。第一，他必须回到己方的阵线——他可不想被俘；第二，他绝对不能失去意识，否则飞机就会坠毁。

尽管因为疼痛与失血而晕眩昏沉，他还是把护目镜与皮质飞行帽扯了下来，塞进夹克里。接着，他解下裹在脸上用来防寒的丝巾。他现在正需要冷，冷能够让他保持清醒。

这么做确实有效。

飞越比利时阵线之后，他迫降在道路旁边的一小片原野上。士兵冲过来帮忙。他们非常热心，为了将他从满是血污的驾驶舱内救出来，他们简直把飞机拆成了碎片。

科庞和两名伤兵一同被救护车送到德帕内的医院。在失血过多以及深受疼痛折磨的虚弱状态下，他觉得在救护车上的这段颠簸路程仿佛永无尽头。他很熟悉这条路，因为他和朋友曾经无数次为了到德帕内找乐子而往返于这条路上。他躺在没有窗户的救护车后车厢里，试图判断他们身在何处，并且预测着路程还有多长。

十点十五分，救护车在海洋医院门外停了下来，他听到司机高声喊着著名飞行员威利·科庞生命垂危。他被人用担架抬进医院里。在等待医生的时候,他坐了起来,勉强脱下皮夹克。那是他最后记得的事情。

他陷入了一阵昏迷之后,发烧加上乙醚及氯仿麻醉剂的功效,他只记得一幅幅犹如飘浮在梦中的影像:手术室与身穿白袍的医生;一个高瘦的身影俯下身来,在他的胸口别上一枚勋章;一个人拔剑向他致意,然后大声念出一份公报的内容。此外,还有口渴的感觉——失血之后必然会伴随而来的口渴。

事后,他惊恐地回忆起"那些可怕的日子以及无穷无尽的夜晚"。即便过了一个星期之后,医生还是不确定他是否活得下来。他的左腿已经无法医治,必须截肢。

>我的整体状况不断恶化,勇气也随之衰退。我已无力坚持。每天在手术台上接受麻醉,逐渐消磨了我的身心,以致我尽管获得细心照料,却还是沦为一个精神耗竭的废人。

他有时候会陷入严重抑郁,"可怕得无法言喻",尤其是在夜里。

这天,弗朗茨·卡夫卡一如往常地待在布拉格。他继续在劳保局工作,他正是当初提议在伦布尔克兴建军人精神病院的发起者之一;现在,他仍为此四处奔走。他的努力受到外界关注,这个月甚至有人提议颁发奖章给他。同时,他也在布拉格西北部的特洛伊区花费大量时间从事果树园艺学会的园艺工作,和好友马克斯·布洛德边漫步边讨论战事的进展,并分享共同学习希伯来文的心得。就在这天晚上,卡夫卡发病了:发烧到四十度以上，且高烧不退，呼吸困难，咳嗽剧烈。全城约有三分之一的人口都染上同一种疾病——西班牙流感。

1918年10月15日，星期二
艾尔弗雷德·波拉德在佩罗讷镇外昏倒

这趟火车旅途很不愉快，他一直都觉得寒冷极了，就算盖着毯子也没有用。除此之外，他还头痛欲裂，而且就算偶尔得以小睡一会儿，脑子里也还是充满了"古怪的梦魇"。

波拉德正在赶赴前线的途中。他想要"再次感受'超越极限'的兴奋刺激"。他这么告诉着自己。德军已展开全线撤退，战争似乎即将结束。不过，不只是战斗的刺激吸引着他到前线去——受自尊心的驱使，他觉得自己必须在这决定性的时刻身在前线。

这一年，他都在前线后方执行各式各样的任务，最近一次的任务是从行李搬运队伍以及后方的许多非战斗军人当中挑选出能够上战场作战的士兵。战壕里的每一个士兵背后都有其他十五名左右的军人提供各种支持，比如为前线士兵运补粮食与弹药。不过，英军的伤亡极为惨重，以致前线的人员短缺现象已变得相当严重。（法国也面临同样的问题，因此法国军方被迫降低征兵年龄，而行伍当中多了许多十七岁的男孩。）被挑中且必须由波拉德加以训练的人员，只能极不情愿地接受这样的命运：这些人中，有轻微残疾的人士，甚至还有来自监狱的罪犯——他的部下至少有十一名被定罪的杀人犯。波拉德对纪律要求非常严格，也是一位极为严厉的操练官。他身上的制服是特别定制的。

他所属的单位即将再度开赴前线的消息传来之后,波拉德随即请求辞卸自己在训练营里的职务,因此他现在搭乘驶向佩罗讷的火车,预计到了那里之后能够与营里的人员碰头。他冷得不停发抖,也仍然深为模糊混乱的梦魇所苦。

午夜过后几个小时,他在佩罗讷下了车。这是个寒冷而且满天星斗的夜晚。没有人到车站来接他,因此他留下勤务兵看守行李。镇上空无一人,一片死寂又漆黑无光,感觉仿佛是一座废弃的城镇。奥地利部队夺回这座城镇才不过是一个多月前的事情。波拉德走出镇外,朝着东方前进,利用星星判别方位。照着这个方向走,他迟早会抵达前线,届时就有人能够告诉他,他的营驻扎于何处。

波拉德的脚步越来越蹒跚。他不慎跌倒在地,花了好一番力气才爬起来。他病了。他染上了在欧洲各地——实际上是全世界各地——已经传染了许多人的流感。这种疾病源自南非,却被称为"西班牙流感"。*

黑夜中,道路越来越窄了,抑或说他的腿已经不听使唤了?他正在打他个人的最后一仗:在这场仗里,一方是越来越衰弱的身体,另一方则是不肯接受这个事实的精神——这样的精神促使他一次又一次冒着生命危险,不顾巨大的风险以及不利的情势。波拉德发烧的脑子里充满了"奇怪的幻想"。

---

* 这种流行病至少造成 2 000 万人丧生,比死于战争的人数还多。(有些估计称死亡人数达 4 000 万,甚至还有些估计宣称达 1 亿。)第一波疫情暴发始于 1918 年夏天,对德军的影响最为严重。在一个关键阶段,就在德军需要所有部队投入进攻巴黎的行动之时,为数众多的士兵却都因为染上这种疾病而倒下。这种流行病之所以如此惊人,原因是通常最具抵抗力的青年人群,染病情形却最为严重(除此之外,其死亡率也异常地高——大多数流感的死亡率只有 0.1%,西班牙流感的死亡率却高达 2.5%)。造成这种现象的原因至今仍不清楚。西班牙流感的症状异常严重:病患会出现严重头痛,发烧至极高的温度,也会有非常痛苦的咳痰现象。病患如果没有死亡,通常三天内就会痊愈。这种流感虽然源自非洲,却被称为西班牙流感,原因是没有遭到审查的西班牙媒体在这种流感传至西班牙之后,率先报道了流感的疫情。不过,在那个时候,有几个参战国早已受到这种流感的影响。

他再度跌倒,这次他努力爬起来的时候,却"跌入了一道深渊"。他记得的最后一件事是自己往下跌落,而且永无止境。

1918年10月26日,星期六
爱德华·穆斯利目睹君士坦丁堡遭到轰炸

穆斯利在下午两点左右听到爆炸声。是轰炸机。他和那间大医院里的其他人一起冲到外面,以便看个清楚。天空一片湛蓝,七架速度极快的飞机飞至君士坦丁堡上空,后面跟着一朵朵高射炮弹爆炸产生的烟雾。那些飞机四处投掷炸弹,城里众多的屋顶、尖塔与高塔陆续冒出白烟。穆斯利幸灾乐祸地发现战争部似乎也被击中了。

那群飞机以整齐的队形转了个弯(令他联想到成群结队飞行的猎禽),飞越金角湾,朝着贝伊奥卢而去,对加拉塔大桥与德国大使馆投掷了几颗炸弹,然后又转了个弯,向着正位于医院隔壁的火车总站俯冲而下。架设于附近一座花园里的机枪开火射击,刺耳的嗒嗒声与远方的高射炮弹爆炸声混在一起。又有几颗炸弹落了下来,其中一颗击中了一座营房。

高射炮弹产生的烟雾持续尾随着那群飞机,但都没有击中目标。最后,高射炮终于停止射击,烟雾于是逐渐被风吹散。一架奥斯曼战机起飞迎击那群入侵者。几个站在穆斯利身边的土耳其人显然自豪地指向那架独自迎敌的战机。七架来袭的敌机有两架脱队飞向那架土耳其战机。湛蓝的高空上传来机枪的嗒嗒声。几秒钟后,那架战机就旋转着坠落地面。七架敌机接着便消失于西方。

几个小时后，穆斯利得知了这场空袭的结果。就物质损失而言，这场空袭造成的损害微不足道。据说有一名土耳其上校丧生。不过，士气却遭到了沉重的打击。除了炸弹之外，那七架飞机还撒下传单，详细叙述了交战各方的得失。最重要的一点也许是，这场空袭彻底粉碎了那种自认君士坦丁堡绝不可能遭到攻打的心态。整座城市都陷入了震惊当中。穆斯利在日记里写道：

> 只要体认到土耳其官方在经历多次危机之后想要持续参战的意愿有多么低，土耳其乡下地区有多么无意参战，以及这个国家有多么不愿为了德国继续打这场仗，我们即可了解空投传单与空袭如何能够使得他们认清这场战争的意义。

他后来听说这场空袭掀起的怒火，并不是指向发动攻击的英国，而是指向德国。贝伊奥卢有德国人遭到袭击，愤怒的妇女还拿刀威胁德国军官。

这一天，罗伯特·穆齐尔病倒了，发着高烧，猛打寒战。（这不会是西班牙流感吧？）接下来这几天，他躺在夫妻俩位于佛罗利安街的小公寓内。他只能从报上读到即将发生且足以载入史册的大事。

1918年10月30日，星期三
哈维·库欣在普里耶听到一名年轻上尉述说自己的经历

困扰库欣的病症一直纠缠不去。十天前，他自行入院接受治疗，尽管明知自己身体状况不佳，却还是满腔的不情愿。库欣头昏眼花，难以行走，甚至连扣纽扣都有困难。在普里耶经过住院治疗，他现在已慢慢康复了。他在医院里打发时间的方式，包括阅读小说、睡觉、赶苍蝇以及用小火炉烤吐司。

他的身体虽然还是不太听他使唤，头脑却敏锐如常，而且他身为专业人士的个性，也令他对这种无所事事的生活感到难以忍受。走廊上有一名病患是个年轻的上尉，和他同为美国人，库欣已经能听得懂他结结巴巴的话语，也辨别得出他那蹒跚抽搐的脚步声。这名年轻上尉据说患上了某种炮弹休克症。在普里耶治疗库欣的医生知道库欣对这种疾病有兴趣，于是允许他在自己诊疗这名病患的时候在旁聆听。

今天，这两位医生与这名说话口吃的年轻上尉进行了最后一次面谈，事后库欣在他的日记里概述了这一病例。

代号为"B"的这名病患，年方二十四岁，是个相貌端正的金发年轻人，中等身高，体格壮硕，曾是美式足球运动员。B不喝酒也不抽烟，并且出身良好。他自从1911年以来就一直是美国国民警卫队的队员，在1916年的美墨战争期间派驻于边界，1917年入伍服役，八个月后晋升为少尉，后来在1918年5月随着第四十七步兵团抵达法国。

B从前线的一所军医院被转至普里耶治疗他严重的身心症。除了一些小伤（包括芥子气造成的灼伤）之外，他在1918年8月1日离开前线的时候基本上没有身体上的伤痛，但有严重的视力与运动失调现象。B坚称他自己需要的只是休息，以致必须略施强制力才得以将他送至医院。B 抵达普里耶的时候已经丧失了视力，也几乎无法行走。

身为刚抵达法国的新进人员，B 因此被派往前线若干部队观察并累积经验，所以很快就涉入了战斗。他在 1918 年 5 月参与了英军在索姆河上的撤退行动；6 月初也跟着海军陆战队在贝洛森林接受战火洗礼；在 7 月中旬更跟着法国部队抵抗德军反复不断的进攻。

他在 7 月底随自己所属的军团搭乘卡车前往兰斯以西的前线，也就是法军和美军发动反攻的地方——他的这个军团就像救火队一样，只要哪里攻势进展不顺就派往哪里提供支援。7 月 26 日夜里，他们搭车穿越一片充满毒气的树林，然后在清晨的时候下车参与一场已经展开的攻击行动。由于 B 只是一名中尉，所以对进攻计划一无所知。这是他所属的部队第一次真正上战场作战，结果他们还没抵达开阔的原野就遭到了猛烈攻击。他们的中校与一名少校都受了重伤，另一名少校以及 B 的上尉也在不久之后阵亡，于是 B 突然间成了营里最高阶的军官。

在这个混乱的情况下，一位 B 不认识的将军"从某个地方冒了出来"，指着他说："你必须渡过那条大河，攻下一座名叫塞尔吉的城镇。"他们整营的人员都因为前一夜的行军而深感疲惫，也被敌军的猛烈火力吓得惊惧不已。不过，B 还是迅速整队开拔。他们在德军的猛烈炮火下穿越一片麦秆及腰的麦田，渡过那条大河（实际上只比溪流宽一点），然后进入了塞尔吉。上午十点左右，他们就驱除了镇上的敌军。后来，他们遭遇一场极度猛烈的预先弹幕炮击，接着德军步兵发动了反攻。

战事就这么持续进行，进攻与反攻不断交替，这座小镇在五天内即易手了九次。B 率领的营一次又一次被驱出城镇，退至那条小河边，他于是挑选了河边的一间小磨坊做指挥总部兼急救站。他们一次又一次发动反攻并夺回塞尔吉。他们加入这场战役的时候原本有 927 名士兵与 23 名军官，但到了第五天结束之际，只剩下18名士兵与1名军官——其他人全部非死即伤。*库欣指出：

> B坦承自己已觉得受够了。他先是扮演防毒气军官的角色，因为许多士兵都遭受严重灼伤，而且所有人也或多或少受到了毒气的伤害。†接着，他又扮演情报官的角色——换句话说，就是跑腿的传令官，白天必须传递一至两次的信息，夜里则是两到三次，而且总是必须穿越空旷的原野——他不得不这么做，因为他拉到第一六八军团‡的电话线总是立刻就被炸断了，而且第一六八军团指挥所也没有人看得懂火急电文；他们与后方完全断了通信。此外，他还扮演医生的角色，总是冒着炮火引导人员将伤兵送回磨坊；他曾亲自做过两次腿部截肢手术，使用的工具是厨刀以及在磨坊里找到的一把旧锯子。有一夜，他们利用简易担架运回了83名伤兵。
>
> 在平静的夜晚，他们不得不在敌我双方阵亡将士的身上找寻些食物与弹药。他们一度只剩下20发子弹，而且多数时候他们都是使用德国佬的步枪与弹药，还有德国佬的"马铃薯捣碎器"手榴弹——这种手榴弹一开始造成了许多伤亡，原因是其引爆时间仅为三至四秒，不像我们的手榴弹是四至五秒。每当他们找到德国佬的食物，东西总

---

* 塞尔吉今天只是一个较大的村庄，位于兰斯以西E50号公路附近，距离美军第二大"一战"公墓（埋有6012名战死者）近两公里。这座美丽的公墓位于一片绿地当中，几乎正在1918年7月与8月间的前线所在处。那条"大河"至今也仍然只是一条小河。

† 他们暴露于芥子气当中——这种毒气能够轻易穿透衣服、鞋底与皮肤。（就算只是轻拂过一件放置于遭芥子气污染的泥土中的物件，也可能使人受伤；单是吸入别人被毒气污染的服装上所散发出来的气体，也足以致病。）一开始不会察觉到任何异样，但经过两个小时左右，受到毒气影响的皮肤就会开始发红，八到九个小时之后开始肿大。大约经过二十四个小时之后，肿大处会冒出许多小水泡，接着这些水泡会结合成一大片伤口。这种伤口不易愈合，而且这种毒气对于眼睛、鼻子与嘴巴造成的伤害最为严重。在最严重的病例中，这些伤口会导致血中毒而使人丧命。一般而言，只要在医院里接受六个星期的护理即可康复。

‡ 这个军团驻守于他右侧的区域。

是相当不错：香肠与面包，还有阿根廷罐头牛肉。

最不疲惫的人员还必须用于运送伤兵，因为这是一件极费力气的工作，必须拉着伤兵的一只脚或两只脚拖着走，就看那个伤兵还剩几只脚。许多身上受了三四处伤的士兵仍然在坚持作战——实际上是不得不如此——而且一名健全的士兵经常搭配一名受伤的士兵共同作战，后者就算站不起来，也还是能够多为一把枪装填子弹。他们唯一的防护，就是躲在弹坑里。

在那些日子里，B首次看见一个炮弹休克症的病例，尽管他当时还不明白那个人到底出了什么问题——还以为他是胆小。每次有炮弹落在附近，那个人就会冲进掩蔽处，全身颤抖不已。不过，他总是会回到岗位上继续工作。他只是对爆炸无法忍受而已。他们全都被几乎持续不断的炮火吓得紧张不安——高爆弹与不同种类的毒气交替而来。许多仍然坚持战斗的士兵都被芥子气灼伤了。

不过，几乎算得上最糟的是一种"烂洋梨"毒气，一吸入就会导致他们在防毒面具里打喷嚏，而且经常还会呕吐，以致他们必须把防毒面具丢掉，赌赌自己的运气。所有人都多多少少受到毒气影响，所以枪法也因为流泪而变得极为不准。

星期一，一块高爆弹的碎片击中B的钢盔，使他深受惊吓——就像是被投手投出的棒球击中太阳穴一样。士兵经常误以为自己受了伤——也许是感觉腿部受到重击，也看见鲜血与布料上的破口，但脱下裤子之后却发现只有瘀青，鲜血是从身旁战友的伤口上沾到的。

这名病患对库欣及他的同事说，在星期三日落时分，终于有部队来接替他们。尽管他们在六天的时间里都没怎么睡，却还是被迫行军一整夜，直到第二天的午餐时间才得以停下来。接着，他们获得热食供应，然后一个心怀同情的中校强迫大家躺下来睡觉。

B 却没得休息。他发现自己遗失了电码簿，于是借了一辆摩托车骑回塞尔吉。在那里，他在自己的制服外套里找到了电码簿——他先前把自己的制服外套折起来给一名伤兵当作枕头。那名伤兵已经死了，但电码簿还在外套里。B 正准备离开，却在河岸上发现一个没有被带走的伤兵。他试图把那人背过河，却遭到了敌军攻击。那名伤兵被打成了蜂窝，B 本身也遭到一记重击。在晕头转向的情况下，他找到自己的摩托车，随即冒着敌人的炮火骑车离开了。

他回来之后，其他人立刻就注意到有些不对劲。B 浑身颤抖不已，讲话结结巴巴，甚至连坐下来都有困难。别人给他喝了些威士忌，又对他泼了些冰水，但是都没有用。B 觉得身体极不舒服，一再呕吐，头痛欲裂，耳朵里不断听到呼啸声，又觉得晕眩不已，眼前开始浮现一片黄色的薄雾。他不敢睡觉，因为他认定自己醒来之后眼睛就会瞎掉。在那之后，他的记忆就变得一片混乱。

在谈话结束前，他们问 B 现在觉得怎么样，他说：

> 现在主要的问题是梦——也不是真的梦，而是在寻常的谈话当中，我的眼前就会突然冒出被我用刺刀刺死的德国佬，脸上的表情痛苦不已，喉咙还不断发出可怕的咕噜声；不然就是看见一个被我们的弟兄用大砍刀从后颈砍下去的敌人，他的头滚到地上，血高高喷上空中，然后身体才倒下去。还有那些恐怖的味道！你们知道吗，我不敢看餐桌上的肉，而且我们这里窗户底下的那家肉贩也让我觉得很懊恼。不过，我每天都在努力适应。

这名病患想要回到前线参与最终的大攻势，但他目前的状况根本不适合这样做。库欣写下了这位二十四岁上尉的诊断结果："值勤期间罹患的精神官能症。"

1918 年 11 月 2 日，星期六
罗伯特·穆齐尔目睹维也纳爆发革命

他在现场瞥见的，无疑就是革命的征兆：示威、集会、罢工、口号、旗帜、传单、谣言、手足无措。毫无疑问，古老的帝国将四分五裂。这一点，任谁都能发现。就在五天前，捷克斯洛伐克共和国在布拉格建立了。四天前，克罗地亚人与斯洛文尼亚人宣布：他们的国土从今天起将纳入塞尔维亚王国。三天前，还建立了"德属奥地利临时国民议会"。两天前，布达佩斯爆发革命。昨天，风暴终于延烧到维也纳。

穆齐尔认识其中一位当地的革命运动领导人，就是埃贡·埃尔温·基希，也是穆齐尔先前在"战争新闻通信社"的下属。他打量着基希，再打量眼前这场革命，心中陡然升起了怀疑：

"你是特地来监视我的吗？"今天红色卫队在德意志帝国广场集会以前，他就这样问我妻子。"今晚，我就能指挥四千支步枪了！会流很多血！"他边说，脸上边流露出看似真挚的忏悔表情。（他在四周前还宣称：前线每多一个战死者，就多一分罪孽！）

他认为自己不吃不睡已经四十八小时（不过有人发现他在咖啡厅

用餐)。他非常粗鲁、暴躁,讲话一点儿都不合逻辑,也不连贯。W*也站在他那边。这两天来,他变得苍白、憔悴,也相当粗鲁。他显然完全把持不住自己,还以为自己正在鼓舞他人,参与一场宁静的政变。他有天才般的喜感。相反地,K 则展现出歇斯底里的特质。他不计一切代价,要使自己置身于国家大事与风暴的中心。表现主义的精神。(不过,对剧场表演艺术的由衷喜爱,恐怕还是扮演历史角色的先决条件之一。)

示威、集会、罢工、口号、旗帜、传单、谣言、手足无措。不过,第一枪还没打响。穆齐尔的高烧已经消退,不是西班牙流感。今年秋天真是异常多雨,不过不算太冷。天空乌云密布,圆环路两旁干枯、毫无枝叶的树下,红旗清晰可见。

1918 年 11 月 3 日,星期日
帕尔·凯莱门听闻匈牙利废止审查制度

这是个极好的征兆。他正坐在阿尔隆的军官餐厅吃午餐,后勤部队的一名军官突然冲了进来,眼中流露出恐慌的神色。布达佩斯的官方审查制度显然已经废止,现在报纸可以自由报道任何消息!他们拿到了刚寄来的最新报纸,发现头版的报道以斗大字体要求匈牙利部队应当立刻收兵返

---

* W 应为诗人弗朗茨·韦费尔 (Franz Werfel)。

国。"不要继续在其他国家的土地上为了其他国家的目标而流血。"

师长立刻下令所有信件都必须受到检查,报纸也全部没收。新闻报道很可能导致原本就已经摇摇欲坠的士气彻底崩垮。命令一下达就立刻严厉执行。邮件一律受到仔细检查,报纸也全部消失无踪。

军官紧张地观察着是否有那则报道在士兵之间流传的征象,但整个下午只有少数几件"微小事件"。尽管如此,傍晚却出现了几份报纸——没有人知道那些报纸来自何处,又是怎么来的——报纸已在营房里被传阅。"凭着烛光吃力地对别人念出报道内容,四处的士兵与士官满口谈论的都是那些报纸所报道的消息。"

1918 年 11 月 4 日,星期一
理查德·施通普夫与威廉港的五个关键时刻

空气中的秋意,阴灰的天气。他穿上军礼服来纪念这一天,然后就和其他船员展开了示威活动。就军官的态度来看,水兵很有可能在这场示威活动中获得胜利。众人的心态已经出现了决定性的变化。帝德时期过往的那种自信已然烟消云散,身居上位者都显得茫然困惑、别扭又沮丧。经过一场几乎只算得上是象征性的蹩脚抗议活动之后,船员就随即获准下船。"我没办法阻止你们。"大副温顺地对施通普夫说。

一周前,整支公海舰队原本准备出海完成最后一次英勇的作战行动,但舰队中的几艘船上却发生了士兵哗变。* 理查德·施通普夫认为自己知道士兵哗变发生的原因："多年来的不公义转变为一股爆炸性的巨大力量，现在终于爆发了。"拒绝服从命令已经成为日常现象。才一个星期前，最高指挥官鲁登道夫卸下了职务，而且谣传说德皇威廉也将在不久之后跟着逊位。一艘船上有一名中尉遭到杀害。

德国弥漫着一股强烈的失望、愤怒与挫折情绪。这不只是大众对于种种不公义的现象以及战争、物价高涨与粮食短缺深感厌倦所造成的结果，也是德国官方的宣传一再颇为成功地掩饰问题并且提高众人的期望所导致的情形。† 大众的期望越高，后来自然跌得越重，而且是太过沉重。在1914年那个美丽的夏季，社会舆论任凭本身被炒作出一种狂热的情绪，以致"生活中的所有处境都被彻底转变，而幻化成一种英勇的悲剧，一种对抗邪恶势力的奋战，超越凡俗，近乎神圣"‡。也就是说，这几年来，除了德国大获全胜之外，其他任何结局都是不可想象的。而现在，在彻底幻灭的情况下，舆论于是摆荡至相反的极端，变得阴郁灰暗而且尖酸刻薄。

施通普夫仍然一如往常，觉得左右为难。他认为德国打输这场战争是很可惜的事情，但话说回来，德国也许从一开始就没有胜算。他欣然接受清算之日的来临，但是当初最热切支持主战强人的那些人士，现在竟然反过头来严词谴责他们，实在令他颇感错乱。他的幸灾乐祸当中也许带有些许内疚。当前的情势深具戏剧张力，而且还愈演愈烈，但他自己却异常地无动于衷："我身处这一切当中，内心却没有特别强烈的感触。"

---

* 预计进行的作战行动，实际上可说是一项庞大的自杀任务。这项行动系由几个海军军官凭借着有限的情报独自策划而成，一心想在最后关头挽救海军的"荣誉"。这项愚蠢的计划引起水兵暴动，从而成为德国革命的开端——这实在是历史的一大反讽。

† 在这一年年初，还有不少德国人预期战争的结局将会是比利时亡国，而且法国与俄国也都会割让大片领土给德国。

‡ 此处是引用弗雷德里克·曼宁的话。

大批军人沿着码头走向由武装水兵守卫的军营。接下来会怎么样？

示威群众走近之时，军营的武装士兵纷纷以欢呼喝彩声迎接他们。四面八方不断有人涌入，人数一再增加的示威队伍也继续前进。该怎么办呢？不时有人停下脚步，试图拦住队伍，试图对所有人发言，并且设法做出决定。四周满是一片纷杂混乱的景象。最后，他们终于同意走向公海舰队的旗舰"巴登"号，设法说服那艘船的船员加入他们的行列。

当天的第一个关键时刻就在这时发生：

> 那艘船的船长与示威群众的几个代表发生了口角。他们争取的对象是"巴登"号的船员，而那些船员正列队站在上甲板上。那名船长要是口齿伶俐一点儿，我们的代表就不免必须在一无所获的情况下撤退。不过，那个脸色惨白的船长与水兵委员会却都表现得颇为拙劣。结果是约有三分之一的船员加入了我们的行列。

人数越来越多的群众犹疑不定地缓慢前进。这场游行没有特定的目标，也没有特定人士领导着示威活动。施通普夫和其他几个人拿起他们的乐器，于是军队进行曲的曲调加快了游行队伍的行进速度，而且乐音也吸引了更多人加入其中。

第二个关键时刻发生在彼得街上。一支连队——一名中尉率领四十名武装士兵——封阻了那条街。不过，那些士兵完全无意动用他们的武器，反倒加入了示威群众的行列。"看到那个中尉突然发现自己只剩单独一人的模样，实在非常好笑。"群众继续前进，驱使着他们的仍是集体本能，而不是任何明晰的思想。

一道上锁的大门前单独站着一名年老的少校。他拔出手枪，试图阻止群众前进。这是第三个关键时刻。不过，结果多多少少已经注定。那道大门立刻就被群众从铰链处起而拆下,那名少校也被强制解除了武装。有些人还试图扯下他的军阶章,后来他就被淹没于人群当中。施通普夫不禁为那个"勇敢尽责"的老人感到难过。

现在约有一万人聚集在大操场上,一个接一个的演讲者陆续登上临时搭起的讲台。发言内容各自不同,有些是呼吁所有人保持冷静与平和的秩序,有些则是提出"荒唐至极的要求"——不过,那些要求却获得热烈的掌声。施通普夫认为,在目前这种情绪下,不论什么样的想法都能够赢得众人的赞同。

接着,庞大的队伍再度出发,镇上的居民都小心翼翼地躲在紧闭的窗户后方观看。只要有女性经过,就会引来"粗鄙的言辞与口哨声"。一面红旗——实际上是一条染色的床单——飘扬在密密麻麻的头颅与肩膀上方。他们跨越埃姆斯河-亚德河运河上的戴克桥,抵达鱼雷艇师。这是第四个关键时刻。鱼雷艇的船员鼓掌欢迎他们,却没有上岸加入示威群众的队伍。那些船员立刻解释了原因:"我们现在正在吃午餐。"好个午餐——许多人因此开始谈论食物。"我们紧张而茫无头绪地匆匆离开。"

游行在舰队总部外面画下句点。这是最后一个关键时刻。与地区指挥官海军上将克罗西克协商的结果将在此处宣布。

群众静默无声地看着一个人爬上舰队总部大楼前方的一座大型雕像上。克罗西克上将在各点上都让步了:"我们的要求被接受了!"众人鼓掌欢庆。他们提出的要求包括改善粮食配给与休假条件,组织特殊委员会监督军事法庭,放松纪律[*],以及释放士兵哗变展开之初遭到逮捕的人员。有人高喊:"打倒德皇威廉!"那名讲者没有予以理会。一名造船厂工人——施通普夫称他拥有一张"典型的恶棍脸庞"——走到群众前面,要

---

[*] 举例而言,现在水兵对军官说话只需在一开始称呼该名军官的军阶一次即可,而不必像先前一样在每句话后面都必须称呼一次。

求成立"苏维埃共和国"。众人鼓掌。刚刚发言的那名讲者接着敦促所有人回到自己的岗位上。众人哈哈大笑。

示威队伍解散，所有人"全都朝着最近的餐厅而去"。

1918年11月13日，星期三
帕尔·凯莱门接受复员，返回布达佩斯

傍晚。铁轨上的喀嗒喀嗒声。火车旅程持续着。这场旅程始于几天前，当时师里的参谋人员与最后一群士兵在深夜于阿尔隆凭着手电筒照明上车。然后，他们就忽快忽慢、摇摇晃晃地行驶前进，途中有许多莫名其妙的停顿。穿越比利时，穿越法国，穿越德国，穿越奥地利。军官坐在前方的一节特殊车厢里，士兵与装备则是搭乘寻常的运货车厢。

在德国，他们"仿佛被当成瘟疫病患看待"，正如他们在西部战线的最后几天，当时德国当局也努力预防满心叛逆又思乡的匈牙利部队对仍处于战斗状态的德军部队造成影响。早已出现崩溃迹象的纪律，在这场旅途中终于彻底瓦解。这点主要是喝酒造成的结果：大多数的士兵都喝得酩酊大醉，不停大呼小叫，一副开心又凶悍的模样。每隔一阵子，就可以听到士兵因为欣喜或酒醉而对空鸣枪的声响。

他们即将越过边界进入奥地利之时，德国官员拦下火车，要求他们交出所有军事装备，也许是为了避免那些装备落入等待于边界另一侧的许多奥地利革命团体手中。这时候原本可能爆发严重冲突，因为醉酒又好斗的士兵断然拒绝交出他们的武器。不过，德国官员取走马匹、伙房马车及其他类似物品之后即表示满意,从而化解了紧张情势。(他们越过边界之后,遇到"须发蓬乱、衣衫褴褛、佩戴着袖章而且兴奋不已的平民",结果那些平民能够劫掠的物品只剩下师部的打字机。)

他们进入奥地利之后,气氛随即变得更加热烈,也更具威胁性。在每一座车站都有士兵跳下车,通常怀着如释重负的心情;同时也有士兵跳上车,通常满身酒气。昨天白日与夜里的枪响也比先前更多。偷窃与威胁他人的行为越来越明目张胆。在返回布达佩斯的旅途中,凯莱门身边陪伴着勤务兵费里、马夫洛奇,还有传令兵本克。这三人不但帮助保护他,甚至还安排将他的行李藏在煤车里。

黑夜降临。灯光不停划过窗外。后方的运货车厢一再传来欢呼声与枪声。火车停了下来,迟迟不开动。士兵越来越不耐烦,透过敞开的车厢门对外击发一记接一记的子弹。有些人开始围聚在已经空了一半的军官车厢周围;他们高声叫嚣,凶猛地挥舞拳头,要求军官给他们钱买酒。枪声响起,车窗的玻璃应声破裂,碎片洒落一地。所幸,在发生更严重的事情之前,火车就抽搐了一下而开始前进,于是那些闹事的家伙只得赶紧回到车上。

随着他们驶入布达佩斯的市郊,窗外的房屋也逐渐变得越来越密集。午夜十二点左右,火车在拉科什的一座小车站短暂停顿了一会儿,于是凯莱门和他的三名同伴随即抓住机会下车。他回到家乡所感到的宽慰并没有持续太久:一名铁路工人警告他说,城里一切都混乱不已,自称革命分子的人士在街上四处游荡,恣意劫掠商店,还会扯下回乡军官的军阶章和勋章,并且抢夺他们身上的其他财物。

凯莱门"深感沮丧",把军衔勋章隐藏在斗篷底下,然后走出那座小车站,在黑暗、寂静而且空无一人的街道上找寻交通工具。他只想把他的东西带回家——他的马鞍、他的枪支、他的佩剑,以及他自从1914年以来就一直带在身边的其他各种物品。寻觅了一个小时之后，他终于找到了一辆正在驶回马厩途中的马车。

行李塞在座椅底下，凯莱门与他的同伴搭着这辆马车进入城里，在凌晨四点抵达了他父母的住处。他按下大门的电铃。没有任何动静。他按了一次又一次。最后，门房终于从一片黑暗的内院现身，小心谨慎地走了过来。凯莱门喊了他的名字，同时脱下斗篷，显露出他的军阶章。门房以"兴奋的低语"和他们这一小群人打了招呼，随即打开闩上的沉重大门，让凯莱门及另外三人从门缝间闪身进来。

他们把行李搬到厨房入口。凯莱门不想吵醒他的父母，因此就在门厅的衣柜里躺下来睡觉。

结　局

战争终于结束了，对于帕尔·凯莱门以及其他所有人而言都是如此。

对劳拉·德·图尔切诺维奇来说，她和三名子女从那艘由鹿特丹横越大西洋驶向纽约的远洋客轮下船之后，战争就已经结束了。航行于海上的日子虽然让她能够先有一段时间适应和平生活，她却觉得接触大都市的经验令自己难以招架。人行道上密集繁忙的人群使她觉得疲惫不已，纽约那些高大的建筑物也隐隐带给她一股威胁感——每当她仰头望向上方，就忍不住产生一股念头，觉得可能会有飞机出现并且投下炸弹。不过，最令她感到懊恼的是，她遇到的人根本没几个真正关心发生在欧洲的事情："他们的漠不关心几乎超出了我的忍受范围。"她当时不可能知道这一点，但她后来再也没有回到波兰，也没有再见到她的先生斯坦尼斯劳。

弗朗茨·卡夫卡待在布拉格。他的流感已演变成致命的肺炎，且迟迟未能康复。世界历史中的许多大事，全葬送在环绕着高烧的迷雾中。这天，他写信给小妹奥特拉：

> 亲爱的奥特拉：这一切真是艰难，我每天早上都能下床，却从没出过门；不知究竟何时能出门，可能今天，也可能是明天。不过我

也知道，现状并不轻松。饥饿、没有自己的房间、远离布拉格，这一切都能使你学到许多东西，是个极大的考验。要战胜这场考验绝非易事。图尔瑙镇这儿的现况，倒是挺适合你和你的目标。刚开始的前几天还没办法有概括的了解，但很快你就会知道自己有没有办法在这里闯出一点儿名堂。假如你的健康或学业状况不理想，你自然会回来。

经过四年的战争，艾尔芙莉德·库尔仍然身在施奈德米尔。至少有一幕和战争爆发之初一模一样：大批群众聚集在报社外。而且，现在的情势也像1914年那时一样瞬息万变，因此最新消息都以手写方式公布于布告栏，用蓝色铅笔写在白报纸上。不过，和四年前不同的是，现在的情形更加混乱，团结的精神也远不如开战之时。艾尔芙莉德看见一个男孩哭个不停，只因为他说了一句不讨人欢心的话，就被群众里的一个人出手殴打。现在欢呼声比较少，争论倒是多出许多，而且都吵得相当凶。有些士兵手臂勾着手臂走在街道上高声歌唱。一名中尉怒斥他们，却被掀掉头上的军帽，而只能脸色苍白地从水沟里把帽子捡起来。有些平民把那些士兵痛骂为叛徒。艾尔芙莉德跑回了家。门铃在不久之后响起，是她弟弟的朋友安德罗夫斯基。他在椅子上一屁股坐了下来，大声说道："战争已经死了！战争万岁！"她的弟弟也几乎在同时回到家。他的帽子和腰带都不见踪影，军服上衣被人扯破，纽扣掉了不少颗，肩章同样被人扯断，军服外套的翻领也悬垂在身前。他脸上的表情显露出他内心的震惊与困惑。安德罗夫斯基看见他的模样不禁笑了起来。迟疑了一会儿之后，艾尔芙莉德的弟弟也开始微笑。

萨拉·麦克诺坦去世之后，遗体从伦敦运到了肯特郡的查特萨顿。1916年7月底，她被埋在山丘上的村庄墓园，在她家族的坟墓里，在果树的遮阴下。*她的棺木被吊入墓穴里时，送葬者可以隐隐约约听见远方的炮火声，是从索姆河上的战场随着南风飘来的。当时是下午时分，明亮的太阳高悬于空中。

罗伯特·穆齐尔任职的陆军部，就像这四分五裂的奥匈帝国一样分崩离析，很快被撤销了；但他形式上还是继续在"战争新闻通信社"任职了一段时间，这场战争才在维也纳划上句点。他之所以这样做，还是出于经济考虑；他和玛尔塔都需要这份薪水。就像绝大部分还来上班的同事一样，他脱下军装，上班时仅着便服。穆齐尔待在一间有如回廊般的房间里，两边点缀着图画。他独自坐在一张偌大的长方形办公桌前，因此整个人看来更为渺小。（然而，惊天动地的大事即将发生。最近几年来的遭遇与体验，为他带来了许多材料与灵感，足以动笔写下20世纪最令人惊异的文学创作——《没有个性的人》。美中不足的是，这部作品并没有完全写完。）一位好友问起他在战后赋闲期间究竟做了些什么，他只平静地说："自我毁灭。"

恩斯特·冯·莱韦措的尸体在科科斯群岛的海战结束第二天就在"埃姆登"号焦黑的尾甲板上被找到了。来自大火的高热甚至烧熔了他的眼镜，连军舰上的钢板都弯曲了，冯·莱韦措的尸体只剩下了尸骨。他的朋友弗

---

* 她的墓志铭上写着："在大战期间，不论言语还是行动，也不论在国内还是海外，她都竭力为国家服务，至死方休。"

朗茨·约瑟夫根据头颅的形状和本来别在他军服上的一个小小的金属中尉星章辨认出他的身份。大约一个星期之后，一艘名为"卡德摩斯"号的小型英国炮舰被派来处理那些死者。*英国炮舰上的水兵很快就放弃了到岸上去埋葬死者的想法，因为尸体腐烂过度，一百多具尸体已经变黑，怪异地肿胀着。因此他们另想他法，借助铁锹和防毒面具把所有死者的遗骸推下了蔚蓝的海水，而鲨鱼已经等待在那里。这项工作花费了三天时间。†

理查德·施通普夫仍然待在威廉港。一开始的疯狂最后却以歇斯底里收场。有谣言说他们遇到了士兵的反叛，而效忠旧政权的部队已经开拔前来："街头上犹如疯人院。武装士兵朝着各个方向来回奔跑——甚至还可以看见妇女拖着弹药箱到处跑。真是疯狂透顶！难道结果就是这样吗？经过五年的残暴战争之后，我们现在竟然要把枪口转向自己的同胞？"后来，他坐着写日记，却突然听到欢呼、尖叫、奔跑的声音，还有警笛声以及小型武器乃至大炮的开火声。信号弹飞上夜空，爆出一道道的红色、绿色与白色光芒。他心想："多一点尊严对所有人都没有坏处。"

安德烈·洛巴诺夫-罗斯托夫斯基身在莱萨布勒-多洛讷的一座训练营，邻近大西洋沿岸。他和他那支造反的连队后来再没有被派上前线，只在前线后方担任后备部队，过着沉闷而令人泄气的生活，接着就暴发了西

---

* 在"埃姆登"号的最后一战中，舰上的人员有8名高级军官、29名下级军官和军士、92名水兵、1名平民厨师、1名理发师以及3名中国洗衣工被打死。可以提到的是舰长卡尔·冯·米勒活下来了，尽管身负轻伤，而且对自己的付出很失望。在被俘期间他受到很大的礼遇和尊敬，得到德国和英国媒体的称赞，后因为健康恶化——患有严重疟疾而被提前释放。战后他避开受审，很有分寸地讲述和书写自己的经历，1923年还不满五十岁时逝世。
† 此外，"埃姆登"号的残骸在这个珊瑚礁一直搁置到1950年才被一家日本沉船打捞公司解体。

班牙流感疫情。他本身病得非常严重,因为发高烧而不断出现幻觉。他康复之后,有人通知他,他的连长职务已经被撤销了,因此他在内心深处大大松了一口气。另一方面,他对一名住在尼斯的苏俄少妇所产生的爱意却遭到回绝。在这段无所事事的时间里,他还是继续勤读历史书籍,并且因此更加坚定认为布尔什维克掌权的时间不可能太久。尽管他和其他许多人一样都察觉到战争已近尾声,却觉得自己很难想象没有战争而且不穿军服的生活。"我自己的性格已经淹没于全体的概念当中。我认为这是战争心态造成的正常后果,恐怕也是千百万战斗人员共有的感受。"他的苏俄军官同僚谈论着是否该加入白军,参与苏俄即将面临的内战。洛巴诺夫-罗斯托夫斯基对此犹疑不决。[*]他们正如常继续着抛掷手榴弹的练习之时,突然有一名法国军官冒了出来,以极度兴奋的口气宣布道:"停止一切练习活动。停战协议已经签订了。"城镇里展开了"一场疯狂欢庆",众人互相拥抱,并且在街头起舞。庆祝活动一直持续至深夜。

对于芙萝伦丝·法姆伯勒而言,载运她和其他难民的船驶出符拉迪沃斯托克的港口之后,战争就已经结束了。在她眼中,那艘船有如一座水上宫殿。他们在音乐的伴奏下登船,而她走进自己的卧舱之时,更是觉得自己仿佛身在梦幻当中,只见舱内有着白色的床单与白色的毛巾,连舷窗上也有白色的窗帘。[†]接着,她站在甲板上,望着这个被称为苏俄的国度——

---

[*] 他认真研读历史的结果,促使他认定协约国当中的几个强权以武力干预苏俄情势并不是聪明的做法。英国、法国、美国、日本以及其他协约国成员其实没有真正的计划。他们进行干预的原本目的不是要支持白军,而是要避免他们最大的东方盟友退出战争。一开始,他们的干预行为甚至还在某种程度上受到布尔什维克的鼓励。不过,现在洛巴诺夫-罗斯托夫斯基觉得白军获得的大众支持力量太过薄弱。

[†] 她在船上最早遇见的一名乘客是玛莉亚·"雅什卡"·巴卡洛娃(参见第 498 页的脚注,1917 年 8 月 8 日)——她现在正遭到布尔什维克的追捕。巴卡娃协助成立的女性部队自始至终都效忠于克伦斯基政权。冬宫被攻破的时候,她有一些士兵就在现场。

"我真心热爱这个国家，也欣然为它服务"——缓缓远去，最后只剩下水平线上一抹淡灰色的影子。然后，一道微带蓝色的浓雾飘到海面上，遮蔽了她的视线。她回到自己的卧舱，就待在那儿，向别人托词声称自己晕船。

克雷斯滕·安德烈森的家人有很长一段时间都怀抱着他被英军俘虏的希望，也许是被关押在偏远的战俘营，例如非洲。不过，他们再也没有他的消息，向各方提出的询问也都没有下文。*

在战争结束之际，米歇尔·科尔代并没有像往常那样身在巴黎，而是在乡下的一座小镇。如同其他大多数人，他也在几个星期前就察觉到战争已经接近尾声。一直到战争正式结束，他遇到的人都持有各种不同态度。大众普遍对胜利深感喜悦，到处都可见到欢欣而笑的脸庞。不过，有些人却坚称他们不该对当下的情势感到自满，而应该进一步入侵德国，让那个国家尝尝法国所承受的苦难。另外有些人根本不敢抱持希望，因为他们已经遭遇过许多次的失望。还有些人则是谨慎小心地看着这一切，仍然紧抱

---

* 一个名叫克里斯蒂安·安德烈森的军人，在 1916 年 8 月 10 日被呈报失踪，后来被埋葬于南韦尔维克的德军公墓里（第 4 区，第 140 号坟墓）。这个军人有可能是"我们的"安德烈森，但也可能不是。这座公墓邻近比利时边界，到伊普尔的距离比到索姆河近，而且安德烈森的遗体似乎也没有什么理由会被运到如此靠北的地方。尽管如此，还是有两种可能的解释：第一种是法国在战后将许多小型公墓里的死者遗体挖出，迁葬到规模较大的公墓，因此安德烈森的遗体有可能被移到了那里去。（举例而言，这点就解释了为什么这么多战争公墓都设有万人冢，但又得以列出埋在其中的死者姓名：许多公墓被迁葬之后，都直接把原本个别埋葬的死者遗骸倒入集体坟墓里。这是相当常见的现象。）第二种可能性又与第一种有关：安德烈森的遗体可能是因为上述的迁葬情形而被移到南韦尔维克，但他原本可能被埋葬在协约国阵线内的战俘公墓里。（当时这一区有这类公墓。）如果真是如此，那么克雷斯滕的结局可能是如此：他在 1916 年 8 月 8 日遭俘而被送到北方，但不久之后即告死亡。他可能受了重伤，所以战俘名单没有登录他的名字。

着过往政府宣传的那种观念，认为"和平"是个肮脏下流的字眼。经常可以听到的一句话，是充满怀疑的："在四个月前，谁会相信这样的结果？"科尔代见到意大利部队已在返乡途中，对于战争的结束欣喜不已。那天上午七点，当地的陆军总部收到一条无线电信息，称停战协议已经签订。钟声回荡在空中，士兵手中拿着国旗与花束在街上跳舞。午餐时，他们听闻德皇威廉已逃往荷兰。

艾尔弗雷德·波拉德身在蒙特勒伊，在英国远征军总部，因为他所属的营被派到那里执行警卫任务。他的部队自从1918年11月初就被当成机动后备队四处调遣，而没有参与任何战斗；他因此而为手下的士兵深感遗憾——"我要是错过了那样的冒险经历，一定会懊恼不已"——但对于自己而言倒是相当庆幸。波拉德当初因为感染西班牙流感而在佩罗讷镇外昏倒，但他现在已经痊愈；停战协议的消息传来之后，他们全都"兴奋得近乎疯狂"。他当天就在欢庆、歌唱、走访数间军官餐厅、举杯庆祝胜利以及悼念阵亡战友当中度过。他到了下午大概已经喝得相当醉，这时有人邀请他到作战指挥部的机密房间里观看一幅标记德军部队所在处的大型地图。他颇为自满地注意到德军部队在面对英军的地方分布最密集，在面对比利时与美军部队的地方则是最稀疏。

威廉·亨利·道金斯在他阵亡当天的日落时分被埋葬。他被埋在澳新军团湾以南一座临时公墓，至今仍然安眠在那里，距离海边不到二十米。*

---

* 那座公墓被称为海滩公墓，位于连接凯利亚与苏夫拉的道路上。他的坟墓是第1区H排的第3号墓位。站在那里，可以把石头丢进爱琴海。

勒内·阿诺又回到了前线，身处一个暂时充当营部的炮弹坑。他想到自己刚满二十五岁，先前却完全忘了自己的生日。一名少校从黑暗中冒了出来，说他前来接替阿诺，而阿诺则是必须到后方接任一项职务。阿诺写道："我一下子明白了，对我来说战争已经结束了，我活了下来。突然间，我从这三年半来一直压着我的残酷焦虑当中获得了解放；我再也不必像老人一样受到死神阴影的追赶。"他带那名少校四处参观，丝毫不再担心机枪与炮弹，因为"我满心欢喜，轻松愉快，仿佛自己刀枪不入了"。

拉斐尔·德·诺加莱斯搭乘一艘正航入博斯普鲁斯海峡的汽船。他放眼望去，只见四处都是国旗——敌人的国旗：意大利、法国与英国。他心中想着，那些国旗大多数都飘扬在"亚美尼亚人、希腊人与黎凡特人*"的房屋上。他在傍晚参加了一场由几个想要庆祝停战协议的希腊女士举办的派对。谣言四起。有些青年土耳其党的领导人物已搭乘一艘德国鱼雷快艇逃出城外。安纳托利亚有一场兵变正在计划当中，"借此抗议协约国对土耳其国内事务的干预"。德·诺加莱斯接着指出，"只要协约国坚持将叙利亚、巴勒斯坦、阿拉伯与美索不达米亚划分成托管地与受保护国，此一干预就会继续导致严重的武装冲突"。一个星期后，他前往战争部第二次申请退役。†这一次，他的申请获得无条件通过。

哈维·库欣仍然在普里耶的医院休养。在停战协议签订的当天，他的勤务兵把他的刮胡镜与指甲刷带了过来，并且将他的军服夹克拿去缝上

---

* 德·诺加莱斯把"黎凡特人"当成"犹太人"的同义词。
† 第一次申请退役参见第 294 页，1916 年 2 月 13 日。

新的军阶章：库欣已晋升为上校。他阅读报纸上的战胜报道已经读了一阵子，而且越看越惊讶——事情怎么可能发生得这么快？——而且他也借着几根大头针与一团棉花在一张地图上标记着协约国军队的推进。下午四点半，他与护士长、医院牧师以及一名医生同事在他的病房里庆祝了和平的降临。他们没有狂欢，只是坐在火炉前喝着茶，谈论宗教与未来。

对于安格斯·布坎南而言，战争早在1917年9月就在纳伦尤的一座战地医院里结束了。大约一个星期前，他和第二十五皇家燧发枪营的其他成员接替了一支南非步兵部队。部队在可怕的酷热下已精疲力竭，士兵与脚夫的人数都日益减少。布坎南本身也是疲惫病弱的一员。他在发烧的情况下仍然勉力撑了几天，竭尽全力才得以参加每天早上的集合。不过，他后来终于无法再行走。布坎南被人抬到医院：" 我被打败了，彻底被击倒了。" 他们对他的状况做了最糟的打算。他躺在一间小屋里等着被后送，先是到林迪，接着搭船到三兰港。一个身穿军服的人走了进来。那是奥格雷迪，这个战区的指挥官，布坎南先前曾经与他共事过。奥格雷迪对他说了些贴心打气的话，并且对事情发展成这么糟糕的状况表达了遗憾。后来，"他离开之后，" 布坎南写道，"我在那间阴暗的草屋里掩住面容，像个女人一样痛哭失声"。

威利·科庞仍在德帕内的医院里。他出现了并发症。截肢的伤口仍未愈合，他的抑郁沮丧也无可缓和。（现在，科庞已获得几乎所有协约国成员国所颁发的勋章，包括葡萄牙与塞尔维亚在内。然而，尽管他向来对勋章深感兴趣，这些勋章却无助于提振他的心绪。他知道自己不可能穿上军服佩戴这些勋章,也意识到即将来临的和平将会导致勋章市场物满为患。)傍晚,他突然听见嘈杂的尖叫、欢呼与笑声回荡在病房、楼梯井与走廊当中。在他的耳朵里,那些欢悦的声音却幻化成另一种完全不同的声响,几乎像是垂死之人的最后一声叹息,只是受到大幅放大与扭曲而已。停战协议的消息刚刚宣布。科庞的内心一片困惑:"我应当欣喜不已,但我却觉得仿佛有一只冰冷的手掐住了我的喉咙。我对未来充满焦虑。我意识到我人生中的一个阶段已经结束了。"

奥利芙·金刚从英国返回萨洛尼卡。(她走访英国是为了申请各项必要的官方许可,以便实现她的下一项重大计划——开设一系列的连锁餐厅,为回国的塞尔维亚难民与士兵抚平苦难与艰辛。)这趟英国之旅令她充满困惑——而且这还是比较委婉的说法。她一开始颇为怀念萨洛尼卡,但后来却逐渐转变为一股厌恶而且不想回去的感受。不过,她终究还是回去了,而且结果令她喜出望外。她的部队在许久之前就已往北迁移,紧跟着溃败的保加利亚军队。(在最后关头,萨洛尼卡的成千上万名士兵终于被交付一件像样的任务,结果他们到了 1918 年 9 月即迫使处境原本就已相当艰难的保加利亚屈服投降。奥斯曼帝国随即跟进,此连锁反应最后则是随着奥匈帝国的投降而画下句点。)她的两辆车都已随着推进的部队离开,她的木屋也被搬得几乎空无一物,但她的塞尔维亚友人倒是把她的财物全部精心打包起来。在动身前往贝尔格莱德之前,金检视了她在过去这几年所搜集的物品。她觉得其中大多数的物品都是"垃圾",也把许多旧衣服连同成堆的报纸与新闻公报一起丢掉。那一切都属于过去了。

温琴佐·达奎拉搭乘百慕大外海的一艘货船，正在返回美国的途中。救了他一命的很可能是他的美国公民身份，以及他从来不曾正式宣誓入伍的事实。由于忌惮美国舆论，意大利当局显然无意让他成为烈士，所以他虽然被留在意大利军队里，却再也没有被送回前线。最后，经过种种事件之后，达奎拉终于获准返回美国。他没搭上驶向纽约的邮轮，但在美国货船"卡罗琳"号获得了一个床位，而在1918年9月从热那亚出海。他们在直布罗陀载运了一批矿石，然后接到德国潜艇活动的消息，船长因此选择经由巴西的航线，虽然距离长了不少，却也安全得多。巴西往北航行的途中，他们在11月的一天夜里看见了一幅不寻常的景象：一艘汽船在夜里点亮全船的灯航行。凌晨时分，他们又遇到了另一艘船，于是以旗语询问对方："战争结束了吗？"对方斟酌之后答复："不是，只是停战而已。"

对于爱德华·穆斯利而言，他从君士坦丁堡获释而搭上驶向士麦那的船时，战争就已经结束了。"一切都处于兴奋与混乱当中，"他在日记里写道，"如数百年般长久的被俘经历逐渐从我身上消失。我外表虽然平静，内心却忙碌得无法思索这段可怕的永恒经历的重大终结。"船上还有其他几个刚获得释放的战俘，与他同舱的乘客也是当初身在库特阿马拉的炮兵，借着装疯才得以重获自由。船解缆开动时，天色已经黑了。君士坦丁堡的形影缓缓消失于夜里，首先消失的是大清真寺的模糊轮廓，最后则是高耸尖塔的锐利线条。穆斯利进入他的卧舱，和他的同伴同坐了一会儿，一面抽烟，一面聆听海浪的声音。他们两人回到甲板上之后，君士坦丁堡已经消失了。唯一看得到的是映照于船尾波浪当中的远方灯光。"那是伊斯坦布尔：永恒、美丽、恐怖之城。"他们两人都静默无语。

保罗·摩内利身在锡格蒙茨黑尔贝格的车站,位于奥地利东北部。他和其他意大利战俘在几天前就已重获自由,原因是他们借着争辩与武力慑服了看守他们的那些满心惶惑又士气低落的卫兵。一切都反了。他的部分同胞到镇上去尽情喝酒以及追逐女子,其他人则是开始计划对维也纳发动一场大突击。手持奥地利武器的意大利士兵在车站巡逻,帮忙维持秩序。不时有满载匈牙利士兵的运兵列车隆隆驶过,而且也不时可以听见枪声。奥地利电话接线员仍然如常从事着他们的工作。摩内利和一小群前战俘聆听着一名奥地利军官——据说是个相当和善的人——向他们翻译停战协议的条文内容,只见他兴奋得上气不接下气,一句一句翻译着。对于自己重获自由,战争又已结束,摩内利深感如释重负,但这种感觉却混杂了一股深切的哀伤。"这将会是我们承继的恶果,或者善果,总之是我们无可摒除的承继物——而我们也将永远受制于我们的回忆。"

尾 声

11月10日，医院的牧师过来发表了一段简短的演说。现在我们已知道了一切。

我在那段简短的演说期间深感沮丧。那位庄严的老人明显可见地颤抖不已，向我们告知霍亨索伦皇室再也不准戴上德国皇冠，我们的祖国已经成为"共和国"，而且我们必须祈求全能的上帝不要因为这样的改变而收回他的恩典，也不要在未来抛弃我们的人民。他忍不住对霍亨索伦皇室颂扬一番，向我们提醒皇族造福波美拉尼亚、普鲁士乃至整个德意志祖国的功业。接着，他开始轻声啜泣起来，于是那个小房间里的所有人都陷入了最深的哀伤当中。我不认为有人能够克制得住眼中的泪水。不过，那位老人又勉力再度开口，开始对我们说，我们现在必须终结这场漫长的战争；而且由于我们输掉了战争，必须任由战胜国处置，因此我们的祖国将不免遭遇严苛的压迫，停战协议也将导致我们必须指望先前的敌人秉持高尚的情操对待我们——听到这里，我已再也无法忍受。我不可能继续待在那里。我的眼前化为一片黑暗，于是我只好摸索着回到宿舍，扑倒在床上，把滚烫的脸庞埋在被单与枕头之间……

接下来的几天极为糟糕，夜晚更惨——我知道一切都毁了。只有呆子——或是骗子与恶棍——才会期望敌人的仁慈。我的仇恨在那些夜里不断增长，痛恨那些造成此恶果的罪魁祸首。在接下来的那几天里，我体认到自己的使命就是……

我决定成为政治人物。

——阿道夫·希特勒，《我的奋斗》，1925年

参考文献

Akçam, T., *A Shameful Act: The Armenian Genocide and the Question of Turkish Responsibility*, New York, 2006

Anderson, R., *The Forgotten Front: The East African Campaign 1914–1918*, London, 2004

Andresen, K., *Kresten breve. Udgivne af Hans Moder*, Copenhagen, 1919

Ångström, T., *Kriget i luften. Med skildringar av flygare i fält*, Stockholm, 1915

Anon., *British Trench Warfare 1917–1918: A Reference Manual*, London, n. d.

Anon., *Instruction for the Training of Divisions for Offensive Action*, Washington, 1917

Anon., *Instruction provisoire pour les unites de mitrailleuses d'infanterie*, Nancy, 1920

Anon., *Manual of the Chief of Platoon of Infantry*, n. p., 1918

Anon., *Notes on the Construction and Equipment of Trenches*, Washington, 1917

Arnaud, A., *La Guerre 1914–1918. Tragédie-Bouffe*, Paris, 1964

Bedwell, C.B., Musil's 'Grigia': An Analysis of Cultural Dissolution, i Seminar: A Journal of Germanic Studies, Volume 3, Number 2.

Barbusse, H., *Le feu. Journale d'une escouade*, Paris, 1916

Bertin, F., *14–18, La grande guerre. Armes, uniformes, materiels*, Rennes, 2006

Bloxham, D., *The Great Game of Genocide: Imperialism, Nationalism and the Destruction of the Ottoman Armenians*, Oxford, 2005

Bordeaux, Franz: "Diary, 29 July 1914–3 January 1915", MLMSS 685 Item 1, Mitchell Library, State Library of New South Wales.

Bouveng, G., *Dagbok från ostfronten*, Stockholm, 1928

Bradley, Carolyn G., *Western World Costume: An Outline History*, New York, 1954

Brod, M., *Franz Kafka*, Halmstad, 1967

Bruce, A., *The Last Crusade: The Palestine Campaign in the First World War*, London, 2003

Buchanan, A., *Three Years of War in East Africa*, London, 1919

Buffetaut, Y., *Atlas de la Première Guerre mondiale, 1914–1918. La chute des empires européens*, Paris, 2005

———, *The 1917 Spring Offensives. Arras, Vimy, Le Chemin des Dames*, Paris, 1997

———, *Verdun. Guide historique & touristique*, Langres, 2002

Carlswärd, T., *Operationerna på tyska ostfronten med särskild hänsyn till signaltjänsten*,

Stockholm, 1931

Čermak, J., *Through Franz Kafkas's Prague*, Prag, 2008

Christiernsson, N., *Med Mackensen till Przemysl*, Stockholm, 1915

Coppens, W., *Jours envolés. Mémoires*, Paris, 1932

Corbett, Julian S: "Naval Operations. Vol. I. To the Battle of the Falklands December 1914". (History of the Great War Based on Official Documents.) London 1920

Corino, K., *Robert Musil – Leben und Werk in Bildern und Texten*, Hamburg, 1988

Corino, K., *Robert Musil – Eine Biographie*, Berlin, 2005

Corday, M., *The Paris Front: An Unpublished Diary 1914–1918*, New York, 1934

Cox, I., "The larks still singing," *Times Literary Supplement*, 13 November, 1998

Cron, H., *Geschichte des Deutschen Heeres im Weltkriege 1914–1918*, Berlin, 1937

Curti, P., *Artillerie in der Abwehr. Kriegsgeschichtlich erläutert*, Frauenfeld, 1940

Cushing, H., *From a Surgeon's Journal, 1915–1918*, Toronto, 1936

D'Aquila, V., *Bodyguard Unseen: A True Autobiography*, New York, 1931

Dadrian, V. N., *The History of the Armenian Genocide: Ethnic Conflict from theBalkans to Anatolia to the Caucasus*, New York, 2003

Davenport-Hines, R., *Sex, Death and Punishment: Attitudes to Sex and Sexuality in Britain since the Renaissance*, Glasgow, 1991

———, *The Pursuit of Oblivion: A Social History of Drugs*, London, 2002

Dawkins, W. H., "Letters and diaries", in J. Ingle, *From Duntroon to the Dardanelles*, Canberra, 1995

Defente, D. (ed.), *Le Chemin des Dames 1914–1918*, Paris, 2003

Delaporte, S., *Les Gueules cassées. Les blessés de la face de la Grande Guerre*, Paris, 1996

Dixon, J, *A Clash of Empires – The South Wales Borderers at Tsingtao, 1914*, Wrexham 2008.

Ekbom, T., *Den osynliga domstolen – En bok om Franz Kafka*, Sthlm, 2004

Erickson, E. J., *Ordered to Die: A History of the Ottoman Army in the First World War*, London, 2001

Farmborough, F., *Nurse at the Russian Front: A Diary 1914–18*, London, 1977

Ferguson, N., *The Pity of War*, London, 1999

Ferro, M., *The Great War 1914–1918*, London, 1973

Fewster, K. (ed.), *Gallipoli Correspondent: The Frontline Diary of C. E. W. Bean*, Sydney, 1983

Figes, O., *A People's Tragedy: The Russian Revolution, 1891–1924*, London, 1997

Fitzsimons, B., *The Big Guns: Artillery 1914–1918*, London, 1973

Flex, W., *Die russische Frühjahrsoffensive 1916* (Der große Krieg in Einzeldarstellungen 31), Oldenburg, 1919

Fox, E. L., *Behind the Scenes in Warring Germany*, New York, 1915

Gately, I., *La Diva Nicotina: The Story of How Tobacco Seduced the World*, New York, 2001

Général de M*** (pseud. Henry Dugard), *The Battle of Verdun*, London, 1916

Generalstabens krigshistoriska avdelning, *Några erfarenheter från fälttåget i Rumänien 1916–1917*, Stockholm, 1924

Generalstabens utbildningsavdelning, *Från fälttåget i Serbien augusti 1914. En strategisk-taktisk studie*, Stockholm, 1935

Gierow, K. R., *1914–1918 in memoriam*, Stockholm, 1939

Gilbert, M., *First World War*, London, 1994

Gleichen, E. (ed.), *Chronology of the Great War, 1914–1918*, London, 1988

Gourko, B., *Minnen och intryck från kriget och revolutionen i Ryssland 1914–1917*, Stockholm, 1919

Griffith, P., *Battle Tactics of the Western Front: The British Army's Art of Attack 1916–18*, London, 1994

Gudmundsson, B. I., *Stormtroop Tactics: Innovation in the German Army 1914–1918*, London, 1995

Guéno, J.-P. and Laplume, Y. (eds.), *Paroles de Poilus. Lettres et carnets du front 1914–1918*, Paris, 1998

Haichen, M. (ed.), *Helden der Kolonien. Der Weltkrieg in unseren Schutzgebieten*, Berlin, 1938

Harries, M. and Harries, S., *Soldiers of the Sun: The Rise and Fall of the Imperial Japanese Army*, New York, 1991

Hedin, S., *Bagdad, Babylon, Ninive*, Stockholm, 1917

———, *Kriget med Ryssland. Minnen från fronten i öster mars–augusti 1915*, Stockholm, 1915

Herwig, Holger H: "Feudalization of the Bourgeoisie – The Role of the Nobility in the German Naval Officers Corps 1890–1918", The Historian, Volume 38, Issue 2

Heyman, H., *Frankrike i krig*, Stockholm, 1916

Hirschfeld, G., Krumreich, G. and Renz, I., *Enzyklopädie Erster Weltkrieg*, Paderborn, 2003

Hirschfeld, M. and Gaspar, A., *Sittengeschichte des Ersten Weltkrieges*, Hanau, 1929

Hitler, A., *Mein kampf. Eine Abrechnung*, Munich, 1925–6

Holmes, R., *Firing Line*, London, 1987

Holmgren, A., *Krigserfarenheter. Särskilt från fyra österrikisk-ungerska fronter*, Stockholm, 1919

Holzer, A., *Das Lächeln der Hänker——Der unbekannte Krieg gegen die Zivilbevölkerung 1914–1918*, Darmstadt, 2008

Hohenzollern, Franz Joseph, *Emden – My Experiences in S.M.S. Emden*, London 1928

Horne, J. and Kramer, A., *German Atrocities 1914: A History of Denial*, New Haven, 2001

Johann, E. (ed.), *Innenansicht eines Krieges. Deutsche Dokumente 1914–1918*, Frankfurt-am-Main, 1969

Johansson, K., *K. J. själv*, Stockholm, 1952

Johnston, M. A. B. and Yearsley, K. D., *450 Miles to Freedom: The Adventures of Eight British*

Officers in Their Escape *from the Turks*, London, 1922

Jünger, E., *In Stahlgewittern*, Stuttgart, 1992

Jünger, E. (ed.), *Das Anlitz des Weltkrieges. Fronterlebnisse deutscher Soldaten*, Berlin, 1930

Kafka, F., *Briefe*, Frankfurt am Main, 2005

Kafka, F., *Dagböcker – samtliga dagboksanteckningar 1910—1923 kronologiskt ordnade*, Uddevalla, 1996

Kafka, F., *Nu återstår bara att spetsas på pålar – Brev mars 1914 – augusti 1916*, Lund, 2007

Kafka, F., *The Office Writings*, Princeton, 2009

Kearsey, A., *A Summary of the Strategy and Tactics of the Egypt and Palestine Campaign with Details of the 1917–18 Operations Illustrating the Principles of War*, Aldershot, 1931

Keegan, J., *The First World War*, London, 1998

Kelemen, P., *Hussar's Picture Book, From the Diary of a Hungarian Cavalry Officer in World War I*, Bloomington, 1972

King, O., *One Woman at War: Letters of Olive King, 1915–1920*, Melbourne, 1986

Kirby, D., *International Socialism and the Question of Peace: The Stockholm Conference of 1917*, The Historical Journey, 25/3, 1982

Kisch, E. E., *Bland pyramider och generaler*, Stockholm, 1977

Klavora, V., *Schritte im Nebel. Die Isonzofront. Karfreit/Kobarid, Tolmein/Tolmin 1915–17*; Ljubljana, 1995

Koerner, P. (ed.), *Der Erste Weltkrieg in Wort und Bild*, vols I–V, Munich, 1968

Kolata, G., *FLU: The Story of the Great Influenza Pandemic of 1918 and the Search for the Virus That Caused It*, New York, 1999

Laffin, J., *Combat Surgeons*, London, 1970

Lefebvre, J.-H., *Verdun. La plus grande bataille de l'Histoire racontée par les survivants*, Fleury-devant-Douaumont, n. d.

Lettow-Vorbeck, P, von, *Meine Erinnerungen aus Ostafrika*, Leipzig, 1920

Liman von Sanders, O., *Five Years in Turkey*, London, 2005

Liulevicius, V. G., *War Land on the Eastern Front ——Culture, National Identity, and German Occupation in World War I*, Cambridge, 2000

Ljunggren, J., *Känslornas krig. Första världskriget och den tyska bildningselitens androgyna manlighet*, Stockholm, 2004

Lobanov-Rostovsky, A., *The Grinding Mill: Reminiscences of War and Revolution in Russia, 1913–1920*, New York, 1935

Lochner, Reinhard K, *Die Kapferfahrten des Kleinen Kreuzers Emden*, München 1979

Ludendorff, E., *Meine Kriegserinnerungen 1914–1918*, Berlin, 1919

Macnaughtan, S., *A Woman's Diary of the War*, London, 1916

——, *My War Experiences in Two Continents*, London, 1919

Malmberg, H., *Infanteriets stridsmedel och krigsorganisation under och efter världskriget*, Stockholm, 1921

Manning, F., *Her Privates We*, London, 1943

Marén, N. G., *Skuggor och dagrar från världskriget. Minnen och stämningar från en studieresa mot ostfronten, Sept. 1915*, Uppsala, 1916

Marlow, J. (ed.), *Women and the Great War*, London, 1998

McDonald, L., *Somme*, London, 1985

———, *The Roses of No Man's Land*, London, 1980

McMoran Wilson, C. (Lord Moran), *The Anatomy of Courage*, London, 1945

Messenger, C., *Trench Fighting 1914–18*, New York, 1972

Meyer, G., *Der Durchbruch am Narew, Juli–August 1915* (Der große Krieg in Einzeldarstellungen 27/28), Oldenburg, 1919

Mihaly, Jo (pseud. Elfriede Kuhr), *... da gibt's ein Wiedersehen! Kriegstagebuch eines Mädchens 1914–1918*, Stuttgart, 1982

Miller, H. W., *The Paris Gun*, London, 1930

Moberly, F. J., *The Campaign in Mesopotamia 1914–1918*, vols I–II (Official History of the War), London, 1923

Mollo, A., *Army Uniforms of World War I: European and United States Armies and Aviation Services*, New York, 1978

Monelli, P., *Le scarpe al sole. Cronaca di gaie e tristi avventure di alpini di muli e di vino*, Milan, 2008

Morris, J., *The German Air Raids on Great Britain 1914–1918*, London, 1925

Mousley, E. O., *The Secrets of a Kuttite: An Authentic Story of Kut, Adventures in Captivity and Stamboul Intrigue*, London, 1921

Mücke, Helmut von, *The Ayesha – Being the Adventures of the Landing Squad of the Emden*, Boston 1917.

Munson, K., *Fighter, Attack and Training Aircraft 1914–19*, London, 1968

Musil, R., *Diaries 1899–1914*, New York, 1998

Musil, R., *La Guerra Parallella*, Rovereto, 2003

Neiberg, M. S., *Fighting the Great War: A Global History*, London, 2005

Neumann, P., *Luftschiffe* (Volksbücher der Technik), Leipzig, n. d.

Nogales, R. de, *Four Years Beneath the Crescent*, London, 2003

Nordensvan, C. O., *Världskriget 1914–1918*, Stockholm, 1922

Ouditt, S., *Fighting Forces, Writing Women: Identity and Ideology in the First World War*, London, 1994

Ousby, I., *The Road to Verdun: France, Nationalism and the First World War*, London, 2002

Pawel, E., *The Nightmare of Reason – A Life of Franz Kafka*, London, 1984

Pitreich, M. von, *Lemberg 1914*, Stockholm, 1929

Plüschow, G, *Escape from England*, Glasgow 2004

Pollard, A. O., *Fire-Eater: The Memoirs of a VC*, London, 1932

Rachamimov, A., *POWs and the Great War: Captivity on the Eastern Front*, Oxford, 2002

Razac, O., *Histoire politique du barbelé. La prairie, la tranchée, le camp*, Paris, 2000

Reichsarchiv, *Der Durchbruch am Isonzo*, part 1: *Die Schlacht von Tolmein und Flitsch* (Schlachten des Weltkrieges vol. 12a), Berlin, 1928

———, *Der Kampf um die Dardanellen 1915* (Schlachten des Weltkrieges vol. 16), Berlin, 1927

———, *Die Tragödie von Verdun 1916*, parts III and IV: *Die Zermürbungsschlacht* (Schlachten des Weltkrieges vol. 15). Berlin, 1929

———, *Flandern 1917* (Schlachten des Weltkrieges vol. 27), Berlin, 1928

———, *Gorlice* (Schlachten des Weltkrieges vol. 30), Berlin, 1930

———, *Herbstschlacht in Macedonien Cernabogen 1916* (Schlachten des Weltkrieges vol. 5), Berlin, 1928

———, *Ildirim. Deutsche Streiter auf heiligem Boden* (Schlachten des Weltkrieges vol. 4), Berlin, 1928

Reiss, R. A., *Report upon the Atrocities Committed by the Austro-Hungarian Army During the First Invasion of Serbia*, London, 1916

Roberts, N., *Whores in History: Prostitution in Western Society*, London, 1992

Rochat, G., "Les soldats fusillés en Italie", *14–18, Le Magazine de la Grande Guerre*, 29 (Dec. 2005–Jan. 2006)

Rommel, E., *Infanteri greift an. Erlebnis und Erfahrung*, Potsdam, 1941

Salfellner, H., *Through the Year with Franz Kafka*, U.o., 2007

Salfellner, H., *Franz Kafka and Prague*, Prag, 2010

Saunders, A., *Dominating the Enemy: The War in the Trenches 1914–1918*, Phoenix Mill, 2000

Schaumann, G. and Schaumann, W., *Unterwegs zwischen Save und Soca. Auf den Spuren der Isonzofront 1915–1917*, Klagenfurt, 2002

Schaumann, W., *Vom Ortler bis zur Adria. Die Südwest-front 1915–1918 in Bildern*, Vienna, 1993

Schreiner, G. A., *The Iron Ration: Three Years in Warring Central Europe*, New York, 1918

Schwarte, M. (ed.), *Kriegslehren in Beispielen aus dem Weltkrieg*, Berlin, 1925

Sibley, J. R., *Tanganyikan Guerrilla: East Africa Campaign*, 1914–18, London, 1971

Simčić, M., *Die Schlachten am Isonzo. 888 Tage Krieg im Karst*, Graz, 2003

Slowe, P. and Woods, R., *Fields of Death: Battle Scenes of the First World War*, London, 1990

Sonderhaus, L., *Franz Conrad von Hötzendorf, Architekt der Apokalypse*, Vienna, 2003

Stone, N., *The Eastern Front 1914–1917*, London, 1998

———, *World War One, A Short History*, London, 2007

Strachan, H., *The First World War*, vol. I: *To Arms*, Oxford, 2001

Struck, E., *Im Fesselballon*, Berlin, 1918

Stumpf, R., *Warum die Flotte zerbrach. Kriegstagebuch eines christlichen Arbeiters*, Berlin, 1927

Taylor, A. J. P., *The First World War*, London, 1963

Transfeldt, *Dienstunterricht für den Infanteristen des Deutsches Heeres*, Berlin, 1916

Turbergue, J.-P. (ed.), *Les 300 Jours de Verdun*, Paris, 2006

Turczynowicz, Laura de G., *When the Prussians came to Poland*, New York, 1916

Tylden-Wright, David, *Anatole France*, London, 1967

Vat, Dan van der, *The Last Corsair – The Story of the Emden*. London 1984

Ward, R.D., Weather Controls over the Fighting during the Autumn of 1918, The Scientific Monthly, Vol.8 No.1. January, 1919

Wattrang, K., *Det operativa elementet i världskriget*, Stockholm, 1924

Willers, U., *Tysklands sammanbrott 1918*, Stockholm, 1944

Willet, C. and Cunnington, P., *The History of Underclothes*, London, 1951

Williams, J. F., *Corporal Hitler and the Great War, 1914–1918: The List Regiment*, New York, 2005

Wilson, T., *The Myriad Faces of War: Britain and the Great War, 1914–1918*, Oxford, 1988

Winter, D., *Death's Men: Soldiers of the Great War*, London, 1979

Winter, J., Parker, G. and Habeck, M. R. (eds.), *The Great War and the Twentieth Century*, New Haven, 2000

Wirsén, E. af, *Minnen af fred och krig*, Stockholm, 1942

Witkopf, P. (ed.), *Kriegsbriefe gefallener Studenter*, Munich, 1928

图片目录

肖像

1. 艾尔芙莉德·库尔
2. 萨拉·麦克诺坦，摘自 *My War Experiences in Two Continents,* by Sarah McNaughtan, London, 1919
3. 理查德·施通普夫，摘自 *War, Mutiny and Revolution in the German Navy – The World War I Diary of Seaman Richard Stumpf*, New Brunswick, 1967
4. 帕尔·凯莱门，经 Diane Halasz 同意翻印
5. 安德烈·洛巴诺夫-罗斯托夫斯基，经 Igor Lobanov-Rostovsky 同意翻印
6. 芙萝伦丝·法姆伯勒
7. 克雷斯滕·安德烈森
8. 米歇尔·科尔代，法国编辑 Grégory Martin 购买的版画，作者不详
9. 艾尔弗雷德·波拉德
10. 弗朗茨·卡夫卡
11. 威廉·亨利·道金斯
12. 勒内·阿诺，经 Laurence Dubrana 同意翻印
13. 罗伯特·穆齐尔
14. 拉斐尔·德·诺加莱斯
15. 哈维·库欣
16. 安格斯·布坎南，摘自 *Out of the World North of Nigeria,* by Angus Buchanan, New York, 1922
17. 奥利芙·金
18. 威利·科庞
19. 温琴佐·达奎拉
20. 爱德华·穆斯利
21. 保罗·摩内利
22. 劳拉·德·图尔切诺维奇，摘自 *When the Prussians Came to Poland: The Experiences of an American Woman during the German Invasion,* by Laura de Gozdawa Turczynowicz, New York, 1916

658　　　　　　　　　　　　　　　　　　　　　　　　　　　　　　美丽与哀愁

西部战线

1. "黑尔戈兰"号，理查德·施通普夫所在的战舰：Bundesarchiv
2. 1916年10月17日，德帕内海滩上的一队比利时步兵：ECPAD（Établissement de Communication et de Production Audiovisuelle de la Défense）
3. 朗斯的一条街道：Bundesarchiv
4. 1914年10月的庇护林：IWM（Imperial War Museum）
5. 1914年，基尔一景，后方远处为海军基地：Ullstein Bild
6. 1916年4月1日，凡尔登的杜奥蒙堡垒遭遇猛烈炮击：Ullstein Bild
7. 1917年8月，身在宗讷贝克的英军运水员：Ullstein Bild
8. 1918年5月，布洛涅的海滩即景：IWM
9. 1914年9月，维莱科特雷一座被炸毁的桥梁：IWM
10. 1918年3月底，佩罗讷：Ullstein Bild
11. 1918年11月初，聚集于威廉港准备进行示威的水兵：Ullstein Bild

东　非

1. 1914年，战火延烧至非洲：Bundesarchiv
2. 德军土著部队在东非某处作战：Bundesarchiv
3. 德属东非的潘加尼河：Bundesarchiv
4. 1916年9月，英王非洲步枪队的英军土著部队在林迪接受阅兵：Ullstein Bild
5. 1915年夏，位于鲁菲吉河三角洲的"柯尼斯堡"号残骸：Bundesarchiv
6. 东非某处，德军麾下的一个黑人机枪组：Bundesarchiv

东部战线

1. 1914年7月31日，动员中的俄国军队在圣彼得堡征集马匹：Ullstein Bild
2. 1915年春，俄军战俘在喀尔巴阡山脉上的乌斯佐克隘口：Ullstein Bild
3. 运送在1915年5月与6月的战役中被俘的俄军官兵：Ullstein Bild
4. 1915年8月5日或6日，奥地利骑兵在华沙普拉加越过维斯瓦河：Ullstein Bild
5. 1915年，明斯克的德军部队：Getty Images
6. 1917年，艾尔芙莉德·库尔所在的施奈德米尔一景：AWM（Australian War Memorial）
7. 1917年10月，莫斯科红场：Ullstein Bild
8. 1918年11月，一列火车停靠于布达佩斯，车上满载着返乡的奥匈帝国部队官兵：Ullstein Bild

意大利前线

1. 1917 年 10 月，圣露西亚山附近一支奥匈帝国的补给队：Bundesarchiv
2. 1915 年，意大利阿尔卑斯山地部队身处他们擅长的环境中：Getty Images
3. 1915 年，奥匈帝国山地部队在阿尔卑斯山脉攀爬前进：IWM
4. 1916 年，十一号山峰：Museo Storico del Trentino
5. 1916 年，考里奥山：Museo Storico Italiano della Guerra, Rovereto
6. 1915 年，奥蒂加拉山上的一间奥匈帝国军医院：Museo Storico del Trentino
7. 1917 年 10 月，乌迪内的意大利战俘与打了胜仗的德军部队：Museo Storico Italiano della Guerra, Rovereto

巴尔干半岛与达达尼尔海峡

1. 1915 年，位于澳新军团湾的补给品、伤兵与游泳者：AWM
2. 1915 年 10 月至 11 月间，一支奥匈帝国的补给队：Ullstein Bild
3. 1916 年 2 月，黑山，被俘的塞尔维亚部队正在前往缴械的途中：Ullstein Bild
4. 1915 年，加利波利半岛南端的 V 海滩：Ullstein Bild
5. 1915 年，马其顿，当地人看着一架德军飞机起飞前往作战：Ullstein Bild
6. 1916 年 4 月，萨洛尼卡城外的一座英军军营：IWM
7. 1917 年 8 月，大火过后的萨洛尼卡：AWM

中　东

1. 1916 年，埃尔祖鲁姆的防御工事：Getty Images
2. 库特一景：Ullstein Bild
3. 1916 年，底格里斯河上装载沉重的英军河船：IWM
4. 1917 年 12 月 1 日，耶路撒冷投降，迎接战胜部队入城：Getty Images
5. 布尔萨一景：Ullstein Bild
6. 1917 年 11 月，加沙陷落之后的废墟：IWM
7. 巴勒斯坦前线遭遇攻击：Getty Images